幼儿深度学习的理论与实践探索研究

◆ 实践篇 ◆

王小英　主编

清華大学出版社

北京

图书在版编目（CIP）数据

幼儿深度学习的理论与实践探索研究. 实践篇 / 王小英主编. — 北京：清华大学出版社，2021
（2024.7重印）

ISBN 978-7-302-56681-6

Ⅰ.①幼…　Ⅱ.①王…　Ⅲ.①学前教育—教学研究　Ⅳ.①G612

中国版本图书馆CIP数据核字（2020）第205856号

责任编辑：范晓婕
装帧设计：鞠一村
责任校对：王荣静
责任印制：沈　露

出版发行：清华大学出版社
　　　　网　　　址：https://www.tup.com.cn, https://www.wqxuetang.com
　　　　地　　　址：北京清华大学学研大厦A座　　　　邮　　　编：100084
　　　　社 总 机：010-83470000　　　　邮　　　购：010-62786544
　　　　投稿与读者服务：010-62776969, c-service@tup.tsinghua.edu.cn
　　　　质量反馈：010-62772015, zhiliang@tup.tsinghua.edu.cn
印 装 者：三河市龙大印装有限公司
经　　销：全国新华书店
开　　本：185mm×260mm　　　印　　张：37.75　　　字　　数：693千字
版　　次：2021年3月第1版　　　印　　次：2024年7月第8次印刷
定　　价：198.00元

产品编号：087225-01

主编简介

　　王小英，东北师范大学教育学部学前教育学院教授，博士生导师。教育部幼儿园园长培训中心原副主任。教育部学前教育专家指导委员会委员，教育部基础教育教学指导委员会学前教育保教指导专委会委员，中国学前教育研究会健康教育专业委员会副主任，中国家长与教师合作管理委员会委员，中小学校长和幼儿园园长国家级培训专家库专家。教育部《幼儿园园长专业标准》研制组副组长。《学前教育研究》编委，中国人民大学报刊资料《幼儿教育导读》编委。在高校主要从事学前儿童发展心理学、幼儿学习心理、教育科学研究方法等领域的教学工作，培养硕士与博士研究生。承担校内外多项网络课程制作，主持多项国家级与省级科研课题，主编多种教材、工具书。曾两度留学日本，代表性译著：高杉自子著《幼儿教育的原点》。

编 委 会

鸣 谢

吉林省省直机关第三幼儿园（课题负责人：苏丽兰）

吉林省直文化系统幼儿园（课题负责人：史洪）

吉林省中共长春市委机关幼儿园（课题负责人：张玉芙）

吉林省长春市人民政府机关第一幼儿园（课题负责人：孙红艳）

吉林省长春市人民政府机关第二幼儿园（课题负责人：张馨予）

吉林省长春市人民政府机关第三幼儿园（课题负责人：高伟）

吉林省东北师范大学附属小学幼儿园（课题负责人：马达英）

吉林省吉林大学附属第三幼儿园（课题负责人：高宏伟）

吉林省长春市朝阳区教师幼儿园（课题负责人：张乃洁）

吉林省金太阳教育集团（课题负责人：孙磊）

吉林省珲春市第二幼儿园（课题负责人：金国华）

北京市第一幼儿园（课题负责人：刘金玉）

陕西省西安交通大学幼儿园（课题负责人：兀静）

云南省人民政府办公厅圆通幼儿园（课题负责人：兰元青）

云南省西双版纳州景洪市幼儿园（课题负责人：张亚兰）

广东省广州市黄埔鱼木实验幼儿园（课题负责人：陈英）

内蒙古乌兰浩特市第一幼儿园（课题负责人：温颖）

内蒙古兴安盟扎赉特旗幼儿园（课题负责人：栾淑梅）

前 言

在这个终身学习的时代，学习能力已成为个体最重要的生存能力。如今，评判一个人的学习能力，关键不在于记忆和掌握知识的多少，而在于整合、建构、迁移、创造性地运用知识解决实际问题的能力，即深度学习能力。深度学习受到了国际社会的广泛关注。例如，美国将深度学习视为其 21 世纪教育的发展方向。2010年，美国威廉和弗洛拉·休利特基金会（William and Flora Hewlett Foundation，简称 "WFHF"）启动了 "深度学习研究：机会与结果" 研究项目，并由美国研究院（American Institutes for Research）负责组织实施。10 年前，在美国参与深度学习的实验学校达到 500 余所，形成了深度学习的共同体网络。目前，国内关于大、中、小学生的深度学习研究取得了较为丰硕的成果，然而，关于幼儿深度学习的研究才刚刚起步。2016 年 11 月 20 日，北京师范大学的冯晓霞教授在中国学前教育研究会学术年会上作了题为《区域游戏中的深度学习》的报告，深度学习从此开始走进广大幼教工作者的视野。

自 2018 年 7 月笔者获批教育部人文社会科学研究规划基金项目 "幼儿深度学习的理论与实践探索研究"（批准号：18YJA880086）以来，历时两年，笔者带领研究团队，从理论与实践两个方面开展课题研究，取得了初步成果。《幼儿深度学习的理论与实践探索研究》是研究成果的具体展现。

本套书分为上下两册，上册为 "理论篇"，下册为 "实践篇"。"理论篇" 主要阐释了深度学习的历史演进、理论基础，幼儿深度学习的基本特质、逻辑框架、影响因素、指导策略，以及思维地图在幼儿深度学习中的应用等方面的内容。"实践篇" 则包括大量的幼儿深度学习的案例。为了便于广大读者对 "实践篇" 案例有一个整体认知，对关键内容进行把握，特做如下几点说明：

1. 关于 "课题活动"。深度学习是一种基于问题解决的学习，它需要创造性地解决问题或创造出新颖独特的产品。因此，笔者指导幼儿深度学习实验园以 "课题活动" 的形式来推进幼儿的深度学习。在本研究中，"课题活动" 是指教师从幼儿的兴趣和需要出发，以某个创造性产品的制作为目标，通过采取小组合作的方式，引导幼儿有目的、有计划地解决问题以达成目标的活动。依据幼儿心理发展特点及其学习的规律，遵循《3~6 岁儿童学习与发展指南》关于幼儿园教育 "要珍视游戏与生活的独特价值"的要求,"课题活动"的生成主要有两个方面的来源,即游戏与生活。幼儿在游戏与生活活动中会遇到各种各样的问题,其中有一些是他们非常感兴趣的问题,笔者指导实验园教师基于教育价值的判断,有选择地将一些问题生成为"课题活动"。幼儿深度学习"课题活动"的基本流程主要分为四个部分:经验回顾、制订计划、实施计划、反思与总结。其中,实施计划环节集中反映了一个个问题的解决过程,这也是幼儿深度学习活动的核心环节。因此,在案例中我们突出了"问题一、问题二、问题三……"的分析与讨论、假设与验证、反思与重构等内容。

2. 关于"同伴合作"。幼儿深度学习的过程不仅是一个个体心理过程,同时也是根植于社会文化的建构过程。2012 年,美国威廉和弗洛拉·休利特基金会将深度学习释义为六个密切关联的核心竞争力,其中有两个能力即"有效沟通"与"协作能力"关乎社会文化层面。深度学习指向问题解决,而一个好的问题必须是复杂且开放的,它不能只由独立的个体即某一名幼儿来完成,需要以"同伴合作"的形式来开展,并耗费较长的时间方能完成。帕克(Parker)等人认为,儿童同伴间的讨论有助于发展儿童的高阶思维技能(这是深度学习的关键能力)。劳拉(Laura)等人指出,讨论提供了一个使儿童同伴彼此澄清自己想法与观点的平台,这种同伴合作解决问题的方式比儿童个体解决问题更有效。笔者在 2008 年的一项关于幼儿合作学习的研究中发现:幼儿在 4 岁左右合作行为发展得最快,因为 4 岁以后,幼儿的合作意识和合作能力有了很大的提高。笔者组织实施的幼儿深度学习实践研究证明,以同伴合作的形式来推进中、大班幼儿的深度学习是卓有成效的。

3. 关于"动手制作"。幼儿的思维体现出鲜明的"手"的思维的特点。《3~6 岁儿童学习与发展指南》强调幼儿学习的主要方式是"直接感知、实际操作、亲身体验"。现代著名的哲学家、教育理论家怀特海认为"感官和思想相互协调,大脑活动和身体的创造性活动之间也有一种相互影响。在这种相互感应的过程中,手的作用尤其重要"。"动手操作"的概念来源于皮亚杰的"动作促进儿童思维发展"、杜威的"做中学"、陶行知的"教学做合一"等理论观点。行为主义心理学与认知心理学都十分重视操作活动在儿童学习过程中的价值,操作活动体现了儿童早期学习的本质特点。笔者指导幼儿深度学习实验园借助幼儿"动手制作"这个抓手,使幼儿的深度学习有了载体。如果说"动手制作"是深度学习的依托,那么"问题解决"则是动手制作的最终目的。需要特别强调的是:最终做出来什么并不重要,重要的是在"制作的过程"中，教师如何激发与提升幼儿分析问题、解决问题的心向与能力。遗憾的是，由于篇幅有限，幼儿分析、讨论、假设、验证等解决一个又一个问题的详细过程被压缩再压缩、精简再精简。

4. 关于"思维地图"。20 世纪 80 年代初，美国的大卫·海勒（David Hyerle）发明了一种与语言相关的可视化工具，即思维地图，分别为：圆圈图、气泡图、双气泡图、树状图、流程图、多重流程图、括号图、桥状图。幼儿思维的具体形象性使其对思维地图有一种天然的亲近性。一方面，思维地图作为一种可视化工具，可以把抽象复杂的内容转变成易于理解与认识的视觉信息，符合幼儿形象思维的特点，促进幼儿高阶思维的发展；另一方面，思维地图作为一种脚手架，有利于形成"问题图式"，促进问题的分析与解决。笔者将"思维地图"引入幼儿深度学习的"课题活动"中，幼儿在教师的引导下绘制了大量的思维地图，从而使幼儿的思维过程外显化、可视化，有助于幼儿梳理、反思、批判、总结自己的思维过程，促进幼儿元认知与高阶思维的发展，提升幼儿分析问题和解决问题的能力，有效地助推了幼儿深度学习活动的开展。

本书的成稿凝聚了集体的智慧。笔者对课题研究做了整体框架与研究路径的设计，具体的实施离不开研究团队的共同努力。为了使研究成果具有一定的普适性，笔者适当考虑了园所地域的分布与园所性质的区分。在地域分布方面，园所是以吉林省的幼儿园为主体，同时，笔者分别从北京、广东、陕西、云南、内蒙古等地选择了个别幼儿园作为实验园。在园所性质方面，既有公办园也有民办园，既有集团化大园也有中小型幼儿园，既有省级示范幼儿园也有普通幼儿园。此外，笔者还考虑了少数民族的幼儿园。

在此，笔者对参与实验研究的所有幼儿园的园长和实验班的教师表示崇高的敬意，对实验班的全体幼儿表示深深的谢意！因为你们的参与，幼儿深度学习的研究才有了实践的落脚点。感谢课题指导小组的副组长蔡珂馨、勇颜，以及课题指导小组的成员孙德荣、谭楣、高琳琳，谢谢你们为课题研究贡献了丰富的教研智慧。感谢东北师范大学学前专业的 7 位研究生：单文顶、黄鹤、张紫微、宋琳、郝明晶、张雪、刘思源，因为你们的加入，课题研究有了更多的理性思考。最后，笔者还要特别感谢清华大学出版社少儿分社社长曹敏、策划编辑范晓婕、李益倩、许治军，是你们的精益求精与不辞辛劳，使得我们的研究成果有了非常理想的呈现！

经过两年的理论与实践探索，我们开辟了一条幼儿深度学习之路，虽然它不是唯一的路径，但却是一条独特之路。庄子曰："始生之物，其形必丑。""其作始也简，其将毕也必巨。"在幼儿深度学习研究的道路上，我们才刚刚起步，路漫漫其修远兮，我们仍需一步一个脚印地走下去……

东北师范大学教育学部　王小英

2021 年 1 月 16 日

目 录

一、课题来源：生活类

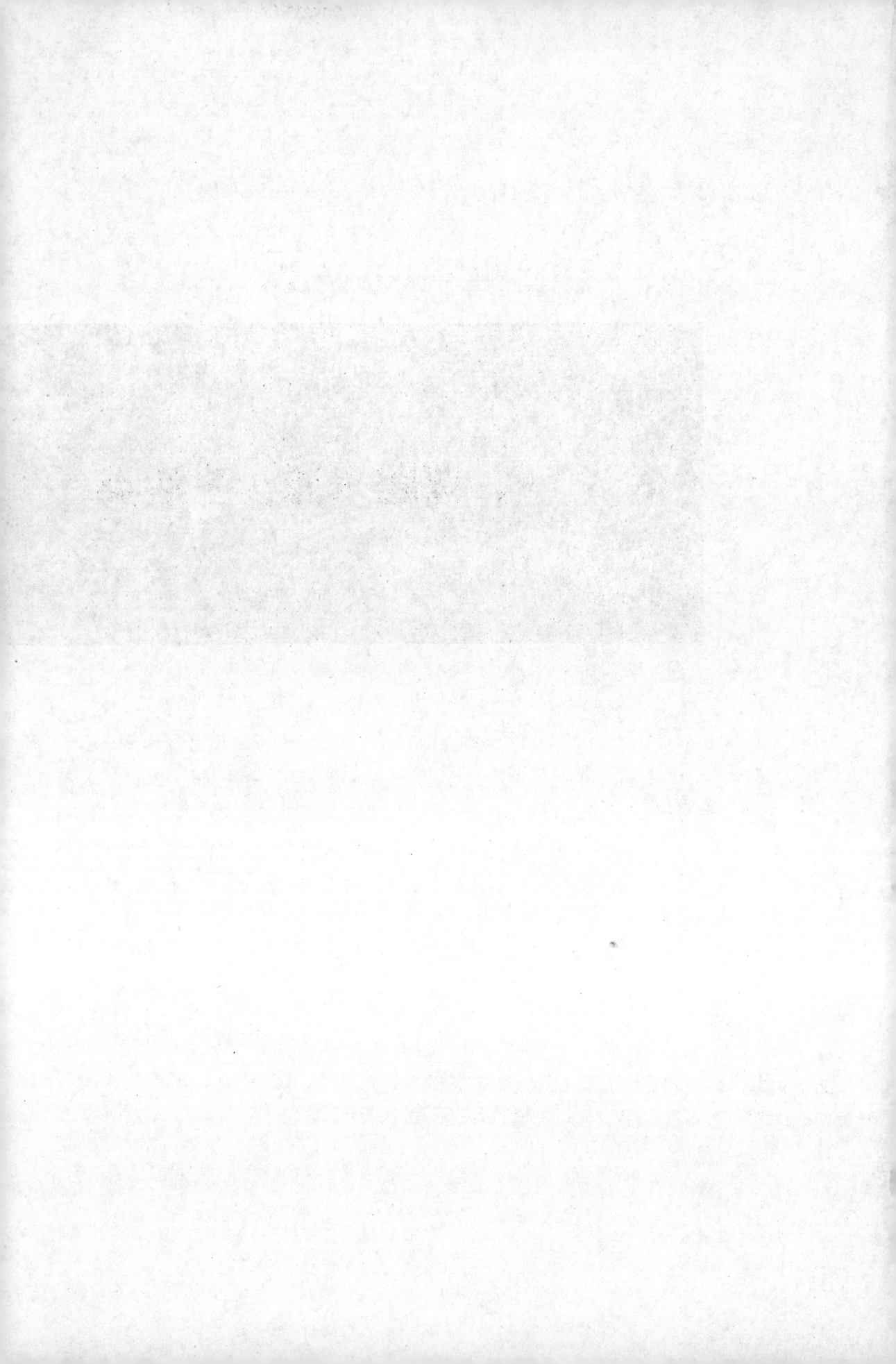

课题活动一：迷你吸尘器

北京市第一幼儿园南吉祥分园　大三班　孙振姣　康茜　刘婷
（指导者：郭琛）

选题缘由

　　创意剪纸是幼儿非常喜爱的美工活动。在剪纸过程中，为保持桌面和地面的整洁，每位幼儿都需将废纸剪到废纸筐中。这天，活动区的音乐再次响起，幼儿像往常一样开始忙着整理工具、材料与垃圾，凌夕却一不小心碰翻了桌子上的废纸筐，岑岑与凌夕急忙找来笤帚收拾地面。由于纸屑细小，两个人收拾了很久都没有清理干净，于是凌夕对岑岑说："桌子上的纸屑这么小，有的都捡不起来。"岑岑说："是啊！要是有个吸尘器就好了，一吸纸屑就不见了！"凌夕接着说："我家有吸尘器，可是很大，我都拿不动！"岑岑突发奇想："要是我们有个桌面吸尘器就好了！"两名幼儿的对话吸引了教师的注意，她们所遇到的问题恰恰是生活中常见的问题。制作吸尘器对于促进幼儿了解吸尘器的功能和构造，提高幼儿解决问题的能力及探究能力等方面具有重要价值，也是幼儿的兴趣所在和实际需要。基于此，"迷你吸尘器"的深度学习课题活动拉开了序幕。

第一阶段活动

活动一：经验分享

教师：你见过什么样的吸尘器？

顺顺：我家的吸尘器像个大书包，还有轮子。

冬冬：我和爸爸去洗车的时候，我看见洗车店有一个巨大的吸尘器，可以把水吸干净。

岑岑：我在电视上见过一个吸尘器，它
　　　有一个很长的手柄，很快就把脏
　　　东西吸干净了。

教师：你带来了什么样的吸尘器？给小
　　　朋友们介绍一下吧！

芊芊：我带来的吸尘器是用来吸床上的
　　　灰尘和螨虫的。

图1-1　认识吸尘器

天晴：我家的是便携式吸尘器，可以拿
　　　在手里，想吸哪里就吸哪里。

堃堃：我家的吸尘器是卧式吸尘器，放在地上用的，脏东西吸得很快，就是声音有
　　　些大，而且有点儿沉。

安安：我家的吸尘器叫作"扫地机器人"，它可以不用人扶着，自己在地上转着圈
　　　儿地吸脏东西，遇到墙的时候还会自己拐弯。

【教师支持：教师引导幼儿通过对比等方式，观察吸尘器的外部结构，深入了解吸
尘器的不同样式与主要功能之间的联系。】

教师：吸尘器都是用来清理脏东西的，为什么会有那么多种类呢？

凌夕：有的吸尘器适合吸地，有的适合吸水，有的适合吸床，它们的用途是不一样的。

冬冬：这个杆长的吸尘器就适合吸地，因为人不用弯腰，非常省劲儿。那个杆短的
　　　比较适合我们小朋友用。

萱弋：桶式吸尘器很大，电线很长，可以用来吸操场上的落叶，但是放在咱们班里
　　　用就太不方便了，而且声音会很大。

教师：那我们要做一个班里专用的吸尘器，我们要做多大呢？

冬冬：要做又轻又小的，方便我们小朋友拿的。

活动二：吸尘器里的秘密

教师：吸尘器里都有什么呢？

冠泽：吸尘器里有电线和电池。

闹闹：电能提供能量，里面要有散热器。

冀雨：里面应该有个大风扇。

冬冬：要想发电，里面肯定得有个电机。

凌夕：里边有个垃圾桶，是用来装脏东西的。

【**教师支持**：教师邀请后勤师傅对吸尘器的部分零件进行拆卸，以便幼儿观察吸尘器的内部结构。】

图 1-2　吸尘器内部结构猜想图

图 1-3　认识各部分零件

活动三：风扇的作用

在拆卸了吸尘器各部分零件后，幼儿对风扇在吸尘器中的作用产生了疑问。

珈铭：风扇是用来吹风的，为什么吸尘器里的风扇不会把脏东西吹跑呢？

白白：吹风机里就有个电风扇，我在家吹头发的时候就用的是吹风机正面的口，吹风机背面的口是不能吹风的，我把头发靠近的时候，头发还会被吸到吹风机里。

【**经验迁移**：幼儿用使用吹风机的经验，来解释吸尘器的工作原理。】

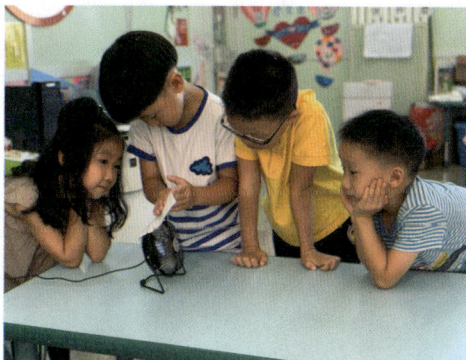

图 1-4　真空原理实验

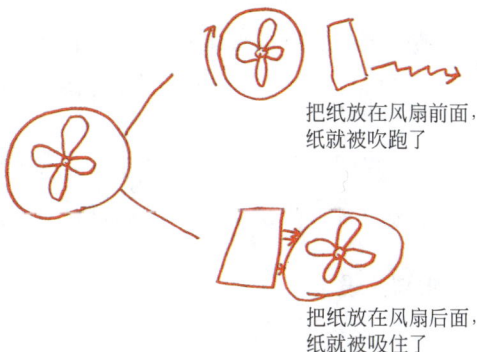

把纸放在风扇前面，纸就被吹跑了

把纸放在风扇后面，纸就被吸住了

图 1-5　实验观察记录图

【**科学原理**：吸尘器靠电动机高速驱动风机叶轮旋转，使空气高速排出，而风机前端吸尘部分的空气不断地补充风机中的空气，致使吸尘器内部产生瞬时真空，和外界大气压形成负压差。在此压差的作用下，吸尘器吸入含灰尘的空气，后经滤尘器过滤，排出清新的空气。负压差越大风量越大，吸尘器的吸尘能力也越强。】

活动四：尝试制作风扇

问题一：做什么样式的扇叶？

分析与讨论

凌夕：我见过有的扇叶是半圆形的，还有的是长条的。

冠泽：扇叶就像西瓜牙儿一样，有个弧度，扇叶是一片挨着一片的。

张弛：爸爸带我去张北草原，草原上那些风车的扇叶都是又细又长的。

曦晨：我家风扇的扇叶是水滴形的。

猜想与假设

教师：用什么材料制作扇叶呢？

凌夕：用纸画一片扇叶吧。

闹闹：纸太软了，很容易坏。

冠泽：那我们就用硬一点儿的纸，我觉得纸盘子的底
部就很硬。

实验与验证

　　幼儿根据自己的想法，利用绘画和折纸的方式制作了扇叶。制作完毕后，幼儿发现风车样式的扇叶大小一样，其他扇叶的大小有很大的不同。

图 1-6　扇叶设计图

问题二：怎么做可以保证每片扇叶都一样大？

分析与讨论

张弛：可以用尺子量一下，看看扇叶是不是都一样大。

凌夕：长短可以用尺子量，可是扇叶是有弧度的，没办法用尺子量。

猜想与假设

闹闹：那我们先在一张纸上画好一片扇叶，剪下来，然后按照剪好的扇叶再画
一片。

教师：每一片扇叶的距离是什么样的呢？

凌夕：每片扇叶之间的距离是相等的。我们可以用做桃花的方法，先剪一个圆片，
再将四片扇叶四角对称地粘在圆片上面。

实验与验证

幼儿用拓印的方式，成功地剪下了大小相同的扇叶，并将四片扇叶固定在圆片上。

问题三：怎样检验扇叶是否能转动起来？

分析与讨论

张弛：我们可以用嘴吹的方式让扇叶转动起来。

冠泽：吸尘器里是有电机的，我们也可以找一个电机。

猜想与假设

晋廷：我们科学区就有电路玩具，里边就有一个让风扇转动的零件，我们可以把做好的扇叶也装在上面，试一试能不能转起来。

实验与验证

幼儿在扇叶的中心扎了一个孔，又将扇叶套在了电路玩具的零件上，扇叶成功地转动起来。幼儿发现扇叶虽然可以转动，但是产生的风很小。

图 1-7 拓印扇叶

图 1-8 制作四叶风扇

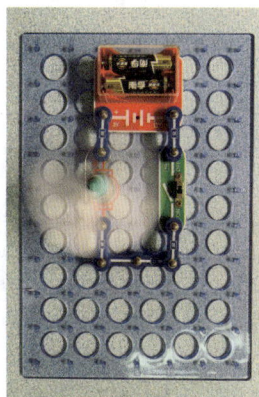
图 1-9 验证扇叶转动

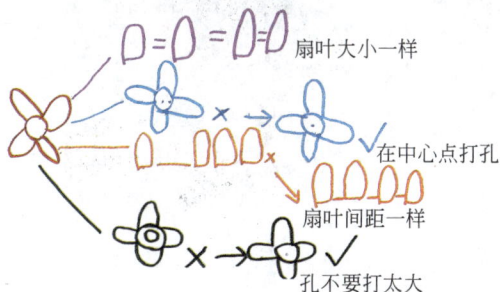
图 1-10 扇叶转动起来的经验总结图

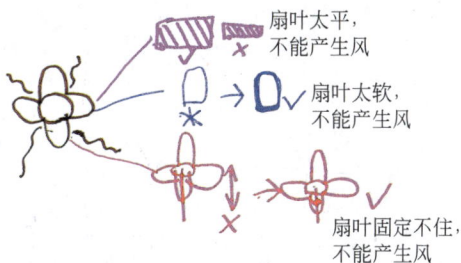
图 1-11 扇叶不能产生风的原因总结图

问题四：怎样做扇叶可以产生风？

教师带领幼儿观察班级中电风扇的扇叶。

分析与讨论

闹闹：扇叶不是平面的，每片扇叶都是有角度的。

凌夕：我们也要让扇叶有角度，这样才能有风吹出来。

晋廷：我们可以把扇叶做成立体的。

【教师支持：教师寻找各式风扇引导幼儿观察，丰富幼儿对扇叶的认识经验。】

猜想与假设

冠泽：我们可以把一张纸剪成圆形，然后上下左右各剪开一个口，再把每片扇叶都折一下，就有角度了。

闹闹：四片扇叶太少了，扇叶多一些，风力会更大。

凌夕：那我们把每片扇叶再从中间剪开，就可以变出八片扇叶了。

教师：我们要用剪刀剪到哪里呢？

晋廷：剪到中心就行了。

闹闹：不行，这样扇叶会断的。我们可以剪到离中心有一定距离的地方。

实验与验证

幼儿利用画圆尺画了一个圆形，并用直尺在圆上画了"米"字形直线，再用剪刀沿线剪到离中心相等的地方，将扇叶有角度地折一下，扇叶就做好了。幼儿将扇叶放在电路玩具上，扇叶转动了起来，同时产生了风，但幼儿发现纸质扇叶转动时有些晃动。

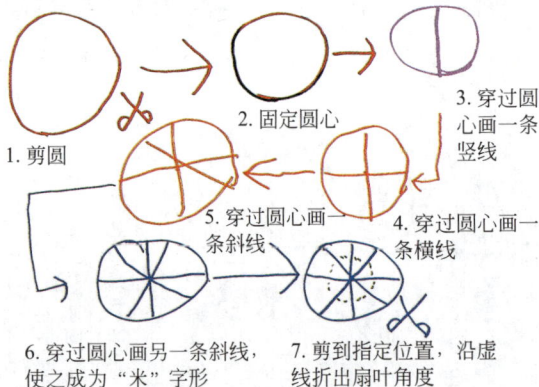

图 1-12　制作八片扇叶流程图

图 1-13　用直尺画"米"字形扇叶

【**经验迁移：**幼儿在活动区中进行过将1/4和1/8的扇形塑料片拼摆成圆形的游戏，对于扇形数量大小与圆形的组成关系有一定经验，幼儿将此经验迁移到了八片扇叶的制作中。】

问题五：用什么材料做扇叶更好？

分析与讨论

闹闹：纸做的扇叶还是有些软，换一种硬点儿的材料可能会更好。

晋廷：塑料瓶子比较硬。

凌夕：瓶子太硬，怎么折呀？

冠泽：垫板也很硬，用垫板试试吧。

猜想与假设

晋廷：对，可以用垫板！咱们可以用之前的办法，用垫板剪出一片片扇叶来。

教师：垫板的确是个很好的选择。那怎么做可以让垫板扇叶变得有角度呢？

凌夕：我们可以在中心做个立体的圆柱，就像瓶盖一样，然后将每片扇叶插上去固定好。

闹闹：瓶盖太硬，不好插。

冠泽：那我们拿轻体泥自己捏一个圆柱，轻体泥比较软，扇叶一下子就能插进去。

实验与验证

　　幼儿将轻体泥捏成了类似瓶盖的小圆柱体，并将垫板扇叶插了进去。幼儿将扇叶放置在电路玩具上，扇叶转动了起来，但没转两下扇叶就飞了出去。

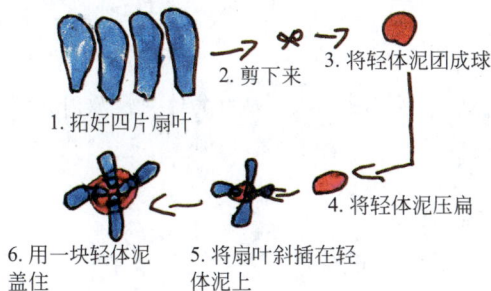

图 1-14　制作垫板风扇流程图　　图 1-15　垫板风扇失败原因汇总图

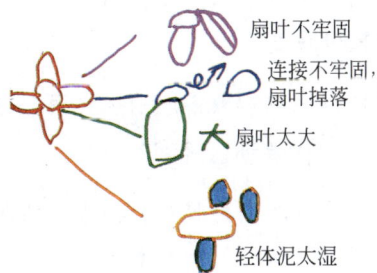

问题六：如何将扇叶固定牢固？

分析与讨论

冠泽：轻体泥太软了，粘不住扇叶。

凌夕：我们太着急了，应该等轻体泥干了再试。

晋廷：或者我们可以抹点儿胶水，这样粘更牢固。

猜想与假设

闹闹：美工区有胶钉，样子跟轻体泥很像，但是要比轻体泥黏多了。

张弛：我们可以用胶钉代替轻体泥试一试。

实验与验证

幼儿将轴心部位的材料更换成了胶钉，并在电路玩具上进行尝试。风扇转动起来了，但幼儿发现转速要比纸质风扇慢一些。

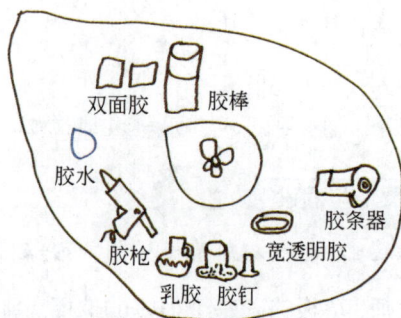

图 1-16　固定扇叶的材料和工具汇总图

问题七：怎样加快扇叶的旋转速度？

分析与讨论

教师：为什么风扇转得慢了？胶钉和轻体泥之间有什么不同？

张弛：胶钉风扇要比轻体泥风扇重很多。

凌夕：风扇本身太沉了，电路玩具带不动。

猜想与假设

教师：什么材料既像胶钉那么有黏性，又像轻体泥那么轻呢？

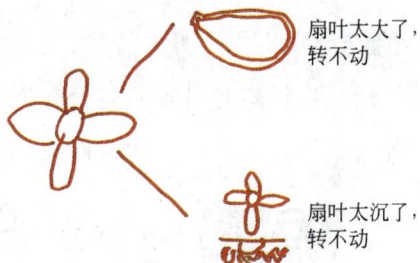

图 1-17　扇叶转速变慢原因分析图

闹闹：要不我们把胶钉和轻体泥揉在一起吧！

晋廷：不行不行，这两个不能揉在一起，那样就用不了了。

张弛：那我们先用最小的胶钉把扇叶粘住，然后在胶钉外边裹上一层轻体泥，等晾干以后再试试。

实验与验证

幼儿将胶钉和轻体泥两种材料组合，对扇叶进行了固定。扇叶被牢牢固定住，放在电路玩具上可以转动，而且转得比较稳。

【**教师支持：**教师通过运用指导语，引导幼儿发现胶钉和轻体泥的不同，鼓励幼儿进行大胆的尝试。】

活动五：尝试安装小电机

教师：用什么方法可以提高风扇的转速呢？电机怎样才能运转起来呢？

岑岑：电机需要通电。

安安：要有电池为电机提供能量。

赫赫：要用电线将电池和电机连接起来。

阶段小结与反思

（一）幼儿

　　幼儿基于日常生活中"桌面上的纸屑难以清理"的真实问题，展开了制作迷你吸尘器的深度学习活动。在探索中，幼儿认识了不同种类和功能的吸尘器，了解了吸尘器的组成部件和风扇的作用。同时，幼儿在探索后，还对活动过程进行了反思。

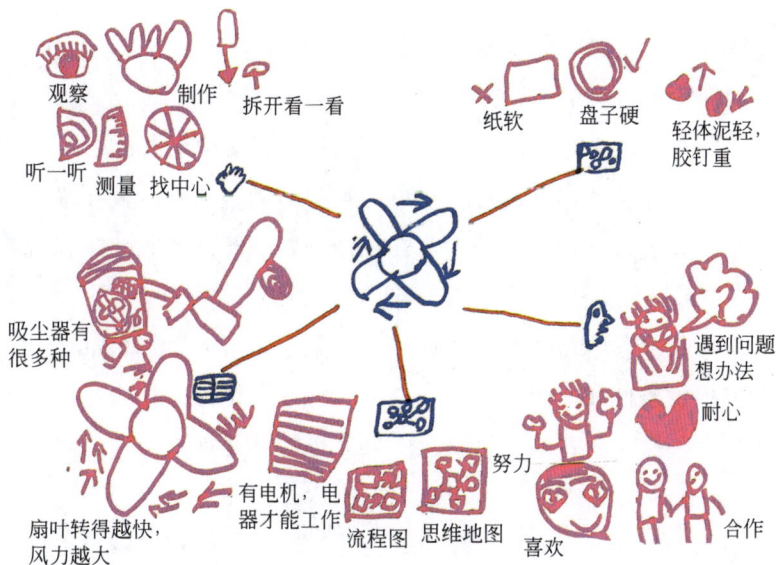

图 1-18　幼儿反思汇总图

首先，幼儿通过同伴共享、直观观察等方法，丰富自身对吸尘器的认知，了解吸尘器的内部构造，为制作迷你吸尘器奠定了坚实基础。

其次，幼儿积极联系生活实际来解决问题，利用已有经验不断拓展思路，寻找解决策略。幼儿通过观察、比较、猜想、实验等方式发现、分析与解决问题，在这个过程中形成对有关概念的初步认识，建构与理解新经验，具体如表 1-1 所示。

表 1-1　幼儿发现、分析与解决问题的过程总结

序号	出现的问题	原因分析	幼儿的尝试与调整	初步的经验
1	扇叶大小不同	缺少制作经验	运用拓印的方法绘制同等大小的扇叶	了解拓印的方法，并尝试运用
2	扇叶不能产生风	对扇叶的观察不够细致	运用圆形等分的方法制作扇叶，用折纸的方法制作扇叶的角度	初步掌握了有风扇叶的一种制作方法
3	纸质扇叶不牢固	纸在转动的过程中易变形	调整材料，用垫板进行尝试，并用轻体泥和小胶钉制作风扇轴心	学会了用组合的方法制作轴心
4	转速不够快	电路玩具带不动	尝试使用电机提高转速	学习了解电机的安装方法

最后，幼儿在整个过程中表现出积极主动、认真专注的良好学习品质，合作能力也得到了培养与发展。

（二）教师

在该阶段深度学习课题活动中，教师扮演着引导者、支持者、合作者的角色，不断深化与助推幼儿的探究活动。

首先，教师在活动中注意倾听幼儿之间的交谈，观察幼儿的行为，从中发现幼儿的兴趣。在幼儿遇到烦恼、心生对桌面吸尘器的向往时，教师快速地捕捉到幼儿的兴趣点，并进行预判，即从专业的视角去判断此兴趣点的探究价值，从而将幼儿的偶发兴趣转化为值得探究的内容，并生成相应的活动。

其次，教师通过搭建由幼儿、教师、家长及其他园所资源组成的学习共同体，为幼儿的探究提供条件和资源。家园合一的有力支持将为幼儿营造一个积极的探究环境，多种有关探究内容的信息资源的补充也为幼儿探究兴趣的持久与延伸提供了可能，从而拓展探究的广度与深度。

再次，幼儿思维发展以具体形象思维为主，因此教师积极创设条件，帮助幼儿在直接感知、亲身体验、实际操作中形成对某一事物的认识。在幼儿"做一做"

"试一试"的过程中，其探究兴趣愈加高涨，探究的问题也会不断生发。例如，通过近距离观察吸尘器的拆卸过程，了解吸尘器的内部构造，幼儿对吸尘器里的风扇产生进一步探究的欲望。

最后，教师作为幼儿行动上和情感上的合作伙伴，与幼儿形成平等、和谐的师幼关系。教师在整个活动中不仅注重幼儿探究能力的发展，而且重视幼儿探究精神以及自信心、成就感等积极情感的培养。教师鼓励幼儿勇于尝试，在试错中总结经验，获得解决办法。

第二阶段活动

活动一：绘制设计图

幼儿结合已有经验，绘制吸尘器的设计图纸。

岑岑：我们要做一个便携式的小老鼠吸尘器，小老鼠能将脏东西吸到肚子里。

图 1-19　小老鼠吸尘器设计图

活动二：收集材料

安安：我们可以用塑料瓶子来做小老鼠的身体。

闹闹：我们还需要软管，就是洗衣机排水的那种。

冬冬：我们还需要硬一些的纸或者塑料板子。

凌夕：做吸尘器还要用到剪刀、胶条和尺子。

珈铭：纸箱子也可以用来做小老鼠的身体。

白白：我用纸杯做过小老鼠，纸杯也可以用。

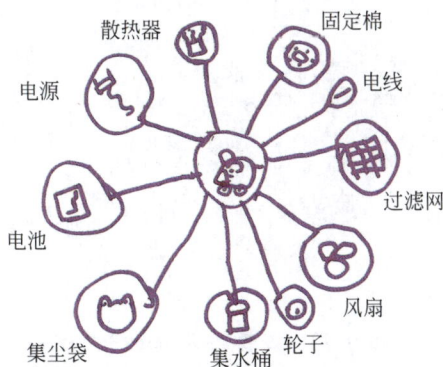

图 1-20　制作材料汇总图

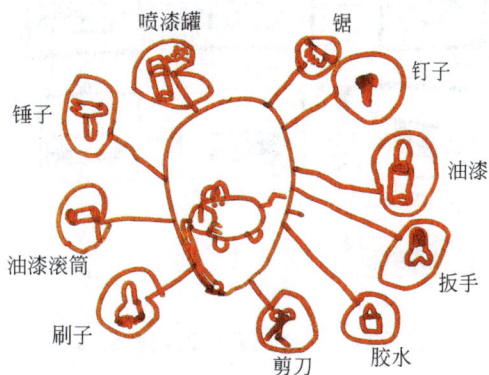

图 1-21　制作材料和工具汇总图

活动三：选择材料

芩芩：瓶子不要太大，我觉得平时喝矿泉水的小瓶子就挺合适的。

天晴：农夫山泉的瓶子又高又胖，装的垃圾多。

凌夕：纸杯太软了，时间长了容易坏。

晋廷：我觉得管子要长一些，方便吸远点儿的垃圾。

羿雨：管子粗一些，可以吸大一点儿的脏东西。

萱弋：管子可以用透明的，这样可以看见吸的脏东西，万一堵住了，我们也能知道是哪里出了问题。

经过讨论，幼儿设计了制作吸尘器的流程，并绘制了流程图。

活动四：尝试制作小老鼠吸尘器

问题一：怎样将风扇装进瓶子里？

分析与讨论

芊芊：我觉得扇叶不能太大，要比瓶子小一些，这样才能转起来。

雯悦：我们先要把瓶子切开，再把扇叶装进去。

猜想与假设

教师：从哪个位置切开呢？瓶子的上边、中间，还是下边？

冠泽：不能从中间切开，风力会不够大，不能将东西吸进去。

冬冬：从中间再靠上一点儿的地方切开，就可以了。

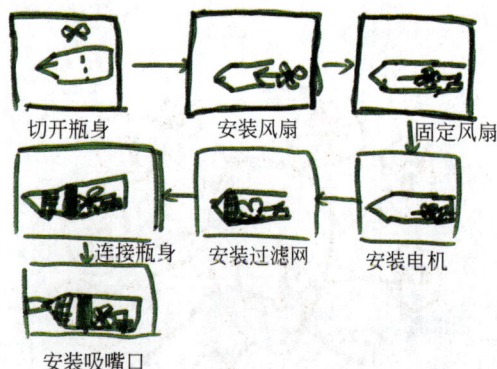

图 1-22　小老鼠吸尘器制作流程图

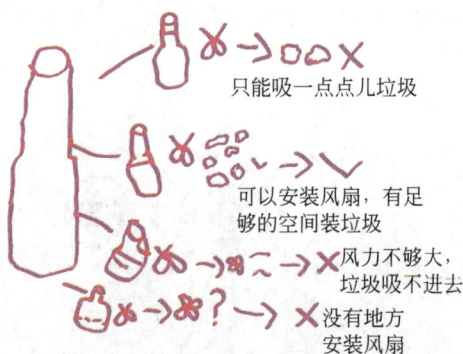

图 1-23　瓶身切开位置分析图

教师：怎样剪，可以把瓶子的边缘剪成一样齐呢？

岑岑：我们先用尺子比着画好线，再沿线剪就行了。

凌夕：瓶子是个圆桶，用尺子太不方便了。

岑岑：那就用绳子在瓶子上缠一圈，用胶粘住。

顺顺：那就用皮筋吧，皮筋很好固定，也不用胶。

实验与验证

幼儿将皮筋固定在要剪开的位置，用记号笔沿着皮筋画好标记，再用剪刀将瓶子剪成两半。幼儿选择了大小合适的扇叶比画着放在瓶子中，扇叶不会碰到瓶壁。

【教师支持：教师鼓励幼儿大胆表达自己的观点，在交流分享中丰富自己的已有经验。】

图 1-24　沿着皮筋画线

问题二：怎样将风扇固定在瓶子里？

分析与讨论

冬冬：风扇一定要放在瓶子的中间，扇叶要是碰到瓶子就会卡住，就转不起来了。

教师：用什么方法可以固定好电机，让它悬在瓶子中央呢？请你在班中找一找，看看有没有适合的材料。

猜想与假设

知之：我们用线把电机吊起来，就像咱们班的挂饰一样，悬在空中。

赫赫：不行不行，扇叶转起来会刮到绳子，和绳子缠在一起的。

馨艺：我们在瓶子的两边打上洞，把吸管横着插进去，然后将扇叶的电机和吸管粘住。

雯悦：木棍看起来更结实。

闹闹：木棍是圆的，不稳。咱们班有冰棍棒，我觉得那个是扁扁的，能固定稳。

岑岑：那我们来投票，哪种票数高就用哪种。（幼儿投票后，选择用冰棍棒作为固定工具。）

教师：用什么材料将电机和冰棍棒固定在一起呢？

凌夕：用胶条缠住。

馨艺：胶条粘木棍不结实，我们用双面胶固定会更好。

教师：电池开关放在什么位置呢？

15

闹闹：放在瓶子外边，这样方便开关。

实验与验证

大家先将风扇摆放在瓶子里合适的位置，然后在电机上面贴好双面胶，用笔在瓶身外部的一侧画好标记，拿剪刀将瓶子沿标记剪开一个小孔，再把冰棍棒从孔中穿过，穿过的同时标记好另外一侧的孔的位置，拿剪刀剪开标记处，再将冰棍棒穿出瓶身另一侧。将冰棍棒摆正后，幼儿用力将冰棍棒粘在带有双面胶的电机上，待风扇和电机固定好后，风扇顺利地转动了起来。

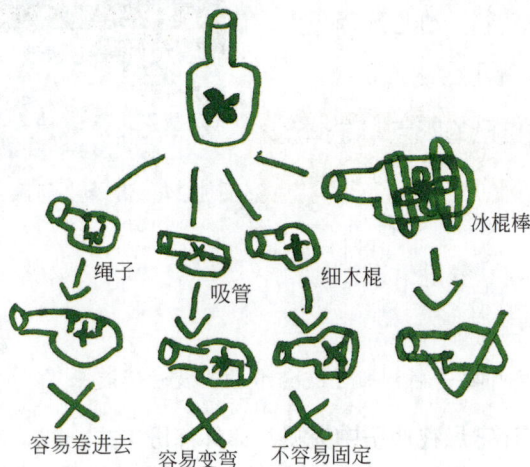

绳子　吸管　细木棍　冰棍棒

容易卷进去　容易变弯　不容易固定

图 1-25　固定风扇方法汇总图

图 1-26　合作固定风扇

问题三：怎样安装过滤网？

风扇固定好后，幼儿尝试固定过滤网。

分析与讨论

凌夕：过滤网的孔不能太大，不然垃圾会漏出去。

柏柏：过滤网也不能太硬，要软一点儿，我觉得之前咱们造纸用的那个就很合适。

猜想与假设

教师：过滤网安装在什么位置呢？在风扇的前面还是后面？

晋廷：我觉得应该放在风扇后面，吸完直接进肚子。

高梓宸：我觉得不对，你那样装，脏东西穿过风扇，会把扇叶给弄坏的。

柏柏：应该放在风扇的前面，风把垃圾吸进瓶子的时候，垃圾就直接被拦住了。

教师：过滤网怎么放？

凌夕：我觉得把过滤网剪成比瓶子小的一块，然后塞在风扇的前面。

岑岑：你那个太小了，风一吹，要是没粘牢就跑了。

闹闹：我觉得拿块大一点儿的过滤网包住瓶子的口，把风扇放到瓶子最里面，这样前面装垃圾的地方还大些。

教师：用什么材料固定过滤网？

【教师支持：教师利用有效提问，引导幼儿寻找安装过程中的关键问题。**】**

凌夕：用胶粘，结实。

晋廷：可是粘住了，等换过滤网的时候就不好换了。过滤网也会被撕坏，下次就不能用了。

岑岑：要不用皮筋试试？我见爸爸固定蝈蝈笼子时就是用皮筋绑的，很结实，而且还好取下来。

实验与验证

第一次，幼儿拿皮筋绑剪好的过滤网，由于过滤网太小了，以失败告终。

第二次，幼儿拿一个大块的过滤网包住瓶子的切口处，一人包紧瓶子的切口，另外一人用一根皮筋绑，结果两个人一松手，过滤网就掉了。

第三次，幼儿选择用四根皮筋绑，过滤网很严实地包住了瓶子切口。

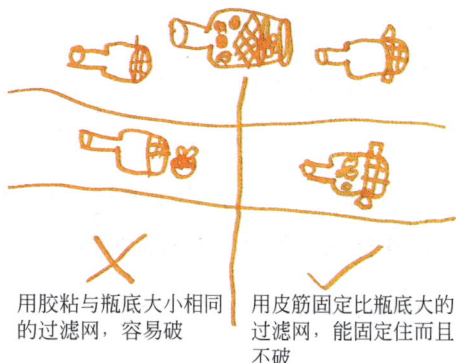

用胶粘与瓶底大小相同的过滤网，容易破

用皮筋固定比瓶底大的过滤网，能固定住而且不破

图 1-27　过滤网安装方法总结图

【迁移经验：幼儿将固定蝈蝈笼子的方法迁移到过滤网的固定上。**】**

问题四：怎样将吸尘器各部分固定好？

猜想与假设

晋廷：拿双面胶吧，黏性好。

凌夕：双面胶太小了，粘上会漏风的。

晋廷：那就用宽透明胶吧，那个也挺结实的。

实验与验证

大家找来宽透明胶，选择合适的长度，两人配合，一人将部件端平合紧，另外一人拿宽胶带沿着切割线粘好一圈，觉得不

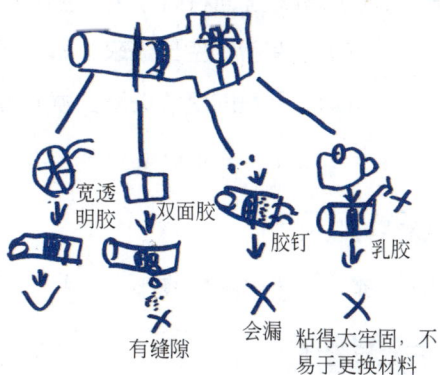

宽透明胶　双面胶　胶钉　乳胶

有缝隙　会漏　粘得太牢固，不易于更换材料

图 1-28　固定吸尘器的材料分析图

太结实，又粘了第二圈。

凌夕：后面也被切开了，也要粘上，后壳比较窄，拿宽透明胶粘一圈就行。

问题五：吸尘器为什么不能吸碎纸屑？

教师协助幼儿打开吸尘器开关，风扇转动，但是桌面上的碎纸屑并没有被吸进瓶子里。

分析与讨论

闹闹：这是怎么回事？（检查风扇的安装）风扇没装错啊！

晋廷：（检查封口处）也没有漏风的地方。

凌夕：（检查电池）我看电池也有电，为什么吸不上来呢？

晋廷：老师，我们怎么失败了？

教师仔细检查后，发现吸尘器后面被封死了，空气无法排出。

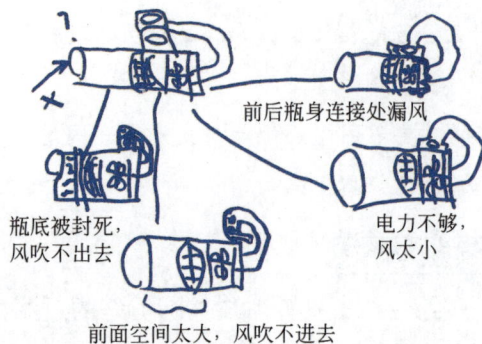

图 1-29　吸尘器不能吸碎纸屑的原因猜想图

【教师支持：教师找来吹风机，将纸分别放在吹风机的出风口和进风口，请幼儿再次观察纸巾的变化，并引导幼儿再次思考吸尘器的真空原理。】

教师：纸巾被吹走了，为什么？

闹闹：因为前边是出风口。

教师随后将纸巾放到吹风机的进风口。

教师：纸巾被吸住了，为什么？

晋廷：因为风扇把空气吸进去了。

教师：吹风机的正面将风吹出，也就是将空气排出产生风。要想有更多的空气排出，就需要有新的空气进来，所以还要有进风口。吸尘器的原理也是这样，若想有源源不断的空气进来，就需要有将空气排走的地方。

闹闹：我明白了，我们的吸尘器只有进风口却没有出风口，所以碎纸屑吸不上来。

猜想与假设

闹闹：把后盖那个粘住的地方撕开就行了！

实验与验证

幼儿将后盖撕开后，再次打开开关，桌面上的纸屑被吸上来了。

问题六：怎样安装管子？

幼儿按照设计图，尝试安装管子。

第一次尝试

【分析与讨论】

教师：选择什么样的管子比较合适呢？

凌夕：要选那个长的，稍微软一点儿的，因为可以弯。

闹闹：太长的也不行吧？

凌夕：长的可以吸得远啊。

【实验与验证】

幼儿找到了一根粗管子，粗细刚好能插入瓶嘴里。幼儿打开开关，等了好一会儿，好不容易看见有片纸被"嗖"的一下吸进管子，但是纸始终没有到瓶子里。

闹闹：管子太长了。

柏柏：那我们弄大点儿风不就行了。

凌夕：找个大点儿的电机装上。

岑岑：找个短一点儿的管子。

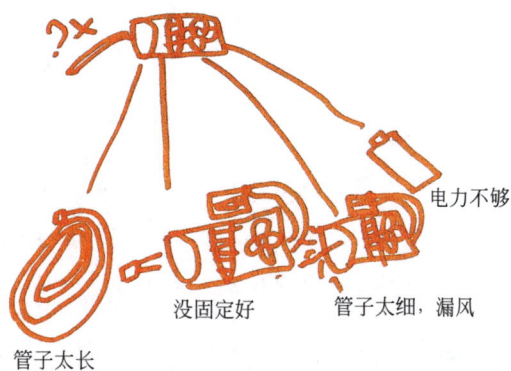

图 1-30　吸尘器吸尘效果不好的原因总结图

教师：管子越长，纸屑进入瓶中的路程就越长，需要的吸力就越大。要想吸力变得更大，就要提供转速更快的电机。

第二次尝试

幼儿找到了另一根较短的管子，但管子比较细。

【猜想与假设】

教师：较细的管子怎么安装？

凌夕：用透明胶粘。

闹闹：拿个瓶盖，挖一个和这个管子一样粗的洞，把管子塞进

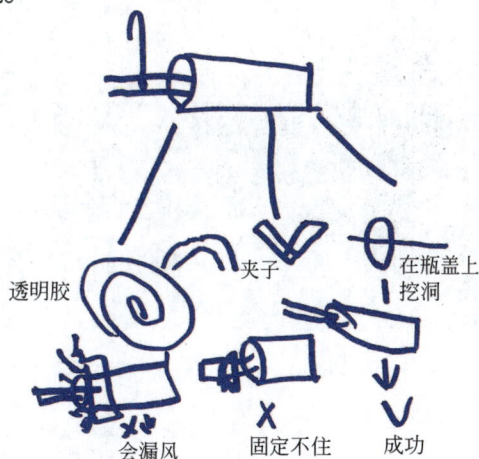

图 1-31　固定管子的方法汇总图

去固定好，再把瓶盖拧在瓶子上就可以了。

教师： 挖多大的洞比较合适呢？

岑岑： 我们把管子立在瓶盖的中间，沿着管子口画一个圆圈，再按照这个圆圈的大小挖洞就行了。

实验与验证

在教师的帮助下，瓶盖的洞挖好了，管子正好可以塞进去。

问题七：吸面、吸边、吸角分别用什么样的吸嘴？

分析与讨论

闹闹： 吸面就选那种平平的、宽一点儿的吸嘴。

晋廷： 吸边选短一点儿的吸嘴。

岑岑： 如果吸角的话，就要选一个尖尖的吸嘴，很细的那种，能伸到缝缝里。

猜想与假设

承承： 我们可以把纸盒竖着切开，做成一个长条的吸嘴。

冠泽： 我们可以用纸做一个漏斗样子的吸嘴。

雯悦： 纸太软了。瓶子的上半部分剪下来不就是一个漏斗嘛！

实验与验证

幼儿动手操作，制作出了各种吸嘴，安装在不同的吸尘器上，用来打扫班级的不同位置。

图 1-32　试验吸嘴

图 1-33　小老鼠吸尘器实物

阶段小结与反思

（一）幼儿

基于第一阶段活动的参与体验，幼儿在第二阶段活动中制作兴趣更加浓厚，表现出更强的自主学习能力。幼儿发挥想象力，设计各式图纸，相互讨论收集材料并绘制流程图，在活动过程中不断克服困难，最终成功制作出吸尘器，表现出良好的学习品质。

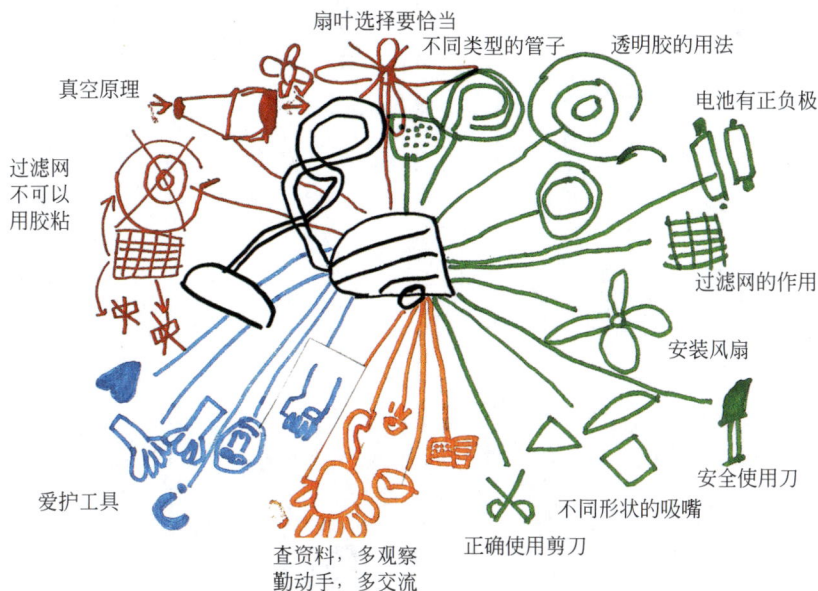

图 1-34 幼儿反思汇总图

（二）教师

教师在深度学习课题活动中，始终扮演着服务者、助推者、陪伴者的角色，为幼儿制作小老鼠吸尘器助力。

首先，教师秉持开放性原则，充分利用相关资源，让其服务于幼儿的探究。例如，开放区域，让幼儿可以在班级各个区域寻找可用材料，鼓励幼儿突破原有思路，扩展问题解决方法；开放材料，教师可有目的、有计划地准备丰富的材料和零件，形成易取放的材料库，引发幼儿有意义的探究，并且鼓励幼儿大胆创新组合使用材料；开放记录表，鼓励幼儿运用自己独特的方式设计与创造适宜的记录表，记录自己的探究过程与结果。

其次，教师不断为幼儿提供讨论、交流、分享的机会。幼儿间的讨论可以帮助幼儿相互学习，在交流碰撞中激活思维，从而想出更多、更有效的策略方法。

师幼间的交流可以催化探究的深入，教师留给幼儿充分的思考和探索的空间，没有直接告诉幼儿问题在哪里、解决方法是什么，而是以开放性提问层层递进引导幼儿自己发现与解决问题。集体间的分享可以共享幼儿的经验，帮助幼儿反思总结操作过程中获得的经验。

最后，教师不断丰富自己，努力做一个高质量的陪伴者。教师在深度学习活动前要做好知识储备，为幼儿后续探究提供更为专业的支持。

课题活动二：热水保温

吉林省省直机关第三幼儿园　大三班　何莹
（指导者：张巍）

选题缘由

　　水是人们生活中不可缺少的物质。一天，幼儿看到保育老师在给他们调兑温水，很好奇地问道："在寒冷的冬天，为什么热水很快变凉，不能一直保温呢？"幼儿基于生活中的现象提出了热水保温的话题，并且想要制作一个保温瓶来解决热水保温的问题。制作保温瓶，幼儿首先需要了解生活中保温瓶的类型、结构及其原理等相关知识，并且需要不断地对比测试哪种材料保温效果最好。在实际的制作过程中，幼儿会遇到各种意想不到的小问题，需要不断地接受挑战，学会与同伴协商合作，共同分析问题，解决问题。基于热水保温活动蕴含丰富的教育价值，教师决定与幼儿共同开展"热水保温"这一课题活动。

第一阶段活动

活动一：经验分享

　　幼儿对热水保温这个话题产生了浓厚的兴趣，纷纷探讨用什么样的方法能让热水保温。

铭铭：把瓶子的盖子盖上，或者把瓶子放在太阳下面晒。

桐桐：用纸把瓶子包上，就不会散热了。

蜜儿：用棉花包瓶子。

孟龙：赶快把瓶子里的水喝掉。

兴晔：找一个袋子，把瓶子放到袋子里，然后把袋子系上，这样热气就跑不出去了。

孟龙：把瓶子盖上盖子，揣到兜里。

晟桓：不能用普通的纸，普通的纸太薄了。卡纸比较厚，可以用卡纸。

京宝：把瓶子放到叠好的被子里，就像汉堡包一样，把瓶子夹在被子中间。

图 2-1　联想热水保温方法的气泡图

　　幼儿在探讨如何让热水保温的话题后，每个小组分别绘制了热水保温方法的气泡图，并决定自制一个保温瓶，以解决热水变凉的问题。在制作保温瓶之前，教师告诉幼儿，首先应该知道热水的初始温度和变凉后的温度，在了解温差的前提下，结合材料的特点，才能设计出能保温的瓶子。在日常生活中，幼儿通常能感知到热水变凉这一现象，可是没有一个幼儿亲自去测试过水的温度。应该怎样测量呢？用什么工具测量呢？这两个问题让全班幼儿有些困惑。这时教师及时介入幼儿的谈话，引导幼儿用水银温度计测量水温的变化。在教师的帮助下，全班幼儿小组合作，测量出热水的初始温度是 45℃，一个小时后再次测量，水温降到 25℃。

【教师支持：在教师的帮助下，幼儿学会了读水银温度计。教师与幼儿共同测试，热水在室内放置一个小时后，水温由 45℃降到 25℃。】

　　测量水温变化后，幼儿感慨水变凉的速度之快，于是下决心一定要做出保温效果很好的瓶子，以延长水变凉的时间。基于幼儿浓厚的兴趣，教师与幼儿共同开启制作保温瓶之旅。

活动二：收集材料

教师首先引导幼儿在教室里寻找可以使热水保温的材料，幼儿在教室里认真收集后，发现了彩纸、皱纹纸、卫生纸、瓦楞纸、卡纸和黏土等材料。

【教师支持：教师为幼儿提供充足的材料，如彩纸、皱纹纸、卫生纸、瓦楞纸、卡纸和黏土等，以推进幼儿的活动。】

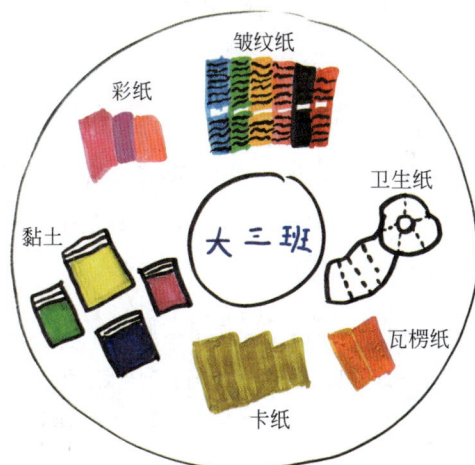

图 2-2　收集实验材料圆圈图

活动三：制作保暖衣

教师帮助幼儿找到充足的材料后，幼儿开始分组为瓶子制作保暖衣，这个过程包括交流讨论、选择材料、制作实施、反思与小结等环节。

第一组

小组成员讨论和选择所用的材料和工具，主要包括瓶子、彩纸、剪刀和胶棒。

禹德：我觉得彩纸可以保温，彩纸挺厚的。

龙宝：那我们用彩纸试一试吧。

小组成员选定了彩纸材料后开始制作瓶子的保暖衣。在制作过程中，幼儿遇到了彩纸之间有缝隙且热气会从缝隙跑出去这一问题。

问题一：怎么防止热气散失？

分析与讨论

禹德：彩纸之间有缝隙，热气从缝隙跑出去了。

教师： 有缝隙没关系，可不可以补一补？

禹德：老师，可以用别的东西补吗？

教师： 当然可以！你们想好用什么材料补了吗？

龙宝：老师我们想用黏土。

猜想与假设

　　小组成员计划用黏土把彩纸瓶的空隙堵上，来解决彩纸之间有缝隙且热气会从缝隙跑出去的问题。

实验与验证

　　幼儿把黏土团成圆饼的形状，贴在彩纸瓶的外面，再把彩纸瓶的缝隙堵上，然后在彩纸瓶的外面包了一层黏土。多次实验与改良后，经过测量，彩纸瓶中热水的保持温度由之前的 34.5℃ 升高到 35.2℃。

【学习品质：幼儿遇到困难时不放弃，积极思考解决的方法，并勇于尝试。例如，幼儿用黏土填充彩纸与瓶子之间的空隙时，瓶子保温效果一直不佳，幼儿经过长时间的努力，逐渐缩小彩纸与瓶子之间的缝隙，最终取得成功。】

第一组幼儿的反思

　　幼儿通过绘制双气泡图反思保温的效果，总结出用黏土填充彩纸与保温瓶之间的空隙，有利于增强保温效果。

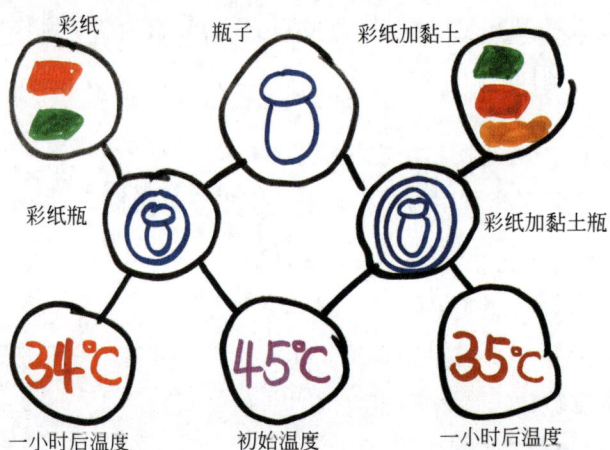

彩纸　　瓶子　　彩纸加黏土

彩纸瓶　　　　　　彩纸加黏土瓶

34℃　　45℃　　35℃

一小时后温度　　初始温度　　一小时后温度

图 2-3　彩纸瓶与彩纸加黏土瓶保温效果对比图

第二组

　　小组成员集体讨论需要用到的材料和工具，主要包括瓶子、卫生纸、双面胶和剪刀。

瑶瑶：我觉得卫生纸可以保温。

一一：卫生纸很柔软，像衣服一样，应该可以保温吧！

润哲：那我们用卫生纸试一试吧。

　　小组成员选定了卫生纸材料后开始为瓶子制作保暖衣。在制作过程中，幼儿遇到了卫生纸太薄不保温和双面胶不好用等问题。小组成员进行多次讨论和反复尝试，问题依然没有解决。

问题一：卫生纸怎样包更保温？

分析与讨论

牛牛：卫生纸很柔软，包的层数少，所以不保温。

一一：多包几层吧。

润哲：行，多包几层应该能保温。

猜想与假设

　　小组成员猜想，可以用在瓶子外面多包几层卫生纸的方法，来解决卫生纸太薄不保温的问题。

实验与验证

　　幼儿在瓶子外面又包了三层卫生纸以增强保温的效果，但是在操作过程中发现卫生纸粘贴不牢固。

问题二：双面胶怎么能固定住卫生纸？

分析与讨论

润哲：哎呀，卫生纸上面的双面胶总是撕不下来！

一一：是呀，我也撕不下来！

教师：别着急，慢慢撕。或者可以换其他胶试试？

牛牛：别用双面胶了，咱们用透明胶吧。

猜想与假设

　　小组成员猜想，可以将双面胶换成透明胶，来解决双面胶不好撕的问题。

实验与验证

　　幼儿在瓶子的外面包了很多层卫生纸，并且用透明胶把瓶口和底部的卫生纸粘严实。最后经过测量，瓶中热水的保持温度由之前的 37℃升高到 38.5℃。

第二组幼儿的反思

幼儿对测量结果进行反思，并绘制反思的双气泡图。幼儿发现瓶子外包三层卫生纸时瓶中热水的温度最高，用透明胶粘卫生纸粘贴得最牢固。

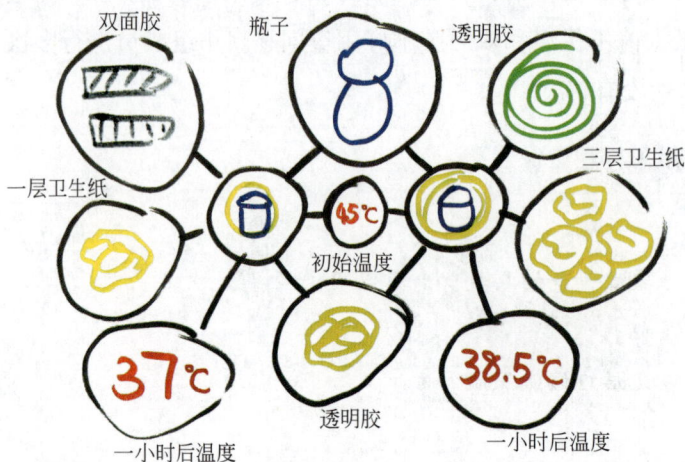

图 2-4　瓶子外包一层卫生纸与包三层卫生纸保温效果对比图

第三组

小组成员交流讨论后决定，需要的制作材料和工具主要有瓶子、卡纸、胶棒和剪刀。

晟桓：我觉得卡纸好像可以保温。

桐桐：卡纸特别厚，保温后水的温度一定特别高。

小组成员选定了卡纸材料后开始为瓶子制作保暖衣。在制作过程中，幼儿发现热气会从空隙中跑出去。

问题一：卡纸和瓶子之间有空隙，怎样防止热气从空隙中散失？

分析与讨论

铭铭：卡纸这么硬，粘不住啊！

晟桓：多抹点儿胶，再按的时间长一点儿。

教师：你们是否可以借助其他材料试一试？

妞妞：用棉花把空隙塞上吧。

桐桐：也行，棉花很软，还热乎乎的！

猜想与假设

小组成员猜想，可以用棉花把空隙塞上，以减少热气的散失。

实验与验证

幼儿先在卡纸和瓶子之间的空隙里塞点棉花，又在卡纸外面包上了两层较厚的棉花，最后经过测量，瓶中热水的保持温度由34.5℃上升到39.4℃。

第三组幼儿的反思

幼儿对测量结果进行反思，并绘制反思的双气泡图。幼儿发现卡纸的外面包上棉花时瓶中热水的温度最高。此外，幼儿还发现卡纸太硬，与瓶子之间有空隙，这样不利于保温。幼儿想办法在卡纸和瓶子的空隙处填充棉花，并且在卡纸瓶的外面又包了两层厚厚的棉花。经过实验验证，水温可以保持到39.4℃。

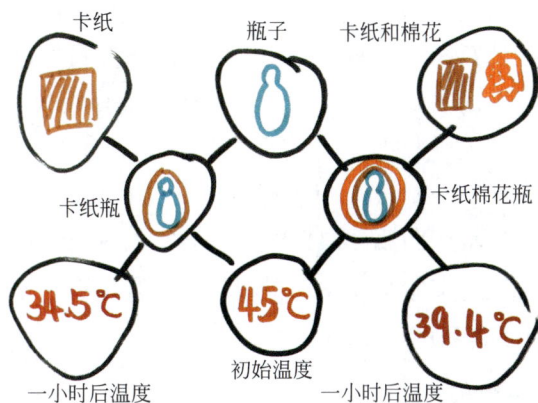

图 2-5　卡纸瓶与卡纸棉花瓶保温效果对比图

第四组

小组成员讨论需要用到的材料和工具，主要包括瓶子、皱纹纸、瓦楞纸、胶棒和剪刀。

琪琪：我想用皱纹纸。

教师：这个不是皱纹纸，是瓦楞纸。

海同：那我们一起用瓦楞纸制作吧！

小组成员选定了皱纹纸和瓦楞纸材料后开始为瓶子制作保暖衣。在制作过程中，幼儿发现瓦楞纸有空隙，热气容易从空隙中跑掉。

问题一：瓦楞纸有空隙，怎么防止热气散失？

分析与讨论

海同：瓶子与瓦楞纸之间有空隙，透明胶粘不住。我们可以多粘一些胶在两侧，然后相互对齐就粘得比较牢固了。

希希：瓦楞纸还是会有一些空隙啊，热气依然会跑出去啊。

教师：我们还可以采用什么方法不让热气跑出去呢？

海同：我知道！用塑料袋！

教师：怎么使用塑料袋保温呢？

海同：用塑料袋把瓶子包起来，再系紧点儿，热气就不会跑出去啦！

琪琪：海同真聪明！

猜想与假设

小组成员猜想，可以用在皱纹纸瓶外面包塑料袋的方法，来解决这个问题。

实验与验证

幼儿先用皱纹纸、瓦楞纸包瓶子，然后把皱纹纸瓶放在塑料袋子里，将袋子系紧，防止热气散失。最后经测量，瓶中热水的保持温度由35℃上升到36.3℃。

第四组幼儿的反思

幼儿观察结果后发现保温瓶外面包塑料袋后水的温度更高，说明塑料袋有利于保温。此外，幼儿通过实验验证发现将塑料袋系紧也有利于保温，在卡纸外面多包一层棉花，能使保温瓶的保温效果更好。

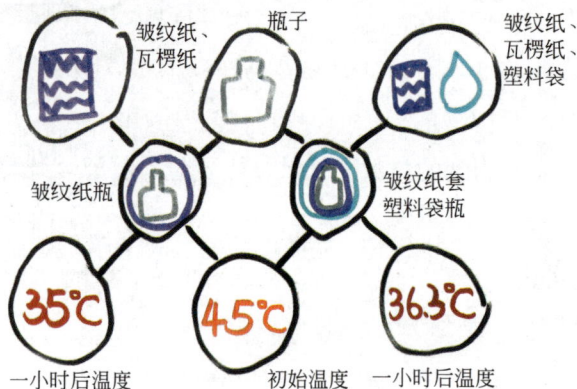

图 2-6　皱纹纸瓶与皱纹纸套塑料袋瓶保温效果对比图

四个小组分别进行实验后，幼儿对实验结果进行了总结，具体如表 2-1 所示。

表 2-1　四个小组的温度测量结果

组别	材料	初始温度	一小时后温度	添加材料	添加材料后一小时温度
第一组	彩纸	45℃	34℃	黏土	35℃
第二组	卫生纸	45℃	37℃	三层卫生纸	38.5℃
第三组	卡纸	45℃	34.5℃	棉花	39.4℃
第四组	皱纹纸、瓦楞纸	45℃	35℃	塑料袋	36.3℃

活动四：家园合作收集更多材料

幼儿对制作保温瓶的活动越来越感兴趣，班级里的材料已经满足不了幼儿的探索欲望了，所以教师调动家长资源帮忙寻找更多的实验材料。第二天，幼儿把收集的材料带到幼儿园分享，并绘制了材料的圆圈图。

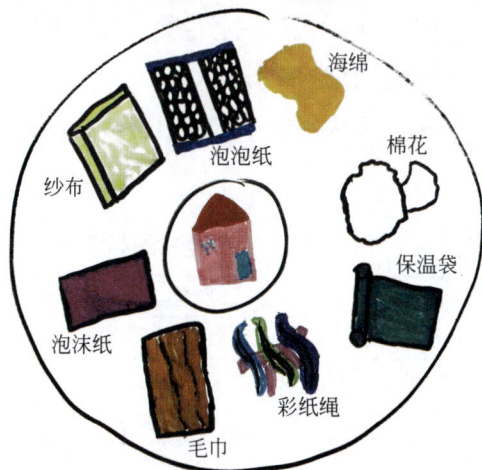

图 2-7　家园合作收集材料的圆圈图

活动五：预测实验结果

每个小组的幼儿使用从家里带来的材料为瓶子制作保暖衣，并在制作完成后对材料的保温效果进行猜想与预测。

妞妞：我猜棉花最保温，因为棉花很柔软。

桐桐：保温袋最保温，因为它包得特别严实。

一一：我认为毛巾最保温，因为毛巾包得最严实。

伟志：我认为海绵最保温，因为海绵好像会发热。

希希：我认为泡沫纸最保温，因为我包了两层呢！

子博：我用纱布把瓶子包得又粗又厚，一定最保温！

活动六：测量温度

幼儿猜测之后用温度计进行测量，测试结果如表 2-2 所示。

表 2-2　不同材质保暖衣的温度测量结果

温度	棉花	海绵	彩纸绳	保温袋	毛巾	泡沫纸	泡泡纸	纱布
初始温度	45℃	45℃	45℃	45℃	45℃	45℃	45℃	45℃
一小时后温度	38℃	37℃	33℃	36℃	37℃	36℃	34℃	39℃

最后，幼儿通过观察与分析，总结出棉花和纱布相比其他材料更保温。

【科学原理：棉花保温的科学原理。棉花在蓬松状态时，内含许多空气，这些空气和棉花纤维结合，可以降低热传递效率。】

阶段活动后，幼儿对四个小组在三次尝试中所用的材料进行了对比，具体如表 2-3 所示。

表 2-3　四个小组三次尝试的材料对比

组别	第一次尝试的材料	第二次尝试的材料	第三次尝试的材料
第一组	彩纸	彩纸和黏土	彩纸绳
第二组	卫生纸	卫生纸多层	棉花
第三组	卡纸	卡纸和棉花	海绵
第四组	皱纹纸、瓦楞纸	皱纹纸、瓦楞纸和塑料袋	保温袋

阶段小结与反思

（一）幼儿

幼儿对这一阶段的活动进行分析与讨论，总结出用纱布、海绵、棉花包装瓶子保温效果最好，并绘制了树状图。

（二）教师

首先，教师给幼儿提供充足的探究时间。在探究保温材料的

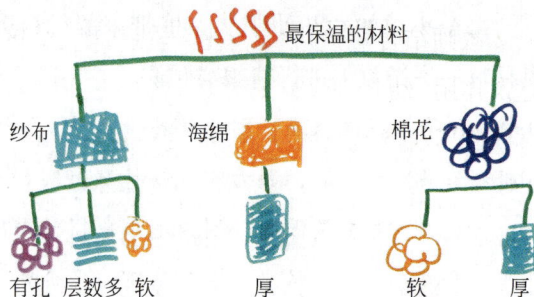

图 2-8　保温材料效果总结树状图

过程中，幼儿遇到很多问题，教师没有急于将答案告诉幼儿，而是引导幼儿调动原有的经验进行大胆猜想与假设，并通过实验来验证自己的猜想与假设。教师支持幼儿主动建构自己的知识和经验，并引导幼儿用思维地图记录和分析研究过程与结果。

其次，教师支持幼儿质疑他人的观点。幼儿在活动中经常出现争议，教师鼓励、支持幼儿对他人提出的观点进行质疑，引导幼儿有理有据地提出自己的看法，并通过实验验证猜想的合理性，直至最终解决问题。

第二阶段活动

经过上一阶段的活动探索后，幼儿发现使用生活中收集的材料为瓶子制作保暖衣，其保温效果没有商场里购买的成品保温瓶好。幼儿想寻找更有利于保温的材料制作新的保温瓶。教师了解到幼儿这一新的想法后，便组织幼儿一起寻找与探索保温效果最好的材料。

活动一：经验分享

教师为幼儿查找了自制保温瓶的相关视频，引导幼儿在观看时仔细观察视频中的保温瓶与幼儿自制保温瓶的不同。

教师：在自制保温瓶的视频里，你们发现了什么？

妞妞：视频里的保温瓶都是用锡纸做的。

桐桐：有的是玻璃瓶，有的是在超市买的塑料瓶。

阔阔：有的瓶子得用刀切开。

伟智：每个视频中，人们都是先用锡纸包瓶子，然后再将用锡纸包好的瓶子放入准备好的大瓶子中，最后用胶粘贴好。

活动二：亲子调查

教师结合幼儿对锡纸的兴趣，引导幼儿回家与家人一起探究生活中锡纸的用途及作用。幼儿回家收集资料后，把生活中锡纸制作的物品带到幼儿园和大家分享，并绘制了气泡图。

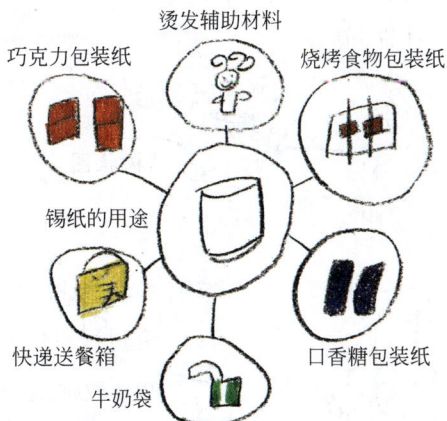

图 2-9　锡纸的用途气泡图（1）

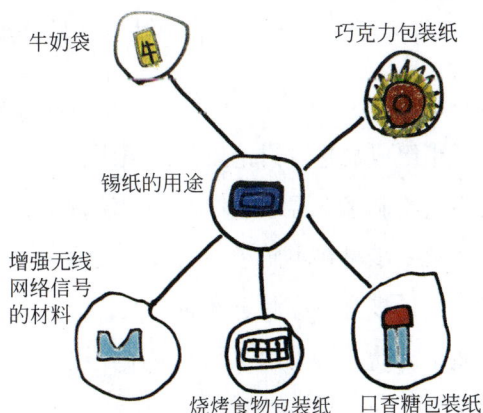

图 2-10　锡纸的用途气泡图（2）

活动三：收集材料

幼儿总结了第一阶段的活动经验，结合视频中的相关内容，在了解了每种材料的性质和特点后收集了相关的材料，并绘制了相关思维地图。

教师：你想用什么来制作保温瓶？为什么？

桐桐：我想给小瓶子包上锡纸，锡纸有保温作用，锡纸既薄又轻巧，再套上一个大瓶子肯定更保温！

一一：我想用锡纸和报纸，视频里用的是锡纸和报纸。

龙宝：我想用锡纸和棉花，棉花最保温。

铭铭：先用锡纸，再用纱布，纱布最保温，所以我想用纱布。

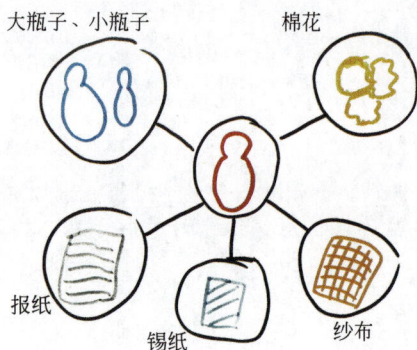

图 2-11　制作保温瓶材料的气泡图

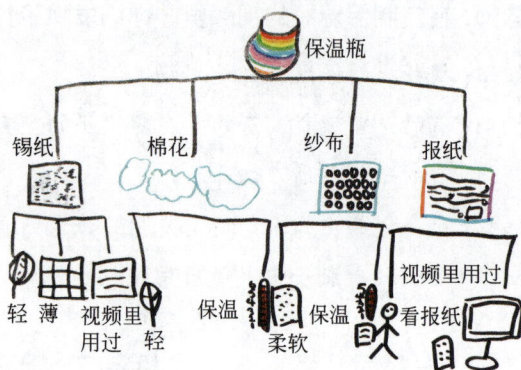

图 2-12　保温材料汇总图

活动四：制作施工

幼儿在收集丰富材料的基础上，仔细分析与对比了不同材料的保温特点，结合自制保温瓶视频里的制作方法，开始分组制作保温瓶。

第一组

小组成员集体讨论后，按照协商的想法绘制了保温瓶制作方法的流程图。第一步是在小瓶子外面包一层锡纸，第二步是在小瓶子外面套上一个大瓶子。幼儿认为用这种方法制作出的保温瓶既轻便又能保温。

小组成员根据绘制的保温瓶制作

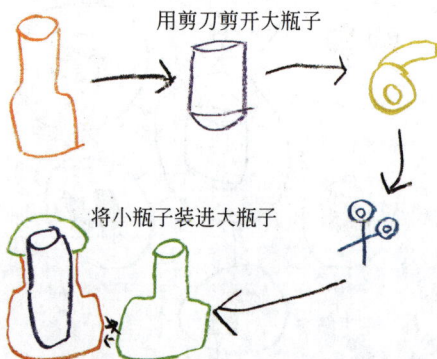

用剪刀剪开大瓶子

将小瓶子装进大瓶子

图 2-13　第一组总结的保温瓶制作流程图

流程图开始尝试制作保温瓶，但是在制作过程中遇到了一些难题。

问题一：包几层锡纸最能保温？

分析与讨论

妞妞：多包几层锡纸更保温吧？

桐桐：老师，可以多用几张锡纸吗？

教师：当然可以。那你们协商好包几层了吗？

桐桐：那咱们包三层吧。包太多层的话，大瓶子就套不进去了。

桐桐：先试试三层，不行再包两层。

猜想与假设

　　小组成员在探讨包几层锡纸时发生了争议。有的幼儿觉得包三层比包两层更保温，有的幼儿觉得包的层数过多，小瓶子就套不进大瓶子了。最终幼儿协商一致，决定两种方法都尝试一下。

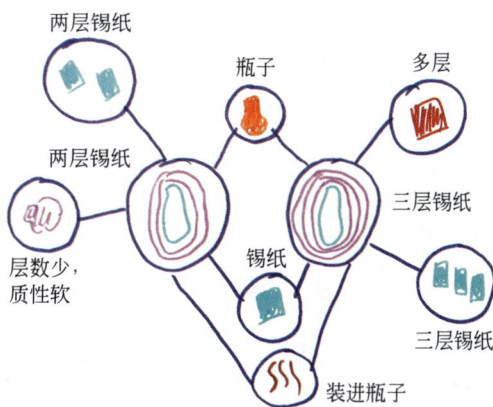

图 2-14　两层锡纸与三层锡纸包装对比图

实验与验证

　　根据猜想，幼儿先包了两层锡纸，用大瓶子试了一下，可以套进去；继续又包了第三层锡纸，再用大瓶子试试，也套进去了。幼儿通过两次尝试，最后决定包三层锡纸，并对两次尝试进行了分析与比较，绘制了双气泡图。

第一组幼儿的反思

　　幼儿在教师的引导下，利用双气泡图对探索过程进行了分析与反思。幼儿发现只用锡纸包装瓶子，水的温度骤降到 20℃，幼儿对这个结果感到很吃惊，与同伴讨论了很久也没有找到合理的解释。此时，教师及时介入幼儿的讨论之中，耐心地向幼儿讲解视频中保温瓶保温主要是隔热棉起作用，锡纸对保温不起主导作用。

第二组

　　小组成员讨论后绘制了保温瓶制作流程图。他们决定在小瓶子外面先包锡纸，再包报纸，最后将小瓶子装进大瓶子里。幼儿是从视频中借鉴的方法，所以他们认为用这种方法制作的保温瓶保温效果一定很好。

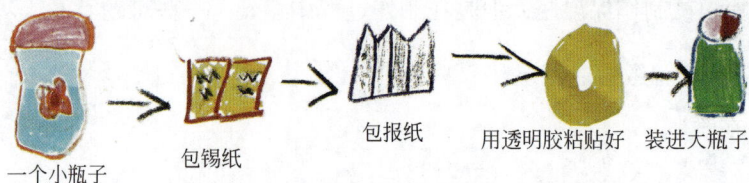

图 2-15　第二组总结的保温瓶制作流程图

小组成员依据流程图开始尝试制作保温瓶。幼儿在制作过程中遇到了报纸太大不好包的问题，不知如何解决。

问题一：报纸怎么能固定在保温瓶外侧？

分析与讨论

淇淇：报纸好大啊！

教师：怎样能把报纸变小？

瑶瑶：折一折！（瑶瑶折了三次，折出来的报纸比瓶子小。）

淇淇：太小了！（折了两次）这样就行了！

淇淇：不行啊！太厚了，粘不住！

教师：这么厚的瓶子能套进大瓶子里吗？

一一：用剪刀把多余的报纸剪了吧。

瑶瑶：还没包瓶底呢。

一一：把剪掉的报纸粘到瓶底上。

猜想与假设

小组成员根据每个人的猜想绘制了保温瓶制作流程图。有的幼儿猜想报纸太大应该折一折，有的幼儿觉得可以折两次，有的幼儿觉得可以折三次，还有的幼儿建议把多余的报纸剪掉，最后把漏包的地方补一补。

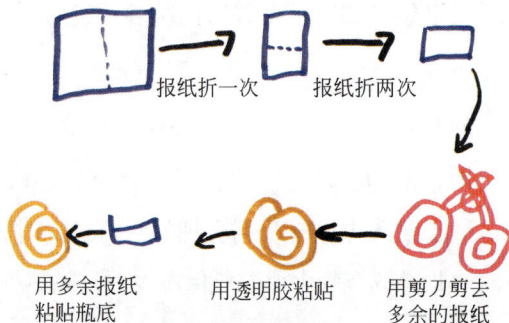

图 2-16　第二组猜想的保温瓶制作流程图

实验与验证

根据猜想，幼儿先把报纸折了三次，发现报纸变小了。幼儿又把报纸折了两次后包在瓶子上，并把多余的报纸剪掉，用透明胶把报纸粘贴牢固，再用剪下来的多余报纸补上瓶底，最终制作成功。

第二组幼儿的反思

幼儿在教师的引导下，通过绘制双气泡图对探索过程进行了分析，总结出在使用报纸包瓶子的过程中，需要对折报纸以减小报纸的面积。

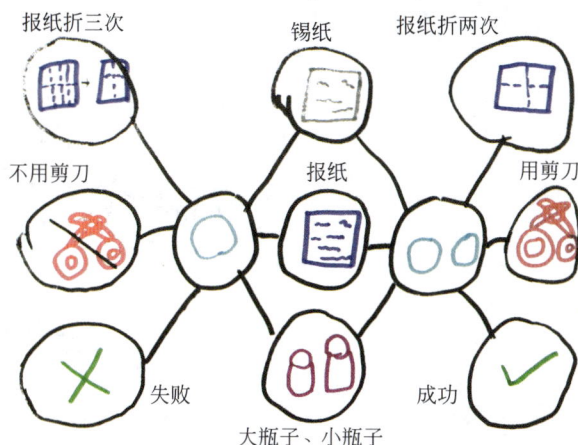

图 2-17 报纸对折两次与三次实验对比图

第三组

小组成员设想先在小瓶子外面包锡纸，然后包棉花，最后套大瓶子。幼儿依据讨论结果绘制了流程图，并开始尝试制作保温瓶。但在实施的过程中，幼儿遇到了困难，导致活动停滞不前。

图 2-18 第三组总结的保温瓶制作流程图

问题一：怎样把棉花牢固地粘在小瓶子外面，并且将小瓶子装进大瓶子里？

分析与讨论

海同：怎么套不进去？一套棉花就掉了，是棉花太多了？

羿辰：瓶子不够大吧？（试着把棉花拿掉，直接把大瓶子套在包了锡纸的小瓶子外面）这样就好了！

教师：那还用棉花吗？

羿辰：可以把棉花包在大瓶子的外面。

教师：棉花露在外面，遇到水会不会湿？

羿辰：好像会。

教师：那应该怎么办呢？

羿辰：再拿一个瓶子，套在棉花的外面。

海同：我再去找一个瓶子。

猜想与假设

在实施过程中棉花容易脱落，导致小瓶子放不进大瓶子里。小组成员一致讨论后想出了新的办法并绘制了设计图，即先把棉花粘在第二个瓶子的外面，然后再套一个更大的瓶子。

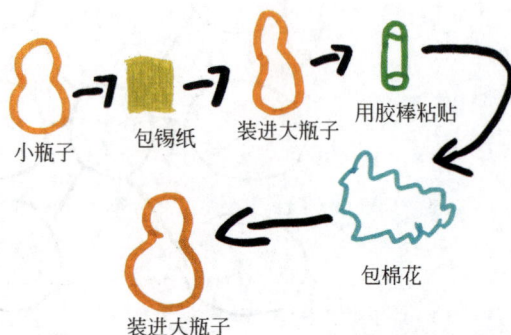

图 2-19　第三组猜想的保温瓶制作流程图

实验与验证

根据设计图，幼儿将找到的大瓶子套在小瓶子的外面，在实施过程中出现了棉花脱落的问题。幼儿讨论后决定尝试套装第三个更大的瓶子，但是实验结果依旧失败。幼儿继续分析与思考，寻找解决的办法。

羿辰：如果能把棉花贴得更紧一些，应该就没问题了！

格格：多粘点儿胶，就可以吸住了！

海同：棉花贴紧点儿，还得薄一点儿。

教师：但是棉花是软软的，放在瓶子上容易滑下来。怎么样可以让棉花牢牢地粘在瓶子上？

羿辰：咱们用胶棒在瓶子外面涂上胶，然后再把棉花粘上去。

通过分析与讨论，幼儿找到了用胶棒粘棉花的方法。经过几次尝试，幼儿成功地将棉花粘在瓶子上，并且将瓶子套进了第三个大瓶子里。

第三组幼儿的反思

幼儿在教师的引导下，通过绘制双气泡图对探索过程进行了分析与反思，发现成功的原因在于胶棒能粘住棉花，透明胶则不利于粘贴棉花。

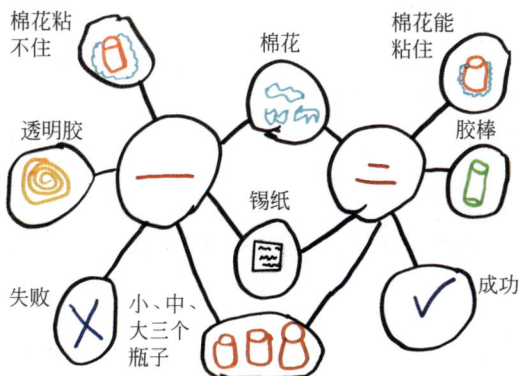

图 2-20　透明胶和胶棒粘棉花的效果对比图

第四组

　　小组成员讨论后绘制了制作流程图。操作步骤是在小瓶子外面先包锡纸，再包纱布，最后套大瓶子。幼儿觉得用这种方法制作的保温瓶保温效果一定是最好的。

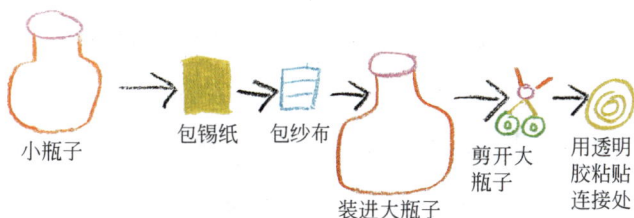

图 2-21　第四组总结的保温瓶制作流程图

　　小组成员根据绘制的制作流程图，开始尝试制作保温瓶。在制作过程中，幼儿遇到了不知道怎样缠卷状纱布的问题。

问题一：怎样把卷状纱布缠在瓶子外面？

分析与讨论

禹德：纱布怎么缠？

恬恬：我会，我妈用这个缠过手指，给我。

铭铭：就像粘透明胶那样转一圈吧。

猜想与假设

　　小组成员猜想可以像粘透明胶那样用卷状纱布来缠瓶子。

实验与验证

　　根据猜想，幼儿按照粘透明胶的方法，把纱布一圈一圈地缠在瓶子上，但是纱布并没有紧紧缠着瓶子，而是堆在一起了，实验没成功。

问题二：用什么方法能使纱布紧紧地缠绕在瓶子上？

分析与讨论

　　幼儿按照缠透明胶的方法缠纱布没有成功。小组成员继续分析与讨论，寻找更好的解决方法。

教师： 怎样能缠得紧一点儿？有什么办法能让纱布一直缠下去，而不用中途剪断它呢？

禹德： 可以像在美工活动时用彩绳缠瓶子那样。

教师： 纱布是网状的，只缠一层太薄，会保温吗？

铭铭： 那我们多缠几圈儿。

猜想与假设

　　幼儿猜想可以用美工活动时彩绳缠瓶子的方法，把卷状纱布缠在瓶子上。

实验与验证

　　根据猜想，幼儿像缠彩绳那样，用纱布螺旋似的缠瓶子。经过反复尝试，幼儿终于操作成功，将纱布牢固地缠在了瓶子上。

【**学习品质：** 幼儿在制作保温瓶的过程中表现出坚持性，能够集中注意力，在面对困难时也能够及时调节自己的心情，与同伴继续努力，并根据预设的计划完成任务，达成目标。】

第四组幼儿的反思

　　幼儿在教师引导下，通过绘制双气泡图对探索过程进行了分析与反思，总结出用纱布作为保温材料时，将纱布横着在瓶子上缠两圈才能发挥保温的效果。

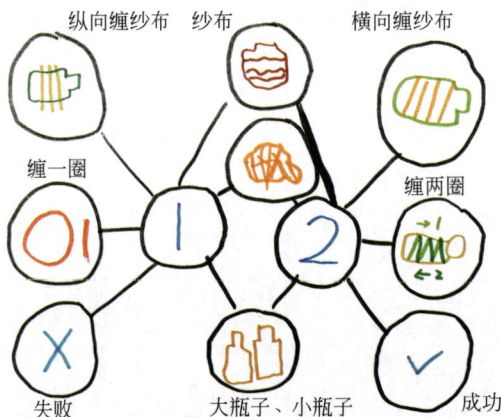

图 2-22　纱布缠法效果对比图

阶段活动后，幼儿对四个小组制作的保温瓶的保温效果进行了对比，具体如表 2-4 所示。

表 2-4　四种保温瓶的温度测量结果

组别	材　　料	初始温度	一小时后温度
第一组	两个大小不同的塑料瓶、三层锡纸	45℃	20℃
第二组	两个大小不同的塑料瓶、锡纸、报纸	45℃	41℃
第三组	两个大小不同的塑料瓶、一个小玻璃瓶、锡纸、棉花	45℃	40℃
第四组	两个大小不同的塑料瓶、锡纸、纱布	45℃	41℃

阶段小结与反思

（一）幼儿

幼儿在教师引导下，通过绘制树状图总结出纱布和报纸的保温效果相同，锡纸的保温效果最差。

（二）教师

首先，教师扩展幼儿的科学知识，为深度学习奠定基础。例如，教师带领幼儿了解了锡纸在生活中的用途与保温瓶的保温原理。

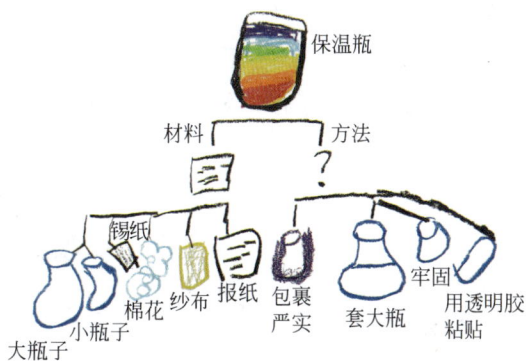

图 2-23　保温瓶制作材料与方法总结图

其次，教师为幼儿提供丰富的物质材料。例如，教师为幼儿提供丰富的包裹瓶子的材料——锡纸、报纸、棉花、纱布、透明胶、双面胶和胶棒等，引导幼儿利用这些材料逐步解决问题。

再次，教师给幼儿提供充分的时间探究。当幼儿遇到问题时，教师不急于介入提供明确的答案，而是鼓励幼儿自主探究寻找答案。例如，幼儿最初尝试用棉花包裹瓶子，效果不理想，幼儿与同伴经过多次尝试之后，最终发现用胶棒粘贴棉花的效果最好。

最后，教师调动家长资源，实现家园共育。教师引导幼儿回家与家长共同收集保温瓶的相关知识与制作材料（尤其重点了解了锡纸的应用范围与功能），亲子合作完成调查表。

第三阶段活动

活动一：装饰保温瓶

幼儿在自制保温瓶后，发现它们与买来的保温瓶不一样。幼儿对两者进行了比较，经过分析讨论，绘制了两种保温瓶异同的双气泡图。

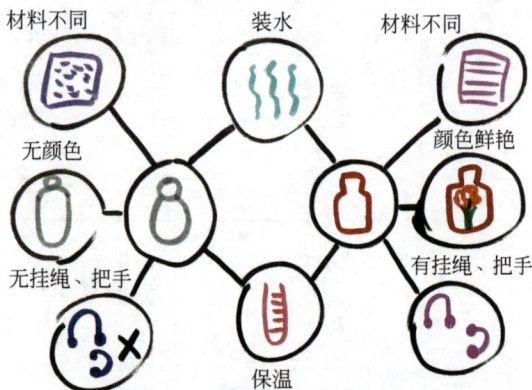

图 2-24　自制保温瓶与购买保温瓶对比双气泡图

桐桐：咱们自制的保温瓶和外面买来的保温瓶有点儿不一样。

兴晔：咱们的保温瓶外层有棉花和塑料瓶，买来的外层既不是塑料瓶也没有棉花。

恬恬：买来的是彩色的，有图案；自制的是白色的，没有图案。

一一：买来的保温瓶有带子，可以背着。

活动二：收集装饰材料

通过对比两种保温瓶，幼儿发现二者最明显的区别是自制的保温瓶不美观，携带不方便。幼儿想依照自己的想法来改进自制的保温瓶，具体如表 2-5 所示。

表 2-5　幼儿装饰保温瓶的想法

妞妞	一一	桐桐	海同
用黏土制作漂亮的图案，贴在保温瓶外面	用漂亮的贴纸装饰保温瓶	用丙烯为保温瓶画上漂亮的图案	用漂亮的彩色透明胶装饰保温瓶

活动三：制作漂亮的外衣

根据画好的设计图，幼儿开始分组操作。每组幼儿使用不同的材料，运用不同的操作方法，分别为保温瓶制作漂亮的外衣，具体如表 2-6 所示。经过一段时间后，每个小组都完成了制作活动，开始分享与展示自己的作品。

表 2-6　四个小组装饰保温瓶的材料与操作方法

组别	使用材料	操 作 方 法
第一组	丙烯	淇淇：我用粉色的丙烯涂底色，用白色画云朵，用黄色画星星 桐桐：我用紫色丙烯画了很多小花 阔阔：我画了五颜六色的彩虹
第二组	黏土	妞妞：我用红色的黏土做奖杯 京宝：我用橙色的黏土做数字 一一：我用彩色的黏土做小花
第三组	贴纸	晟桓：我先粘第一层，蜜儿再粘一层，侦言粘最后一层 蜜儿：我们按照设计图一层一层粘的 侦言：咱们可以轮流粘贴
第四组	彩色透明胶	朵朵：我负责粘紫色和粉色的透明胶 天旭：我负责粘蓝色和红色的透明胶 朵朵：我负责粘深绿和浅绿的透明胶 伟志：咱们轮流粘，把颜色穿插开

活动四：为保温瓶挂绳

　　为自制保温瓶做了漂亮的外衣之后，幼儿开始积极讨论使用保温瓶时如何才能更便捷。针对这一话题，幼儿纷纷表达了自己的想法。

龙宝：咱们自制的保温瓶拿着不方便。

天旭：咱们可以为自制的保温瓶加上一个挂绳。

教师：怎样才能把挂绳固定在保温瓶上呢？

妞妞：应该用胶枪就可以吧。

琪琪：可以用胶枪直接在一根绳子上涂点儿胶，把绳子粘到瓶子上。

桐桐：还可以用两根绳子，把绳子的每一端都涂上胶水，粘到瓶子的背面，就像背书包一样背着瓶子。

蜜儿：还可以用透明胶把绳子的两端和瓶子相互连接。

妞妞：透明胶不行，会掉！

伟智：把绳子直接系在瓶子上。

恬恬：用蓝丁胶把绳子粘在瓶子上。

　　幼儿在激烈的讨论后立即进行了实验操作。在制作中缺少材料时，教师及时提供蓝丁胶，帮助幼儿粘贴与固定；在幼儿不会操作胶枪时，教师及时示范，教会幼儿如何正确使用胶枪，并且告诉幼儿注意防止烫伤。一段时间后，四个小组都完成了制作活动，并对制作方法和结果进行了总结，具体如表2-7所示。

表2-7　四个小组制作保温瓶挂绳的方法与结果

组别	方　　法	结果
第一组	用蓝丁胶和透明胶把绳子粘到瓶子上	失败
第二组	先用胶枪把圆环粘到瓶子上，再将绳子系在圆环上	成功
第三组	用胶枪把绳子的两端直接粘到瓶子上	成功
第四组	用胶枪把两根绳子粘在瓶子上，像背书包一样	成功

【教师支持：教师提供适量的蓝丁胶，帮助幼儿在操作中了解蓝丁胶的弊端。】

【教师支持：活动中教师示范如何操作胶枪，使幼儿初步了解了胶枪的使用方法及自我保护的方法。】

活动五：成果展示

每个小组反复尝试，实验结果各不相同。第一组尝试的方法是用蓝丁胶和透明胶粘绳子，由于材料黏性不大，绳子多次掉落，挂绳实验失败。另外三组幼儿用胶枪涂胶，将绳子稳固地粘贴在保温瓶上，挂绳实验成功。

阶段小结与反思

（一）幼儿

教师引导幼儿绘制思维地图，对操作方法进行总结与反思。幼儿发现胶枪比透明胶和蓝丁胶的黏性大，用它粘贴绳子效果最好。

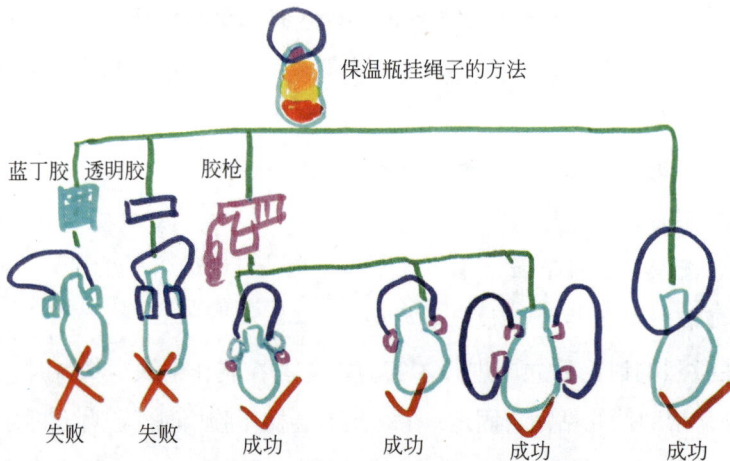

图 2-25　保温瓶挂绳子方法总结图

（二）教师

首先，教师为幼儿提供了材料、知识和时间上的支持。例如，教师为幼儿提供锡纸、报纸等大量的包装材料；引导幼儿深度了解铝箔本身是热的良导体；给幼儿提供充分的思考时间，当幼儿遇到问题时，教师不急于介入与干预。

其次，教师通过讨论的方式激活幼儿的思维。讨论是促进幼儿深度学习的重要手段。教师引导幼儿各抒己见，让幼儿进行头脑风暴，进而推动幼儿自主解决问题。

再次，教师引导幼儿学会解决问题的方法，逐步提高其解决问题的能力。在制作保温瓶的活动中，幼儿每次遇到问题，教师都会引导幼儿去分析问题，收集材料，确定方案，假设验证，直至问题解决。

最后，教师注意营造温馨的合作氛围。教师通过营造温馨的合作氛围，激发幼儿的合作意识与合作行为，并使幼儿感受到合作的快乐。

课题活动三：新型浇花器

吉林省省直机关第三幼儿园　中 E 班　刘书博

（指导者：刘玉霞）

选题缘由

　　幼儿园里的植物角深受幼儿喜爱。一天，幼儿在植物角开展活动的时候，发现一些花和草都枯萎了。新新说："老师，花朵是我们的好朋友，我不想让它们枯萎。"佳佳问道："老师，这些花朵怎么都枯萎啦？"恺泽回答道："花儿是因为我们没有给它浇水才枯萎的呀，我们一起来做个给花儿们浇水的浇花器吧！"于是，幼儿开始讨论他们所见过的浇花器，并对亲手制作浇花器产生了强烈的兴趣与愿望。植物角里的花朵枯萎了，想要为花儿制作一个浇花器，这是幼儿在生活中遇到的真问题，也是他们感兴趣的、共同想要解决的问题。幼儿要制作浇花器，就必须要了解有哪些类型的浇花器，以及不同类型浇花器的构造、工作原理等。在具体制作浇花器的过程中，幼儿会遇到诸如图纸设计、材料选择、内部结构、浇花功能、外观美化等各种各样的问题，这些问题蕴含着丰富的教育价值，不仅可以拓展幼儿的知识面，发展幼儿的想象力、创造力，以及发现问题、分析问题、解决问题的能力，还可以培养幼儿的合作意识，增强幼儿的合作能力。基于此，在教师的引导下，"新型浇花器"这一课题活动拉开了帷幕。

第一阶段活动

活动一：分析花朵枯萎的原因

教师：生活中花朵枯萎的原因有哪些？

佳佳：花朵没有及时喝水就会枯萎。

禾禾：缺少阳光照射，也会让花死掉。

宁宁：花上长了虫子，被虫子咬伤，也会枯萎。

新新：开窗时风太大，吹过的花朵会倒下，花朵倒下后立不起来就会枯萎。

图 3-1 花朵枯萎原因总结图

活动二：经验回顾

教师：花朵的成长都需要什么呢？

佳佳：我觉得充足的水分可以让花朵活的时间更长。

禾禾：花朵长虫子的时候，要给它喷杀虫剂，帮助它成长。

宁宁：需要照射阳光，但不能一直照射，一直照射土容易变干，给花朵打个伞也行。

新新：有时候姥姥还给花上肥料呢，姥姥说这样有助于花长得更美。

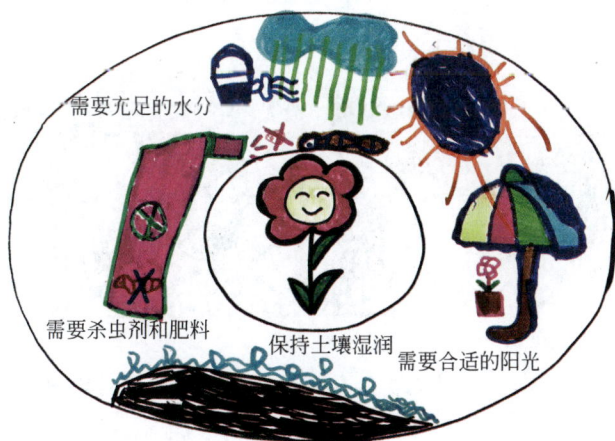

图 3-2 花朵成长需要总结图

活动三：经验分享

教师： 生活中你们都见过哪些浇花工具呢？

禾禾： 我见过在瓶子里放入水宝宝，可以让花土湿润！

宁宁： 我在马路上见过洒水车，车在路上一直开，它就自动把车厢里的水浇在马路边的花坛中。

佳佳： 那我还见过车上站着一位叔叔，他手中拿着水管，水管可以随意变换方向去浇花。

新新： 我妈妈在家直接用矿泉水瓶浇花。

恺泽： 我和爸爸去公园，见过草坪上有像喷泉一样可以浇花的工具。

旻佳： 我还见过像漏斗一样的，一滴一滴地出水。

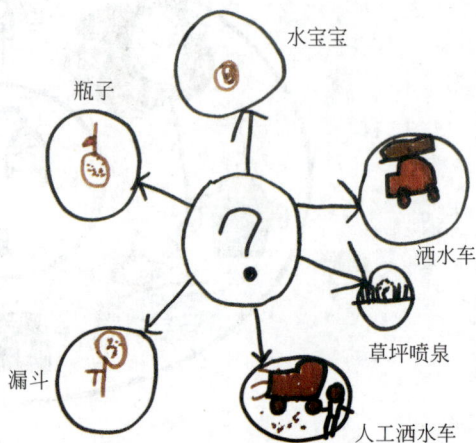

图 3-3　生活中的浇花工具汇总图

接下来教师布置了家园活动"生活中所见过的浇花工具"，幼儿带来了不同的浇花工具，并在家长的帮助下了解不同浇花工具的原理，对不同浇花工具的浇花方式进行分类。

【学习品质： 幼儿在收集了各种类型的浇花器之后，反复进行对比与分析，归纳出了多种浇花器的特点后，将其概括为手动浇花器和自动浇花器。幼儿在这一过程中不仅表现出了分析综合的能力，还表现出了认真、专注的学习品质。】

教师： 你们都带来了哪些浇花工具？为我们介绍一下吧！

手动浇花器　　　　　　　　　　　　　　自动浇花器

图 3-4　手动浇花器和自动浇花器的分类对比图

活动四：设计图纸

教师：你们每组都有自己的想法，那么能给其他幼儿介绍一下你们设计的浇花器的外形以及特征吗？

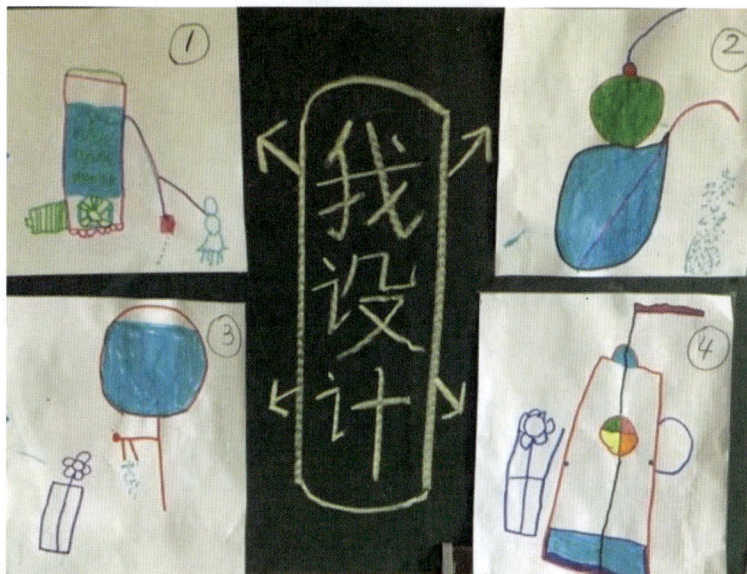

图 3-5　四组浇花器设计汇总图

宁宁：我们设计的第一组浇花器是可以转动的浇花器。制作它时需要在瓶子里加入风扇，当风扇转动时，水就可以从插入瓶身的吸管中流出。

萱萱：我们设计的是第二组浇花器，它叫作手动浇花器。我们需要在瓶身上插一个管子，用手捏瓶身时，就会有水从管子里流出来。

森森：我们设计的是第三组浇花器，它是自动流水浇花器。在瓶子底部连接一根管子，水就可以通过管子自动流进花盆里。

禾禾：我们设计的是第四组浇花器，它是按钮开关浇花器。我们想在瓶子上安装一个按钮，只要按动按钮，瓶子里的水就可以自动流到花盆里。

第二阶段活动

分组制作浇花器

在各组设计完浇花器后，幼儿开始了制作浇花器的活动。

第一组浇花器

活动一：选择材料

第一组的幼儿经过激烈讨论，总结了制作浇花器所需要的材料，并在班级中寻找材料。

教师： 你们设想了很多种类的材料。哪种材料更适合制作图纸上的浇花器呢？

萌萌： 我觉得瓶身应该用矿泉水瓶，因为它的瓶身比较软，容易用剪刀扎洞。

禾禾： 但我们需要大一点儿的矿泉水瓶，因为风扇很大，如果瓶子小，风扇是放不进去的！

多多： 风扇这么大，用剪刀在瓶身上剪的洞也一定很大！剪完洞，水就会从瓶子里流出去，怎么办呢？

禾禾： 请老师用胶枪帮我们把漏水的地方补一补！

多多： 彩泥不怕水，还可以用彩泥堵住漏水的地方。

小九： 出水孔选择粗一点儿的吸管吧，这样方便水从瓶身流出来。

图 3-6　第一组浇花器设计图

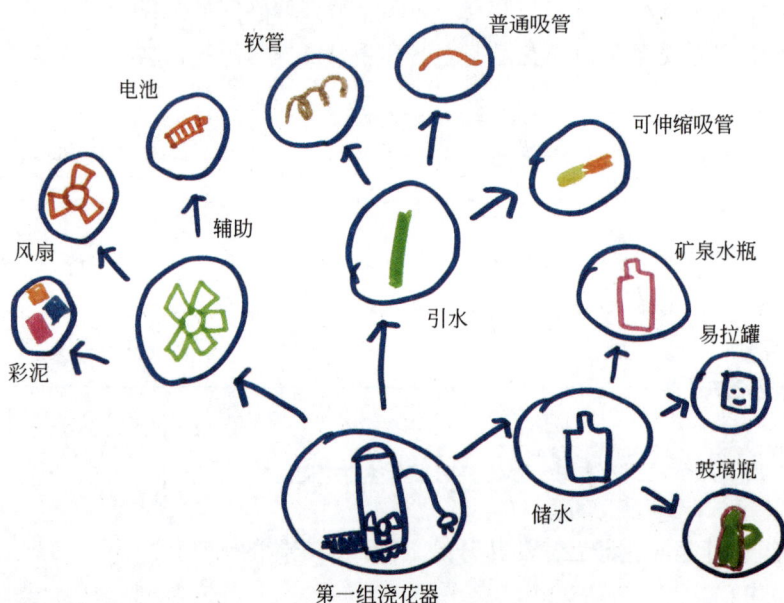

图 3-7　第一组浇花器制作材料设想图

【经验迁移：第一组幼儿联想到生活中风扇转动时会加速周围空气的流动，于是想到了借助风扇转动的作用力来带动水的流动，从而让水从瓶子中流出来去浇花。这体现了幼儿灵活运用已有经验来解决实际问题的能力。】

问题一：风扇放在水里还会转动吗？

分析与讨论

多多：我们选用电风扇，但是风扇都是通过电线来供电的，它要是遇到水，会不会就坏了？

禾禾：妈妈告诉过我，电线遇到水是很危险的事，水遇到电后是会导电的，如果我们碰到这样的水就会被电伤！

猜想与假设

多多：我们可以选用用电池来供电的风扇，没有电线就可以了！

禾禾：但是带电池的风扇遇到水还会转起来吗？

多多：我们来试试吧！

实验与验证

在猜想与假设环节后，幼儿兴致勃勃地开始验证"水中的电风扇是否能转动"这一问题。

教师：风扇在水里转了吗？

禾禾：风扇转起来啦！

多多：转得有点儿慢啊。

禾禾：风扇的力气在水中就变小了。

图3-8 "水中的风扇转动"实验图

教师：家里的大风扇可以放水里吗？

禾禾：不可以，不可以，妈妈说电线遇到水是很危险的事，水会导电，人会被电伤！

教师：我们做实验用的是小电池电风扇，电压小；家里的大电扇用的是电压很高的电，遇到水是很危险的。

【教师支持：教师为幼儿提供安全的小电扇来进行实验，在实验过程中，使幼儿亲身体验到了水的阻力大于空气的阻力这一科学现象，推动了幼儿的深入学习与探索。】

活动二：讨论风扇浇花器的设计步骤

教师：制作浇花器的步骤你们想好了吗？

禾禾：先在瓶子侧面靠下的位置剪一个可以放进风扇的孔。

多多：把风扇放进瓶子后，老师你可以用胶枪帮我把漏水的地方粘起来吗？

【教师支持：教师教会幼儿胶枪的正确使用方法，协助幼儿用胶枪把漏水的地方粘一粘，给幼儿提供技能经验上的相关支持。】

萌萌：彩泥不怕水，还可以用彩泥再封一下漏水口。

森森：风扇固定好了，我们要在瓶子的另一侧用剪刀扎一个洞，将粗吸管插进去。

禾禾：吸管插好后，可以用彩泥再固定一下，防止漏水！

在分析与讨论后，幼儿总结出制作风扇浇花器所需要的一系列流程。

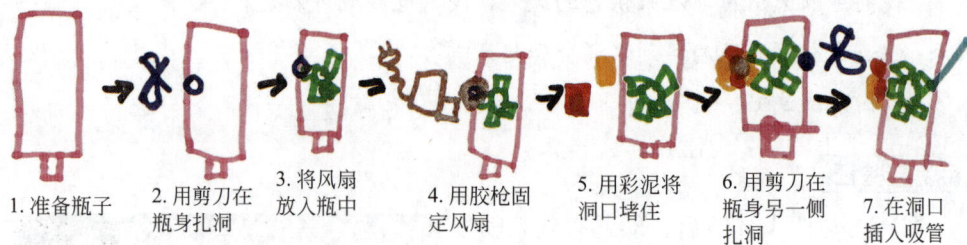

1. 准备瓶子　　2. 用剪刀在瓶身扎洞　　3. 将风扇放入瓶中　　4. 用胶枪固定风扇　　5. 用彩泥将洞口堵住　　6. 用剪刀在瓶身另一侧扎洞　　7. 在洞口插入吸管

图 3-9　第一组浇花器的制作流程图

活动三：制作浇花器

森森：老师，您可以用剪子帮我们在瓶子下端瓶身的位置剪开一个洞吗？

禾禾：洞剪好了，我来将电风扇放进去。

森森：风扇放进去了，用胶枪和彩泥固定住风扇吧！

禾禾：接下来就要插入吸管了。吸管要从什么位置插进去呢？

问题一：吸管插入瓶身的哪个位置？

分析与讨论

禾禾：吸管插高点儿，水就能从高处往下流了。

森森：得插在离风扇近点儿的地方，水流才能大。

禾禾：有风扇的帮助，吸管高点儿水流也大。

猜想与假设

　　幼儿对于吸管插入的位置有不同的猜想，有的认为吸管应该插在瓶子上面，有的认为吸管应该插在瓶子下面。不同的幼儿按照猜想绘制出了不同的吸管插入位置图。

图 3-10　吸管插在瓶子上面，　　　图 3-11　吸管插在瓶子下面，
　　　　　离风扇较远　　　　　　　　　　　　　离风扇较近

实验与验证

　　幼儿依次将吸管插在瓶子的不同位置进行实验。在第一次实验中，幼儿将吸管插在瓶子上端，发现实验效果并不理想，瓶子中的水很难流出，于是开启了第二次实验，将吸管插在靠近瓶子底部的位置。

图 3-12　实验前的成品展示图　　　图 3-13　"吸管插在瓶子下端"实验图

　　教师带领幼儿对吸管插入不同位置所产生的不同效果进行反思，总结出正确的插入位置，并通过相关科学原理来向幼儿解释产生不同效果的原因。

森森：水怎么没流出来呢？

禾禾：风扇的力气没有让水往上走太高，水够不到吸管。

小九：风扇力气不是很大。

禾禾：风扇力气小，水太重了。

教师：那将吸管插到哪个位置，水就能流出来呢？

禾禾：离风扇近一点儿，可以的！

小九：风扇转动，搅动瓶子里的水，水就流到了外面。

萌萌：风是可以把水带动起来的！

【科学原理：重力原理。物体由于地球的吸引而受到的力叫重力，重力的施力物体是地球，重力的方向总是竖直向下。水所受重力的方向也是竖直向下的，所以吸管插在较低的位置，水会流出来，而插在较高的位置水就很难流出来。教师通过重力原理的讲解，使幼儿成功地选择了最适合插入吸管的位置。】

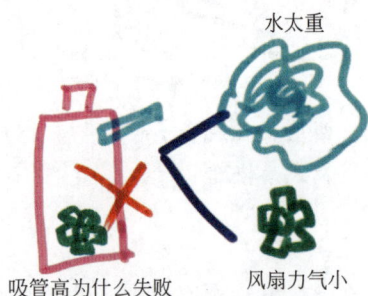

图 3-14　"吸管插在瓶子上端"的失败原因梳理图

图 3-15　吸管插入不同位置的效果总结图

问题二：水从瓶子里流出的速度太慢了怎么办？

分析与讨论

　　幼儿发现水流的速度很慢，而且水流一会儿就停了。这引发了幼儿的讨论。

萌萌：打开风扇，水流出的速度很慢。

禾禾：我觉得是水太重了，风扇的力气太小了。

教师：你们还可以想想其他办法，让水流动得快一些吗？

小九：想要力气大的风扇就要用更厉害的风扇，可老师说插电的风扇不能碰水，不然会很危险。

禾禾：我长大了要做能防水、力气大一些的风扇，再进行实验。

禾禾：我们长大了可以当科学家，设计不怕水的大电扇，这样就不会遇到危险的事了！

教师：小朋友，你们还很小，现在操作与电有关的实验会遇到危险。我们把问题带到未来，等你们长大了再将科学知识进行研究，设计出更厉害的浇花器吧！

第二组浇花器

活动一：选择材料

第二组的幼儿在完成浇花器的设计图后，开始了关于制作材料的讨论。

教师：你们设想了很多种类的材料。哪种材料更适合制作图纸上的浇花器呢？

佳佳：要制作一个结实的浇花器，笔筒更结实。

旻佳：选笔筒和吸管吧，可以将吸管插在笔筒里呀。

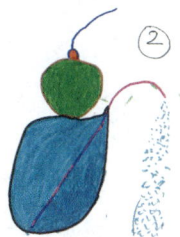

图 3-16　第二组浇花器设计图

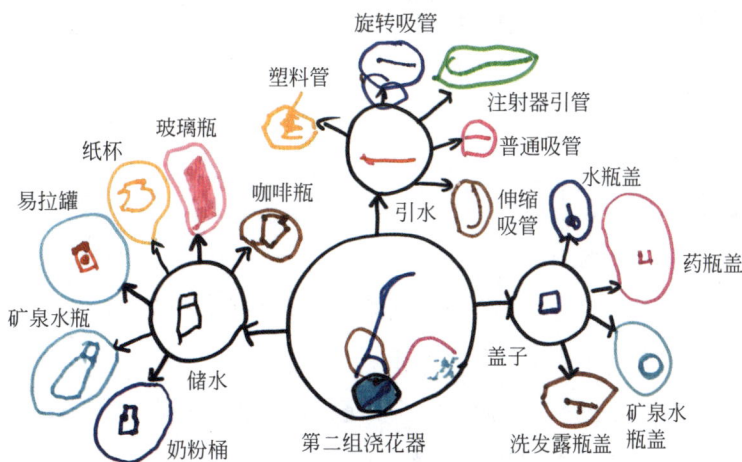

图 3-17　第二组浇花器制作材料设想图

活动二：讨论制作步骤

幼儿在选择材料后，开始讨论浇花器的具体制作步骤。

佳佳：我们要把吸管插进瓶子里。

宁宁：你看瓶子的中间位置可以拧开。

佳佳：直接把吸管放进去，再盖上盖子就可以了！

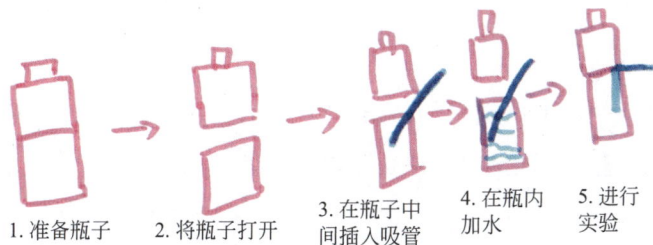

1. 准备瓶子　2. 将瓶子打开　3. 在瓶子中间插入吸管　4. 在瓶内加水　5. 进行实验

图 3-18　第二组浇花器的制作流程图

图 3-19　笔筒浇花器实物图

活动三：制作浇花器

幼儿按照制作流程图来制作笔筒浇花器，但是在制作过程中却遇到了许多意想不到的问题。

问题一：水为什么流不出来？

分析与讨论

幼儿发现按照设计好的流程图来操作后，水很难从笔筒中流出来，于是他们针对这个问题开启了讨论环节。

宁宁：吸管已经被折叠了，水都被憋在瓶子里了。

教师：你有什么办法可以让水流出来吗？

征征：打开瓶盖。

佳佳：要让吸管鼓起来。

猜想与假设

宁宁：你看瓶口有一个洞洞。

佳佳：我们请老师用剪刀把它扎大一些，吸管就能插进瓶子了！

征征：那要把洞变大，不要把吸管挤扁了。

幼儿们在进行讨论后，重新绘制了新笔筒浇花器的制作流程图，并改进了原来的成品图，准备在下一活动中验证这个猜想。

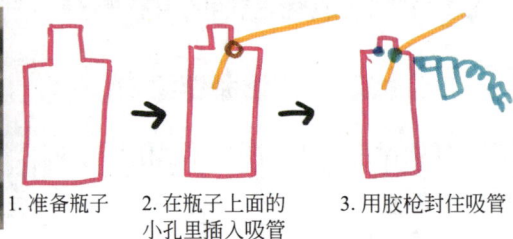

图 3-20　浇花器瓶盖　　图 3-21　新笔筒浇花器的制作流程图　　图 3-22　新笔筒浇花器
　　　　　展示图　　　　　　　　　　　　　　　　　　　　　　　　　　　　　　　成品图

1. 准备瓶子　　2. 在瓶子上面的小孔里插入吸管　　3. 用胶枪封住吸管

实验与验证

幼儿在这一环节中，将上个环节所提出的猜想进行了验证，发现新制作的笔筒浇花器中的水能够流出来。这一验证结果，让幼儿非常兴奋。

教师：为什么在第一次实验中，我们的瓶子流不出水呢？

宁宁：因为将吸管放入瓶中并盖上盖子后，吸管就被夹住了。

征征：吸管折叠后，水是流不出来的。

佳佳：想要瓶子里的水能流到外面，就要保持吸管的通畅。

问题二：浇花器的出水速度太慢怎么办？

　　在解决完第一个问题后，幼儿发现新制作的浇花器虽然能流出来水了，但是流水的速度却比较慢，于是衍生出了第二个问题。

分析与讨论

宁宁：我发现用双手握住瓶子，瓶子太硬了！

佳佳：用力挤压瓶身只能出一点儿水。

宁宁：我觉得是笔筒太硬了，我们力气不够大，所以水流出来的速度很慢。

猜想与假设

佳佳：笔筒太硬了！

宁宁：把瓶子换成软的矿泉水瓶吧。

佳佳：对，塑料瓶比笔筒软多了，我们能挤动，这样水流出来的速度就快多啦！

实验与验证

　　在分析与讨论、猜想与假设两个环节之后，幼儿将笔筒换成塑料瓶，制作出了新的塑料浇花器，并对出水速度进行了验证。

宁宁：我们还是和上次的步骤一样。

佳佳：第一个步骤是先在瓶身上扎个洞。

征征：再把吸管从洞洞里插进去吧！

教师：更换成软瓶，水流变快了吗？

图3-23　新浇花器效果实验图

佳佳：变快了！

宁宁：这一次用手轻轻一捏，水就自动流出来啦！

教师：那大家来一起总结一下这两次尝试的不同出水效果，好不好呀？

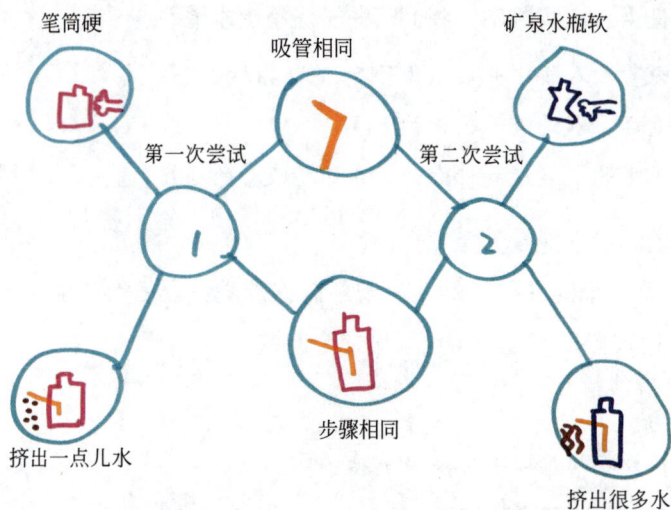

图 3-24　两次尝试的成败原因对比图

问题三：能实现制作嘴吹浇花器吗？

分析与讨论

征征：你们快看，我吹这个吸管后，瓶子里就会冒出小泡泡呀。

宁宁：是因为里面有空气吧！

佳佳：你把口中的空气吹进了水里，才会冒出泡泡的！

宁宁：我们有这么多吸管，可不可以做一个嘴吹的浇花器呢？

猜想与假设

佳佳：嘴吹的浇花器，需要用气体把水挤出去才行。

宁宁：那我们要怎样做才能把水从瓶子里挤出去？

征征：我们要先准备一个瓶子，我觉得需要两个吸管。

宁宁：对，一个是向瓶子里吹气的吸管。

佳佳：另外一个是让水从瓶子里出去的吸管。

佳佳：我觉得刚才我们做的浇花器的另一侧再插根吸管就行了！

　　在上面两个环节后，幼儿重新绘制出嘴吹浇花器的制作步骤图，准备开始验证具体的出水效果。

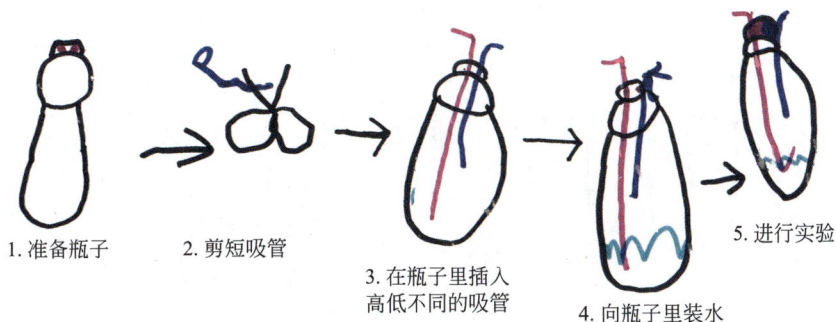

1. 准备瓶子　　2. 剪短吸管　　3. 在瓶子里插入高低不同的吸管　　4. 向瓶子里装水　　5. 进行实验

图 3-25　嘴吹浇花器的制作流程图

实验与验证

　　在这一环节中，幼儿先按照图纸设计出了嘴吹浇花器，又通过实验的方式来检验这一类型的浇花器的出水效果。

图 3-26　嘴吹浇花器效果实验图

　　在进行实验验证后，幼儿针对嘴吹浇花器的一系列问题进行反思讨论，并绘制出反思思维地图。

教师： 通过调节吸管，我们将水引到瓶子外面了吗？

琳琳：水能出来啦！

征征：在制作浇花器时，需要控制吸管在瓶中的位置，吹气的吸管一定不能碰到水。

佳佳：在瓶子中引水出来的那根吸管，一定要在水中才可以。

琳琳：瓶中的水被我们吹进去的气挤压到了瓶子外面。

教师： 我们向吸管中吹气的时候会产生一股喷出的气流，这股气流通过吸管进入瓶子，瓶中的水受到挤压，就会从另一根吸管处流出。

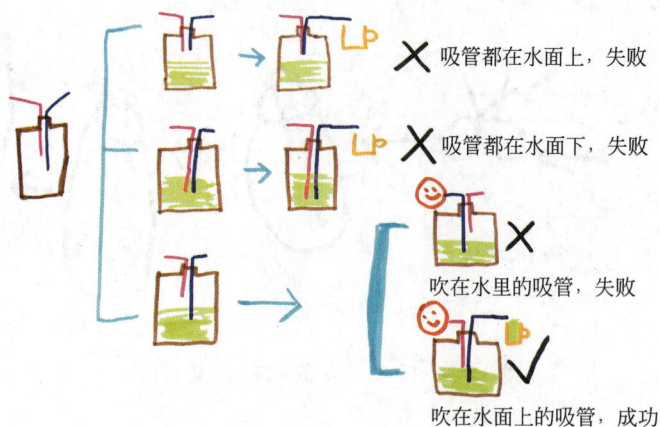

图 3-27　嘴吹浇花器的吸管位置反思图

问题四：有什么办法可以不让水流到外面？

分析与讨论

　　幼儿在成功制作出嘴吹浇花器之后，兴致勃勃地拿它给班级植物角的花朵浇水，但是却发现很难控制出水量，水经常会流到外面。

教师： 大家有什么办法可以不让水流到外面？

宁宁：水会流到外面，是因为向瓶子里吹气的力气太大了。

征征：是让水从瓶子里出来的吸管短，水没对准花盆，才会流到外面的。

佳佳：可以找个东西把花盆垫高。

宁宁：用手扶着吸管，对准了吹。

琳琳：我们可以把吸管加长，把吸管放到花盆里，水就不会流到外面了。

猜想与假设

　　幼儿经过讨论后，将能够改变"水经常流到外面"这一问题的方法进行总结，并重新绘制出改进版的嘴吹浇花器的制作流程图。

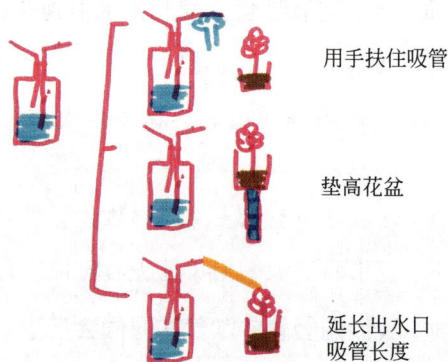

用手扶住吸管

垫高花盆

延长出水口
吸管长度

图 3-28　改变"水流到外面"问题的方法总结图

1. 准备瓶子　　2. 加入高低　　3. 延长比较　　4. 进行实验
　　　　　　　　　不同的吸管　　长的吸管

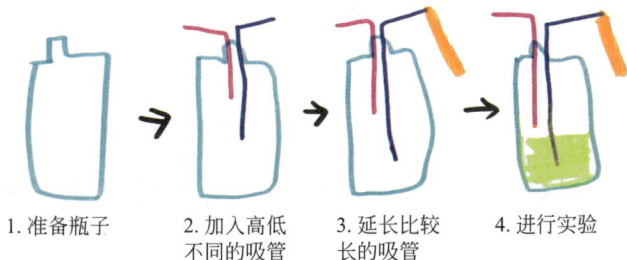

图 3-29　改进版嘴吹浇花器的制作流程图

实验与验证

　　幼儿参照改进版嘴吹浇花器的制作流程图对原有嘴吹浇花器进行改进，并验证其效果。

图 3-30　垫高花盆进行实验　　图 3-31　手扶吸管吹气进行实验　　图 3-32　延长出水口吸管长度进行实验

教师： 我们的实验成功了吗？

佳佳： 成功啦！只要延长吸管，水就可以顺着吸管流进花盆。

旻旻： 但是用手扶住吸管的姿势也太累了。

宁宁： 对呀，把花盆垫高也不安全！

佳佳： 我们发现加长吸管的方法最适合浇花了。

问题五：怎样一次浇多盆花？

　　幼儿在成功用嘴吹浇花器给花朵浇水后，发现每次只能浇一盆花，无法实现给多盆花浇水，于是这样的一个新问题就产生了。

分析与讨论

征征： 虽然我们的浇花器能浇水了，可是我发现每次只能浇一盆花，这样好慢啊！

宁宁： 那我们可不可以一次浇三盆花呢？

佳佳： 好主意，可是我们怎么才能一次浇三盆花呀？

征征：就是吹动一次吸管，水流进三盆花中吗？

宁宁：那就把吸管变多呗。

猜想与假设

幼儿在讨论后提出"把吸管变多"的猜想，并绘制出能同时浇三盆花的浇花器的制作流程图。

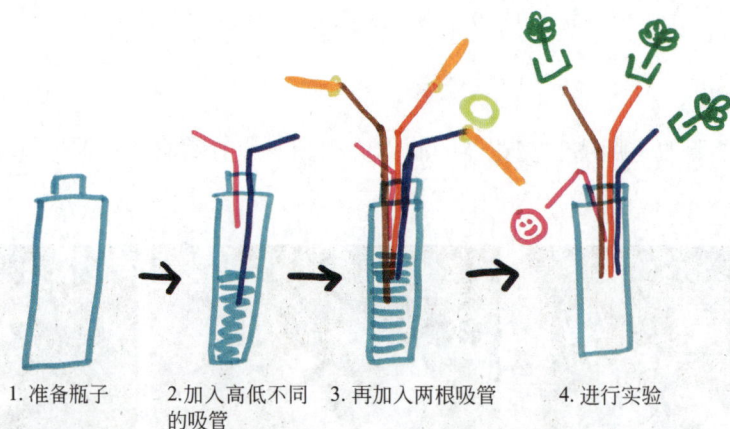

1. 准备瓶子　2. 加入高低不同　3. 再加入两根吸管　4. 进行实验
　　　　　　　的吸管

图 3-33　升级版嘴吹浇花器的制作流程图

实验与验证

幼儿按照改进流程图对原有的嘴吹浇花器进行改进，并验证其改进效果。

教师通过提问来加深幼儿对于升级版嘴吹浇花器的认识，使幼儿更加清楚它能同时浇三盆花的原因。

教师： 插入多根出水吸管，进行吹气，水
　　　　能同时流进三盆花中吗？

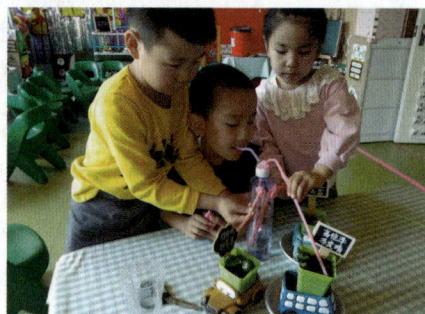

图 3-34　升级版嘴吹浇花器效果验证图

宁宁：只要一直保持吹气的吸管在水上，
　　　出水的吸管在水下，吹一次气，就可以同时流水。

昊佳：因为向瓶中吹气，水被空气挤压出去，就可以同时流水。

佳佳：我们可以同时浇三盆花，而我们的花架上有很多盆花，那我们可以用这个办
　　　法来给所有的花盆都浇上水。

第三组浇花器

活动一：选择材料

第三组的幼儿在激烈讨论后，合作完成了该小组的浇花器设计图，并开始了对制作材料的讨论。讨论后，幼儿完成了浇花器所需材料的汇总图，同时在班级中找到了所需要的材料。

活动二：讨论并绘制浇花器的制作流程

第三组幼儿在选择完制作浇花器所需要的材料后，开始了对于具体制作流程的讨论并绘制出相关流程图。

1. 准备瓶子
2. 在瓶子底端插入吸管
3. 用胶枪固定吸管

图 3-35　第三组浇花器设计图　　图 3-36　第三组浇花器的制作流程图

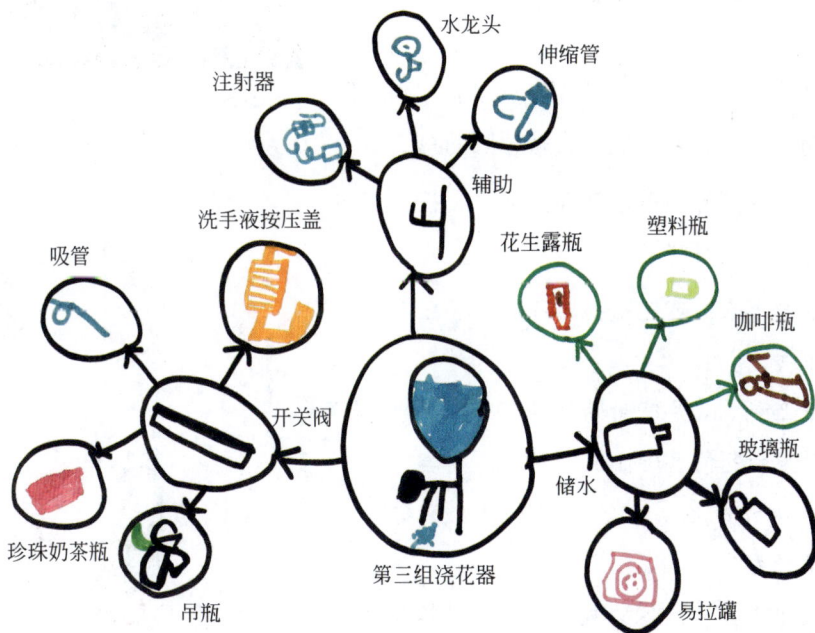

图 3-37　第三组浇花器制作材料设想图

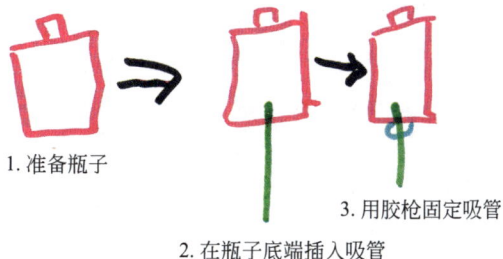

活动三：制作浇花器

问题一：瓶子里的水为什么流不出来？

分析与讨论

小雅：怎么没有水流出来呢？你用手捏一下瓶子，看看水能不能流出来。

皓铭：水出来啦！可是要一直捏，你看瓶子都瘪了，这样不行的！可不可以试试别的方法呢？

教师：怎样才能让瓶子里的水流出来？

萱萱：捏瓶子可以把瓶子里的水挤出去，可我们设计的是自动浇花器，用手捏就不对了！

小雅：你看瓶子都被捏瘪了。

新新：快把瓶子打开，把木棍伸进瓶子里撑一撑，让瓶子先鼓起来。

萱萱：瓶子也有一个开关。

小雅：把瓶盖打开吧！

实验与验证

　　幼儿在讨论后把瓶盖打开，双手捏瓶子，来检验浇花器的出水情况。

　　在验证后，幼儿对两种浇花器所产生的不同效果进行讨论，并绘制出失败原因的总结图。

图 3-38　打开瓶盖后的浇花器效果验证图

教师：为什么打开瓶盖水就流出来了，拧上瓶盖水就停住了？

新新：水流出来，可能是因为气从瓶子里跑出去了。

萱萱：拧上瓶盖就是密封的样子，可能是吸管里的气把水堵住了。

萱萱：可打开瓶盖，水怎么流一会儿又停了呢？

　　在幼儿对这一现象感到困惑时，教师及时向幼儿普及大气压力的科学原理，帮助幼

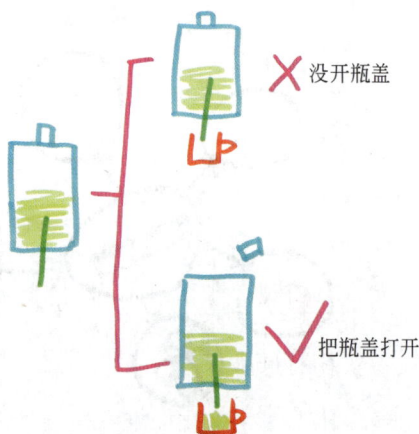

图 3-39　第三组浇花器的改进图

儿探明现象背后的原因。

【**科学原理：**大气压力原理。大气压力是地球表面覆盖有一层厚厚的由空气组成的大气层，在大气层中的物体，都要受到空气分子撞击产生的压力。瓶子里装有水，吸管虽然倒插在瓶上，但瓶子里的空间都被水占满了，空气都被排空了，只有吸管口处有大气，它被强大的大气压封住，同时由于水的张力，水就流不出来了。】

问题二：打开瓶盖后，为什么水流了一会儿又停了？

分析与讨论

幼儿在重新改装浇花器后，发现水确实可以流出来了，可是他们很快又发现了新的问题。

明明：刚打开瓶盖后是可以流水的，但是水突然又停下来了，这是为什么呀？

新新：是水流光了吗？

萱萱：不是呀，瓶子里还有水的。

猜想与假设

新新：我们先把瓶盖盖一下，看一看水会不会继续流出来。

皓明：我觉得是因为吸管太长了，所以水才会流一会儿就停了。

萱萱：我发现现在瓶子里的水和吸管是一样的高度！

新新：那我们把吸管变短后再试一下吧！

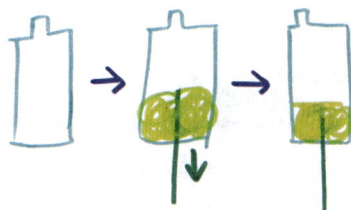

幼儿猜想：将吸管向下移动

图 3-40　吸管位置的猜想设计图

实验与验证

幼儿调整吸管位置后再次进行验证，检验改装后的浇花器的出水效果。

在实验验证后，幼儿和教师通过讨论来深入探讨水停止流动的原因。

教师：水停止流动的原因是什么？

皓铭：你看瓶子的水和吸管一样高时，水就流不出来了。

萱萱：加水之后，流水停止的位置还是和吸管一样的高度。

新新：我们想让瓶子里的水多流出来一些，就把吸管向下多移动一些。

萱萱：让吸管一直在水里泡着，水就可以多流出一些！

新新：我发现一个问题，我们这样做水流得太快了，灌水也不方便，每次灌水都要
很快，不然水就会从瓶子下方都流走。

第四组浇花器

活动一：选择材料

第四组的幼儿在讨论并设计完图纸后，同样开始了制作材料的讨论和寻找活动。

图 3-41 第四组浇花器
设计图

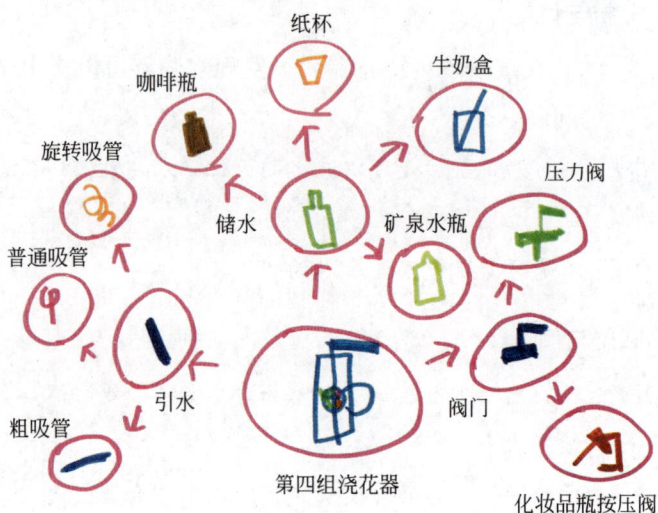

图 3-42 第四组浇花器制作材料设想图

活动二：讨论并绘制浇花器的制作流程

在选择完制作材料后，第四组的幼儿经过讨论，绘制出最初的浇花器制作流程图。

1. 准备水瓶　2. 插入挤压阀　3. 用透明胶　4. 延长引管　5. 进行实验
　　　　　　　　　　　　　将瓶口封住

图 3-43 第四组浇花器的制作流程图

活动三：制作浇花器

第四组幼儿按照流程图开始制作浇花器，但是在制作过程中遇到了许多意想不到的问题。

问题一：为什么压了一会儿，就压不出水了？

分析与讨论

君君：我们连接挤压阀的管子有点儿太短了。

新新：当瓶子里的水变少时，就压不出水了。

君君：瓶子里的水都碰不到管子，当然不会出水了！

新新：那我们把管子加长一些，再试一试吧！

猜想与假设

琦琦：我发现一个问题，我们加长的管子一定要伸到瓶子底，水才能都被挤出去！
就像我们喝珍珠奶茶的时候，吸管都是伸到杯子最下面的！

一一：只要吸管在水里就行！

君君：那我们来试一试吧，把吸管放到
最下面看看。

实验与验证

幼儿经过讨论后，加长了压力阀的
管子，开始了对猜想的验证。

在进行实验后，幼儿完成了第一版
浇花器的制作。

图 3-44　第四组浇花器效果验证图

问题二：如何方便向瓶子中灌水？

分析与讨论

新新：不停地挤压瓶子，瓶子里又没水了。

琦琦：我觉得每次灌水时，都要反复粘贴缠在瓶口的透明胶，实在是太麻烦了。

君君：我也发现了这个问题，我们来想想办法吧。

猜想与假设

一一：我觉得从瓶口灌水是最方便的！

君君：咱们可以将压力阀安装在瓶身，这样就能从上面有盖子的位置灌水了！

新新：那我们的压力阀需要放在瓶身
　　　的什么位置呢？

琦琦：我们把压力阀放在瓶子偏上的
　　　那个位置来试试吧。

图3-45　调整压力阀位置后的效果验证图

实验与验证

　　为了验证猜想，幼儿调整压力阀
的位置后开始进行实验，观察浇花器
的出水效果。

教师： 实验结束，我们的浇花器成功了吗？

君君： 成功啦！虽然一开始遇到了问题，但是换一下位置后，我们的浇花器就做
　　　好啦！

一一： 这一次灌水也方便多了！

教师： 那我们能不能把改进的地方画出来呀？

　　于是，幼儿开始绘制两次方案的实施对比图，更加直观地看出方案的改进之处。

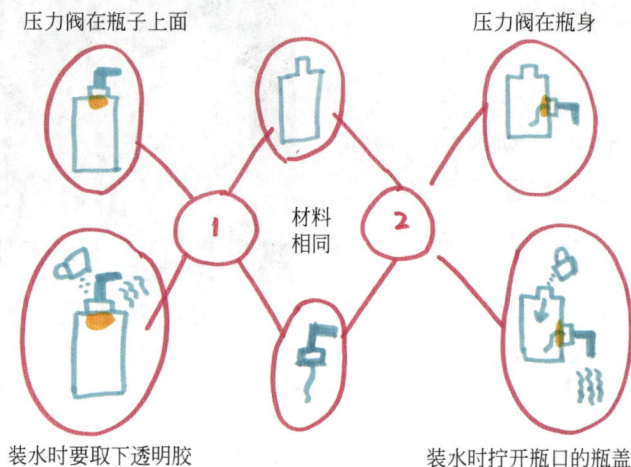

压力阀在瓶子上面　　　　　　　　　　　　　压力阀在瓶身

材料
相同

装水时要取下透明胶　　　　　　　　　　　装水时拧开瓶口的瓶盖

图3-46　两次方案的实施操作对比图

阶段小结与反思

（一）幼儿

教师引导幼儿利用思维地图来进行反思。幼儿在实施计划中的每一个小活动时，都会遇到各种各样的问题，教师带领幼儿利用思维地图进行反思，利用图画表征来分析问题产生的原因。例如，教师让各组幼儿绘制"浇花器中的水为什么流不出来"的相关思维地图，来总结水流不出来的原因。

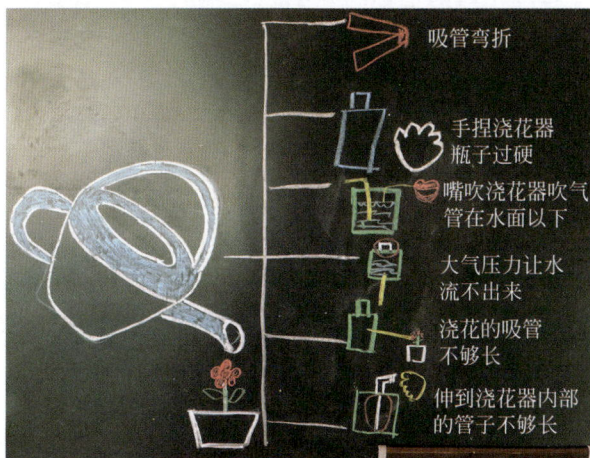

图 3-47　四组浇花器失败原因总结图

（二）教师

首先，教师给幼儿提供充足、安全、适宜的材料。教师不仅给幼儿提供适宜操作的"微型电风扇"，还与幼儿一起收集塑料瓶子、小刀、注射器等材料和工具，为幼儿的制作活动提供保障。对比各种材料的过程，不仅提升了幼儿分析问题的能力，也促进了幼儿学习品质的发展。例如，第二小组幼儿不断地对瓶身材质软硬度进行对比，最终发现可以通过气的压力实现嘴吹浇花器的制作，这体现了幼儿坚持、专注等良好学习品质。

其次，教师给幼儿提供充足的思考与操作探索的时间，并引导幼儿围绕一个核心问题展开充分的讨论。当幼儿遇到问题时，教师并不急于介入，而是给予幼儿反复尝试的机会，引导幼儿自主解决问题。正是由于教师给予幼儿充足的时间支持，各组幼儿在遇到难题时，才会积极地进行小组讨论。通过讨论，幼儿学会运用已有的知识经验与逻辑推理来维护自己的观点并质疑他人的观点。幼儿在维护自己观点与质疑他人观点的过程中，发展了批判思维、逻辑思维、反思能力等高阶思维能力。

再次，教师给幼儿带来情感层面的激励。当幼儿遇到困难时，教师关注幼儿的情绪变化，以鼓励性评价为主，减少不断尝试后的失败给幼儿带来的挫败感。同时，教师充分肯定幼儿所做的努力和取得的进步，引导幼儿正确归因，增强进一步探究的动机与愿望。

最后，教师帮助幼儿丰富相关的知识经验。对于幼儿在课题活动中触及的一些科学原理（例如水的阻力大于空气的阻力、大气压力等科学原理），教师进行了通俗易懂的讲解。这些相关的知识经验助推了实际问题的解决，为幼儿深度学习奠定了基础。

第三阶段活动

为班级植物角制作浇花器

在上一个阶段的活动中，四组幼儿分别制作出不同材质的浇花器，在制作的过程中也将浇花器逐渐完善。幼儿想回到最初的问题上，要为班级中的植物角的植物制作浇花器，解决"植物角的花朵枯萎"这一真实问题。

图 3-48　班级植物角全景图

活动一：选择材料

教师：你们设想了很多种类的材料，我们筛选一下哪种材料更适合制作图纸上的浇花器吧！

宁宁：我们选择塑料瓶进行储水。

萱萱：选择塑料瓶一定要找大一些的。

淼淼：因为把吸管插进瓶子，水会流得很快。

霏霏：我觉得有道理，我们要一次性浇十盆花，一定要选大瓶子。

霏霏：我们把之前做浇花器的小瓶子更换一下，就可以完成啦！

活动二：绘制设计图

宁宁：我们可以在瓶子底部加很多的洞。

萱萱：把吸管插进洞里，但要记住吸管插在瓶子里是分上下位置的。

宁宁：我知道！插在上面的吸管用来吹气，这样下面的吸管流出的水就可以流进花盆了！

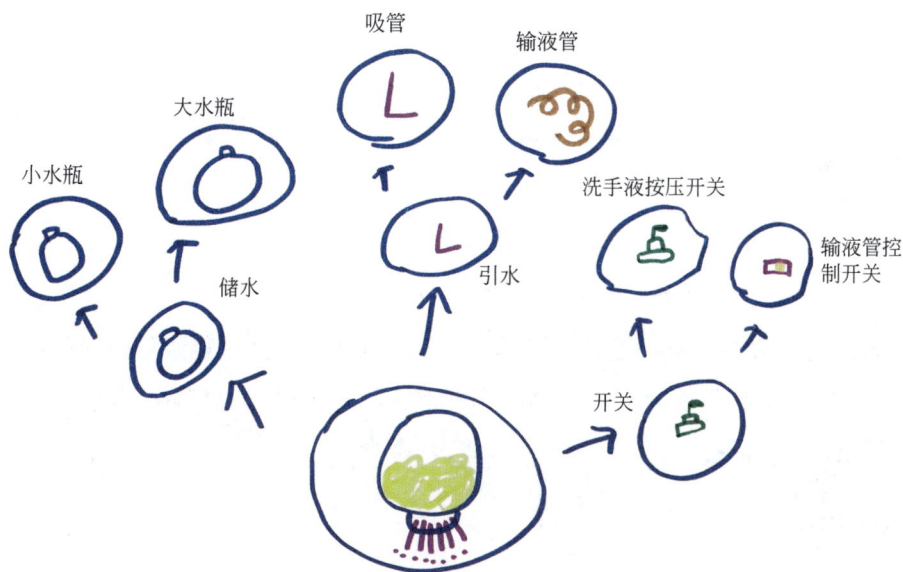

图 3-49　制作植物角浇花器的材料汇总图

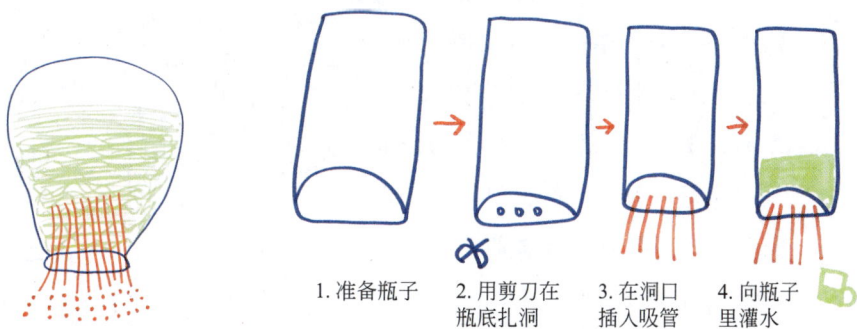

1. 准备瓶子　2. 用剪刀在瓶底扎洞　3. 在洞口插入吸管　4. 向瓶子里灌水

图 3-50　班级植物角浇花器设计图　　图 3-51　班级植物角浇花器的制作流程图

活动三：制作施工

幼儿按照绘制好的设计流程图开始制作，但是在制作的过程中同样遇到了一些意想不到的问题。

问题一：用什么样的引管能控制浇花器自动出水？

分析与讨论

在上一个阶段的活动中，四组幼儿都成功做出了浇花器，但是在制作植物角的浇花器时，幼儿们想有一些创新。经过讨论，幼儿决定制作自动浇花器，于是新的问题出现了。

宁宁：我觉得这样虽然能让水流到花盆里，但一直吹气太累了。我们应该想个办法，不用吹气，就可以让水自动流进花盆里！

禾禾：那我们需要在吸管上加个开关。

宁宁：吸管上怎样加开关呢？

萱萱：我知道有开关的管子是什么样子的。前几天我生病打吊瓶用的输液管就是可以控制水流的。

霏霏：开关控制水的多少，加上这样的管子，我们的浇花器就变得很神奇啦！

幼儿在讨论后，决定更换材料来制作自动浇花器。

【经验迁移：在制作自动浇花器的过程中，幼儿联想到生活中输液管的使用，并将这一经验迁移运用到实验中。幼儿利用输液管的开关调节水流量，实现了制作自动浇花器的想法。】

猜想与假设

宁宁：我们先把输液管和吸管比较一下，看看输液管能不能自动出水。

佳佳：我觉得输液管不仅可以自动出水，还能调节出水的快慢呢！

霏霏：是的！是的！我上次生病，妈妈带我打吊瓶的时候，护士姐姐就告诉妈妈，可以转动输液管的开关，让药液流得慢一点儿。

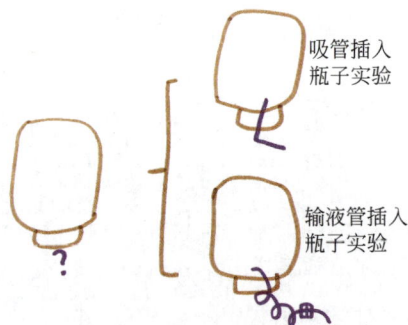

吸管插入瓶子实验

输液管插入瓶子实验

图 3-52　自动浇花器的猜想设计图

实验与验证

幼儿依照猜想，依次用吸管和输液管来进行实验，探究两种不同材料的出水情况。经过实验后，幼儿决定更改材料，将吸管换成输液管。换成输液管后，幼儿又一次进行实验，来观察浇花器的自动出水效果。

宁宁：在瓶子上插入输液管，是可以流出水的。

萱萱：只要上下转动开关，水流出来的量就不一样啦。

霏霏：这个开关能上下滚动，可以把管子堵住，也可以把管子松开，这样水流出来的量就不一样啦！

宁宁：太好啦，我们能做出自动出水的浇花器啦！

问题二：怎样用输液管一次浇所有的花？

幼儿在用输液管成功制作出自动浇花器后，发现浇花器每次的出水量比较少，没办法同时浇所有的花，于是就产生了新的探究问题。

分析与讨论

禾禾：选择了输液管，接下来我们设计一个大的自动浇花器吧，能浇好多花的那种。

霏霏：我们选择大瓶子，要在瓶盖上扎洞洞。

宁宁：用小刀在瓶盖上用力扎一下就行了！

淼淼：扎好洞，把管子插进去就可以了！

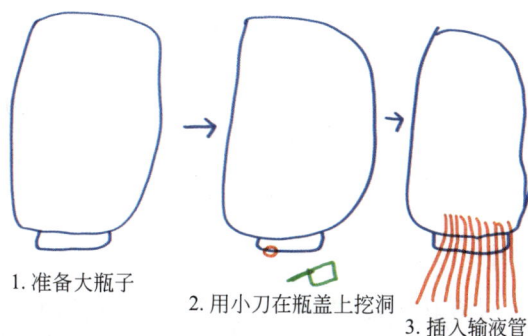

1. 准备大瓶子　　2. 用小刀在瓶盖上挖洞　　3. 插入输液管

图 3-53　大出水量自动浇花器的制作流程图

在激烈讨论后，幼儿绘制出了大出水量自制浇花器的设计流程图。

实验与验证

淼淼：我们要在瓶盖上扎十个洞洞。

萱萱：我觉得瓶盖太小了吧，能扎下这么多洞吗？

宁宁：你看瓶盖就这么大，扎两个洞洞就放不下啦！

禾禾：对呀，感觉只扎瓶盖不行呀，瓶盖那么小，水都流不出来。

幼儿们在实验验证后发现这个解决问题的方案不可行，于是新的问题出现了。

问题三：瓶盖面积太小，输液管插在瓶子的什么位置，水才能流出来？

分析与讨论

教师： 还有其他插输液管的方法吗？

宁宁：我们换位置插输液管吧，把输液管插在瓶身试一试！

萱萱：我同意，这样我们往瓶子灌水的时候就很方便啦！

森森：萱萱说的有道理！设计浇花器的时候，一定要把瓶口拧盖的地方留下来灌水
用，不然浇花器没水的时候，灌水太麻烦了。

猜想与假设

萱萱：我们试着更换一下输液管的
位置吧，看看能不能多出点
儿水。

宁宁：换了位置，那我们重新设计
一下步骤图吧！

禾禾：用小刀在瓶子旁边扎个洞试
一下！

森森：大瓶子瓶身很胖，在瓶身的
一圈可以插好多输液管呢！

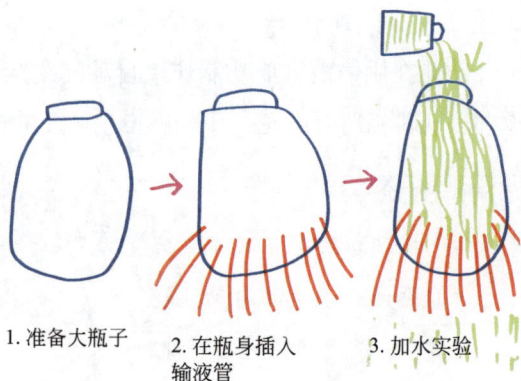

1. 准备大瓶子　2. 在瓶身插入　3. 加水实验
　　　　　　　　　输液管

图3-54　多引管自动浇花器的制作流程图

实验与验证

幼儿按照设计好的多引管自动浇花器的制作流程图对原有的自动浇花器进行
改造，然后观察其自动出水的效果。

问题四：怎样固定浇花器的储水瓶？

幼儿通过合作，成功解决了自动浇花器出水量的问题。但是幼儿在上面的实
验环节中发现，要想浇花器出水，必须要有人扶着它，这一问题重新激发了幼儿
的探索欲望。

分析与讨论

宁宁：我们的浇花器做好了，但浇花的时候让我用手一直举着它也不行呀，胳膊会
酸的！

霏霏：那我们想想有没有别的办法，不用我们举浇花器，就能让水流出来。

萱萱：可以用我们器械库里的长棍把浇花器支起来！

禾禾：我有个好办法！我们的瓶子上有一个拉环，可以在墙上粘一个挂钩，把瓶子
　　　挂上去！

萱萱：这个方法真好呀！你是怎么想到的？

禾禾：你看我们班级的美工区的装饰瓶，老师就是用挂钩把瓶子固定住的，我就
　　　想到啦！

猜想与假设

　　幼儿在上个环节的讨论中，想到了多种固定浇花器储水瓶的方法，并用绘制思维地图的方式对各种方法进行汇总。

实验与验证

　　幼儿按照上一环节中的猜想，依次对固定储水瓶的方法进行验证，选择出最适合的方法。

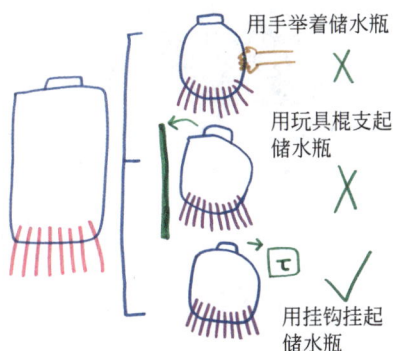

用手举着储水瓶　×
用玩具棍支起储水瓶　×
用挂钩挂起储水瓶　√

图 3-55　固定储水瓶的方法猜想图

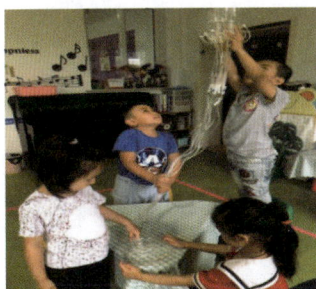

图 3-56　幼儿手举水瓶　　图 3-57　用玩具棍支撑水瓶　　图 3-58　用挂钩挂起水瓶

教师：实验结束，我们成功了吗？

宁宁：我们的实验成功啦！

霏霏：我们可以用挂钩高高地固定瓶子！

萱萱：挂钩真是生活中的好帮手呀！

禾禾：输液管也很好用。实验后我才知道，原来输液管上的白色扣是调节水流大
　　　小的。

　　在反思和小结后，幼儿对浇花器进行了最后的完善，自制浇花器终于制作完成了。

图 3-59 新型浇花器的最终成品图

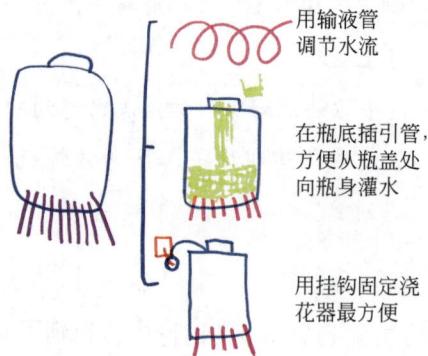

图 3-60 植物角自动浇花器成功原因总结图

右图标注：
用输液管调节水流
在瓶底插引管，方便从瓶盖处向瓶身灌水
用挂钩固定浇花器最方便

阶段小结与反思

（一）幼儿

教师引领幼儿对制作自动浇花器的各个重要环节展开交流与讨论，并利用思维地图来分析问题产生的原因。

（二）教师

首先，教师提供了适当的情感上的支持。幼儿在制作自动浇花器的过程中，对"引管所插入的位置"这一问题进行了反复地尝试与探索，在探索的过程中因为一直不成功而感到沮丧。此时教师的及时鼓励帮助幼儿重新树立起信心，缓解了不良的情绪体验。同时，在教师的鼓励支持下，幼儿不断尝试，表现出不怕困难和勇于探索的学习品质。

其次，教师给幼儿提供充足的探索时间。例如，教师让幼儿充分思考后自主选择可以制作自动浇花器的材料；对于"浇花器中的水无法流出"等问题，教师也给予幼儿充足的时间进行思考，培养幼儿独立解决问题的能力。在充足的时间支持下，幼儿的经验迁移能力有所发展，他们灵活地将生活中所观察到的输液管的相关经验运用到自动浇花器的制作活动中，成功地解决了问题。

最后，教师引导幼儿在适当的时机绘制思维地图，为他们提供方法上的支持。绘制思维地图，有助于利用图像表征的方式促进幼儿思维的发展。例如，针对"输液管所插的位置"与"输液管的出水量"等问题，教师通过组织幼儿交流讨论并绘制思维地图，引导幼儿对现象背后的原因进行深入的分析和探索，有效地促进了问题的解决，发展了幼儿的反思能力。

课题活动四：好用的拖把

云南省人民政府办公厅圆通幼儿园　中三班　李丽　周丽梅　杨静

（指导者：兰元青　番婷）

选题缘由

　　教师在班级投放了尺寸不一、款式不同的拖把，便于幼儿在生活中使用，但时常听到幼儿说"这个拖把的杆太细了，不好用"或者"拖把头太小了，每次只能拖一小块地方"。从幼儿的对话中可以看出，教师所提供的拖把并不适合他们使用。针对拖把使用存在的问题，有幼儿提议："重新买一把拖把。"但有幼儿立刻反驳道："要是买的拖把也和现在的一样不好用怎么办？"最后，有幼儿提议："那我们就自己做一把好用的拖把。"幼儿纷纷表示赞同。"拖把不好用"是幼儿在生活中发现的真实问题，幼儿主动提出要制作好用的拖把，这是一个很好的教育契机。在课题活动中，幼儿将深入了解拖把的结构和功能，对比分析不同种类拖把的优缺点，并且自己动手制作拖把，这些活动可以促进幼儿动手操作能力与探究能力的发展，也有助于幼儿在探究过程中形成良好的学习品质。因此，我们支持幼儿开展了名为"好用的拖把"的课题活动。

第一阶段活动

活动一：问题分析

教师：咱们的拖把不好用的原因是什么？

馨予：拖把头会翻转，不好拖。

小杰：拖把杆又细又滑，握不稳。

洋洋：拖把头太小了，每次只能拖一小块地方。

纯溪：拖把杆会伸缩，一用力就缩短了，弯着腰拖地板很累。

教师：什么样的拖把才好用？

晨晨：拖把头要大一点儿，每次多拖一点儿地方。

丁丁：我觉得拖把杆要粗一点儿，手才好握。

洋洋：拖把头要平平地放在地板上，不要翻转。

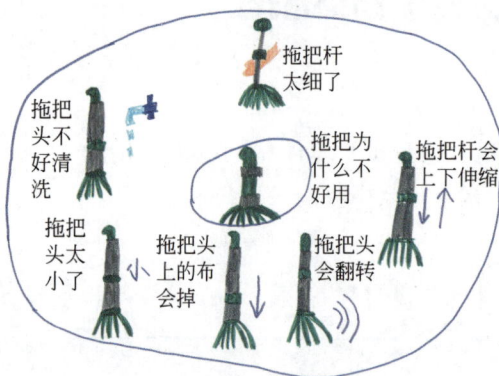

图 4-1　拖把不好用的原因总结图

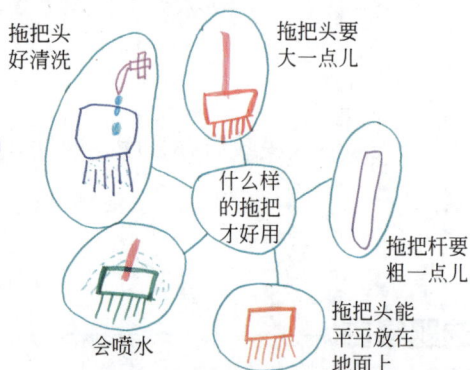

图 4-2　好用的拖把的特征总结图

活动二：经验分享

教师：你见过什么样的拖把？

馨予：我见过拖把头是圆形的拖把，上面拴满棉线。

曦曦：我见过的拖把杆会伸缩。

丁丁：我见过的拖把是一块塑料板上套着一块布。

【**教师支持**：幼儿关于拖把的经验零散而单一，需要丰富他们的经验。所以，教师请家长带幼儿观察不同类型的拖把，认识拖把的结构，并收集不同的拖把实物及图片，把它们带到幼儿园。】

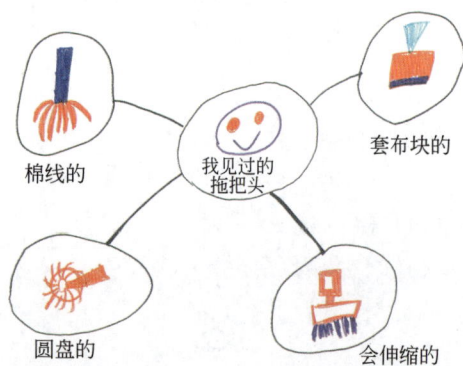

图 4-3　我见过的拖把头汇总图

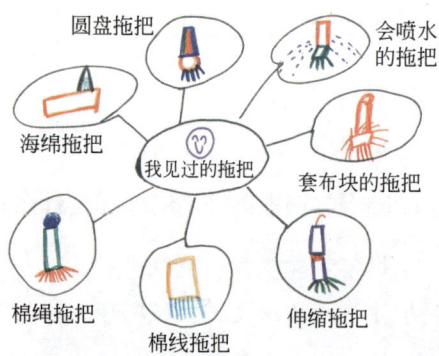

图 4-4　我见过的拖把汇总图

教师：你带来了什么样的拖把？给大家介绍一下吧。

馨予：我带来的拖把的拖把头是圆形的，像个大圆盘一样。

晨晨：我带来的拖把的拖把头是海绵做成的，拖把杆是铁做的。

丁丁：我带来的拖把的拖把头是用棉绳做的，拖把杆是塑料的，拖把杆上有小挂钩，
不用的时候还可以挂起来。

【教师支持：大多数幼儿对拖把结构的关注点在拖把头和拖把杆，很少有幼儿关注
到拖把头和拖把杆的连接处。而这一连接处又恰恰是后面制作活动中非常重要的
探究点。因此，教师请家长和幼儿一起讨论关于拖把的连接方式以及拖把的功能
等方面的问题。】

【教师支持：举办"拖把展览会"，引导幼儿运用多感官了解拖把的构造。】

图 4-5　家长和幼儿观察拖把　　　图 4-6　看一看拖把　　　图 4-7　拆一拆拖把

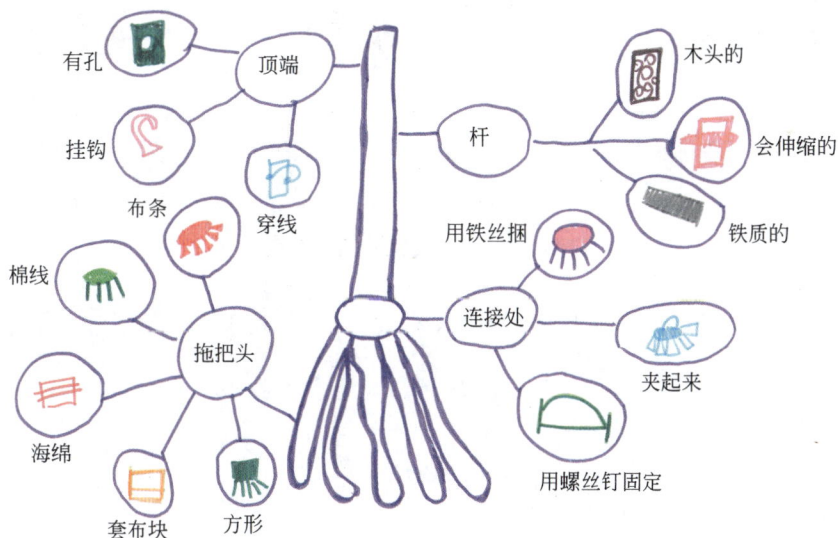

图 4-8　拖把的构造图

教师：认识了各种拖把后，你发现了什么？

洋洋：我发现有的拖把头是棉绳做的，有的是海绵做的，还有的是布做的。

轩纬：我发现有的拖把杆可以伸缩，有的不能伸缩。

丁丁：我发现有的拖把头是用螺丝钉固定在杆子上的，有的是卡上去的，有的是夹起来的。

活动三：分组设计图纸

幼儿根据想做的拖把类型分组，各组绘制出了拖把的设计图。

第一组：我们想做的拖把可以洒水，吸水，拖地。

第二组：我们想做一把拖把杆可以伸缩的拖把。

第三组：我们设计了一把方便挤水的拖把。

| 第一组 | 第二组 | 第三组 |

图 4-9　多功能拖把　　　　图 4-10　伸缩拖把　　　　图 4-11　挤水拖把

活动四：收集材料和工具

香香：做拖把头需要布和棉线，海绵也可以。

龙龙：我们组还需要塑料瓶。

恩与：可以用竹竿、木棍做拖把杆。

小杰：可以用沙池里的白色管子（PVC管）做。

彬彬：做拖把还需要剪刀、螺丝钉、锤子。

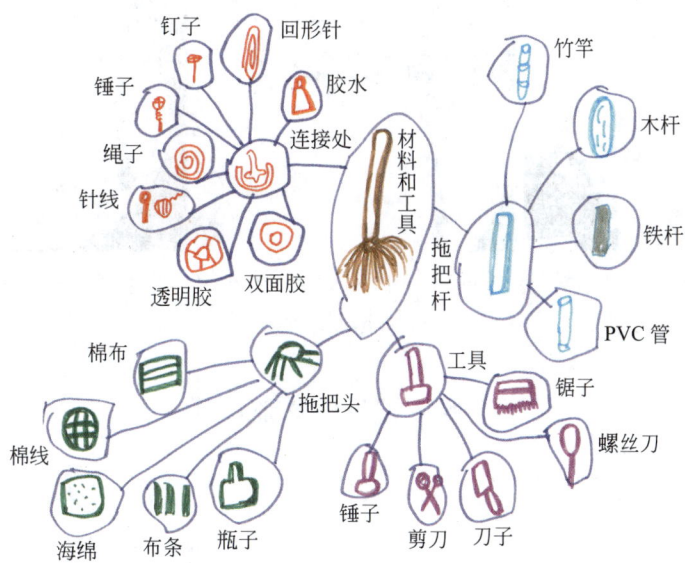

图 4-12　制作拖把所需材料和工具汇总图

活动五：选择材料和工具

第一组：多功能拖把组

乐颐：我觉得矿泉水瓶适合做洒水瓶。

香香：我觉得海绵块和布条适合，它们都很软，会吸水。

超超：我们就用这根铁杆做拖把杆吧。

第二组：伸缩拖把组

彬彬：我们想做的伸缩杆需要两根杆子套在一起，所以做伸缩杆的杆子中间必须是空的。

馨予：树枝中间不是空的。

晨晨：PVC 管中间是空的，细的这一根可以插进粗的那一根里。

第三组：挤水拖把组

恩与：就选这根有小洞洞的拖把杆吧，方便挂起来。

纯溪：这块海绵软软的，很适合做我们的拖把头。

小杰：我们需要螺丝钉来连接海绵和杆子。

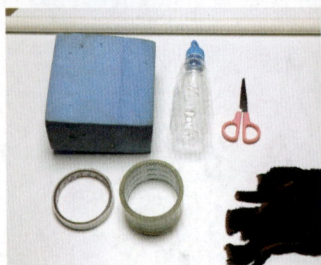
图 4-13　多功能拖把组材料和工具汇总图

图 4-14　伸缩拖把组材料和工具汇总图

图 4-15　挤水拖把组材料和工具汇总图

活动六：设计制作流程图

各组经过讨论后设计了制作拖把的流程并绘制了流程图。

【**学习品质**：在设计拖把的过程中，幼儿大胆想象与创造，设计出了形状各异、功能不同的拖把，表现出了乐于想象和创造的良好学习品质。】

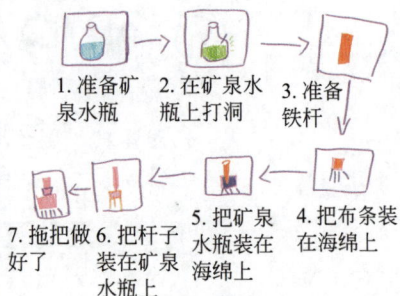

1. 准备矿泉水瓶　2. 在矿泉水瓶上打洞　3. 准备铁杆
4. 把布条装在海绵上　5. 把矿泉水瓶装在海绵上　6. 把杆子装在矿泉水瓶上　7. 拖把做好了

图 4-16　多功能拖把的制作流程图

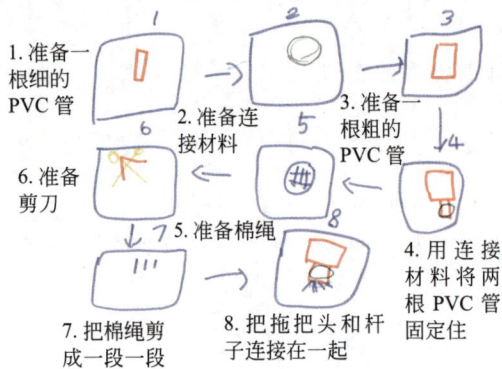

1. 准备一根细的 PVC 管　2. 准备连接材料　3. 准备一根粗的 PVC 管　4. 用连接材料将两根 PVC 管固定住　5. 准备棉绳　6. 准备剪刀　7. 把棉绳剪成一段一段　8. 把拖把头和杆子连接在一起

图 4-17　伸缩拖把的制作流程图

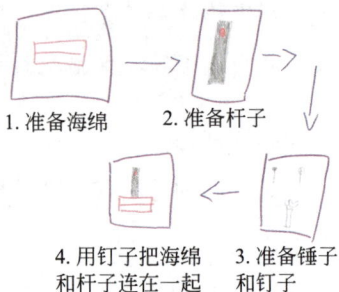

1. 准备海绵　2. 准备杆子　3. 准备锤子和钉子　4. 用钉子把海绵和杆子连在一起

图 4-18　挤水拖把的制作流程图

活动七：尝试制作

第一组：多功能拖把组

问题一：如何把矿泉水瓶变成一个洒水瓶？

分析与讨论

曦曦：我们可以在瓶子上装一个水龙头，就可以流出水了。

香香：不行，水龙头里的水只会往下流，不会洒水呀。

洋洋：那我们就在瓶子上装一个洗澡用的花洒，花洒可以洒水。

婷婷：花洒那么大，怎么装到瓶子上呀？

乐颐：我们班的洒水壶上有很多小洞洞，我们在矿泉水瓶上也扎一些小洞洞吧。

【猜想与假设】

　　只要在瓶子上扎一些小洞，水就会从小洞洞里流出来了。

【实验与验证】

　　幼儿在矿泉水瓶上扎洞，但是水并没有流出来。

图 4-19　在瓶身上扎洞

图 4-20　水未流出来

教师：水为什么没有从小洞洞里流出来呢？

洋洋：可能是洞洞太小了吧。

曦曦：是不是水里有什么东西让水流不出来？

　　教师为幼儿提供材料，组织幼儿开展探索活动，解决水没有从小洞中流出来的问题。

　　幼儿经过探索，明白了水没有从小洞流出来的原因，成功地解决了这一问题，制作出了可以洒水的拖把。

【经验迁移：幼儿根据洒水壶上的洞可以洒出水这一生活经验，在矿泉水瓶上打洞，让水从洞中洒出，实现多功能拖把的洒水功能。】

【教师支持：教师为幼儿提供塑料大盆、矿泉水瓶和刺针，开展"玩水"这一探究活动，与幼儿一起探索水无法从矿泉水瓶身上的洞里流出来的原因。】

图 4-21　有盖不喷水和没盖会喷水对比图

【**科学原理：**大气压力原理。大气压力是大气层中的物体受大气层自身重力产生的作用于物体上的压力。瓶子里有水时空间被占满，瓶子里的空气被排空，只有瓶身上的小洞处有大气，它被强大的大气压封住，同时由于水的张力，水就流不出去了。】

问题二：什么材料吸水性更好？

分析与讨论

婷婷：我们家的棉线拖把很吸水。

曦曦：我觉得海绵拖把更吸水，我们班地板上有水时就是用海绵拖把来吸水的。

洋洋：我觉得棉布更吸水。

教师：到底哪种材料吸水性更好呢？我们试一试。

实验与验证

幼儿分别用棉布和海绵进行吸水效果对比，经过验证发现，海绵更吸水。

问题三：怎样把矿泉水瓶固定在海绵上？

第一次尝试：用双面胶和透明胶固定

分析与讨论

婷婷：双面胶粘不牢，透明胶粘得牢。

乐颐：我想用双面胶来粘。

超超：先用双面胶粘，再用透明胶固定。

实验与验证

幼儿尝试了三种方法，想把矿泉水瓶粘到海绵上，分别是单独用透明胶粘，单独用双面胶粘，同时用透明胶与双面胶粘。

教师：矿泉水瓶固定住了吗？

婷婷：双面胶和透明胶都粘不住瓶子。

超超：没有固定住，瓶子太高了，容易倒。

乐颐：要是瓶子矮一点儿就不会倒了。

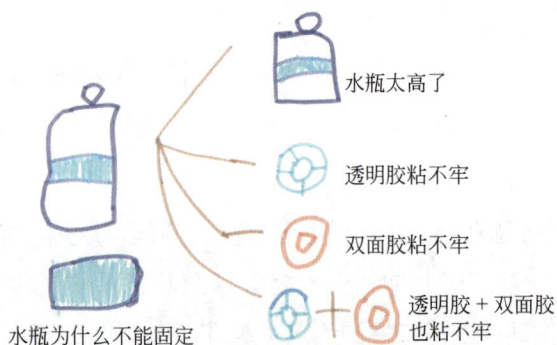

图 4-22　矿泉水瓶不稳固的原因总结图

第二次尝试：在海绵上打洞，把矿泉水瓶插进去

分析与讨论

教师：你们还记得我们班的海绵拖把头是怎么装上去的吗？

曦曦：海绵上有很多小钉子，拖把头的板子上有很多小洞，把钉子插进洞里。

香香：我们可以在海绵上打一个洞，然后把瓶子塞进去，瓶子就不会倒了。

猜想与假设

在海绵上打洞，把瓶子插进洞里，瓶子就能固定住。

实验与验证

幼儿根据讨论结果，在海绵上打洞，然后把瓶子插进洞里。

 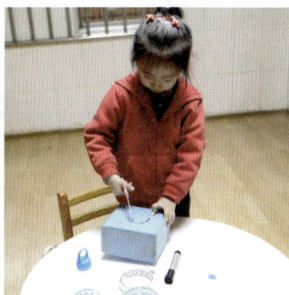 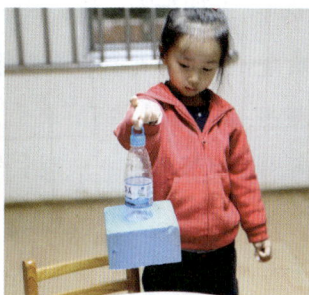

图 4-23　画线　　　　　图 4-24　打洞　　　　　图 4-25　把瓶子插进洞里

教师：矿泉水瓶固定住了吗？

曦曦：把瓶子插进洞里，瓶子就被卡住了。

香香：瓶子插进洞里变矮了，就不会倒了。

超超：外面用透明胶粘一下就更稳了。

问题四：怎样把拖把杆固定在矿泉水瓶上？

第一次尝试：在矿泉水瓶侧面打洞，用透明胶固定杆子

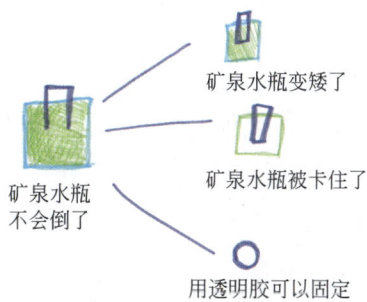

图 4-26　矿泉水瓶被固定住的原因总结图

分析与讨论

超超：拖把杆插进瓶子后会来回移动，要想办法把它固定起来。

曦曦：可是杆子是在矿泉水瓶里面呀，怎么固定？

香香：有了，在矿泉水瓶另一面打一个洞，让杆子伸出去。

乐颐：然后用透明胶固定住。

猜想与假设

在矿泉水瓶侧面打洞，用透明胶能固定杆子。

实验与验证

幼儿在矿泉水瓶两侧打洞，将杆子穿过矿泉水瓶，然后用透明胶固定。

图 4-27　画线　　　　　图 4-28　打洞　　　　　图 4-29　用透明胶固定

教师： 拖把杆固定在矿泉水瓶上了吗？

曦曦：拖把杆太重了，透明胶固定不住它。

超超：拖把杆太粗了，瓶子上的洞卡不住它。

婷婷：如果用一个东西卡住杆子，它就不
　　　会缩回来了。

香香：我们去材料区找找，看什么东西能
　　　卡住杆子。

第二次尝试：寻找材料，卡住杆子

分析与讨论

超超：我找到了螺丝钉，我觉得它能卡住
　　　杆子。

曦曦：可是螺丝钉要穿进孔里呀，杆子太
　　　硬了，我们打不了孔。

婷婷：我们可以请王师傅帮忙。

猜想与假设

把螺丝钉穿到孔里，就能固定住杆子。

实验与验证

幼儿请王师傅在杆子上打孔后，将
螺丝钉穿过孔，把杆子固定到瓶子上。

拖把杆太重

拖把杆为什么
固定不了

杆子上的洞
卡不住杆子

图 4-30　拖把杆固定不住的原因总结图

图 4-31　穿螺丝钉

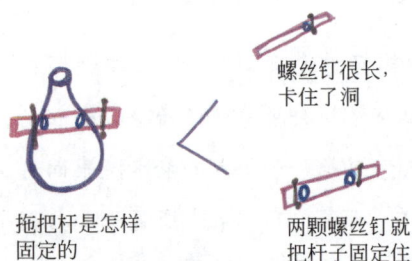

螺丝钉很长，
卡住了洞

拖把杆是怎样
固定的

两颗螺丝钉就
把杆子固定住

图 4-32　固定拖把杆的方法总结图

第二组：伸缩拖把组

问题一：怎样把两根杆子固定住？

第一次尝试：用绳子和橡皮筋套在两根杆子上

分析与讨论

彬彬：两根杆套在一起总是上下滑动，怎么拖地呀？要用一个东西把它们固定住。

晨晨：我们班的伸缩拖把是用一个套子把两根杆固定在一起的。

馨予：我们可以用橡皮筋来固定杆子，用绳子也可以。

猜想与假设

橡皮筋和绳子能固定住杆子。

实验与验证

幼儿分别用橡皮筋和绳子固定两根杆子，但并未成功。

教师：橡皮筋和绳子能把两根杆固定住吗？

馨予：没有固定住，因为橡皮筋太细了。

乐乐：橡皮筋会滑动，固定不住杆子。

月月：绳子也绑不住两根杆子。

图4-33　杆子未被固定

彬彬：没办法，我们找不到和小拖把上一样的套子，做不了伸缩杆了。

乐乐：干脆我们就不要做伸缩杆了。

悠悠：不行，那样我们的伸缩拖把就做不成了。

彬彬：做不成就算了，反正不会伸缩的拖把也能拖地板。

悠悠：不行，我们就要做伸缩拖把！

晨晨：就是，别灰心，我们不能当"一半先生"，我们再试试其他的办法吧。

教师：不要泄气，我们肯定能找到办法来固定杆子。

第二次尝试：用打孔、上螺栓的方法固定拖把杆

分析与讨论

教师：小朋友们，我们在幼儿园找一找，看看有什么东西是可以伸缩的。

乐乐：我发现幼儿园的篮球架是可以伸缩的。

馨予：我们来拆拆看。

乐乐：里面的杆子上有小洞。

彬彬：外面杆子上也有洞，把螺栓插进洞里就能固定杆子。

月月：那我们的伸缩杆也可以用这种方法来固定。

晨晨：可是这根杆子这么硬，我们怎么打洞呢？

馨予：王师傅什么东西都能修好，我们去找他帮忙吧。

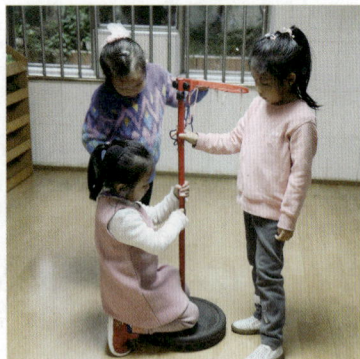

图 4-34　拆篮球架

猜想与假设

在杆子上打洞，然后用螺栓就能固定住两根杆子。

实验与验证

幼儿请求王师傅的帮助，在杆子上打了洞，然后用螺栓固定杆子。

图 4-35　用电钻打孔

图 4-36　用螺栓固定杆子

【教师支持：教师请来王师傅为幼儿提供帮助。王师傅根据幼儿的需要，在塑料板上打洞，并告诉幼儿打洞使用的工具叫电钻，它是专门用来在坚固的东西上打洞的。】

【学习品质：幼儿通过多次尝试，解决了"把两根杆子固定住"的问题，幼儿在此过程中表现出了敢于探究和尝试的良好学习品质。】

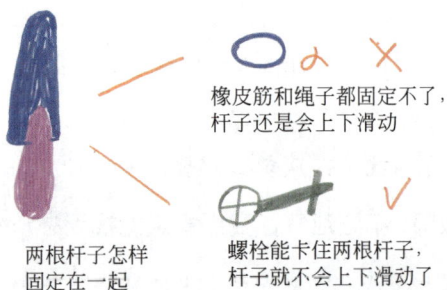

橡皮筋和绳子都固定不了，杆子还是会上下滑动

螺栓能卡住两根杆子，杆子就不会上下滑动了

两根杆子怎样固定在一起

图 4-37　把两根杆子固定住的方法总结图

问题二：怎样让两根固定的杆子能伸缩？

分析与讨论

馨予：我们把杆子固定住了，杆子就无法伸缩了。

晨晨：是呀，怎么办呢？

彬彬：篮球架也是用螺栓固定住的呀，但它为什么可以伸缩呢？

晨晨：我们再去看看篮球架吧。

彬彬：原来里面的杆子上有很多洞。

晨晨：那我们拿着细的杆子再请王师傅打几个洞。

图 4-38 拆篮球架

猜想与假设

在里面的杆子上多打几个洞，拉动杆子，让里面的杆子上不同的洞对齐外面杆子上的洞，然后用螺栓固定，伸缩拖把杆就做好了。

实验与验证

幼儿根据猜想和假设的制作方法，先固定住拖把杆，然后根据设计图制作好拖把头，成功地将拖把杆和拖把头连接在一起。

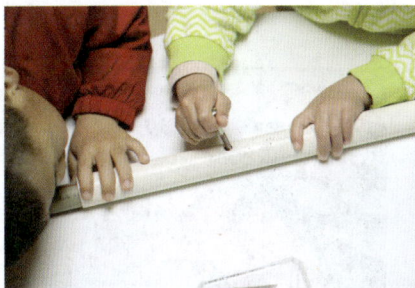

图 4-39 拧上螺栓

图 4-40 固定拖把杆

图 4-41 用棉绳做拖把头

图 4-42 连接拖把头和拖把杆

图 4-43 伸缩拖把成品图

第三组：挤水拖把组

幼儿根据设计图，将海绵和拖把杆用钉子连接在一起，很快拖把就做好了。

看到这一情景，教师产生了疑虑：接下来这组幼儿的探究点是什么？这组的探究活动还能持续下去吗？经过认真分析，教师决定耐下心来等待、观察与陪伴。

紧接着，幼儿迫不及待地使用制作好的拖把。此时，他们发现了问题。

问题一：怎样挤海绵上的水，才不会弄脏手或鞋子？

分析与讨论

纯溪：我们用手或脚挤水会把手和鞋子弄脏啊。

恩与：那就用个东西挡住海绵再挤水就可以了。

小杰：对呀，可以用塑料板，塑料板是防水的。

丁丁：我觉得找一块铁板子好，铁板很坚硬，不会被弄坏。

小杰：铁板太重了，我觉得还是塑料板好。

恩与：你们别争了，妈妈告诉过我铁遇到水会生锈的，
　　　我觉得还是塑料板好。

最终幼儿讨论出了解决办法：在海绵上面加一块塑料板。

在海绵上方加一块板子就不会弄湿鞋子了

图 4-44　挤水板设计图

问题二：挤水板要怎么才能安装在拖把杆上？

第一次尝试：用绳子把挤水板绑在杆子上

分析与讨论

纯溪：我们把挤水板固定到杆子上就可以了。

丁丁：要用绳子把挤水板绑在杆子上。

猜想与假设

可以用绳子把挤水板绑到杆子上。

图 4-45　挤水板压不到海绵

实验与验证

幼儿尝试用绳子把挤水板绑到杆子上，但是这样安装的挤水板挤压不到海绵。

第二次尝试：在挤水板上打洞，把杆子插进挤水板里

分析与讨论

洋洋：我们可以在板子中间打个洞，再把杆子从洞里穿进去。

小杰：板子太硬了，打不了洞啊，我们去请王师傅帮忙吧。

猜想与假设

在挤水板中间打洞，然后把杆子插进挤水板里，就可以挤水了。

实验与验证

请王师傅帮忙在挤水板上打洞后，幼儿动手安装挤水板，但是杆子被海绵挡住了，挤水板安装不进去。在教师的引导下，幼儿先装挤水板，再装海绵，解决了这个问题。

教师：挤水板为什么安装不上去？

丁丁：因为挤水板被海绵和塑料套子挡住了，套不上去。只有把海绵先取下来，才能把挤水板安装上去。

恩与：都怪我们安装顺序不对，应该先装挤水板，再装海绵。

图 4-46　杆子顶端穿不过海绵

图 4-47　杆子被海绵挡住了

图 4-48　先装挤水板再装海绵

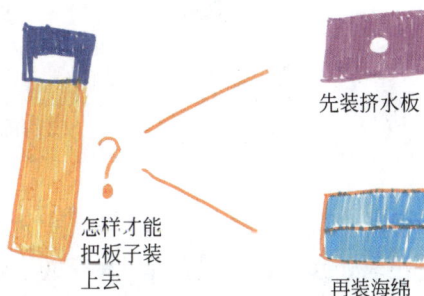

图 4-49　安装挤水板的方法总结图

问题三：怎样让挤水板方便升降？

分析与讨论

纯溪：挤完水后要用手把挤水板拉上来，还是会弄脏手啊。

丁丁：还要弯着腰去拉挤水板，太累了。

教师：那怎样才能让挤水板方便升降呢？

小杰：我们可以把绳子绑在板子上，然
　　　后拉绳子就可以了。

猜想与假设

用绳子就能把挤水板拉起来。

实验与验证

幼儿用绳子连接挤水板和杆子，通
过拉动绳子来使挤水板方便升降。

图 4-50　将挤水板拉上来

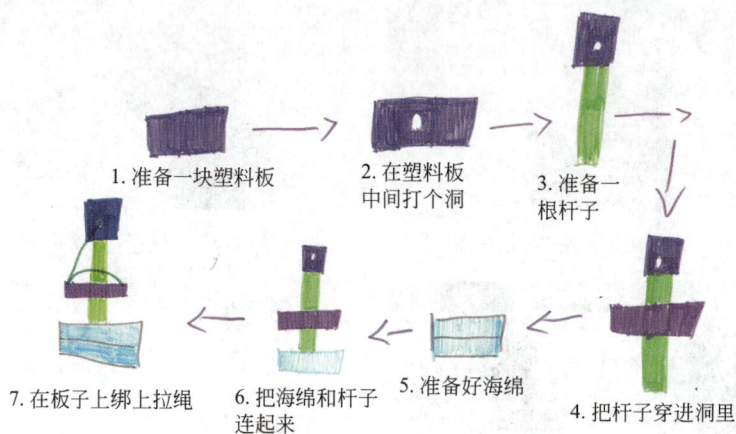

教师：你们是怎样把挤水板拉上来的？

洋洋：用绳子把挤水板绑在拖把杆上，拉动绳子就能把挤水板拉上来。

恩与：原来的步骤不对，我们重新画一个流程图吧，不然下次又做错了。

丁丁：对呀，我们快画下来吧。

1.准备一块塑料板　　2.在塑料板中间打个洞　　3.准备一根杆子

7.在板子上绑上拉绳　　6.把海绵和杆子连起来　　5.准备好海绵　　4.把杆子穿进洞里

图 4-51　重新制作拖把的流程图

【经验迁移：幼儿将塑料板具有防水性的经验运用到挤水板材料的选择上，成功地解决了海绵挤水时会弄湿鞋子和弄脏手的问题。】

【学习品质：在安装挤水板的过程中，幼儿遇到了一系列问题，面对这些问题，幼儿都能积极地思考解决办法，表现出积极主动的良好学习品质。】

阶段小结与反思

（一）幼儿

在教师的引导下，幼儿对制作拖把的过程进行了反思，总结了在制作过程中遇到的问题和解决方法。在此过程中，幼儿不仅发展了批判性思维，而且表现出良好的学习品质。

（二）教师

首先，教师引导幼儿将生活经验迁移到问题解决的过程中。幼儿在教师的引导下，将洒水壶上有很多小洞的生活经验进行迁移，在矿泉水瓶上扎一些小洞做成洒水壶，将塑料板能防水的生活经验进行迁移，来做挤水板。

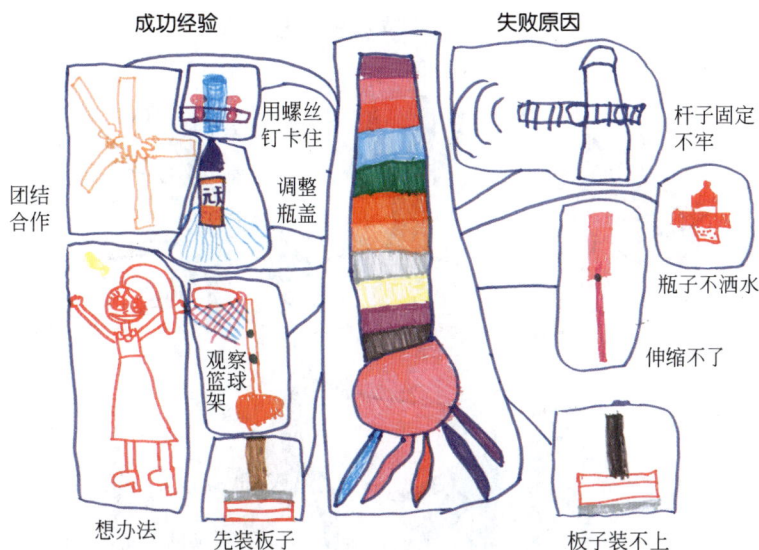

图 4-52 成功经验与失败原因总结图

其次，教师采用提问支持策略推动课题活动的开展。三个小组在探究活动中遇到了一系列问题，教师通过提问的方式引导幼儿针对问题进行分析与讨论，猜想与假设，实验与验证，直到成功地解决问题，提高了幼儿发现问题、分析问题、解决问题的能力。

再次，教师借助思维地图促进幼儿反思能力的发展。每次实验成功或失败时，教师都会带领幼儿分析原因并以思维地图的形式画下来，促进了幼儿反思能力的发展。

最后，教师注重多方资源的挖掘与利用。教师充分调动家长资源和幼儿园资源，为课题活动提供知识支持和材料支持，推动活动的顺利开展。

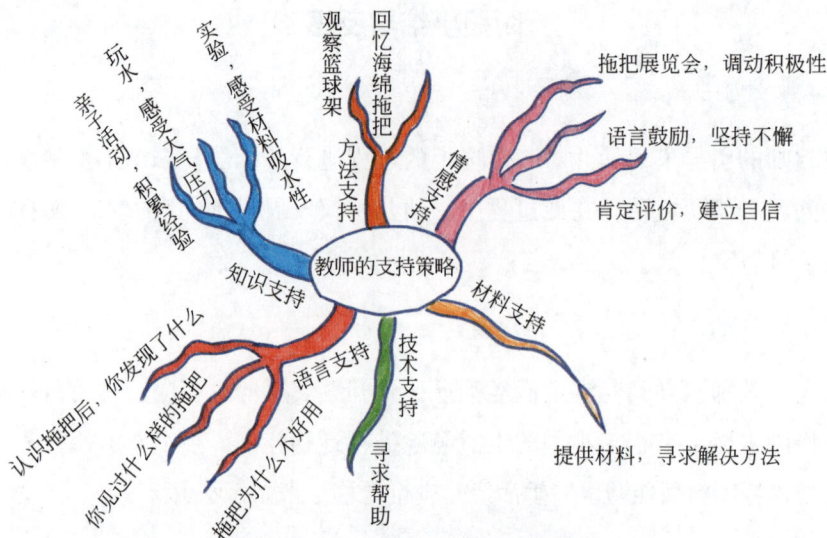

图 4-53　教师支持策略总结图

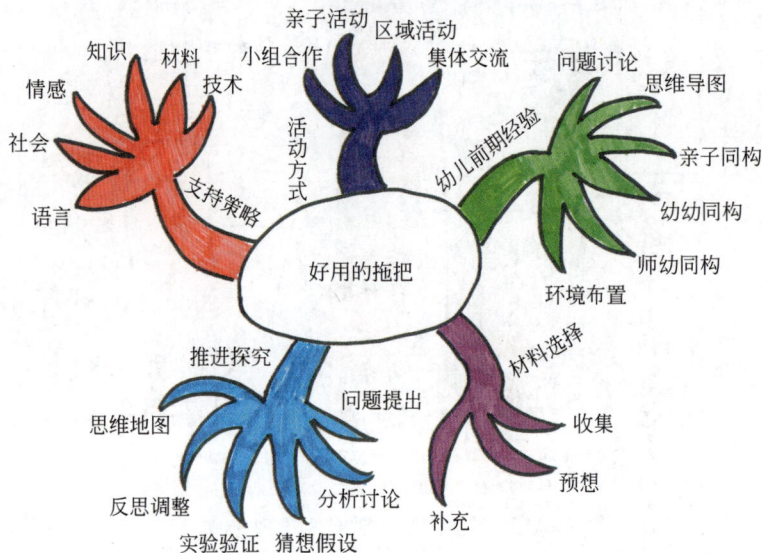

图 4-54　"好用的拖把"第一阶段活动过程总结图

第二阶段活动

拖把做好了，幼儿迫不及待地把自己组制作的拖把介绍给其他小朋友，并动手试用拖把。各组幼儿互相介绍着本组设计的拖把有什么功能，在制作过程中遇到了什么困难，以及他们是怎样解决困难的，讨论的氛围非常热烈。但是在试用拖把的过程中，他们发现了许多新问题，于是幼儿一起讨论如何解决拖把存在的新问题，使拖把变得更加好用的活动又开始了。

活动一：问题分析

第一组：多功能拖把组

香香：我们组做的拖把的洒水瓶
　　　会漏水。

洋洋：是呀，地板上的水太多了，
　　　很难拖干。

超超：洒水瓶还会掉，没有固定住。

第二组：伸缩拖把组

乐乐：我们组做的拖把在伸缩杆子
　　　时要把里面的洞和外面的洞
　　　对齐，好麻烦呀。

晨晨：如果不用对齐里面和外面的洞就能伸缩拖把杆，就好了。

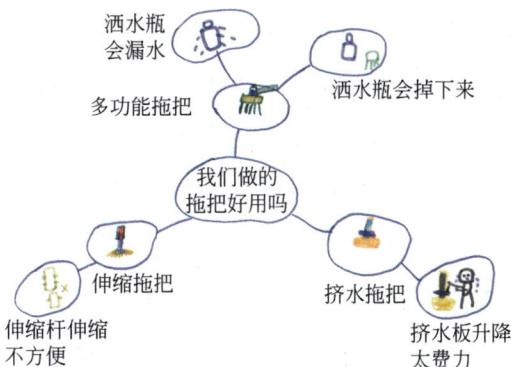

图 4-55　拖把存在的问题汇总图

第三组：挤水拖把组

纯溪：我们组拖把的挤水板很难拉起来，手都拉疼了。

丁丁：如果挤水板能被轻松地拉起来，我们的拖把就好用了。

活动二：尝试改进

第一组：多功能拖把组

问题一：洒水瓶漏水怎么办？

第一次尝试：用橡皮泥将空隙堵住

分析与讨论

曦曦：可以在不用水的时候，用纸把瓶子蒙起来。

乐颐：可是纸遇到水会湿呀。

香香：那就用胶布把它粘起来。

乐颐：不行，胶布粘起来就不会洒水了，那就不是洒水瓶了。

超超：那该怎么办呢？

教师：你们还记得吗？我们在玩水的时候发现，如果把瓶盖盖上，洒水瓶就不漏水了。为什么会这样呢？

香香：因为盖上瓶盖后，就没有空气流进瓶子里，水就不会被挤出小洞了。

洋洋：对呀，盖上瓶盖，瓶子就被密封住了，水就流不出去了。

教师：我们的洒水瓶有没有被完全密封住？请小朋友们看一看。

乐颐：盖上盖子，洒水瓶就被密封住了。

曦曦：我发现杆子穿过瓶子的地方有空隙，瓶子没有被密封住。

超超：是呀，这样空气就会从空隙流进瓶子里了。

香香：我们要想办法把空隙堵起来。

洋洋：橡皮泥软软的，可以变形，我们可以用橡皮泥把空隙堵住。

猜想与假设

　　用橡皮泥就能把瓶子身上的空隙堵住。

实验与验证

　　幼儿尝试用橡皮泥把瓶子上的空隙堵住，但瓶子还是会漏水。

图 4-56　发现瓶子上的空隙

图 4-57　用橡皮泥堵住空隙

教师：橡皮泥把空隙堵住了吗？

曦曦：橡皮泥堵住空隙后，洒水瓶就不漏水了，但是过一会儿橡皮泥就松了，空气
　　　又流进去了。

洋洋：是呀，橡皮泥遇水就变滑了，就粘不住瓶子了。

第二次尝试：用免钉胶将空隙堵住

分析与讨论

乐颐：我看到李师傅用一种牙膏一样的神奇胶水就能把损坏的教具粘起来。

洋洋：我也看到了，这个教具就是他帮我们粘的。

曦曦：那我们就请李师傅帮忙吧。

猜想与假设

用李师傅的神奇胶水就能把瓶身上的空隙堵住。

实验与验证

幼儿请李师傅帮忙用神奇胶水堵住瓶身上的空隙。李师傅根据幼儿的需要，用神奇胶水把空隙堵住，并告诉幼儿这种胶叫免钉胶，不怕水，能粘各种各样的东西。幼儿观察到用免钉胶堵住瓶身上的空隙后，洒水瓶真的不漏水了。

【教师支持：从幼儿的对话中可以看出，"洒水瓶为什么会漏水"超出了幼儿的认知范围，是幼儿运用已有的经验不能解决的难题，探究活动遇到了瓶颈。此时，教师并没有直接告诉幼儿该怎么做，而是通过提问的方式引导他们回忆玩水的经验，让他们仔细观察瓶子，从而发现"是因为瓶子没有密封住而导致了漏水的现象"，有效地引导幼儿找到了问题的症结所在，并有针对性地想办法解决问题。】

【学习品质：幼儿通过认真观察、分析和讨论，发现了因瓶子没有完全密封住而导致洒水瓶漏水的现象，并通过多次尝试，解决了"洒水瓶漏水"的问题。幼儿在此过程中表现出了不怕困难的良好学习品质。】

图 4-58　用免钉胶堵住空隙

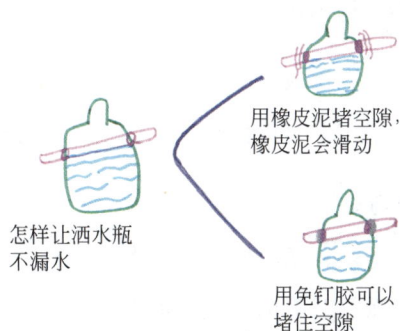

图 4-59　洒水瓶改进过程总结图

问题二：如何把洒水瓶固定在海绵上？

分析与讨论

香香：把洒水瓶插进洞里，拖地时一用力，洒水瓶就掉出来了。

超超：只是把洒水瓶插进洞里是固定不住的，要用胶布给它粘起来。

曦曦：可是胶布被水打湿了会变得不黏的。

洋洋：免钉胶就不怕水，我们还是请李师傅帮帮忙吧。

猜想与假设

用免钉胶就能把洒水瓶固定在海绵上。

实验与验证

幼儿请李师傅帮忙，将免钉胶涂抹在瓶子与海绵连接处，洒水瓶被固定住了。

图 4-60　固定洒水瓶　　　　　图 4-61　洒水瓶成功固定

【**经验迁移**：幼儿将免钉胶不怕水、黏性好的特征运用到了洒水瓶的固定上，解决了拖地时洒水瓶会脱落的问题。】

第二组：伸缩拖把组

问题一：怎样方便地伸缩拖把杆？

第一次尝试：里面的杆子不打洞就能方便地伸缩拖把杆

分析与讨论

彬彬：每次伸缩拖把杆时，都要把两根杆子上的洞对齐才能固定住，太麻烦了。

晨晨：如果里面的杆子不打洞就好了。

馨予：是啊，如果里面的杆子没有洞，伸缩时就方便多了。

猜想与假设

里面的杆子不打洞就能方便地伸缩拖把杆。

实验与验证

里面的杆子不打洞，螺栓穿不进去，两根杆子无法固定住。

教师：里面的杆子不打洞，能把两根杆子固定住吗？

乐乐：不能固定住，因为螺栓没有办法卡住里面的杆子。

月月：里面的杆子没有打洞，螺栓无法穿过杆子，螺帽就拧不上去。

馨予：两根杆子没有固定住就会上下滑动，这怎么拖地板呀？

图 4-62　未能穿进螺栓

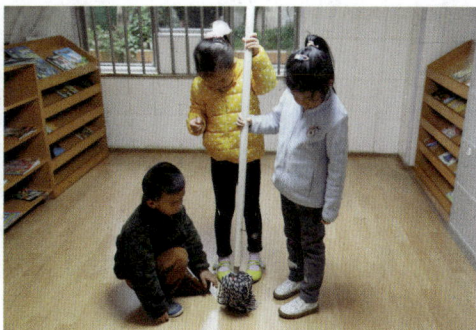

图 4-63　两根杆子固定不住

第二次尝试：在外面的杆子上做固定架，固定螺栓

分析与讨论

彬彬：唉，如果有一个像螺帽一样的东西能卡住螺栓就好啦。

悠悠：是呀，用什么东西来代替螺帽呢？

晨晨：我们去找找吧。

乐乐：找不到这样的东西呀，怎么办呢？

馨予：真的太难了。

彬彬：上次做伸缩杆时我们就遇到了困难，现在又遇到了困难，伸缩拖把杆真是太难做了。

月月：没关系，我们再想想办法。

教师：不要灰心，通过努力，我们一定能克服困难的。

晨晨：如果外面的杆子上有一个东西把螺栓卡住就好了。

馨予：我们去找李师傅帮帮忙吧。

猜想与假设

　　在外面的杆子上加一个能固定住螺栓的物体，然后插入螺栓，就能固定伸缩杆。

实验与验证

　　幼儿请李师傅帮忙。李师傅理解了幼儿的意图后，帮忙找到了合适的螺栓，并在外面的杆子上做了固定架，固定住螺栓，使拖把杆变得方便伸缩了。

图 4-64　安装固定架

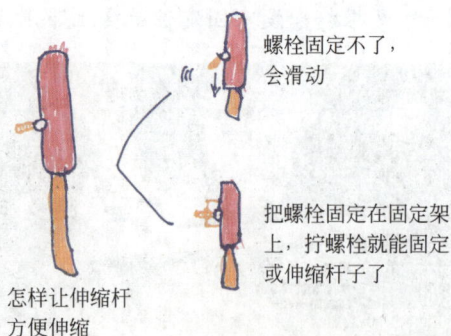

螺栓固定不了，会滑动

把螺栓固定在固定架上，拧螺栓就能固定或伸缩杆子了

怎样让伸缩杆方便伸缩

图 4-65　伸缩杆改进过程总结图

【**教师支持：**既要方便两根杆子伸缩，又要方便两根杆子固定，这对于幼儿来说不仅是一个认知的难点，更是一个技术的难点。当幼儿再次遇到这一困难时，他们感到了无助和灰心。此时，教师鼓励的话语增强了幼儿克服困难的勇气，支持着他们通过努力取得最后的成功。】

【**学习品质：**为了解决"伸缩拖把杆不方便伸缩"的问题，幼儿主动思考不同的解决方法并进行了热烈地讨论。他们尝试了两种不同的方法，最终成功地解决了这一问题，幼儿在此过程中表现出了积极主动的良好学习品质。】

第三组：挤水拖把组

问题一：为什么升降挤水板时很费力？

分析与讨论

恩与：用手拉挤水板时，它的四个角会翘起来，要用力拉才能拉起来，好费力呀。

丁丁：我觉得挤水板太薄、太软了，往上拉时它就变形了。

纯溪：我们要找一块又厚又硬的塑料板。

小杰：是啊，硬的塑料板就不容易变形，这样拉起来就省力多了。

猜想与假设

用一块又厚又硬的塑料板当挤水板，升降挤水板时就会省力。

实验与验证

幼儿收集了多块不同的塑料板，经过对比之后，选出一块又厚又硬的塑料板，把它打孔穿线固定在拖把上，挤水板变得容易升降了。

图 4-66　挤水板升降自如

问题二：用什么样的绳子做拉绳？

分析与讨论

小杰：现在的挤水板升降很省力了。

恩与：但是我觉得升降挤水板的这根绳子不太好用，太硬了，拉着有点儿刺手。

纯溪：那我们就换一根软一点儿的绳子，这样就不会刺手了。

教师：那我们应该用哪一种绳子升降挤水板呢？

丁丁：就用我们插花时用的丝带吧，丝带很柔软。

纯溪：丝带太滑了，咱们之前做手工时用过的棉绳好，又柔软又不滑。

猜想与假设

用棉绳当拉绳，挤水拖把会更好用。

实验与验证

幼儿用棉绳做拉绳，试用之后发现不刺手，拉挤水板时更舒适和方便。

【经验迁移：幼儿利用棉绳柔软的特性，解决了拉绳刺手的问题。】

图 4-67　试用棉绳升降挤水板

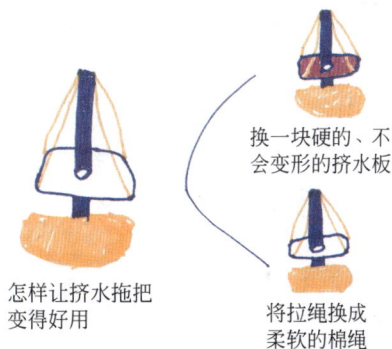

图 4-68　挤水拖把改进过程总结图

教师：你们的挤水拖把变得好用了吗？

恩与：我们换了一块硬的挤水板，拉的时候不会翘起来了，拖把变得好用了。

小杰：硬的挤水板拉起来很省力。

丁丁：我们还换了柔软的棉绳当拉绳，拉起来很舒服，手不疼了。

阶段小结与反思

（一）幼儿

从"制作拖把"到"把拖把变得好用"，整个过程对于幼儿来说具有很大的挑战性，幼儿不断地发现新问题，通过观察和讨论共同分析问题出现的原因，并通过经验迁移和团结协作逐步解决了问题。第二阶段活动结束后，教师引导幼儿将成功解决问题的过程进行了反思与总结。

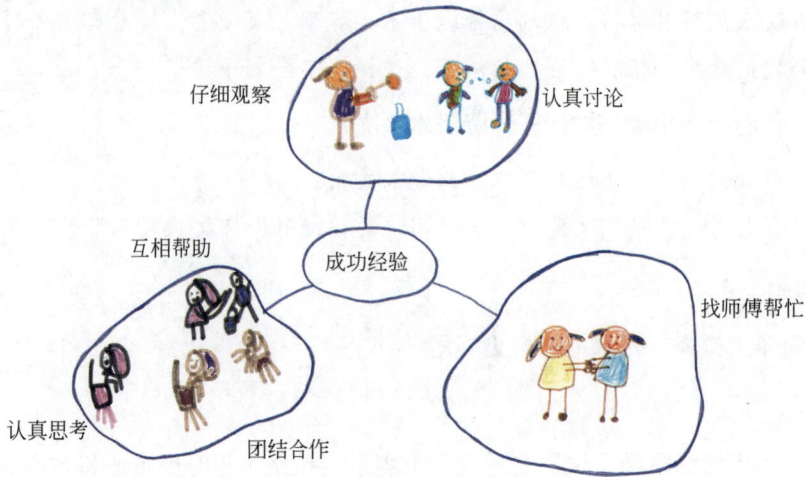

图 4-69　成功解决问题的经验总结图

（二）教师

首先，教师在活动中引导幼儿使用思维地图对解决问题的过程进行总结，以此让幼儿对自己的前期活动进行反思，帮助幼儿梳理了活动过程，有利于幼儿更清楚地了解问题解决的过程。

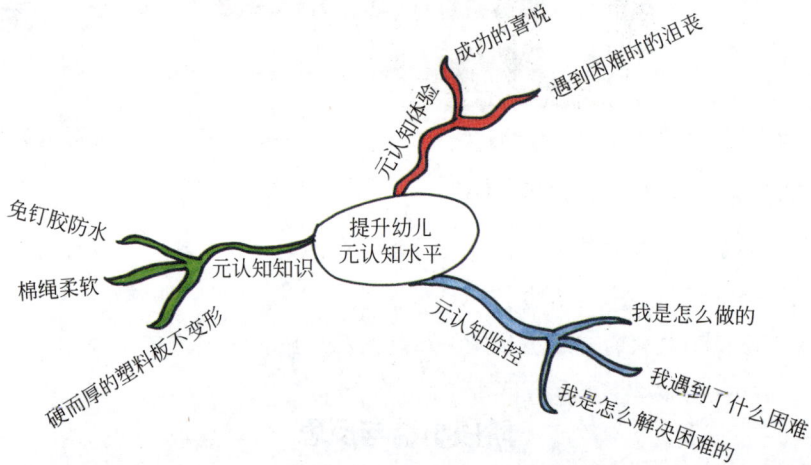

图 4-70　提升幼儿元认知水平总结图

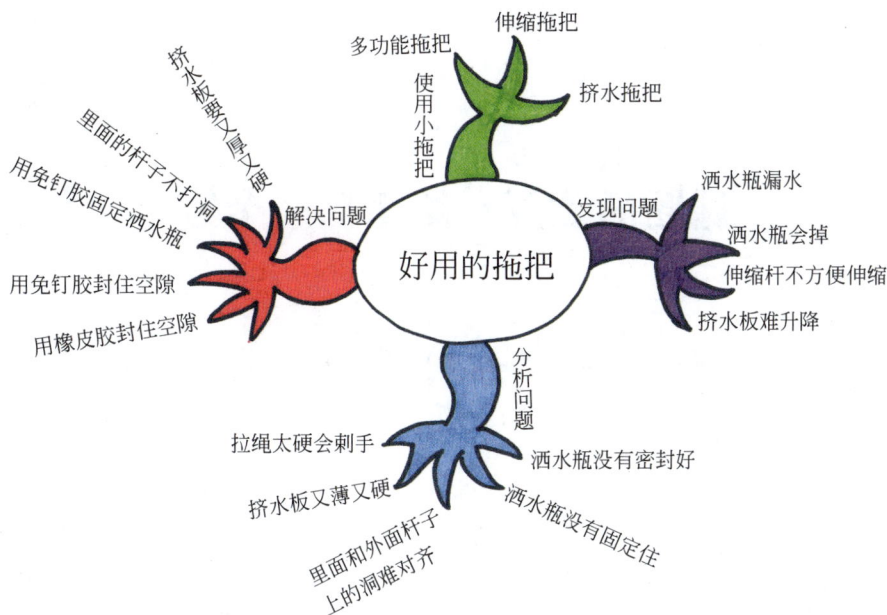

图 4-71 "好用的拖把"第二阶段活动过程总结图

其次，教师引导幼儿通过经验迁移和同伴合作等方式解决拖把存在的问题，使拖把变得更加好用。在此过程中，幼儿发现问题、分析问题、解决问题的能力都得到有效提升，元认知水平也得到有效提高，幼儿养成了积极主动、不怕困难、敢于探究和尝试等良好的学习品质，为他们后续的学习与发展增强了动力。

最后，教师的支持策略变得更加灵活和有效。在活动过程中，各组遇到的问题各不相同，教师针对各组遇到的不同问题采取了不同的支持策略，如情感支持、材料支持、策略支持等，使支持的策略恰到好处，在幼儿自主活动与教师有效支持之间做好了平衡。

课题活动五：给小鸟一个家

长春新区东师附小益田幼儿园　中三班　曲波　冯冬梅　王莹莹
（指导者：付娜　刘艳伟）

选题缘由

　　2019 年 3 月的某一天，吉林省长春市气象台发布了大风蓝色预警。幼儿们起床后在窗边观察室外刮风的景象，这时汤圆大声说道："老师，那边大树上有个东西被刮掉了！"我们顺着她手指的方向看去，原来是一个鸟窝被风吹掉了，小鸟也飞走了。雯雯说："我知道，那是鸟窝！"钰儿同情地说道："小鸟太可怜了！"元宝也说："是呀，我想帮助小鸟。"教师问道："我们怎么帮助小鸟呢？"多多想了想说："我们可以让小鸟来幼儿园住。"小宝说："不行，小鸟喜欢大自然，不喜欢在我们的屋子里。"这时候喜宝说："我们给小鸟做一个新的家吧！"幼儿们七嘴八舌地讨论着，都觉得小鸟很可怜，最后一致决定给小鸟做一个坚固的新家。想要给小鸟制作一个家，幼儿就需要初步了解鸟窝的类型以及鸟窝的构造，在制作过程中也会遇到选择材料及制作顺序等各种问题，这些问题蕴含着丰富的探究价值，不仅能够拓展幼儿的知识面，还能够培养幼儿爱护环境、保护弱小、珍爱生命的意识。同时，这一课题活动能充分满足幼儿的好奇心，对幼儿来说有一定的挑战性。基于此，"给小鸟一个家"这一课题活动拉开了帷幕。

第一阶段活动

活动一：经验分享

问题一：你见过的鸟窝是什么样子的?

分析与讨论

桃子：鸟窝是用树枝做的。

多多：鸟窝是用草做的。

睦希：我妈妈说燕子的家是用口水做的。

大宝：鸟窝是用木头做的。

（幼儿已有经验有限，讨论中幼儿的描述不具体，重复较多。）

猜想与假设

教师：用什么方法可以了解更多的鸟窝?

糖糖：公园里有鸟窝，我们可以去看一看。

蕊蕊：我去过公园，没看见鸟窝。

元宝：我在电视里见过，可以看电视。

六一：长白山里有好多小动物，也有鸟窝。

小宝：可以让我爸爸上网用百度搜索一下，百度什么都知道。

（家庭教育对幼儿的经验积累有很重要的影响。）

【教师支持：为让幼儿进一步了解鸟窝的构造，教师鼓励家园合作，共同收集鸟窝的照片。】

实验与验证

教师：你了解到哪些不同的鸟窝?

钰儿：照片里的鸟窝有尖尖的房顶，是有爱心的人帮助小鸟用木头做的。

雯雯：我拍到的鸟窝是用树枝和动物的羽毛做的，像我们吃饭用的碗一样。

石头：小鸟自己用泥巴、唾液、羽毛和干草做的，是半圆形的，在房檐下面。

大宝：小鸟的家是圆圆的，是叔叔用草编织的。

小宝：用树叶也能做鸟窝。在鸟窝里面包上棉花，再放点儿石头子儿增加重量，在高高的树上，这样的房子是很暖和的。

粽子：跟帽子形状是一样的。

二多：我在爷爷家看见了铁丝做的小鸟笼子，那里面就有小鸟。

（小鸟的家这一概念，在幼儿头脑里已经变得较为丰富和具象。）

活动二：制订计划

问题一：用什么主材做鸟窝？

分析与讨论

幼儿提出的材料大致可分为四类，教师依据幼儿对材料的喜好将幼儿进行分组，分别是木板组、树枝组、干草组与纸板组，具体如表 5-1 所示。

表 5-1　各组针对材料的交流与讨论

组别	主材	讨论
木板组	木板	北北：咱们用大石头做吧，石头最结实 六一：石头太硬了 北北：可以用电锯锯开，电锯什么都能割 大美：不行，电锯有危险，不能碰 大美：还是用木头做吧，木头不用电锯就能割动 芊芊：那还不如用木板呢，我看我爸用木板给我家妞妞做了个狗窝
树枝组	树枝	糖糖：我想用砖做 粽子：应该用水泥做，水泥可以把泥土凝固 雯雯：不行，水泥不环保，我家装修时妈妈都让我戴口罩呢 多多：应该用树枝，砖和水泥都太沉了 钰儿：咱们就用树枝吧
干草组	干草	睦希：我想用椰子壳做，因为椰子壳坚硬，坏人来了破坏不了 麒麒：还是用干草吧，我爸说过去的人都住草房子，人能住，小鸟也能住 六一：行，那就用干草吧
纸板组	纸板	佑佑：我觉得应该用稻草 轩轩：稻草一碰就断了，肯定不坚固啊 汤圆：对，我妈给我编的花环都坏了 元宝：那咱们用纸箱吧，我看我妈妈的快递都是用纸箱装的 桃子：行，我妈前几天还说她快递没用纸箱，就用塑料袋了，东西都给压坏了

猜想与假设

教师：去哪里找这些材料？

麒麒：幼儿园的后院有很多树枝，我们可以去捡点儿。

睦希：我们上美劳课的盒子就可以做鸟窝。

糖糖：我家小区的喷泉附近有好多软软的小草。

桃子：小区的小草不行，我家有喂兔子的干草。

（幼儿能寻找到的材料都来自幼儿身边。）

【教师支持：教师带领幼儿一同在幼儿园中寻找材料，园里没有的材料，请家长帮忙收集。】

实验与验证

在收集材料的过程中，木板和硬纸板相对容易收集，树枝和干草需要教师带领幼儿到户外收集。收集树枝时，教师反复叮嘱幼儿要注意自己和同伴的安全。

问题二：怎样制作鸟窝？

分析与讨论

教师：你们想把小鸟的家设计成什么样子的？

教师引导幼儿根据已有材料，绘制鸟窝的设计图。每位幼儿画出自己认为最坚固的鸟窝，然后把图纸贴在黑板上，组内幼儿进行站队投票，获得票数最多的图纸胜出。

| 图 5-1 木板组设计图 | 图 5-2 树枝组设计图 | 图 5-3 干草组设计图 | 图 5-4 纸板组设计图 |

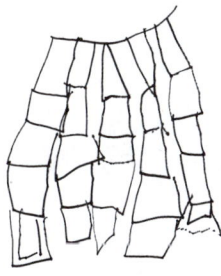

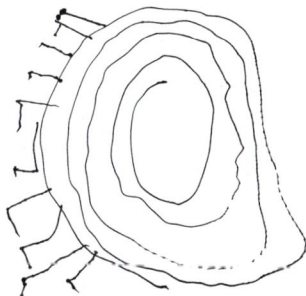

猜想与假设

教师：需要哪些工具？

主材使用木板的幼儿认为需要锯子与胶枪等工具。

北北：咱们需要刀，用来切木板！

六一：刀切不动！

北北：用锯子可以！

大美：还需要胶枪。

主材使用树枝的幼儿认为需要刀与胶枪等工具。

糖糖：咱们需要胶水。

粽子：胶水不行，老师用的胶枪粘得比较牢固。

雯雯：对，还需要刀，用来切树枝。

主材使用干草的幼儿认为需要绳子与胶水等工具。

睦希：草这么散不好粘。

麒麒：用绳子围个圈，把草粘在绳子上。

六一：行，那就找点儿绳子和胶水！

主材使用纸板的幼儿认为需要胶水、剪刀与铅笔等工具。

【**教师支持：**教师协助幼儿进行不同工具的准备，并对各组幼儿绘制的思维地图进行了总结。】

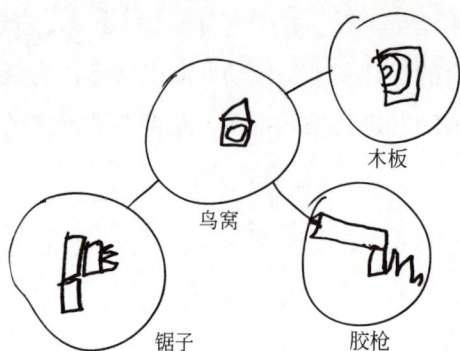

图 5-5　木板组所需材料和工具图

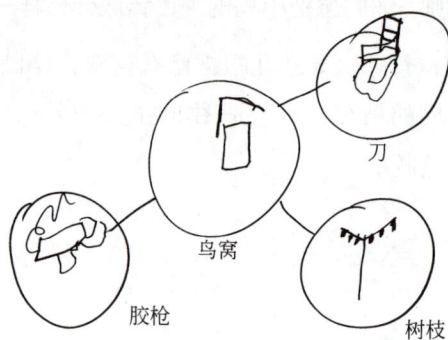

图 5-6　树枝组所需材料和工具图

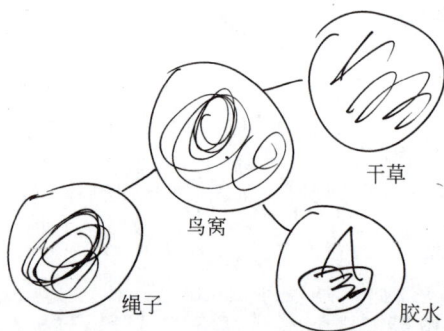

图 5-7　干草组所需材料和工具图

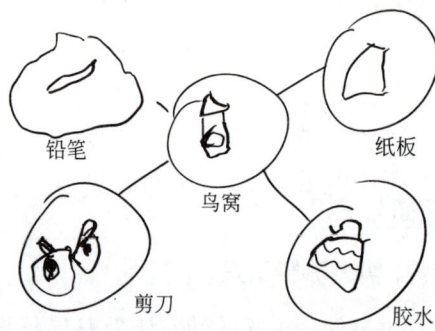

图 5-8　纸板组所需材料和工具图

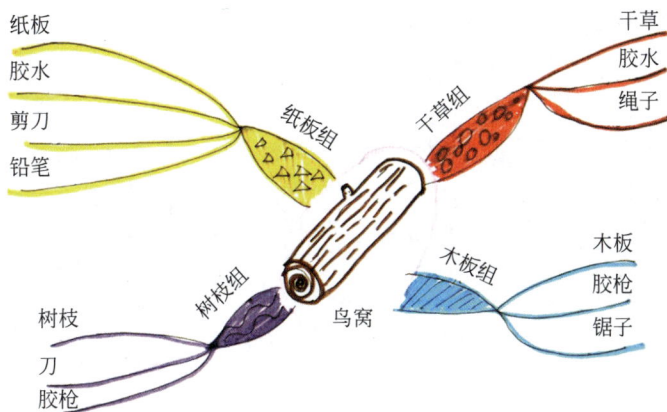

图 5-9　制作材料和工具反思图

活动三：尝试制作

第一组：木板组

问题一：木板太大怎么办？

（分析与讨论）

粽子：我来用胶枪粘吧。

玉儿：木板太大了，需要先用锯子锯。

（猜想与假设）

糖糖：用锯子就像用刀一样。

多多：不对，我会用锯子，我看过爸爸用，应该前后拉。

（实验与验证）

多多：木板太硬了，锯不动啊。

粽子：是你不会用吧？

多多：我看到我爸爸就是这样用的。

　　幼儿尝试了很久，还是因为力量不足、不会熟练使用锯子等原因没有切割成功。

【**教师支持**：幼儿通过分析发现，导致无法锯断木头的原因不仅仅是力量不足，更多的是没有掌握锯子的使用方法。于是，教师为幼儿提供了工人叔叔拉锯子的视频，幼儿通过视频学习如何正确使用锯子。】

问题二：工人叔叔是怎么使用锯子的？

分析与讨论

糖糖：和多多一样，是前后用力。

玉儿：可能是多多力气太小了。

多多：我们可以两个人一起。

粽子：我来把着木板。

实验与验证

　　两个男孩用锯子，一个男孩用手固定木板。

【**科学原理**：与刀相比，锯之所以能够更加方便地锯物体，核心在于三角形齿条。三角形齿条的齿尖非常尖锐。尖锐的齿尖在物体表面移动时，会破坏物体结构，使之变成粉末。两名幼儿通过合作，力量增大，使工作更加快速地完成。】

【**学习品质**：幼儿通过反复尝试，从而更好地使用工具，在过程中表现出了浓厚的兴趣。】

问题三：把木板切割成什么样子的？

分析与讨论

玉儿：木板有的长有的短，粘不成鸟窝。

糖糖：可以多放点儿胶。

多多：不行，应该把每块木板锯得一样大。

教师：为什么应该一样大？

多多：我玩搭城堡时需要一样大的积木块。

　　木板有长有短，有宽有窄，幼儿粘了很久也没有成功，负责粘的幼儿提出木板应该大小相等。

猜想与假设

粽子：做鸟窝和搭城堡一样，我们可以先用积木块搭个房子。

多多：好，我们先用积木块搭房子。

实验与验证

　　幼儿先搭了一个玩具房子，然后把木板锯成跟拼插玩具的大小一样。

图 5-10　玩具房子搭建图

图 5-11　木板组完成图

【经验迁移：幼儿将拼插玩具房子的经验，迁移到制作木板房子的过程中。幼儿尝试先搭建玩具房子，再将木板按玩具房子的大小进行切割，从而解决木板长短不一的问题。】

第二组：树枝组

问题一：怎样得到合适的树枝？

（分析与讨论）

教师：这么多树枝都能使用吗？

二多：树杈太多的不能要。

佑佑：太细的也不行，弯弯的也不要。

元宝：要长度差不多才行。

（猜想与假设）

教师：不符合要求的树枝怎么办？

轩轩：我们用刀把多余的树杈砍掉吧。

元宝：树枝粗的部分留下，细的部分折掉。

（实验与验证）

桃子：用刀太慢了，我用手折更快。

汤圆：你折得是很快，但是太多毛刺了。

元宝：你可以像我这样用脚踩住，然后折一下。

　　折树枝的工作很耗费时间，但是幼儿的耐心并没有减退，他们还开动脑筋想了很多方法。

问题二：怎样得到等长的树枝？

分析与讨论

二多：把长出来的树枝用刀切掉。

佑佑：我切过了，一切树枝就散架了。

元宝：先把树枝折成一样长，再粘成"墙"呢？

教师：怎样才能把树枝折成一样长呢？

猜想与假设

轩轩：让一个人折，其他人不折。

元宝：找粗细一样的树枝折。

二多：都折成像我的脚这么长。

教师：你们谁想的办法更好呢？

轩轩：我们一起折着试试。

实验与验证

　　幼儿对三种操作方法进行了实验，分别是一人折树枝，用粗细一样的树枝，用脚丈量树枝，得到的结果分别是：一人折树枝时需要有一根折好的树枝作为比照；树枝的粗细不影响树枝的长短；用脚量好，再做上记号，可以得到等长的树枝。

【**学习品质：**幼儿在比较测量活动中，表现出浓厚的兴趣与勇于尝试和探索的良好品质。】

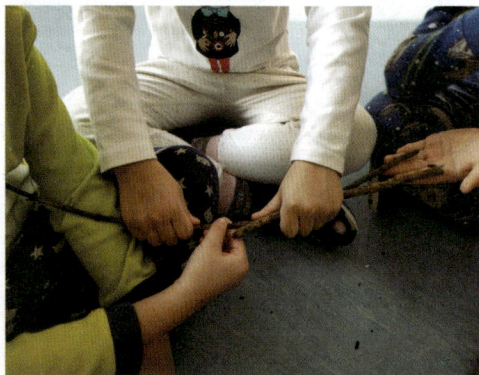

图 5-12　一人折树枝

图 5-13　用粗细一样的树枝

图 5-14　用脚丈量树枝

图 5-15　树枝组完成图

第三组：干草组

问题一：怎样把碎的干草粘成像碗一样的形状?

分析与讨论

雯雯：我们可以把很碎的草都捏在一起，捏成一个圆球，然后在圆球上挖一个洞。

六一：我们找一个碗，把干草用力地按在里面，干草就变成碗状的了。

实验与验证

　　一名幼儿将干草粘成一片一片的，然后再粘在一起，粘成碗状的。可是干草都碎了，粘不成形。

　　幼儿尝试了很久，可由于干草在做成碗状的过程中不好成形，所以幼儿做了一些无用功。

问题二：如何使干草成形?

分析与讨论

玉儿：往碗里放干草时，应该交叉着放。

教师：为什么应该交叉着放呢?

六一：我们编头发时需要交叉着编，头发才不会散开。

麒麒：还要放胶水，粘上了才不会散开。

猜想与假设

教师：一边编干草，一边挤胶水，你们能忙得过来吗?

玉儿：可以女孩子编干草，男孩子挤胶水。

实验与验证

六一：太多的草编成的辫子不好成碗状。

麒麒：我多放点儿胶水行吗？

玉儿：那样做成的鸟窝就太大了。

雯雯：我们把干草编成很多小辫子，然后一层一层铺到碗里。

麒麒：好，你铺一层干草，我加一层胶水。

（干草太细，编成小辫子使之加粗，更容易成形。）

问题三：胶水太多，一直不干怎么办？

分析与讨论

麒麒：我知道可以用太阳晒。

玉儿：可以用扇扇子的方法。

六一：那样太慢了，我们可以用吹风机。

麒麒：这是好办法，就用吹风机吧。

实验与验证

麒麒使用吹风机吹干草时说道："吹风机不能开太大风，否则干草会变形。"六一也说："也不能用最小风，干得太慢。"玉儿补充道："吹热风比吹冷风干得更快。"

图 5-16　干草组完成图

【科学原理：蒸发。物质从液态转化为气态的相变过程。蒸发量是指在一定时段内水分经蒸发而散布到空中的量。通常温度越高，风速越大，气压越低，蒸发量就越大。通过吹风机的加热与提高风速，胶水中的水分得以快速蒸发。幼儿通过实践，发现最适合吹干鸟窝的档位是中档热风。】

【经验迁移：在该过程中，幼儿积极利用生活中的经验，解决了遇到的问题与困难。例如，幼儿利用"编辫子"的经验编织干草，利用"吹风机吹头发"的经验解决了胶水一直不干的问题。】

【学习品质：幼儿积极主动地探讨"胶水一直不干怎么办"的问题，通过小组的合作，进行反复尝试，积极调整策略，主动寻求答案。】

第四组：纸板组

问题一：剪裁后的纸板无法装到一起怎么办？

分析与讨论

北北：我们剪的纸板大小形状都不一样，这样不能组合到一起啊。

教师：那我们怎样剪才能把纸板剪成大小一样的呢？

猜想与假设

北北：可以先折一下再剪。

大美：不行，纸板比纸厚，折的线不直。

璐璐：用格尺量吧，我看过我哥哥用格尺。

实验与验证

大美：用格尺，剪出来的纸板大小还是不一样。

璐璐：我是沿着格尺画线剪的，但是我剪完的纸板
　　　大小也不一样啊。

　　幼儿只量纸板的一条边，所以剪裁下来的纸板
大小不一。

图 5-17　纸板组完成图

问题二：怎样剪才能把纸板剪成一样大小的？

分析与讨论

想想：我们先剪好一个纸板，然后所有纸板都按照这个剪，这样就可以剪出一样大
　　　小的纸板了。

六一：那我们先来试一试吧。

实验与验证

　　幼儿将一块剪好的纸板放在另一块纸板上，用笔沿着四条边画上线，再沿着
线剪，最后顺利地完成了纸板房子的制作。

【经验迁移：幼儿根据平时美术活动中拓印画的经验，解决了如何才能将纸板剪成
一样大小的问题。】

【学习品质：幼儿面对困难坚持不懈，终于找到了剪纸板的办法，表现出不怕困难、
勇于探索的学习品质。】

阶段小结与反思

（一）幼儿

在第一阶段活动中幼儿遇到了很多问题，但都能通过分析讨论和实验验证尝试解决，通过亲身体验获得经验。幼儿在活动过程中提升研究兴趣，体验探究过程，发展初步探究和解决问题的能力。幼儿在活动中不断将生活经验迁移到新问题中，在制作过程中幼儿敢于发言，积极动脑，敢于质疑，敢于验证。通过绘制思维地图，幼儿明确自己的工作方向并积极地进行探索。

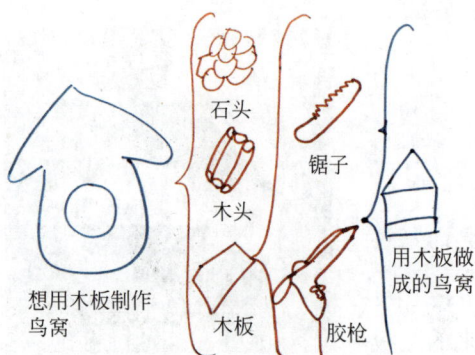

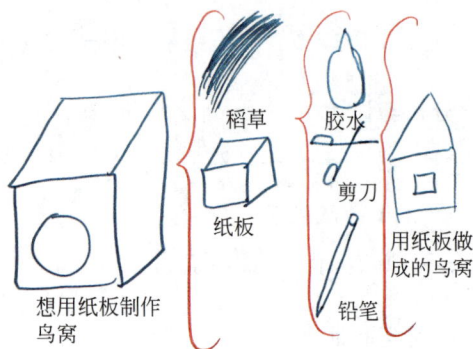

图 5-18　木板组反思图　　　图 5-19　树枝组反思图

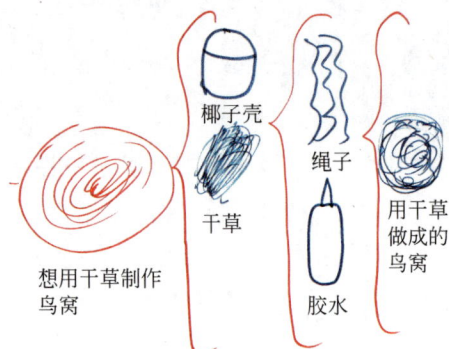

图 5-20　干草组反思图　　　图 5-21　纸板组反思图

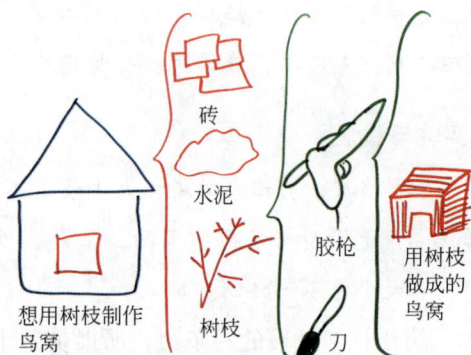

（二）教师

首先，教师为幼儿创造独立解决问题的条件。在第一次分享环节中教师就遇到了问题，那就是生活在城市中的幼儿见过的鸟窝太少，大多数幼儿都是凭借想象或者成人的口述来描述鸟窝的。鉴于此，教师支持幼儿回家和父母一起查资料，收集照片，补充认知上的不足，给幼儿创造解决问题的条件，让幼儿在第二轮分享中有话可说。

其次，教师启发式介入，并给予幼儿充足的时间进行探究。教师将鸟窝制作分成五个环节，采用启发式提问的方式，让幼儿自己思考并解决问题。幼儿有充足的时间互相磨合，通过小组合作的方式获得了成功的喜悦。

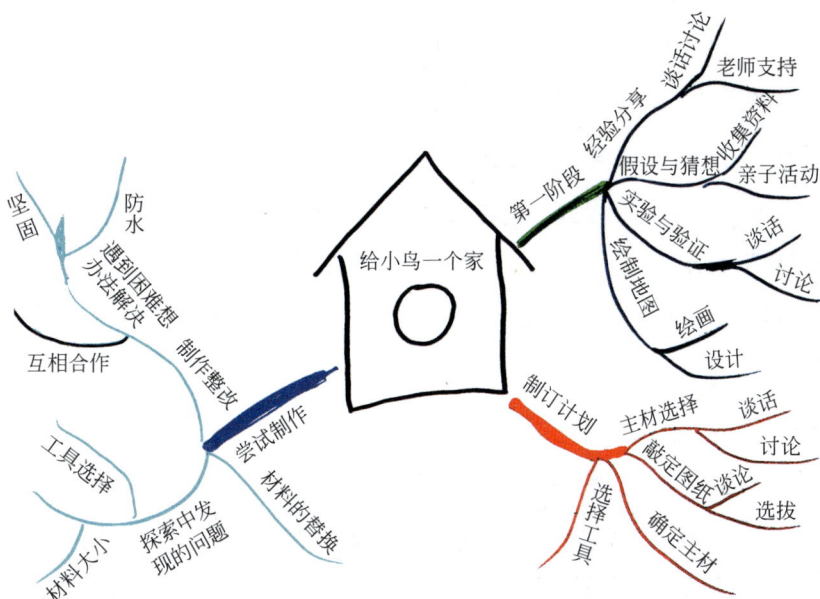

图 5-22 "给小鸟一个家"活动反思图

第二阶段活动

活动一：验证鸟窝是否坚固

问题一：什么样的鸟窝最坚固？

分析与讨论

萱萱：之前的鸟窝是被大风刮下来的。所以风刮不下来的鸟窝就是坚固的鸟窝。

糖糖：不光有风，还有雨。下大雨时小鸟被淋湿了，会感冒的。

粽子：不怕地震的鸟窝就是最坚固的鸟窝。

教师：不怕地震的鸟窝是什么样的呢？

粽子：就是不会裂开。

北北：就是怎么晃都不坏。

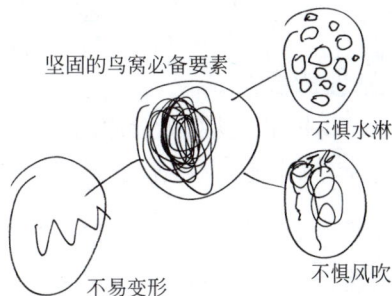

图 5-23 坚固的鸟窝必备要素图

教师：我觉得这些特点应该有个好听的名字。叫不易变形怎么样？

猜想与假设

教师：哪一组制作的鸟窝符合坚固的要求呢？

睦希：干草的肯定怕水，下雨时会被淋坏。

雯雯：干草的不怕水，下雨时水会漏下去。

教师：用什么方法来检验鸟窝是否坚固呢？

小宝：把鸟窝放到报纸上，然后晃报纸就行了，就像地震一样。

　　鸟窝初步制作完成。但是，幼儿的初衷是帮助小鸟制作坚固的家。幼儿针对这个问题进行了讨论。经过阐述理由、反驳、质疑、商量等环节，幼儿决定动手实验。

实验与验证

　　幼儿对实验进行了简要分析，具体如表 5-2 所示。

表 5-2　各组鸟窝坚固性测试

组别	主材	是否怕水淋	是否怕风吹	是否变形	猜测结果	实验结果	猜测是否准确
木板组	木板	不怕	不怕	不变形	坚固	坚固	是
树枝组	树枝	不怕	不怕	变形	坚固	不坚固	否
干草组	干草	怕	不怕	不变形	坚固	不坚固	否
纸板组	纸板	怕	不怕	不变形	坚固	不坚固	否

【教师支持：教师为幼儿提供了丰富的材料，如木板、树枝、干草、纸板等，与幼儿一同动手验证。】

活动二：实施整改

问题一：失败的原因是什么？

分析与讨论

　　树枝组认为失败的原因可能与胶有关。

二多：是不是咱们的胶不行啊？咱们再多放点儿胶吧。

糖糖：我们组用的也是胶枪，不会变形啊！

汤圆：咱们可以横着粘，用两根树枝给它夹住。

　　干草组也认为失败的原因和胶有关。

雯雯：那咱们要是换一种胶呢？

六一：行，用胶枪吧，我看别的组用了，挺好使！

纸板组认为纸板的不耐水性是失败的原因。

璐璐：咱们给鸟窝做一把伞吧，这样下雨也不怕了。

北北：不行，前两天下雨，我打伞时裤子都湿了。

大美：那就做雨衣，雨衣就不湿了。

北北：行，雨衣可以用塑料布做。

幼儿的小组讨论较之前更加熟练和热烈，幼儿在阐述自己观点之前学会了倾听。

实验与验证

经过整改，树枝组、干草组与纸板组都做出了满意的鸟窝。与之前的作品比较，树枝做的鸟窝更不易变形，干草与纸板做的鸟窝更防水。

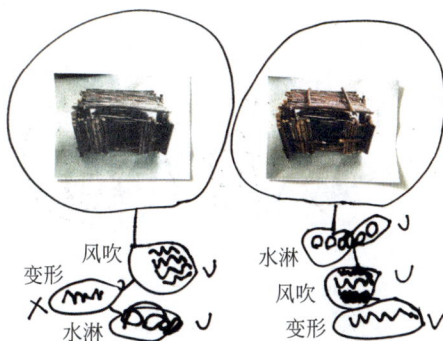

图 5-24　树枝组整改对比图

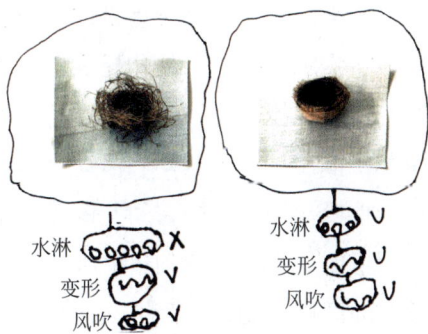

图 5-25　干草组整改对比图

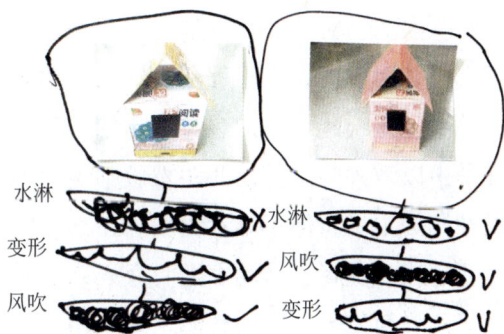

图 5-26　纸板组整改对比图

活动三：户外安装

教师选择阳光明媚的天气，和幼儿一起把做好的鸟窝安装在了户外。

阶段小结与反思

（一）幼儿

首先，在第二阶段活动中，幼儿能够综合运用分析讨论、实验验证等方法来尝试解决问题。其次，幼儿的动手能力有了大幅度提升，幼儿亲自感受到运用工具的重要性，使用工具时也更加得心应手。再次，在制作过程中，幼儿对老师的依赖性大大降低，养成了独立解决问题的能力。最后，思维地图的绘制，使幼儿在制作鸟窝时条理清晰，不再浪费过多时间在无用的环节上。

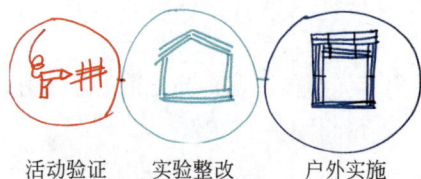

活动验证　实验整改　户外实施

图 5-27　树枝组活动反思图

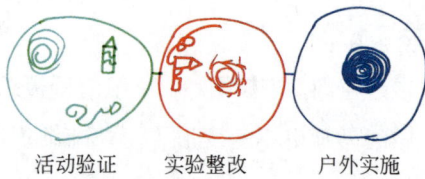

活动验证　实验整改　户外实施

图 5-28　干草组活动反思图

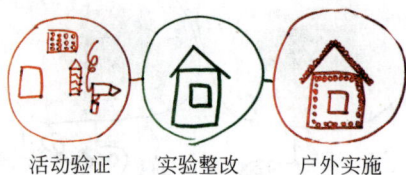

活动验证　实验整改　户外实施

图 5-29　纸板组活动反思图

（二）教师

本次活动对幼儿和教师来说都具有很重要的意义。整个活动过程是由一个又一个问题引发的，全程都是由幼儿推动的。教师从实际出发，为幼儿提供合作探究的空间，唤起他们的想象力与创造力，激发他们的学习兴趣。活动突破了以往教学中以教师为主且幼儿跟着教师走的固定模式，体现了无痕教学。活动全程都是幼儿的主场，但不难看出教师在其中发挥出的重要作用。教师在幼儿需要时给幼儿适当的支持，活动中适时介入，把握深度学习的大方向。活动还体现了五大领域的均衡发展。表面看起来这是一次制作类型的课题活动，实际上幼儿在五大领域方面均得到了能力上的提升。例如，健康领域中手部肌肉动作的发展，语言领域中幼儿倾听与表达能力，特别是书面表达能力的提高，社会领域中人际交往能力、社会适应能力的发展，科学领域中探究兴趣与探究能力的发展，艺术领域中表现与创造能力的发展。此次课题活动真正体现了幼儿的深度学习过程，促进了幼儿的全面发展。

课题活动六：果子传送带

长春市人民政府机关第三幼儿园　大C班　张丹　袁鹤鸣　杨沫
（指导者：刘爽）

选题缘由

　　幼儿园山顶萌娃观测站是幼儿最喜欢去的地方。一次活动中，有一个幼儿发现山上的果子成熟了，这个消息很快传到了其他幼儿的耳朵里，他们都准备到山上摘果子。在教师的带领下，幼儿摘了许多果子。这时候，问题出现了。豆豆说："这么多果子，我们又搬不动，怎么才能弄下去呢？"龙宇说："可以一点点儿拿下去。"妮妮说："那太慢了，可以用传送带！"豆豆说："这里没有传送带啊！"妮妮说："我们可以做一个。"其他幼儿纷纷表示支持。教师认为，在探索搭建果子传送带的过程中，幼儿需要了解什么是传送带以及传送带的构造。此外，幼儿还需动手动脑解决选材、连接、固定等问题，这有利于培养幼儿的深度思考能力和解决问题能力。有鉴于此，制作果子传送带的课题活动开始了。

第一阶段活动

活动一：经验分享

教师： 你们在哪里见过传送带？

豆豆：我和爸爸坐地铁，见过安检机传送带。

龙宇：商场的扶梯，人站在上面可以上楼或下楼。

铭铭：我在电视上看见过山里运石头的传送带。

妮妮：我爸爸单位用的传送带和大家见的不一样，叫滚筒传送带。

教师： 传送带都是什么样子的呢？

豆豆：有平面的传送带。

龙宇：扶梯是运人的，有台阶的。

铭铭：从山上往下运矿石的传送带，也是平的，但有斜坡，就像个大滑梯一样。

妮妮：滚筒传送带是由一根根管子固定到架子上的。

教师为帮助幼儿更深入了解传送带的相关知识，请幼儿和家长一起收集资料，带到班级分享。

图 6-1　安检机　　图 6-2　商场扶梯　图 6-3　矿石传送带　　　图 6-4　滚筒传送带
　　　　传送带

教师： 这几种传送带有什么不同吗？

妮妮：安检机传送带和滚筒传送带都是平的。

豆豆：扶梯和矿石传送带是斜的。

龙宇：滚筒传送带有圆圆的管子。

教师为幼儿播放了关于传送带的视频，引导幼儿观察传送带是怎么运物体的。

【**教师支持：** 为使幼儿更加清晰地了解传送带，教师为幼儿播放了传送带的相关视频。通过观看视频，幼儿知道了传送带分为动力传送带和无牵引传送带。安检机传送带、扶梯传送带和矿石传送带都需要借助电机带动皮带运行，完成物体的传送。滚筒传送带属于无牵引传送带，没有电机，靠管子的滚动运送物体。】

活动二：设计图纸

教师： 你们想做什么样子的传送带呢？

豆豆：山坡是斜的，做矿石传送带吧。

妮妮：对，它是建在山上的，我们的传送带也建在山上。

铭铭：可是没有电，怎么运转呢？

龙宇：做滚筒传送带吧，它不需要用电。

教师： 滚筒传送带是什么样子的呢？

龙宇：有很多圆筒。

铭铭：它们是连在一起的，像一条路。

豆豆：我们先设计图纸。

　　幼儿到山上观察地形，并绘制了果子传送带的设计图。经投票表决，幼儿最终确定第二幅为最佳设计图。

图 6-5　豆豆设计的　　　　图 6-6　妮妮设计的　　　图 6-7　龙宇设计的滚筒传送带
　　　　滚筒传送带　　　　　　　　滚筒传送带

【学习品质：幼儿通过实地观察，设计出了传送带图纸，表现出了大胆探究、乐于想象和创造的良好学习品质。】

活动三：收集材料

教师： 我们用什么材料搭建传送带呢？

粮食：用纸杯，把纸杯的杯底剪掉，把杯筒插
　　　在一起。或者用吸管也行。

朵朵：纸杯太软了，容易坏。吸管又太细了。
　　　我觉得用硬纸板卷成的纸筒就行。

豆豆：纸筒不防水啊！

铭铭：我看我家装修时用的白色管子（PVC 管）
　　　很结实，可以把它们连起来。

图 6-8　待选材料的适用性分析图

教师： 用什么能把管子连在一起呢？

铭铭：可以用透明胶。

龙宇：也可以用绳子。

妮妮：那么多管子怎么连呢？

豆豆：先把管子排列好。

龙宇：像系鞋带一样，先串在一起，再系上。

豆豆：还要用剪子剪透明胶。

　　幼儿在幼儿园里收集了搭建果子传送带所需的 PVC 管子和辅助材料，但数量远远不够。最终，在家长的帮助下，幼儿才收集到数量充足的 PVC 管子。

图 6-9　幼儿和家长收集到的 PVC 管子

图 6-10　幼儿收集到的辅助材料

活动四：设计制作流程

教师：材料收集好了，怎么搭建传送带呢？

龙宇：要先固定管子。

豆豆：应该先排列，再连接。

妮妮：传送带太长了，咱们怎么运到山上？

铭铭：可以一段一段地连。

妮妮：最后一起抬到山上。

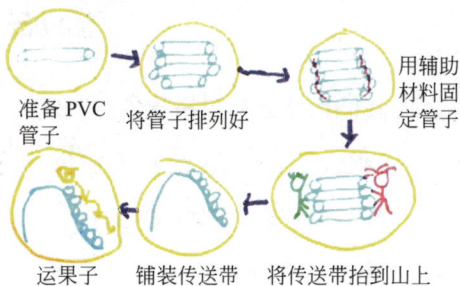

准备 PVC 管子　将管子排列好　用辅助材料固定管子

运果子　铺装传送带　将传送带抬到山上

图 6-11　制作滚筒传送带的流程图

阶段小结与反思

（一）幼儿

　　在该阶段，教师引导幼儿对这一阶段的活动以及如何制作果子传送带进行了回顾，为下一步制作果子传送带打下了坚实的基础。

（二）教师

　　第一，教师为幼儿提供经验支持。鉴于幼儿关于传送带的经验较为不足、零散，教师不仅让幼儿收集传送带的资料，还为幼儿播放了相关视频，以丰富幼儿的经验。通过经验方面的支持，幼儿对传送带有了更清晰的认识。

第二，教师为幼儿提供材料支持。充足的材料是制作果子传送带的前提。设计图画好后，教师带领幼儿收集了制作果子传送带所需的材料和工具。由于材料不够，教师又发动家长收集了大量的PVC管。

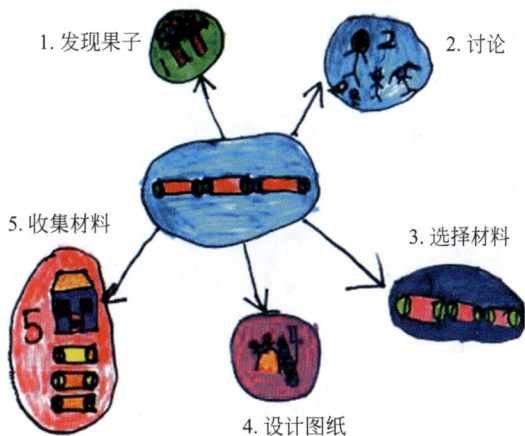

图6-12　准备阶段活动过程的思维地图

第二阶段活动

活动一：制作果子传送带

问题一：需要几根管子？

分析与讨论

妮妮：滚筒传送带的管子是一根挨着一根排起来的。

铭铭：一根一根排队连起来，需要多少根管子呢？

龙宇：这里有很多根管子。

豆豆：怎么才能知道用多少根管子呢？

猜想与假设

铭铭：我们可以找工具测量山顶到山下的距离。

妮妮：雪糕棍是直的，可以测量。

铭铭：格尺也可以，还有刻度呢！

妮妮：转弯处怎么办呢？

龙宇：我见过老师用绳子测量跑道，长度够，还可以转弯。

【经验迁移：幼儿将教师用绳子测量跑道距离的经验迁移到测量从山顶到山下的距离的活动中。】

实验与验证

妮妮：绳子长才行。

铭铭：可是绳子没有刻度呀！

龙宇：先用绳子测量山顶到山下的距离，
　　　之后打结做标记。

豆豆：有了绳子的长度，我们就可以按管
　　　子的直径排列管子了。

妮妮：将管子标上序号，最后相加就知道
　　　用多少根了。

图 6-13　统计管子数量

问题二：怎么连接管子？

分析与讨论

铭铭：管子放在山坡上会不牢固。

妮妮：用什么连接管子呢？

铭铭：用绳子吧！

豆豆：我想用透明胶把管子粘在一起。

猜想与假设

妮妮：把管子用绳子绑在一起，形成一
　　　条路。

豆豆：我用透明胶把排列好的管子粘在
　　　一起。

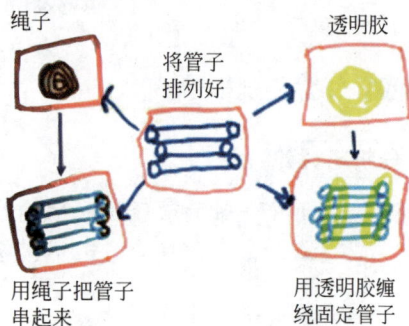

图 6-14　连接管子的方法图

实验与验证

　　幼儿分为了两组，开始按计划制作
滚筒传送带。

龙宇：山坡很长，需要很长的传送带。

妮妮：那么长的传送带，我们运不出
　　　去呀。

铭铭：可以分成几段连接。

图 6-15　用绳子连接管子

图 6-16　用透明胶连接管子

图 6-17　制作成功的管道传送带

问题三：为什么果子不能从轨道上顺利滚下来？

分析与讨论

教师：果子为什么会掉落呢？

妮妮：果子是圆的，会滚动。

铭铭：管子与果子都是圆的，碰在
一起会弹起来。

豆豆：山坡不平也会使果子弹起来。

猜想与假设

铭铭：如果能建一个封闭起来的轨
道就好了。

豆豆：我知道，就像我们游戏时玩的滑梯。

铭铭：可以将 PVC 管子拼插起来，连成管道。

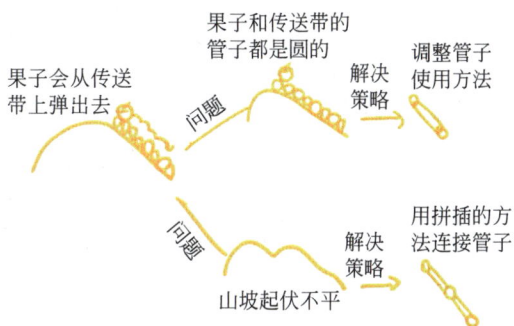

图 6-18　解决"滚筒传送带不能运果子"
问题的策略图

【经验迁移：幼儿将自己坐滑梯滑下的经验，迁移到运果子下山的活动中。】

实验与验证

其他幼儿均赞同铭铭的想法，决定用拼插的方法建管道，并将果子运到山下。

问题四：怎么连接管子？

分析与讨论

豆豆：这么多管子，粗细都不一样，怎么连接呢？

铭铭：山上不平，得想办法固定住。

猜想与假设

龙宇：可以像水管玩具那样插在一起。

妮妮：插在一起，会不会不结实？

龙宇：可以把管子多插进去一些，就会牢固了。

铭铭：我们试试吧！

【经验迁移：幼儿将玩水管玩具的经验迁移到连接管子的活动中。】

实验与验证

龙宇：先将管子按粗细分类。

豆豆：对，准备好，就可以拼插了。

妮妮：我这两根插不进去，需要换更粗的。

豆豆：多插进去一些果然更稳固。

龙宇：我们拼好了，可以运果子了。

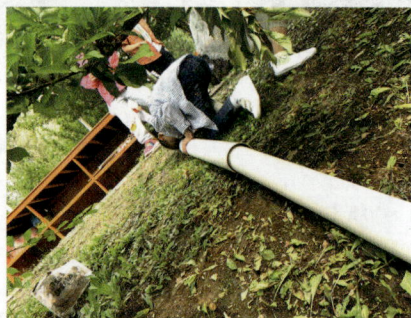

图 6-19　用拼插的方法连接管子

活动二：运果子

问题一：果子被卡住了怎么办？

分析与讨论

龙宇：大家快看，我放了好几个果子到管子里，可是果子没有滚到山下。怎么回事呢？

妮妮：我们再试试。

铭铭：真的没有滚到山下。

豆豆：是被卡住了吗？

铭铭：我用不同粗细的管子试了，果子可以通过啊！

妮妮：把管子举起来，让管子再倾斜一点儿就行了。

猜想与假设

教师：是什么原因导致果子不能通过呢？

豆豆：管子卡住了果子。

铭铭：每根管子都足够粗的话，果子就能通过。

龙宇：会不会是连接管子时，什么东西卡住了果子？

妮妮：我们重新排列管子，把细的放在上面试试。

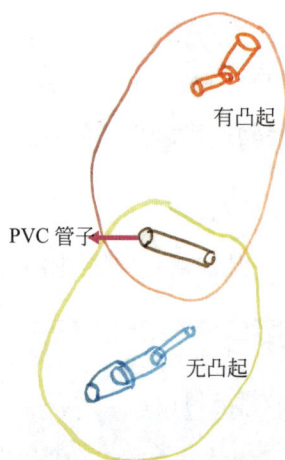

有凸起

PVC 管子

无凸起

图 6-20　分析比较两种搭建
　　　　　方法的结果

【**教师支持：**教师通过提问，引导幼儿思考果子被卡住的原因，幼儿最终发现管子连接部分有凸起的问题。】

实验与验证

幼儿发现地不平的话，连接好的管子在地上就会变弯。粗的管子在上面的话，就会有凸起，会卡住果子。幼儿经过观察，根据绘制的思维地图，把细的管子放在了最上面，最终果子得以顺利通过。

阶段小结与反思

（一）幼儿

在该阶段中，幼儿使用思维地图对果子被卡住的原因进行了总结。此外，在教师的引导下，幼儿对这一阶段的活动进行了系统回顾与梳理。

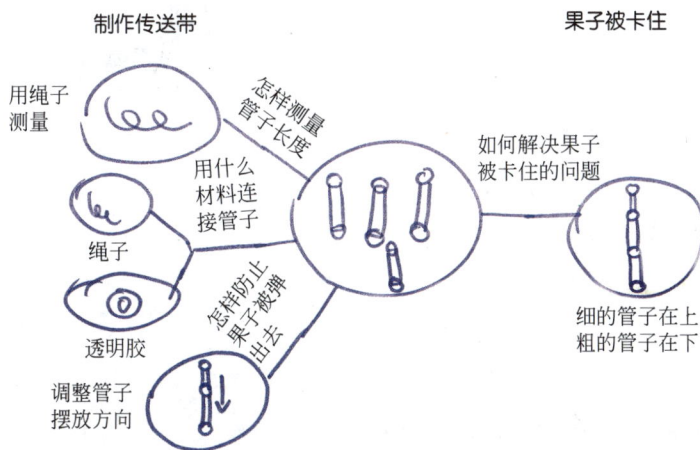

图 6-21　搭建传送带的过程图

（二）教师

第一，教师给予幼儿充足的时间。在幼儿遇到困难时，教师没有催促幼儿，而是给予幼儿充足的时间，让他们积极探索与思考。例如，当果子被卡住时，教师给予幼儿充足的时间，让他们自己观察并寻找原因。最终，幼儿发现了管子连接处凸起的问题，并通过调整粗细管子排列的顺序成功地解决了问题。

第二，教师通过提问推动课题活动的继续开展。当幼儿遇到问题时，教师及时介入，并通过提问的方式引发幼儿思考，积极寻找原因。例如，教师提出了"为什么果子会从轨道上掉下""是什么原因导致果子不能通过管道"等问题。教师的提问不仅推动了问题的解决，还提高了幼儿分析问题、解决问题的能力。

第三阶段活动

活动一：加固传送带

问题一：管道断开了怎么办？

分析与讨论

铭铭：管道昨天还好好的，今天怎么这样了？

龙宇：肯定是下雨刮风把管子弄断了。

妮妮：管子是圆柱形的，粗细不同的管子
插在一起不牢固的话，会滚动。

豆豆：怎样才能让管道不滚动呢？

小易：我们再找些材料加固管道吧。

猜想与假设

妮妮：纸盘子可以，加高托起管子。

铭铭：但纸盘子不防水。

妮妮：保鲜膜防水，可以用。

龙宇：透明胶也行，还防水。

小易：锡纸防水，还能填充固定粗细不同的管子。

铭铭：小木棍也可以呀，插在管子两边，管子就不滚动了。

妮妮：咱班有保鲜膜和透明胶，可是去哪儿找锡纸呢？

教师：你们可以去别的班级找找看。

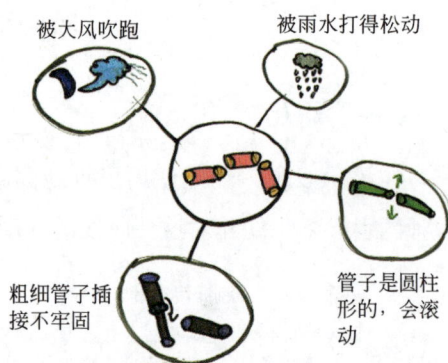

图 6-22　管道断开原因的气泡图

图 6-23　幼儿到其他班级寻找材料

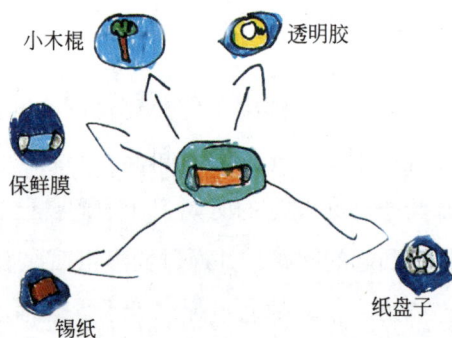

图 6-24　加固材料的气泡图

幼儿对加固材料进行了投票，具体如表 6-1 所示。

表 6-1　加固材料投票记录

序号	材料	防水性	稳定性	使用方法	投票数
1	透明胶	好	好		
2	锡纸	好	不确定		
3	纸盘子	差	差		
4	保鲜膜	好	不确定		
5	小木棍	好	好		

实验与验证

铭铭：我用锡纸试试。

龙宇：小木棍能把管子夹住。

妮妮：我用透明胶把管子缠上。

幼儿经过反复实验，发现用交叉成三角形的方法可以把管道固定得更牢固。

图 6-25　用锡纸加固管道

图 6-26　用透明胶加固管道

活动二：改良果子传送带

豆豆：山上的果子有大有小，大的果子就会卡在管道里。

教师：有什么好的解决办法吗?

妞妞：用小棍子把果子捅下去。

龙宇：不行，那样果子就烂了。

妮妮：没有那么长的棍子呀，而且果子太大了，都没办法放进管道里。

铭铭：我们如果能把 PVC 管剪开就好了，这样就像我们滑的滑梯一样，上边是敞
　　　开的。

龙宇：PVC 管太硬了，我们根本剪不开。

铭铭：PVC 管不统一，有粗有细，果子遇到细管子还是会卡住。怎么办呢？

粮食：我们可以用矿泉水瓶来代替 PVC 管，把瓶口和瓶底剪开，再连接。

妮妮：还可以用薯片桶，薯片桶的瓶口特别大，最大的果子也能运下去。

教师：但哪里有这么多薯片桶呢？

铭铭：得去找。

问题一：怎样才能看到果子从薯片桶中通过？

分析与讨论

妮妮：薯片桶和 PVC 管是一样的。

铭铭：但薯片桶粗，可以运果子。

龙宇：薯片桶也是封闭的，看不到果子过
　　　去啊！

豆豆：滑梯是敞开的，坐着就能滑下来，
　　　咱们可以试试把薯片桶做成滑梯
　　　那样。

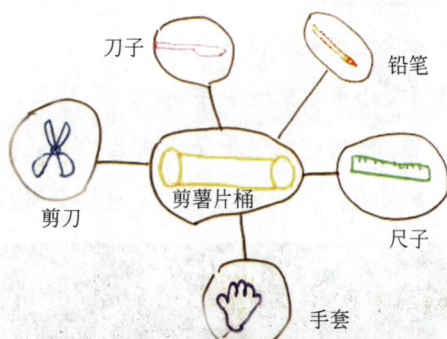

图 6-27　剪薯片桶所需工具的气泡图

【经验迁移：幼儿把玩滑梯获得的经验迁移到怎样做才能看到果子从薯片桶中通过
这个问题上。**】**

教师：那怎样让薯片桶敞开呢？

铭铭：用剪刀剪。

妮妮：用刀也可以。

豆豆：还需要手套保护手。

朵朵：用尺子画线才能剪齐。

龙宇：画线需要笔。

猜想与假设

粮食：把薯片桶立在纸上，再用笔拓印圆，将圆对折。

妮妮：薯片桶那么硬，不能对折。

粮食：将薯片桶底与圆重叠，再用笔沿着折痕在薯片桶上标记好。

铭铭：然后用尺子画线，就可以剪薯片桶了。

龙宇：可是薯片桶开口大了，果子会飞出去，我觉得开口不能太大。

教师： 你们的想法都很好，可以分组试一试，看看效果。但要怎样才可以将管道开口变小呢？我们刚刚讨论得出了截取 1/2 圆的方法，利用的是圆的二等分方法。

龙宇：圆还可以四等分，咱们区域中有圆二等分的玩具，再折一下就好了。

【经验迁移： 幼儿将区域活动中获得的圆的等分经验迁移到剪薯片桶的活动中。**】**

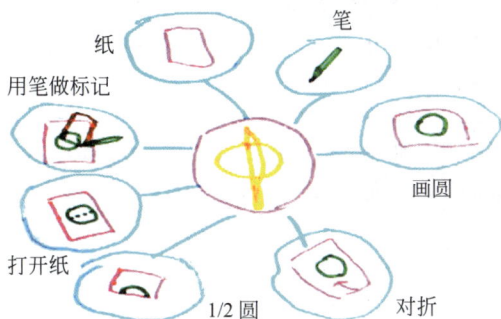

图 6-28　截取 1/2 圆的方法

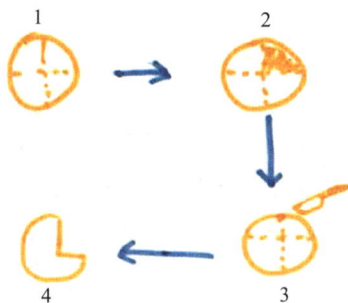

图 6-29　截取 3/4 圆的流程图

实验与验证

　　第一组幼儿截取了 1/2 圆，并建成了果子传送带。但由于薯片桶开口大，在山坡起伏不平的地方，果子会滚落出去。第二组幼儿截取了 3/4 圆，试验后发现即使在起伏不平的地方，果子也不会滚落出去。

图 6-30　幼儿搭建的薯片桶传送带

阶段小结与反思

（一）幼儿

　　在这一阶段，幼儿用气泡图分析并总结了管道断开的原因，还用气泡图对比了 3/4 圆管道和 1/2 圆管道运果子的效果。活动结束后，幼儿还用流程图对果子传送带的制作过程进行了回顾与梳理。

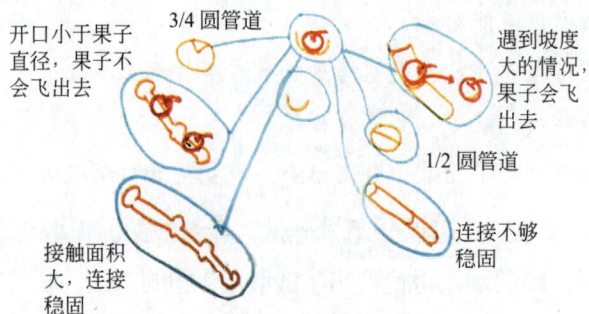

开口小于果子直径，果子不会飞出去

3/4 圆管道

遇到坡度大的情况，果子会飞出去

1/2 圆管道

连接不够稳固

接触面积大，连接稳固

图 6-31　3/4 圆管道和 1/2 圆管道运果子效果的对比图

（二）教师

首先，教师为幼儿提供材料支持。制作薯片桶传送带需要非常多的薯片桶，幼儿园里没有这么多的材料。于是，教师发动幼儿园里其他班级的幼儿从家里带来了薯片桶，解决了制作材料的问题。

其次，教师鼓励幼儿大胆尝试。在薯片桶开口大好还是开口小好的问题上，教师没有替幼儿做决定，而是鼓励他们尝试并进行试验。在教师的支持下，幼儿最终做出了能运果子的薯片桶传送带。

搭建传送带和运果子比赛

经验分享

剪薯片桶

设计图纸

更换成薯片桶

果子太大了

收集材料

搭建滚筒传送带

调整 PVC 管子使用方法

果子被弹出去

图 6-32　果子传送带的制作过程图

课题活动七：小舞台

长春市人民政府机关第一幼儿园　大一班　刘星　吴丽

（指导者：郜永红）

选题缘由

　　新年快到了，幼儿最期盼的新年活动月拉开了帷幕。在晨间讨论中，有幼儿表达出想要和爸爸妈妈一起表演节目的愿望，但是在讨论准备节目的方案时，大家却发现班级中没有可以表演节目的舞台，这让幼儿很沮丧。这时，瑞瑞灵机一动，说："老师，我们自己做一个能表演节目的小舞台吧！"这一想法立即得到了小伙伴们的积极响应。林林说："好呀，我想要做一个圆形的小舞台。"涵涵说："我想要做一个大大的舞台，能和爸爸妈妈一起站上去的。"幼儿各种新奇的想法层出不穷，他们对制作小舞台表现出了浓厚的兴趣。班级缺少一个能表演节目的小舞台，是幼儿在游戏活动中发现的真实问题。而要制作小舞台，需要选择出最适合新年表演的舞台种类，需要了解舞台的构造，选择适合制作舞台的材料，探究舞台的搭建原理，在考虑舞台实用性的同时，还要考虑舞台的美观性等等。这一系列的活动过程，蕴含着丰富的教育价值，需要幼儿解决一个又一个的难题。基于此，"小舞台"的课题活动正式启动了。

第一阶段活动

活动一：经验分享

　　教师带领幼儿开展经验分享活动，让幼儿回忆生活中的小舞台，幼儿纷纷表达了自己的看法。

教师：你们见过舞台吗？在哪里见过？舞台是什么样子的？

瑞瑞：舞台上面是有灯的，好多好多灯。

涵涵：我见过模特儿走路的舞台，是 T 型的，我妈妈告诉我那叫 T 型台。

艳艳：我见过的舞台是舅舅结婚时用的，上面有好多的东西，有花瓣、气球，可漂亮了。

　　幼儿热烈地讨论着，找出了舞台共同的特点：有灯光、舞台面和楼梯等。

活动二：设计舞台

　　全班幼儿分为六组，经过讨论后，各组设计出了心目中的小舞台。

图 7-1　艳艳的舞台设计图　图 7-2　龙龙的舞台设计图　图 7-3　萱萱的舞台设计图

图 7-4　林林的舞台设计图　图 7-5　成成的舞台设计图　图 7-6　哲哲的舞台设计图

艳艳：我设计的舞台是结婚用的，像公主的家一样。

龙龙：我设计的舞台上面吊着许多灯笼，灯笼形状都是不一样的。

萱萱：我的舞台是花朵形状的，楼梯像彩虹一样，是一个七彩舞台。

林林：我的舞台有红色的星星、柱子、丝线和五颜六色的灯泡。

成成：我设计的舞台可以放烟花，舞台上有炮，节目开始就放出烟。

哲哲：我设计的舞台是蓝色的，上面有橘色的灯光，有人在表演。

　　六组幼儿都想要制作自己设计的舞台，都觉得自己的舞台是最好的。于是，教师发起了投票活动，让幼儿投票选出最佳设计图。

紫峰：咱们要做的是新年表演的舞台，应该是喜庆点儿的。

涵涵：新年的时候有红灯笼、红窗花、红对联、红福字和红衣服，应该用红色的舞台。

　　依据幼儿的描述，最终他们决定选用林林设计的舞台作为此次制作舞台的图纸样本。幼儿在确定完所要制作的舞台后，开始对制作舞台的大致流程进行讨论，并绘制出制作舞台的流程图。

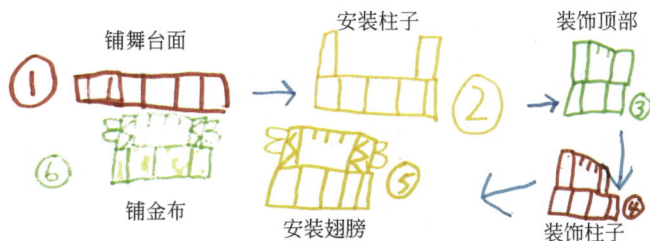

图 7-7 制作舞台的流程图

活动三：收集材料

幼儿在绘制出制作舞台的流程图后，开始了材料的收集工作。搭建舞台需要丰富的材料，幼儿自发地从自己家中带来许多材料，却仍然发现很多材料收集不到。于是，教师带领幼儿来到材料库，那里聚集了从幼儿园各个班级、各个地点收集到的生活中的废旧物品。

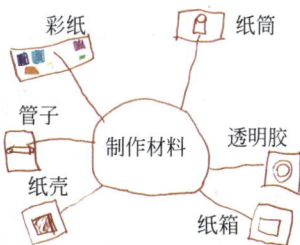

图 7-8 制作舞台的材料汇总图

【教师支持：当幼儿收集材料遇到困难时，教师带领幼儿来到存放多种材料的场所，帮助幼儿解决了寻找材料的难题。】

活动四：搭建舞台面

终于要动手搭建小舞台了，几名幼儿先把收集到的纸箱摆放在地上，按照舞台设计的流程图，开始了舞台面的搭建活动。

齐齐：林林、成成、萱萱，我们一起把箱子先搬过来吧。

哲哲：不要随便摆纸箱子，要有规律。我和我爸爸在家搭积木的时候发现，有规律地摆放玩具，玩具才能又稳又结实。

图 7-9 搭建舞台面

涵涵：纸箱子都顺过来，这样摆整齐。

哲哲：不行，这样摆放纸箱子占地方，纸箱子用得多，不节省。

涵涵：那一个竖着一个横着，像插积木一样呢？

哲哲：也不好，这样容易对不整齐，还是都横过来摆整齐最好。

在讨论后，幼儿将纸箱子都横着排列整齐，搭出了一个舞台面。

问题一：纸箱子不结实怎么办？

幼儿在搭建完舞台面之后，兴奋地在上面蹦蹦跳跳，却发现纸箱子是空的，踩上去会塌陷。针对这个问题，幼儿开始了讨论。

分析与讨论

小旭：这可太不结实啦，我这么轻都不行。

朵朵：我们可以找东西填在里面。

紫峰：我家的电视、冰箱都是箱子装进来的，可是我爸说不让我到上面踩，估计那样的东西都不结实。

教师：你们认为什么样的东西会更结实？

紫峰：铁的、扛踩的，还有软的、不怕踩的。

成成：玩具、罐子和泡沫，我们都试一试呗。

子旭：玩具根本就不行，什么形状都有，箱子装不满。

花花：泡沫也不行吧，是不是容易踩坏了？

猜想与假设

幼儿争论不休，每个人的想法都不一样。于是他们将所有的物品都拿出来，摆放在一起。

成成：奶粉罐可以吗？我觉得它们又硬又结实。

萱萱：对呀，它们大小还一样，应该能放进箱子里。

小西：好像不行。你们看，它们虽然大小一样，但是放进箱子里好像太高了。

哲哲：那能不能按它们的大小横竖摆一摆，像摆积木一样呢？

成成：对呀，这样好像可以呀，我们可以先按大小排列一下。

幼儿经过讨论后，绘制了用奶粉罐填充纸箱子的猜想图。

奶粉罐 　　放进箱子

奶粉罐竖着摆放 　　奶粉罐横着
高出箱子 　　　　　摆放好

图 7-10　用奶粉罐填充箱子的猜想图　图 7-11　奶粉罐摆放方式的猜想图

实验与验证

幼儿按照猜想图，将奶粉罐放在箱子里，发现奶粉罐虽然大小一致，却不能合理地摆放在箱子里。幼儿在反复尝试后，发现箱子里仍然有空隙，箱子盖不上，舞台面还是踩不稳。

【学习品质：幼儿将奶粉罐竖着、横着以及竖横交错地摆放，尝试了七八遍，仍然没有成功。幼儿不仅没有因失败而气馁，反而越挫越勇，不断地探究尝试，坚持不懈，直到问题成功解决。】

问题二：舞台面不平整怎么办？

分析与讨论

教师： 你发现了什么问题？

哲哲：奶粉罐放在箱子里不是很平，竖着横着放都有缝隙，还高出箱子。

教师： 虽然没有将奶粉罐放进去，但是我们要为你坚持不懈的精神鼓掌。除了坚硬的物体，还有其他材质的东西可以填充吗？

哲哲：应该有，我想找那种放进去大小正好的东西。

萱萱：我们应该试试用别的东西来填充，奶粉罐真的太大了。

猜想与假设

在讨论之后，幼儿决定更换填充箱子的材料，并绘制出填充材料的猜想图。

哲哲：你们觉得可以折叠的东西怎么样？这样的东西在里面可以随意摆放。

小西：但是一点点儿折叠会不会太慢了？我们的箱子太多了。

拿走奶粉罐 　　 把报纸放进箱子

图 7-12　用报纸填充箱子的猜想图

哲哲：不是一点点儿折叠，是箱子哪里不满或者不平整的时候，用折叠纸的方法来填充。

小西：那就是纸，纸和布都可以折叠。

哲哲：对呀，报纸，我们班有很多废报纸。

实验与验证

按照设计好的猜想图，幼儿尝试用废报纸来填充纸箱子。

经过实验后，幼儿发现报纸的薄厚可以自己调节，装满后可以将纸箱子的盖子完全盖好，踩上去也比较结实，对于这个效果幼儿很满意。

问题三：舞台面有缝隙怎么办？

幼儿用报纸填满箱子后，箱子踩上去很结实。但是哲哲发现了一个问题，觉得舞台不太平整，总是会出现缝隙。

分析与讨论

教师：你们发现舞台面会出现缝隙。为什么会这样呢？

萱萱：箱子和箱子连接的时候高低不一样，就会有缝隙。

浩浩：其实我觉得大家注意点儿就行，应该没问题。

花花：那可不行，谁跳舞往下看啊，万一摔倒了就太危险了。

教师：有什么好办法可以填平这些缝隙呢？

朵朵：往缝隙里面塞纸呀！

萱萱：还是用胶把那些小缝填平呗，就像我爸抹瓷砖缝一样。

【经验迁移：幼儿将在家中观察到的爸爸用水泥来抹瓷砖缝的方法迁移到活动中，用同样的方式将纸箱间的缝隙抹平。可见，幼儿能够将已有经验灵活地运用到新的情境之中，来解决遇到的新问题。】

猜想与假设

朵朵：我们能不能用胶水试试看呀？用胶水把缝隙都粘上。

哲哲：可以呀，我们来试试看。

子怡：那木板呢？我们也试一试用板子把舞台铺平整吧。

于是，幼儿结合猜想，试图来解决舞台缝隙的问题。

实验与验证

幼儿依次对上面提到的两种猜想进行验证。幼儿发现用胶水来填补箱子缝隙的效果不是很好，缝隙很难填上，而且胶水弄得到处都是，于是否定了这个方案。幼儿将板子铺在舞台上面后，开始对第二种猜想进行验证。幼儿首先让萱萱站在舞台上面试一试，她使劲儿跳起来，舞台仍然很结实。幼儿又提出让老师也踩一踩，结果也是成功的。最后大家一起站上去，来检验舞台的结实程度。

问题四：舞台面不稳固怎么办？

幼儿在舞台上蹦蹦跳跳后又发现了新的问题。他们发现小舞台无法时刻保持稳固，他们蹦跳时容易摔倒。

分析与讨论

教师：板子就这样放在舞台上吗？

紫峰：不行，这样放着会来回动，不稳固，人站到上面容易摔倒！

萱萱：我刚才站到上面试了，也没摔倒啊！

紫峰：那是因为你没表演，没来回动啊，动起来就容易摔倒了！

教师：你们有什么好办法吗？

哲哲：我们把板子固定到舞台面上呗！

猜想与假设

教师：你们打算怎么固定板子呢？

哲哲：用胶把它粘在舞台上，大家觉得怎么样？

教师：那你们打算用什么胶粘呢？粘得结实吗？

涂涂：用胶枪粘吧，老师平时也是用胶枪粘东西啊！

紫峰：胶枪粘完有缝隙，应该不结实，还是用透明胶比较好。你记不记得之前我们
　　　做快乐减肥船的时候，用透明胶粘的东西既结实又防水。

　　幼儿在讨论后，将各种猜想汇总，准备在下一环节验证固定效果。

实验与验证

　　粘贴工程开始后，问题又出现了。板子下面的箱子总是晃动。

哲哲：不行啊，固定板子先要固定箱子。

萱萱：不用，板子粘好了，箱子在下面也就固定好了。

哲哲：那可不对。下面不结实来回晃，上面怎么能稳呢？

图 7-13　合力固定箱子

图 7-14　三人割板子

　　大家都同意哲哲的想法。于是幼儿准备将所有的纸箱子相连。三个小朋友一起合作，所有的箱子终于连接完毕。

　　接下来要固定板子。舞台是有造型的，板子需要切割才能和舞台一样大。但是幼儿不会使用壁纸刀，想让教师帮助他们用刀割板子。教师这时没有马上动手，而是将用刀的方法教给他们，并在一边指导。

【**教师支持：**幼儿想到用壁纸刀来解决割板子的问题，但是却因为不会使用壁纸刀而向教师进行求助。教师及时给幼儿讲解了壁纸刀的正确使用方法，在强调使用刀具安全性的同时，让幼儿自主操作来完成任务，培养幼儿的动手操作能力。】

【**学习品质：**在割板子的时候，三名幼儿相互合作，分工明确，不畏惧困难，勇敢尝试新的方法，最终将板子完美切割。这体现了幼儿团结合作、勇于探究的优良品质。】

阶段小结与反思

（一）幼儿

教师引导幼儿用讨论的方式来对这一阶段的问题进行总结，并利用思维地图对第一阶段制作舞台面中所遇到的问题进行汇总，具体分析在舞台面的制作过程中出现的核心问题、产生的后果以及改进策略。

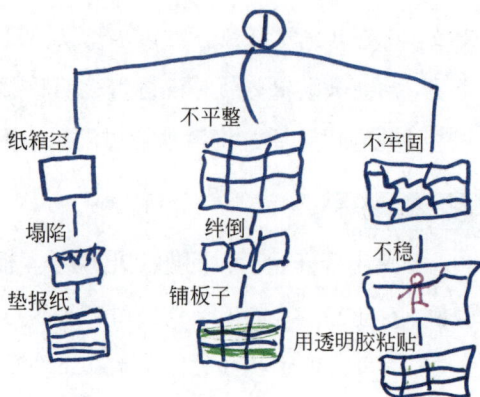

图 7-15　舞台面改进过程梳理图

（二）教师

首先，教师提供材料上的支持。在幼儿收集材料遇到困难时，幼儿教师不仅及时地带领幼儿来到存放多种材料的场所，帮助幼儿解决了寻找材料的难题，而且还注意引领幼儿使用低结构的材料，以激发幼儿们的探索欲望，促进思维发展。

其次，教师提供技能上的支持。在制作舞台面的过程中，由于幼儿小肌肉力量发展的有限性，教师便协助幼儿切割硬纸盒，保障了幼儿的安全和活动的顺利进行。但是，需要进行反思的是，教师与其直接去帮助幼儿操作，不如引导幼儿学会工具的使用方法，这样在提高幼儿生活技能的同时，还能培养幼儿不怕困难的学习品质。

再次，教师通过提问引导幼儿思考，推动课题活动的进程。当幼儿展开讨论的时候，教师也参与到其中。"为什么会出现缝隙？""有什么好办法能填补这些缝隙？"教师的这些开放式的提问，可以激发幼儿的思考，促进思维的深层次发展。

教师通过表格的形式，对这一阶段活动进行了总结，具体如表 7-1 所示。

表 7-1　第一阶段活动的教师总结

序号	产生的问题	产生的后果	解决的策略	效果	支持策略
1	纸箱空	塌陷，不结实	将奶粉罐竖着放在箱内	太高了，盖不上箱盖	材料库支持材料
			将奶粉罐横着放在箱内	还是太高了，箱盖盖不平整	
			将报纸填充在箱内	成功，既平整又结实	
2	纸箱虽然结实了，但是舞台面却不是很平整	既不美观又影响节目表演，容易绊倒	上面铺上板子	很平整	指导切割板子
3	舞台面平整了，但不稳定，不牢固	站在上面不稳	用透明胶固定	平稳结实	无

第二阶段活动

活动一：搭建立柱与装饰外观

按照设计流程的图纸，幼儿开始了舞台两边立柱的搭建活动。两名幼儿扛来了两个大纸筒当立柱，却发现纸筒长短不一样，于是请来了后勤的刘爷爷帮忙将纸筒锯齐。幼儿将长短一致的两个纸筒摆放在舞台的两侧，并用透明胶固定好。

图 7-16　合作锯纸筒

图 7-17　小舞台雏形

【教师支持：当幼儿使用剪刀和壁纸刀等工具多次尝试却无法将纸筒割得大小一致时，教师带领幼儿去寻求后勤刘师傅的帮忙，为幼儿提供技术上的支持。】

问题一：舞台的立柱不稳固怎么办？

幼儿午睡起床后，发现纸筒倒了，舞台的立柱非常不稳固。

分析与讨论

教师：立柱为什么会倒掉啊？

成成：透明胶不黏，粘的地方也太少了。

惠子：柱子上的胶多，地上的胶少，没粘结实。

哲哲：那我们把胶再重新粘一粘。

成成：不行，柱子太沉了，胶粘多少都粘不住。

萱萱：我觉得柱子可以打到地底下，就像我们住的房子，这样才稳。

龙龙：可是我们也不能把幼儿园的地挖一个大窟窿啊。

【经验迁移：幼儿将在生活中观察到的盖楼房打牢地基的经验迁移到固定柱子的新情境之中，想要解决柱子倒塌的问题。】

幼儿陷入了深思中，讨论进程停滞不前。

教师：现在休息一会儿，玩个游戏吧。请小朋友一只脚站立，看看用什么办法才能站得更久。

教师：你是怎样站得更久的？

龙龙：我们两个人相互靠着了。

惠子：我靠着墙了。

【教师支持：在幼儿没有解决问题思路的时候，教师通过带领幼儿玩"金鸡独立"的游戏来启发幼儿。幼儿在游戏中发现，想要站得更久，需要依靠在一个物体上，或者是两个小朋友靠在一起相互支撑。这样的游戏环节给幼儿解决问题提供了新的思路。】

猜想与假设

紫峰：我明白了，我们把柱子靠在舞台的边上，这样能把柱子顶住，它就不会倒了。

萱萱：不行吧，这里也没有多高啊，好像柱子靠在这里也不稳。

哲哲：我们可以用透明胶再固定一下，这样会好一些吗？

萱萱：好主意，那我们来试一下吧。

实验与验证

幼儿按照设计好的猜想图来重新粘柱子，然后将柱子与舞台的侧边进行连接。

幼儿用一层又一层的透明胶把柱子和舞台的侧边牢牢地粘在一起，保证了柱子的稳定性。

【科学原理：作用力与反作用力。一个物体对另一个物体有作用力时，同时也受到另一个物体对它的作用力；两个物体之间的作用力和反作用力，总是大小相等，方向相反，作用在同一条直线上。当柱子不稳定时，幼儿把柱子和舞台放在同一平面上，这两个物体相互支撑来形成作用力与反作用力，使之平衡，保持稳定。】

图 7-18　固定柱子

问题二：舞台不美观怎么办？

实验与验证

　　小舞台虽然制作完了，可是幼儿发现它并不是很漂亮，于是去材料库寻找可以装饰舞台的材料。

成成：材料库的东西已经被我们拿完了。

萱萱：幼儿园要是没有，我们可以回家收集收集。

　　幼儿和教师发起了家园合作的活动。第二天，幼儿从家里带来了收集到的材料，种类非常丰富。

教师：有什么特殊的材料能把舞台装饰得更漂亮吗？

惠子：可以把这些花朵放在舞台上面，舞台上就有很
　　　多种颜色啦。

萱萱：要是给舞台面也铺上金色的纸，你们看可以吗？

图 7-19　用假花装饰舞台

　　于是，幼儿们分工行动了起来。涵涵用彩色穗穗把柱子缠绕起来，将最上面的穗穗吊在屋顶，这样小朋友跳舞时不会碰到。顺顺和紫峰还根据图纸剪出了红色翅膀，装饰在柱子上面。

　　哲哲自己用钳子折假花的杆，但是由于杆子里面是铁丝，哲哲的手被勒出红红的血印子。教师看到后要带他去医务室，哲哲却说："老师别担心，我是男孩子，这点儿伤没事儿的。我要快点儿把这个折完，要不然该耽误小舞台的制作了。"

【学习品质：哲哲在折假花时，不仅非常勇敢地自己尝试用钳子折花杆，还能在受伤的情况下依旧坚持完成工作，表现出不怕困难、坚持不懈的良好品质。】

　　幼儿看到圣恩带来的金色彩纸，都说要把它铺在舞台面上，舞台就更金碧辉

煌了。铺金纸的时候，大家借鉴了之前铺板子的经验。

阶段小结与反思

（一）幼儿

教师引导幼儿通过绘制思维地图来总结此阶段课题活动存在的问题，幼儿在分析这些问题的同时，也明确了下一阶段的改进目标。

（二）教师

首先，教师通过恰当的提问来引导幼儿进行思考。教师通过提问

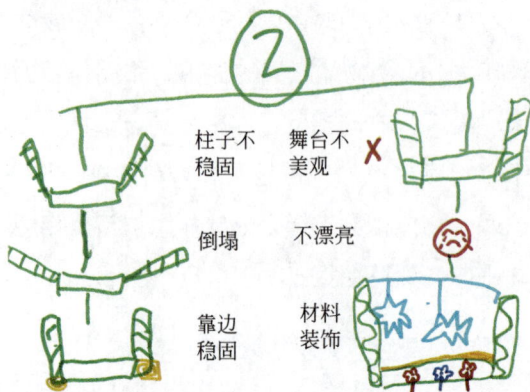

图 7-20　舞台立柱、舞台装饰改进过程梳理图

"怎样利用多种材料将舞台装饰得更完美"，引导幼儿讨论舞台的装饰问题。在分析与讨论、猜想和假设等环节中，教师通过适当的提问，充分激发幼儿的发散性思维，想出多种多样的方法，再引导幼儿运用批判性思维来选择一种合理的方案进行验证。提问贯穿整个问题解决的过程之中，促进幼儿思维发展的同时也调动了幼儿的积极性。

其次，教师机智地选择了合适的游戏来启发幼儿的思路。当幼儿发现舞台立柱不稳固并且想不出好办法时，教师及时利用游戏"金鸡独立"让幼儿直观感受到"想要单腿站立持久，需要有外界物体的反作用力来进行支撑"这一原理。教师通过一个游戏开启了幼儿的新思路。

最后，教师给幼儿充足的时间探究。在解决舞台立柱倒塌的问题时，教师耐心地让幼儿自主探究，不加干涉，最终幼儿灵活地将生活中观察到的"楼房有地基这一稳固支撑"的相关经验迁移到新情景中，顺利解决了舞台立柱不稳定的问题。

教师通过表格的形式，对这一阶段活动进行了总结，具体如表 7-2 所示。

表 7-2　第二阶段活动的教师总结

序号	产生的问题	产生的后果	解决的策略	效果	支持策略
1	舞台立柱不稳	倒塌	重新选择粘柱子的位置，最后选择靠在舞台边上，把柱子固定好	结实稳固	利用游戏"金鸡独立"启发幼儿
2	舞台不美观	颜色单一，不漂亮	在立柱上缠闪光穗、舞台面铺上金纸、边缘装饰花朵	很漂亮	家园同构，回家收集材料

第三阶段活动

活动一：改进舞台设计

问题一：发现小舞台和实际舞台有差距，怎么改进？

分析与讨论

　　小舞台已经在不断改进的过程中变得越来越完善了，但是幼儿还是觉得不满意，总觉得舞台缺少点儿什么，于是开始了讨论活动。

青青：我总觉得我们现在的小舞台和以前我见过的舞台不太一样。

成成：是不是因为我们的舞台小一些呢？

哲哲：不是。舞台上应该有布，一拉开布，主持人就上场了。我们的舞台没有这种布。

　　大家都觉得哲哲说的有道理，但是好多幼儿并不清楚真正的舞台是什么样子的。于是，幼儿教师在此时提供了支持。

【教师支持】当幼儿在制作小舞台的过程中陷入瓶颈时，教师及时带领幼儿来到幼儿园的多功能厅，观察真正的大舞台，以开拓幼儿的思路。

猜想与假设

　　在参观幼儿园多功能厅的真实舞台后，经过对比，幼儿发现自己制作的小舞台没有幕布和灯光，决定接下来进行改进。

教师：我们的舞台和幼儿园的真实舞台有哪些
　　　不一样呢？

哲哲：幼儿园的舞台有幕布、灯光和音响，还
　　　有个更大的大屏幕。

图 7-21　幼儿参观真实的舞台

教师：你们打算把班级的舞台进行怎样的改进？

成成：幕布一定要大一些，把舞台遮住。

青青：那可不行，幕布太大太厚，我们的舞台承受不住。

惠子：用咱们的床单呢？

成成：那也不行，床单太白不好看。

萱萱：还有，灯光怎么办？

花花：可以用手电、蜡烛，这些都有光。上次我和妈妈去看演唱会时用的荧光棒也能用。

【**学习品质**：当幼儿发现制作幕布的材料比较复杂时，他们没有退缩，没有放弃，而是表现出浓厚的兴趣与强烈的动机，积极思考，勇于探究。】

实验与验证

幼儿依次对荧光棒、手电筒等材料进行验证，来选择效果最好的发光材料。

惠子：荧光棒的光太弱了。

哲哲：那就多用几个，把荧光棒捆在一起。

惠子：要不用蜡烛吧，蜡烛光强。

龙龙：不行，蜡烛太危险了。

哲哲：手电筒的光聚集在一起应该更好，没有危险，光还能照得更远。

幼儿通过以前在科学区的实验了解到手电筒可以发光，又将各种材料进行对比，最后选择用手电筒来让小舞台发光。

问题二：灯光怎么变色?

幼儿在参观真实的舞台后，想要让自己制作的小舞台也有可以变色的灯光。幼儿针对"如何让灯光变色"这一问题开始了讨论。

分析与讨论

哲哲：我觉得咱们舞台的灯光颜色不好看。

惠子：我也觉得不好看。灯光应该五颜六色的才好看。

龙龙：你们说得对，我们给手电筒加一层彩色的外衣吧。

猜想与假设

思凡：我们用彩色的纸遮住手电筒的前面，这样它会不会就能发出和彩纸一样颜色的光?

依依：那不用彩纸，用彩泥呢? 用彩泥，光的颜色更好看。

涵涵：把白色的纸涂上颜色，再罩在手电筒上试一试，我觉得这样也可以的。

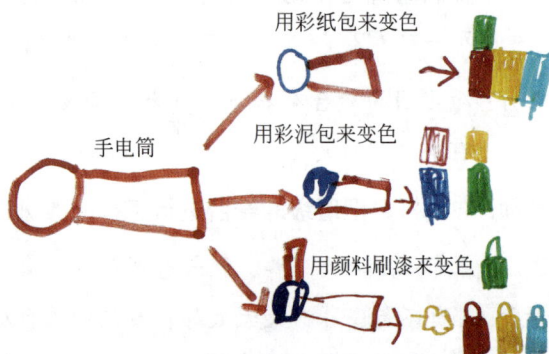

图 7-22　制作多彩灯光猜想总结图

宇宇：我们可以直接把颜料涂在手电筒上吗?

幼儿提出了多种猜想，并将相关猜想绘制成思维地图。

实验与验证

幼儿分别开始尝试自己说的这些办法。

使用彩纸的幼儿发现：手电筒的光经过遮盖可以变成彩色的，使用什么颜色的彩纸遮盖，光就会变成什么颜色。

使用彩泥的幼儿发现：手电筒的光被彩泥遮住，不但不会变颜色，光都透不过来了。

使用白纸进行涂色的幼儿发现：使用深色彩笔在纸上涂色，再把纸附在手电筒上，光能变色；使用浅色彩笔在纸上涂色，再把纸附在手电筒上，光变不了色。

使用颜料直接涂色的幼儿发现：手电筒光的颜色能随着涂色颜料颜色的改变而改变。

依据以上实验，幼儿最后保留了包彩纸和涂颜料两种方法，让小舞台有了彩色的灯光，并且将手电筒固定在纸箱子里，立在舞台的两边。

| 图 7-23　用手电筒当灯 | 图 7-24　彩纸组实验图 | 图 7-25　彩笔组实验图 | 图 7-26　颜料组实验图 |

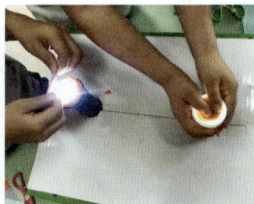

问题三：怎么制作幕布？

分析与讨论

幼儿在解决了舞台灯光的变色问题后，开始了制作小舞台幕布的环节。幼儿选择的材料有很多，如报纸、细线、布帘和纱。针对幕布的材料，幼儿开始了讨论。

可心：我觉得报纸不行，报纸也太容易坏了吧。

龙龙：同意。我觉得细线也不行，细线不容易往一起连接啊。

哲哲：我们用布呢？我看幼儿园舞台的幕布也是用布做的呀。

幼儿同意用布作为材料，但是却因为不知道选择什么种类的布而陷入了沉思中。

教师：布有很多种，我们可以上网一起查一查。

教师带着幼儿一起查阅了相关资料，丰富他们对布的种类的认知。

【教师支持：在幼儿陷入困境时，教师带领幼儿用班级的平板电脑查阅了相关的资料，了解各种布料的特性，丰富了相关知识，推进了问题的解决。】

猜想与假设

可心：我们用纱吧，纱又轻又漂亮。太沉的布会把我们的小舞台压垮的。

龙龙：纱可以呀！可是我们怎么把纱挂上去呢？

哲哲：我们应该像用杆穿窗帘一样用线把纱穿起来，这样就能拉动它，还能像挂窗帘一样把它挂起来。

实验与验证

幼儿按照上一环节的猜想开始了制作幕布的工作。成成用剪刀剪出两块一样大小的纱。萱萱跑到窗台下，观察班级的窗帘后，她拿出了双面胶，把纱的一端粘出一个筒形。接下来宇宇开始穿线，但是由于缺乏这方面的经验，他操作几次也穿不上，急得满头大汗，眼里满是泪水。此时，教师与宇宇进行了沟通。

教师：宇宇，遇到什么困难了吗？

宇宇：老师这个我穿不上，我已经试了很多次了。

教师：不用着急，这个一点儿也不难，但是你需要耐心和方法。遇到问题的时候先不要哭，要自己想办法，实在不行，可以请教别人。

【教师支持：宇宇在自己独立穿线时，由于缺少这方面的经验，多次尝试未能成功。在宇宇出现急躁和畏难情绪时，教师及时介入，引导他调节不良情绪，鼓励他克服困难。】

教师请来了保育老师高老师来教宇宇穿线的方法。在高老师的指导下，宇宇终于将线穿到纱中。教师最后还请了后勤的师傅帮忙把幕布挂在棚顶上，遮住整个小舞台。现在，小舞台已经完全搭建好了，幼儿开心地站在上面，期待着演出活动。

图 7-27　成品小舞台的使用图

阶段小结与反思

（一）幼儿

教师引导幼儿借助思维地图分析总结了这一阶段活动中所出现的问题，发展了幼儿的反思能力。

（二）教师

首先，教师为幼儿提供实物的支持。虽然舞台已经做好了，但是幼儿在讨论的过程中发现自己做的舞台与真实的舞台存在差距，并陷入了探索的瓶颈。于是，教师及时带领幼儿参观了真实的舞台。在参观后，教师引导幼儿将真实的舞台与自己制作的舞台进行对比研究，

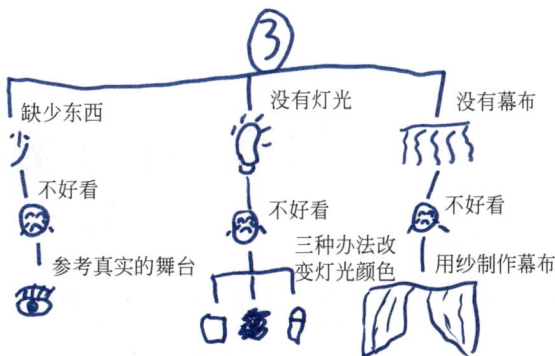

图 7-28　舞台改进过程梳理图

并提出改进方案。在此过程中，幼儿的批判性思维与反思能力得到发展。

其次，教师为幼儿提供情感的支持。一名幼儿因为反复尝试穿线却无法成功而产生了暴躁和畏难的情绪，教师并没有因为他大喊大叫而责备他，而是给予他鼓励和安慰，使该幼儿重新投入到课题活动中，直到最后成功做出幕布。教师时刻关注幼儿的情绪变化，让幼儿具有积极的学习体验是非常重要的。由此可知，深度学习需要积极情绪体验的支撑。

最后，教师给幼儿提供技能的支持。幼儿在为小舞台制作幕布的时候，因为缺少使用针线的相关经验，活动一度进展很慢。于是，教师带领幼儿去找保育老师寻求支持。在保育老师的帮助下，幼儿顺利地穿好了线。幼儿不仅学会了一项新的生活技能，也体会到了自主解决问题的快乐。

教师通过表格的形式，对这一阶段活动进行了总结，具体如表 7-3 所示。

表 7-3　第三阶段活动的教师总结

序号	产生的问题	产生的后果	解决的策略	效　果	支持策略
1	发现舞台缺少东西	不美观	参观真实的舞台	孩子们有了自己的办法	教师支持幼儿参观真实的舞台
2	加灯光，灯光不是彩色的	不美观	使用彩纸让手电筒变色；使用彩泥让手电筒变色；使用颜料让手电筒变色	最后保留了包彩纸和涂颜料两种方法，成功将手电筒的光变成彩色的光	无
3	没有幕布	不美观	用纱制作幕布，把纱从顶棚挂下来	完美、漂亮	家长提供纱；教师帮助挂纱；上网查阅相关资料

课题活动八：移动整理车

吉林省直文化系统幼儿园　中二班　李姝瑶　张磊　庞飞
（指导者：何宏　于雅杰）

选题缘由

　　幼儿发现班级活动室与盥洗室之间的地面上经常会有水滴残留（清洗后的餐具带来的水滴）。由于地面湿滑，幼儿经常摔倒。对此，幼儿展开了激烈的讨论。一部分幼儿说可以把所有餐具装在一个大盆里集中清洗，还有一部分幼儿认为可以做一辆餐馆里用的那种移动整理车，把清洗后的餐具集中推走。讨论的结果是，大部分幼儿认为应该制作一辆移动整理车，将餐具集中推走。制作移动整理车的课题活动来源于现实生活的需要，是一个"真"问题。这个活动对幼儿来说具有较大的挑战性。在制作过程中，幼儿需要了解生活中移动整理车的样式与结构，选择合适的制作材料，明确安装的程序与方法，以及如何分工合作等。基于对此项活动价值的分析与判断，教师决定引导幼儿设计一款既安全又实用的移动整理车，为后续生活区小厨房工作提供便利。

第一阶段活动

活动一：经验分享

　　教师引导幼儿对移动整理车的相关经验进行回顾。

教师：你在哪里见过移动整理车？它们是什么样子的？

叮当：我在图书馆见过整理书的推车，它是双层的。

加一：我在饭店见过收餐具的移动整理车，里面有两个大塑料盆。

艺然：我在家里厨房见过放调料的移动整理车，下面有四个轮子。

芷沫：我见过的移动整理车是铁做的，有两个把手，可以推着走。

芊芊：我妈妈单位的移动整理车上面放了很多东西，屋子里变得很整洁。

教师布置了"我寻找的移动整理车"家园互动活动。幼儿和家长一起收集移动整理车的图片，对移动整理车的材料、构造和功能进行了解。幼儿将收集到的资料带到幼儿园与小伙伴进行分享。

活动二：分享移动整理车资料并绘制设计图

幼儿将各自找到的移动整理车图片带到幼儿园进行分享。

图 8-1　　　图 8-2　　　图 8-3　　　图 8-4　　　图 8-5　　　图 8-6
肖肖找的图　芷沫找的图　叮当找的图　小勒找的图　艺然找的图　芊芊找的图

　　肖肖找的图：三层移动整理车，有四个轮子、两个把手、八个支架和三个底板。

　　芷沫找的图：三层移动整理车，轮子由塑料制成，底部由网构成。

　　叮当找的图：塑料制成的组装移动整理车，层数可变化。

　　小勒找的图：图书馆移动整理车，由金属做成，有两个挡板。

　　艺然找的图：由金属制成的三层移动整理车，有两个抽屉。

　　芊芊找的图：三层餐车，把手和支架由铁制成。

教师：通过分享，大家现在想设计一个什么样的移动整理车？

　　幼儿迫不及待地表达自己的想法。芷沫拿出纸笔画了起来，其他幼儿看到芷沫开始设计了，也纷纷开始绘制设计图。绘制完成后，幼儿开始分享设计图。

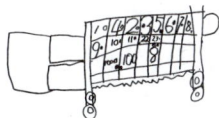   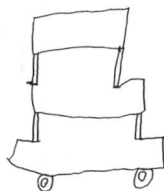

图 8-7　第一组　　图 8-8　第二组　　图 8-9　第三组　　图 8-10　第四组
　　　设计图　　　　　设计图　　　　　设计图　　　　　　设计图

　　第一组设计图：这款移动整理车只有一层，有两个塑料把手和两个塑料垃圾桶。

它有四个轮子，而且有很多格子，可以把餐具分类摆放。

第二组设计图：这款移动整理车一共有三层，有两个塑料把手和四个塑料轮子，筐和支柱都是铁做的。

第三组设计图：这款移动整理车有两个木头抽屉、四个轮子、一个塑料把手。每一层都是用木头做的，可以把洗干净的餐具放在抽屉里。

第四组设计图：这款移动整理车一共有三层，都是用塑料做的，有四个轮子。

活动三：确认图纸

教师：我们只能制作一辆移动整理车，到底选哪个呢？

小靳：我们投票吧，少数服从多数，支持谁的人最多，我们就用谁的设计图。

幼儿经过投票表决，最后决定使用第二组的设计图。随后幼儿相互合作，绘制了制作移动整理车的材料和工具的气泡图。

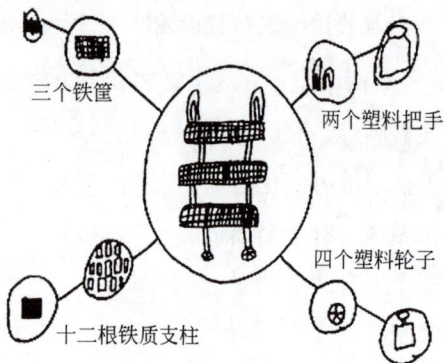

图 8-11　制作移动整理车的
材料气泡图

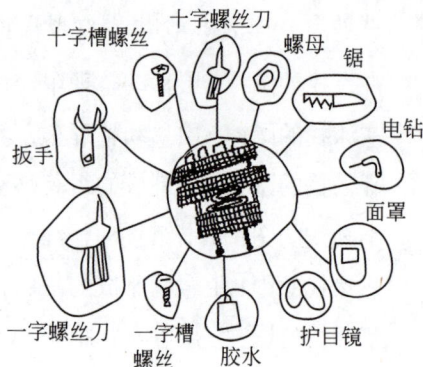

图 8-12　制作移动整理车的
工具气泡图

活动四：收集材料

幼儿回到家中收集材料，并将收集到的材料带到了幼儿园，同时针对材料的实用性与操作性进行了讨论。

小靳：我把家里的呼啦圈锯断了，它有弧度，可以用它做把手。

芊芊：我没找到铁筐，我带的是纱网，它可以做底板。

肖肖：我认为这个纱网不行，它太软了，餐具放在上面会掉下去。

幼儿每个人拉住纱网的一个角，肖肖拿起一块积木放在纱网上面。积木没有掉下去，但是纱网却变形了。

　　经过一番讨论，幼儿一致认为纱网不能作为制作移动整理车的材料。就在这时，加一拿出了自己带的塑料筐。

加一：我也没找到铁筐，我带的是三个塑料筐，它们可以直接做成三层，而且还有围栏。

小靳：这个筐可以，但是它太小了，我们需要一个大一点儿的。

　　肖肖将两个塑料筐并排摆放，大致做出了所需筐的大小。

叮当：我带的是木筷子和瓶盖，筷子可以当支柱，瓶盖可以当轮子。

小靳：这个筷子长短不一样，底板放在上面就会不平，东西就会倒下去。而且这个筷子太细了，要是上面放了很重的东西，它会支撑不住的。

教师：你们认为筷子太细不适合，那你们还有其他办法吗？

芷沫：要是有粗细一样而且粗一点儿的木料就好了。但是去哪里找呢？

小靳：老师，我们想要粗细一样的木料。找不到合适的怎么办？

教师：那你们想要多粗的木料呢？

　　小靳拿起一块长方形积木，拿手比了比。

小靳：有这块积木一半大就可以了。

小靳：老师，我们需要三个大塑料筐、四个小一点儿的轮子和一些木料。

　　教师为幼儿提供材料后，幼儿对材料进行核对与加工。

肖肖：这个木料也太长了，我们需要把它锯断。

叮当：我见过我爷爷锯木料，我来试试吧。

小靳：你歇一会儿，我试试。这个锯不能直上直下地用，要有一定的角度，也不能抽出来，前后锯就可以了。（小靳反复尝试使用锯，总结出一些简便的方法。）

　　部分幼儿掌握了锯的使用方法，工作效率有了明显提高。随后幼儿分工合作，一个幼儿锯木料，其他幼儿固定木料。经过多次尝试，幼儿最终成功地把木料锯开了。接着，幼儿自行使用卷尺对木料长度——进行测量。

艺然：这些木料都不一样长怎么办？

加一：我们只要找出四根一样长的就可以了，因为同一层的木料只要一样长就行。

芷沫：这根木料上有刺，我们应该用砂纸打磨一下。

【学习品质：幼儿锯了两下后发现木料左右移动，很难锯动，多次尝试后累得满头大汗。随后，幼儿调整操作方法，自主分成两组，分工合作，把木料固定住，避免移动，最终成功地把木料锯开了。在活动中，幼儿表现出坚持不懈、不畏困难的良好品质。】

图 8-13　合作锯木料　　　　图 8-14　用砂纸打磨木料

　　幼儿在收集材料后，共同分析讨论移动整理车的制作安装顺序。

小靳：可以分工做，最后把两个部分一连接就可以了，速度会更快。

肖肖：我认为应该从下往上做。就像盖房子一样，从下往上做会更牢固。

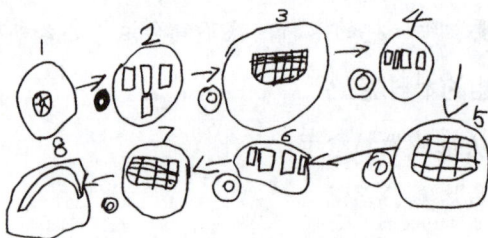

1. 安装轮子 → 2. 安装最下层的支柱 → 3. 安装塑料筐 → 4. 安装二、三层之间的支柱 → 5. 安装塑料筐 → 6. 安装一、二层之间的支柱 → 7. 安装塑料筐 → 8. 安装把手

图 8-15　移动整理车的安装流程图

阶段小结与反思

（一）幼儿

　　第一阶段活动结束后，教师引导幼儿进行整体回顾与反思。首先，幼儿通过绘制气泡图，分析与归纳出制作移动整理车所需要材料的性能，即承重性好、硬度较强的材料符合制作要求。其次，幼儿明白了在活动过程中无论遇到什么困难，大家都要齐心协力攻破难关，共同解决问题。

（二）教师

　　首先，教师提供材料支持。幼儿第一次收集的材料并不能满足移动整理车的制作要求。根据幼儿的设想，教师为幼儿及时提供了材料支持，推动了活动的顺利进行，并引导幼儿绘制流程图，明确下一阶段的制作流程。

其次，教师引导幼儿学会分工合作。在第一次实际操作中，幼儿没有分组合作，导致活动进展缓慢。在教师的引导下，幼儿学会分成小组，一组负责锯木料，一组负责测量长度，这种浓厚的合作氛围推动了活动的继续开展。

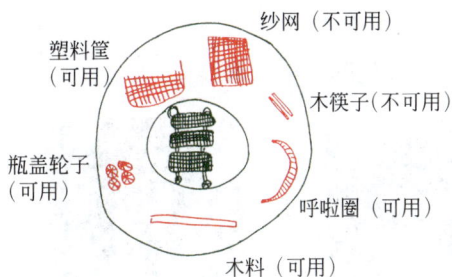

图 8-16　制作移动整理车的材料汇总图

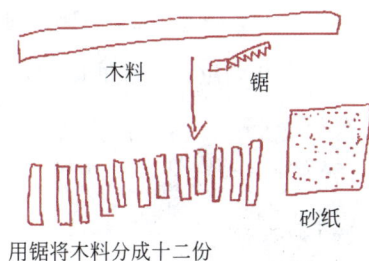

图 8-17　木材加工图

第二阶段活动

活动一：安装轮子

根据幼儿绘制的流程图，制作移动整理车的第一个步骤是安装轮子。幼儿拿到轮子后，想出了很多办法进行安装，并反复进行比对和尝试。

一个叫叮当的幼儿建议用胶水把轮子粘在木料上。可是幼儿尝试后发现，用胶水并不能将轮子固定在木料上。

问题一：胶水无法把轮子粘在木料上，怎么办？

分析与讨论

芷沫：普通的胶水不能把轮子固定在木料上。

猜想与假设

加一：可以用胶枪试试，但是用的时候要小心，很容易烫到手。

实验与验证

幼儿用胶枪把轮子粘在木料上，但是用力一掰，轮子就掉下来了。

肖肖：这个办法也不行，怎么办？

教师：轮子上还有什么？

小靳：有很多小孔。

叮当：可以在孔里钉钉子！但是钉子固定到哪里呢？

教师： 不用木料可不可以？

小靳： 对！我们可以直接把轮子安在塑料筐上，不用木料也可以。

加一： 但是筐是塑料的，直接把轮子钉在上面，筐容易坏吧。

叮当： 可以在塑料筐下面垫两根木料，再把轮子钉在木料上。

幼儿重新测量塑料筐底面的宽度，再次准备长度适中的木料。

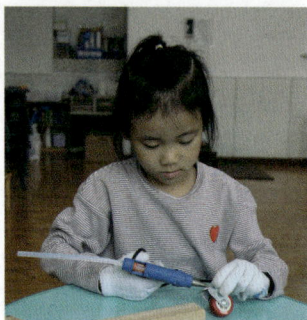

图 8-18　用胶枪固定轮子　　　图 8-19　将轮子固定　　　图 8-20　用角码固定
　　　　　　　　　　　　　　　　　　在木料上　　　　　　　　　轮子

问题二：如何使木料宽度一样？

分析与讨论

芊芊： 可以将两根木料粘在一起，这样就够宽了。

幼儿用胶枪将两根木料粘在一起，再用轮子进行比对，发现宽度正好合适。幼儿轮流使用电钻，将轮子固定在木料上。

图 8-21　用胶枪将两根　　　　图 8-22　用电钻将轮子固定在木料上
　　　　　木料粘在一起

猜想与假设

小靳： 现在我们只要再将一根长一点儿的螺丝从塑料筐的孔里穿过去，和下面的木料固定就可以了。

加一：我来负责把住下面的木料。

教师：筐是塑料的，如果直接把螺丝钻进去，很容易把筐压坏。我们可以把什么材料垫在螺丝与筐之间，来降低压力的作用效果呢？

小靳：我们用一个垫片就可以啦！

叮当：那我来负责把垫片套在螺丝上。

【**科学原理：**压强。物理学中把物体所受压力的大小与受力面积的比叫作压强。当物体受到的压力不变时，增大受力面积，可减小压强。在固定塑料筐时，如果总体的压力不变，在螺丝与筐之间放置垫片，可以增大受力面积，减小压强，降低压力的作用效果。】

实验与验证

芷沫在使用电钻的时候，很长时间也没有把螺丝钻进去。

小靳：你在钻的时候要把电钻立直，向下用力才行。

芷沫：可能是我的力气太小了。你们谁再来试试？

大家分工协作使用电钻，经过不懈努力，完成了最下面一层的安装。幼儿取得了阶段性的成功，满心欢喜，在大厅里来回试推移动整理车。幼儿在安装轮子活动结束后，运用流程图绘制出安装轮子的活动过程，并相互讨论与分享自己在活动中的收获。芷沫说，在安装轮子的过程中她尝试了很多方法，最后发现可以直接把轮子安在木料上。小靳也骄傲地对其他幼儿说，他掌握了电钻的使用方法，即在用电钻的时候一定要直上直下，用力向下按，才能把螺丝钻进去。幼儿兴高采烈地庆祝轮子安装成功，满心期待着下一步活动的进行。

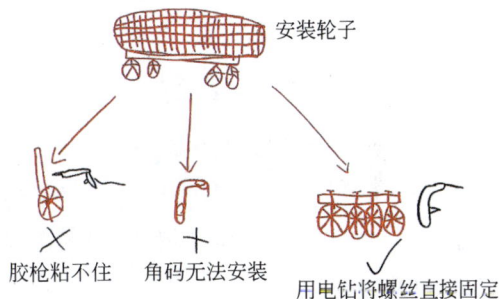

图 8-23　安装轮子的总结图

活动二：安装连接层

安装轮子后，幼儿根据流程图，开始进行二、三层的连接工作。幼儿将四根支柱放在塑料筐里，确认安装位置。

芊芊：那我们怎么把支柱固定在塑料筐里呢？

芷沫：我们不能用胶枪了，胶枪固定不住。

问题一：支柱怎样能固定在塑料筐上？

分析与讨论

叮当：用钉子能固定住吗？可是也没有那么长的钉子啊。

猜想与假设

小靳：角码应该可以！（小靳拿着角码示范给其他幼儿看。）

加一：我们就用角码试试吧。

实验与验证

　　幼儿先用电钻将角码固定在支柱上，再用螺丝将支柱固定在塑料筐上。第一个支柱安装成功后，幼儿开始积极投入其他几个支柱的安装工作。芷沫负责给螺丝套上垫片，肖肖和叮当负责扶住支柱，加一负责把住角码。就这样，四根支柱陆续安装完成了。

图 8-24　确认支柱的 　　　图 8-25　用电钻将角码 　　　图 8-26　用电钻固定
　　　　　　固定位置　　　　　　　　　　固定在支柱上　　　　　　　　　第二层筐

　　幼儿重新回顾了安装连接层的顺序，并运用流程图绘制了安装连接层的具体步骤：第一步是将角码固定在支柱上，第二步是将支柱固定在最底层，最后是将支柱固定在第二层筐上。有了前期安装经验的积累，幼儿在安装塑料筐与支架时很快掌握了方法。两次成功经验的积累让他们对自己充满了信心，对参与活动仍然保持浓厚的兴趣。

将角码固定在　　　　将支柱固定在　　　　将支柱固定在
支柱上　　　　　　　最底层　　　　　　　第二层筐上

图 8-27　连接层的安装流程图

活动三：安装支柱

由于前两次活动进展得比较顺利，幼儿兴趣高昂，迫不及待地想要继续安装整理车。他们将工具和材料都准备齐全后进行了分工，但是在分工的过程中出现了意见分歧，男孩都想操作电钻，谁也不肯退让。

加一：还是让小靳来操作电钻吧，他钻得非常快，能节省很多时间。

肖肖：可是我觉得我也能行。

芊芊：那你们就比一比，看看谁钻得更快。

肖肖和小靳分别操作电钻，其他幼儿计时，计时后评出小靳钻得最快。肖肖由于没有操作电钻而心情失落，此时教师介入引导。

教师：要找到适合自己的工作。小组分工合作，才能更快更有效地完成同一个任务。

肖肖：小靳钻得比我好，那我就去做别的工作吧。

在实际操作中，幼儿尝试用角码将支柱固定在筐上，但是经过多次尝试，幼儿发现支柱总是不稳。

问题一：支柱怎样才能立得稳？

分析与讨论

肖肖：支柱有点儿斜，不是很平。

小靳：塑料筐上面有钉子，所以支柱立不稳。

猜想与假设

芷沫：支柱不平，我们可以用砂纸打磨。

加一：支柱可以换个位置，避开有钉子的地方。

实验与验证

幼儿尝试用砂纸对支柱进行打磨，让支柱变平，又更换了支柱固定的位置，支柱不稳的问题得到了解决。

活动结束后，幼儿绘制出解决支柱不稳问题的方法图。具体解决方法是用砂纸打磨支柱和筐，当二者表面都很光滑平整时，支柱就能立得更稳。幼儿按照在活动中总结出的经验继续操作时，又遇到了新的问题。

支柱不稳　　　　用砂纸打磨　　　　改变安装位置

图 8-28　解决支柱不稳问题的方法图

问题二：第二层塑料筐下面没有木料，螺丝固定在哪个位置？

分析与讨论

小靳：这个螺丝凸出来有点儿尖，小朋友在放盘子的时候很容易划到手。

猜想与假设

芊芊：可以在下面加上螺母固定。

芷沫：我觉得之前拼装大桥用的平头螺丝可以，不会划手。

实验与验证

　　幼儿将原有的螺丝更换成了平头螺丝并用螺母进行固定，发现不会划到手，也很安全。

　　幼儿绘制出固定螺丝的方法图，并用螺母固定好所有的螺丝，尝试用角码加固支柱。可是当幼儿尝试用一个角码加固支柱时，发现支柱依然不稳。

用尖头螺丝固定，　　用螺母固定　　更换成平头螺丝，
螺丝会划到手　　　　　　　　　　　用螺母固定

图 8-29　固定螺丝的方法图

问题三：一个角码不能固定支柱，怎么办？

分析与讨论

叮当：用一个角码固定支柱，支柱还是不稳固。

乐乐：那我们多加几个角码试一试。

猜想与假设

小靳：我们可以先用两个角码把支柱固定。

新新：如果两个角码不行，就用三个。

实验与验证

　　幼儿尝试增加了一个角码后，支柱明显稳固了。

【科学原理：三角形具有稳定性。三角形与其他多边形构造相比，具有形状不变的性质，即在较大力的作用下还能保持原状，因此，三角形具有稳定和牢固的特性。活动中幼儿在固定角码的时候，通过将固定点增加至三个，让支柱更加稳定。】

小靳：虽然我们连接成功了，但是
　　　浪费了很多时间。我觉得也
　　　可以像最底下那层一样，在
　　　第二层的塑料筐下面钉上木
　　　料，这样就很方便连接了。

图 8-30　用电钻固定角码　　图 8-31　增加角码

活动四：安装最上层

　　经过以上的活动，幼儿通过反思总结出在塑料筐的下面增加木料，能使安装
更加方便，加快安装进程。幼儿首先量好塑料筐的宽度，然后将木料锯成适合的
长度，并用钉子和垫片将其固定在筐下面。幼儿按照这一步骤进行操作，却发现
无法使塑料筐和支柱连接牢固。

问题一：塑料筐和支柱怎样连接更牢固？

【分析与讨论】

叮当：把一根长螺丝从筐里穿过去，这样就能连接固定支柱和塑料筐了。

加一：我们没有这么长的螺丝，而且这个塑料筐在上面，我们工作起来也不方便。

【猜想与假设】

教师：你们可以重新考虑一下连接的顺序。

小靳：对！我们之前是先把木料安在筐下面，我们应该按照从下往上的顺序，先将
　　　木料与支柱连接，再连接塑料筐和木料。

【实验与验证】

　　大家一致认为小靳的办法可行，就把木料从筐上面卸了下来，打算先连接木
料和支柱。但是在实施过程中，幼儿又遇到了新的问题。

图 8-32　测量塑料筐长度　　图 8-33　测量木料长度　　图 8-34　用电钻和角码固定
　　　　　　　　　　　　　　　　　　　　　　　　　　　　　　塑料筐

问题二：用什么固定木料和支柱？

分析与讨论

加一：我们可以用螺丝固定木料和支柱啊。

芷沫：螺丝不行，我们没有那么长的螺丝。

猜想与假设

肖肖：可以用角码啊，我们之前都用角码了。

实验与验证

幼儿拿出角码进行比对，发现确实可以使用角码来固定木料和支柱。在安装角码的时候，小靳尝试了很多角度，却都无法将角码安装到位。

叮当：要不我们先把角码安装在木料上，这样再往支柱上安装就方便了。

幼儿在安装的过程中，发现角码总是活动。

小靳：这个角码怎么总动，我都找不好钻螺丝的位置了。

教师：用什么方法能够标记钻螺丝的位置呢？

加一：在要钻螺丝的地方用笔做上标记，这样就能找准位置了！

听到这一建议后，幼儿开始分工合作。芷沫和小靳负责扶住角码，加一负责拿笔做标记，大家一起协作，很快就把四个角码安装好了。

就在小靳用螺丝和垫片连接塑料筐和木料时，加一突然发现了新问题。

加一：你们快看，木料裂开了。

肖肖：怎么会这样？我们快把螺丝转出来吧。

幼儿将螺丝转出来，加一立刻发现了导致问题出现的原因。

加一：这个螺丝太长了，我们之前用的螺丝只有它的一半长。

小靳：对，肯定是这个原因，我们换一个短一点儿的螺丝就可以了。

幼儿更换了损坏的木料和螺丝，仔细研究和试验后，终于将移动整理车安装完成。

图 8-35　在木料上做标记　　　图 8-36　固定角码　　　图 8-37　试推移动整理车

【学习品质：幼儿在尝试时遇到了很多困难，但他们并没有放弃，而是锲而不舍地寻找解决办法。当用螺丝无法固定木料和支柱时，幼儿想到借助角码进行固定。在安装过程中角码总是活动，幼儿又想到用笔画出固定点，最终成功完成固定。

用角码将木料　　　　　用螺丝和垫片将
和支柱相连　　　　　　筐固定在木料上

图 8-38　安装最上层塑料筐的方法图

幼儿对安装过程进行了回顾，同时对移动整理车的安装顺序进行了反思：首先，在使用螺丝之前应先比一比长短，选择长度适宜的螺丝安装在木料上；其次，应根据活动实施前绘制的流程图反思操作的顺序，不能乱序安装；最后，应按照反思后调整的计划制作移动整理车的基本框架。幼儿克服了重重困难，安好了移动整理车的基本框架，迫不及待地来到大厅进行试推，一起体会成功的喜悦。

活动五：安装把手

三层移动整理车已经安装完毕，幼儿迫不及待地要进行最后一步，即安装把手。幼儿尝试用绳子固定呼啦圈，但是呼啦圈一碰就掉了。

问题一：呼啦圈无法固定，怎么办？

分析与讨论

芷沫：只用绳子没有办法固定呼啦圈，呼啦圈一碰就掉了。

小靳：还有什么办法呢？

猜想与假设

小靳：可以用胶枪粘一下试试。

叮当：我想的办法是在呼啦圈上打一个孔，将平头螺丝从塑料筐上的洞和呼啦圈上的洞里穿过去，最后用螺母固定就可以了。

小靳：我觉得如果在呼啦圈上打孔，呼啦圈很容易就坏了，这个办法不行。

实验与验证

幼儿用胶枪固定后，呼啦圈还是掉下去了。幼儿一筹莫展，不知道怎样才能把呼啦圈固定在塑料筐上。这时，教师递给幼儿一根绳子。

肖肖：这是什么啊？

小靳：我知道，这个好像叫勒狗绳，我在玩具上见过，用这个东西就能把玩具固定在盒子里。

教师：它叫扎带，用它捆一些东西会非常牢固，你们可以试一试。

叮当：那我们可以用它试试。

　　幼儿首先在塑料筐两侧用扎带固定呼啦圈，然后推了推移动整理车，发现呼啦圈没有掉下来，但是仍然不太牢固。

芷沫：很结实，呼啦圈没有掉下来。但是我觉得我们还需要多用几根扎带。

　　幼儿自发用扎带将呼啦圈和塑料筐绑在一起，在实验过程中发现塑料筐每边各用四根扎带就能固定住呼啦圈。小靳还是有些担心，又用力拉了拉每根扎带，想确认呼啦圈是否真的固定牢固。

小靳：已经很牢固了！再把多余的部分剪掉就完成啦！

【**教师支持：**当幼儿遇到问题时，教师给予幼儿充足的时间，鼓励幼儿思考和讨论，并引导幼儿大胆猜想，积极验证。在活动中，当幼儿无法固定呼啦圈时，教师并没有直接帮助幼儿安装，而是提供给幼儿扎带，鼓励幼儿使用扎带加固塑料筐与呼啦圈。】

图 8-39　用绳子固定呼啦圈　　图 8-40　用扎带固定呼啦圈　　图 8-41　剪掉多余的扎带

　　幼儿在固定呼啦圈活动后绘制了思维地图，总结出固定呼啦圈的有效方法。

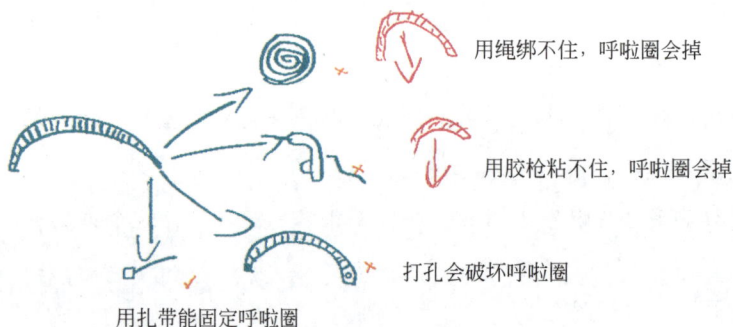

用绳绑不住，呼啦圈会掉

用胶枪粘不住，呼啦圈会掉

打孔会破坏呼啦圈

用扎带能固定呼啦圈

图 8-42　固定呼啦圈的方法总结图

阶段小结与反思

（一）幼儿

制作活动结束后，教师引导幼儿运用流程图绘制出制作移动整理车的主要步骤，并借助流程图回顾与总结了操作过程中遇到的困难和解决的办法。

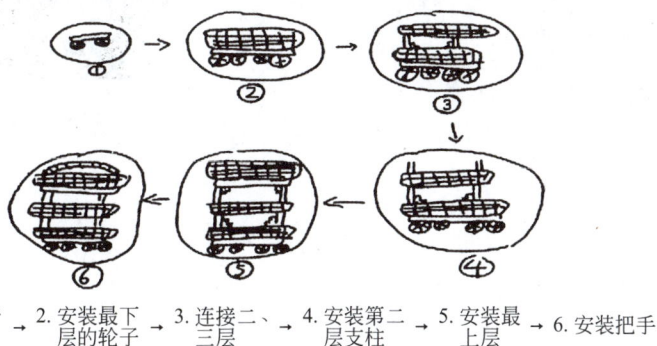

1.连接轮子 → 2.安装最下 → 3.连接二、 → 4.安装第二 → 5.安装最 → 6.安装把手
与木料　　　　层的轮子　　　三层　　　　层支柱　　　上层

图 8-43　制作移动整理车的操作流程图

（二）教师

首先，教师为幼儿提供丰富的材料，促进幼儿积极探索并解决问题。在实际制作移动整理车的过程中，幼儿遇到了各种各样的问题——如何安装轮子和把手，如何固定支柱……面对这些难题，教师对幼儿进行适当的引导和支持，推动了活动的顺利开展。例如，当幼儿按照自己提出的所有想法操作都无法固定把手时，教师及时提供材料，引导幼儿尝试使用材料，最后顺利地安装好把手。

其次，教师耐心引导幼儿学会接纳他人，向同伴学习。当幼儿没有分到自己喜欢的工作时，表现出了不积极、不主动的态度，此时教师及时介入进行疏导，让幼儿意识到自己既具有独特的价值，也要向优秀的同伴学习。经过教师的讲解与分析，幼儿在后续的活动中逐渐学会理解同伴，并能虚心学习同伴的长处，大家相互取长补短，共同进步。

第三阶段活动

活动一：检查与测试

移动整理车安装成功后，幼儿们很兴奋，提议在移动整理车中放点儿东西试一试。经测试，移动整理车既能装较轻的生活区材料，也能装较重的积木，基本符合应用标准。

活动二：投入使用

移动整理车制作好后，幼儿争先恐后地使用它。在推的过程中，幼儿小心翼翼。在每次使用后，幼儿都会将移动整理车擦拭干净，非常珍惜自己的劳动成果。

图 8-44　移动整理车投入使用

芊芊：有了整理车真的方便了很多，我们再也不用来回去水房洗盘子了。

芘芘：但是推的时候要小心，不要太用力，否则会把整理车推倒的。

兔兔：以后发水果或者运东西都可以用整理车，太方便啦！

芷沫：这是我们辛苦做好的整理车，我们一定要好好爱护。

阶段小结与反思

（一）幼儿

移动整理车制作完成后，教师引导幼儿对整个制作过程进行回顾和反思。幼儿绘制了材料气泡图和工具气泡图，并与最初的思维地图进行对比。通过对比幼儿发现，制作过程中使用的材料与工具均与活动前计划的不同。例如，用塑料筐代替铁筐制作储物层时，幼儿运用了卷尺、垫片和扎带等新工具。幼儿在制作过程中，不断尝试与探索，最终寻找出最适合制作移动整理车的材料和工具。

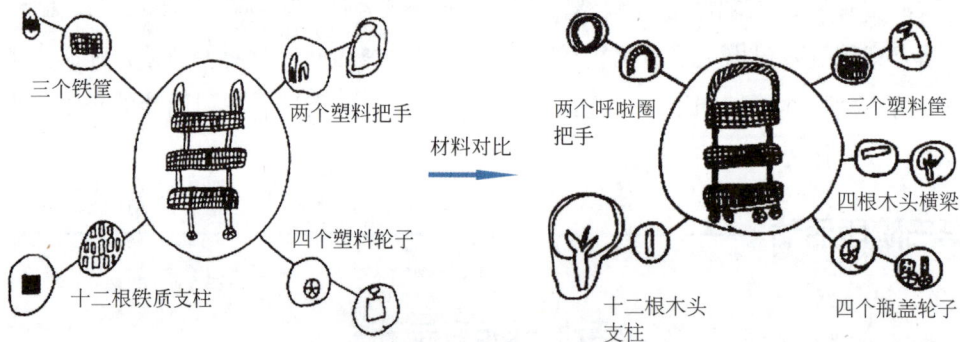

图 8-45　制作前后的材料对比图

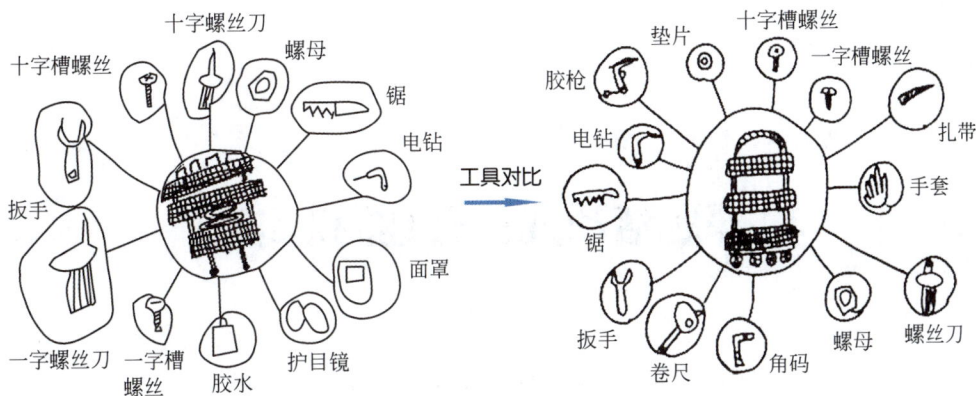

图 8-46　制作前后的工具对比图

（二）教师

首先，教师尊重幼儿兴趣，调动他们学习的主动性与积极性，让他们体验到学习的乐趣，激发其内驱力。兴趣作为幼儿学习的原动力，是幼儿深度学习的前提。在尊重幼儿兴趣的同时，教师遵循了幼儿原有的认知发展水平和原有经验，提前预测和把握幼儿在活动中可能遇到的困难和挑战，适时介入，有针对性地引导，使用激励性语言与幼儿互动，激发幼儿后续学习的动力，保护他们的自信心。在整个活动中，幼儿敢于面对困难和挑战，不轻言放弃，积极寻找对策来解决问题，提高了认知水平与问题解决能力，养成了良好的学习品质。

其次，教师给予幼儿充分的时间支持。幼儿的认知发展水平正处于初期发展阶段，在较短时间内解决比较复杂的问题对于幼儿来说非常困难，他们的学习需要时间的保障和支持。因此，教师提供给幼儿充分的时间，让幼儿主动探索和思考，想象和创造，通过协商合作以及查阅资料等方式，最终找到问题的解决思路和方法。

最后，教师为幼儿提供科学知识上的支持。操作过程中会涉及一些科学知识和原理，如压强和三角形稳定性等，这些知识和原理都是幼儿未曾学习过的。教师结合具体的操作活动，引导幼儿对这些科学知识和原理产生直观的认识与理解，进而为后续的问题解决奠定良好的知识基础。

课题活动九：有趣的造纸

西安交通大学幼儿园　中十班　李剑　杨曦

（指导者：陈志辉）

选题缘由

　　春天到来后，教师与幼儿一起来到西安交通大学踏青赏樱。当大家到达四大发明广场时，造纸雕塑引起了幼儿的兴趣，几名幼儿一边观察雕塑，一边讨论起了纸的由来。阿瑜说："我爸爸跟我说纸是用竹子做的。"小宇说："我妈妈说纸是用树皮做的！"小恒说："那我们也可以造纸呀！"小恒的提议引起了大家的兴趣。在造纸时，幼儿需要捣碎材料，浸泡材料，制作浆，使浆变成纸，在这一过程中，幼儿需要积极探索，主动思考，大胆尝试，解决不断出现的各种问题。同时，造纸还可以培养幼儿保护环境、节约资源的意识。所以，教师决定追随幼儿的兴趣，支持幼儿开展造纸活动，并为他们提供必要的支持。

第一阶段活动

活动一：经验分享

教师：你们知道造纸的材料有哪些吗？

蒙蒙：我觉得造纸需要水和树枝。

小宇：竹子也可以。

小恒：我们需要捡一些树皮，还要用胶水。

诺诺：胶水用来干什么？

小恒：胶水可以把树皮粘起来。不然它们怎么粘在一起？

刘瑞：这些都不够，还需要一些特殊材料。

教师：这些特殊材料是什么？

刘瑞：特殊材料就是有一点儿危险的东西，比如石灰，它可以让水的温度变高，让树叶很快变软。

刘瑞：还可以用盐，我奶奶就用盐让菜变软，所以盐也可以让树叶变软。

【经验迁移：幼儿将奶奶用盐让菜变软的经验运用到让树叶变软的操作中去。】

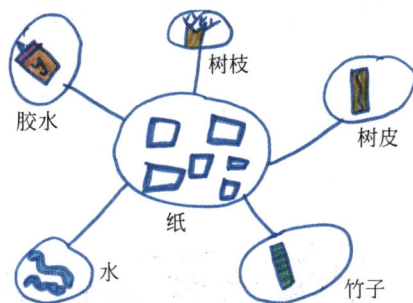

图 9-1　一组绘制的造纸材料图　　　图 9-2　二组绘制的造纸材料图

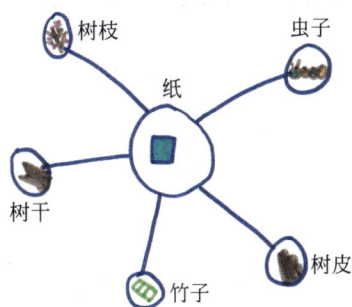

活动二：了解古法造纸

　　讨论造纸材料后，幼儿对造纸的兴趣越来越浓厚。第二天，小恒带来了绘本《蔡伦造纸》，想和幼儿进行分享。教师除了将绘本投放在图书区供幼儿自主了解古法造纸的相关知识，还在"好书分享"时间对绘本进行了讲解。

【教师支持：教师创设条件让幼儿自主阅读绘本，并依托经典绘本故事，加深幼儿对造纸的了解。】

【学习品质：《蔡伦造纸》绘本投放后，幼儿普遍能够主动地阅读绘本，学习造纸的知识，表现出积极主动的良好学习品质。】

教师：蔡伦使用了哪些材料造纸？

阿瑜：破布、树叶，有很多东西都能用。

小恒：还有树枝、树皮。

诺诺：一些旧衣服也可以的。古代的衣服不像我们现在的衣服，现在的衣服里边有很多不是棉花的东西。

教师：蔡伦是怎样造纸的？

诺诺：要把这些东西切碎，弄成渣。

阿瑜：先要把它们捣碎，就像捣蒜一样！

【**经验迁移：**幼儿把日常生活中获得的捣蒜的经验迁移到了制作纸张上。】

小宇：还要加一种白色的水。

蒙蒙：白色的水是灰水！（蒙蒙说的时候很自信。）

教师：其实这是一种草木灰水，它可以帮助材料变软。

小恒：加了草木灰水之后，还要再煮一煮。

刘瑞：煮完之后就是纸浆了。用一个方方的网把纸浆捞出来，平铺在网上面，晾干
就是纸了！

　　通过阅读绘本《蔡伦造纸》，幼儿对古法造纸有了更深的了解，他们渴望自己
来造纸，并绘制了造纸流程图。

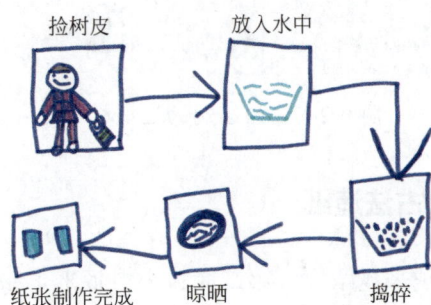

图9-3　一组绘制的造纸流程图　　　　图9-4　二组绘制的造纸流程图

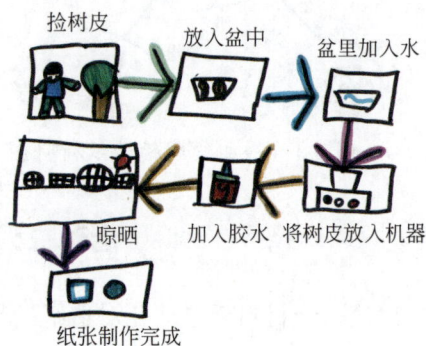

活动三：收集材料

教师：现在该收集材料了。我们要收集哪些材料呢？

小宇：我们可以在幼儿园的游乐场、草地和大树下找一找有没有树皮。

阿瑜：树皮不是在树上吗？而且只有树皮也太少了吧！

小宇：咱们去看一看就知道啦。

蒙蒙：树下是有一点儿树皮，但是很小很少，我们需要更多造纸的材料，这些不够的。

诺诺：我们可以从树上撕树皮，这样就可以得到很多了。

刘瑞：不行，大树是有生命的，撕了树皮它会很冷，也很疼。

教师：再在周围找一找，看看还有什么可用的材料。

阿瑜：看，地上有很多槐花，我们可以用它们造纸！造出有香味的纸！（阿瑜发现
了新的材料，惊喜地叫出了声，吸引了其他幼儿的注意。他们纷纷投来欣喜
的目光，同时也更加努力地寻找材料。）

刘瑞：我发现枯树叶和树皮很像！我们可以用枯树叶做出褐色的纸。

阶段小结与反思

（一）幼儿

教师引导幼儿使用气泡图总结了造纸的材料，使用双气泡图对比了预想材料和实际收集到的材料，使用流程图绘制了造纸的流程。此外，幼儿还对该阶段的活动进行了回顾和总结。

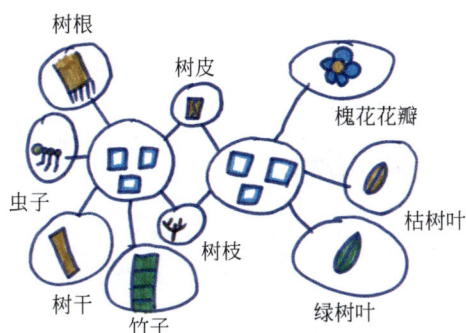

图 9-5　一组绘制的预想材料和收集到的材料对比图

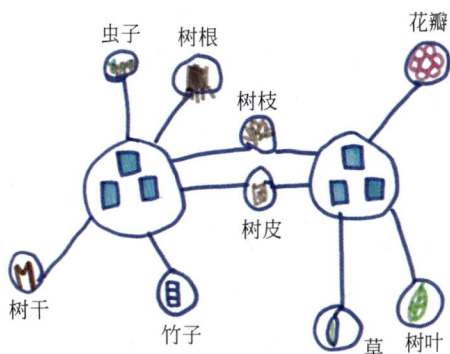

图 9-6　二组绘制的预想材料和收集到的材料对比图

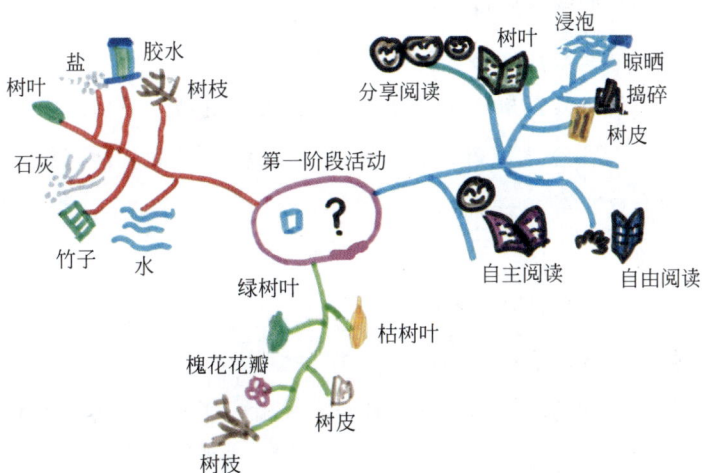

图 9-7　造纸准备过程的总结图

（二）教师

首先，教师丰富了幼儿关于造纸的知识。当幼儿对造纸产生兴趣，但又不清楚应该如何操作的时候，教师鼓励幼儿收集资料，并借助幼儿带来的绘本《蔡伦造纸》，帮助他们了解造纸的材料和流程，为下一步造纸奠定了知识基础。

其次，教师为幼儿提供材料上的支持。为了能够顺利开展造纸活动，教师带领幼儿一起在幼儿园里寻找合适的造纸材料。通过努力，幼儿收集到了许多造纸材料，如枯树叶、绿树叶、槐花、树枝和树皮。

第二阶段活动

活动一：捣碎材料

问题一：怎样处理造纸材料？

分析与讨论

教师：我们收集了这么多造纸材料，怎样用它们来造纸呢？

蒙蒙：应该把它们弄烂、弄软。

刘瑞：可是前几天下雨，我们捡到的树叶都有泥，脏乎乎的。我们应该给它们洗洗澡，要是直接做就成黑纸、脏纸了。

诺诺：对，应该洗一洗，我们做的纸不能有脏东西混在里面。

教师：清洗干净材料后应该做什么？

小宇：我们应该把这些树枝、树皮和树叶都捣碎。

小恒：我们刚刚洗的时候花瓣已经变软了，现在用手使劲儿一搓，它就可以变碎了。

蒙蒙：你这样不行，一会儿花瓣还会打开的，要这样。（蒙蒙边说边用手撕。但花瓣因为泡软了，并不好撕。）

诺诺：可以用剪刀。

阿瑜：花瓣好剪。这些树皮可以剪吗？

诺诺：试试就知道了呀，来试试吧！

小宇：诺诺你剪的方向不对，你应该这样剪，要看一下树皮是怎么长的，顺着它的条纹剪才好剪。

问题二：怎样弄碎树枝？

分析与讨论

诺诺：树皮剪好了，现在就剩树枝了，快把树枝也剪小吧！

小恒：剪刀只能剪软一点儿的东西，树枝硬，剪刀剪不了。

小宇：剪刀是铁的呀，为什么剪不了树枝？

蒙蒙：因为树枝比较粗，也很硬，所以剪不了啊！

猜想与假设

刘瑞：上次咱们听蔡伦造纸的故事，不是说可以用捣蒜器把材料捣碎吗？明天我把我家的捣蒜器拿来试试看。

阿瑜：我们可以用果汁机，果汁机可厉害了，在家时妈妈就是把切小的水果放在果汁机里，一会儿就榨成汁了呢。

【经验迁移：幼儿把妈妈用果汁机榨果汁的经验运用到弄碎树枝的活动中。】

实验与验证

幼儿一起把树枝折成了小段，并放入已准备好的捣蒜器和果汁机里。

小恒：你们看，捣蒜器只能让树枝变小，并不能把树枝捣碎。

阿瑜：果汁机也是。

蒙蒙：那该怎么办？

教师：为什么榨水果的果汁机不能将树枝"榨"碎呢？

小恒：树枝太硬了，水果没有树枝这么硬。

小宇：那咱们要找到一种比树枝还要硬的东西，才能把它弄碎。

刘瑞：咱们用石头吧！石头可硬了，什么都能弄碎。我在老家用它砸过核桃吃，我觉得核桃的壳比咱们的树枝还要硬呢！

【经验迁移：砸核桃的经历使幼儿知道石头很坚硬，可以用来砸树枝。】

在教师的带领下，幼儿在幼儿园的假山旁找到了石块，并开始就地砸树枝。很快，树枝就被砸成了小碎块，幼儿们开心地欢呼起来。

【学习品质：在尝试把树枝弄碎的过程中，尽管幼儿失败了几次，但他们并没有放弃，表现出不怕困难的良好学习品质。】

活动二：浸泡材料

问题一：材料得泡多久？

分析与讨论

小恒：现在我们应该用水来泡材料了，这样材料就可以变软了。

阿瑜：那我们得去准备水。

刘瑞：得泡多久才行呢？

猜想与假设

阿瑜：花瓣很快就能泡好！

小宇：我觉得树枝要泡二十分钟。

蒙蒙：二十分钟太短啦！树皮和树枝这么硬，我觉得要泡一天。

刘瑞：树枝比树皮还厚。妈妈洗我的羽绒服时，羽绒服要泡很久，洗短袖时，短袖泡一会儿就好了，所以我觉得树枝至少要泡三天才能变软。

阿瑜：得十天吧，十天效果会更好。

【经验迁移：幼儿知道不同材质的衣服浸泡、清洗的时间不一样，由此认为树皮和树枝的浸泡时间也不一样。**】**

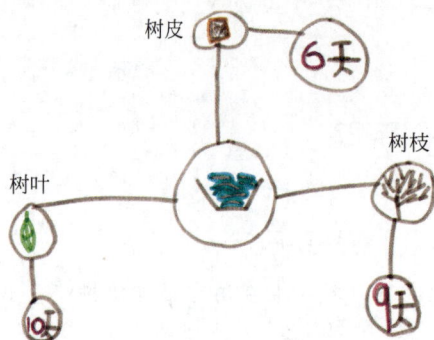

图 9-8　一组绘制的不同材料浸泡时间图　　　图 9-9　二组绘制的不同材料浸泡时间图

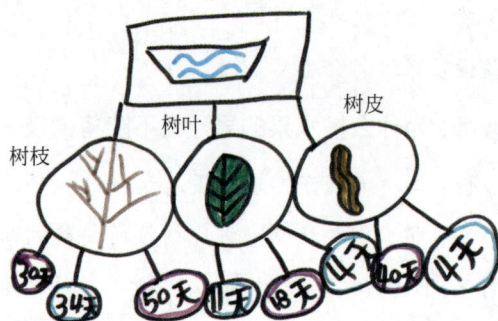

实验与验证

幼儿对树皮和树枝得泡多久才能软到可以造纸这个问题有较大争议，教师决定让幼儿亲自实验，并进行观察与记录。

刘瑞：我发现槐花花瓣已经像泥一样了，黏黏的。

阿瑜：因为槐花本来就很薄很小，在水里泡了这么长时间很容易变软。

小宇：树皮有一点儿软，树枝虽然被砸碎了，却还是和原来一样硬邦邦的。为什么树枝变化这么小？

刘瑞：树枝本来就很硬啊，和我们班的积木一样硬！我们天天玩积木，它也没有坏，说明木头很结实。

通过实验，幼儿发现浸泡后的树皮和树枝没有成为浆，远达不到能造纸的程度。

问题二：树皮和碎树枝怎么才能泡软？

分析与讨论

教师：这些材料已经浸泡了六天，为什么还没成为浆？

诺诺：是不是我们把这些树皮、树枝捣得还不够烂？我们再用石头使劲儿砸一砸吧！

小宇：不对，是我们没有给泡树皮和树枝的水里加入故事里用的草木灰，所以它们没有变成浆。

教师：古代造纸使用的是草木灰水，现代造纸已经用石灰来代替它了。但是石灰对我们来说很危险，绝对不能让它接触到皮肤和眼睛。

阿瑜：上个星期王老师带我们做喷泉实验的时候穿了防护服，戴着防护眼镜。我觉得我们可以用一样的方法来保护皮肤和眼睛。

刘瑞：古代的人要把这些树皮先切碎，泡了以后还要煮。咱们只是把树皮放在凉水里泡，没有用开水煮。咱们可以把树皮放到煮鸡蛋的锅里煮。

小宇：蔡伦把材料煮了七天！

阿瑜：时间太长了，我们没办法一直看着锅，我们要上幼儿园。

刘瑞：我妈妈在医院经常上夜班，我觉得晚上咱们可以值班看锅。

阿瑜：我们第二天还要上幼儿园呢，不能不睡觉。

教师：轮班看锅的办法虽然可以完整还原古法造纸，但是你们现在年龄太小，需要充足的睡眠，所以轮班不现实。今天我们回家和爸爸妈妈一起讨论，看看有没有更好的办法加工造纸材料。（幼儿第二天反馈讨论结果，大家都觉得使用石灰和轮流看锅的方法太危险，无法实现。）

教师：你们的年龄还小，用火煮材料对你们来说较为危险，而且我们也没有这些条件。

刘瑞：好可惜，已经做了这么多。

经过讨论，幼儿已经知道无法使用树皮、树枝等材料造纸了，一个个都很失落。这时，教师又给幼儿布置了一个小任务。

教师告诉幼儿，今天回家后他们可以请教爸爸妈妈或者查阅资料，看看能不能使用其他材料造纸。听到教师的话，幼儿点点头，纷纷表示回到家就问爸爸妈妈或者查阅资料。

阶段小结与反思

（一）幼儿

教师引导幼儿使用思维地图梳理了已有的思考，如一组、二组分别使用气泡图和树形图绘制了猜想的浸泡时间。此外，幼儿还对该阶段的整个活动进行了梳理。

（二）教师

首先，教师通过提问引发幼儿思考，帮助他们分析原因，寻找解决问题的办法。例如，当果汁机不能将树枝榨碎时，教师问道："为什么榨水果的果汁机不能将树枝榨碎呢？"又如，当树皮和碎树枝泡了很久都没成浆时，教师又通过提问引导幼儿思考背后的原因。

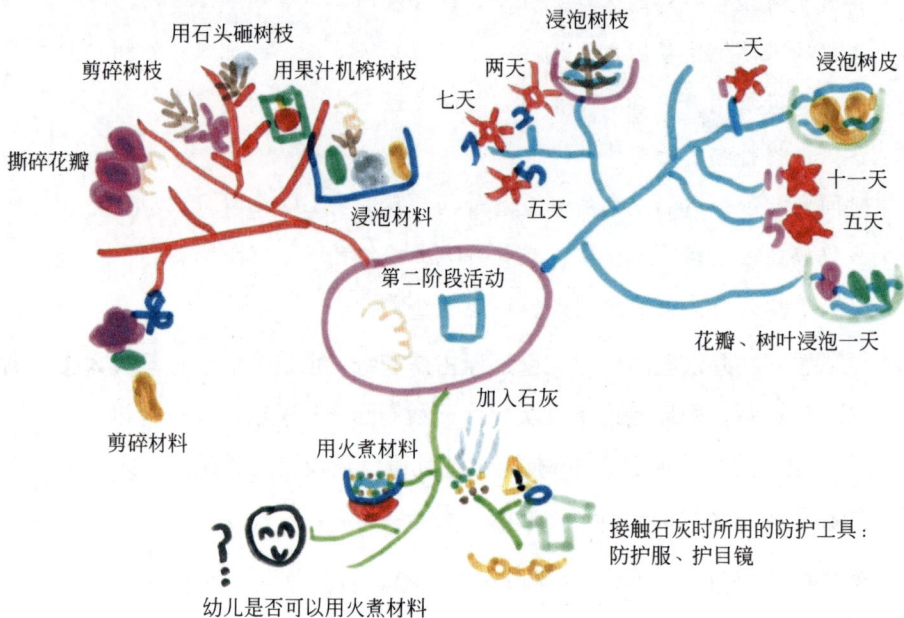

图 9-10　古法造纸活动过程的总结图

其次，教师给予幼儿足够的探索时间和空间。例如，幼儿对树皮和树枝泡多久才能成为浆这个问题存有较大争议，由于这需要时间验证，所以教师给予了幼儿充足的时间，让他们亲自实验。尽管最终树皮和树枝没能泡成浆，但这个实验却培养了幼儿尊重证据、认真严谨的科学态度和精神。

最后，教师给予幼儿有效的情感支持。幼儿遇到困难时，教师始终没有忘记自己是幼儿活动的支持者和帮助者，始终积极地用语言鼓励他们，增加他们的自信心，同时引导他们寻求解决问题的办法。

第三阶段活动

第二天一大早，教师就问幼儿他们的爸爸妈妈都是怎么说的。刘瑞说："我爸爸说可以用废弃的纸作为原材料，制造出再生纸。"其他幼儿都非常赞同刘瑞爸爸的想法，他们决定收集废旧纸张，制造再生纸。

活动一：重探造纸方法

问题一：再生纸的制造步骤有哪些？

分析与讨论

教师：我们怎样利用生活中收集的废纸制造再生纸？

刘瑞：把纸撕成小块，用水泡，然后放在太阳底下晒干，就做成了纸。

教师：为什么要把纸撕碎？

小恒：小的纸块捣碎的时间更短一点儿。

小恒：然后用水泡一天，再用石头来捣碎它们。

阿瑜：我觉得不用石头。纸比树枝软多了，用捣蒜器就可以把它们捣碎。把捣碎的纸放到水里，纸浆就做好了。

刘瑞：最后，把纸浆薄薄地平铺在木板上晒干。

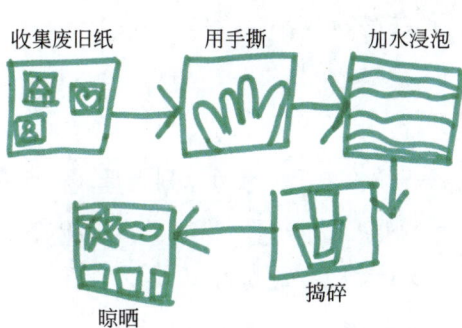

图 9-11　一组绘制的造纸流程图

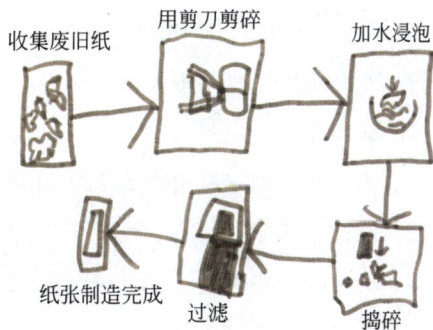

图 9-12　二组绘制的造纸流程图

活动二：制作纸浆

问题一：如何制作纸浆？

分析与讨论

小恒：我们得先撕纸。

小宇：这么多纸，肯定要撕很久。

诺诺：别着急，咱们人多，可以慢慢撕。

猜想与假设

阿瑜：我们把撕的纸放进盆里吧！

诺诺：肯定得泡一个小时才行。

小恒：肯定不够。

刘瑞：别急，我们试试就知道啦。

实验与验证

诺诺：都泡了一天了，这些纸没有变化啊！

小恒：还没有变成浆。

小宇：我们应该是哪里错了！

教师：回忆一下思维地图梳理的造纸步骤，想一想是什么原因。

【教师支持：幼儿发现纸浸泡了一天后并没有变化，情绪有些急躁。教师及时提出问题，引导幼儿分析原因。】

阿瑜：可能是纸撕得不够碎。

小宇：我们也没有搅拌。

蒙蒙：咱们应该把这些碎纸也用捣蒜器捣成泥一样的东西，然后放到水里，就可以做出纸浆了。

刘瑞：还要给这些泥加一点儿洗衣粉吧，因为这样可以让泥变白。

阿瑜：这些纸本来就是白的，里面只混合了一点儿彩色纸，泥不会不白的。

　　幼儿重新找来废旧纸张，把它们撕碎后又用捣蒜器捣，变成泥的碎纸经过浸泡后很快变成了纸浆。

活动三：将纸浆变成纸

问题一：如何将纸浆变成纸？

分析与讨论

教师：纸浆水做好了。怎样才能将纸浆变成纸呢？

诺诺：要把这些纸浆从水里捞出来，放到一个板上。

小恒：可以用捞鱼的渔网来捞纸浆，然后把纸浆铺在板上。

阿瑜：我家有一个网，本来就是平平的，用这个，纸浆捞出来就是平平的，晒干就可以了。

猜想与假设

刘瑞：案板厚，很结实，可以用来切菜，也能晾晒纸浆。

小恒：先用渔网捞纸浆，再把纸浆铺到案板上，这样也可以的。

小宇：用这个筛子晾晒纸浆，这样快。

蒙蒙：为什么用筛子更快？

阿瑜：筛子下面有很多小孔，可以快速让水流下去，把水控干。

实验与验证

小恒：我试了好几次，渔网捞不起纸浆。

诺诺：筛子能捞起纸浆，但捞出来的纸浆不平。

阿瑜：诺诺，把筛子拿起来之前，在水里晃一晃它。

蒙蒙：哇，这下可以了，纸浆晒干就能变成纸了。（蒙蒙在拿起筛子之前，轻轻地摇晃了一下筛子。）

　　幼儿一起将筛子放在太阳下晒了一天。当他们小心翼翼地将纸从筛子上揭下来时，一张张再生纸诞生啦！

活动四：制造丰富多样的纸

问题一：如何制造丰富多样的纸？

分析与讨论

教师：你们还想制造什么样的纸？

诺诺：我想做花瓣纸。纸里有花瓣，很漂亮。

刘瑞：还有树叶纸。

小宇：我想做颜色不一样的纸，这样可以折五颜六色的东西。

猜想与假设

小恒：把树叶、花瓣放入纸浆中，再把有树叶、花瓣的纸浆舀到筛子上就可以了。

刘瑞：我们还可以在纸浆里放入颜料，想要什么颜色的纸都可以。

实验与验证

小宇：看不到捞起来的纸浆中的花瓣和树叶，它们都被遮住了。

阿瑜：你这样不行！可以先把纸浆舀起来，再把树叶、花瓣放上去试一试。

刘瑞：这样真的可以！

诺诺：颜料也要这样放吗？

小恒：颜料应该不用这样放。直接把颜料滴到纸浆里搅一搅就可以啦。

阶段小结与反思

（一）幼儿

教师首先引导幼儿绘制了造纸流程图。造纸成功后，教师又引导幼儿梳理了再生纸的制造过程，目的是让幼儿对造纸有一个系统的把握与思考。

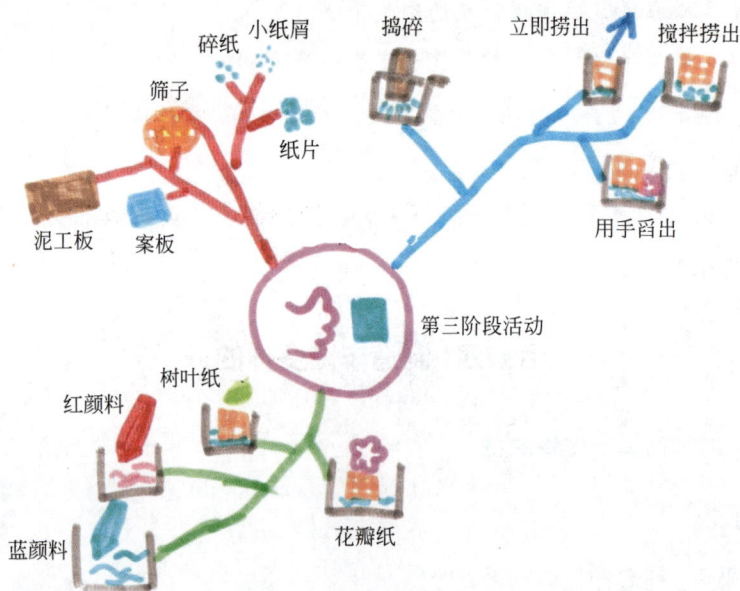

图 9-13　造纸流程图

（二）教师

首先，在幼儿遇到困难时，教师通过启发式的提问引发幼儿思考。例如，由于幼儿撕的纸泡了一天都没有泡成纸浆，幼儿产生了焦虑情绪。教师及时介入幼儿的活动，提示幼儿回忆一下思维地图梳理的造纸步骤，想一想其中的原因。在教师的引导下，幼儿很快找到了原因，成功地制作出纸浆。

其次，教师为幼儿提供材料和工具方面的支持。材料和工具是造纸的重要保障。在这一阶段活动中，教师多次组织幼儿收集造纸的相关工具，如案板、泥工板、渔网和筛子等。在教师的支持下，幼儿最终造出了再生纸。

课题活动十：巧变桌面收纳盒

东北师范大学附小中信幼儿园　大二班　刘岩　费雪姣

（指导者：王姗姗）

选题缘由

升到大班后，幼儿的学习、生活发生了许多变化，使用的学习用具越来越多。每次桌面活动，教师都会给幼儿发放许多学习用具，如铅笔、橡皮、直尺、双面胶和剪刀等，但桌面也因此变得很乱，学习用具放得到处都是，不仅占用的空间大，而且幼儿想用的东西也不易找到。在一次桌面活动时，一名幼儿提出："我们的桌面太乱了，制作一个收纳盒吧，这样可以把学习用具分类摆放，桌面就会变得干净又整洁啦。"这一提议引起了所有幼儿的兴趣。他们开始讨论制作什么样的收纳盒，怎样制作收纳盒。若要制作收纳盒，幼儿需要了解收纳盒的结构，学会使用工具（如剪刀、尺子）。在制作过程中，幼儿还需要解决测量、拼接等问题。这意味着制作收纳盒蕴含着丰富的教育价值。基于此，我们决定开展制作桌面收纳盒这一课题活动。

第一阶段活动

活动一：问题分析

融融：咱们桌子上的东西太乱了，可不可以做个盒子把它们都放进去呢？

教师：那你们有什么好的想法吗？

小乖：我们可以先进行分类，做一个由瓶子组合成的收纳盒。我们先用笔在纸壳上画上格子，再在格子里放上瓶子，最后给物品分类，把物品放进去。

禹彤：可以用薄木板，先把木板锯成木板条，再把木板条粘起来，做成收纳盒。

朵朵：可以把纸筒粘在一起，用木棍做轴，让它们旋转起来。就像我去饭店吃饭时用的转桌一样，转桌转一下，我就能吃到想吃的菜。

【经验迁移：幼儿由生活中的旋转餐桌联想到制作旋转收纳盒。】

活动二：经验分享

教师：你们见过什么样的收纳盒？

小乖：我见过我妈妈梳妆台上的收纳盒，里面放了很多首饰，可漂亮了！

玉意：我家卫生间里收纳洗漱用品的，是那种带抽屉的收纳盒，可酷了！

铃铛：我见过厨房里放筷子的筒，它是一个圆柱体，里面可以放一些筷子和勺子。

活动三：设计图纸

各组幼儿根据自己的想法，开始设计图纸。

悠悠：融融，你准备设计一个什么样的收纳盒呀？

融融：我觉得旋转式收纳盒很好，方便拿到自己想要的东西。

老虎：我想设计一款抽拉式收纳盒，而且是前后都可以抽拉的那种。

铃铛：我要设计一个塑料瓶收纳盒。

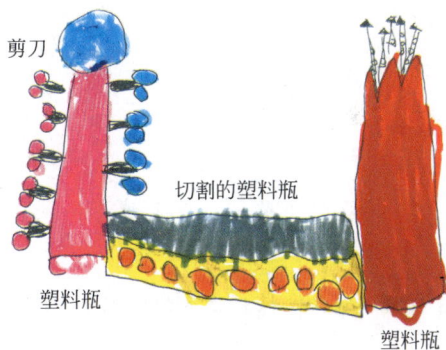

图 10-1 第一组设计的塑料瓶收纳盒

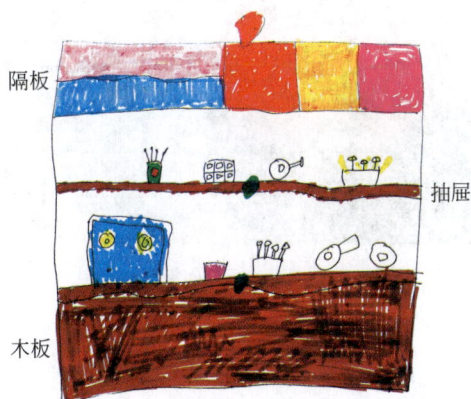

图 10-2 第二组设计的抽拉式收纳盒

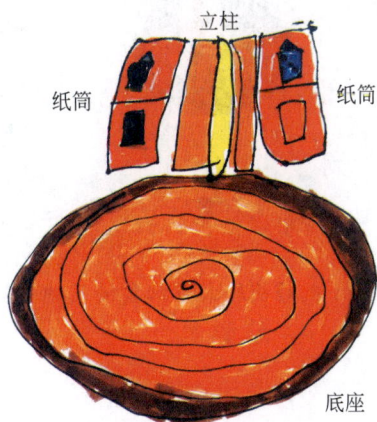

图 10-3 第三组设计的旋转式收纳盒

185

活动四：收集材料

教师：你们打算用什么材料制作收纳盒呢？

妮妮：可以用纸筒来制作，这样可以把铅笔放进去。

铃铛：我觉得制作收纳盒用薄木板最合适，咱们就选一些木板类的材料。

宁琳：用塑料瓶也可以，把塑料瓶中间剪个大洞，可以放一些橡皮。

教师：制作收纳盒会使用到哪些工具呢？

小乖：用薄木板制作的话，就得用锯子，这样才能把板子锯开。

尚儿：用剪刀才能把塑料瓶剪开。

小汐：还得用直尺量一下长短。

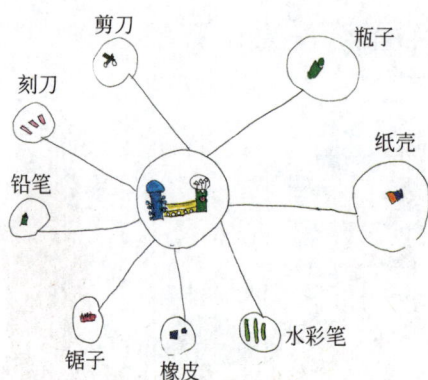

图 10-4　制作塑料瓶收纳盒使用的工具图

图 10-5　制作抽拉式收纳盒使用的工具图

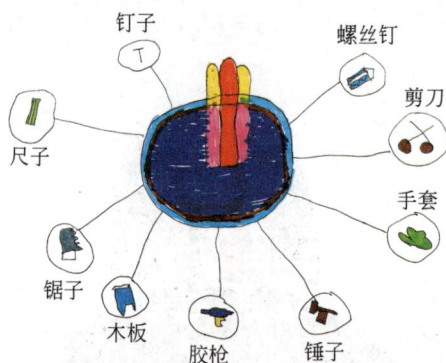

图 10-6　制作旋转式收纳盒使用的工具图

图 10-7　第一组收集的材料

186

图 10-8　第二组收集的材料

图 10-9　第三组收集的材料

阶段小结与反思

（一）幼儿

教师引导幼儿使用思维地图梳理了思路。例如，各组先用气泡图梳理了制作收纳盒需使用的工具，又使用流程图对第一阶段活动进行了系统地回顾和总结。

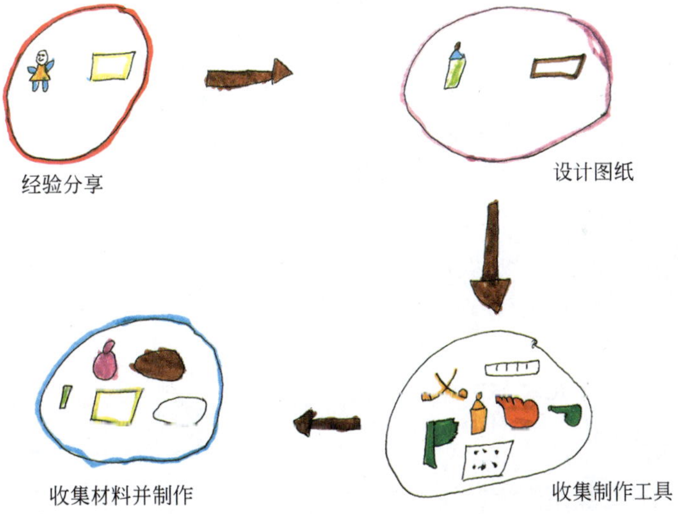

经验分享　　　　　　　设计图纸

收集材料并制作　　　　收集制作工具

图 10-10　制作收纳盒准备过程的总结图

（二）教师

首先，教师为幼儿提供一个自由的、支持性的探究环境。幼儿是有能力的、积极主动的思考者与行动者。在活动中，教师始终把幼儿视为平等的个体，充分尊重和倾听他们的想法和意见。例如，当幼儿提出桌子太乱，可不可以做个桌面收纳盒时，教师及时给予了支持，并鼓励他们表达自己的想法。在设计收纳盒时，教师同样引导幼儿充分发挥想象力和创造力。在教师的支持下，幼儿设计出了精美的作品。

其次，教师为幼儿提供数量充足的材料。材料是制作收纳盒的前提，没有材料，幼儿再好的设计也只能是空中楼阁。因而，在幼儿确定好所需材料和工具后，教师带领幼儿进行收集，为制作收纳盒做好准备。

第二阶段活动

第一组：塑料瓶组

问题一：怎么剪开塑料瓶？

分析与讨论

浩宇：圆滚滚的塑料瓶要怎么剪开呢？

琪琪：要想把塑料瓶剪开，需要很用力才行。

猜想与假设

小宝：我们可以用剪刀直接剪。

小汐：得先把瓶子固定，不然瓶子会滚动。

美美：这样会不会剪得不平，拿东西时伤到手？

实验与验证

小宝：瓶子这么圆，一剪就滑走了。

浩宇：我也是，试了几次都这样。

琪琪：那该怎么办？

教师：瓶子为什么会滚走呢？

琪琪：太滑了！

美美：他们剪的时候没按住。

小宝：那我来按，你们剪。

浩宇：还是很难剪，好像用不上力。

教师：为什么剪这个瓶子用不上力？

小汐：瓶子是圆的，不好剪。

彤彤：那不让它是圆的就行了。

小宝：我们把气放掉，把瓶子踩扁试试。

　　幼儿把瓶子里的气放掉后，又踩了踩，果然好剪多了，但新的问题又出现了。

琪琪：瓶子都被踩皱了，剪出来的也
　　　皱皱的。

浩宇：你们看，底座都不稳了。

教师： 那还可以怎样剪瓶子？（教师
　　　边问边用尖东西扎瓶子。）

小宝：对，可以先用钉子在瓶子上扎
　　　个洞，就可以剪开了。

浩宇：我来扎洞。

小汐：我们终于成功了！

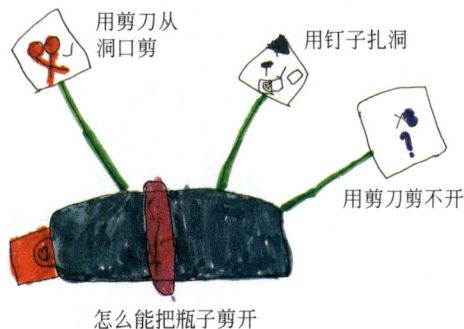

图 10-11　剪开瓶子的方法图

【学习品质：在剪瓶子的过程中，尽管幼儿失败了多次，但他们始终坚持，表现出不怕困难和敢于尝试的良好学习品质。】

【教师支持：幼儿剪瓶子遇到困难时，教师多次通过提问的方式引导幼儿思考失败的原因，推动问题的解决。】

问题二：剪刀该怎么放在塑料瓶里？

分析与讨论

浩宇：咱们平时用的剪刀怎么放在塑料瓶里呢？

和和：要是剪刀都放在瓶子里，也放不下这么多剪刀啊！

彤彤：如果把剪刀平着放在瓶子里，我们拿的时候会不会不方便？

猜想与假设

大象：要是把瓶子扎满小洞，肯定能放更多的剪刀。

小宝：我们可以把剪刀的尖儿使劲儿插到洞里，来回晃动，把洞口弄大，就能放
　　　更多的剪刀了！

璐璐：洞口太大，剪刀会掉出来的。

教师： 你们可以先试试，不行再想办法。

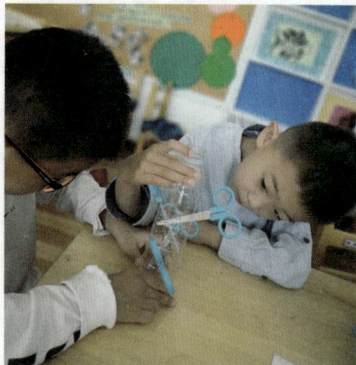

实验与验证

小宝：我们在瓶子上扎满了小洞，这样就可以
　　　剪刀插进去了，还能节省地方。

小好：哇，真的成功了，这些剪刀够我们每人一
　　　把了。

琪琪：洞口大小也刚刚好，剪刀可以轻松地拿出
　　　来，插进去也不会掉。

图 10-12　把剪刀插在小洞里

第二组：抽拉组

问题一：怎样才能把木板锯开，并把木板上的刺磨平？

分析与讨论

铃铛：木板这么大，得把它变成一条一条的才行。

融融：怎样才能弄成一条一条的呢？

玉意：感觉很难呀！

猜想与假设

小溪：我知道木匠都是用锯子锯木头的，我们用锯子试一试。

玉意：我们要戴上胶皮手套，不然会伤到手。

实验与验证

融融：我来用锯子锯木条，一只手用力按住木板，一只手用锯子使劲儿锯。

小溪：你锯的木条上都是刺，不平。

教师：那怎样才能变平呢？

铃铛：那得磨一磨！

老虎：我用砂纸试试。我家里新买的木质拼图边上有小刺，爷爷就用砂纸帮我磨平。

小溪：用砂纸磨了以后，小刺终于不见了。

【经验迁移：幼儿把爷爷使用砂纸为他打磨木质拼图上的小刺的经验应用到打磨木条上的刺的操作中。】

【教师支持：由于锯的方法不对，所以幼儿锯得很吃力，教师在旁边进行了示范，幼儿很快掌握了锯子的使用方法。】

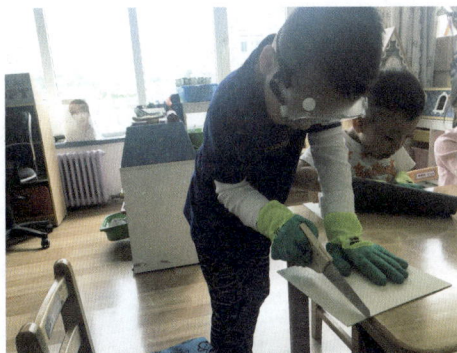

图 10-13　锯木条

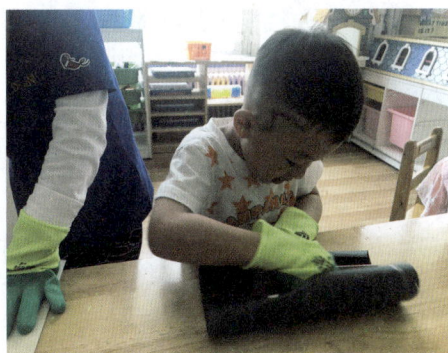

图 10-14　用砂纸打磨小刺

问题二：怎样才能让木条一样长？

分析与讨论

铃铛：咱们锯下来的木条怎么不是长了就是短了呢？

雨桐：我们得把木条弄成一样长才行。

玉意：可是有的地方需要用长木条，有的地方需要用短木条。

猜想与假设

教师：怎样才能让木条一样长呢？

悠悠：用文具盒里的直尺试一试，直尺上面都有数字，能测量。

玉意：我们也可以把需要的长度画在木板上，然后按照画的标记锯。

雨桐：如果我们测得准确，木条肯定一样长。

实验与验证

玉意：我来拿直尺量一量，画下标记，你按照我画的标记锯。

雨桐：都按照这种方法来测量，木条一定会一样长的。

铃铛：我用锯子锯下来的木条真的是一样长的。

图 10-15　用尺子量木条

图 10-16　沿标出的刻度锯木条

191

问题三：怎么做抽拉式的抽屉？

分析与讨论

形形：做抽屉好像很难啊，我们该怎么做呢？

玉意：得做一个像盒子一样的东西。

铃铛：抽屉一定要有个底，这样才能装东西。

猜想与假设

泽远：我们可以先拿一个木板当作抽屉的底部，然后在木板的四个边上粘上木条，这样是不是就做成抽屉了？

铭序：对啊，但我们怎样才能让抽屉边上的木条一样长呢？

小明：抽屉是长方形的，还是正方形的？我们得先测量一下。

小豪：那我们怎么抽拉呢？要不然再做一个把手吧！

实验与验证

小汐：我们要先测量抽屉的长度。

融融：我量了一下，我们的抽屉是正方形的，刚才制作的四条边不是一样长的啊！

小利：我们先量出四个一样长的木条吧，根据木条的长短再制作一个底就可以了。

形形：咱们做的这个抽屉抽不出来，太难拽了！

意意：是不是盒子里面打的胶太多了，摩擦力大？

泽远：一定是这么回事，摩擦力越大，抽屉就越难抽出。

【科学原理：摩擦力。接触面越粗糙，摩擦力越大。】

玉意：这回木条长短一样，用胶枪再粘上抽屉的底部，我们一定能成功。

融融：咱们重新做个框，这次少打点儿胶，一定行。

小利：真的可以了！

小姚：用胶枪把把手粘上，方便大家抽拉。

图 10-17　用胶枪粘木板

图 10-18　完善收纳盒

第三组：旋转组

问题一：怎么把立柱固定在底座上？

分析与讨论

尚儿：我们要用一个东西把立柱固定在底座上。

小进：不仅能把它固定，还要能让它转起来。

猜想与假设

尚儿：咱们可以用钉子试一试，看能不能把立柱固定在底座上。

小进：可以用锤子把钉子钉进去，看看立柱能不能转动。

瑶瑶：钉子会不会太短了？

竞程：也可以用胶枪。

教师：你们的想法真不错，那就试试吧！

实验与验证

瑶瑶：钉进去一个钉子，立柱就可以固定在底座上了。

小进：这个轴有点儿动，撑不住啊，看看有没有更合适的材料。

和和：感觉少个钉子，在旁边再钉一个，挤一挤，应该会好一些。

竞程：这边有根酸奶吸管，能不能用上呢？

图 10-19　用锤子固定底座　　图 10-20　制作中心立柱

问题二：怎么才能让收纳盒平稳地旋转起来？

分析与讨论

和和：这个收纳盒一点儿也不稳。

小进：转起来总是晃来晃去的。

猜想与假设

和和：可能是两边放的东西重量不一样。

小进：要想让它平稳地转，还需要把转轴再固定一下。

尚儿：三角形的东西都很稳，我们看看能不能把中心轴放在三角形中间。

【**科学原理：**三角形具有稳定性，有着稳固、坚定、耐压的特点。】

实验与验证

雨桐：两边放上重量相同的东西，收纳盒还是不能平稳转动啊！

和和：用这三块玩具木头试一试。我刚刚试了一下，它们拼在一起刚好是个三角形，应该可以用。

竞程：这回我们终于成功了，里面不论放什么东西，收纳盒都能平稳地转了。

图 10-21　测试收纳盒的平稳性

阶段小结与反思

（一）幼儿

教师引导幼儿使用括号图总结了塑料瓶收纳盒、抽拉式收纳盒和旋转式收纳盒的优缺点。此外，幼儿还总结了制作收纳盒失败的原因和成功的经验。

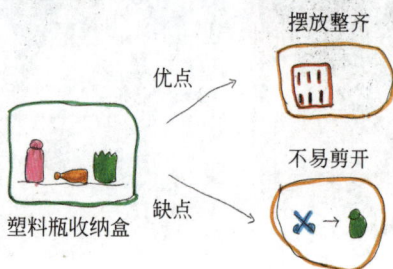

图 10-22　塑料瓶收纳盒的优缺点

图 10-23　抽拉式收纳盒的优缺点

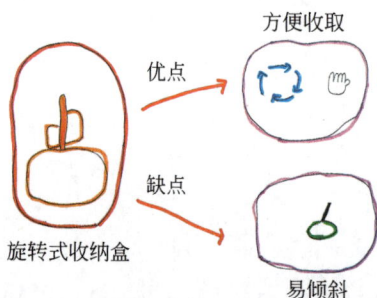

图 10-24　旋转式收纳盒的优缺点

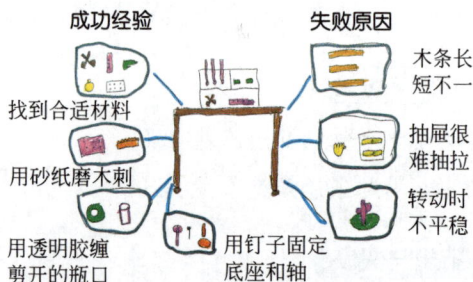

图 10-25　收纳盒制作失败原因和成功经验总结图

（二）教师

首先，教师多次通过提出问题的方式引发幼儿思考，让幼儿在反思中、在同伴讨论中寻求解决问题的办法。例如，当幼儿剪不好瓶子时，教师多次介入，提出诸如"瓶子为什么会滚走呢？""为什么剪这个瓶子用不上力？""那还可以怎样剪瓶子？"等问题。在教师提问的推动下，幼儿逐渐找到了解决问题的办法。又如，当锯出的木条不一样长时，教师又问幼儿："怎样才能让木条一样长呢？"教师的提问有效促进了问题的解决。

其次，教师通过示范，为幼儿提供技术方面的支持。例如，在用锯子锯木板时，幼儿不知道锯木板的正确方法，教师进行了示范。在观看教师示范的过程中，幼儿掌握了锯子的使用方法，最终成功锯出了小木条。

最后，教师给予幼儿充分的情感支持。在制作过程中，尽管幼儿多次失败，但教师没有一丝责备，而是及时鼓励，肯定他们的努力和进步，并耐心地引导他们分析问题产生的原因，寻找解决问题的办法。

课题活动十一：神奇的纸浆花盆

长春市朝阳区教师幼儿园　中三班　秦彤彤

（指导者：张俊巍）

选题缘由

"考古"游戏是幼儿在区域活动中最喜欢的活动，幼儿可以在石膏中挖掘出不同的"骨架"，用来组合成形态各异的恐龙。但是把"骨架"挖掘出来以后会产生很多废弃的石膏，这些石膏成为了幼儿讨论的话题。"这些碎末扔掉太可惜了，能不能把它们再利用起来呢？""用水和泥把恐龙放进去，晒干后不就可以继续用了吗？"幼儿越说越兴奋，讨论的话题也逐渐由重建"考古"工作，转变成了废旧物品的利用。"我们平时也有很多废旧的东西可以再利用！"在讨论与交流中，幼儿对重新利用身边的废旧物品产生了极大的兴趣，并且向教师提出想要通过自己动手的方式"变废为宝"。3~6岁的幼儿正处在想象力和创造力发展的萌芽期，对废旧物品的创造性利用可充分调动幼儿的求异思维，激发幼儿的创造意识与想象力。我们身边的许多废旧物品，就是取之不尽、用之不竭的教育资源。因此，根据幼儿的年龄特点及学习兴趣，教师选择了"神奇的纸浆花盆"作为深度学习课题活动的主题。本课题活动将在进一步的探索中通过"同伴合作"和"师生互动"的形式引导幼儿学习，探索废旧物品的可利用性，把各种样式的废纸做成纸浆，再做成其他可以使用的物品，将废纸进行再利用。这一活动帮助幼儿形成珍惜资源、热爱环境和保护环境的意识，并使其创新能力得到充分的发展。

第一阶段活动

活动一：经验分享

教师：我们身边有哪些废旧物品是可以再利用的呢？

晨晨：空薯片盒可以再利用。

时语：牙膏盒、香皂盒能做小汽车。

天意：我在电视上看见过把玻璃熔化了，可以做出很漂亮的玻璃瓶！

　　之后，幼儿分成了四个小组，讨论不同种类的物品可以怎样再利用的问题。

第一组

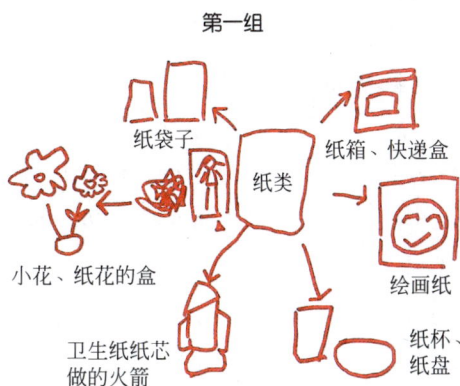

图 11-1　纸类再利用的总结图

第二组

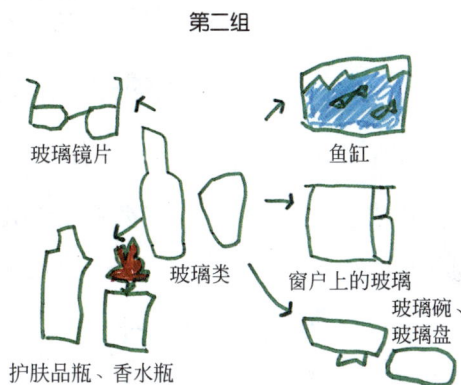

图 11-2　玻璃类再利用的总结图

第三组

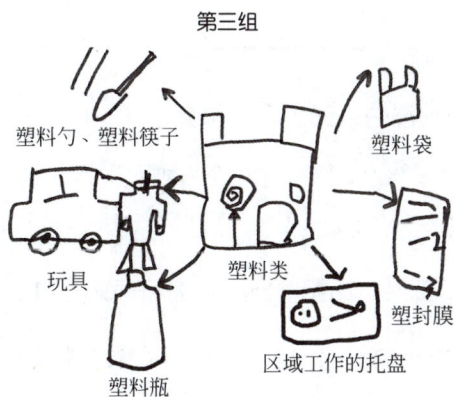

图 11-3　塑料类再利用的总结图

第四组

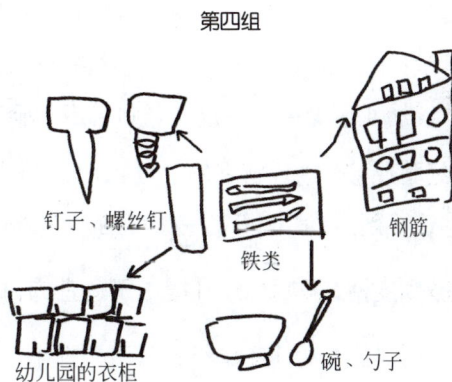

图 11-4　铁类再利用的总结图

活动二：设计制作纸浆的流程图

教师：那有什么废旧物品是我们在幼儿园能再利用的呢？

大隽：我们的纸可以呀，把纸加水和胶水后弄成泥一样的东西，然后一压，厚的能
　　　做纸壳，薄的能当纸。

沉沉：咱们做纸浆吧，我爸爸说过，纸浆是可以回收再利用的。

　　大家听后都觉得这个办法可行，于是，幼儿一起讨论并绘制了流程图。

纸　　　　弄湿　　撕成小碎块　泡在水里　变成泥　　加胶水　变成纸或纸壳

图 11-5　制作纸浆的流程图

活动三：收集材料并制作纸浆

　　幼儿们收集好能做成纸浆的材料后，分成了四个小组进行操作：第一组纸壳组，第二组餐巾纸组，第三组皱纹纸组，第四组彩纸组。制作完成后，幼儿发现纸浆里的水加得太多了，做出来的纸浆效果不好。

问题一：怎么去掉纸浆里多余的水分？

> **分析与讨论**

沉沉：我觉得咱们可以用科学实验室里制作水宝宝的那个小漏勺。

晨晨：我奶奶家捞饺子的捞勺也可以拿来用，饺子煮好后用它一捞，水就都跑了。

时语：我觉得咱们应该向老师借漏勺，这样速度快。

　　幼儿讨论后，决定向老师借用实验室中的漏勺来滤去多余水分。

【经验迁移：幼儿将以前活动中用漏勺滤水的经验和生活中见过的大人捞饺子的经验迁移到活动中，来滤去他们制作的纸浆中多余的水分。】

【教师支持：教师为幼儿提供了适宜的材料和工具，比如水杯、筛漏和蒜锤等。】

【学习品质：幼儿在制作纸浆时表现出了极大的热情。他们非常积极地把废纸弄碎，搅拌，做成纸浆，表现出了积极主动的学习品质。】

问题二：怎么能让纸浆更碎，像泥一样？

> **分析与讨论**

教师：为什么这次制作的纸浆不太成功呢？

幼儿讨论并总结了制作出的纸浆效果不好的原因，绘制了思维地图。

第一组　纸壳组

水加得太多

纸壳撕得
不够小

纸壳太少

小朋友撕得不认真

泡水时间短

第二组　餐巾纸组

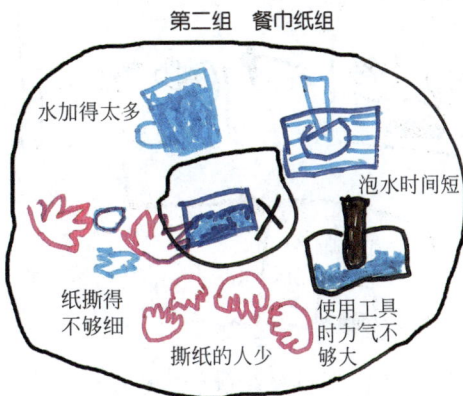

水加得太多

泡水时间短

纸撕得
不够细

撕纸的人少

使用工具
时力气不
够大

图 11-6　纸壳组制作纸浆失败原因总结图　图 11-7　餐巾纸组制作纸浆失败原因总结图

第三组　皱纹纸组

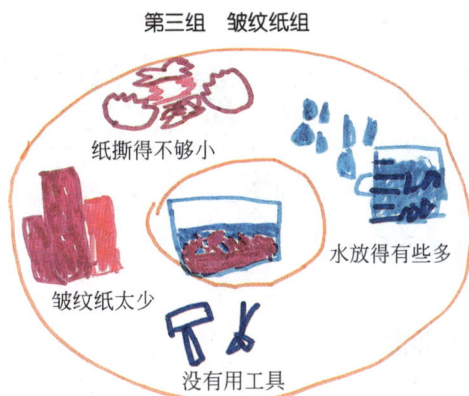

纸撕得不够小

水放得有些多

皱纹纸太少

没有用工具

第四组　彩纸组

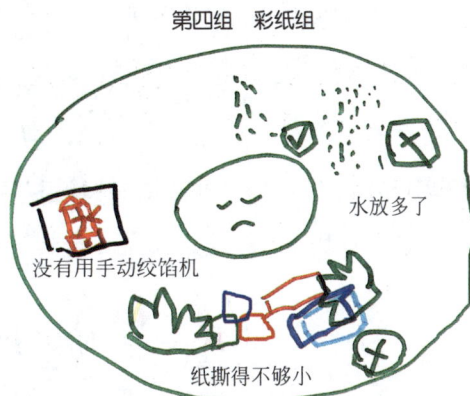

水放多了

没有用手动绞馅机

纸撕得不够小

图 11-8　皱纹纸组制作纸浆失败原因总结图　图 11-9　彩纸组制作纸浆失败原因总结图

猜想与假设

在讨论了纸浆制作效果不好的原因后，幼儿设计了改进方案并绘制了流程图。

第一组　纸壳组

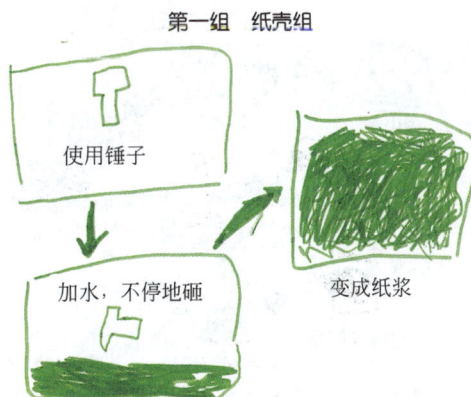

使用锤子

加水，不停地砸

变成纸浆

第二组　餐巾纸组

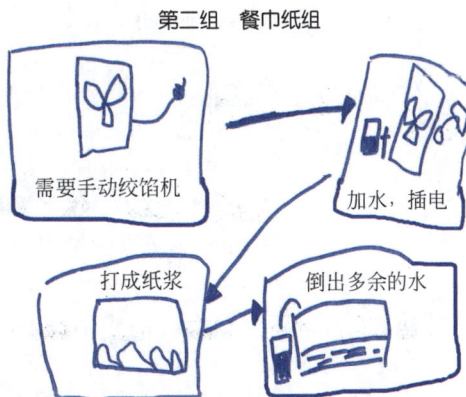

需要手动绞馅机

加水，插电

打成纸浆

倒出多余的水

图 11-10　纸壳组制作纸浆的流程图　图 11-11　餐巾纸组制作纸浆的流程图

第三组　皱纹纸组

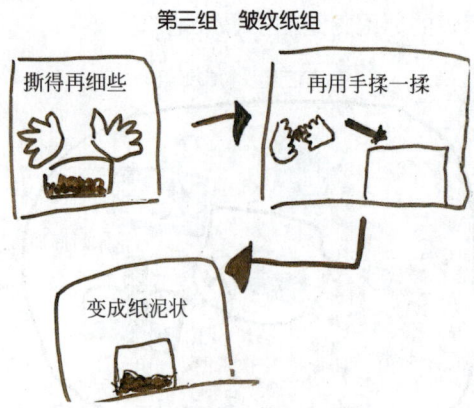

图 11-12　皱纹纸组制作纸浆的流程图

第四组　彩纸组

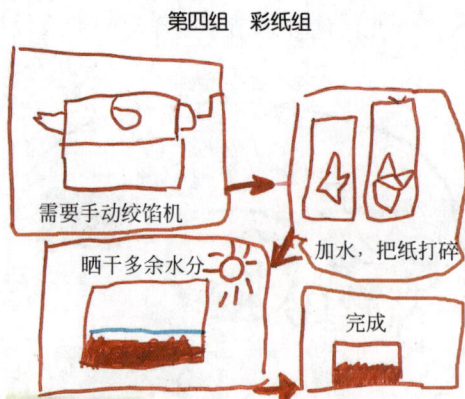

图 11-13　彩纸组制作纸浆的流程图

实验与验证

　　幼儿根据改进的流程图进行操作，做出的纸浆呈现出了更好的效果。

【经验迁移：幼儿将生活中使用手动绞馅机的经验进行迁移，用手动绞馅机做出了更碎的纸浆。】

【学习品质：幼儿们对制作完成的纸浆并不满意。他们通过不断反思和操作，最终解决了纸浆制作的难题，表现出敢于探究和尝试的良好学习品质。】

阶段小结与反思

（一）幼儿

　　制作完纸浆后，教师引导幼儿对制作纸浆的过程进行了反思。幼儿在讨论后，共同绘制了如何制作出合适纸浆的流程图。

第一组　纸壳组

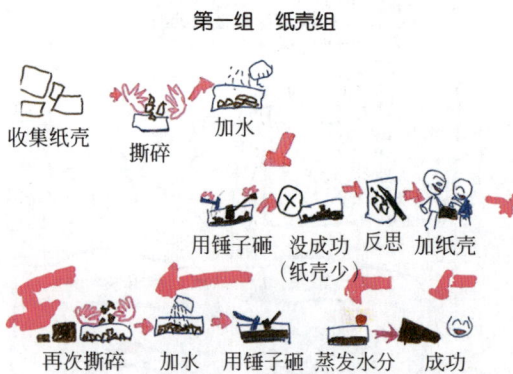

图 11-14　纸壳组制作纸浆的流程图

第二组　餐巾纸组

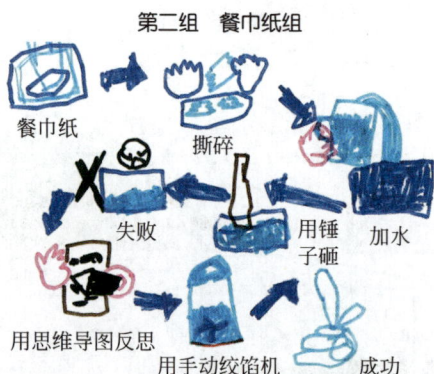

图 11-15　餐巾纸组制作纸浆的流程图

第三组　皱纹纸组

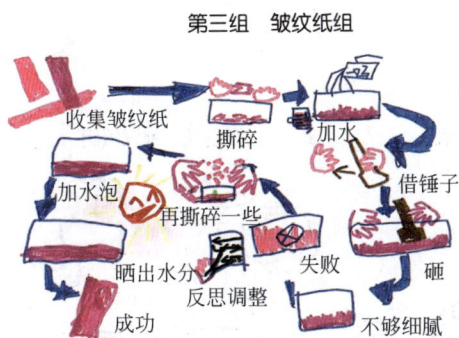

收集皱纹纸　撕碎　加水

加水泡　再撕碎一些　借锤子

晒出水分　失败

反思调整　砸

成功　不够细腻

图 11-16　皱纹纸组制作纸浆的流程图

第四组　彩纸组

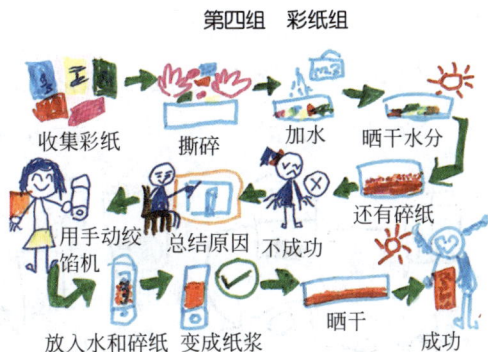

收集彩纸　撕碎　加水　晒干水分

用手动绞馅机　总结原因　不成功　还有碎纸

放入水和碎纸　变成纸浆　晒干　成功

图 11-17　彩纸组制作纸浆的流程图

（二）教师

首先，教师引导幼儿迁移生活经验。幼儿把生活中使用过小筛网、蒜锤、铁锤和手动绞馅机的经验，迁移到了制作纸浆的过程中。

其次，教师给予幼儿情感支持。教师的鼓励和支持使幼儿在活动中保持较高的学习热情，能够积极思考和动手操作，大胆尝试各种解决问题的方法。

最后，教师提供材料与工具支持。教师不仅鼓励幼儿到生活中去寻找材料，如餐巾纸、纸壳、彩纸和皱纹纸等，还为幼儿提供了相应的操作工具，如量杯、大小塑料盒、蒜锤和小筛漏等，创设了与实际生活情境相似度高的游戏情境，推动了问题的解决。

第二阶段活动

活动一：制作好的纸浆再利用

教师：你们想用制作好的纸浆做什么？

大隽：咱们做环保的纸浆花盆怎么样？

教师：你们四个组都要做花盆吗？

晨晨：不是，我觉得餐巾纸不适合，不卫生。

教师：那你们想用什么做花盆呢？

责责：咱们投票吧！

幼儿们通过投票选择的结果如下：餐巾

图 11-18　投票结果图

纸没有人选，被淘汰了；纸壳组、彩纸组和皱纹纸组利用制作好的纸浆进一步制作花盆。

投票结束后，幼儿设计了制作花盆的步骤。

图 11-19　纸壳组制作花盆的流程图　图 11-20　彩纸组制作花盆的流程图　图 11-21　皱纹纸组制作花盆的流程图

问题一：怎样用手动绞馅机顺利地绞纸浆？

【**实验与验证**】

一开始幼儿发现手动绞馅机根本就绞不动纸浆。

楠楠：我记得和妈妈在家榨果汁的时候，妈妈往榨汁机里放了好多的水，榨汁机就转得很快。

沉沉赶紧去接水，往手动绞馅机里加了好多的水，这回果真成功了！

【经验迁移：幼儿将生活中榨果汁的经验迁移到绞碎纸浆的过程中，成功地绞碎了纸浆。】

教师：手动绞馅机为什么需要多加水才能转动？

轩轩：因为我们用的是纸，纸本身是没有水分的。

烜桐：像工作区里的水龙卷，有个大漩涡，大漩涡就把纸冲到中间了！

【科学原理：伯努利原理。在理想流体条件下，流体压强与流速可相互转换。流速高则压强小，流速低则压强大。幼儿拉动手动绞馅机时，发现多加水后会很容易拉动手动绞馅机并产生漩涡，漩涡周围流体流速低，压强大，所以漩涡会把周围的碎纸推到漩涡中心，成功制作出纸浆。】

【教师支持：教师给幼儿讲解了手动绞馅机需要多加一些水才能转动的原因，帮助幼儿理解绞馅机的操作原理。】

【学习品质：幼儿能对发现的问题刨根问底，寻求答案，并且积极地动手动脑去解决问题，表现出敢于探究和尝试的学习品质。】

第一组 纸壳组　　第二组 彩纸组　　第三组 皱纹纸组

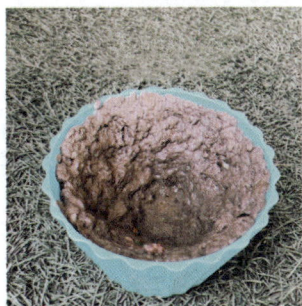

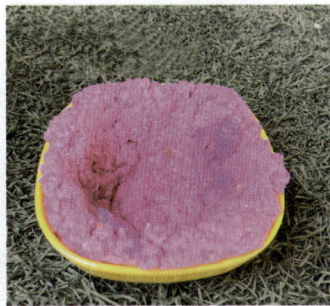

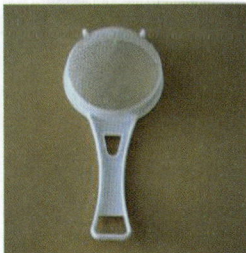

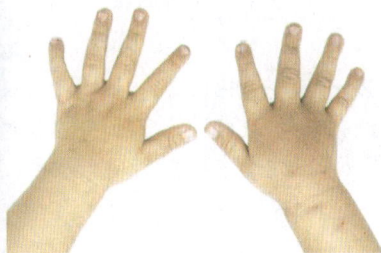

图 11-22 纸壳组放进模具 图 11-23 彩纸组放进模具 图 11-24 皱纹纸组放进模具
的纸浆　　　　　　　　的纸浆　　　　　　　　的纸浆

问题二：如何让花盆里的纸浆干一些？

分析与讨论

轩轩：我觉得咱们的制作过程有一些问题。你们有没有觉得这花盆的边太厚了？

晨晨：我也这么觉得，因为花盆里的水太多了，咱们得想办法把纸浆弄得干一些。

猜想与假设

教师：如果想把纸浆弄得再干一些，还需要怎么做呢？你们要不要在班里找找材料？

教师话音刚落，孩子们就纷纷在班里寻找起材料来。大家找到材料后，聚在一起讨论各种材料和方法的可行性。

大隽：其实班里种蒜苗的盒子上面就是一个大筛网，用手一压，水就从筛网里流出去了。

晨晨：也可以用塑料漏网把水漏出去。

轩轩：我奶奶做酸菜饺子馅时是用手把酸菜的水挤掉的，我们也可以用手把水挤掉。

第一组 纸壳组　　第二组 彩纸组　　第三组 皱纹纸组

图 11-25 种蒜苗的筛网 图 11-26 塑料漏网 图 11-27 小手

实验与验证

幼儿根据讨论和猜想出的方法，分别用不同的工具挤出纸浆中多余的水。

【**经验迁移**：幼儿将使用种蒜苗"神器"和漏网的经验以及生活中观察到的奶奶做饺子馅的经验迁移到活动中，让花盆里的纸浆变得干一些。】

【**学习品质**：幼儿遇到花盆水太多的问题后，并没有放弃，而是努力克服困难，通过积极思考和动手操作解决了问题，表现出不怕困难的学习品质。】

在幼儿的努力下，他们成功地制作出了花盆。

图 11-28　纸壳花盆	图 11-29　彩纸花盆	图 11-30　皱纹纸花盆

阶段小结与反思

（一）幼儿

花盆制作完成后，幼儿在教师的引导下，对制作出的花盆存在的问题进行了反思，并想出对应的解决办法，对花盆进行改进，具体如表 11-1 所示。

表 11-1　各组制作花盆发现的问题、解决的办法及改进的方案

组别	发现的问题	解决的办法	改进的方案
第一组纸壳组	花盆的边缘不整齐；花盆比较薄，有裂纹；花盆不结实，总掉渣	用小手把边缘压齐；把花盆做得厚一些；加一些胶水，让花盆更结实些	边缘不齐　用手抚平 怎么做更好 有裂纹　加厚 不结实　用胶水粘 图 11-31　纸壳组改进的方案

续表

组别	发现的问题	解决的办法	改进的方案
第二组 彩纸组	花盆的边缘不整齐；有裂缝，边上有掉下的碎块；花盆颜色杂乱，不好看	用小手把花盆边缘压齐；用小手把花盆边缘压实；少用几种颜色的彩纸	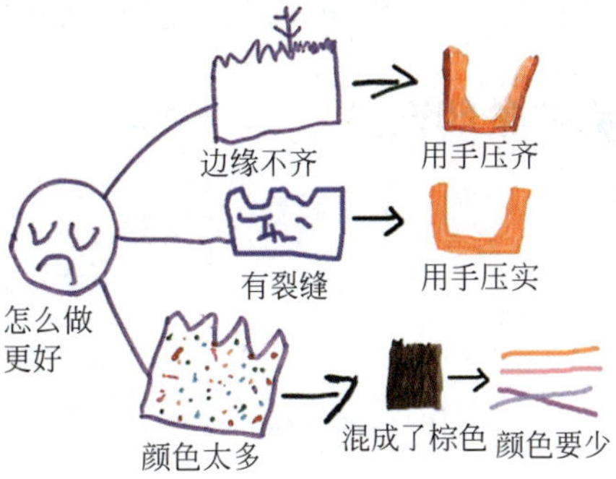 图 11-32　彩纸组改进的方案
第三组 皱纹纸组	模具太小了；花盆的边缘不平；花盆不结实	再选择一个合适的模具；用剪刀剪掉边缘不整齐的部分；制作花盆时加入胶水，花盆更结实	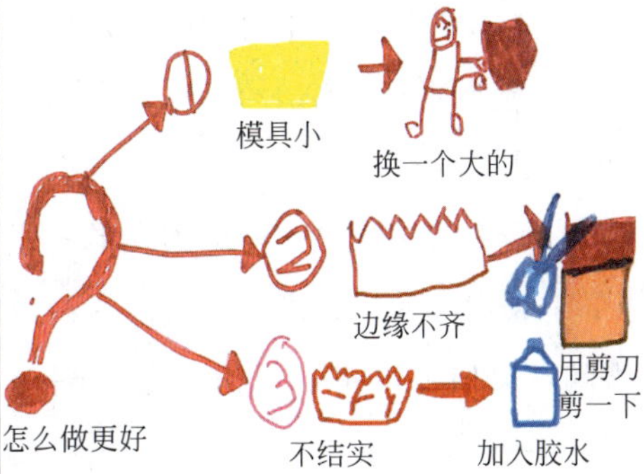 图 11-33　皱纹纸组改进的方案

（二）教师

首先，教师为幼儿提供了丰富的工具，帮助幼儿实现经验迁移。教师为幼儿提供了丰富的工具，包括锤子、筛网、手动绞馅机和种花工具等，然后引导幼儿使用这些工具进行经验迁移。幼儿把生活中挤干水分和制作花盆的经验迁移到活动中，解决了遇到的问题。

其次，教师在活动过程中通过提问的方式为幼儿提供了解决问题的必要帮助，同时，教师为幼儿讲解科学原理，使幼儿的科学素养得到了提升，认知水平也得到提高。

再次，教师的鼓励激发了幼儿对活动极大的兴趣。制作好的花盆几天都没有晾干，还被雨水淋湿了，幼儿虽然有些失望但并没有放弃，而是在积极地分析原因，想办法，找材料，最终解决了问题。当花盆成功脱模后，幼儿又积极主动地要求种花。

最后，教师通过开展家园合作，激发幼儿的探究欲望。在幼儿要把花盆脱模时，

205

连续的阴天导致花盆一直不干。在教师的提议下，家长把家中闲置的吹风机带给幼儿使用，不仅再次激发起幼儿探究的欲望，还使活动得到进一步的推进。

第三阶段活动

活动一：加固花盆

问题一：如何让花盆更结实？

分析与讨论

小隽：工人叔叔盖房子的时候会用钢筋和混凝土。咱们的纸浆就是混凝土，咱们可以再做一些钢筋一样的东西对花盆进行加固，像一张大网似的，一定很结实。

楠楠：咱们可以用纸绳来代替钢筋试一试。

桐桐：我觉得应该多加点儿胶水。

　　不同小组的幼儿经过讨论后提出了不同的改进方案。

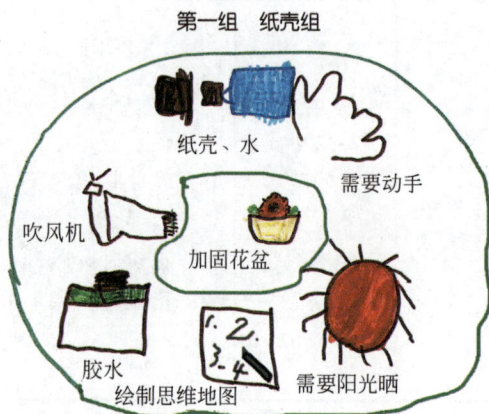

图 11-34　纸壳组加固花盆的方案图

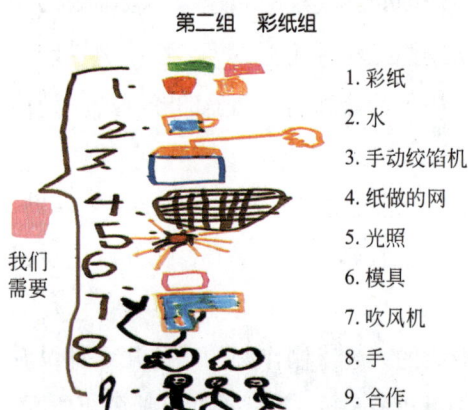

图 11-35　彩纸组加固花盆的方案图

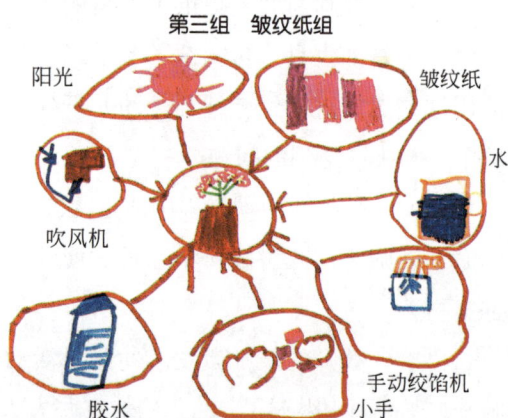

图 11-36　皱纹纸组加固花盆的方案图

【经验迁移：幼儿将生活中见过的盖房子需要钢筋的经验和在区域活动中搓纸绳的经验，迁移到加固花盆的过程中。】

幼儿根据分析与讨论的方案绘制了加固花盆的流程图。

幼儿根据制定的加固方案和操作流程动手加固花盆，成功地使花盆变得更结实。

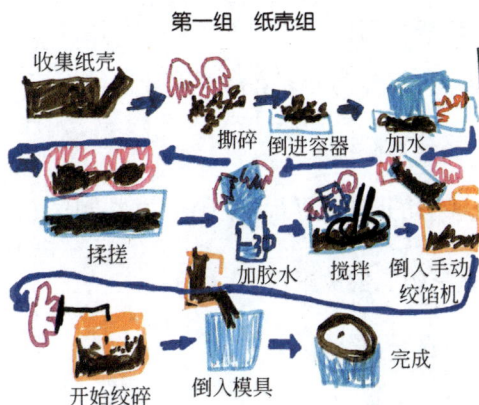

第一组　纸壳组

收集纸壳　撕碎　倒进容器　加水

揉搓　加胶水　搅拌　倒入手动绞馅机

开始绞碎　倒入模具　完成

图 11-37　纸壳组加固花盆的流程图

第二组　彩纸组

两种颜色的纸　撕碎　加水

泡水　小朋友午睡　放进手动绞馅机

拉动，绞碎　搓好纸绳　摆成网状把纸浆倒入网里

风吹日晒　成功

图 11-38　彩纸组加固花盆的流程图

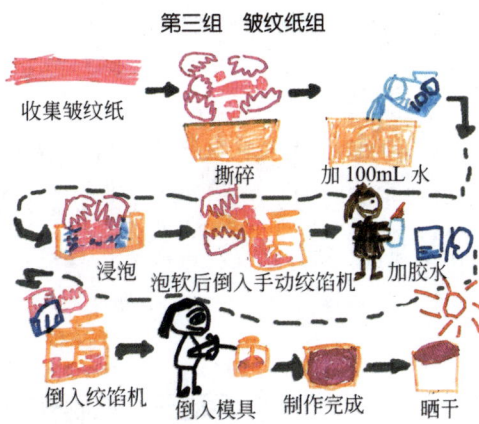

第三组　皱纹纸组

收集皱纹纸　撕碎　加 100mL 水

浸泡　泡软后倒入手动绞馅机　加胶水

倒入绞馅机　倒入模具　制作完成　晒干

图 11-39　皱纹纸组加固花盆的流程图

活动二：让花盆脱模

经过四天的晾晒，花盆终于彻底干透了。第二组的幼儿轻而易举地把花盆从模具里取了下来，花盆还十分坚硬。可第一组纸壳组和第三组皱纹纸组的花盆都因为加了胶水，被结结实实地粘在了模具里。

问题一：如何让花盆脱模？

第一组　纸壳组

小隽：估计是胶水不止粘住了纸壳，连模具都粘上了！

天意：咱们不能就这么放弃了，得想想办法！

猜想与假设

桐桐：咱们可以把纸壳的外皮撕下来，铺在模具里面，隔开花盆和模具！

实验与验证

幼儿重新进行了制作，并在制作之前用撕下来的纸壳外皮隔开花盆和模具。

第三组　皱纹纸组

分析与讨论

菲菲：咱们的花盆破了一个洞！

轩轩：要不然咱们把洞补上。

迪迪：咱们还有好看的皱纹纸，可以把纸塞进洞里，再洒些水弄软了用来补洞。

实验与验证

由于皱纹纸很软且吸水性强，喷了一些水后，花盆由于失去了模具的支撑，又变成了纸浆泥。之后，这组幼儿又重新制作了一个花盆。

【学习品质：幼儿遇到花盆无法脱模的问题后没有放弃，而是积极主动地通过小组合作克服困难，完成了花盆的制作与脱模，表现出不怕困难的学习品质。】

活动三：在制作好的花盆中栽种植物

幼儿在自己制作的花盆中种上了喜爱的植物，用来装饰班级环境，还对两次制作的花盆进行了对比和总结，具体如表 11-2 所示。

表 11-2　各组花盆成品对比及种植植物效果

组别	两次成品对比	种植植物效果
第一组 纸壳组	 图 11-40　纸壳组两次成品对比图	 图 11-41　纸壳组种植图

续表

组别	两次成品对比	种植植物效果
第二组 彩纸组	 图 11-42　彩纸组两次成品对比图	 图 11-43　彩纸组种植图
第三组 皱纹纸组	 图 11-44　皱纹纸组两次成品对比图	 图 11-45　皱纹纸组种植图

阶段小结与反思

（一）幼儿

教师通过提出"如何让花盆更结实"这一问题引导幼儿思考，幼儿经过反思与讨论后绘制了制作花盆的流程图，对活动中出现的问题和改进之处进行了总结。

（二）教师

首先，教师通过针对性提问激发幼儿的探究欲望，促进幼儿的经验迁移。例如，"如何让花盆更结实"这一问题不仅激发了幼儿探究的兴趣，还促进了幼儿的经验迁移。

其次，教师通过侧面提示和直接讲解等方法，帮助幼儿分析问题，解决问题。教师还引导幼儿通过小组讨论的方法比较两次制作出的花盆的优缺点，在这个过程中幼儿的批判性思维得到发展。

最后，教师不断鼓励幼儿，营造了一个愉快的活动氛围，使幼儿一直保持着浓厚的学习兴趣，以饱满的热情和积极的态度投入到花盆制作中。在第二次花盆制作完成后，第一组和第三组的花盆都出现了不能脱模的问题，在解决问题时，幼儿又使本已做好的花盆变回了纸浆的状态。幼儿面临多次失败，但是在教师的鼓励下，他们没有放弃，最终共同合作克服了困难，表现出不怕困难与敢于探究和尝试的学习品质。

第一组　纸壳组

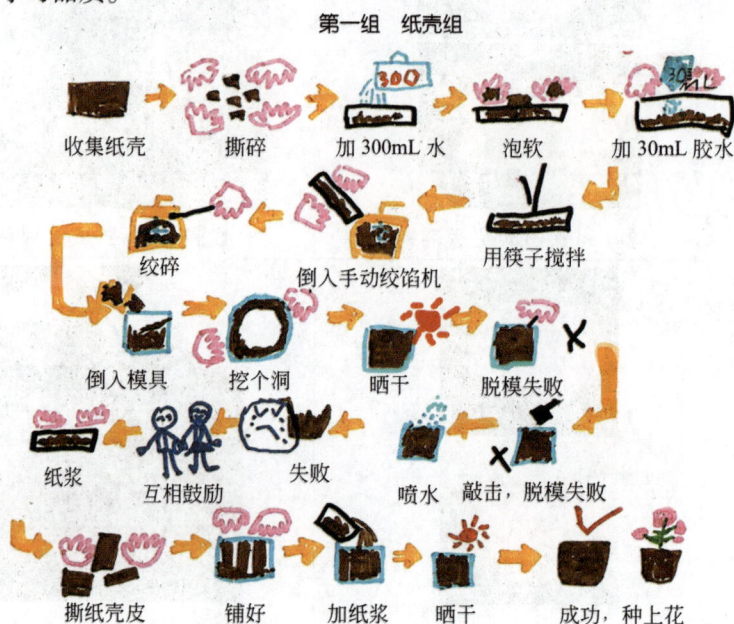

图 11-46　纸壳组制作纸浆花盆的流程图

第二组　彩纸组

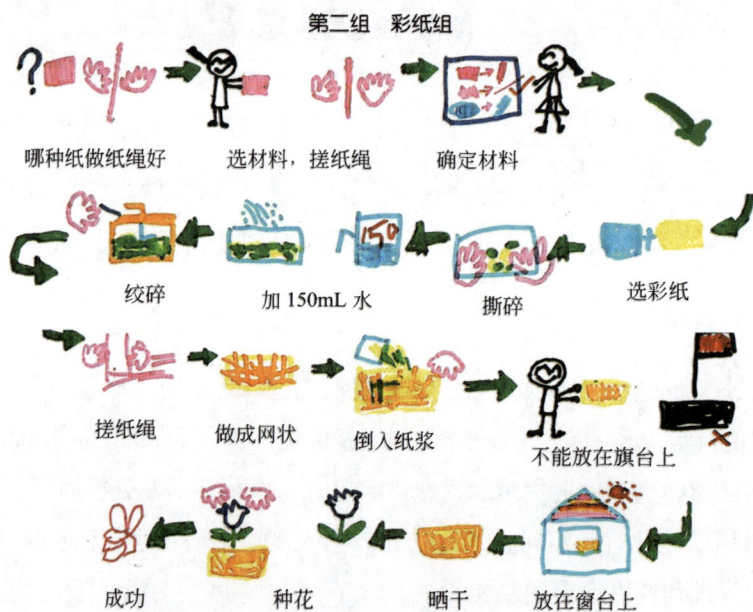

图 11-47　彩纸组制作纸浆花盆的流程图

第三组　皱纹纸组

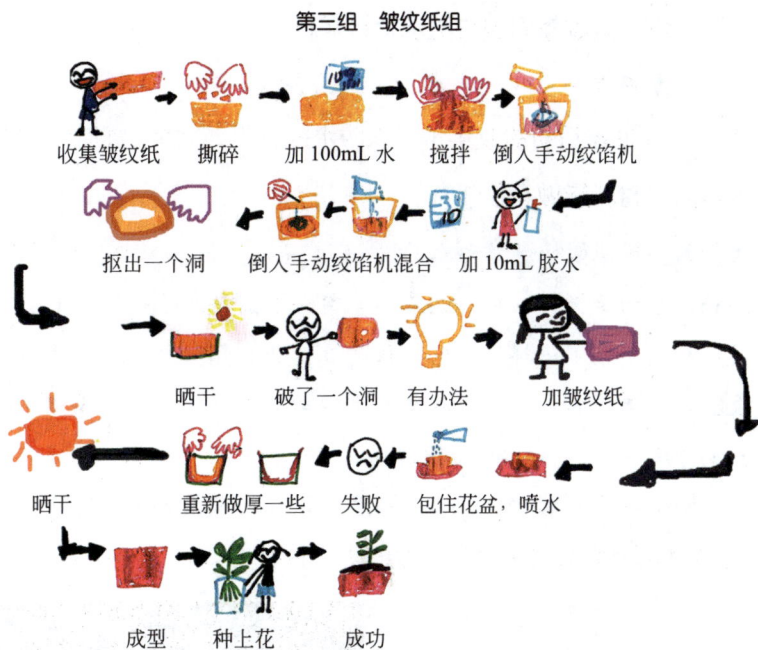

图 11-48　皱纹纸组制作纸浆花盆的流程图

第四阶段活动

活动一：选择花盆防水材料

花盆制作完成后，幼儿又发现了一些新问题：当给纸浆花盆里的花浇水时，花盆外侧就会变成之前花盆未干时的样子，而且有些破损。

问题一：如何制作出防水的花盆？

分析与讨论

小隽：我们需要找一些防水的材料试试看。

迪迪：哪些材料是防水的呢？

猜想与假设

迪迪：我们身边的雨伞是最防水的了。

诗茵：中秋节的时候，我在农村看见大棚的塑料薄膜也可以防水。

大隽：家里的垃圾袋也防水。

轩轩：塑料杯和塑料盒也防水，和塑料有关的很多东西都防水。

教师：那我们怎么能收集到这些防水材料呢？

全体幼儿：我家里有！

于是，幼儿回家后纷纷收集了可以防水的材料，并把它们带到了幼儿园。

教师：哪些防水材料能做花盆呢？

轩轩：我带的塑料圆盒子就是防水的。

楠楠：塑料的东西是挺好，可是也不环保啊，咱们要做的是环保纸浆花盆。

迪迪：废旧的雨伞就不一样了，它不仅防水，还和布一样柔软，可以放在制作的花盆里面或者花盆外面。这样隔绝水以后，花盆就不会被弄湿弄坏了。

诗茵：我觉得塑料布足够结实，而且环保又柔软。

轩轩：要不咱们投票看看吧！大家选一选用什么做花盆的防水材料合适。

幼儿最终选择废旧雨伞作为花盆的防水材料。

图 11-49　防水材料总结图　　　　图 11-50　投票结果图

【经验迁移：幼儿将生活中见过防水材料的经验，迁移到制作防水花盆的过程中。】

问题二：如何分离伞骨和伞面？

分析与讨论

大隽：可以用剪刀把雨伞上的布拆掉。

迪迪：对，这样拆得完整。

第一组的幼儿没有找到废旧的雨伞，于是找第二组的幼儿商量，想共用一把雨伞的材料，并提出帮助他们拆伞布。

桐桐：我们没有找到废旧雨伞，你们的伞这么大，拆下来的伞布肯定用不完，可以给我们一些用用吗？

迪迪：好呀。

桐桐：雨伞很难拆的，我们可以帮助你们
　　　拆，行不行？

楠楠：好啊，我们一起来拆吧。

猜想与假设

　　幼儿根据讨论结果，绘制了拆下伞布的操作流程图。

实验与验证

　　拆下伞布对于幼儿来说有一定难度，但是他们通过尝试使用各种工具和方法，共同合作，最终成功地拆下了伞布。

【学习品质：虽然幼儿在拆伞布的过程中遇到了困难，但是他们积极地思考解决方法，尝试使用各种工具，最终成功拆下了伞布，表现出积极主动的学习品质。】

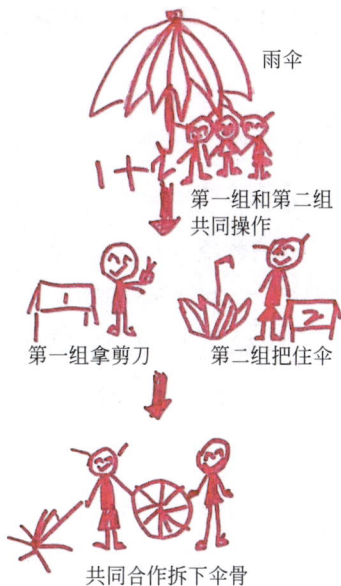

图 11-51　第一组和第二组拆伞布流程图

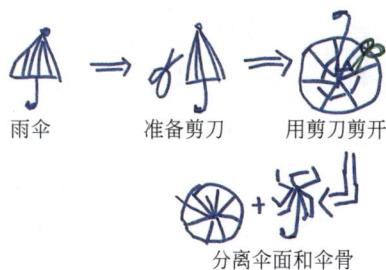

图 11-52　第三组拆伞布流程图

活动二：运用伞布

问题一：伞布要怎样用？

分析与讨论

小隽：这么大的伞布，咱们不能一下子都
　　　用了吧。

迪迪：那要用多少伞布呢？

轩轩：全用上，花盆都被塞满了，不得塞爆炸了呀！

责责：那咱们把伞布剪开吧。

猜想与假设

教师：伞布剪多大合适呢？剪好的伞布，你们打算怎么设计呢？

第一组　纸壳组

责责：方的花盆就剪个方形伞布，圆的花盆就剪个圆形伞布，剪的边都大一点儿。

桐桐：肯定只能比花盆大，不能比花盆小，要不也没效果。

诗茵：花盆外面湿了的话也容易坏，咱们可以剪大一些，里外全包上还好看。

第二组　彩纸组

轩轩：咱们可以先剪一小块伞布，把它铺在纸浆和模具中间，脱模的时候用伞布包着花盆把花盆拿出来。有伞布包着花盆好脱模，就不会像以前那样弄坏做好的纸浆花盆了。

大隽：对，做好纸浆花盆后，咱们就可以在花盆里面也铺上伞布，还可以在花盆外面的伞布上涂防水颜料来装饰。

菲菲：什么防水颜料？那是什么东西？

大隽：就是可以防水的一种彩色颜料，我爸爸画画的时候用过，我记不太清叫什么了。

教师：那个叫丙烯颜料。

大隽：对，就是丙烯颜料！到时候它不但能让花盆防水，还能把花盆变得很好看呢。

第三组　皱纹纸组

迪迪：咱们的伞布可以剪得大一点儿，然后再剪一片小的放里面。

艾珂：那咱们直接都包上不就得了！

烜桐：都包上就和第一组的一样了！要是和别人的一样就没意思了。

迪迪：那咱们要怎么做呢？既要和别人的不一样，又要好看和防水。

烜桐：咱们的伞布是碎花的，可以把放在花盆里面的那层伞布剪得大一些，露出一个花边做装饰。

艾珂：这个主意好。

实验与验证

　　幼儿们找好材料后，第一组幼儿先和第二组幼儿平分了伞布，一组一半。接着，第一组幼儿在伞布上画了一个正方形，并沿边线剪了下来。第二组幼儿先画了一个圆形，在教师的提示下，轩轩还学着姥姥裁布的样子，教给同伴一个生活小妙招：他让其他幼儿把伞布抻紧，这样剪起来又快又方便。第三组幼儿就没那么顺利了。他们的伞布图案比较花哨，在剪的过程中不容易看出画的线，难以剪出规整的形状，所以一开始幼儿剪出的圆形伞布偏大了。他们又共同合作，把剪下来的伞布按照需要进行了再次修剪，最终剪出了所需的伞布。

【经验迁移：幼儿将生活中见过的爸爸使用丙烯颜料和姥姥使用剪刀剪布的经验，迁移到制作防水花盆的过程中，解决了装饰花盆和拆伞布的问题。】

活动三：制作防水花盆

问题一：如何利用伞布来制作防水花盆？

分析与讨论

迪迪：我觉得我们应该先把刚才讨论的办法画成思维地图，按步骤做。

轩轩：但是整个过程画得也太多了呀，之前制作纸浆的过程就有一页。

小隽：咱们可以不画制作纸浆的程序，因为之前画过了。咱们可以只画包伞布的过程，因为没有设计图就直接做的话，大家的意见也不一致。

大隽：对，就像我爸爸设计大楼，也得有图纸才行啊。

猜想与假设

经过讨论，每一组幼儿决定先根据讨论结果绘制出制作防水花盆的流程图，再根据流程图制作防水花盆。

第一组　纸壳组

用剪刀把伞布裁成正方形　　铺到模具里　　大小留出一半　　倒入纸浆　　倒入纸浆后，再把外面的一半包进去

图 11-53　纸壳组制作防水花盆流程图

第二组　彩纸组

用剪刀剪伞布　剪出圆形　想到用丙烯　把圆形伞布铺在模具里　倒入纸浆　太阳晒干　把伞布撕下来　涂上丙烯　完成

图 11-54　彩纸组制作防水花盆流程图

第三组　皱纹纸组

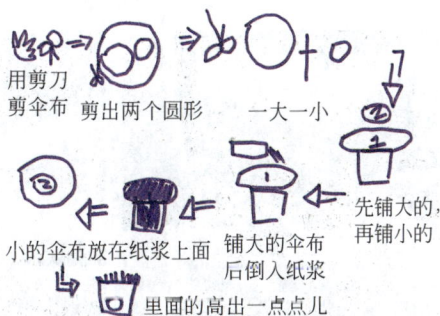

用剪刀剪伞布　剪出两个圆形　一大一小　先铺大的，再铺小的　铺大的伞布后倒入纸浆　小的伞布放在纸浆上面　里面的高出一点点儿

图 11-55　皱纹纸组制作防水花盆流程图

实验与验证

每组幼儿按照设计的流程图，把前一天制作好的纸浆和伞布进行新一轮的制作。第一组幼儿将伞布铺到模具里，再把纸浆倒进去。第二组幼儿发现伞布太滑，于是小睿把自己的头绳奉献出来固定伞布，再将做好的纸浆倒进去铺好。第三组幼儿先在模具里铺了一层伞布，然后把纸浆倒进去压实定型，最后在定型的花盆

内部又铺了一层伞布做装饰。

经过了几天的晾晒，防水花盆终于都晒干了。第二组幼儿依照流程图，把带来的秘密武器——丙烯颜料涂在了晒干的纸浆花盆外面，给花盆穿上了美丽的防水雨衣。三组幼儿的防水花盆终于全部制作完成。

图 11-56　纸壳组的防水花盆　　图 11-57　彩纸组的防水花盆　　图 11-58　皱纹纸组的防水花盆

活动四：在花盆中栽种植物

第二天，幼儿们迫不及待地在花盆中种上了从家中带来的植物。在花盆里种上植物后，幼儿给花儿浇水，测试花盆的防水效果。他们高兴地发现，经过改良后的花盆果真防水，花盆比之前更坚固和美观了。

图 11-59　纸壳组种植图　　　图 11-60　彩纸组种植图　　　图 11-61　皱纹纸组种植图

阶段小结与反思

（一）幼儿

教师带领幼儿对改进花盆的过程进行了总结与反思，并绘制了思维地图。

第一组　纸壳组

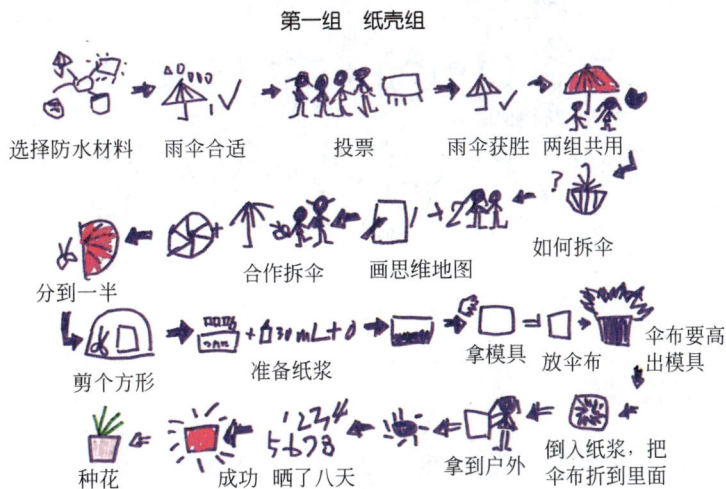

选择防水材料　雨伞合适　投票　雨伞获胜　两组共用

如何拆伞

分到一半　合作拆伞　画思维地图

剪个方形　准备纸浆　拿模具　放伞布　伞布要高出模具

种花　成功　晒了八天　拿到户外　倒入纸浆，把伞布折到里面

图 11-62　纸壳组制作流程图

第二组　彩纸组

商量防水材料　雨伞合适　投票　选择雨伞　一组没伞

拿一半　分两半　拆伞　剪开

两组合作

画个圈剪圆形　撕碎彩纸　放入模具　制成纸浆

刷花盆　丙烯和刷子　晒干　倒入纸浆　将伞布放入模具

晒干　防水成功　种花

图 11-63　彩纸组制作流程图

217

第三组　皱纹纸组

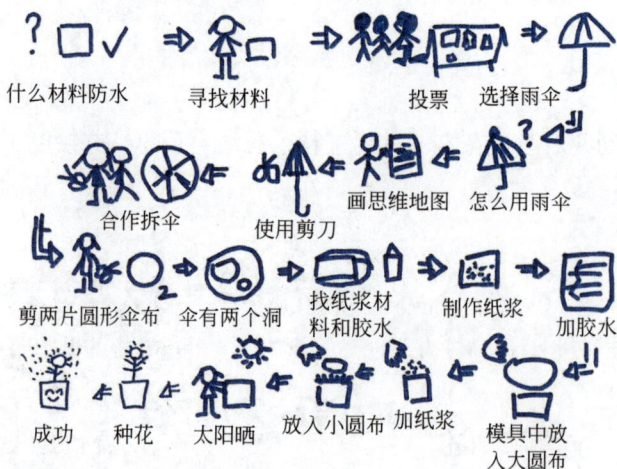

图 11-64　皱纹纸组制作流程图

（二）教师

首先，教师引导幼儿运用思维地图，促进了活动的顺利进行。幼儿用绘制思维地图的方式制定操作计划，对活动过程进行总结与反思，这不仅帮助幼儿顺利地解决了问题，而且提高了幼儿的元认知水平。

其次，教师引导幼儿将生活中的经验迁移到活动中，帮助幼儿更顺利地解决了活动中的问题。比如教师在幼儿使用剪刀剪伞布时，提示他们回忆生活中见过的大人剪布料的场景。这有助于幼儿把生活中见过的大人的做法进行迁移，使幼儿更快更方便地剪开了布料。

最后，教师为幼儿提供了情感支持和材料支持，提高了幼儿解决问题的能力，培养了幼儿良好的学习品质。在活动过程中，教师不断鼓励幼儿大胆实践，为幼儿提供所需的剪刀、纸浆等工具和材料，并在必要时协助幼儿裁剪，使活动能够有效顺利地进行，提高了幼儿的动手操作能力和同伴合作能力，培养了幼儿积极主动与敢于探究和尝试等良好的学习品质。

课题活动十二：小车棚

东师附小中信幼儿园　大二班　许多　姚宇　李莹

（指导者：王姗姗）

选题缘由

在愉快的大课间活动中，番茄突然很伤心地哭了起来，其他幼儿纷纷围上来询问原因。番茄说："我的小车还停在宝贝停车场呢，万一它被大雨浇坏了可怎么办呀？"这时茂茂灵机一动说："番茄，我们一起做一个车棚吧，这样小车就不会被大雨淋湿了！"茂茂的想法得到了其他幼儿的积极响应，大家一致称赞这是个好主意。岑

图 12-1　宝贝停车场现场

岑说："我看我家外面有一个大车棚，可大了，能放好多车在里面！"莱莱说："我家外面也有个大车棚，是白色的，可气派了。"越来越多的幼儿加入到讨论的行列中来，分享自己的想法，他们对搭建车棚的活动表现出了极大的期待。为了保护小车在下雨天不被淋湿，想要给小车搭建车棚，这是幼儿在生活中遇到的真实问题。而要想搭建车棚，就要了解车棚的结构特点及其构造，选择合适的制作材料，探究车棚的搭建原理，设计实用美观的车棚样式。整个制作过程涉及测量、连接、稳固等问题，这些问题都蕴含了丰富的研究价值，需要幼儿不断去探索。基于此，教师决定尊重幼儿的意愿，建造小车棚的活动正式拉开帷幕了。

第一阶段活动

活动一：经验分享

教师带领幼儿开展经验分享活动，让幼儿回忆生活中见过的车棚。幼儿积极地表达出自己的想法，讨论氛围非常浓厚。

教师： 大家都在哪里见过车棚呀？车棚是什么样子的呢？

儒儒： 我家小区里有车棚。车棚有四根柱子，柱子能把棚顶支撑起来。

菜菜： 我爷爷搭过车棚。车棚上面像桥一样拱起来了，水正好流下来。

旭旭： 我在三亚见过车棚。那个车棚特别大，下面可以站人，也可以停车。

【教师支持： 当教师发现幼儿对车棚的了解停留在比较表面的层次上时，为了帮助幼儿对车棚的结构有所了解，教师请家长同幼儿一起观察家附近的各类车棚，并将收集到的照片发到班级群里，帮助幼儿加深对车棚的认识。**】**

幼儿通过仔细观察和讨论，找出了车棚结构的共同点。例如，车棚都有棚顶和支柱。

活动二：问题分析

在搭建活动开始之前，教师首先引导幼儿对整个车棚的搭建进行了大致分析。

茂茂： 外面一下雨，我们的车子就会被淋湿。要是能搭建一个车棚，问题就能解决了。

教师： 你们想怎样搭建呢？

岑岑： 我们首先要找到不怕被雨淋湿的材料。

月月： 我们得把搭建材料支起来，因为下面要停车，车棚太低的话，车就停不进去了。

菜菜： 我们得让它重一些，不能让风吹跑了，不然就白做了。

活动三：设计图纸

全班幼儿分为四组，兴致勃勃地开始设计图纸。每组幼儿都设计出了各具特色的车棚，又分别对自己的设计意图进行了讲解，他们都认为自己设计的车棚既实用又美观。教师建议幼儿用不同的材料按照四组的设计图分别尝试搭建。

| 图 12-2 第一组
设计图 | 图 12-3 第二组
设计图 | 图 12-4 第三组
设计图 | 图 12-5 第四组
设计图 |

淇淇（第一组）：我设计的车棚有很多功能，人可以站在下面躲雨，天热的时候还可以躲在下面乘凉。

茂茂（第二组）：我这个车棚上面是拱形的，像桥一样，雨水直接就流下来了。

含含（第三组）：我设计的车棚直接连着停车架，也就是说和停车架是一体的，这样方便安装。

岑岑（第四组）：我的车棚像一把雨伞，雨伞里面有支撑架，我的车棚里也有。

活动四：收集材料

在各组幼儿分别设计好自己想要制作的车棚后，他们便开始了收集材料的工作。但是对于制作车棚的材料，不同的幼儿有不同的见解，一场激烈的讨论开始了。

教师：大家都想用什么材料制作车棚呢？

齐齐：我想用大纸箱。我家有装冰箱的大纸箱，特别大，可以用棍子把纸箱支起来。

博博：我觉得床单也很大呀，我想用床单。

润润：纸箱、床单一下雨就会被淋湿了，雨衣不怕湿，我想用雨衣来搭。

含含：雨衣太小了，没办法搭，塑料布才不怕湿呢。

愉愉：我看图里面的车棚都是用铁皮做的，我们也用铁皮吧。

祺祺：铁皮太重了，我觉得有些危险。我知道一种东西不怕湿，叫苫布，爷爷家的
　　　院子就是用苫布搭的棚。

茂茂：老师，塑料瓶不怕湿，还能浮在水上面呢，我想用塑料瓶来做棚顶。

四组幼儿对制作车棚的材料以及工具进行了讨论，并绘制出相关思维地图来进行统计。

【教师支持：当幼儿开始讨论适合搭建车棚的材料时，教师及时带领幼儿到园内的宝贝收集站寻找搭建材料，给幼儿提供实地观察各种材料的机会。**】**

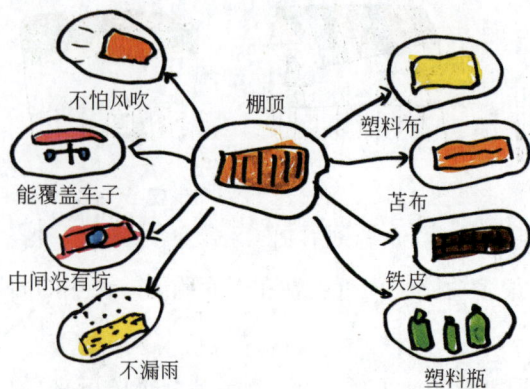

图 12-6 棚顶选材总结图

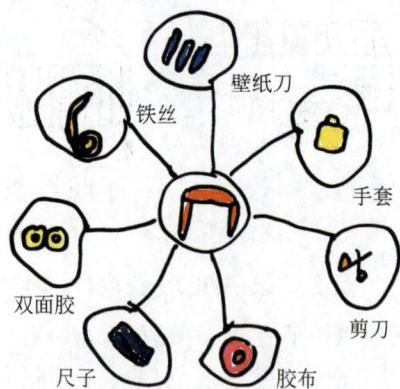

图 12-7 使用工具汇总图

阶段小结与反思

（一）幼儿

教师灵活地引导幼儿运用思维地图的形式对这一阶段的活动进行总结。幼儿充分发挥他们的批判性思维，对车棚的制作材料进行了有效的分析。在分析对比了各种材料的优缺点后，幼儿最终选择了塑料瓶和塑料布来作搭建车棚的主要材料。

（二）教师

首先，教师在发现幼儿对于车棚的构造并不是十分了解的情况下，及时地发起了家园合作的活动，让家长协助幼儿观察家附近的各类车棚。这样的家园合作活动，不仅能够帮助幼儿更加深入地了解各类车棚的构造以及搭建材料，还能让家长最大限度地参与到幼儿深度学习的活动中，激发幼儿的研究兴趣。

其次，教师为幼儿提供丰富的材料支持。幼儿根据之前的观察和以往的经验，分别提出塑料布、铁皮、苫布、塑料瓶四种搭建棚顶的材料，教师便带领幼儿在园中实地寻找材料，帮助幼儿深入了解各种材料的特性。在幼儿经过初步尝试后决定将材料调整为塑料布和塑料瓶时，教师也尊重幼儿的想法，积极引导幼儿进行自主探索，给予幼儿选择和更改材料的权利。

第二阶段活动

活动一：塑料瓶组制作棚顶

在第一阶段的活动完成后，幼儿便开始了车棚的制作环节。塑料瓶组的幼儿经过讨论，决定先制作棚顶。但是在制作棚顶的过程中，幼儿却遇到了许多意想不到的问题。

含含：老师，我们用塑料瓶来做棚顶吧，咱们一起去找瓶子吧。

迪迪：好呀好呀，那我们一起去宝贝收集站吧，那里面有很多的瓶子呢。

问题一：选用什么样的瓶子？

幼儿从幼儿园宝贝收集站里找到了许多瓶子，瓶子的大小和形状都不一样。有的幼儿说用大瓶子，有的幼儿说用小瓶子，他们开始激烈地讨论。

分析与讨论

迪迪：我看车棚都是一大片的，所以咱们得把瓶子连到一起才行。

潼潼：对的，我们把它们像竹排一样一个挨着一个摆在一起，然后再粘在一起。

蔚蔚：这可不好粘。它们有大有小，放在一起高高低低的，粘不到一起去啊。

愉愉：是的，这样连到一起有缝隙，还是会漏雨的。

图 12-8　大小瓶子拼摆分析图

猜想与假设

含含：我知道啦，一样大的瓶子容易连起来。

美美：我们可以都用这种大瓶子。但是这两个大瓶子也不一样，一个是圆圆的，一个是方方的。

愉愉：那到底是用圆的好，还是用方的好？我们一起来试试吧。

实验与验证

蔚蔚：老师，方的容易连在一起。我们摆积木的时候，方的挨在一起就不容易倒。

岑岑：是呀，圆的瓶子连起来时，两个瓶子中间还有一条沟，方的就没有。

含含：那我们把方瓶子连起来做棚顶吧。

【经验迁移：幼儿将以往在建构游戏中所观察到的"越是底层的积木块就越应该是平稳的""相同形状的积木块拼接在一起更加稳固"的经验，迁移到了摆放瓶子的工作上，解决了塑料瓶的摆放问题。】

问题二：如何连接瓶子？

幼儿选择了方形的塑料瓶来制作棚顶，但是在操作的过程中却发现瓶子会有多种连接方式。幼儿按照自己的想法分别绘制了连接设计图。

图 12-9 愉愉的棚顶连接图

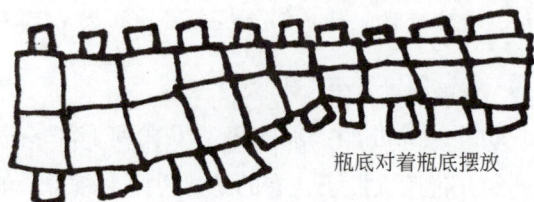

瓶顶向上摆放

瓶底对着瓶底摆放

图 12-10 含含的棚顶连接图

猜想与假设

博博：我觉得咱们把瓶口都放上面，这样看着会更整齐一些。你们觉得呢？

愉愉：我不同意。我觉得瓶底挨在一起更好。

岑岑：那我们都试试吧，看看怎么样能粘得更结实。

实验与验证

幼儿绘制了瓶子的摆放设计图，并对不同方案进行了验证和分析，具体如表 12-1 所示。

表 12-1 不同的瓶子摆放方式及合理性分析

摆放设计图	实物验证图	合理性分析
瓶口对瓶口 图 12-11 儒儒的设计图	 图 12-12 验证图	瓶口对瓶口，不容易连接，缝隙较大

摆放设计图	实物验证图	合理性分析
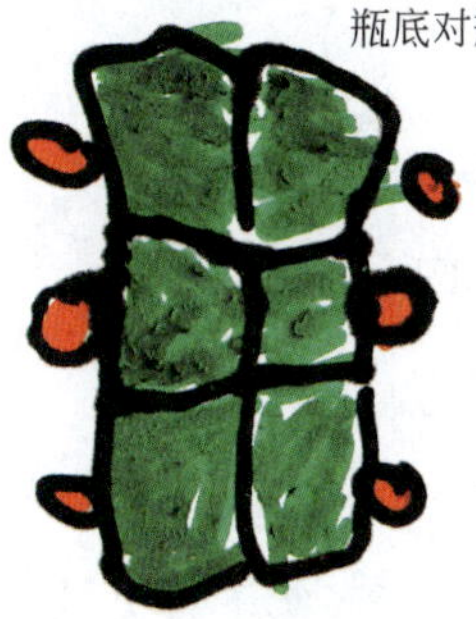 瓶底对瓶底 图 12-13　卡卡的设计图	 图 12-14　验证图	瓶底对瓶底，更容易连接，缝隙也较小
 瓶口对瓶底 图 12-15　瑶瑶的设计图	 图 12-16　验证图	瓶口对瓶底，不容易连接牢固，且有较大缝隙

美美：你们看，还是瓶底对瓶底，这样看着最好。

迪迪：好像是呀，两个瓶底都是一样大的嘛，咱们好粘在一起。

问题三：多少个瓶子连在一起，才能做成棚顶？

在确定好塑料瓶的连接摆放方式后，新的问题又出现了。到底用多少个瓶子才合适呢？幼儿针对这个问题展开了讨论。

分析与讨论

含含：塑料瓶那么多，我们要连多少个啊？

潼潼：那我们得知道车架有多长。

蔚蔚：我想用爸爸工具箱里能伸能缩的尺子测量。

教师：除了尺子，大家还能想到用什么工具来量吗？

愉愉：我拿麻绳测量，车架多长，我的麻绳就剪多长。

含含：用塑料管也能测量，看看车架有几根塑料管那么长。

猜想与假设

愉愉：老师，咱们用麻绳吧，这样最快了。车架多长，就把绳子剪多长。

教师：这么长的麻绳，我们怎么知道需要多少个瓶子呢？

含含：我们把绳子放地上，然后一摆瓶子就知道了呀。

实验与验证

蔚蔚：老师我数了，长的话需要十八个瓶子，宽的话两个就可以啦。

教师：如果不够宽，下雨的时候，雨水还是会把车尾淋湿的呀。

岑岑：老师，可是再加一个瓶子的话，就不能瓶底对瓶底了呀！

蔚蔚：那怎么办呢？不能底对底的话，会不会有缝隙呀？这样雨会不会还是钻进来？

蔚蔚：我想到办法啦。我们把瓶子剪下来一段，然后把瓶子套一起就不会有缝隙啦。

图 12-17　瓶子摆放设计图

【教师支持：当幼儿决定截掉塑料瓶的瓶口时，发现由于塑料瓶的材质非常硬，他们很难独立操作完成塑料瓶的裁剪工作。出于安全考虑，教师在这个时候提供技能上的支持，帮助幼儿一起裁剪塑料瓶。】

问题四：如何填充瓶子之间的缝隙？

　　裁剪完成后，幼儿成功地将瓶子进行了连接，但是却发现瓶子之间的缝隙还是很大，这样会影响防水效果。于是，他们决定解决这个问题。

分析与讨论

岑岑：大家快来看，虽然瓶子和瓶子之间是连上了，可缝隙还是好大呀。

含含：我们把缝隙给补上就可以啦，这样就不会漏雨了。

岑岑：好主意！可是咱们要用什么来填缝隙呢？

猜想与假设

含含：咱们用保鲜膜吧，保鲜膜不怕湿。

悦悦：可是保鲜膜没有颜色呀，我觉得不好看。老师用的即时贴多好呀，什么颜色都有，粘上多好看。

然然：咱们为什么非要去粘呢？往缝里塞东西就行啊。我们可以把彩泥塞进缝里，彩泥干了就会变硬的，我用彩泥做的小鸭子还能浮在水面上呢。

于是，幼儿针对猜想绘制出相关猜想图，试图来解决瓶子之间有缝隙的问题。

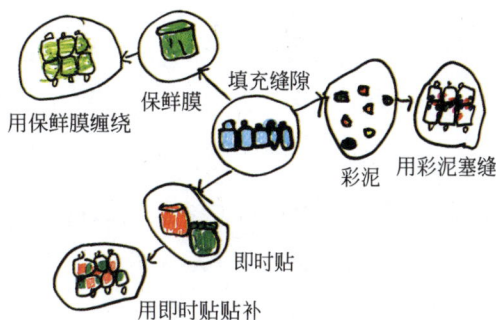

图 12-18　填缝材料与方法猜想图

实验与验证

幼儿依次对上面提到的三种猜想进行操作，试图找到填补缝隙的最佳方法。

芩芩：也不知道我们这三种方法到底管不管用，我们得试一试。

含含：咱们测试一下吧。

然然：这个简单，咱们可以先粘好几个瓶子，然后用这三种方法都试一试，看看到底哪种方法最好。

幼儿对三种材料进行了防水测试。测试结果：彩泥在遇水后马上漏水，即时贴慢慢开始漏水，保鲜膜则一直没有漏水。

幼儿利用思维地图对三种材料的防水效果进行了对比，决定选择保鲜膜作为填补缝隙的材料，并用流程图对整个塑料瓶棚顶的制作过程进行了有效地梳理和回顾。

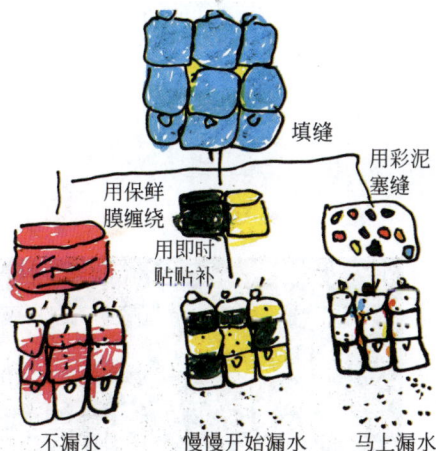

图 12-19　填缝材料测试结果对比图

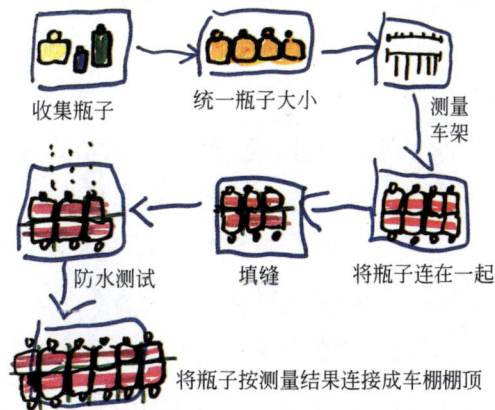

图 12-20　塑料瓶组棚顶搭建回顾图

活动二：塑料瓶组制作支柱

在前面的活动环节中，塑料瓶组的幼儿成功做好了车棚的棚顶。他们在比对了先前的设计图后，决定开始支柱的制作。

问题一：用什么材料制作支柱？

在决定开始制作支柱后，幼儿面对的第一个问题便是材料的选择。

分析与讨论

含含：咱们虽然有了车棚的棚顶，但是它立不起来可不行呀，咱们得让它立起来。

岑岑：含含说得对，咱们得想个办法把它支起来。

齐齐：咱们用东西把它支起来不就好了嘛！你们说用什么东西支好呢？

猜想与假设

茄茄：咱们用树枝吧，树枝长长的。

贺贺：咱们园里的树枝好少呀，我看月月老师手里拿的拖布杆也很长，我想用拖布杆。

蔚蔚：用轮胎行不行？我们幼儿园里有好多轮胎，我们把它们摞起来，趴在上面都不倒。用轮胎做支柱肯定没问题的。

旭旭：轮胎太重了，我们摞不上去。咱们还是用瓶子吧。咱们之前不是用瓶子垒高了嘛！

悦悦：对对，瓶子可以的，咱们一起试试吧。

实验与验证

瓶子垒高活动开始了，幼儿兴致勃勃地尝试起来。对于要垒多高的问题，聪明的幼儿想到，车棚只要比个子最高的小朋友高一些，幼儿停车取车就不会撞到头了。但是问题又来了，瓶子总是出现倾斜的问题，非常不稳固。

悦悦：这总是晃来晃去的，这样可不行呀。

贺贺：我们得让瓶子重一些，要不然风一吹，或者我们轻轻一碰，瓶子就倒了。

旭旭：我有办法了，咱们在瓶子里装满水就好啦。瓶子重了，就不会被风吹倒了。

茄茄：可是咱们不能在最上面的瓶子里装特别多的水，这样会把下面的瓶子都压倒的，咱们应该在下面的瓶子里多装点儿水。

在给瓶子加上适量的水后，塑料瓶组的幼儿成功制作出了他们的小车棚，幼儿都兴奋极了。

图 12-21　塑料瓶组车棚初次实物图

活动三：塑料布组制作棚顶

在塑料瓶组成功制作出车棚后，塑料布组也开始了车棚的制作环节。对于整个制作环节，幼儿表现出了非常大的期待。但是对于选择好的材料——塑料布，他们却不知道要如何下手去裁剪。

问题一：如何裁剪棚顶塑料布的大小？

幼儿决定用塑料布来制作棚顶，但是塑料布需要裁剪，于是他们针对所需要裁剪的塑料布的大小展开了讨论。

分析与讨论

宇宇：塑料布太大了，我们得剪掉一部分。

润润：确实是太大了。但是咱们要剪多少才合适呢？

衿衿：是的，我们得先确定剪下去多少，如果剪多了可就做不成车棚了。

猜想与假设

齐齐：我们得根据车架的大小来剪，要去量一量。咱们用绳子来试一试吧。

贺贺：我们用绳子量好大小之后还得画线吧，手工剪纸的图片上都有线，沿着线就好剪了。

润润：那样太麻烦了。我看见过剪布的，知道在哪儿剪。沿着这个位置一折过来，折的地方就会出现一个小通道，沿着通道剪就行。

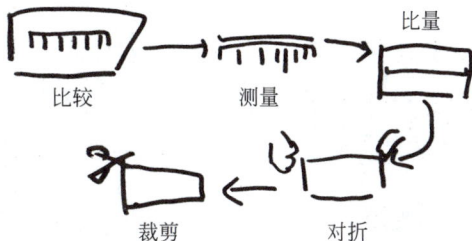

图 12-22　裁剪塑料布流程图

【经验迁移：幼儿将生活中所观察到的对折剪布的经验有效迁移到了裁剪塑料布的工作中，成功地解决了塑料布裁剪这一问题。**】**

实验与验证

润润：咱们把塑料布对折起来了，但是还得把它拉直才行，不然会剪不好的。

贺贺：对对，你们俩把塑料布先拉直，我来剪一下试试。

衿衿：不行呀，塑料布太软了，不好剪的，塑料布总是夹到剪刀里。

教师：不用上下捏动剪刀，剪刀直接向前划，就能划开塑料布。

在教师的引导下，幼儿团结合作，成功地将塑料布进行了裁剪。

问题二：棚顶的支撑架该如何搭建？

幼儿在成功裁剪出大小合适的塑料布后，新的问题又出现了：这些塑料布实在是太软了，根本不能支撑起来。

分析与讨论

齐齐：塑料布太软了，中间总是有一个大坑。

润润：有坑肯定不行的，这样雨水就会跑到里面去，水越积越多的话，塑料布就会破掉的。

贺贺：你说得对，咱们得想个办法撑起塑料布。

猜想与假设

袆袆：我有办法啦，我们可以在塑料布里面搭一个架子。

贺贺：对呀，雨伞里就是有支撑架的。

儒儒：我们幼儿园里的水稻大棚，里面就是有支架的。

润润：那我们用什么来撑比较好呢？

齐齐：咱们用塑料管吧，我们幼儿园里的水稻大棚就是用的这个呀。

【经验迁移：幼儿将以往在生活中观察到的雨伞和水稻大棚支撑架的相关经验迁移到塑料布车棚支撑架的制作中，他们决定利用塑料管来支撑塑料布，解决棚顶的支撑问题。】

【教师支持：教师发现幼儿需要支架后，主动去后勤部门提交了采购申请单，帮助幼儿采购了两根合适的塑料管，给幼儿提供了适当的材料。】

贺贺：你们看，这塑料管太直了。我们做的支架应该像拱桥一样才行，这样才能把塑料布支撑起来。

教师：直的东西怎么才能变弯呢？

茄茄：我们大家握着塑料管一起向中间用力，这样塑料管就会变弯的，我做彩泥的时候就是这么做的。

菜菜：那这塑料管怎么放呢？横着还是竖着？

润润：横着吧，横着放的话塑料管最长了。

齐齐：不行，两根都横着放的话根本就没有用的，我们应该交叉着放。

教师：那我们大家一起试试吧，看看要怎么放效果才最好。

实验与验证

幼儿在画出不同的棚顶支架的设计图纸后，分别对这几种连接方法进行了检验，看看哪种的固定效果最好。经过测试，幼儿认为 X 形摆放法最可行，支架的固定效果最好，具体如表 12-2 所示。

表 12-2　棚顶支架放置方法及测试结果

放置方法	测试结果	放置方法	测试结果
十字交叉法 图 12-23　棚顶支架设计图	交叉后，四个角没有支柱，没办法固定	拱形横放法 图 12-24　棚顶支架设计图	中间部分没有被拱起，且没办法固定
X 形摆放法 图 12-25　棚顶支架设计图	交叉后，可以在中间支撑，四个角固定在支柱上	拱形竖放法 图 12-26　棚顶支架设计图	中间部分没有被拱起，且没办法固定

活动四：塑料布组制作支柱

塑料布组的幼儿在成功制作出车棚的棚顶之后，开始了车棚支柱的制作。

问题一：拖布杆如何立在地面上？

因为塑料布棚顶很轻，而且里面有支架，所以幼儿选择用拖布杆当支柱来支撑棚顶。但是，他们发现拖布杆在地上根本立不住。

图 12-27　塑料布组搭建支柱现场图

分析与讨论

含含：地面太硬了，拖布杆插不进去，这样就立不起来呀！

心心：我们把拖布杆放在桶里面试试，桶可以放在地面上的。

于是幼儿借来水桶，将拖布杆放在桶中进行尝试，发现不但拖布杆立不住了，桶也跟着倒了。

儒儒：咱们这样不行呀，你们看，拖布杆和桶都一起倒下去了。

【猜想与假设】

岑岑：我有办法啦，咱们让桶重一些就行了。在桶里装满水怎么样？

心心：不行的，这样拖布杆会摇摇晃晃的。

含含：我有办法了，咱们在桶里面放沙子吧，然后再把拖布杆插到沙子里面。

迪迪：这个办法好，就像种花一样，我们把拖布杆给埋到地里面去。

教师：大家想到的办法都很好，我们都试一试吧。

【实验与验证】

迪迪：你们看，拖布杆放在水里面根本就立不住的。

岑岑：对呀，水桶是不倒了，但是拖布杆容易倾斜，还会浮在水上。

心心：装沙子行，水桶不倒，拖布杆还立住了。

【科学原理：水的浮力原理。浸在液体中的物体，当它所受的浮力大于所受的重力时，物体上浮；当它所受的浮力小于所受的重力时，物体下沉；当它所受的浮力与所受的重力相等时，物体悬浮在液体中，或漂浮在液体表面。木头的密度小于水的密度，所以木头漂浮在水面上，因此幼儿决定将桶中的水换成沙子。】

【学习品质：当幼儿发现拖布杆很难立在地面上时，他们使用多种方法进行尝试，在不断比较中选择出最有效的解决方法。在这个过程中，幼儿表现出浓厚的学习兴趣与强烈的学习动机，表现出不怕困难、勇于探究的品质。】

问题二：如何连接棚顶支撑架和支柱？

塑料棚做好了，支柱也能立在地面上了，只要把它们合到一起就可以变成一个车棚了，但是这个时候幼儿却发现很难将棚顶支架和支柱连接起来。

【分析与讨论】

儒儒：我觉得只要把棚顶的四个角固定在支柱上，我们就大功告成了。

一一：可是怎么固定呢？塑料管和拖布杆都不是很粗，可不容易固定。

猜想与假设

含含：咱们直接用胶布缠上可以吗？

一一：我觉得胶布不行，一下雨，它就不黏了呀。

儒儒：我们用胶枪粘呢？老师粘东西的时候都用胶枪。

迪迪：我觉得用钉子钉才是最结实的，我家里桌子椅子都是四姨夫用钉子钉的，他告诉我床也是用钉子钉的。

铨铨：我也同意用钉子，这样最结实了。不然下雨的时候胶不黏了怎么办呢？

实验与验证

幼儿经过讨论，最后决定用钉子将棚顶支撑架和支柱钉在一起。教师及时为幼儿提供钉子、锤子等材料和工具，同时考虑到安全问题，教师协助幼儿完成此项工作。钉好以后，幼儿发现四个角上的塑料布总是飘来飘去，所以幼儿决定将四个角用铁丝绑牢。塑料布组的小车棚就这样搭建完成了。

图 12-28　塑料布组车棚改进设计图　　　图 12-29　塑料布组车棚初次实物图

【**教师支持：**在幼儿准备用钉子来连接棚顶支撑架和支柱时，教师出于安全考虑，协助幼儿完成连接工作，为幼儿提供技能经验的支持。】

阶段小结与反思

（一）幼儿

教师引导幼儿运用思维地图对第二阶段的活动进行反思，在反思的过程中，幼儿的反思能力得到提高。利用思维地图，幼儿有效地回顾了搭建车棚活动的整个环节，并对所遇到的问题和解决方案进行了有效地梳理和总结。

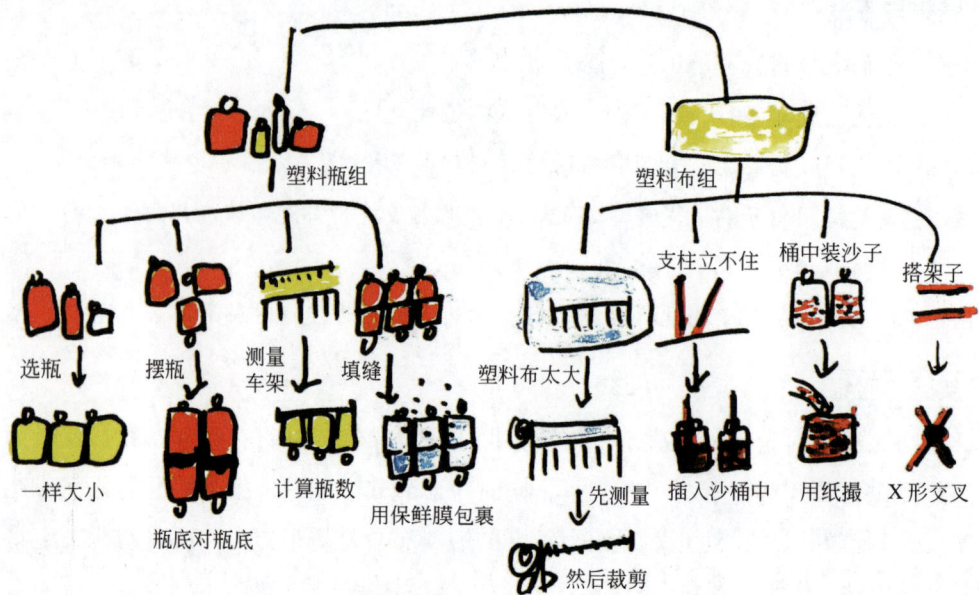

图 12-30　制作车棚的问题和解决方法梳理图

（二）教师

首先，教师给幼儿提供了适当的情感上的支持。当幼儿遇到这一阶段活动中最为关键的问题——"如何让拖布杆立在地面上"时，幼儿反复尝试了许多方法都没有成功，因此出现了沮丧的心理。这时，教师不断地鼓励幼儿，倾听幼儿的困难之处，帮助幼儿重新树立起自信心，最终使幼儿成功地解决了问题。

其次，教师在适当的时机给幼儿提供技能经验上的支持。在塑料布组的棚顶支撑架和支柱的连接环节中，因为涉及锤子和钉子等危险物品，教师出于安全考虑，及时参与到幼儿的制作环节中，与幼儿一起完成连接工作。在整个连接过程中，教师和幼儿一起配合，让幼儿在合作的过程中体验到了解决问题的快乐。

第三阶段活动

这天晚上下起了车棚建好后的第一场雨。第二天，幼儿早早来到幼儿园，跑到停车场去看自己的劳动成果是否经得起风吹雨打。但是让他们感到难过的是，塑料瓶车棚发生了倾倒，塑料布车棚发生了坍塌。

活动一：塑料瓶组改进车棚

塑料瓶组的幼儿在发现车棚倾倒后并没有气馁，而是及时对问题出现的原因进行分析，想办法来加固车棚。

问题一：塑料瓶车棚在风雨过后倾倒了，如何改进？

分析与讨论

岑岑：我觉得车棚和我一样，站不稳的时候就会倒。

茹茹：它怎么会站不稳呢？两根支柱下面的面都是平的啊。

帅帅：我也觉得很奇怪。你们觉不觉得车棚和桌子很像？

函函：嗯，真的啊，桌子底下就能防雨，但是桌子有四条腿呢。

岑岑：好主意，四条腿肯定比两条腿更稳，咱们给车棚多加两条腿吧。

猜想与假设

瑶瑶：那我们还是用瓶子做腿吧，正好咱班也还有瓶子呢。

岑岑：我们要不要把棚顶也做成斜面的？这样水就直接流下来了。

函函：我觉得咱们的车棚本身就很硬，不用斜着，雨水也能流下来。

幼儿在经过讨论后，设计出了不同的解决问题的方案并依次画出设计图。

图 12-31　含含的改进方法图　　　　图 12-32　茂茂的改进方法图

实验与验证

在按照含含所设计的改进图进行实验的过程中，幼儿发现前后两条腿的高度不同，导致棚顶总是晃动，因此幼儿最终按照茂茂的方法对车棚进行了加固。改进后，车棚变得更加结实了，在经历几次风雨后依然很稳固。

图 12-33　塑料瓶组车棚最终实物图

活动二：塑料布组改进车棚

在经历一夜大雨之后，塑料布组的车棚也出现了一些问题，幼儿针对这一情况开始进行改进。

问题一：塑料布车棚下雨后发生坍塌，如何改进?

分析与讨论

心心：我们搭了这么久，车棚怎么还会塌呢?

辰辰：对啊，它里面有和雨伞一样的框架呀。

齐齐：是不是被压塌的呢?

迪迪：压塌? 那是不是因为雨水太多了呢?

淇淇：是框架之间的缝隙太大了。我奶奶接我的时候就说，里面的支架太少了。

猜想与假设

卡卡：那怎么办呢? 我们在里面加一层铁皮吧，这样就把空隙给垫起来了。

贺贺：铁皮那么重，肯定还得把棚压塌，这样肯定不行的。

莱莱：我觉得还是搭框架好，咱们多用点儿塑料管支撑。我们就用了两根，是不是太少了呢?

教师：如果再给你们两根塑料管，你们想怎么放呢?

喆喆：不然我们都横着放?

教师：大家要不要看看伞是怎么加支架的呢? 老师记得伞里面有好多支架。

喆喆：对对，我们观察观察。

实验与验证

在观察了教师所提供的雨伞后，幼儿仿照雨伞的支架，按照 X 形交叉法，在棚顶又加固了两根塑料管。加固后的棚顶非常结实，车棚再也不会坍塌了。

图 12-34　幼儿观察伞架

图 12-35　塑料布组车棚最终实物图

阶段小结与反思

（一）幼儿

这一阶段的活动主要是两组幼儿对第二阶段所制作的车棚的改进活动。教师引导幼儿对整个改进过程进行了梳理，并绘制了改进流程图。

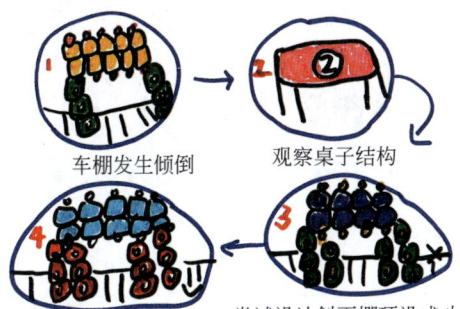

图 12-36　塑料瓶组车棚改进流程梳理图

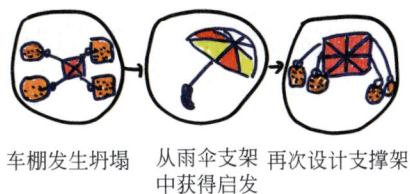

图 12-37　塑料布组车棚改进流程梳理图

（二）教师

首先，教师给幼儿提供适当的材料支持。在塑料布组的幼儿因为无法找到正确的支架加固方法而变得沮丧时，教师及时提供了实物伞来引导幼儿进行观察，让幼儿充分观察伞架的结构。观察完伞的结构后，幼儿受到了很大的启发，成功地想到了加固支架的方法，解决了车棚倒塌的问题。因此，教师在适当的时候提供材料支持是非常必要的，可以启发幼儿的思路，让幼儿发挥想象力和创造力。

其次，教师通过及时提问，与幼儿进行有效互动，促进了幼儿思维的发展。在塑料布组幼儿探索进程较慢的时候，教师很好地发挥了提问的提示作用，利用提问来引导幼儿观察伞的支架结构，给幼儿一定的提示。教师提出的问题激发了幼儿的研究兴趣，在分析问题和解决问题的同时，幼儿的批判性思维和创造性思维都得到了发展。因此，教师在整个活动过程中，要灵活地提出各类问题，最大程度地促进幼儿思维的发展。

课题活动十三：制作分类垃圾车

广州市黄埔鱼木实验幼儿园　中一班　杨翠莲　杨灶琼　李少霞

（指导者：陈英）

选题缘由

　　在"环保"主题系列活动开展后，幼儿了解到了随意丢弃垃圾的危害性以及垃圾分类处理的重要性，垃圾"分类装，更环保"成了幼儿日常讨论的话题。同时，幼儿开始对"如何进行垃圾分类"这一问题产生了浓厚的兴趣，并提出要制作用于装载不同类别垃圾的"垃圾运输车"。一天，幼儿在活动中七嘴八舌地讨论起来。阳阳说："我们制作一辆垃圾运输车吧，把垃圾运走！"朗朗说："要不我们来制作一辆能装各种分类垃圾的运输车吧！让大家知道垃圾要分类，生活更环保。"幼儿纷纷表示赞同。要制作垃圾运输车，首先，幼儿需要了解车的原理和构造，以及制作车厢和轮子的合适材料；其次，在制作过程中，具体的操作顺序及实施步骤也是幼儿需要讨论的问题。在活动过程中，幼儿需要通过分工合作共同完成任务。制作垃圾运输车是幼儿基于生活提出的真实问题，也蕴含着丰富的教育意义。因此，教师决定支持幼儿开展制作分类垃圾车的课题活动。

第一阶段活动

活动一：经验分享

教师： 垃圾运输车是什么样的呢？

小杰： 车子有车厢，可以用来装垃圾。

阳阳： 有车轮，可以让车子走起来。

睿睿： 车子有方向盘。

鑫鑫：它还有不同的颜色。

朗朗：垃圾车的轮子好大好大。

柔柔：有的垃圾车的车厢是有升降功能的。

　　于是，朗朗绘制了一张垃圾运输车的构造图。

教师：我们生活中的垃圾是怎么分类的呢？

慕慕：香蕉皮、烂菜叶可以放进厨余垃圾的桶里。

思宇：妈妈的过期化妆品、过期药品可以放进有害垃圾的桶里。

生东：纸皮箱、各种大小的塑料瓶、金属类的物品都可以放进可回收垃圾的桶里。

朗朗：家里扫出的尘土、餐巾纸、宝宝的尿片都可以放进其他垃圾的桶里。

教师：垃圾运输车里的垃圾都到哪里去了？

阳阳：我在电视上看见过，垃圾都去了焚烧厂。

子恒：我也在电视上见过用垃圾堆起来的山，好臭好臭的！

玥含：如果将垃圾分类，就不会堆那么高的垃圾山了。

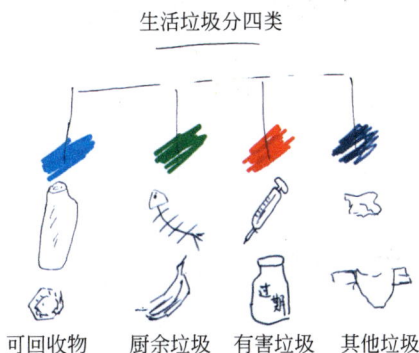

教师：我们生活中的垃圾分为四类——可回收物、厨余垃圾、有害垃圾、其他垃圾。

图 13-1　垃圾运输车构造图

图 13-2　生活垃圾分类图

活动二：设计垃圾运输车

教师：你见过什么样的垃圾运输车？

馨馨：有环卫工人手推的垃圾运输车。

迪迪：我见过有方向盘、可以在马路上开动的垃圾车。

均均：我见过绿色的垃圾车，它还会唱歌呢。

教师：今天，老师请你们来当小小设计师，想一想你准备设计一辆什么样的垃圾车。

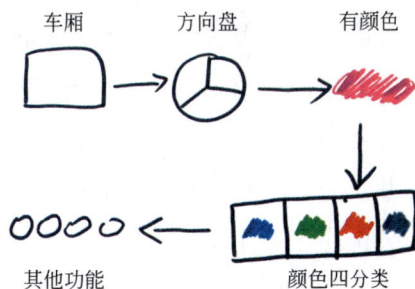

图 13-3　垃圾运输车设计图

于是，幼儿纷纷绘制起了垃圾运输车的设计图。

政贤：看，我设计的垃圾车的车厢是大大的，有两节，这样就可以装很多的垃圾了！

宸宸：我的更厉害呢！它是四节的，还有在车厢里进行垃圾分类的功能呢。

图 13-4 两节车厢设计图　　　　图 13-5 四节车厢设计图

阶段小结与反思

（一）幼儿

在活动中，幼儿回顾了关于垃圾分类的知识，知道生活中的垃圾可以分为四大类。同时，幼儿运用思维地图将分类垃圾车的结构记录下来，与同伴一起分享自己的想法。

（二）教师

首先，教师引导幼儿运用思维地图来梳理自己的思路。例如，教师鼓励幼儿运用流程图总结制作垃圾车的流程，运用圆圈图总结垃圾车的组成结构。

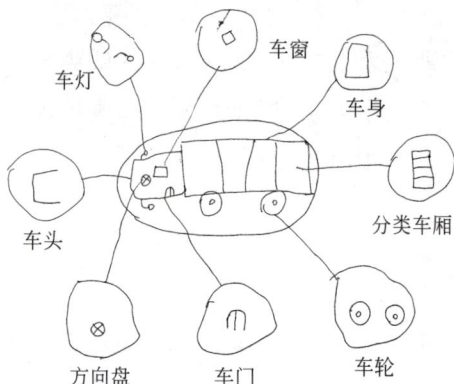

图 13-6 分类垃圾车结构图

其次，教师及时为幼儿补充相关知识与经验。教师通过提问的方式，鼓励幼儿思考，在幼儿遇到知识"盲区"时，及时为幼儿提供相关知识和经验，保证活动的顺利进行。例如，教师帮助幼儿了解生活中的垃圾分类与处理方法，以及垃圾运输车的构造等。

第二阶段活动

活动一：设计垃圾车

问题一：用什么材质的轮子会更好？

分析与讨论

教师：用什么材料制作垃圾运输车的
　　　轮子？

柔柔：可以用纸皮。

生东：可以用乒乓球，因为它是圆的。

子恒：光盘也可以啊，圆圆的。

梓伦：饮料瓶的盖子。

　　　于是，幼儿根据自己的猜想组成
了不同的制作小组，开始验证自己的
想法。

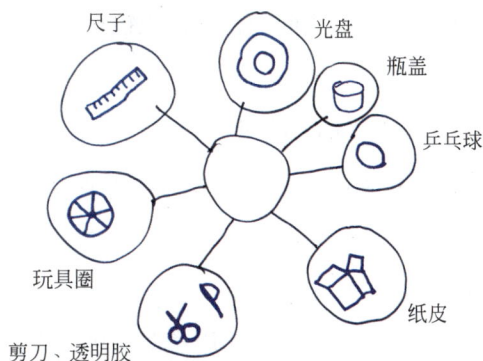

图 13-7　所需材料和工具图

【教师支持：教师为幼儿提供一些有趣的探究材料和工具，如光盘、纸皮、双面胶、瓶盖、乒乓球和纸盒等。】

实验与验证

光盘组

宸宸：我觉得用光盘做轮子会更稳。

柔柔：一边两个，我们要用四个光盘。

瑶瑶：我们还需要双面胶。

　　　这一组因为所选材料简单，很快就找
好了材料，准备开始制作。

瑶瑶：纸箱太重，双面胶太少，轮子立不住。

智轩：只要我们多贴一些双面胶，贴的高
　　　度和光盘轮子的高度一样，我们的
　　　小车一定是最稳的。

嘉辰：那就多贴一些双面胶试试。

图 13-8　光盘组小车

最后，他们以最快的速度完成实验，而且小车立得很稳。

乒乓球组

妍妍：乒乓球是圆圆的，把乒乓球放到车底下做轮子。

悦悦：乒乓球上只能贴两条短短的双面胶，立不稳呀！

乒乓球组的幼儿遇到的最大问题是乒乓球是圆的，可以贴双面胶的地方不多，导致乒乓球与盒子之间的粘贴面积很小，小车立不稳。

教师：那我们应该怎样做呢？

涵涵：多放几个球，把底部填得更满一些，这样就很稳啦！

雅雅：那我们来试试看。

图 13-9　乒乓球组小车

最后，乒乓球组使用了多个乒乓球当轮子，小车终于立稳了。

纸皮组

朗朗：这么大的纸皮，我们怎么动手呢？

梓伦：先拿笔画一个圆。

熙熙：一定要很圆很圆才可以。

梓伦：沿着双面胶圈外围描画，应该会圆。

幼儿分工合作，很快就把圆形画好剪好了。但由于幼儿剪的圆形不圆，车子东倒西歪的。

图 13-10　纸皮组小车

图 13-11　尝试剪圆形

瓶盖组

嘉辰：盖子是很坚硬的，一定有承受纸箱
　　　的力度。

政贤：不够稳，轮子太小了。

柔柔：双面胶贴在哪里会好一点儿呢？瓶
　　　盖太小了，能粘胶的地方太少了。

嘉辰：我们再用透明胶贴一圈吧，这样会
　　　好点儿。

图 13-12　瓶盖组小车

　　经过大家一起努力，瓶盖终于可以立
起来了，但瓶盖经常会从车身上掉落。

　　确实如光盘组幼儿所说的，他们的小车"站得稳稳的"，没有出现东倒西歪的
情况。于是，教师请其他组的幼儿去参观这辆垃圾运输车的轮子。光盘组得到了
大家的认可。

活动二：让垃圾车动起来

教师：你们有什么办法能让垃圾车动起来吗？

佳悦：我和妈妈在家做过，在车厢上钻四个对称的洞，将铁棍穿过四个洞，再把玩
　　　具轮子装上去，就可以让车子的轮子转动起来了。

玥含：我在爸爸的手机里开抖音看过，把一个个的光盘重叠起来再固定住，就可以
　　　当成轮子用了。

　　幼儿讨论后认为，让轮子动起来有两种方法：一种是用玩具圆圈拼接，一种是
用光盘拼接。于是，幼儿按照自己的想法分为两组进行实验。

玩具圆圈组

妍妍：轮子怎么一高一低？

教师：四个洞口高低不平怎么办？

政贤：可以拿尺子量好一样的高度。

妍妍：对，我们用尺子来量，量一样的高度。

雅雅：这些轮子怎么会左右跑？

教师：有没有什么好的办法让轮子不左右摇晃？

智轩：拿东西挡住轮子的边。

涵涵：可以拿橡皮泥。

智轩：可以拿透明胶绕圈圈。

妍妍：可以拿铁钉。

由于材料限制，幼儿集体讨论后决定用黏土把铁棍的两端都挡住，让轮子不左右晃动。但当黏土干了以后，轮子依然摇摇晃晃。

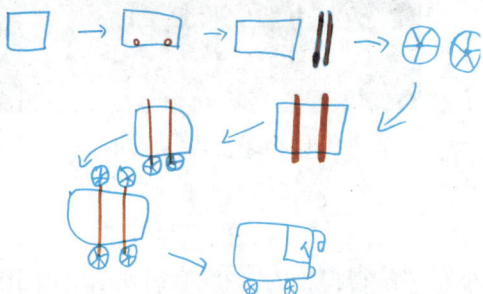

图 13-13　玩具圆圈组制作流程图

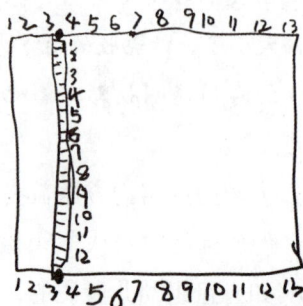

图 13-14　测量长度图

图 13-15　利用黏土固定车轮的位置

图 13-16　固定车轮

光盘组

均均：我们先做好四个轮子吧！

轩轩：那我们统一用四个光盘为一组做成一个轮子吧，这样坚固点儿。

雅雅：好啊！还要用双面胶把光盘一个个粘在一起。

柔柔：那我们现在就动手吧！

【教师支持：幼儿在装中轴的时候，需要在纸箱的两边钻出几个小孔。因为纸箱比较厚实，幼儿操作起来很困难，所以教师及时给予了帮助。】

图 13-17　光盘组固定车轮材料图

光盘组幼儿使用黏土和透明胶把轮子固定住，垃圾运输车成功动起来了。

图 13-18　组装车轮

图 13-19　装中轴

图 13-20　使用透明胶固定车轮

图 13-21　制作完成

阶段小结与反思

（一）幼儿

制作垃圾运输车后，教师引导幼儿运用思维地图总结反思了这个阶段存在的问题与成功经验。

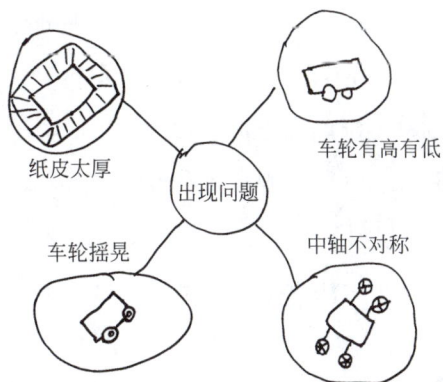

图 13-22　出现的问题总结图

图 13-23　成功经验总结图

（二）教师

首先，教师给幼儿提供了充足的思考与操作时间。当幼儿遇到难题时，教师引导幼儿自主解决问题，而不是直接告诉幼儿答案。在幼儿遇到困惑时，教师给幼儿提供交流与讨论的机会，让幼儿通过合作学习的方式，共同寻找解决问题的方法。

其次，教师关注到幼儿的情绪变化，给予幼儿及时的鼓励。一些小组第一次实验没有成功，教师及时关注并鼓励幼儿，减轻了实验失败给幼儿带来的挫败感。同时，教师充分肯定幼儿所做的努力和取得的进步，引导幼儿找到失败原因，为下一次实验成功做准备。

第三阶段活动

活动一：制作自动垃圾车

教师：上次活动，我们的实验比较成功。还记得活动结束后交给你们的任务吗？如何让小车自己动起来呢？现在我们一起来讨论一下，看看有什么好办法吧！

问题一：用什么材料制作？

分析与讨论

迪迪：我回家和爸爸妈妈讨论出来的方法是装电池。

均均：我和爸爸妈妈的想法是装个小马达，就像我家里的玩具车一样。装个小马达，车子就能跑得很快。

朗朗：这些算什么，我家里都有这些车子。我和爸爸妈妈想出了一个更有趣的方法呢，把气球装在车子的后面，气球在放气的同时，车子也会向前走啦。

【科学原理：反冲运动。某个物体向某个方向高速喷射出大量的液体、气体或弹射出物体，从而使物体本身获得反向速度的现象。气球中的气体通过反冲运动，能将小车推动一段距离。】

其他幼儿听完了朗朗的发言，都觉得他这个方法真新鲜，可以尝试一下，看看效果。

问题二：材料怎样组装起来？

分析与讨论

雅雅：我们可以把矿泉水瓶变成一辆车子。

朗朗：雅雅，你负责挖车轮的轴心洞和装轮子，
　　　因为这项工作你能做好。

雅雅：好的。

悦悦：我来配合雅雅装轮子。

妍妍：我也来帮你们一起装轮子吧。

朗朗：我是男子汉，我来负责把气球吹起来吧。

子恒：我们就开始工作吧。

图 13-24　组装车轮

猜想与假设

朗朗：我们要挖一个小洞，要有放气球的位置。

雅雅：要把两根吸管穿过瓶身，是安装气球用的。

悦悦：还要固定好，赶紧弄好看看行不行。

教师：小朋友们，准备工作做得怎么样啊？

　　幼儿都说没问题。车子装好了，就剩最后一个步骤了，大家心情十分激动，都想看看装上气球的车子是不是真的能够跑起来。

朗朗：那我们现在就试试吧！

实验与验证

　　幼儿把气球口套在一根硬吸管上面，用小透明胶把大孔的口粘起来，将硬吸管固定在小车子上。

　　朗朗向气球内吹气后，用手堵住吹气口，再把车子放在地上，把堵住吹气口的手拿开。

　　这时，幼儿只看到气球里的气体由小孔喷出，但车子在地上却没有向前走。幼儿一下子变得很失落。

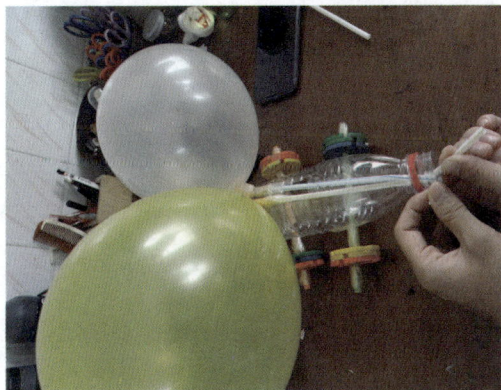

图 13-25　安装气球

活动二：第二次制作自动垃圾车

问题一：上次的车子为什么不能向前走？

分析与讨论

芷妤：我和妈妈上网查资料了，原来是利用气球放出的气把车子往前推的。

雅雅：可能是轮子也有问题。

均均：我觉得轴心很重要，可以检查是否是轴心出现了问题。

教师：我们把上个活动留下的车子拿出来给大家观察一下，看看大家能不能找到解决的办法。

雅雅：上次用的是圆形玩具，要不我们把轮子换成矿泉水瓶的盖子吧。

均均：我们班上的美工区里有瓶盖。

朗朗：我和妈妈做了实验，也在网上查找了一些资料和视频。跟我们上次做的不一样，视频里的人在吸管里加了一根细细的竹签，这样轮子才能跑起来。

猜想与假设

　　幼儿开始自觉地分工合作，有的装轴心，有的涂颜料，有的剪透明胶。所有东西都准备好以后，幼儿开始试验，结果还是不成功。大家有点儿气馁了。

教师：是哪里出了问题呢？我们一起找找吧！

均均：我刚才转了一下车轮子，发现转动有点儿困难。

柔柔：是轴心太大，在吸管里转不开吗？

雅雅：那有什么办法可以找到小一点儿的轴心呢？

迪迪：可以用那种比较细长的竹签。

朗朗：可以！我们试试！

【教师支持：教师通过提问的方式引发幼儿思考。在幼儿第一次的试验不成功时，教师给予幼儿充分的时间，通过提问的方式，引导幼儿观察车子的车轮轴的中轴，最终成功找到解决问题的办法。】

【学习品质：在活动中，幼儿通过反复尝试查找问题所在，最后发现气球与吸管的接口一定要绑紧。于是，他们第二次找来了橡皮筋，解决了连接问题。在这个过程中，幼儿表现出了坚持不懈的好品质。】

实验与验证

幼儿先将小车组装好，把气球套在支架上，用皮筋扎紧，再把做好的气球支架插在车子底座的孔内并固定好。这次幼儿把车摆正，给气球吹气，小车在气球的气体冲击作用下，飞快地向前行驶着。幼儿大声叫着："成功了，成功了！"在大家的共同努力下，能动的垃圾车制作完成了。大家脸上露出喜悦的表情，都在说："我们真棒，车子终于不需要用手推动就能向前跑了。"

图 13-26　给车子涂上分类颜色

图 13-27　第二次的成功作品

阶段小结与反思

（一）幼儿

在两次制作活动后，教师引导幼儿运用思维地图总结反思了这个阶段存在的问题与成功经验。

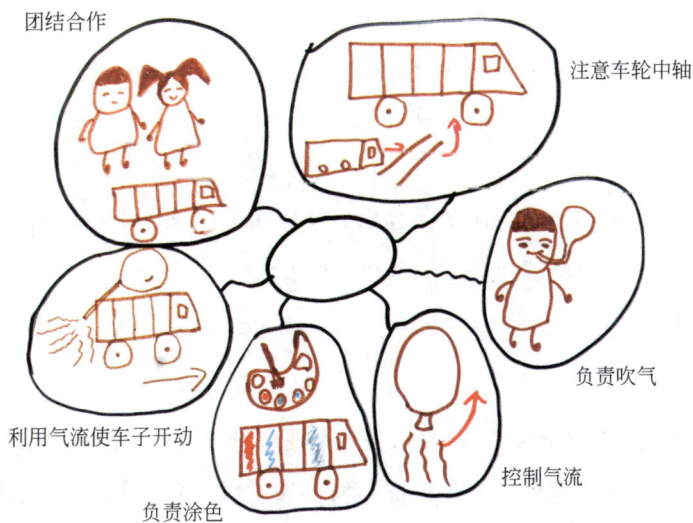

图 13-28　自动垃圾车制作经验反思图

（二）教师

首先，教师提供了充足、安全、适宜的材料，为制作过程提供保障。在两次制作过程中，教师不断地根据幼儿提出的想法准备相应的材料，为幼儿验证各自的想法提供了充足的物质保障。

其次，教师通过提问的方式，引发幼儿深入思考。在幼儿操作的过程中，教师通过一系列的提问，如"需要什么样的材料呢？""可以先怎么做呢？"，帮助幼儿梳理想法，确定操作步骤，从而保障活动的顺利进行。

第四阶段活动

活动一：制作全自动垃圾车

问题一：怎样制作全自动垃圾车？

分析与讨论

轩轩：我们做好的垃圾车为什么只能跑这么短的路呢？

柔柔：要是这辆垃圾车能跑久一点儿就好了。

辰辰：这辆车子跑得好慢啊，而且只跑了一小段路就停下来了。

朗朗：怎么才能使车子跑久一点儿呢？

东东：我家里的电动车可以跑很久的。

悦悦：多加一个气球？

东东：加一个马达，车子就可以跑得很快了。

乐乐：是的，我家里也有带电动马达的玩具车。

柔柔：如果加一个马达的话，我们可以把车子做得更大一些，这样就可以装更多垃圾了。

芷妤：对！如果加个马达上去的话，我们的垃圾车就能像赛车那样跑得快！

熙熙：那我们就组装一辆装上马达的垃圾车吧！

【科学原理：电动机的工作原理。首先用电池的电能带动马达，然后通过齿轮的带动，让轮子转动起来。】

【教师支持：当幼儿发现问题时，教师鼓励幼儿相互交流，引导幼儿积极猜想和尝试。同时，教师及时根据幼儿的需求提供材料和工具，如小马达、各种大小的齿轮、电池、开关、透明胶、裁纸刀、塑料卡片、纸箱和颜料。】

猜想与假设

幼儿分成两组，一组负责装饰车厢，一组负责加装马达。

实验与验证

装饰车厢组的幼儿分工合作，有的涂红色，有的涂蓝色，有的涂灰色，但材料区的绿色用完了。这时，幼儿根据平时的美术活动的经验——黄＋蓝＝绿，使用黄色、蓝色调和出了绿色，顺利地给车厢涂上了分类的颜色。

图 13-29 调颜料：黄＋蓝＝绿   图 13-30 给车厢涂色

【**经验迁移**：幼儿将平时在美术活动中获得的调色经验，即"黄＋蓝＝绿"的经验，迁移到给车厢涂色的活动中，解决了出现的问题，给车厢涂上了正确的分类颜色。】

由于加装马达的制作工序复杂，幼儿考虑得不够细致，不知道马达应该装在哪里，所以加装马达组的第一次尝试以失败告终。

活动二：第二次加装马达

在第一次尝试失败后，教师鼓励幼儿回家与家长一起商量解决办法，第二天可以到幼儿园与其他同伴探讨。

问题一：如何组装小马达？

分析与讨论

朗朗：先要拿一张硬纸板当车身的底盘。

均均：还要找合适的小通管当支撑轮轴，跟我们之前那辆垃圾车一样。

迪迪：把轮轴固定后就可以安装车轮了。

轩轩：把齿轮装在马达上，用电线把马达和电池盒连接，最后放入电池，就可以让车跑起来。

雅雅：还要固定好，固定是最重要的。

猜想与假设

由于马达是装在车厢底下的，所以幼儿要先找到一张合适的硬纸板来当车身的底盘，再把车厢粘贴在底盘上面。马达与电池通电后，就可以通过齿轮将轮子带动起来了。

【教师支持：安装电源有一定的危险性，因此在这个环节，幼儿邀请了园里的安保叔叔来帮忙。】

实验与验证

结合之前的操作经验，这次幼儿将两边的车轮很快装好。到了装马达的环节，幼儿先用纸板固定住车头部位，并剪下一小块纸板安装电动马达；再使用热熔胶将马达粘贴在硬纸板上，并在马达上安装一个车轮，将马达的正负极与电池连接器连接，在靠近马达的硬纸板上点热熔胶，把电池连接器粘贴上去；最后安装好电池，接通电源，垃圾运输车安装完毕。这次的垃圾车成功地动起来了。

图 13-31　马达的零件

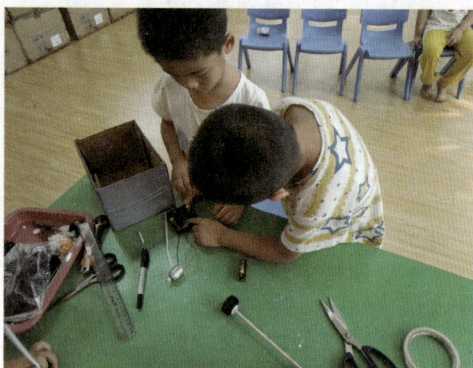
图 13-32　组装

图 13-33　切割出装马达的位置

图 13-34　固定底盘车轴

图 13-35　马达与车头粘合

图 13-36　车头与后尾箱结合

阶段小结与反思

（一）幼儿

教师组织幼儿以思维地图的方式，总结自己在活动中的收获和体会。

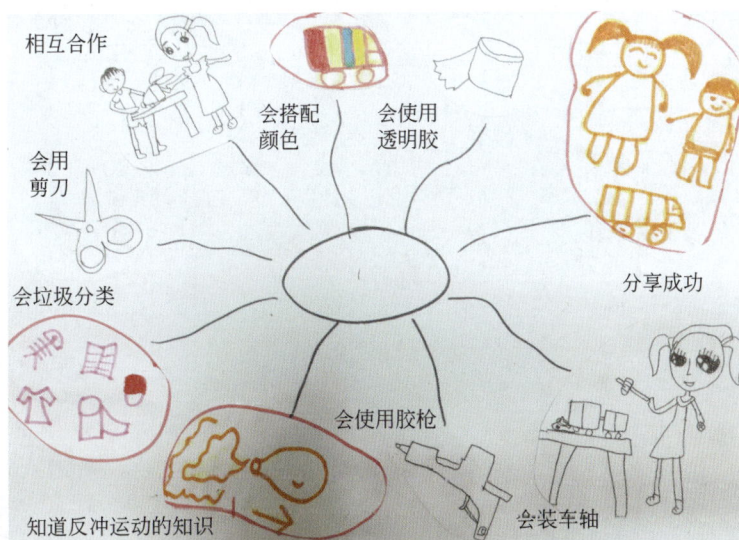

图 13-37　幼儿学习能力收获气泡图

（二）教师

首先，教师为幼儿营造了一个民主、自由的学习氛围。随着活动的一步步深入，教师鼓励幼儿自主思考，大胆尝试，不断地挑战自我。在制作小车车身、非自动小车以及自动小车的过程中，幼儿遇到了许多问题与挑战，教师不断支持和鼓励幼儿探究，积极动手动脑寻找答案和解决问题。

　　其次，教师为幼儿与同伴间的讨论与分享，提供了充足的时间和机会。教师组织幼儿与同伴分析与讨论，引发幼儿的认知冲突。在深度学习活动过程中，与同伴的讨论非常重要。幼儿与同伴之间产生争议与矛盾时，不同的观点与思维在相互碰撞，这能够激发出新的思维，推动问题的解决。

二、课题来源：游戏类

课题活动十四：傣族塔

云南省西双版纳州景洪市幼儿园　大三班　许喃　周桐　尹雪蓉

（指导者：张亚兰）

选题缘由

在"西双版纳特色建筑"本土课程中，幼儿学习了傣楼、佛寺、佛塔等建筑的风格特点。参观过程中，幼儿发现公园、楼主体外观、屋顶、桥廊、路灯、水井等地方都存在各式各样的"塔"元素。这些大大小小的塔激发了幼儿的兴趣，教师抓住契机，延伸出"傣族塔"深度学习课题活动。傣族塔的彩绘和雕塑独具家乡特色，幼儿感叹傣族塔十分雄伟壮观，想建造一座傣族塔。

教师充分利用本地特有的乡土教育资源开展活动，以激发幼儿对家乡的热爱之情和自豪感。教师因地制宜，挖掘乡土资源，利用自然材料，在幼儿园活动中进行探索和实践，使当地的乡土资源发挥独特的教育价值，显示其独特的魅力。西双版纳自然资源丰富，教师鼓励幼儿用本土材料进行设计，在班级建造傣族塔。在这个过程中，幼儿会遇到塔的设计、材料的选择和使用等问题，而自主探究式活动有助于幼儿学会积极探索，共同商讨，分工合作以及发现问题和解决问题。尝试不同自然材料的多种用法，能够提高幼儿探究与解决问题的能力，同时激发幼儿对家乡文化的热爱之情。

第一阶段活动

活动一：经验分享

泼水节期间，围绕"西双版纳特色建筑"本土课程的开展，幼儿不仅喜欢上绘画佛寺中的塔，并且对如何建造一座傣族塔产生了十分浓厚的兴趣。于是，幼儿将采集到的相关信息进行了对比和交流，讨论在哪些地方见过傣族塔，它们是什么样子的。

凯凯：佛寺里有塔。

梓澜：我在寨子的水井上也见过塔。

芯逸：路灯上、桥栏上和告庄的房子
　　　上也有塔。

翎钰：凯凯，你看见的塔是什么样
　　　子的？

凯凯：最上面是尖尖的，中间是圆
　　　的，像个葫芦。

图 14-1　不同种类的塔与佛塔对比图

梓澜：也有方形的，很多层，第一层是大的，越往上越小。

活动二：设计图纸

　　幼儿在分享经验后，迫不及待地表达了自己的想法，并分组设计出自己的傣族塔。设计图完成后，幼儿开始分享设计图。

图 14-2　第一组傣族塔
　　　　　设计图

图 14-3　第二组傣族塔
　　　　　设计图

图 14-4　第三组傣族塔设计图

第一组

梓澜：我最喜欢七彩颜色的塔，很漂亮。

翎钰：我想到一个好办法，我们给塔基、塔座、塔身和塔刹都涂上不同的颜色。

第二组

济远：我们的塔有很多门，就像一个迷宫。

南译：为了不让塔倒塌，我们可以在下面用柱子把塔撑起来。

轩轩：我们做长方形塔基。

第三组

善佑：做一座四层的塔。

语嫣：四层塔比较简单，能不能做一座特别的塔？

权胜：我们做塔群吧！

芯逸：好啊，中间有一座大塔，边上加四座小塔。

语嫣：还可以做一座塔中塔，很有趣！

　　三组幼儿的设计图各具特点。接下来，他们开始讨论用哪些材料和工具可以制作出自己设计的傣族塔。

图 14-5　第一组材料和工具收集气泡图　　图 14-6　第二组材料和工具收集气泡图　　图 14-7　第三组材料和工具收集气泡图

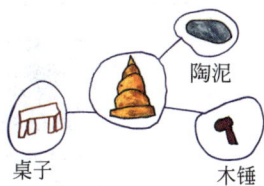

第一组

忻玥：告庄的桥廊上有木头做的塔。

翎钰：我们需要一个东西把木棍连在一起。

梓澜：可以用胶布，还需要剪刀。

梓涵：绳子也能用的，可以把木棍捆紧。

忻玥：也可以找许多花和叶子来装饰它。

第二组

南译：我们经常用芭蕉杆做水灯，要不用芭蕉杆试一试？

轩轩：我可以用胶布把芭蕉杆粘起来。

熙熙：还可以用胶枪。

第三组

多多：塔很坚硬，用砖块。

安安：砖块太重，搬不动，而且需要很多。用沙子怎么样？

语嫣：沙子很容易散开，不牢固。

善佑：用橡皮泥或者黏土。

芯逸：用陶泥，干了以后会变硬，很坚固。

　　经过讨论，幼儿对初步需要用到的材料进行收集。第一组主材料选用木棍，第二组主材料选用芭蕉杆，第三组排除砖块、沙、橡皮泥和黏土后，最终选用陶泥来作主材料。

活动三：设计制作流程图

幼儿开始设计傣族塔的制作流程图。

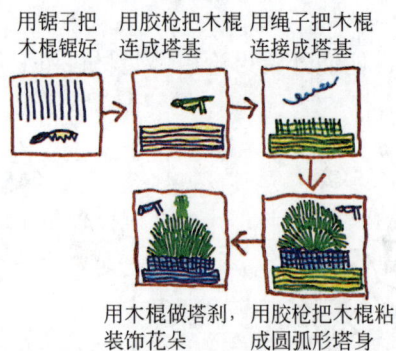

图 14-8　第一组傣族塔制作流程图

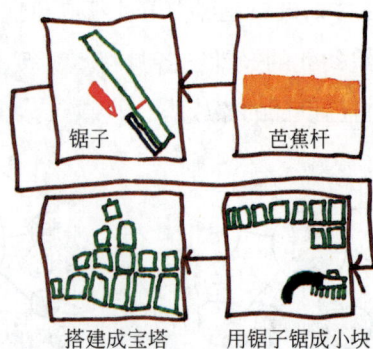

图 14-9　第二组傣族塔制作流程图

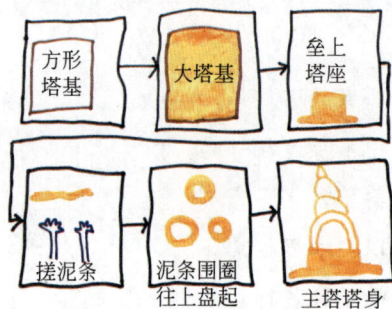

图 14-10　第三组傣族塔制作流程图

第一组

翎钰：先把我们需要的木棍全部锯好。

梓澜：我们还需要胶枪、绳子来帮助我们连接。

忻玥：可以用胶枪来粘木棍，做一个弧形的塔身。

秋娴：我们可以先建塔基，最后再来做塔刹。

第二组

南译：我们家院子里有很多芭蕉杆，我们用芭蕉杆试试看。

济远：芭蕉杆这么大，我们怎么搭建啊？

宁营：我们要是有小锯子就好了，就可以把芭蕉杆锯成和积木一样大小，然后像我们在建构区用积木搭建房子一样搭建。

第三组

权胜：先做一个方形的塔基。

善佑：还要大一点儿。

善佑：搓出泥条，把它围成圈往上盘起。

语嫣：对，用圆圈把小塔围起来，再加上塔刹。

接下来，幼儿对设计成果进行了反思与回顾。

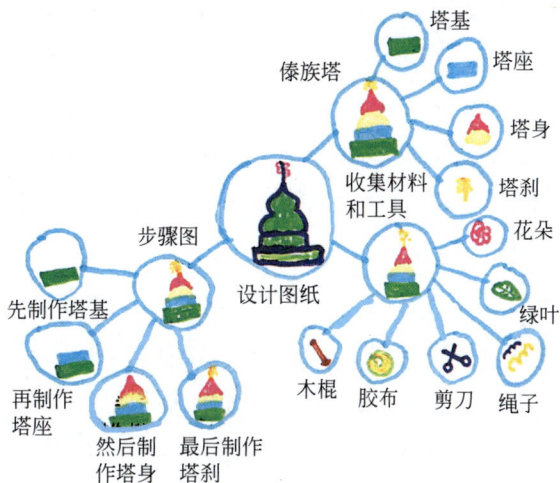

图 14-11 第一组反思气泡图

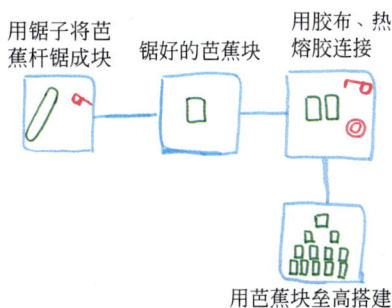

图 14-12 第二组流程反思图

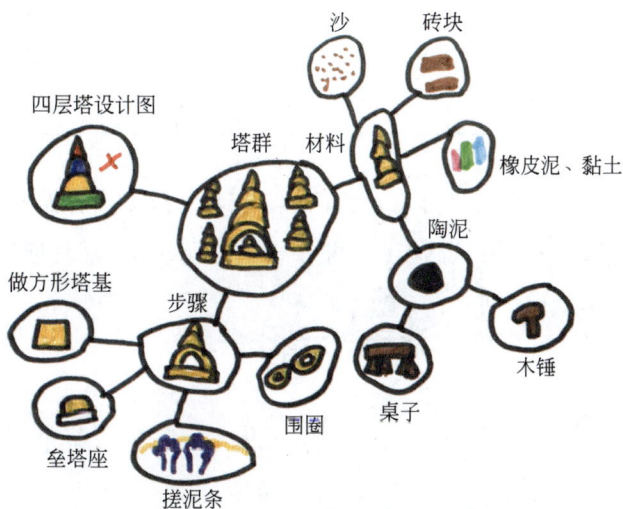

图 14-13 第三组反思气泡图

阶段小结与反思

（一）幼儿

幼儿通过经验分享和小组讨论的方式绘制出了傣族塔的设计图。在对塔的外观进行设计时，三组幼儿结合已有生活经验和自己的创意想象，提出了"七彩颜色的塔""很多门的塔""四层塔—塔群—塔中塔"等想法。经过激烈讨论，最终幼儿的意见达成一致。在相互合作的过程中，幼儿学会了倾听他人意见，接受不一样的想法，逐步提高了社会交往能力。与此同时，幼儿运用对比筛选的方法选出建造傣族塔的适宜材料，即木棍、芭蕉杆和陶泥。活动中幼儿对材料的适宜性提出猜想和质疑，发散思维能力和分析问题能力逐步提高。

（二）教师

首先，教师为幼儿提供物质支持。根据幼儿绘制的收集材料气泡图，教师充分利用幼儿园和家长资源，为幼儿提供充足的材料和工具，如锯子、剪刀、胶枪、麻绳、铁丝和装饰材料等，以保障活动的顺利开展。

其次，教师引导幼儿运用思维地图记录与总结。活动中，教师引导幼儿运用气泡图绘制出制作傣族塔所需要的材料，运用流程图绘制出制作傣族塔的主要步骤，并借助气泡图和流程图回顾与总结操作过程中遇到的困难和解决的方法。

最后，教师为幼儿提供情感支持。活动中，教师鼓励幼儿大胆设计傣族塔，主动倾听幼儿的想法，与幼儿沟通交流，了解制作过程的动态，适时给予支持。当幼儿有畏难情绪想要放弃时，教师及时鼓励幼儿听取同伴意见，坚持不懈，并引导幼儿思考与探索解决困难的方法。

第二阶段活动

经过小组内部集体讨论，分工合作，幼儿成功地绘制出各类设计图纸。在家园合作努力下，幼儿成功收集到制作傣族塔所需的材料，迫不及待地想要制作傣族塔。

活动一：制作塔基

第一组

问题一：用什么样的木棍做塔基更合适？

分析与讨论

翎钰：木棍长长短短的都有，要选哪种呢？

梓澜：我们就找一样长的吧！

翎钰：我们可以选择一样的木棍。

秋娴：可是木棍都不一样，有的粗，有的细，还有一些会扎手。

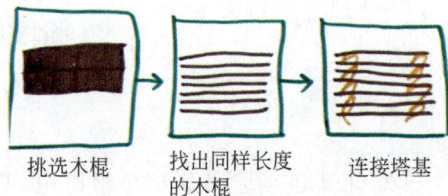

挑选木棍　找出同样长度的木棍　连接塔基

图 14-14　第一组塔基制作流程图

猜想与假设

翎钰：我们可以把太细的、歪歪扭扭的木棍挑出去，把差不多长的放在一起。

忻玥：还需要用锯子把木棍尖尖的地方锯掉。

秋娴：还可以拿剪刀剪掉多出来的枝杈。

梓澜：可是我还不会用锯子，我想请老师帮忙。

教师：为了锯得更精准，首先在需要锯的地方用笔画好线，用小刀在线上划出浅痕；然后要固定好木棍，用脚踩住木棍，不让木棍随意移动；最后，要确保锯片上至少同时有三个锯齿挨着木料，并把锯片放在废料的那一边，这样锯出来的木头会更整齐。

【教师支持：教师为幼儿提供锯子、小胶枪、剪树枝专用剪刀和一副防割手套，并向幼儿介绍锯子的使用方法，以保证后续活动的顺利进展，避免安全事故的发生。**】**

实验与验证

秋娴：我们可以用锯子把我们选好的木棍锯成一样长。

翎钰：我需要一个人来帮我扶住木棍，这样更好锯。

梓澜：我还不会锯，但是我可以帮你扶木棍。

翎钰：我们小朋友的力气太小了，我们可以一起完成。

在大家的共同努力下，幼儿成功锯出足量的木棍，为下一步做塔基做好了物质准备。

【学习品质：在锯木棍的过程中，幼儿遇到不会使用锯子以及难以将木棍锯断的问题。幼儿之间互相帮助，经过多次努力，最终将木棍锯成适合的长度，表现出敢于尝试与探索的优秀学习品质。**】**

制作塔基需要一样长的木棍，可是幼儿锯出来的木棍依然长短不一。经过集体讨论，他们想出了一个好办法：可以拿积木对齐木棍，然后用水彩笔做记号，再把多余部分锯掉。

梓澜：你们看，我们这次锯的比之前齐了很多。

翎钰：但是我觉得还不是很整齐。

问题二：怎样让锯出的木棍更加整齐？

分析与讨论

梓澜：我锯出来的木棍没有翎钰的长。

秋娴：翎钰锯出来的全都一样长。

图 14-15　用同样长度的木棍做标记

猜想与假设

翎钰：梓澜，你过来看，原来是我们做
　　　标记的木棍不一样长。

实验与验证

梓澜：那你把你的木棍拿给我，我重新
　　　标记。

梓涵：我用红色的水彩笔打个勾，以后
　　　我们就用这根木棍来做标记。

【**经验迁移：**幼儿将前期测量的经验迁移到本次测量活动中，如在锯木棍的过程中，幼儿选用同一根木棍做标记，以保证锯出同样长的木棍。】

　　　幼儿在锯好木棍之后，准备连接木棍，制作塔基。

问题三：怎样使木棍连接得更结实、不散落？

分析与讨论

翎钰：拿胶布粘的树枝很容易散开，我们要想想其他办法。

秋娴：我试过用双面胶粘，可是双面胶太窄了。

梓澜：胶布太多好难看，我不想用胶布来粘。

猜想与假设

秋娴：我们可不可以用其他材料来连接？

梓澜：我看见过老师用麻绳来捆树枝的照片。

翎钰：麻绳和树枝的颜色很像，可以试一试。

图 14-16　用麻绳连接木棍

图 14-17　成功建成塔基

实验与验证

秋娴：我们用麻绳真的可以把木棍连接起来！

幼儿使用麻绳成功连接木棍，塔基制作成功了。

问题四：怎样让塔基抬起来不散落？

分析与讨论

翎钰：绳子每次绕上去，一抬起来又会散开，我不知道怎么捆才会更紧。

梓澜：木棍会上下移动，我们要把它固定好。

秋娴：可是塔基总会卷在一起。

猜想与假设

梓澜：我们需要像老师一样，绳子绕木棍一次就要打个结。

梓涵：木棍被捆起来了，可是绳子太松了，需要把绳子勒紧。

秋娴：还可以像造竹筏那样，在塔基的两头绑上木棍，这样就能很稳固。

【**教师支持**：教师为幼儿提供西双版纳地区造竹筏的视频，以引导幼儿将加固竹筏的方法运用到塔基的建造活动中。】

实验与验证

翎钰：你们来帮我，我要把木棍放在塔基上。

梓澜：再用绳子来捆紧。

忻玥：我们的塔基做好了！

第二组

幼儿通过讨论，决定选用本地自然材料芭蕉杆作为制作塔基的材料，于是按照步骤图开始操作。

宁营：我们让爸爸妈妈帮我们带一些芭蕉杆来幼儿园。

南译：可是砍下来的芭蕉杆是一整根的，我们要怎么做呢？

问题一：怎么把芭蕉杆做成塔基？

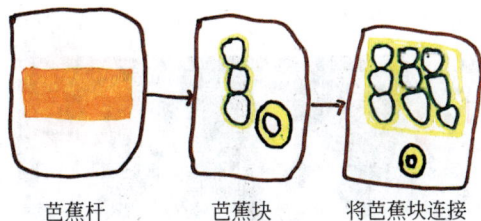

图 14-18　第二组塔基制作流程图

分析与讨论

宁营：我觉得把芭蕉杆横着摆放就可以做塔基。

南译：我们可以把芭蕉杆切成小块的，像搭积木一样搭建塔基。

宁营：那我们用什么工具切割呢？

猜想与假设

济远：我们可以像伐木工人锯木头一样，
　　　把芭蕉杆锯成大小一样的小块。

南译：好呀，那我们试试看！

实验与验证

济远：宁营，我坐在芭蕉杆上，不让它
　　　移动，你用锯子锯。

轩轩：哇，你们快看，我们终于锯出芭
　　　蕉块了！

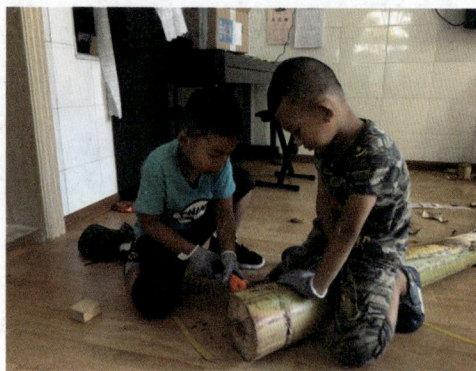

图 14-19　两名幼儿合作锯芭蕉杆

南译：可是芭蕉块大小不一，做成的塔基不匀称。怎么才能锯出一样大的芭蕉块呢？

问题二：怎样锯出大小一样的芭蕉块？

分析与讨论

济远：宁营，你看你锯的芭蕉块大小不一样，有的大，有的小。

轩轩：那我们怎么才可以锯出大小一样的芭蕉块呢？

猜想与假设

济远：我们可以先锯出一块，然后比着锯。

南译：不行，我试过了，一下子就滑了下来。

轩轩：教室有积木，我们用积木比着试一试。

实验与验证

济远：用积木比着锯，一下就完成了。

宁营：我们锯出一样的了。

轩轩：可是用圆柱形的芭蕉块做不出长方形的塔基啊！

图 14-20　为芭蕉块做标记　　　　　　图 14-21　用芭蕉块排列塔基

问题三：怎样用圆柱形的芭蕉块做长方形的塔基？

分析与讨论

济远：我们可以把芭蕉块全部摆在一起。

南译：你这样不对，你摆得都歪了，根本不是一个长方形的塔基。

轩轩：怎么把芭蕉块排成长方形呢？

猜想与假设

南译：我们可以把一样大的找出来，排列在一起。

济远：那我们把它们拿到桌子上比一比，找出一样大的。

实验与验证

轩轩：你把小的都排在一起，剩下大的排在一起，全部粘起来根本不像一个长方形，你看这边太大，都凸出来了。

南译：那我们可不可以把凸出的部分换成小的芭蕉块呢？

梓涵：哇！你们看，我们用两个小芭蕉块加一个大的芭蕉块，真的做出了长方形。

　　排列好的芭蕉块全部用胶粘起来后无法移动，抬起时会出现芭蕉块散落的情况。

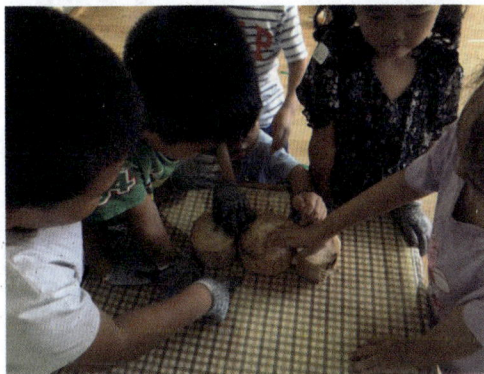

| 图 14-22　比较芭蕉块 | 图 14-23　有规律地排列芭蕉块 |

问题四：怎样粘，才能让芭蕉块不散落？

分析与讨论

济远：我们可以用胶布把芭蕉块全部粘起来。

轩轩：我们粘好了，怎么抬起来时它们就散掉了呢？是不是胶布没粘好？

南译：里面的芭蕉块没有粘起来，有空隙，我们只把胶布粘在外面的芭蕉块上了。

【猜想与假设】

轩轩：那我们是不是可以找一个东西塞在空的地方？

南译：不可以，这样芭蕉块也会掉下来，我们要想办法把它们全部粘起来。

【实验与验证】

教师：既然散落的原因是里面的芭蕉块没有用胶布连接，那我们可不可以先将里面的芭蕉块连接起来呢？

南译：对！我们可以先将三个芭蕉块粘起来。

宁营：三个芭蕉块粘好后，我们可以把这些三个一组的芭蕉块全部排列好，然后用胶布将外围全部缠绕起来。

图 14-24　用胶布连接芭蕉块

图 14-25　连接芭蕉块

【教师支持：当幼儿遇到问题时，教师给予幼儿充足的时间，鼓励幼儿思考和讨论。在活动中，教师引导幼儿共同探究将芭蕉块全部连接起来的方法。经过充分讨论，幼儿得出结论，即先将芭蕉块三块三块地连接，然后按顺序摆放好，再用胶布将外围连接。】

图 14-26　芭蕉块连接成功

轩轩：哇，我们的塔基做好了，我们抬起来试试看。

子卉：这次真的不散落了。

【学习品质：在如何让芭蕉块不散落的实验过程中，幼儿遭遇多次失败。经过教师的引导与鼓励，幼儿总结并反思了存在的问题，又经过多次尝试，最终成功地将芭蕉块连接在一起。在这一过程中，幼儿表现出不怕困难的学习品质。】

第三组

幼儿把泥放在木桌上按压了几块，发现制作过程有些费力。由于手小，捏的泥块也小，幼儿讨论怎样才能用小泥块做出大塔基。

问题一：用什么方法能使小泥块变成坚硬的大泥块？

分析与讨论

芯逸：把小块的泥都捏在一起，慢慢就变大了。

权胜：泥有点儿硬，捏在一起有困难。

霄霄：用木槌敲。

猜想与假设

善佑：可以把泥搓成长条，从泥块边上围起来。

语嫣：我来帮你按住。

权胜：要沿着边把泥捏起来。

实验与验证

图 14-27　用泥条扩大塔基面积

香嫣：用木条推一推，把泥挤拢。

语嫣：太棒了，我们终于做出了一个大塔基！

【经验迁移：幼儿将区域活动中玩橡皮泥的经验迁移到制作大塔基的活动中，创造性地运用搓泥条围圈的方法扩大塔基面积。】

塔基雏形做出来后，幼儿感到很开心，觉得用陶泥当材料制作简单，只用捏一捏就行。但是过了几天，幼儿发现泥干了就会粘在桌子上，这个问题引发了幼儿的讨论。

问题二：用什么方法能让泥不粘桌子？

分析与讨论

语嫣：把泥直接放在桌子上，等干了就拿不下来了。

权胜：是的，它会粘在上面，怎么办？

猜想与假设

芯逸：我们找个什么东西垫在泥的下面。

语嫣：用什么呢？

芯逸：水晶桌垫。

香嫣：那我去拿，你们先把这块泥拿起来。

实验与验证

芯逸：这次加上水晶桌垫，泥就不会粘在桌子上了。

善佑：把垫子转过来，别掉下去。

语嫣：可是，泥会不会也粘在垫子上？

安安：等明天看看。

　　一天过去了，幼儿发现泥同样粘在了垫子上。针对塔基下面需不需要垫板，以及在哪里制作塔基这两个问题，幼儿热烈地讨论起来。

问题三：在哪里做塔基可以使泥不粘在上面？

分析与讨论

语嫣：你们看，泥现在又全粘在垫子上了。

权胜：泥会粘在木桌上，也会粘在垫子上。

语嫣：垫子太软了。

霄霄：用木板。

芯逸：桌子也是木头做的，一样会粘。

猜想与假设

善佑：我们还是把塔基放在桌子上吧，到时候要搬走，就连桌子一块儿抬走。

芯逸：对，直接把桌子抬出去。

实验与验证

香嫣：泥终于抠下来了。

芯逸：把泥块放在桌子上拼好，再用泥条围起来。

多多：好累，我没力气了。

善佑：我们一起加油，很快就能重新做好塔基！

　　经过三次调整后，幼儿一起合作，制作出了比第一次面积大很多的塔基。

【学习品质：幼儿在制作塔基的过程中经历了两次失败，经过讨论，他们又制作了三次塔基。在这个过程中，幼儿用小手将小泥块一点点儿变大，表现出勇于探究和尝试的学习品质。】

活动二：制作塔座

幼儿在完成塔基的制作后，开始进行塔座的制作。

第一组

问题一：什么样的木棍适合做塔座？

分析与讨论

梓澜：可以锯许多一样长的木棍，搭在塔基上。

秋娴：塔座没有塔基大，那要锯多长呢？

猜想与假设

翎钰：那就做一个正方形的塔座，和塔基一样宽就可以了。

实验与验证

忻玥：我在木棍上打个钩，做好标记。

梓澜：我们锯出来的木棍都是一样长的。

秋娴：木棍终于锯好了，接下来，我们可以制作塔座了。

　　幼儿为制作塔座做好了充分的准备，他们成功锯出足量的长度一致的木棍，接下来就要进入到制作塔座的环节了。

问题二：怎样把木棍组装成塔座？

分析与讨论

翎钰：可以把木棍用绳子连接起来。

梓澜：你是说像建塔基一样吗？那我们试试吧！

翎钰：我来捆这边，你们去捆另外一边。

猜想与假设

秋娴：用绳子不好捆，我们可以用胶枪把木棍一层一层地连接起来。

实验与验证

翎钰：用胶枪粘的木棍总是往一边倒。

梓澜：我觉得肯定是打的胶太少了，我们多涂点儿胶。

忻玥：你们看，多涂胶之后木棍还是歪歪扭扭的！

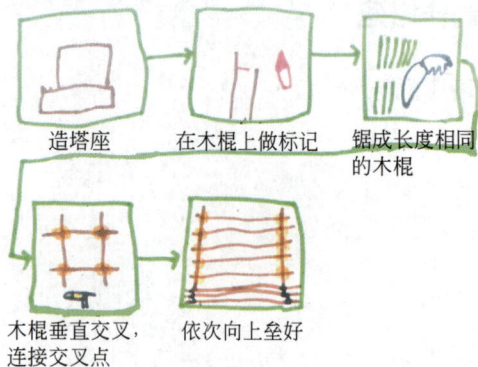

图 14-28　第一组塔座制作流程图

图 14-29　用胶枪连接木棍

问题三：热熔胶粘不牢怎么办？

分析与讨论

秋娴：用胶枪不好粘，我想用绳子捆。

梓涵：绳子很容易松开的，我们可以拿
　　　结实的东西捆。

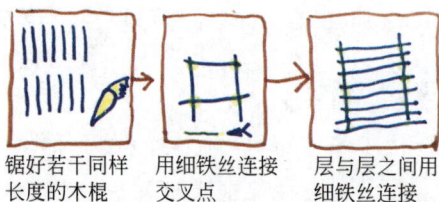

图 14-30　第一组塔座组合流程图

猜想与假设

翎钰：可以在每层放四根木棍，两两交叉在一起，把交叉在一起的地方捆紧，这样
　　　的话塔座就会很稳。

梓澜：用铁丝就能把它们捆得更紧。

翎钰：可是我不知道铁丝要怎么捆。

教师：请小朋友们认真观看建筑工人施工的视频，仔细观察建筑工人是如何用尖嘴
　　　钳扭铁丝的。等视频结束后，老师会再次示范，帮助你们成功连接塔座。

【**教师支持**：教师为幼儿提供建筑工人用尖嘴钳扭铁丝的视频，引导幼儿学习尖嘴
钳的使用方法。使用尖嘴钳时，要握住尖嘴钳的两个手柄，用尖头夹持住铁丝，
并始终朝同一个方向用力扭，就可以将铁丝扭紧。】

实验与验证

秋娴：用铁丝捆得好牢固呀！第一层连接成功了！

梓澜：两层之间也用细铁丝来捆吧！

秋娴：我们的塔座有八层，我们组太厉害了！

翎钰：我们来把做好的塔座放到塔基上，再用细铁丝捆紧。

梓澜：为了牢固一些，可以多捆几圈！

图 14-31　用铁丝捆绑木棍

图 14-32　用铁丝连接塔基和塔座

第二组

幼儿已经把芭蕉杆锯成芭蕉块，并用胶布将芭蕉块连接在一起，成功制作出了塔基。接下来，幼儿计划用芭蕉杆制作傣族塔的第二层——塔座。幼儿按照步骤图开始操作。

济远：我们可以锯出几根芭蕉杆柱子做塔座，就像我们的设计图画的那样。

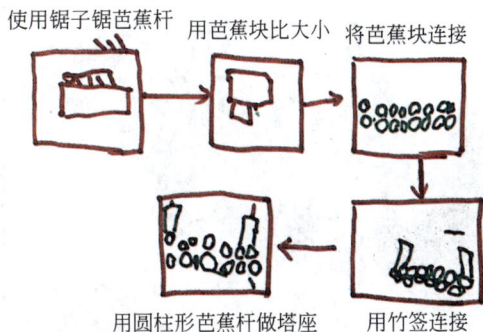

图 14-33　第二组塔座制作流程图

南译：那我们应该先用锯子锯出一样长短的芭蕉杆柱子，然后用双面胶连接。

问题一：如何将第二层的圆柱形芭蕉杆连接在第一层的塔基上？

分析与讨论

济远：圆柱形的芭蕉杆太重了，直接放上去就会倒下来。

南译：我们必须想办法把它固定住，不要让它倒下来。

猜想与假设

济远：我们可以用透明胶布粘。

南译：用透明胶布根本粘不起来。

轩轩：那我们用双面胶试试，这样就可以把芭蕉杆直接粘在上面。

实验与验证

济远：双面胶没办法粘，粘上去芭蕉杆一下子就倒了。

南译：双面胶没有黏性了，芭蕉杆上面太潮湿了。

轩轩：我们可不可以把木棍插进芭蕉杆，用木棍固定？

南译：木棍太粗了！

孝威：可不可以用烧烤的竹签呢？

【教师支持：在幼儿连接芭蕉杆与塔基的过程中，教师为幼儿提供了若干数量的烧烤竹签，以帮助幼儿将芭蕉杆固定在塔基上。】

南译：老师已经把竹签给我们了，现在我们把竹签插进芭蕉杆，看看行不行。

子卉：你们看，芭蕉杆柱子固定住了！

【经验迁移：幼儿将生活中烧烤的竹签运用在塔座与塔基的连接活动中，即把竹签插入芭蕉杆中，将芭蕉杆和塔基连接在一起。】

图 14-34　用海绵胶连接芭蕉杆

图 14-35　用竹签连接芭蕉杆

第三组

在塔基的制作中，幼儿主要用了泥块和泥条组合的方法，效果较好，于是他们继续采用相同的方法制作塔座。

问题一：怎样做出有弧度的塔座？

分析与讨论

多多：塔基做得很大，可是这个塔座有点儿小。

安安：我们应该做大一点儿。而且这个塔座是方形的，可设计图上塔座的边像半圆一样，就像斜坡。

猜想与假设

权胜：我们从边上把塔座加宽，再往中间填上泥块。

实验与验证

安安：我和多多再加点儿泥块。

善佑：我来搓泥条，把塔座围起来。

语嫣：要把凸出来的地方抹平。

语嫣：现在看上去变平了一些。

善佑：那可以接着做塔身了。

　　幼儿分工合作，将塔座变大变平。塔座顺利完工后，幼儿相互鼓励加油，开始计划做塔身。

活动三：制作塔身

　　幼儿在完成塔座的制作后，开始进行塔身的制作。

第一组

　　幼儿运用两根木棍搭建好塔身后，发现设计图上的塔身是弧形的，幼儿针对这一问题进行了激烈讨论。

问题一：怎样把塔身变成弧形的？

分析与讨论

梓澜：我们可以把两根木棍拼在一起，塔身就完成了。

忻玥：两层一起不好粘，可以先把下面那层粘好。

秋娴：我们做的塔身好像是三角形的，可是设计图上的塔身是弧形的。

翎钰：那怎么才能把它变成弧形呢？

猜想与假设

翎钰：我妈妈说可以用泡沫条试一试。

忻玥：我爸爸说可以用报纸试一试。

实验与验证

翎钰：泡沫条太脆了，一压就断了。

秋娴：这个报纸太薄了，而且很软，放

图 14-36　制作塔身

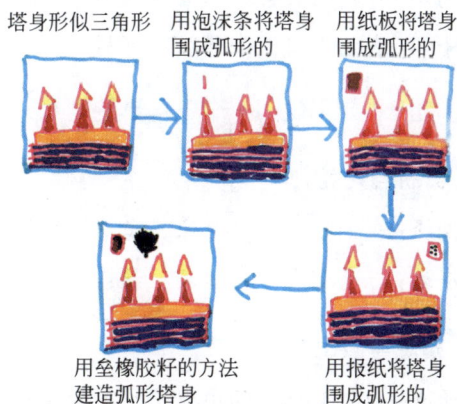
图 14-37　第一组塔身改造流程图

上去就塌了。

梓澜：鹅卵石太重了，会把我们的塔身压倒。

熙熙：橡胶籽很合适，它们很轻，而且拿胶枪将它们一颗颗粘上去就能粘出一个弧形。

图 14-38　用泡沫条围弧形塔身

图 14-39　用报纸围弧形塔身

第二组

　　幼儿已经用四根相同高度的芭蕉杆成功制作出了塔座，通过讨论认为塔身的部分应该像房顶一样呈现出三角形，因此幼儿决定用泡沫板来制作塔身。幼儿按照步骤图开始操作。

南译：我们需要三块板子搭在一起，
　　　像一个房顶的形状。

轩轩：那我们需要三块泡沫板。

济远：我们可以用尺子来量。

南译：可以用长条积木来量啊！

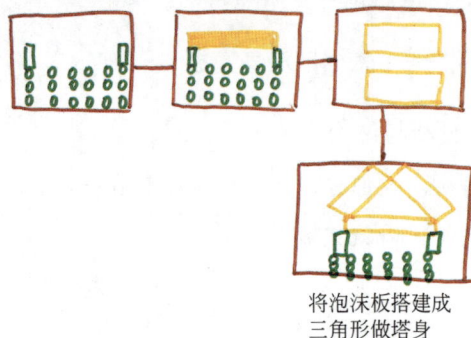

图 14-40　第二组塔身制作流程图

子邯：我们可以像量芭蕉杆那样，用一支笔来做标记。

问题一：如何做出一个三角形的塔身？

分析与讨论

南译：我们可以做一个像三角形一样的塔身。

济远：三角形有尖尖的角，用芭蕉杆做不出来，我们用泡沫板试试。

猜想与假设

子卉：我们先切出两块板子，把两块板子靠在一起就像一个三角形了。

济远：我们可以用尺子来测量。

南译：我们也可以用长条积木，我觉得这样更好测量。

实验与验证

南译：我先用长条积木量，然后做好标记。

宁营：长度就和积木条一样长就可以了。我来画，南译你帮我扶着。

轩轩：我们沿着线切割，切割下来的板子就是长方形的了。

【**教师支持：**教师为幼儿提供了尺子、积木、泡沫板等工具和材料，并亲自示范如何切割泡沫板，以帮助幼儿学会测量与切割。】

济远：板子大小不一样，一点儿都不像三角形的屋顶。

问题二：搭建的塔身倾斜，不像一个三角形的屋顶怎么办？

分析与讨论

济远：我们可以把两块板子靠在一起，就像房子的屋顶。

子卉：我们只有锯出一样的板子，才可以做出漂亮的屋顶。

猜想与假设

子邯：我们可以切割出一样的板子，板子搭在一起，就像一个三角形的屋顶了。

【**经验迁移：**通过总结生活中的经验，幼儿发现大部分房屋的屋顶呈现出类似三角形的形状，因此在设计塔身的过程中，幼儿决定将塔身建造成三角形的。】

轩轩：对呀，我们在美术课上画过三角形屋顶的房子。

教师：我们在美术课上画过的屋顶是正三角形的。三条边都相等的三角形叫作正三角形。我们应该锯三块大小一样的板子，这样才能做出正三角形屋顶。

【**教师支持：**教师为幼儿提供了正三角形的相关知识，以引导幼儿利用正三角形特点搭建三角形屋顶。】

宁营：我们可以把多出来的地方做好标记，然后切掉。

实验与验证

南译：宁营，你先做好标记，然后我用刀将多出来的地方切掉。

宁营：我已经画好了，你可以切了。

轩轩：两块相同的板子终于做好了，把

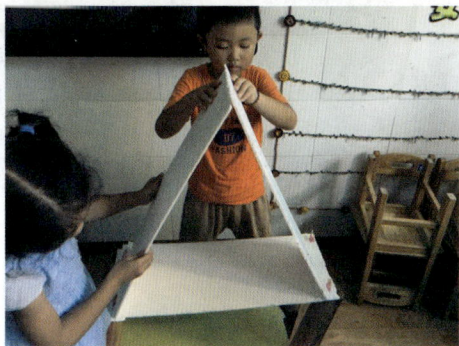

图 14-41　三角形塔身搭建成功

它们合拢就是一个三角形的塔身了。

第三组

幼儿决定用泥条围圈的方法制作一个镂空的主塔塔身，但是搓出来的泥条都又短又小，不能围成圈，幼儿开始讨论怎样解决这个问题。

问题一：搓出来的泥条又短又小，不能围成圈怎么办？

分析与讨论

语嫣：围出一个圈需要长长的泥条。

香嫣：我们搓的泥条太短了，围不起来。

善佑：你们看，我搓的长。

安安：可是也不够围成一圈的。

猜想与假设

芯逸：我们每个人都先搓一根泥条，然后再把它们拼在一起。

语嫣：嗯，这个办法好！

实验与验证

安安：看，泥条一圈圈围起来，塔身快要做好了。

语嫣：还不够高，要再围两圈。

芯逸：加油，把泥搓长一些。

幼儿将若干泥条逐渐垒高，制作出一个镂空的主塔塔身。之后，幼儿发现本组要设计的是塔中塔，但现在塔身全部封闭起来，会看不到里面的小塔，于是幼儿进行了讨论。

图 14-42　把泥条垒高成塔身

图 14-43　镂空的主塔塔身制作完成

问题二：泥条全部围满，小塔怎么搭进去？

分析与讨论

多多：没有门，就看不见小塔了。

安安：这个圈有点儿小，小塔能放进去吗？

香嫣：那应该怎么办呢？

猜想与假设

芯逸：不行，不能全部围起来。

权胜：不能把泥条围成一圈，要空出一截。

善佑：那你们重新围，我和芯逸先做小塔。

实验与验证

权胜：圈空出来的地方，边上不齐，有
　　　的长，有的短。

善佑：可以用刀切去多出来的泥。

权胜：对，在最上面空的地方搭上一条
　　　泥，小门就做出来了。

语嫣：现在把小塔放进去，能看见是塔
　　　中塔了。

香嫣：在小塔塔身顶上加一截泥，塔刹
　　　也做好啦！

霄霄：小塔完成喽！

图 14-44　制作主塔塔身小门

活动四：制作塔刹

　　幼儿在发现问题、解决问题的过程中，逐渐完成了塔基、塔座和塔身的制作，接下来幼儿开始制作塔刹。

第一组

梓澜：可以找一根粗一点儿的、圆圆的
　　　木棍来做塔刹。

忻玥：可以把美术区七彩的松果放在最
　　　上面。

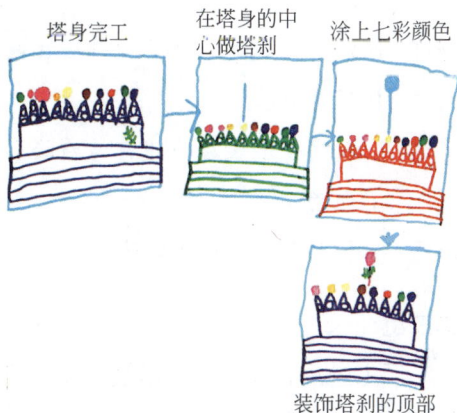

图 14-45　第一组塔刹制作流程图

秋娴：松果一个就够了，因为塔刹只有一个。

翎钰：那我用胶枪把木棍粘在塔身上面。

秋娴：木棍上面的松果我已经粘好了。

梓澜：哇！塔刹做好了，我们可以开始装饰傣族塔了。

第二组

幼儿已经成功完成了塔身的制作，接下来要制作傣族塔的最后一个部分——塔刹。幼儿根据设计图决定用一根木棍做塔刹，但是塔刹插上去以后出现倾斜晃动。

问题一：一根木棍做塔刹不稳固怎么办？

分析与讨论

南译：你看我们的木棍塔刹摇摇晃晃的，
　　　感觉快掉下来了。

济远：从下面看好像有一个很大的洞，
　　　木棍肯定会从这个洞里掉下来。

轩轩：那我们怎么做才可以让它不晃动呢？

猜想与假设

南译：我们可以用两根木棍啊。

济远：不行，这样中间就会有很大的空隙。

熙熙：我们可以找一些纸来塞住空隙。

轩轩：我们还可以用海绵胶粘。

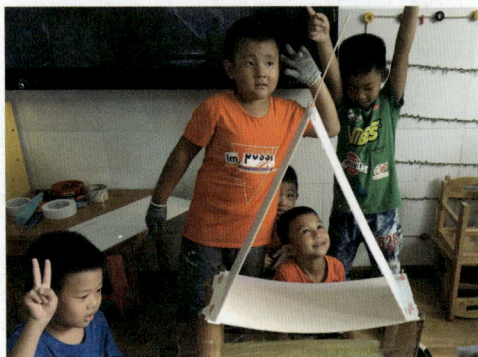

图 14-46　第二组的塔刹

实验与验证

轩轩：你们看，我加了点儿海绵胶，堵
　　　住了缝隙。

济远：让我用手轻轻碰一下，看看还会
　　　不会动。

济远：塔刹固定好，不会晃动了。

第三组

周末过后，幼儿发现塔裂开了，无法进行主塔塔刹的制作。于是，幼儿对

图 14-47　塔基和塔身开裂

开裂原因纷纷猜想，总结出太阳晒、塔基太薄、泥条粗细长短不一、泥条没有连接好等原因。讨论之后，幼儿决定重新做塔，计划将塔基做厚，再把窗帘拉起来。可是，在制作的过程中，幼儿又遇到了新的问题。

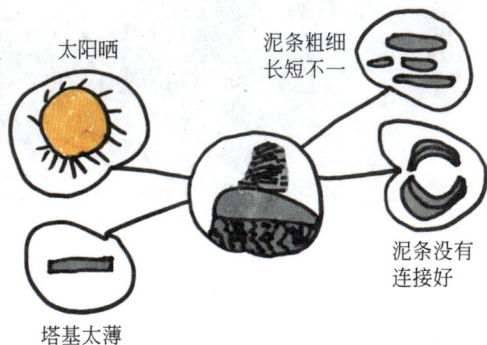

图 14-48　塔开裂原因气泡图

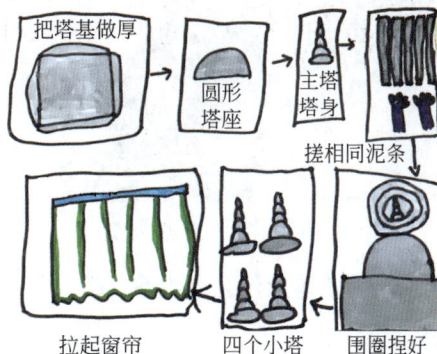

图 14-49　第三组调整策略流程图

问题一：怎样把变硬的泥变软？

分析与讨论

安安：泥都变硬了，不能做了。

多多：我们可以再买一筐。

教师：还有没有其他的办法？

猜想与假设

芯逸：给泥加水，揉一揉。

权胜：用水泡。

实验与验证

安安：对，用水泡，泥把水吸进去就变
　　　软了。

语嫣：等变软的时候再拿出来。

　　两天过后，幼儿对浸泡的泥进行了观察和讨论。

善佑：大块泥只是表面变软，用手指摁
　　　不进去。

安安：小块泥表面都化了，沉在盆底，里
　　　面也一样硬，没办法捏在一起。

图 14-50　泡水实验

图 14-51　泥条成型

图 14-52　塔群制作完成

教师：面团是用什么做出来的?

芯逸：用面粉和水。我知道啦！那怎样才能把泥块变成像面粉那样的呢?

权胜：把小泥块放进舂桶，用木棒捣碎。

宵宵：你看，小泥块都被捣碎了，变成了粉末。我们加水搅拌！

芯逸：泥变稀了，捏不出形状。

多多：再加点儿泥粉。

权胜：现在可以捏出泥条了，太好了！

【经验迁移：幼儿迁移运用生活区里做面食的经验，思考面团是由面粉加水揉搓得来的，所以把泥块捣碎成粉末后加水进行搅拌。】

宵宵：塔基重新做好了！

权胜：再放点儿水，把它抹光滑。

语嫣：塔群做好了，但是大塔还没有做塔身，我们要做塔中塔。

权胜：可是如果大塔身做好，里面的小塔就没法涂颜色了。

芯逸：试试湿的泥可不可以涂。

语嫣：不行，会化开。

芯逸：等泥干了涂上色，再做大塔身。

　　幼儿在涂色实验后，决定等泥干了再涂色。过了几天，塔基却再次裂开。

问题二：为什么塔基加厚后还是会裂开?

分析与讨论

善佑：为什么塔基加厚了还是会裂开呢?

芯逸：不知道啊，可能我们做不出来了吧！

香嫣：其他组都快要完工了。

权胜：现在该怎么办？

教师：别着急，我们和爸爸妈妈一起去想办法解决这个困难，加油！

亲子探寻活动开展之后，家长在聊天群里分享了与幼儿共同收集的关于陶泥开裂原因的相关资料，以及如何更好地防止陶泥开裂的方法。来到班级后，幼儿再次进行了交流与讨论。

图 14-53　厚塔基开裂

猜想与假设

语嫣：我和妈妈一起去了傣陶工艺品店，店铺里的叔叔说塔要做成空心的，拿一个报纸球塞进去，再用同样的方法做第二层。

语嫣妈妈：在做的过程中不能加水，要按压排除空气，慢慢晾干；泥的干湿程度掌握最重要，尽量不粘手；塔基泥厚度不超过 1.5 厘米，按照 10 斤泥加 1 斤普通沙子的比例做成粗泥，揉一揉；塔基下放报纸帮助吸水，再垫一层板。

【教师支持：教师组织幼儿在园讨论和整合与家人一起收集到的资料，引导幼儿总结塔基开裂原因。】

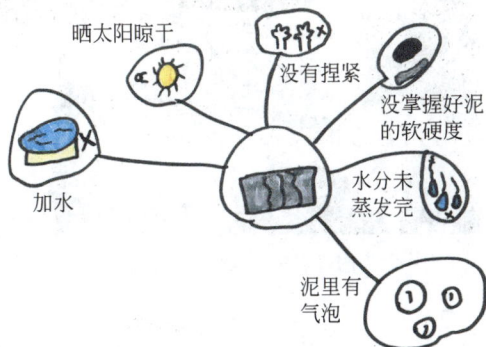

图 14-54　塔基开裂原因气泡图

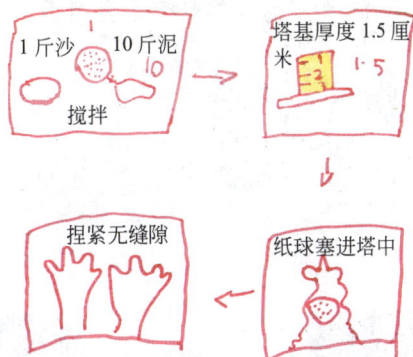

图 14-55　第二组塔基改造流程图

实验与验证

权胜：用箕箕筛出细细的沙。

芯逸：我来帮你。

权胜：称一称 10 斤泥和 1 斤沙。

芯逸：可是我不会用电子秤。

权胜：老师，电子秤怎么用呢？

【教师支持：教师向幼儿讲解电子秤的使用方法以及计量单位的换算。1斤=0.5千克，10斤=5千克。在教师的帮助下，幼儿学会了读电子秤数据，并根据需要称出重量，增加或减少泥和沙的重量。】

芯逸：泥2.4千克，还不够，再加点儿，5.5千克。

权胜：多了，拿出来点儿，5.0千克。

芯逸：沙1.39千克，多了，拿出来点儿，0.96千克。

权胜：应该是1.0千克才对。

语嫣：权胜你称错沙子的重量了，不是要1.0千克，是要0.5千克，再拿出来点儿沙子。

霄霄：我们可以先测试泥会不会裂开。

芯逸：希望不会裂开，我们把边上的报纸清理干净。

语嫣：塔基边上应该再补一补。

香嫣：塔基不能晒太阳，只能在阴凉地方晾干。

【经验迁移：吸水性。报纸具有较好的吸水性，可以吸附泥中未蒸发的水分。】

图14-56　筛出细沙

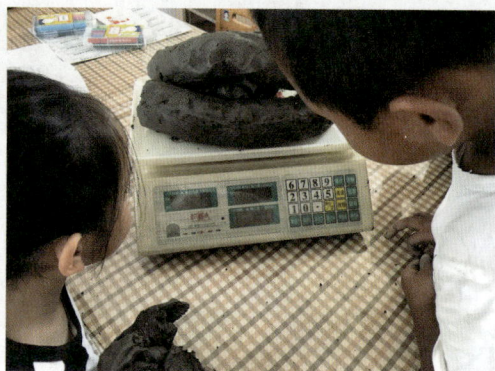
图14-57　称5千克泥

图14-58　称0.5千克沙

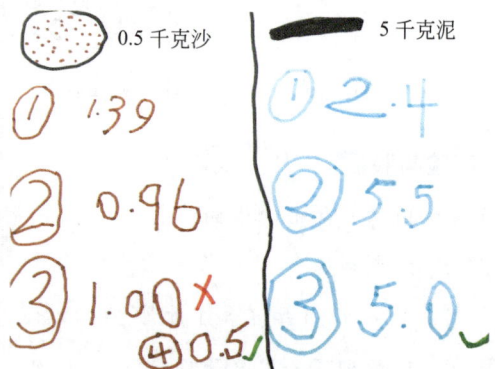
图14-59　三次称重泥沙数据记录

图 14-60 用格尺测量塔基厚度

图 14-61 往空心塔里加纸球

阶段小结与反思

（一）幼儿

在活动过程中，幼儿学会运用不同的思维地图记录傣族塔的制作步骤以及遇到的困难和解决办法。例如，幼儿借助流程图回顾与总结制作塔基、塔座、塔身和塔刹的主要步骤。通过绘制思维地图，幼儿以适当的方式表达对材料的感知和探索的过程和结果，同时也切实地感受到自身进步的轨迹。

此外，幼儿学会了使用一些日常工具，掌握了一些解决问题的方法。例如，第一组和第二组幼儿学会了如何科学测量与标记，还掌握了锯木棍和芭蕉杆的方法；第三组幼儿学会了电子秤的使用，学会运用捏泥块和搓泥条的组合方法制作傣族塔，同时探究出用改变泥质和加细沙的方法能够有效防止塔基裂开。

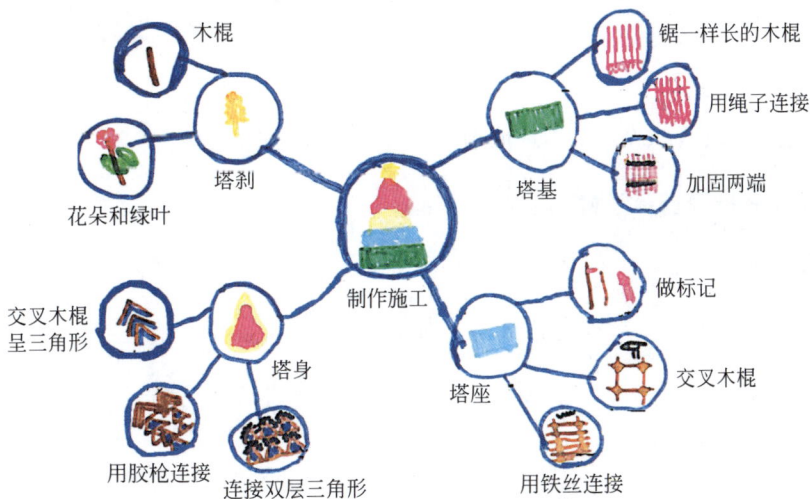
图 14-62 第一组反思气泡图

285

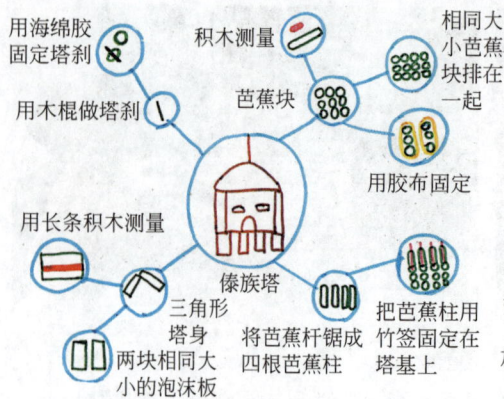

图 14-63　第二组反思气泡图

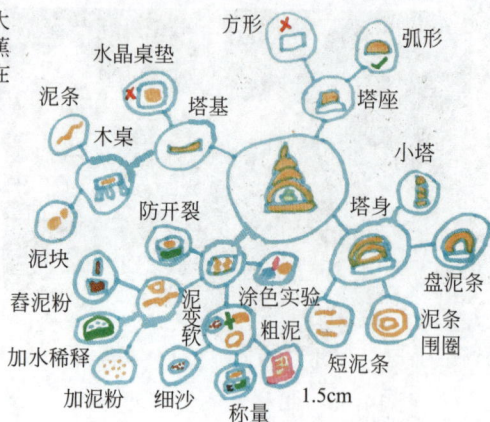

图 14-64　第三组反思气泡图

（二）教师

　　首先，教师根据幼儿的活动进展提供材料支持，即通过提供视频、图片、参访信息和科学知识等，引导幼儿找到解决问题的方法，保障活动的顺利开展。

　　其次，教师给予幼儿语言和情感支持，促使幼儿团结合作，共同克服困难。例如，在活动过程中，幼儿因想法没有被同伴采纳而出现消极情绪，教师及时耐心地对幼儿的这种情绪进行疏导，引导幼儿在活动中学会理解同伴，欣赏同伴，虚心向同伴学习。

第三阶段活动

活动一：装饰傣族塔

第一组

　　塔刹制作好了，幼儿迫不及待地想要进入装饰傣族塔的环节。

问题一：怎么把塔基变好看？

分析与讨论

翎钰：可是塔基看上去好难看，我想重新做一个！

猜想与假设

梓澜：我觉得塔基两端那些尖的木棍没有锯好。

熙熙：那我们把铁丝剪断，把不好的木棍锯掉。

实验与验证

梓澜：你拿积木对齐，我来标记。

忻玥：你一定要对齐。

翎钰：塔基太大了，我们需要多拿几个凳子。

忻玥：我来帮你扶稳塔基。

翎钰：我们先把塔基抬到凳子上吧！

忻玥：把凳子拼在一起，我就能站在上面帮你扶了。

梓澜：把塔基上散了的绳子重新绑一下。

翎钰：塔身有些木棍松了，我再粘一下。

熙熙：我去拿铁丝和工具。

翎钰：等会儿就能连接了。

　　经过幼儿的努力，木棍已经被锯得很齐了。幼儿完成了塔基和塔座的连接，接下来要开展装饰傣族塔的具体活动。

图 14-65　锯掉已标记木棍

图 14-66　加固、连接塔基和塔座

问题二：装饰傣族塔的哪部分？

分析与讨论

翎钰：木头的颜色很好看，只是橡胶籽不好看。

梓澜：我觉得装饰塔身和塔刹就可以了。

猜想与验证

忻玥：可以拿漂亮松果来装饰塔刹。

翎钰：还需要一些绿色的叶子。

忻玥：我想拿鸡蛋花来装饰。

实验与验证

熙熙：梓涵和我去找些树叶拿来装饰。

翎钰：我去拿美工区涂好色的松果。

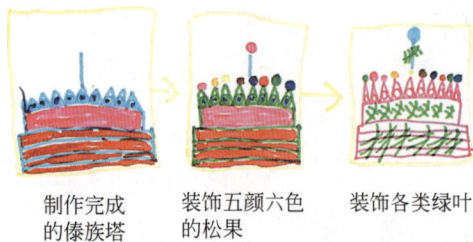

图 14-67　第一组傣族塔装饰流程图

制作完成
的傣族塔　　装饰五颜六色
的松果　　装饰各类绿叶

图 14-68　用松果装饰塔身

图 14-69　用各类绿叶装饰塔身

图 14-70　成功装饰傣族塔

第二组

幼儿已经成功完成了傣族塔的制作，为了让傣族塔看上去更加美观，幼儿决定选用一些自然材料进行装饰。

问题一：怎样让傣族塔变得更好看？

分析与讨论

南译：我们的傣族塔终于完成了。

济远：我觉得我们的傣族塔没有第一组的好看，塔身的地方只有白色泡沫板。

轩轩：我们也可以用一些材料进行装饰啊！

轩轩：我想用有叶子的鲜花。

济远：也可以用芭蕉叶，还有小芭蕉块。

实验与验证

轩轩：你们看，鲜花放上去也很漂亮啊！

济远：我把小芭蕉块放上去试试看。

子卉：芭蕉块不行。芭蕉块太重，泡沫板
　　　快被压坏了。我们还是用芭蕉叶和
　　　鲜花吧！

南译：我们先用芭蕉叶把白色的泡沫板遮起来。

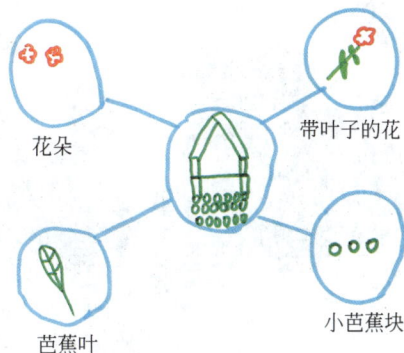

图 14-71　第三组装饰材料气泡图

问题二：怎样锯出和塔身一样大小的芭蕉叶？

分析与讨论

济远：芭蕉叶太大了，我们应该锯小一点儿。

南译：芭蕉叶必须把白色的泡沫板遮起来才好看。

轩轩：可是我们怎么做才能把芭蕉叶锯得和泡沫板一样大呢？

猜想与假设

南译：孝威，你快去把水彩笔拿过来，我们画一条线就可以锯了，像我们锯芭蕉杆
　　　那样，你看塔身的这里，你用水彩笔标记好我用手测量的位置。

实验与验证

济远：孝威画的线歪了。

孝威：太难画了，要不我们用尺子量
　　　好，然后再画。

济远：让我先量量泡沫板有多长，再在
　　　芭蕉叶上做标记。

南译：做好标记后，我来用锯子锯。

轩轩：哇，锯出来的芭蕉叶真的和塔身
　　　的泡沫板一样大。

　　　幼儿用海绵胶将装饰材料粘在芭蕉
叶上，最终把傣族塔装饰得漂漂亮亮。

图 14-72　给芭蕉叶做标记

图 14-73　测量芭蕉叶

图 14-74　装饰傣族塔

【学习品质：尽管装饰材料频繁掉落，但是幼儿并没有因此放弃装饰，而是积极探索尝试其他的固定材料，最终成功粘贴装饰材料。在这一过程中，幼儿表现出了不怕困难的学习品质。】

第三组

幼儿在第三次防开裂实验中，成功解决了泥开裂的问题，又按照计划先将小塔涂上颜色，再完成大塔身的制作。之后，幼儿开始讨论塔要涂上什么颜色。

问题一：塔要涂上什么颜色？

（分析与讨论）

权胜：我们的塔要涂上什么颜色？

芯逸：曼飞龙的塔是白色的，我们的塔也涂成白色的。

（猜想与假设）

香嫣：金色的塔很漂亮，涂金色的。

语嫣：对，告庄和大佛寺的塔就是金色的，我也同意涂金色！

霄霄：我也同意涂金色，亮闪闪的。

香嫣：做完金色的塔，我们再做一个白色的就好啦！

芯逸：好吧，我们涂个金色的塔。

（实验与验证）

幼儿分工合作，从不同的方位给塔涂上了金色的颜料。

图 14-75　将塔涂成金色

阶段小结与反思

（一）幼儿

首先，幼儿在活动过程中学会了一些基本的操作方法与技能。第一组幼儿分别使用绳子、铁丝和热熔胶固定木棍；第二组幼儿分别使用胶布、竹签来粘贴与连接芭蕉杆；第三组幼儿学会运用捏泥块和搓泥条的方法制作塔的各个组成部分。

其次，在活动过程中，幼儿学会了运用气泡图和流程图绘制出制作傣族塔需要的材料和制作步骤，并借助思维地图回顾与总结了遇到的困难和解决策略，有效提高了活动进展的速度。例如，三组幼儿分别利用气泡图和流程图绘制出塔基、塔座、塔身和塔刹的制作材料和制作步骤；第三组幼儿利用气泡图分析出了泥开裂的原因，利用流程图计划出再次搭建塔基的步骤。

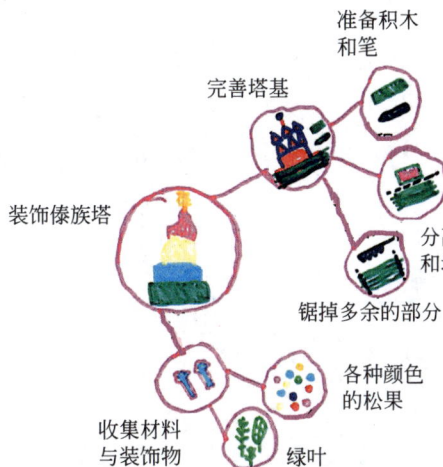

图 14-76　第一组反思气泡图

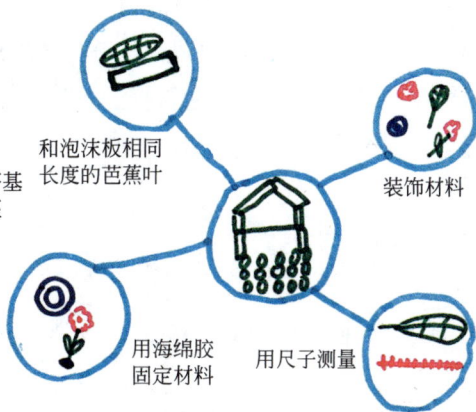

图 14-77　第二组反思气泡图

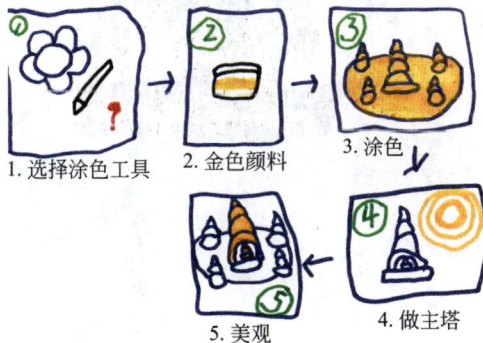

图 14-78　第三组流程反思图

最后，幼儿在遇到困难时不轻言放弃，他们相互鼓励，克服困难，并虚心向同伴学习，向老师寻求帮助。在与同伴交流的过程中，幼儿能够不断反思自身的优势与不足，在后续的活动中不断改变与完善自我。

（二）教师

首先，教师让幼儿通过亲子游玩、走访等形式，将收集到的视频、图片在交流中分享，帮助幼儿回忆塔元素，并且进一步认识和了解傣族塔的构造，为后续活动的开展奠定了基础。

其次，教师为幼儿及时提供制作过程中需要的材料和工具，以满足幼儿的探索需求。例如，教师提供了芭蕉杆、陶泥、木棍、松果、橡胶籽、透明胶、铁丝、绳子和竹签等材料，以及锯子、热熔胶枪、尖嘴钳、木锤、舂桶和尺子等工具。在这个过程中，教师在恰当的时机及时进行示范，如讲解锯子、树枝专用剪刀和电子秤的使用方法，让幼儿模仿和参照，从而获得各种生活经验和技能，并能创造性地迁移与应用到制作活动中。

最后，当幼儿受到问题困扰时，教师与幼儿主动交流沟通，提出一些发散性和聚敛性的话题，以帮助幼儿思考与整理思路。同时，在反复的实验与验证过程中，教师给予幼儿充分的鼓励与肯定等情感上的支持，建立了一个温馨和轻松的学习环境，以激发幼儿的创造性思维。

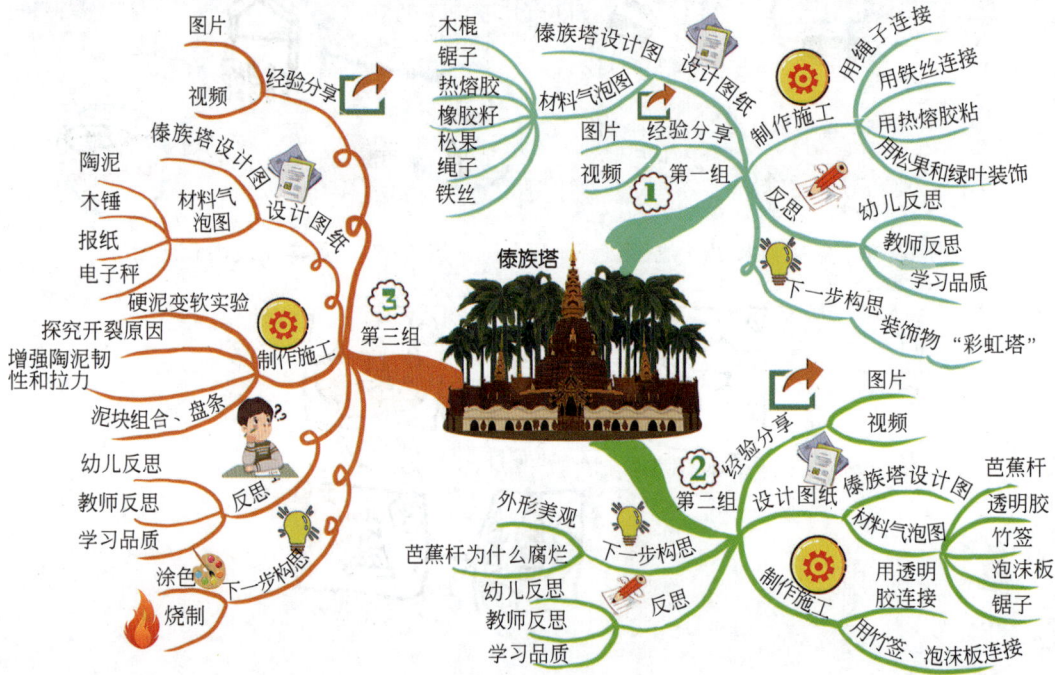

图 14-79　教师反思图

课题活动十五：小飞机

吉林省省直机关第三幼儿园　中四班　刘莹莹

（指导者：李宝英）

选题缘由

　　随着现代生活水平的提高，飞机已经成为人们生活中非常重要的交通工具之一。幼儿对飞机充满了好奇，经常提出各种各样的关于飞机的问题。看到有飞机从空中飞过，幼儿会兴奋地手舞足蹈，大叫大跳，热烈讨论关于飞机的事情，"飞机怎么能飞得那么高呀，太厉害啦！""我特别喜欢坐飞机，飞机飞得可快啦！"最近，教师发现幼儿在建构区中经常用积木和雪花片搭建各种飞机，很多幼儿在搭飞机的时候说："我搭建的飞机要是能飞起来就好啦。"幼儿对飞机非常感兴趣，渴望进一步了解关于飞机的各种知识，希望自己能做出可以飞起来的飞机。于是，教师从幼儿的学习兴趣和年龄特点出发，生成了课题活动"小飞机"。"小飞机"这一课题活动需要幼儿深入了解飞机各部分的结构，探究关于飞机的知识，亲自动手制作小飞机，寻找使小飞机飞起来的方法。可以预见，制作小飞机并使它飞起来，这是一个非常复杂的过程，幼儿会遇见大量的难题，而解决一个又一个难题的过程，会促进幼儿高阶思维的发展与解决问题能力的提升。

第一阶段活动

活动一：经验分享

教师：你在哪儿见过飞机？

雨辰：妈妈带我看过飞行表演，那里有好多大飞机。

润林：我在奶奶家见过，大飞机在天上飞。

萱萱：我在电视上看过水上的飞机。

菁菁：我去北京旅游，在飞机场见过飞机。

教师：你认为飞机像什么？

幼儿：飞机像海鸥，像蜻蜓，像蝙蝠，像蜜蜂。

教师：你知道飞机都有哪些种类吗？

教师让幼儿和家长共同收集关于飞机的资料，幼儿从家里带来了各种飞机模型和图片，

图 15-1　飞行员讲解飞机的知识

还有一些家长把关于飞机的资料做成了视频，带到幼儿园进行分享。

教师：飞机都由哪些部位组成呢？

为了让幼儿更好地回答这个问题，教师借助家长资源，邀请专业飞行员来到班级里，为幼儿详细讲解了飞机的构造与各部位的功能。

接着，教师布置了家园共育的调查任务，幼儿和家长一起查找和了解关于飞机各部位作用的资料，然后教师与幼儿共同总结梳理了飞机各部位的作用，具体如表 15-1 所示。

表 15-1　飞机各部位的外形和作用

部位	外形	作用
机头		飞行员的驾驶舱
机身		固定机翼、尾翼、起落架等部件；装载乘客和货物
机翼		保持机身平衡；产生升力；控制飞机的飞行方向
螺旋桨		产生升力
起落架		使飞机在地面或水面进行起飞、着陆、滑行和停放
发动机		为飞机提供动力
尾翼		控制飞机的飞行方向；保持机身平衡

教师：飞机各部位的作用都是什么呢？

菁菁：机身最前面的机头是驾驶室。

笑笑：机头是飞行员驾驶飞机的工作间。

鼎鼎：机身的中间部分是乘客室或装载货物的地方。

石头：机身起到连接飞机各部位的作用。

丽丽：机身后部的尾翼能使飞机在空中平稳飞行和转向。

涵涵：起落架是飞机起飞、着陆和停放的支持装置。

活动二：制订计划

教师：你们想做什么飞机？

萱萱：我们做民航客机吧，能让很多人坐的！

林林：不，我们做个直升机，迷彩的，多帅啊！

教师：那我们投票选吧。

经过投票，幼儿最终决定制作民用飞机。

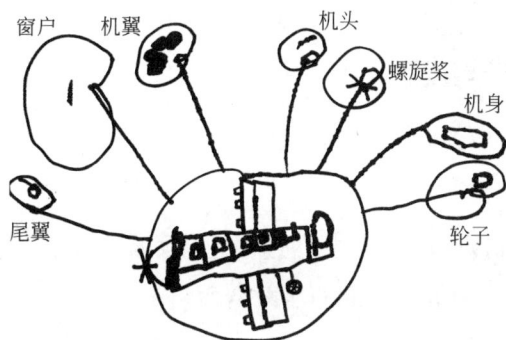

图 15-2　第一组民用飞机的设计图　　图 15-3　第二组军用飞机的设计图

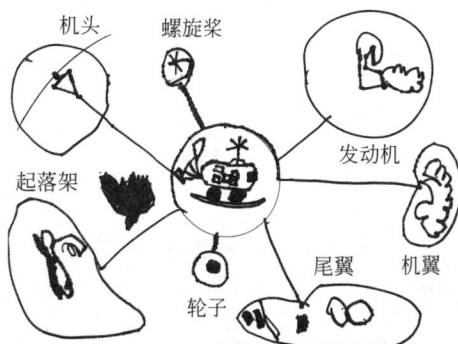

活动三：选择材料

教师：我们要用什么材料来做飞机的各部位呢？

菁菁：纸杯可以做机身。

若涵：硬纸壳也能做机身，还能在上面画画呢。

澜澜：吸管颜色多，可以用来做机翼，还能做成螺旋桨，多好看。

石头：扣子圆圆的，可以做起落架的轮子。

活动四：收集材料

在家长的支持下，幼儿从家中带来部分材料。

【**教师支持**：教师为幼儿提供充足、安全、适宜的制作飞机需要的材料。】

活动五：设计制作流程

教师：材料准备好了，咱们可以开始制作飞机了。先做哪个部位呢？

若涵：那我们先做飞机的机翼吧。

思奇：尾翼也重要，没有尾翼飞机也飞不了。

石头：那我们后面再加上尾翼，有尾翼，飞机就能稳稳地飞了。

幼儿讨论后，绘制了制作飞机的流程图。

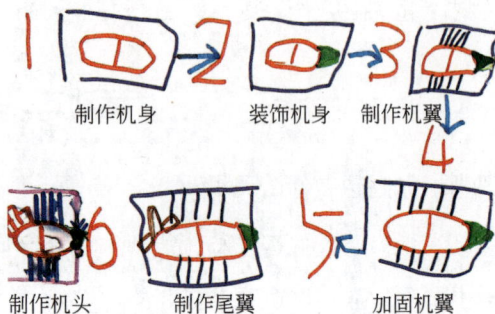

图 15-4　制作飞机的流程图

制作机身　装饰机身　制作机翼　加固机翼　制作机头　制作尾翼

阶段小结与反思

（一）幼儿

幼儿在教师的引导下对飞机的相关知识和收集材料的过程进行了反思，进一步熟知飞机结构的相关知识，并且对制作飞机的材料进行了总结。

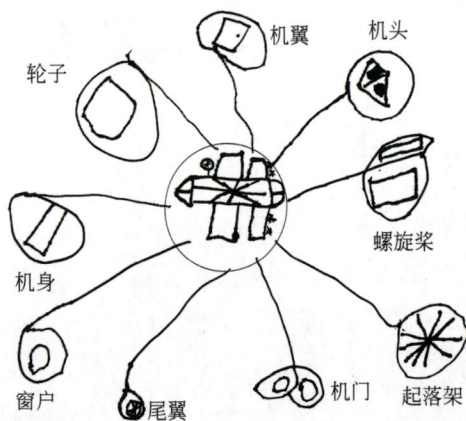

图 15-5　飞机的结构图

图 15-6　制作飞机的材料汇总图

（二）教师

首先，教师引导幼儿运用思维地图梳理自己的研究思路。教师引导幼儿运用气泡图总结不同飞机的组成结构，运用树状图概括飞机的种类，运用流程图梳理制作飞机的步骤，思维地图的使用促进了幼儿对问题的深度思考。

其次，教师通过有效提问引导幼儿深入思考。例如，教师提出"飞机像什么？"的问题，来引导幼儿思考飞机的外形特征。在教师有效提问的引导下，幼儿通过多种途径收集相关材料，为接下来制作飞机打下良好的基础。

最后，教师通过开展家园共育活动，丰富了幼儿关于飞机的知识。教师引导幼儿与家长共同收集飞机的相关材料，了解飞机的构造及各部分功用，家园共育为活动提供了知识支持。

第二阶段活动

活动一：制作机身

幼儿根据设计图，开始动手制作飞机。

涵涵：我们用一个纸杯做机身。

若涵：咱们做的机身也太小了，都没有地方加机头和尾翼了。

澜澜：那我们怎么把机身加长呢？

问题一：机身如何加长？

分析与讨论

萱萱：我们可以把多个纸杯接在一起。

雨辰：纸杯变多，机身就会长长的。

猜想与假设

石头：我们将两个纸杯底对底对在一起。

蓝心：我们粘的杯子底太小了。

孟阳：用胶棒能粘在一起。

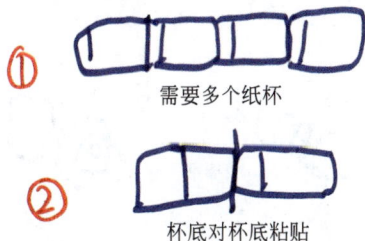

图 15-7　用纸杯制作机身的猜想图

实验与验证

幼儿使用教师提供的材料实施了讨论出的解决方案，但是发现了新的问题。

若涵：杯底有棱，这个面不容易粘贴上。

石头：我们用的纸杯太多了，机身太沉了容易倒。

石头：那减少纸杯的数量，这样机身就不会因为太沉而倒下了。

蓝心：纸杯底有棱，又窄又不平，将杯底对杯底粘在一起，机身刚粘上就倒下了。

蓝心：杯子底太小，所以粘不住。

教师：那看看纸杯能不能调整一下。

石头：可以杯口对杯口进行粘贴，杯口和杯口的接触面要比杯底对杯底的大。

孟阳：用别的胶吧，换成透明胶。

【教师支持：当幼儿发现纸杯粘贴存在问题时，教师引导幼儿进行充分思考，鼓励幼儿相互协助，并给幼儿提供更多纸杯和粘贴纸杯所需的工具。**】**

教师：是什么原因导致机身无法加长？

　　幼儿经过反思和讨论，绘制了思维地图，总结了机身无法加长的原因。

教师：是什么原因导致在加长机身时杯子容易倒？

若涵：杯子数量太多了，机身太重了就容易倒。

教师：你们怎么解决这些问题？

石头：纸杯太多了容易倒，我们减少了纸杯数量。

小马：澜澜在粘贴的过程中发现了杯底和杯口的区别，我们决定粘贴杯口。

美美：用胶棒粘贴不牢固，我们换成了透明胶。

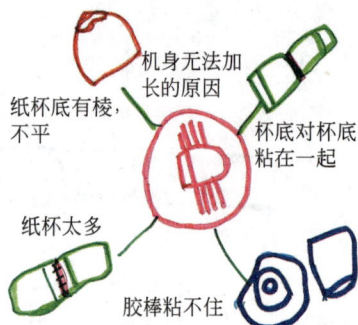

图 15-8　机身无法加长的原因总结图　　　图 15-9　机身无法加长的解决策略总结图

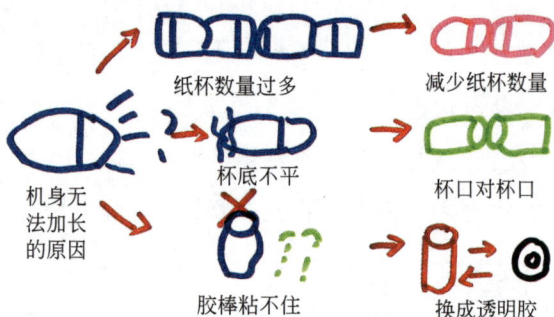

活动二：制作机翼

　　做好了机身之后，幼儿继续制作机翼，并共同讨论制作方法。

小马：我们用吸管做机翼。

孟阳：吸管太细，我见过的飞机翅膀都宽宽的。

教师： 那我们可以怎样调整机翼呢？

美美： 可以把几根吸管粘到一起，加宽机翼。

雨辰： 我坐飞机的时候，看见飞机的两个翅膀一样长。我们的机翼怎么不一样长？

问题一：机翼如何对称？

分析与讨论

鼎鼎： 我们剪一剪，让它们一样长。

雨辰： 我看爸爸在家剪东西时先用尺子量，就能想剪多长剪多长。

若涵： 我有一次看见妈妈在家量东西，是用手量的。

【经验迁移：幼儿将生活中见过的与测量有关的经验迁移到活动中，用来测量机翼的长度，从而制作出长度相同的机翼。】

猜想与假设

教师： 那我们都可以用哪些方法来测量机翼的长度呢？

丽丽： 可以用眼睛量，可以用小手当尺子量，还可以用尺子量。

菁菁： 那我们就用手量一量。

澜澜： 我们可以找一个长短最合适的吸管，照着它剪。

用眼睛量　　　　用小手当尺子量　　　　用尺子量

图 15-10　测量方法的汇总图

实验与验证

　　幼儿根据讨论出的方法去测量和裁剪吸管，但是在剪完吸管后，他们发现剪出的吸管长短不一。幼儿针对这个新问题进行了讨论。

石头： 有的吸管剪完太短，有的吸管剪完又太长，粘在一起就不齐了。

雨辰： 把剪好的吸管放在桌子上，一个挨一个排成一排，把不一样长的挑出来再剪。

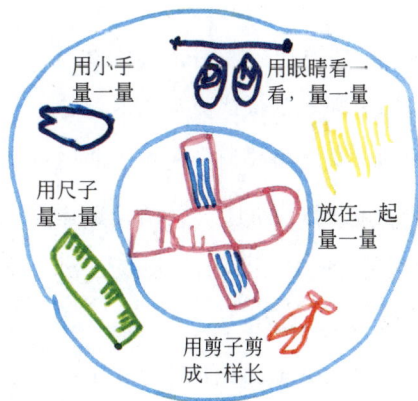

图 15-11　机翼不对称的解决策略图

教师协助幼儿测量和剪吸管，最终使两边机翼变得一样长了。

【**教师支持：**在幼儿无法确定机翼长短时，教师引导幼儿运用各种方法进行测量，并协助幼儿剪吸管，使两边机翼一样长。】

教师：你们是怎么做出了合适的机翼呢？

幼儿反思制作机翼的过程，梳理总结了制作出合适的机翼的方法。

活动三：制作机头

轩轩：我们把纸卷成尖尖的机头，飞机像火箭一样，飞得肯定快。

乔乔：我见过的机头是圆锥形的。

萱萱：那什么形状的纸能卷成尖尖的圆锥形机头呢？

问题一：如何将纸卷成尖尖的圆锥形机头，与机身连接？

分析与讨论

萱萱：正方形的纸能卷成尖尖的。

乔乔：长方形的纸卷得更尖。

轩轩：圆圆的纸容易卷。

雨辰：三角形的纸本来就有尖儿，直接卷就行。

猜想与假设

幼儿讨论后，绘制了飞机机头的设计图。

实验与验证

幼儿按照设计图开始制作机头。幼儿先将长方形的纸折成正方形，可是正方形的纸没办法卷成尖尖的圆锥形机头，幼儿又将长方形的纸折成了三角形，可发现三角形的纸卷得很小，根本无法与机身连接。

萱萱：那我们试试圆形能不能行。怎么画圆呢？

鼎鼎：我看用咱们班建构区的奶粉桶的底就行，咱们可以把它拓印下来。

【**经验迁移：**幼儿将以前活动中拓印画的经验迁移到了画圆的过程中。幼儿将奶粉桶底部涂上颜料，在纸上拓印出圆的形状，然后再剪出与奶粉桶底同样大小的圆形。】

鼎鼎：机头比机身大了，又该粘不上了。

明阳：那我们再把圆剪小一点儿。

幼儿在教师帮助下反复裁剪，终于裁剪出大小合适的圆并做出机头，又将机头粘在了机身上。

【学习品质：幼儿在探索制作机头的过程中，尝试使用各种形状的纸去折出合适的机头，最后确定了使用圆形的纸，又通过反复尝试确认好合适的圆形尺寸。在这一过程中，幼儿表现出敢于探究和尝试的学习品质。】

【教师支持：当幼儿发现问题时，教师鼓励幼儿充分思考并与他人交流合作，并为幼儿提供折圆锥的方法。幼儿小肌肉动作发展不完善，教师在幼儿有困难时帮助幼儿剪出形状合适的纸。】

教师：做机头时你们遇到了什么问题？你们是怎么解决的？

石头：长方形的纸无法卷成圆锥，还有一开始的纸太软，容易坏。

美美：我当时想到可以直接用硬卡纸卷，但是硬卡纸太硬，不容易卷成形。

萱萱：我们改用圆形的纸来卷机头。

阳阳：机头卷好了以后，在连接机身的时候，我们发现机头纸筒和机身纸杯的口对不上，我们就重新剪出了大小合适的圆形纸。

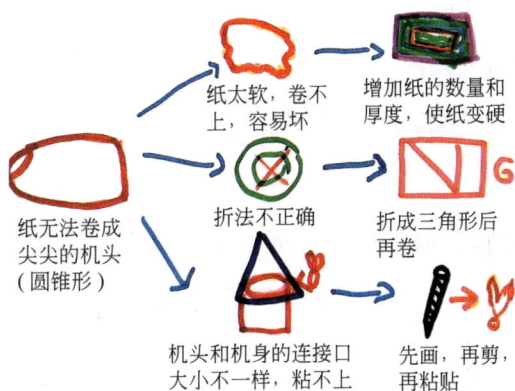

图 15-12　机头不尖的解决策略图

活动四：制作起落架

幼儿经过讨论，绘制了制作起落架的流程图和所需材料图，并在教师的带领下收集到所需材料。

问题一：怎么让扣子像轮子一样转动？

分析与讨论

鼎鼎：把两个扣子粘贴在一起。

洋洋：扣子粘住了就完全动不了了。

教师：那有什么好办法，能让扣子像轮子一样转动起来？

林林：我们不能用胶粘。

萱萱：我觉得可以把吸管插在扣眼儿里。

苑苑：把两根吸管插进两个扣眼儿里，扣子应该能转动。

实验与验证

幼儿实施了自己的猜想，但是发现把两根吸管插进有两个扣眼儿的扣子里，这个方法行不通。

教师： 你们做的轮子的结构和起落架轮子的结构不太一样，该怎么解决呢？

圆圆：用一个扣眼儿的扣子试试呢？

幼儿选择了一个扣眼儿的扣子进行尝试，发现这种扣子插上吸管后能够转动。

【学习品质：第一次制作出的起落架轮子不能转动，幼儿仔细观察，积极思考，寻找解决问题的办法，最终成功地解决了这个问题。在这一过程中，幼儿表现出了积极主动的学习品质。】

教师： 为什么我们一开始做起落架轮子的时候失败了呢？

佳佳：我们不应该用两个扣眼儿的扣子，后来换成一个扣眼儿的扣子就成功了。

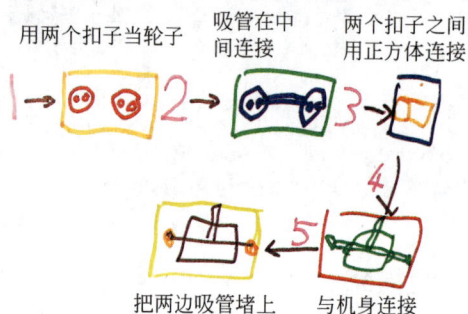

图 15-13　制作起落架的步骤图

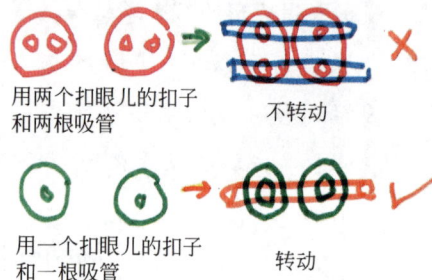

图 15-14　起落架制作失败的原因总结图

问题二：怎么制作轮子中间的连接部位？

分析与讨论

小朱：我见起落架轮子中间有个方方的东西，能支住飞机。

轩轩：我见过中间的连接部位，是正方形的。

琪琪：不是，它有好几个面，那是正方体。

【教师支持：教师帮助幼儿查找正方体的图片和制作方法，为幼儿提供参考。】

猜想与假设

孟阳：用画纸做，好粘。

美美：但画纸太软，容易坏，还容易塌。

教师：你说的对，太软的纸不牢固。

小朱：用硬纸结实，不会被机身压坏。

若涵：我看可以用饼干盒。

小马：可以用锥子扎洞，然后把吸管伸进连接部位。

实验与验证

　　幼儿根据讨论的方案制作轮子中间的连接部位，但是遇到了新的问题。

教师：你们发现什么问题了？

菁菁：这样轮子不挨地了。

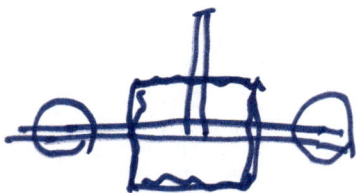

图 15-15　用饼干盒制作连接部位图

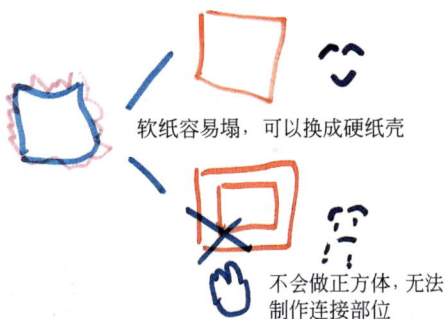

软纸容易塌，可以换成硬纸壳

不会做正方体，无法制作连接部位

图 15-16　制作正方体的总结图

问题三：怎么让轮子接触地面滚动？

分析与讨论

鼎鼎：是不是咱们做的正方体太大了？

小马：不对，是轮子装得太高了，没挨地。

猜想与假设

菁菁：把轮子往下放，轮子离地就近了。

石头：那吸管就得往下调，才能让轮子挨地。

洋洋：也可以把高的那边的吸管剪短，吸管短了，轮子就能挨地了。

蓝心：那不行，轮子会不会掉下来？

教师：那怎么让轮子既能转动起来又不掉呢？

萱萱：把吸管两边堵上。

洋洋：用橡皮泥把吸管两头粘上。

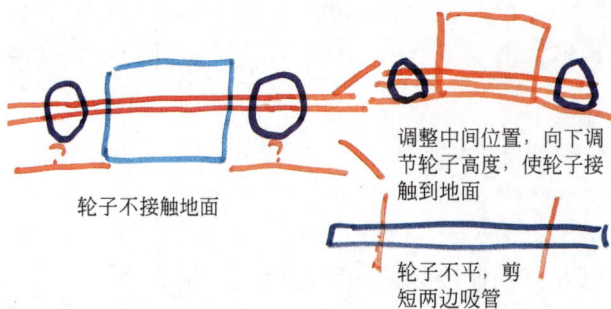

轮子不接触地面

调整中间位置，向下调节轮子高度，使轮子接触到地面

轮子不平，剪短两边吸管

图 15-17　如何调整轮子位置的总结图

图 15-18　制作起落架

实验与验证

幼儿根据猜想对起落架进行改进，并反思不成功的原因。

教师：我们刚才为什么没有成功呢？该怎么改进？

小马：轮子不接触地面，是因为我们没有找好安装吸管的位置。

萱萱：做的时候吸管太长，所以轮子容易晃动。

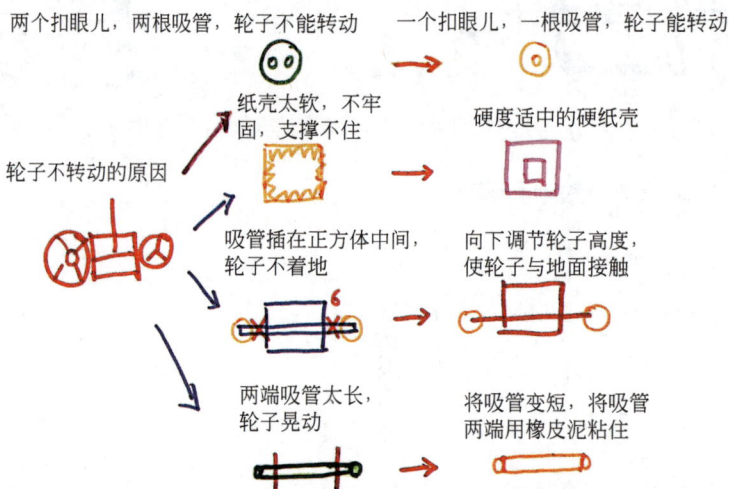

两个扣眼儿，两根吸管，轮子不能转动　　　一个扣眼儿，一根吸管，轮子能转动

轮子不转动的原因

纸壳太软，不牢固，支撑不住　　　硬度适中的硬纸壳

吸管插在正方体中间，轮子不着地　　　向下调节轮子高度，使轮子与地面接触

两端吸管太长，轮子晃动　　　将吸管变短，将吸管两端用橡皮泥粘住

图 15-19　轮子不转动的原因及解决策略总结图

活动五：制作尾翼

幼儿经过讨论，绘制了制作尾翼的流程图和所需材料图，并在教师的带领下收集到所需材料。

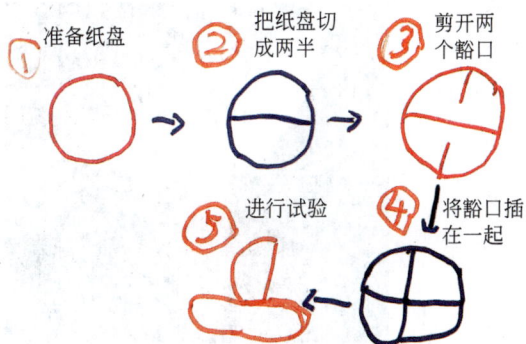

图 15-20　制作尾翼的流程图

图 15-21　制作尾翼材料的汇总图

问题一：怎样剪出两半一样的纸盘?

分析与讨论

丽丽：我们剪的两半纸盘不一样大了，得想想办法。

猜想与假设

洋洋：可以把纸盘从中间剪成两半。

妹妹：从纸盘边上剪下一个小条，把它铺在纸盘中间当尺子，沿着它剪。

洋洋：然后用胶粘住晃动的地方。

丽丽：纸盘硬，胶粘不住，可以把一块纸粘在晃动的地方，就固定住了。

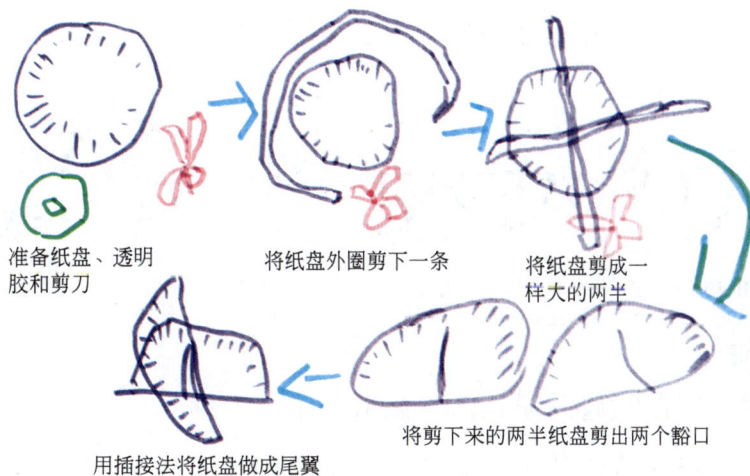

准备纸盘、透明
胶和剪刀

将纸盘外圈剪下一条

将纸盘剪成一
样大的两半

将剪下来的两半纸盘剪出两个豁口

用插接法将纸盘做成尾翼

图 15-22　制作尾翼的流程图

实验与验证

　　幼儿将讨论的方法付诸实践，成功地制作出大小合适的尾翼，但是制作出的尾翼无法稳当地立在桌面上。

问题二：为什么尾翼不能稳当地立在桌面上？

分析与讨论

洋洋：把不平的地方剪掉，再用胶粘住有缝的
　　　地方，晃动的地方就能固定住了。

教师：你们看看老师这个立起来了吗？你发现
　　　了什么？

1. 把纸盘不平
的地方剪一剪

2. 用胶粘有缝
的连接处

图 15-23　尾翼立不住的解决策略图

【**教师支持：**教师展示运用插接方法制作后立起来的纸，请幼儿对比观察，思考为什么他们制作的纸盘插接后立不起来。】

猜想与假设

洋洋：纸盘的底下不平，不能挨着桌子。

石头：那我们把它剪平呢？

润林：我们把插口再剪大一点儿，往里插一插，纸盘就能和桌子挨上了。

洋洋：把边上加厚，纸盘就能固定了。

教师：那为什么会这样呢？

菁菁：因为我们没有看到纸盘底部是不平的。

润林：我们一起想办法，把尾翼调整一下就行了。

图 15-24　改变插接口方向图

图 15-25　用厚纸固定插接纸盘图

实验与验证

　　幼儿将猜想付诸实施，成功制作出合适的尾翼。

教师：我们一起来总结一下刚才尾翼立不起来的原因吧。

洋洋：因为纸盘底部没有挨着桌面。

石头：纸盘连接的地方也没有粘牢。

图 15-26　粘贴固定插接纸盘

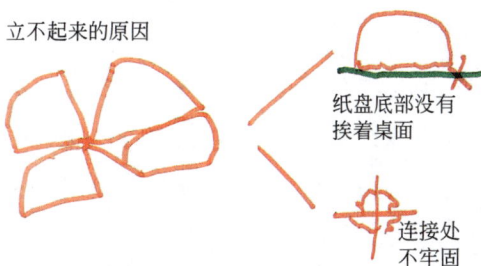

图 15-27　尾翼立不起来的原因总结图

问题三：为什么幼儿制作的尾翼和真正的飞机尾翼基本结构不一样？

分析与讨论

林林：咱们这个尾翼怎么多了一块儿呢？

教师：你们再仔细观察一下你们做的尾翼。它和飞机模型的尾翼哪里不一样？

石头：我们下面多了一块儿。

猜想与假设

涵涵：把多的这一块儿剪下来吧。

菁菁：那其他地方会不会掉下来呢？

实验与验证

　　幼儿按照讨论的方案，剪掉尾翼上多余的一部分。

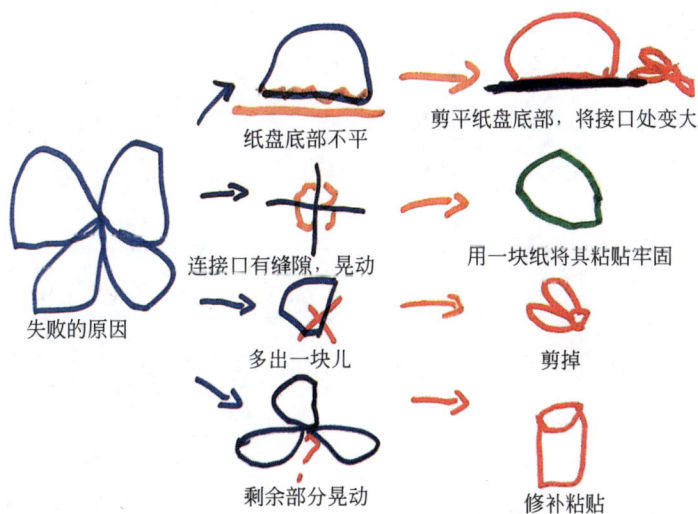

图 15-28　尾翼制作失败的原因及改进方法图

涵涵：剪掉这一块儿就成功啦。

菁菁：尾翼都在飞机后面，就安在这里吧。

林林：行，那我们拿胶粘。

教师： 我们一开始为什么没有成功呢？

菁菁：纸盘底下不平，接触不到地面。

丽丽：菁菁的办法很好，在每个拼插的地方贴上纸就成功了。

阶段小结与反思

（一）幼儿

在制作机身、机翼、机头、起落架和尾翼的每一个小活动结束后，幼儿都对制作过程中出现的问题和解决方法进行了反思，并对制作过程进行改进，成功地制作出了小飞机。

（二）教师

首先，教师带领幼儿通过绘制思维地图梳理制作过程，对活动中出现的问题和解决方法进行反思与总结。这增强了幼儿对活动的兴趣，提升了幼儿的反思能力，发展了幼儿积极主动、不怕困难与敢于探究和尝试等良好的学习品质。

其次，教师给幼儿提供了充足、安全、适宜的材料，引导幼儿运用多种材料解决实际问题，幼儿灵活地运用丰富的材料制作了飞机的各组成部位。

再次，教师在幼儿遇到无法对比材料长短的问题时，引导幼儿观察测量的方法，为幼儿提供对比长短的方法，促进幼儿的经验迁移。

最后，教师营造了轻松的活动氛围，给予幼儿充分表达、分享和交流的机会，从而使幼儿大胆、灵活地运用各种方法去解决问题，提高了幼儿解决问题的能力。

第三阶段活动

萱萱：咱们做的飞机能滑行了，但怎么飞不起来呢？

林林：我们用什么东西能让飞机飞起来呢？

丽丽：气球能让飞机飞起来。

菁菁：可以把气球吹起来，绑在飞机上。

硕硕：我家有氢气球，能让飞机飞起来。

澜澜：皮筋有弹力，把皮筋拉好长再松开，也能让飞机飞起来。

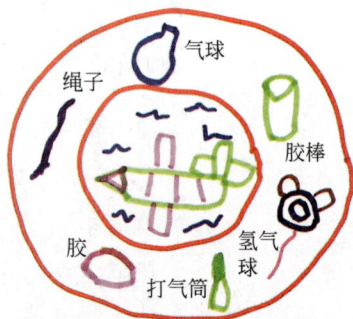

图 15-29 让飞机飞起来的工具汇总图

活动一：气球实验

教师：我们该怎么用气球让飞机飞起来呢？

轩轩：要先用绳子把气球绑在飞机上，再想办法用气球让飞机飞起来。

问题一：气球怎么无法带动飞机飞起来？

【猜想与假设】

澜澜：飞机怎么不动啊？是不是气球得有气出来，飞机才能飞？

轩轩：我有一次在家里看到爸爸把气球扎破了，气球就飞起来了。

丽丽：那我们把气球扎破。

石头：用什么扎啊？

丽丽：用锥子扎吧。

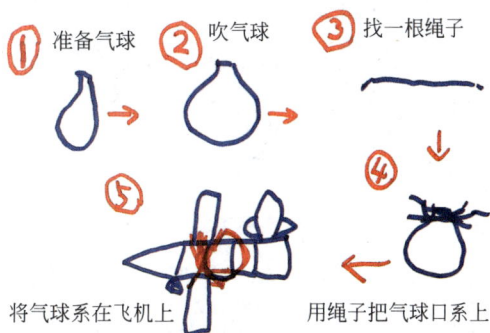

图 15-30　气球带动飞机飞行的流程图

【经验迁移：幼儿将生活中使气球飞起来的经验迁移到活动中，去解决如何让气球带动飞机飞行的问题。】

【实验与验证】

　　幼儿按照讨论结果用锥子扎破气球，想让气球带动飞机飞行，但是飞机并没有飞起来。

轩轩：飞机太重了，气球的气都没了，飞机也没动。

教师：刚刚你们发现了什么？

轩轩：气球的气放得太慢，没法带动飞机飞行。

丽丽：飞机太沉了，气球太轻了。

问题二：如何解决气球被锥子扎破后喷出来的气流过小的问题？

【分析与讨论】

丽丽：扎破的口太小了，气球的气出来得太慢。

菁菁：气球口大，那我们可以不用绳子扎气球口，从气球口出气比较快。

萱萱：用手捏着气球，想松手的时候就松手。

【猜想与假设】

轩轩：我们可以先把一个气球粘到飞机上。

澜澜：你们捏住气球，要不气都没了。

萱萱：粘好了以后我们一起松手。

实验与验证

幼儿根据讨论的结果，把一个气球粘到飞机上，然后一起松手，但是飞机并没有飞起来。

菁菁：没飞起来呀，还是飞机太沉了。

丽丽：气不够多，一个气球太少了。

教师：那怎么增加气球的气呢？

萱萱：我们多加两个气球。

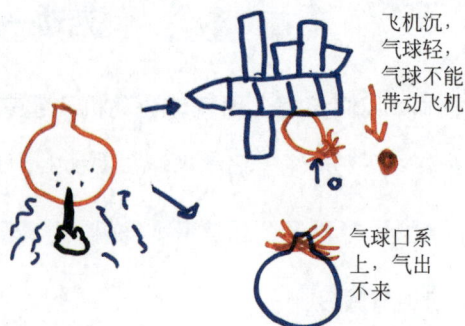

飞机沉，气球轻，气球不能带动飞机

气球口系上，气出不来

图 15-31　气球带动飞机飞行失败原因图

幼儿在飞机上粘了更多的气球，然后一起松手，飞机成功飞行了一小段距离。

教师：多加了气球，飞机就能飞起来了，这是为什么呢？

澜澜：我们多加了气球，气多了，飞机就飞起来了。

菁菁：之前气球的气太少，带不动飞机。

丽丽：我们一起松手，气球的气一起出去，飞机就能飞起来了。

图 15-32　多加气球进行实验

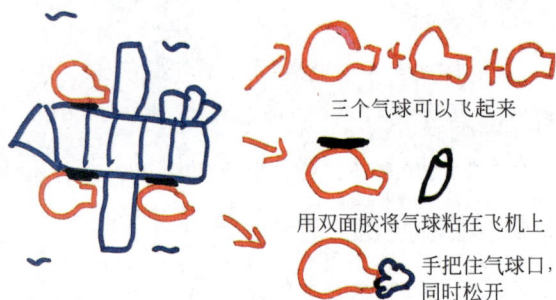

三个气球可以飞起来

用双面胶将气球粘在飞机上

手把住气球口，同时松开

图 15-33　多加气球实验成功的原因图

活动二：氢气球实验

问题一：氢气球是否能让飞机飞起来？

分析与讨论

丽丽：有一次我不小心一撒手，氢气球就飞了。

菁菁：妈妈跟我说过氢气球危险，遇到火容易爆炸。

萱萱：氢气球跟气球一样，都能让飞机飞起来。

洋洋：儿童节的时候我妈给我买了一个小鸭子氢气球，我带来试试。

猜想与假设

幼儿猜想，把氢气球粘到飞机上，然后松开把住气球口的手，氢气球喷出来的气就能带动飞机飞起来。

实验与验证

幼儿根据猜想进行了操作，飞机成功地飞了起来。

教师： 你发现了什么？

菁菁：氢气球能让飞机一直飞。

鼎鼎：普通气球需要很多只才能让飞机飞起来。

教师： 氢气球可以飞起来，是因为氢气球里充满了氢气，氢气的密度小于空气。你们觉得用氢气球和普通气球让飞机飞行的区别在哪里？

【科学原理：氢气的密度小于空气的密度。氢气由氢分子组成，而空气的主要成分是氮气与氧气，氢分子质量较小，所以氢气球可以在空气中飞起来。】

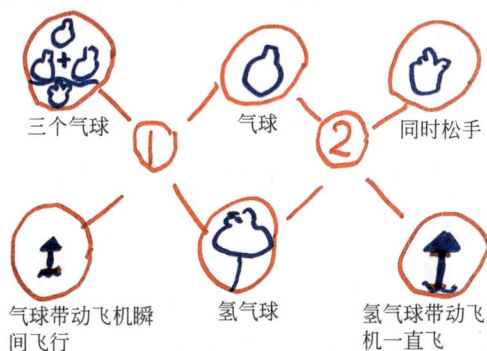

图 15-34 普通气球和氢气球实验对比图

问题二：如何让飞机沿着固定路线飞行？

分析与讨论

佳佳：飞机虽然飞起来了，可它怎么乱飞呢？我坐的飞机可不这样。

硕硕：飞机飞的时候都有固定路线，驾驶员叔叔按照固定路线驾驶飞机。

萱萱：可以在飞机上安装遥控器，我们遥控它，飞机就不乱飞了。

丽丽：那不行，我们没有遥控器。

教师： 我们能用什么东西做个固定路线，让飞机沿着它飞？

菁菁：我们可以用绳子做个固定路线，让飞机沿着绳子飞行，它就不乱飞了。

图 15-35　幼儿收集到的不同材质的绳子

猜想与假设

硕硕：我们可以用结实的绳子做固定路线，把飞机连在绳子上。

菁菁：要粗一点儿的绳子。

澜澜：绳子剪长一些，飞机飞得就远。

丽丽：麻绳不行，有毛，太粗糙了，飞机动不了。

鼎鼎：用滑滑的绳子，我跟妈妈去坐的缆车上的绳子都是滑滑的。

菁菁：把绳子粘到飞机上。

【**科学原理**：摩擦力与物体表面粗糙程度的关系。粗糙的绳子摩擦力大，阻力大。光滑的绳子摩擦力小，阻力小。要使飞机顺利飞行，需要用光滑的绳子减小摩擦力。】

实验与验证

　　幼儿根据讨论结果把绳子粘到飞机上，但是飞机无法移动。

教师：为什么飞机在绳子上动不了呢？

丽丽：胶把飞机粘住了。

轩轩：我们这个办法不行，不能用胶，得想别的办法。

图 15-36　绳子实验

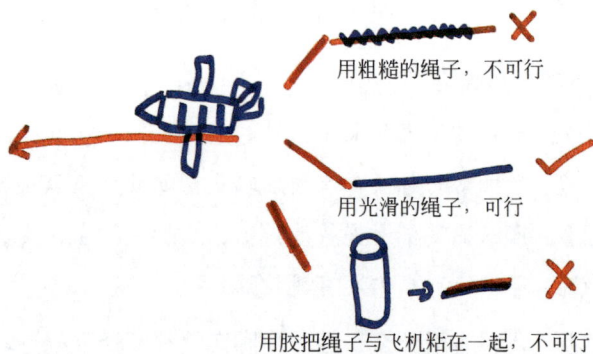

用粗糙的绳子，不可行

用光滑的绳子，可行

用胶把绳子与飞机粘在一起，不可行

图 15-37　绳子实验总结图

问题三：怎么让飞机在绳子上滑动？

【分析与讨论】

丽丽：要是绳子上有滑轮，飞机是不是就能动了？

萱萱：起落架就有轮子，所以能动。

【猜想与假设】

涵涵：我们可以做个圈儿，用圈儿套着飞机，飞机就能往前滑。

鼎鼎：可以把纸卷成圈儿。

丽丽：纸太软了，套上绳以后，纸就坏了。

吉吉：可以把透明胶剪成一段一段的。

萱萱：然后卷起来变成透明胶圈儿。

【实验与验证】

幼儿制作了透明胶圈儿并将它安装到飞机上，成功地让飞机在绳子上滑动起来。

教师：你们发现了什么？

萱萱：有了透明胶圈儿，飞机就更容易滑动了。

菁菁：我发现圈儿必须要光滑，还得轻，要不飞机更沉了。

【学习品质：幼儿想让飞机沿着固定路线飞行，主动尝试使用各种不同材质的绳子，最终找到了摩擦力最小的钓线。在这个过程中，幼儿表现出积极主动的学习品质。】

图 15-38　透明胶圈儿实验

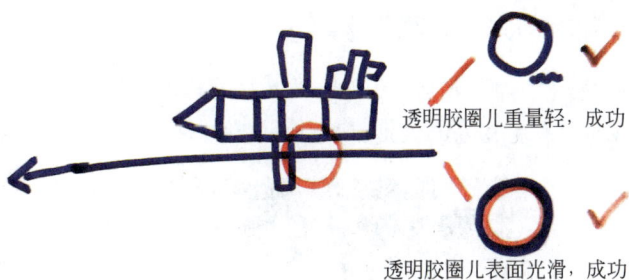

透明胶圈儿重量轻，成功

透明胶圈儿表面光滑，成功

图 15-39　透明胶圈儿实验总结图

活动三：皮筋实验

幼儿在讨论后，绘制了用皮筋使飞机飞起来的实验流程图。

图 15-40　皮筋实验的流程图

准备皮筋　　　皮筋加长　　　把皮筋套在飞机上　　　皮筋向后拉

问题一：皮筋弹力不够怎么办？

分析与讨论

菁菁：皮筋有弹力，越使劲儿拉弹力越大。

佳佳：我看过动画片里的小动物玩儿弹弓，弹弓一拉就能把球射出去。

萱萱：弹弓上面有皮筋，还有个能挂住皮筋的地方。

【教师支持：教师查找弹弓的图片和相关知识，让幼儿观察和了解。】

猜想与假设

鼎鼎：一个皮筋力量太小，我们的飞机又大又沉。

涵涵：那我们多加几个皮筋，劲儿就能大了。

实验与验证

　　幼儿在飞机上安装皮筋，并在安装过程中进行改进。

轩轩：我们先系一个皮筋，看够不够长。

石头：不够长，还是短，再多系点儿吧。

萱萱：得两个人拉着皮筋的一头，再拉着飞机。

教师：你们刚刚发现了什么？

丽丽：皮筋弹力大，多加些皮筋弹力更大。

涵涵：我把皮筋套在起落架上然后松手，飞机没弹出去。

图 15-41　把皮筋套在飞机上进行实验

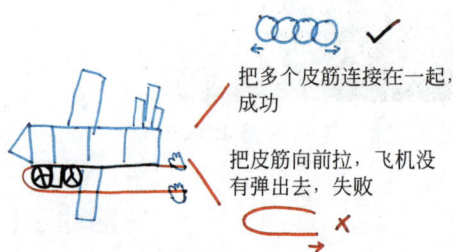

把多个皮筋连接在一起，成功

把皮筋向前拉，飞机没有弹出去，失败

图 15-42　皮筋实验总结图

问题二：怎么让飞机朝着固定方向飞出去？

分析与讨论

教师：为什么刚才飞机没有往你们想要的方向飞呢？

菁菁：因为我们手拉得太紧了。

丽丽：不是，飞机应该往前飞，我们这么拉，飞机出不去。

萱萱：我们拉的方向不对，我们反过去拉试试。

教师：没错，你们说对了，是方向问题。

猜想与假设

澜澜：把皮筋反着套可不可以？

菁菁：那把皮筋反着套试试。

实验与验证

　　幼儿把皮筋按照与原来相反的方向套在飞机上并用力拉皮筋。

涵涵：我们面对飞机头往外拉。

西西：发射！

教师：你们怎么解决了这个问题呢？

丽丽：我们把拉皮筋的方向改过来就好了。

萱萱：石头想法多，再加上我们合作得好，才成功的。

把皮筋向前拉，弹力向后，飞机未弹出去，失败

把皮筋向后拉，弹力向前，飞机向前飞，成功

图 15-43　把皮筋向后拉进行实验　　　　图 15-44　皮筋实验总结图

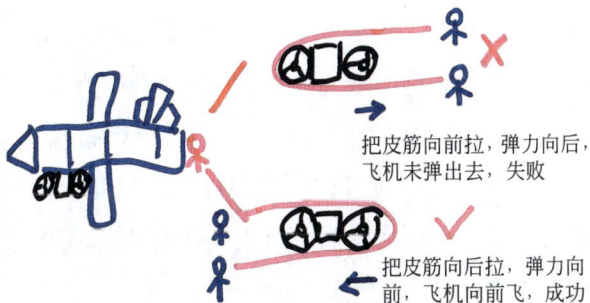

【学习品质：幼儿通过反复尝试，认真观察拉皮筋的方向和飞机飞行方向的关系，从而适当调整拉皮筋的方向。在这个过程中，幼儿表现出了认真专注的学习品质。】

阶段小结与反思

（一）幼儿

教师带领幼儿借助思维地图对此阶段的活动进行了反思。幼儿总结了飞机飞不起来和飞机能飞起来的原因，并对制作的飞机进行改进。

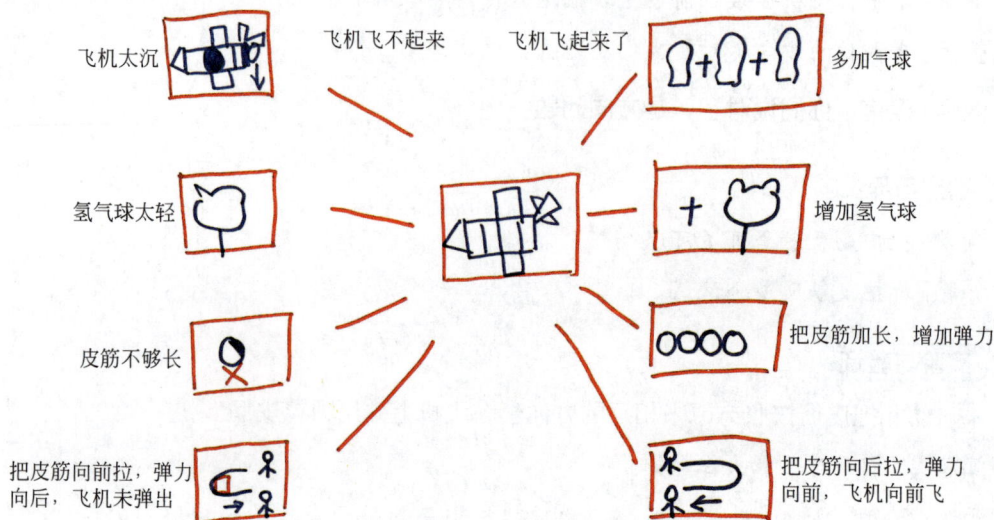

飞机太沉　　　　飞机飞不起来　　　飞机飞起来了　　　多加气球

氢气球太轻　　　　　　　　　　　　　　　　　　　　增加氢气球

皮筋不够长　　　　　　　　　　　　　　　　　　把皮筋加长，增加弹力

把皮筋向前拉，弹力向后，飞机未弹出　　　　　　把皮筋向后拉，弹力向前，飞机向前飞

图 15-45　飞机飞行的成败原因总结图

（二）教师

首先，教师引导幼儿运用思维地图不断反思自己的活动过程，总结出现的问题并进行及时调整和改进，支持幼儿成功地解决了活动过程中遇到的困难。

其次，教师引导幼儿了解活动中涉及的科学原理，如空气与氢气的密度和摩擦力等科学原理，使幼儿的科学素养得到提高。

再次，教师通过提供各种材料，帮助幼儿通过经验迁移去解决问题。例如，教师提供奶粉桶和颜料等材料，帮助幼儿将美工活动拓印的经验迁移到解决问题的过程中，成功地剪出了合适的圆形。

最后，教师在活动过程中的积极反馈使幼儿保持了很高的学习热情。在活动中，教师经常针对幼儿的表现进行评价与反馈，不断激励幼儿，使幼儿保持浓厚的学习兴趣和高涨的探究热情，坚持不懈地分析问题、解决问题。在幼儿反复尝试各种使飞机飞起来的方法的过程中，幼儿表现出认真专注、不怕困难、敢于探究与尝试、乐于想象和创造的学习品质。

课题活动十六：多彩的服装

云南省人民政府办公厅圆通幼儿园　中七班　张红娟　周奇艺　万秋盈
（指导者：兰元青　番婷）

选题缘由

　　交通城里的小木屋是幼儿最喜欢去的地方，在那里他们可以玩各种各样的游戏，幼儿最喜欢的就是装扮游戏。这天他们又来到了小木屋，正准备穿衣服时，月月惊讶地说："衣服怎么坏了？"这引起了幼儿的关注，大家都围了上来。翔翔说："这顶帽子上还有几个洞洞！"妞妞说："孔雀裙有点儿小了，穿不上！"琳琳说："哎呀！衣服都不能穿了，还怎么玩游戏呀？"针对这一问题，幼儿们展开了激烈的讨论。鲁鲁说："我们可以从家里带衣服来！"月月说："可以把坏的地方缝起来！"宁宁想了想说："我有个好主意，我们自己做衣服吧。""没有合适的衣服穿"是幼儿在游戏中遇到的真实问题，也是他们迫切需要解决的、有一定挑战性的问题。基于幼儿"做中学、玩中学、生活中学"的学习特点，以及制作衣服的活动对于提升幼儿创新能力、问题解决能力、人际交往能力等有重要的价值，我们决定追随幼儿，开展"多彩的服装"这一课题活动。

第一阶段活动

活动一：经验分享

问题一：生活中你见过哪些款式的服装？

分析与讨论

宁宁：我见过防晒衣，是薄薄的、光滑的。

翔翔：我穿过短裤和短袖 T 恤。

妞妞：我还穿过公主裙。

琳琳：我见过衣服上的披风。

交流后，幼儿绘制了有关服装款式的思维地图。

教师：这些服装一样吗？哪里不同？

雯雯：我的衣服上有彩色的圆点，妞妞衣服上有爱心。

月月：我的衣服上有字母。

宁宁：衣服上还有口袋。

鲁鲁：我的裤子上有裤包。

翔翔：衣服上还有帽子。

交流后，幼儿绘制了有关服装装饰的思维地图。

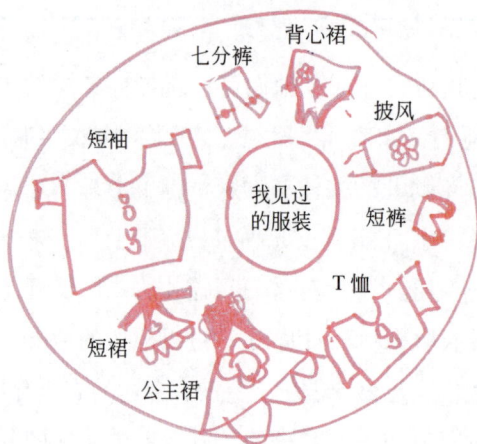

图 16-1　服装款式图

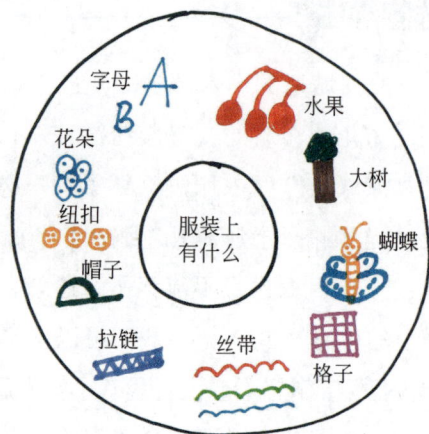

图 16-2　服装装饰图

在交流中教师发现，幼儿对服装的经验表现为直接感知的花纹、图案、常见款式等，为了丰富幼儿的原有经验，教师决定开展家园同构活动。

通过家园同构活动，幼儿了解了更多款式的服装，并对服装的面料、做工等也有了粗浅的了解，在此基础上教师与幼儿继续进行交流分享，不断丰富其学习经验。

教师：你还认识了哪些不同款式的服装？它们有什么特点？

美美：我妈妈的旗袍是丝绸做的。

妞妞：我有一件彩色吊带裙，上面有蝴蝶的刺绣，像少数民族穿的。

宁宁：我的衣柜里还放着羽绒服和毛衣，冬天才穿得着。

交流分享后，幼儿绘制了男孩女孩、夏季冬季服装分类的思维地图。

图 16-3　男孩、女孩服装分类图

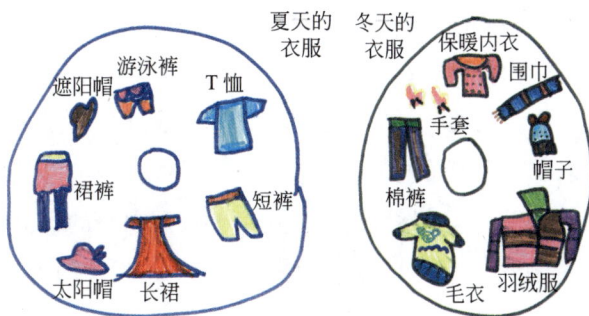

图 16-4　夏季、冬季服装分类图

【**教师支持：**教师通过组织家园共育活动，使幼儿了解了更多的服装款式，并对衣服的制作程序有了粗浅的了解。】

猜想与假设

幼儿按个人意愿分为三组，讨论服装的设计并绘制设计图。

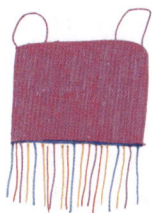

图 16-5　第一组服装设计图

图 16-6　第二组服装设计图

图 16-7　第三组服装设计图

第一组

琳琳：教室里有很多丝带，我们做丝带裙吧！

宁宁：我想做一条小短裤。

琳琳：做完裙子再做短裤吧！

宁宁：好吧！

第二组

妞妞：我看过《鼠小弟的小背心》，我们做件小马夹吧！

雯雯：好主意，就做马夹。

翔翔：做件黄色的吧！

第三组

榕榕：我们做短裤吧，我特别想做短裤。

鲁鲁：做我穿的那种小腿露出来的短裤。

源源：做红色的超人短裤。

活动初始，教师基于教师主导的视角，为幼儿投放了各种服装图片、服装绘本以及各种制作材料和工具。投放初期幼儿兴趣浓厚，一段时间后他们便不再继续关注了，这一情况促使教师开始反思自身的行为：为什么幼儿会对教师准备的材料失去兴趣呢？问题到底出在哪里？是教师的观念出了问题，还是环境创设、材料投放出了问题？

针对以上困惑，教师进行了相关学习，开展了教研活动，在研学中教师形成了以下思考：环境和材料的准备权是否应该还给幼儿？是否可以通过家园同构的方式，进一步激发幼儿准备环境和材料的兴趣？之后，教师进行了尝试。教师鼓励幼儿和家长共同寻找、准备材料，幼儿兴致勃勃，全身心投入其中。通过找一找、看一看、摸一摸、说一说等方法，幼儿获得了更多服装制作材料方面的知识，并主动将收集来的东西分成了主材类、辅材类和工具类，在此基础上绘制了思维地图。

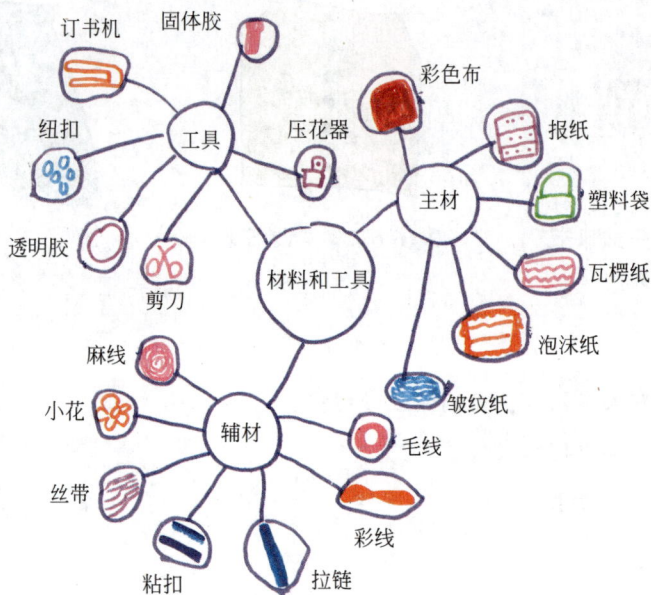

图 16-8　制作服装所需材料和工具图

实验与验证

第一组与第二组幼儿着手准备彩虹丝带吊带裙与小马夹的制作材料和工具。幼儿绘制了可能需要的材料和工具的思维地图，又在老师的支持下绘制了彩虹丝带吊带裙与小马夹的制作流程图。

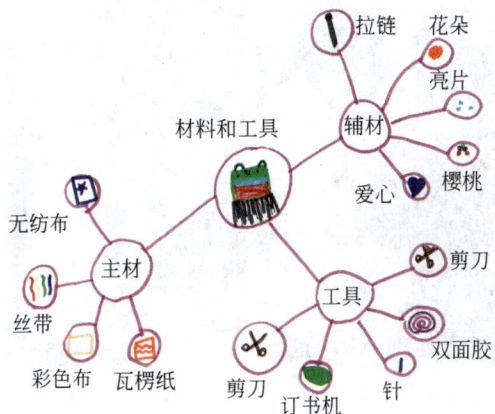

图 16-9　制作彩虹丝带吊带裙所需
材料和工具图

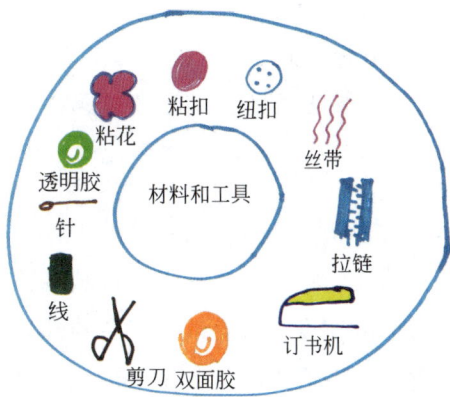

图 16-10　制作小马夹所需材料
和工具图

图 16-11　彩虹丝带吊带裙制作流程图

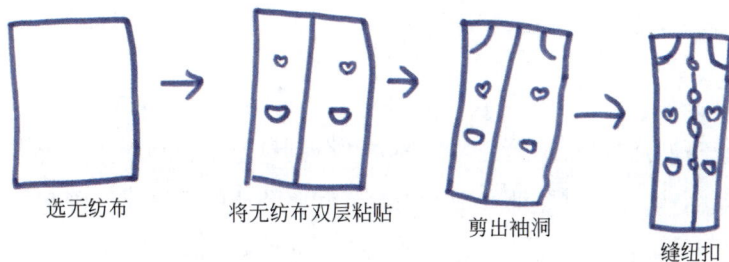

图 16-12　小马夹制作流程图

活动二：尝试制作

第一组：彩虹丝带吊带裙

问题一：裙子太宽怎么办？

猜想与假设

琳琳：把宽的地方折起来。

月月：我们来试试。

宁宁：该折多少呢？

琳琳：先穿上看看，再把多的部分折
回去。

图 16-13 调整宽度　图 16-14 做标记

实验与验证

幼儿先将布穿在身上，将其调整
到合适的宽度，再尝试将多余的部分
折叠，并在恰当的位置做好标记，最
后在标记处进行粘贴。

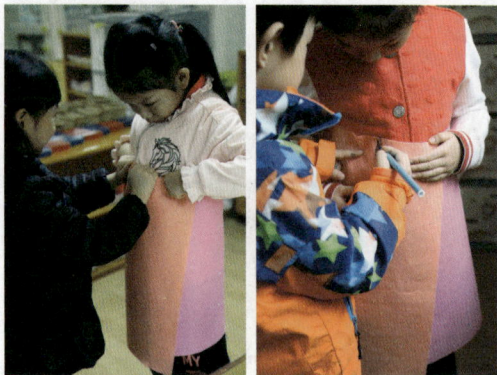

问题二：吊带做多长才合适？

分析与讨论

宁宁：做的和胳膊一样粗。

月月：在身上比一比。

琳琳：用自己的裙子比一比。

猜想与假设

教师：你们想到了三种办法。哪种办法好呢？

宁宁：我们都试一试。

实验与验证

幼儿对三种方法进行了验证，三种方法分别是丝带和胳膊比、丝带和肩膀比、
丝带和衣服比。幼儿经过验证发现，用丝带和胳膊比的方法无法确定吊带的长度，
胳膊的粗细与吊带长短无关；用丝带和肩膀比的方法，需要做好标记；用丝带和衣
服比的方法最为简单与便捷。

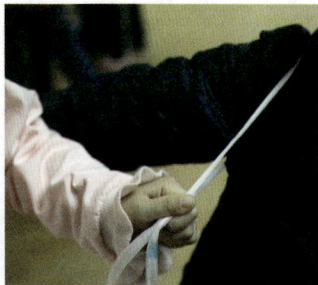

图 16-15 丝带与胳　　图 16-16 丝带与肩膀　　图 16-17 丝带与衣服
　　　膊比对图　　　　　　比对图　　　　　　　比对图

问题三：吊带缝在哪里？

【分析与讨论】

宁宁：缝在裙子最边上，就是肩膀和胳膊连接的地方。

月月：不对，要缝在中间的位置，因为我们穿的裙子的吊带都在中间。

琳琳：我们可以做一件和平时不一样的呀！还可以缝在靠近衣领的位置。

宁宁：不行，就做和平时穿的一样的，这样平时才可以穿。

月月：那就用我的方法，把吊带缝在中间，因为平时的裙子吊带都是这样的。

琳琳：我不想缝在中间，没有个性，我们要做就要做的和别人不一样。

　　针对"吊带缝在哪里"的问题，幼儿一直争论不休，但该问题又是推进幼儿深入学习的一个关键点，因此教师的支持就显得尤为重要。

==【教师支持：教师提供吊带衫，引导幼儿进行观察。教师采用追问的方法，引导幼儿获得新发现。】==

【猜想与假设】

教师：这是你们平时穿的吊带衫，仔细看，你们发现了什么？

月月：两根吊带一样长。

琳琳：吊带缝在衣服两边。

宁宁：两根吊带一样宽。

月月：用手比的。

教师：怎么比的？

月月：把两根手指打开，放在吊带上比。

教师：除了用手比，还有什么办法？

琳琳：刚才我们用丝带和肩膀、衣服比，知道了吊带可以做多长。现在我们找一件吊带衫来看一看，比一比，就知道吊带要缝在哪里了。

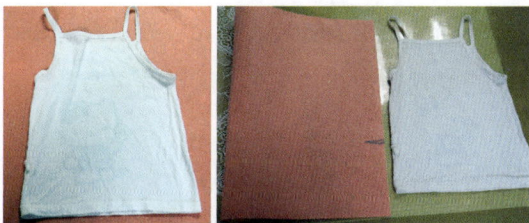

图 16-18　吊带对比观察图

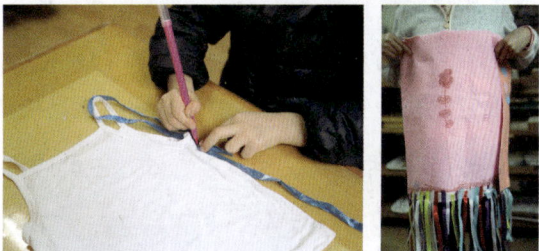

【实验与验证】

　　幼儿开始尝试制作吊带。他

图 16-19　做标记

图 16-20　缝吊带

们在丝带上做好标记，在标记处剪断丝带，最后将丝带缝在衣服上，做成吊带。

活动结束后，在观察及交流的基础上，幼儿绘制出了相关思维地图。

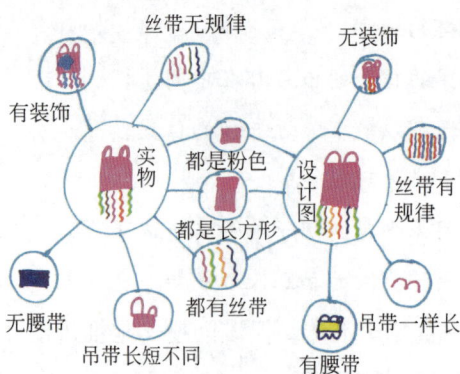

图 16-21 设计图与实物对比图

图 16-22 发现的问题及解决办法图

第二组：小马夹

问题一：袖口剪多大？

分析与讨论

妞妞：找件马夹比一比。

翔翔：用自己的衣服比一比。

美美：在身上比一比。

妞妞：像第一组一样，找件马夹来比一比。

教师：到底哪种办法最好呢？

翔翔：我的好，用自己的衣服比，做出来的袖口才合适。

妞妞：用我的办法，因为我们做的就是马夹，用马夹比才是对的。

翔翔：那用谁的马夹比？

妞妞：找一件就可以了。

翔翔：不行，你又不知道找多大的，做出来不合适不能穿的。

美美：那就用我的办法吧，我妈妈带我去商场买衣服时就是在我身上先比一比的。

由于幼儿原有经验的不同，因此在讨论"怎样剪出合适的袖口"时每个人都觉得自己的方法最好。此时教师要做的就是接纳幼儿的观点，支持幼儿的尝试。

【教师支持：教师通过反问，引导幼儿主动思考和讨论。教师尊重和接纳幼儿的不同意见，鼓励幼儿大胆尝试。】

实验与验证

尝试后幼儿发现，用衣服比，做出来的袖口大小更合适。

图 16-23　用衣服比对　　图 16-24　裁剪袖口

问题二：纽扣和扣眼儿做在哪里？

假设与猜想

幼儿一致认为纽扣和扣眼儿应该做在衣服前面，他们自主选择材料后进行尝试。

实验与验证

幼儿自主分工，男孩制作扣眼儿，女孩缝上纽扣，完成后幼儿开心地试穿，可是试穿过后他们发现了问题，因此进行了讨论。

图 16-25　制作扣眼儿　图 16-26　缝制纽扣　　图 16-27　试穿时发现问题

雯雯：纽扣和扣眼儿不在一条线上。

翔翔：扣眼儿太小，纽扣扣不进去。

琳琳：纽扣找不到对应的扣眼儿。

宁宁：纽扣扣错了，衣服是歪的。

月月：这么多问题，我们都不想做了。

教师：别放弃，老师相信你们一定可以有办法解决的！

榕榕：改改就行了，别放弃！

琳琳：学我们组，找一件衣服来看一看。

鲁鲁：我的马夹上就有纽扣，可以给你们看看。

宁宁：蒙氏工作里就有衣饰框，上面有纽扣和扣眼儿，看看那是怎么安的。

面对不断出现的问题，幼儿产生了沮丧的情绪，此时教师需要在幼儿放弃前给予及时关注和情感支持，适宜助力幼儿，缓解幼儿的消极情绪。

图 16-28　观察马夹　　　　图 16-29　观察衣饰框　　　　图 16-30　观察衣服

【**教师支持**：教师鼓励幼儿，帮助他们重新树立面对问题的信心与遇到困难不放弃的决心。】

妞妞：两颗纽扣之间有距离，纽扣之间的距离是一样的。

雯雯：我发现纽扣和扣眼儿在一条线上。

美美：要根据纽扣的大小来做扣眼儿。

　　观察讨论后，幼儿重新画出了制作流程图，并调整了纽扣和扣眼儿的位置。

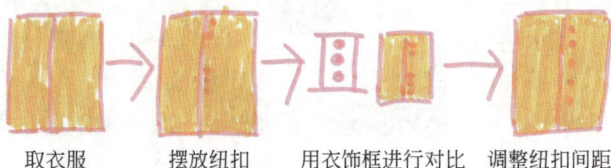

取衣服　　摆放纽扣　　用衣饰框进行对比　　调整纽扣间距

图 16-31　纽扣间距调整流程图

图 16-32　纽扣间距调整图

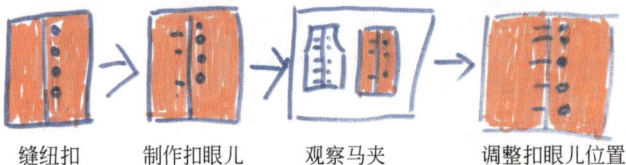

缝纽扣　　制作扣眼儿　　观察马夹　　调整扣眼儿位置

图 16-33　扣眼儿位置调整流程图

图 16-34　扣眼儿位置调整图

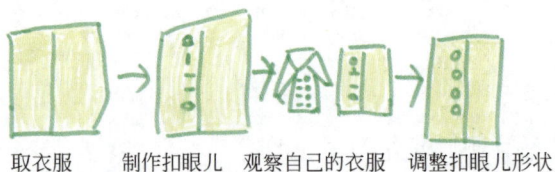

取衣服　　制作扣眼儿　　观察自己的衣服　　调整扣眼儿形状

图 16-35　扣眼儿形状调整流程图

图 16-36　扣眼儿形状调整图

【**经验迁移：**幼儿将已有的衣饰框的工作经验迁移到制作扣眼儿、调整纽扣位置的活动中，将制作吊带裙的经验迁移到制作袖口上。】

【**学习品质：**幼儿在制作马夹遇到困难时，能在同伴和教师的鼓励下积极主动寻找解决的办法，始终不断挑战，不断探究，表现出积极主动的学习品质。】

第三组：短裤

问题一：裤子都有哪些种类？

分析与讨论

教师：你平时穿过哪些裤子？裤子上有什么秘密？

源源：我们上幼儿园都穿运动裤，裤子上有裤带，还有标志。

榕榕：我姐姐穿喇叭裤和背带裤，喇叭裤上有腰带。

鲁鲁：我奶奶穿的裙裤，裤腿很宽，但是上面没有口袋。

榕榕：我的运动裤裤脚下面是紧的。

源源：冬天我们要穿厚裤子，夏天要穿薄裤子。

教师：这些裤子有什么相同之处？有什么不同？

源源：这些裤子都是用布做的，裤子上都有口袋。

源源：裤子款式不一样，有运动裤、裙裤、连袜裤、紧身裤等。

幼儿在摸一摸、看一看、说一说中积累了更多关于裤子的经验，在此基础上绘制了思维地图。

和前面两种服装相比，短裤的制作难度更大。掌握丰富的经验是推进幼儿深入探索的关键，但是交流讨论后教师发现幼儿对短裤的认知经验并不丰富。由此，教师再次开展了家园同构、幼幼同构活动。

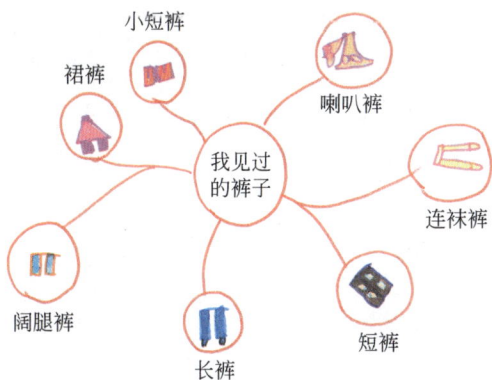

图 16-37　裤子款式图　　　　图 16-38　裤子装饰图

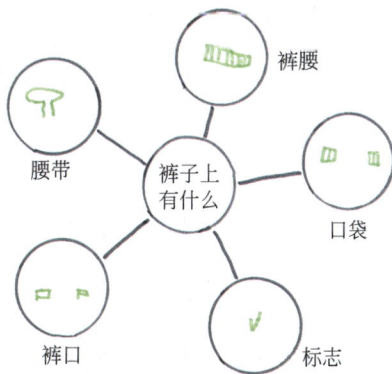

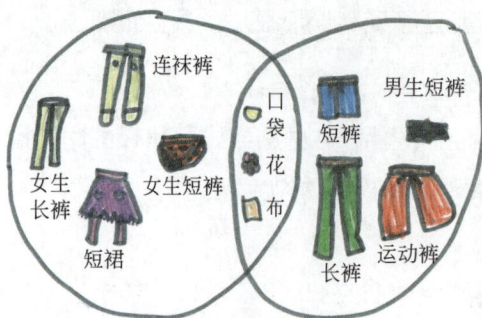

图 16-39　裤子分类图

图 16-40　家园同构

图 16-41　幼儿合作

【**教师支持**：教师通过组织家园合作与同伴合作，丰富幼儿原有经验，满足幼儿深入探究的兴趣和需求。】

猜想与假设

　　幼儿绘制了所需材料和工具图，并筛选出实际需要的材料和工具，在此基础上绘制了制作流程图。

图 16-42　制作短裤所需材料
　　　　　　和工具图

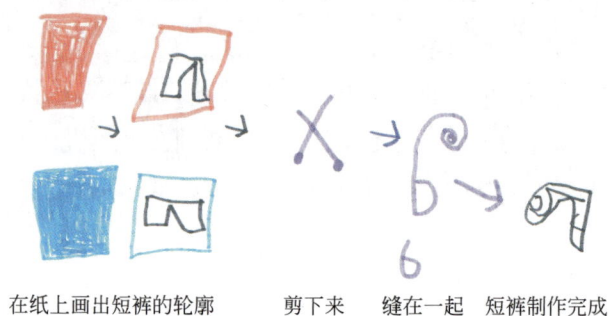

在纸上画出短裤的轮廓　　剪下来　缝在一起　短裤制作完成

图 16-43　短裤制作流程图

问题二：怎样做出短裤的外形？

猜想与假设

源源：我们可以照着书里画。

鲁鲁：我们可以照着图片画。

榕榕：我们可以用裤子比着画。

实验与验证

源源：画出来的短裤太小。

鲁鲁：照图片画的又太大。

榕榕：用裤子比着画最合适。

　　幼儿将画好的短裤剪了下来，但是新问题又出现了，幼儿自发地开始了讨论。

源源：只有一片怎么办？

鲁鲁：放在前面还是后面？

榕榕：应该有两片才对，我们穿的裤子前面后面都有一片的。

源源：再做一片就可以了。

鲁鲁：可以拿做好的那一半裤子来比。

榕榕：可以把剪好的放在纸上画一画再剪。

源源：还可以折起来后再剪。

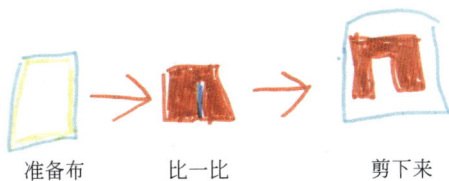

准备布　　　　比一比　　　　剪下来

图 16-44　方法一流程图

图 16-45　方法一验证图

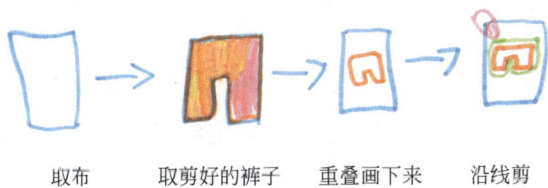

取布　　取剪好的裤子　重叠画下来　沿线剪

图 16-46　方法二流程图

图 16-47　方法二验证图

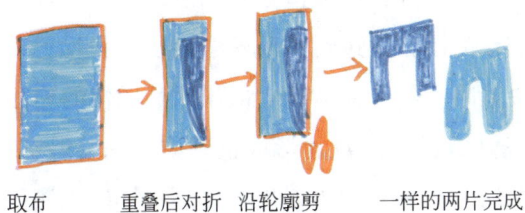

取布　　重叠后对折　沿轮廓剪　一样的两片完成

图 16-48　方法三流程图

图 16-49　方法三验证图

终于做好了，幼儿兴奋地开始试穿，可是裤子依然不合适。

教师：接下来你们想怎么做？

鲁鲁：我要做一条大的，两边裤腿要做成一样粗的。

源源：我打算把裤裆那里再粘一下，粘不住的话就订起来或者缝起来再试试。

榕榕：裤子穿不上，我计划再做一条宽一点儿的。

【教师支持：教师营造自由、自主、愉悦的探究氛围，鼓励和支持幼儿通过尝试各种方法解决"裤子不能穿"的问题。**】**

活动结束后，教师和幼儿一起讨论了"裤子不能穿"的原因，对比观察设计图和实物的异同后，画出了思维地图。

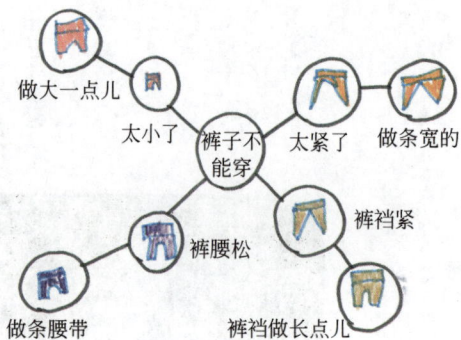

图 16-50　问题分析及解决办法图

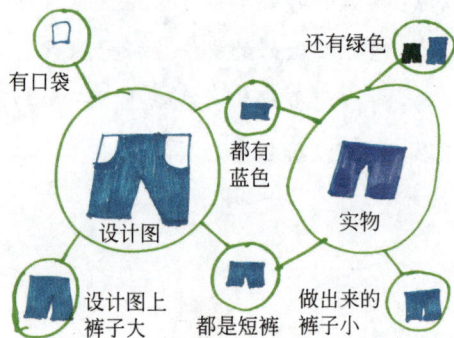

图 16-51　设计图和实物对比图

阶段反思与小结

（一）幼儿

活动结束后，教师和幼儿对该阶段的活动进行了小结和反思，并绘制了思维地图。幼儿对服装制作兴趣浓厚，将兴趣延伸到了家庭，并主动在家里尝试设计和制作了不同的服装。

在课题活动中，幼儿遇到了很多问题，他们不断想办法解决，初步形成了"发现问题—寻找原因—提出解决办法—不断探究尝试和改进"的思维模式。每组活动结束后，幼儿会对比观察设计图和作品图，通过对比观察学会了自我反思，能在反思中发现问题并寻求不同的解决策略。幼儿在活动中敢于质疑同伴的想法并提出自己独特的见解，表现出敢于表达自己的观点、形成批判质疑的发展态势。例如，在争论哪种办法更好时，每个幼儿都敢于大胆说出自己不一样的想法。幼儿在"制作马夹""做扣眼儿"时都遇到了困难，但是他们能在同伴和教师的鼓励下，积极主动寻找解决问题的办法，表现出坚持性。在遇到"纽扣和扣眼儿位置不对应"的问题时，每个组的幼儿都积极提出建议，互相帮助，共同探究解决问题，这体现了幼儿的自主合作精神。

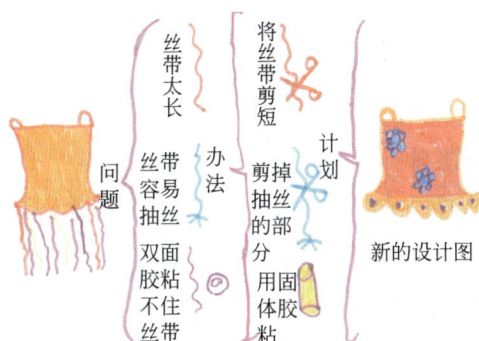

图 16-52　彩虹丝带吊带裙制作反思图

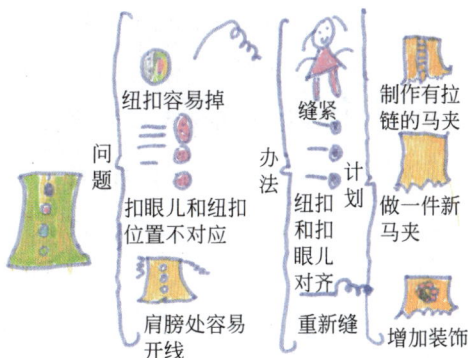

图 16-53　小马夹制作反思图

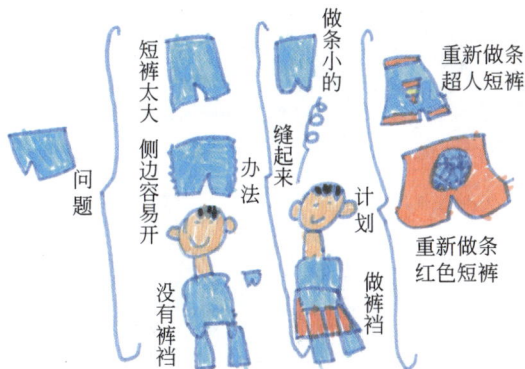

图 16-54　短裤制作反思图

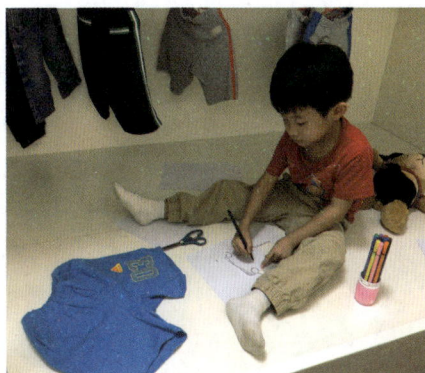

图 16-55　幼儿在家自发设计和制作服装

（二）教师

首先，教师为幼儿提供了丰富的活动材料。教师提供的材料，主要包括幼儿制作服装所需要的不同材料，以及各组在制作过程中需要的有针对性的材料，如在第一组幼儿解决吊带问题时，教师提供了几种小吊带衣物。

其次，教师提供了情感支持。当幼儿在活动中出现气馁、畏难、想放弃等消极情绪时，教师及时介入，借助语言"没关系，来，我们一起想一想，再试一试，看看还有什么好办法。我相信这个问题是可以解决的！"，来肯定幼儿的能力，帮助幼儿建立克服困难的信心，探究解决问题的办法。此外，语言支持贯穿整个活动始终，教师主要通过导问、提问和追问促进幼儿主动思考。

再次，教师营造了安全、舒适的心理环境。教师支持幼儿大胆想象、探究和表达，鼓励幼儿不断分析解决"吊带问题""纽扣问题""裤子问题"等，使幼儿在支持性的环境中大胆猜想，积极验证，解决问题的能力不断得以提升。

在此次活动的过程中，教师观念发生了转变，从"结果意识"逐渐向"过程意识"转变。在活动中，教师从关注服装制作本身转而开始关注如何创造条件，促使幼儿不断发现问题和解决问题。教师将材料准备环节从教师主导转变为放手让幼儿大胆尝试，真正把学习与发展的权利还给他们，体现以"尊重"为核心的"幼儿为本"的思想理念。在活动起始阶段，教师将重心放在了"如何制作出服装"上，忽视了幼儿的原有经验。在园长的带领下，教师开展了教研活动。在不断学习中，教师逐步尝试从幼儿的原有经验出发，遵循幼儿身心发展规律和学习特点去满足幼儿的发展需要，促使幼儿顺其自然地进行探究和学习，让学习充满挑战和乐趣。教师对整个活动进行了梳理，并绘制了思维地图。

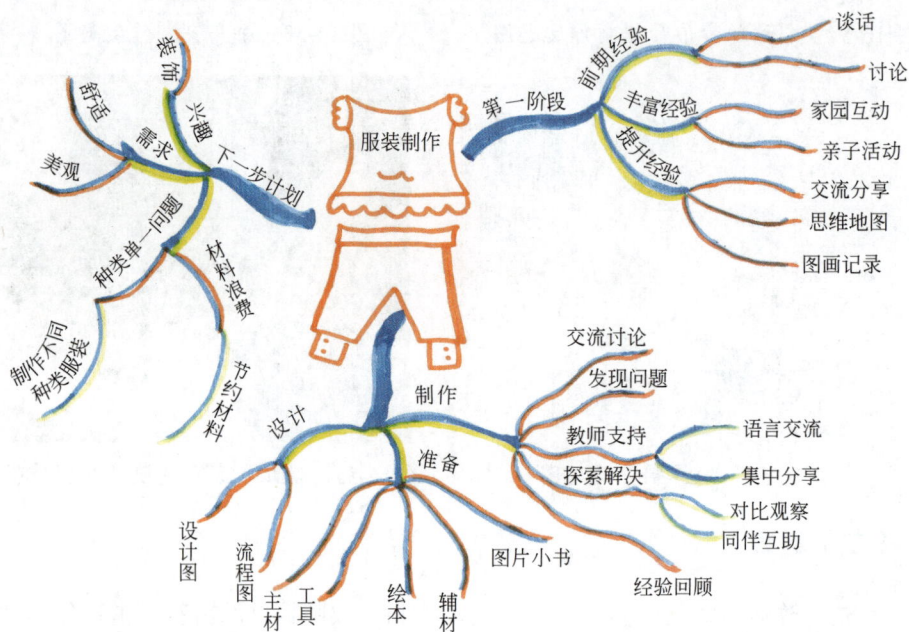

图 16-56 "多彩的服装"活动反思图

在下一步构想方面，首先，教师针对幼儿反思中发现的问题和下一步改进计划，继续深入推进幼儿的学习。其次，应加强教师的问题提炼能力及提供支持策略的能力，为幼儿提供适宜支持。最后，教师将尝试和幼儿一起，结合地域特色，继续设计和制作民族服饰。

第二阶段活动

漫长的暑假过后，幼儿仍对制作服装保持着强烈的兴趣，一回到幼儿园便迫不及待地制作起服装，"多彩的服装"深度学习活动又开始了。

活动一：回顾经验　聚焦问题

教师：这是我们之前做好的衣服。还有哪些问题需要改进呢？

第一组：彩虹丝带吊带裙

琳琳：吊带裙的丝带排列太乱了，没有规律。

月月：吊带裙的吊带一边长一边短。

第二组：小马夹

翔翔：马夹上面没有装饰，不好看。

妞妞：我想装饰成民族服饰的那种，像班上民族娃娃的衣服一样。

第三组：短裤

源源：裤子太小了穿不上，要做一条大的。

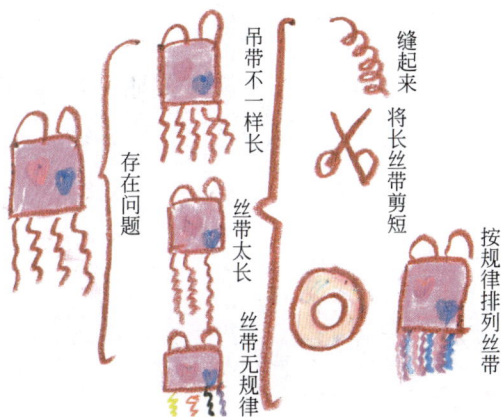

图 16-57　彩虹丝带吊带裙问题反思图　　图 16-58　小马夹上的装饰设计图

活动二：尝试改进　不断完善

第一组：彩虹丝带吊带裙

问题一：丝带排列没规律怎么办？

分析与讨论

琳琳：我们的丝带太乱了，没有规律。

宁宁：把丝带剪了重新做吧！

月月：那样太浪费了。

琳琳：那就在裙子前面再做一圈丝带，按规律排列上去。

猜想与假设

宁宁：按什么规律呢？

月月：我们现在有粉色、白色、紫色、红色和蓝色的
　　　丝带。

琳琳：那就按白—蓝—紫—粉的规律排列吧！

实验与验证

　　幼儿根据自己的设想，将丝带从左到右按照白
色—蓝色—紫色—粉色的规律粘贴在裙子下摆，并进
行了试穿。

图 16-59　按规律粘贴丝带

【**经验迁移：**幼儿将数学学习中 ABCD 的模式迁移到丝带的排列上，解决了丝带排列无规律的问题。】

【**学习品质：**幼儿发现丝带混乱时，通过自主讨论提出了按照规律排列的方法，表现出积极主动的学习品质。】

问题二：怎样让两边吊带一样长？

分析与讨论

琳琳：吊带一边长一边短，要想办法让它们变得一样长。

月月：重新剪两条一样长的吊带缝上去。

琳琳：我们之前剪的吊带就是一样长的。

猜想与假设

教师：剪的吊带长度一样，为什么缝上去后就一边长一边短了呢？

宁宁：我知道了，是因为吊带一边缝得多，一边缝得少，所以长短不一样。

月月：那就拆下来重新缝。

琳琳：不用拆，我把长的那边缝起来就可以了。

【**教师支持：**教师适时介入与指导，通过提问法引导幼儿重新对吊带进行观察，从而引发其对问题的深入探究。】

　　幼儿用四周缝和交叉缝的方法，对吊带进行了调整。

【经验迁移：幼儿将区域活动中缝东西的经验迁移到了缝吊带上，解决了吊带一边长一边短的问题。】

图 16-60　两种不同的缝法

【学习品质：当幼儿发现吊带长短不一时，并未向教师寻求帮助，而是在反复观察的过程中分析问题产生的原因，并自主想办法解决，表现出浓厚的学习兴趣与坚持性。】

教师：下一步你们想做什么？

琳琳：我想继续做一件少数民族穿的那种裙子。

宁宁：我也要做，我还想做一顶配套的帽子，用毛球装饰。

月月：我也想做少数民族穿的裙子。

第二组：小马夹

　　翔翔带来了彝族马夹的图片，幼儿看到后对马夹上的装饰产生了兴趣，他们也想在马夹上装饰民族花边，于是教师和幼儿一起进行了讨论。

教师：你们见过的民族服装上都有什么样的装饰？

鲁鲁：我在大理见到人们戴的帽子上有绣的花，还有垂下来的白色的线。

琳琳：我见到的蒙古族衣服上有亮片装饰，帽子上有毛球和珍珠，一串一串的，很漂亮。

妞妞：我发现我们班里民族娃娃的衣服上有漂亮的花边，那些花边是有规律的。

教师：什么样的规律？

妞妞：一朵大花一朵小花一朵大花一朵小花那样排列的，还有一些是线条。

源源：有些民族服饰的袖口和裤脚上也有花边。

美美：我在翠湖看见有些人穿的民族衣服有腰带，带子上绣满了花。

问题一：民族花边装饰在哪里？

假设与猜想

翔翔：缝在马夹的领子上。

雯雯：袖口的位置也要缝一些。

美美：衣服下面的边上也可以装饰。

实验与验证

在缝的过程中，幼儿发现前襟和下摆的花边比较容易缝，但是领口和袖口的花边缝起来有点儿难，他们的解决办法是一段一段比着缝。

【教师支持：教师提供了材料支持，包括民族娃娃、民族服饰的图片和实物以及可以用来装饰的花边和毛球等。】

图 16-61　分段缝花边

第三组：短裤

问题一：裤子还是小怎么办？

分析与讨论

教师：为什么重新做好的裤子还是穿不上呢？

源源：还是太小了！

榕榕：鲁鲁你来试试看，你瘦，你能穿上吗？

鲁鲁：我看着感觉能穿，可试穿后我也穿不上去！

榕榕：这条裤子是大的，怎么我们三个人穿着都小呀？

源源：可能我们需要再做条更大的吧！

假设与猜想

教师：更大的到底是多大呢？

源源：(用手从裤腰比到自己裤腿)像我身上穿的这么大。

教师：用什么办法可以知道你的裤子到底有多大？

源源：可以量一量。

从幼儿的口中，引出了"测量"这一比较抽象的数学概念。

教师：可以用什么量？

源源：尺子。

榕榕：丝带。

鲁鲁：麻绳。

源源：还可以用手量，手最方便。

幼儿开始用手在同伴身上量，但是每个人量出来的结果都不一样，为什么呢？

源源：老师，用手量的结果不准确。

教师：为什么？

鲁鲁：每个人手的大小不一样，所以量出来的结果不同。

榕榕：而且每次手张开的大小也不一样。

教师：那怎么办？

源源：我们不是有软尺吗？直接用软尺量就可以了。

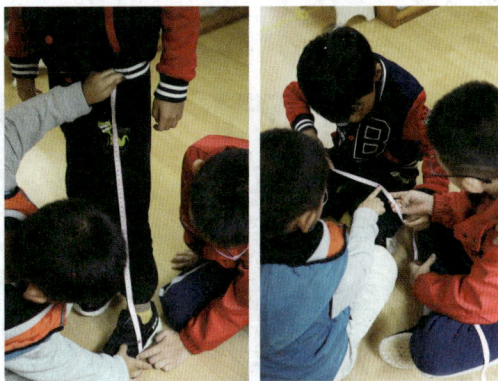

实验与验证

幼儿用软尺在同伴身上进行了测量，但是量了几次后发现结果都不一样。

图 16-62　测量裤长　　图 16-63　观察软尺上的数字

问题二：怎样用软尺量裤子？

分析与讨论

教师：为什么我们每次量出来的结果都不一样？

源源：因为我们有的是从软尺中间量，有的是从软尺一头开始量。

榕榕：我们量的时候人会动，所以量的结果不准确。

假设与猜想

教师：要怎样量才准确？

源源：从软尺的一头开始量就可以了。

鲁鲁：那量出来也不知道是多少呀！

榕榕：我们看看软尺上的数字就知道了。

源源：我看我妈量过，是从 0 的这边开始量。

实验与验证

幼儿根据讨论的方法对裤长和腰围再次进行了测量，并在软尺上重新做了标记。

对于幼儿而言，测量是很抽象的概念。皮亚杰曾说，幼儿是自己独立地、自发地发展抽象的数概念的。因此当幼儿提出用软尺测量时，我们放慢了脚步，允许幼儿经历从使用非标准测量工具到使用标准测量工具的过程。

【**教师支持：**教师给予幼儿活动上的支持。结合幼儿对标准测量工具的兴趣及需求，教师收集了不同的尺子，以小组形式开展了名为"不同的尺子"的活动，引导幼儿观察尺子上的刻度，比较尺子的异同，并学习尺子的使用方法，为幼儿提供了多次测量的机会，鼓励幼儿测量不同的物体，支持幼儿进一步学习使用尺子。】

图 16-64　再次测量裤长　　图 16-65　测量腰围　　图 16-66　在软尺上做标记

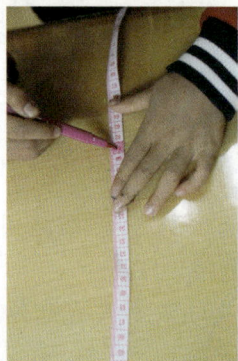

问题三：在布上怎样量？

假设与猜想

榕榕：我们已经量出腰围和裤长了，现在需要按这个尺寸量出大小合适的布，再把布剪下来。

源源：怎么量？

鲁鲁：和量裤长腰围一样，在布的边上量好长度，做标记。

源源：我来试试看。

鲁鲁：我不想做短裤了，我们换一个吧，太难了！

教师：别灰心，老师也是第一次做裤子！我们已经坚持这么久了，现在觉得有点儿难，没关系，我们继续寻找解决问题的办法。

【**教师支持：**教师提供了情感支持。当幼儿想要放弃时，教师和幼儿一起参与活动，通过实际参与鼓励幼儿继续坚持。】

实验与验证

　　幼儿在布上量出和腰围、裤长同样的长度，并做出标记。

【**学习品质：**幼儿在制作裤子的过程中，遇到了裤子不合适的问题。在教师的鼓励下，幼儿坚

图 16-67　在布上做标记

持解决问题，表现出不怕困难的品质。】

阶段小结与反思

（一）幼儿

首先，从个性而言，每个组的幼儿都获得了不同的经验。第一组幼儿发现丝带的排列除了白—蓝—紫—粉，还可以有很多种，如粉—蓝—粉—蓝、红—白—蓝—红—白—蓝、黄—橙—黄—橙等，并且该经验还可以迁移到其他装饰的制作中。第二组幼儿发现马夹上花边装饰的位置可以在领口、袖口、前襟、下摆等，花边可以用宽一点儿的，太窄的装饰效果不明显。第三组幼儿发现用尺子量时要从"0"刻度的地方开始，第二段要从第一段的结尾处开始测量，即"首尾相接"，他们还发现不同身高体重的人裤子的长度和腰围大小量出来也不同。

其次，从共性而言，"多彩的服装"活动是一段珍贵的学习历程。从发现问题和提出解决方案，到收集和筛选材料，再到尝试用不同的材料制作服装，幼儿经历和体验了有意义的探究与学习过程，积累、提升和迁移经验的能力得到了提高。此外，幼儿自始至终都保持了浓厚的学习兴趣，养成了"发现问题—分析问题—解决问题"的思维模式，表现出了坚持性、专注性、自主性和主动性等良好的学习品质，也展现出了深度学习中幼儿的学习特点。

（二）教师

首先，教师在深度学习过程中不断分析当前活动的价值，判断幼儿的最近发展区。这主要包括以下三个方面：第一，分析幼儿是否对当前内容感兴趣，幼儿所尝试的内容与生活的关联性有多大，幼儿的前期经验是什么；第二，分析幼儿在当前尝试的内容中可能获得的有益的、有挑战性的经验是什么；第三，分析幼儿在进行尝试时需要的关键性技能是什么，幼儿可能遇到的会让他们觉得有挫败感的困难是什么。

其次，教师和幼儿一起发现问题，推动活动不断深入。幼儿在制作服装的过程中遇到的问题就像是一种"结"，怎样帮助幼儿发现"结"并掌握活动过程，是推动活动深入的关键。但是，幼儿不是在任何时候都会自己提出有价值的问题，教师需要通过敏锐的观察或者设置情境来引发幼儿的认知冲突、情感冲突以及交往冲突，帮助幼儿成为问题发现的亲历者，从而寻找出活动推进的线索。

再次，教师为幼儿提供了适时适宜的支持。教师在观察的基础上为幼儿适时提供了材料支持、探究氛围支持、情感支持、活动支持、试误体验支持等，支持幼儿进行深入探究。

最后，教师在活动中和幼儿一同深度学习。教师深度学习的程度决定了幼儿深度学习的程度，因此在服装制作的过程中，教师通过自发学习、反复研讨、定期教研等活动先从自身开始进行深度学习，遇到问题时和幼儿一起寻找答案，遇到困难时与幼儿相互鼓励，在支持幼儿成长的过程中教师也得到了成长。

课题活动十七：小鱼泡泡机

北京市第一幼儿园大二班　和静　荆雨欣　郝文欣

（指导者：李新平）

选题缘由

　　9 月开学季，大班的幼儿迎来了小班的弟弟妹妹，因此幼儿园组织了"大带小"的互动活动。幼儿最喜欢的游戏，就是他们在操场上手握各式泡泡机，和弟弟妹妹玩吹泡泡。幼儿追着、跑着，笑声洒满操场。可是接连出现的状况使幼儿的游戏热情逐渐减退。"和老师，我的手都酸了，因为我总得按着泡泡机。""我的手上都是泡泡液，有股味道。""有没有自己出泡泡的泡泡机啊？"桃桃提出疑问。悦悦说："有，我在鄂尔多斯的商场里见过，能出好多好多泡泡。"多多说："我参加小姨婚礼时也看见过！特别好看！"桃桃说："幼儿园要是有一个小鱼泡泡机，能像鱼一样吐泡泡，我们就不用总按着它了，就可以跟着弟弟妹妹一起玩泡泡了！"小鱼泡泡机引发了许多幼儿的兴趣，大家纷纷建议自己做一个小鱼泡泡机。需要一个自动出泡泡的小鱼泡泡机是幼儿在游戏中的真实想法和需求，同时也是良好的教育契机。在制作小鱼泡泡机的活动中，幼儿可以深入了解泡泡机的机械构造与运动原理，对比发现不同种类泡泡机的优缺点，还会发现扇叶的制作材质以及安装角度和数量对于出风量的影响，理解风产生的原理、风力与扇叶的数量及旋转速度的关系。幼儿还将探究泡泡液的配制方法，接触容积、测量、比例等多个数学方面的关键知识点，并在玩泡泡的过程中发现泡泡模具和泡泡形态的关系、泡泡数量及大小间的关联。"小鱼泡泡机"课题活动的开展，不仅可以提高幼儿的探究意识和动手能力，促进幼儿高阶思维的发展，还有助于幼儿在探究过程中养成良好的学习品质。基于此，"小鱼泡泡机"的课题活动拉开了帷幕。

第一阶段活动

活动一：经验分享

幼儿观察常见的泡泡机，认识泡泡机的基本组成零件，以及各部分零件的组装方式。

问题一：泡泡机里有什么？

分析与讨论

教师：泡泡机里有什么？

蜜果：有泡泡液。

钊钊：有电池、电池盒。

叶子：有出泡泡的洞。

桃桃：有钉子，可以把小鱼形状的外壳
　　　连接起来。

教师：这些东西都有什么用？

图 17-1　经验分享

叶子：用泡泡液可以吹出泡泡。

悦悦：电池盒是装电池的。

英文：电池可以让泡泡机启动，把泡泡吹出来。

猜想与假设

教师：咱们制作的自动泡泡机跟手动泡泡机有什么不同？请你们想一想。

桃桃：手动泡泡机需要用手不停地按。

钊钊：自动泡泡机自己就能吹出泡泡。

教师：为什么自动泡泡机自己就能吹泡泡呢？请你们猜一猜。

钊钊：里面有电机，它可以让泡泡机转动。（指着泡泡机里的透明电机）就是这个！

教师：看一看，听一听，摸一摸。你们有什么发现？

妹妹：黑色的东西像是个吹风的机器，我把手放上去有凉凉的感觉。

潼潼：我听到了嗡嗡的声音，像是有个机器在转动。

教师：这就是泡泡机里面的小风扇，用它可以把泡泡吹出来。

活动二：自制泡泡液

问题一：用什么来制作泡泡液？

分析与讨论

幼儿对泡泡机里的泡泡液很好奇，纷纷讨论着如何制作泡泡液。

教师：你们觉得可以用什么来制作泡泡液？

潼潼：洗手液。我在家洗手时，洗手液沾
上水后，就能出泡泡。

钊钊：洗发水可以。用洗发水洗头的时候
也会有泡泡。

桃桃：沐浴露也行。我用沐浴露洗澡时，
搓出好多泡泡。

小慕：洗涤灵。老师用洗涤灵刷筷子时也
有好多泡泡。

昱涵：肥皂。我妈妈说过，用肥皂水可以
吹出泡泡。

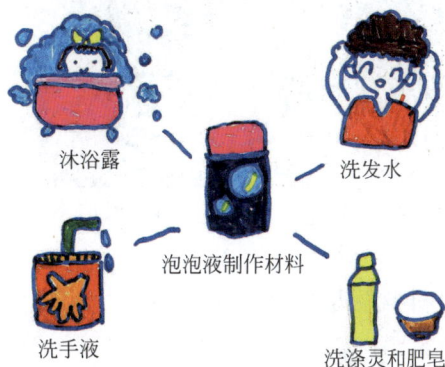

图 17-2　泡泡液制作材料图

猜想与假设

钊钊：我想试试在水里放一点点儿洗发水来做泡泡液！

桃桃：我想放水和沐浴露。我在家洗澡的时候用的就是这两样。

实验与验证

幼儿用自己选定的材料进行配制，在水里混合了不同的液体后，稍稍晃动，
便出现了密密麻麻的泡泡。幼儿兴奋地向同伴和教师展示自己的瓶子，迫不及待
地吹起泡泡。

问题二：吹泡泡时有什么发现？

分析与讨论

潼潼：落在台子上的泡泡能够待着不动，还能像积木一样一层一层摆起来，就像泡
泡积木。

钊钊：我把泡泡放在手里，怎么摇泡泡都不破，只能用力吹出来一点儿。它们像雪
一样，一块一块的。

叶子：我发现只要吹气就会有泡泡，有的泡泡不是圆的，是扁的。快看，我吹了一
　　　池子泡泡！

小宝：我发现泡泡可以在薯片桶的上面变成一个泡泡帽子。

昱涵：我的泡泡像火山一样，一直往外面冒，下面的泡泡会把上面的泡泡挤出来，
　　　而且泡泡圆圆的，有大有小。

图 17-3　肥皂组过程　　　图 17-4　洗发水组过程　　　图 17-5　洗涤灵组过程
　　　　　探索图　　　　　　　　　探索图　　　　　　　　　探索图

【科学原理：水分子间的吸引力和表面张力。在水中加入洗涤灵等液体后，水分子分散开，之间的吸引力减弱，吹到空气中便能形成泡泡。由于表面张力的存在，即液体表面层由于分子引力不均衡而产生的沿表面作用于任一界线上的张力，液体的表面总是试图获得最小的、光滑的面积，而在同样的体积下，球体的表面积是最小的。所以泡泡表面的薄膜会尽可能收缩，便形成了圆圆的泡泡。】

问题三：把泡泡液放到泡泡机里，能吹出泡泡吗?

分析与讨论

英文：可以，我们都吹出泡泡了！

小左：我们把泡泡液放在泡泡机里试试，不就知道了吗?

猜想与假设

　　幼儿的泡泡液不同，他们猜想把泡泡液放到泡泡机里都能吹出泡泡，具体如表 17-1 所示。

表 17-1　不同泡泡液出泡泡效果猜想

泡泡液种类	制作材料	出泡泡效果猜想
第一种	洗手液＋水	能出泡泡
第二种	肥皂＋水	能出泡泡
第三种	洗涤灵＋水	能出泡泡
第四种	洗发水＋洗涤灵＋水	能出泡泡

实验与验证

在实验中，只有采用第四种方式配制出的泡泡液顺利地被泡泡机吹出泡泡。其他小朋友也没有放弃，不断试着调整泡泡液的浓度。

【学习品质：在泡泡液的配制过程中，幼儿不断思考，反复尝试。幼儿在失败后也没有气馁，而是学习同伴的成功经验，多次探索和调整，配制出了不同浓度的泡泡液，表现出不怕困难、善于观察、勤于思考、敢于探究与尝试的学习品质。】

问题四：如何调制出配比合适的泡泡液？

分析与讨论

教师：为什么用有些小朋友配制出的泡泡液不能吹出泡泡呢？

叶子：我觉得是洗发水加得太少。

昱涵：我觉得水多了，应该少加水。

猜想与假设

教师：那怎样知道每次放了多少液体？

桃桃：加洗涤灵的时候，可以计数，每次按的次数一样就行了。

钊钊：可以用量杯量，我们做科学实验时用过量杯。

教师：你们看，量杯上面有什么？它们有什么用处？

小慕：有刻度，可以量出水有多少。

只用了洗涤灵

水多，洗发水少

图 17-6　泡泡液不成功原因猜想图

实验与验证

幼儿根据自己猜测的剂量进行配比，反复调整，最后调出了合适的溶液比例，调制成能在泡泡机中使用的泡泡液。

水 450mL

图 17-7　钊钊的溶液配比图

洗发水 5mL　　洗涤灵 10mL

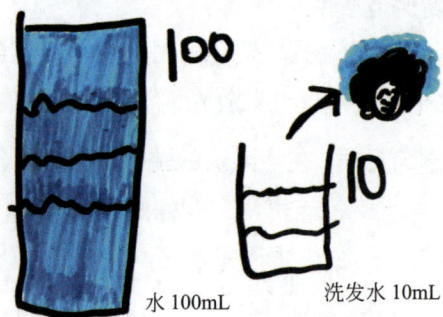

水 100mL　　　　洗发水 10mL

图 17-8　杰西的溶液配比图

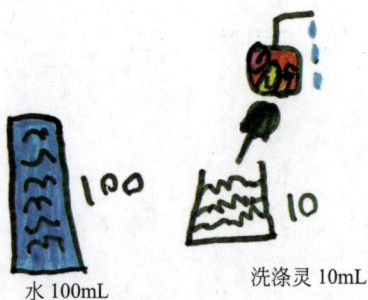

水 100mL　　　　洗涤灵 10mL

图 17-9　潼潼的溶液配比图

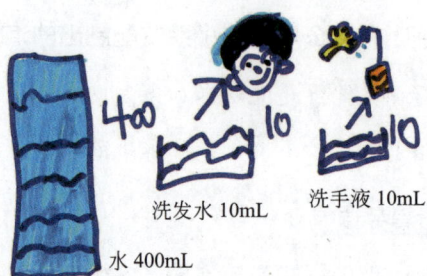

水 400mL　　洗发水 10mL　　洗手液 10mL

图 17-10　小宝的溶液配比图

问题五：用什么来吹泡泡？

分析与讨论

教师：泡泡液已经配好了。用什么来吹泡泡呢？

昱涵：做吹泡泡的工具！

猜想与假设

教师：用什么来做吹泡泡的工具呢？

潼潼：毛根。

叶子：我想用铁丝。

妹妹：我想用透明胶芯。

悦悦：我想用橡皮泥模具，有很多形状。

【教师支持：教师和幼儿一同来到美工教室，从材料库中选择材料，并在后勤老师的帮助下找到了更丰富的制作材料。】

在实验过程中，幼儿选取不同材质的材料，制作出各种形状的泡泡模具，如小花形、糖葫芦形、星星形和爱心形等。最终幼儿发现，用圆形、椭圆形和方形等面积大的模具更容易顺利吹出泡泡。另外，模具的大小也会影响泡泡的大小、吹出泡泡的速度和连续性。

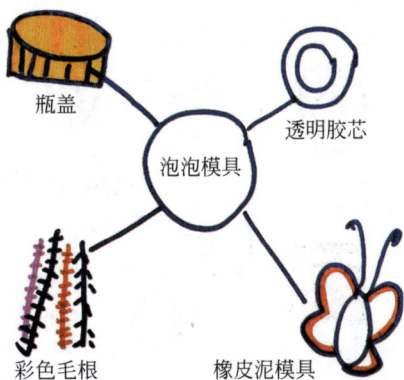

图 17-11　制作泡泡模具材料猜想图

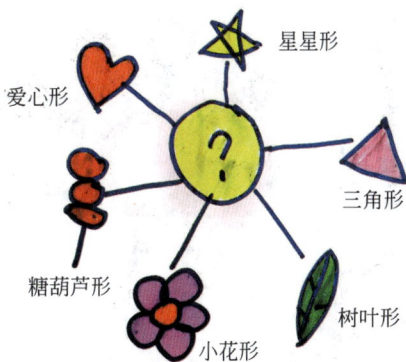

图 17-12　泡泡造型猜想图

活动三：自制泡泡摩天轮

豌豆带来了和爸爸妈妈一起完成的自动泡泡机半成品。幼儿仔细观察，发现里面有一个塑料的泡泡架子，能让泡泡机连续不断地吹出泡泡。幼儿称它为泡泡摩天轮，他们也想做个这样的泡泡机。

问题一：泡泡摩天轮有什么用？

分析与讨论

潼潼：泡泡摩天轮上有好多小孔，相当于把泡泡模具都给组合在一起了。

豌豆：泡泡摩天轮转起来后，就总会有泡泡。

妹妹：泡泡机能连续不断地自动吹泡泡了。

问题二：怎样让泡泡摩天轮转起来？

分析与讨论

教师：泡泡摩天轮上都有什么？

点点：有很多泡泡模子。

潼潼：还有一个芯，可以插在转动的机器上。

猜想与假设

教师：你们想用什么材料做转动的泡泡摩天轮呢？

潼潼：我想用毛根做好多个圆形模子，然后把它们粘在厕纸芯上就行了。

叶子：我想用瓶盖做中间的芯，用铁丝做泡泡圈。

妹妹：我想用透明胶芯做泡泡圈，用橡皮泥当芯。

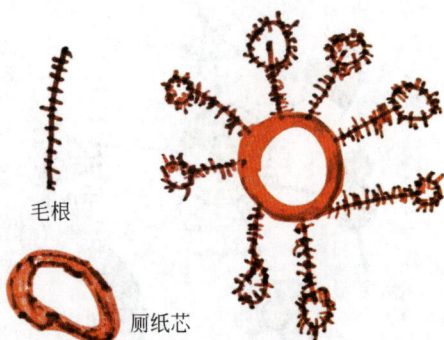

图 17-13　制作材料猜想图（1）

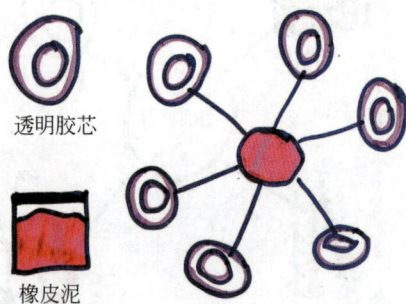

图 17-14　制作材料猜想图（2）

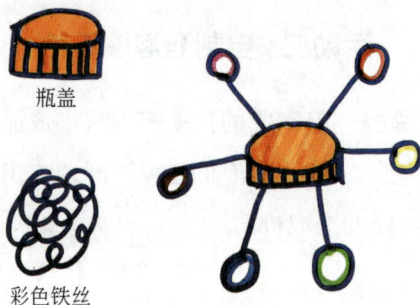

图 17-15　制作材料猜想图（3）

实验与验证

　　泡泡摩天轮做好了，幼儿跃跃欲试，把它们装在豌豆带来的电机上试验，却发现自己的泡泡摩天轮都没有成功转动起来。

问题三：用什么材料做转轴和模具？

分析与讨论

教师：试转时发生了什么事？

潼潼：我用厕纸芯和毛根做的泡泡摩天轮，刚转了一会儿厕纸芯就湿了，而且毛根在没有蘸泡泡液的时候能转起来，但是蘸上泡泡液后就转不动了，可能是泡泡液太沉了，把摩天轮拖住不动了。

【迁移经验：幼儿将"物体越重，运动时需要的动力越大"的知识经验进行迁移，解释毛根蘸泡泡液变沉后泡泡摩天轮转不动的现象。】

骁骁：我用光盘做的转轮，剪了一块塑封膜做中心，转着转着，塑封膜就掉了。

叶子：我用瓶盖做的转芯太小了，都装不上泡泡模具。

悦悦：我把透明胶芯粘在雪糕棍上，可以转起来了，但不稳，而且透明胶芯也不能吹出泡泡。

点点：我用的橡皮泥也不行，一转就掉了。

猜想与假设

教师：什么材料适合做可以转起来的泡泡摩天轮呢？

潼潼：我觉得制作转芯要用塑料的东西，不能用纸质的东西。

叶子：可以用薯片桶的盖子做，它是塑料的，还比瓶盖大，应该能做转芯。

小左：泡泡模具可以用铁丝做，铁丝没有毛毛，挂上的水少一些，就能轻一些。

实验与验证

幼儿选择了细铁丝和薯片桶盖的组合，在试吹中连续吹出了泡泡，可是过了一会儿就会出现"泡泡堵车"的现象。这又引发了幼儿新的思考。

问题四：怎样把泡泡模具间距相同地固定在转芯上？

分析与讨论

宇涵：我发现咱们做的泡泡模具之间的距离不一样，有的宽，有的窄。

小左：自动泡泡机里的浅蓝色泡泡架上有十个泡泡模具，间距都是一样的。

猜想与假设

教师：怎么能让模具间的距离都一样呢？

潼潼：用尺子量两个模具间的距离就行了，每次数字都一样，间距就是一样的。

小左：可以先摆好了，然后用眼睛看看。

浚铭：我玩过平分图形的游戏，把圆形纸对折对折再对折，再打开，每个瓣就是大小一样的了。

果果：对，快看，像比萨饼一样。

教师：**怎么把泡泡模具固定在架子上呢？**

叶子：我用胶粘，但是胶一沾水，泡泡模具就掉了。

妹妹：用胶条也可以粘。

昱涵：我觉得不行，胶遇到水都会不黏的。

教师：**如果把铁丝拴在上面可以吗？**

小左：把铁丝像挂灯笼一样挂在上面，这样就不用粘了。

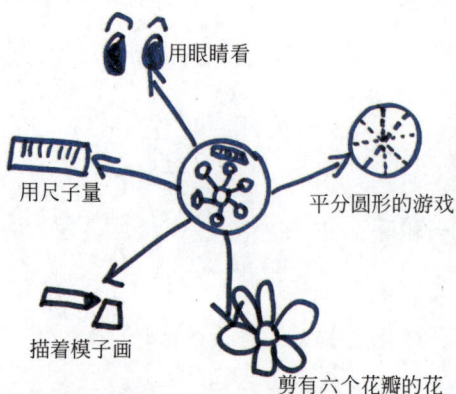

图 17-16　使模具间距相同的方法猜想图

图 17-17　观察尺子刻度

实验与验证

　　幼儿将制作好的泡泡摩天轮放在电机上试转，这次它连续不断地吹出了泡泡。

活动四：制作风扇

教师：**有了泡泡架和泡泡液，怎么才能自动吹出泡泡呢？**

小左：需要风扇。

问题一：风扇由哪些零件组成？

分析与讨论

桃桃：风扇中间都有一个风扇芯，扇叶都插在风扇芯上面。

小左：风扇后面还有一个孔，是插电机用的。

猜想与假设

教师：**你们想选择什么材料制作风扇？**

豌豆：可以把硬纸剪成扇叶形状，用橡皮泥当风
　　　　扇芯。

桃桃：用纸筒做风扇芯，用塑封膜做扇叶。

叶子：用瓶盖做风扇芯，用塑料勺做扇叶。

骁骁：用薯片桶做扇叶，因为桶是圆的，剪出来
　　　　的扇叶就是弯的。

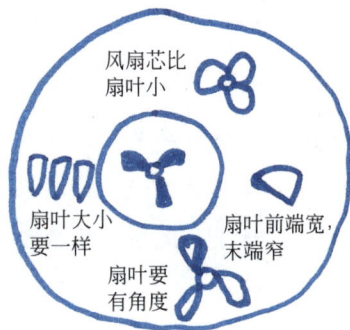

图 17-18　风扇特点汇总图

实验与验证

　　幼儿用自己选择的材料进行了制作，并试
验风扇能否转动，发现转不起来。

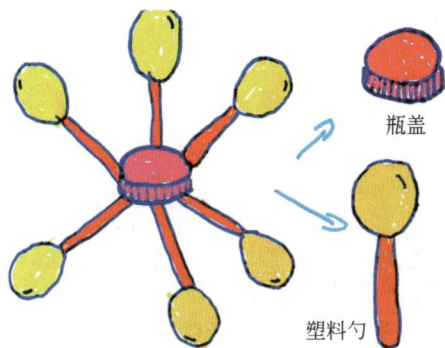

图 17-19　制作材料猜想图（1）

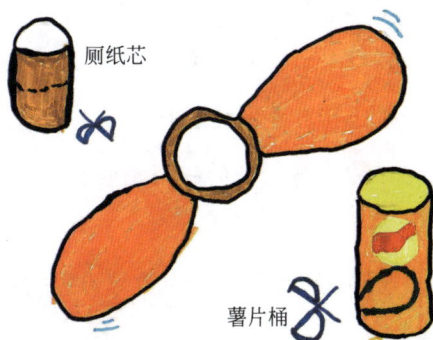

图 17-20　制作材料猜想图（2）

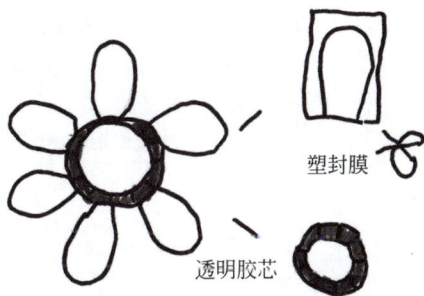

图 17-21　制作材料猜想图（3）

图 17-22　组合展示

问题二：风扇为什么转不起来？

分析与讨论

教师： 你们发现了什么？

幼儿： 我们做的风扇转不起来。

猜想与假设

教师：风扇为什么转不起来？

骁骁：我觉得风扇芯太沉了。我用的是大号的厕纸芯，刚安上就掉下来了。风扇芯应该换个轻点儿的。

小慕：我觉得扇叶要比风扇芯大一些。

妹妹：扇叶是前面宽，后面窄，还是斜着插的。

桃桃：扇叶要一样大，咱们做的大小不一样。

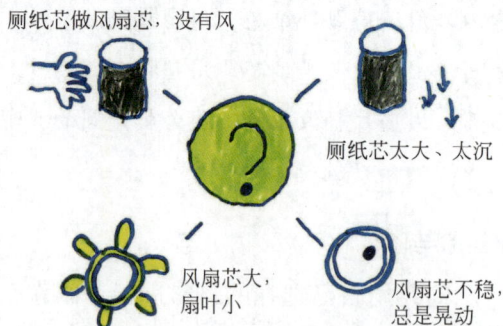

图 17-23　风扇不能转动的原因猜想图

厕纸芯做风扇芯，没有风

厕纸芯太大、太沉

风扇芯大，扇叶小

风扇芯不稳，总是晃动

教师：那怎样才能保证扇叶一样大呢？

桃桃：可以把剪下来的一个扇叶当模子，然后描着画就行了。我看老师这样画过，画完长得都一样。

【经验迁移：幼儿将已有的重叠绘画的经验迁移到扇叶制作中，解决了扇叶大小不一致的问题。

实验与验证

通过讨论，幼儿进行了一系列的调整。首先，用塑封膜做出大小相同的扇叶；其次，增大扇叶前端和末端比例，改换轻的材料做风扇芯，如薯片桶盖、轻纸筒；最后，将扇叶组合，风扇成功转动起来。

问题三：风为什么在旁边？

分析与讨论

幼儿发现，风扇虽然可以转动，但是依然不能吹出泡泡。

钊钊：扇叶转得很快，但是没有风。

潼潼：风在旁边呢！

大家纷纷伸出手来感受，发现风真的不在中心处，而是在风扇的外侧。

教师：风为什么在旁边呢？

猜想与假设

昱涵：风扇太软了，我摸了摸，自动泡泡机里的那个风扇是用硬塑料做的。

叶子：咱们做的风扇芯是用胶条贴上去的，是不是漏风了？

桃桃：我觉得风扇芯也不能用纸筒做，都变形了。

点点：咱们做的风扇比这个风扇大，应该做个小的试试。

幼儿再次仔细观察玩具上的风扇，发现扇叶和风扇芯是一个整体，没有拼插的痕迹。

实验与验证

幼儿在一块塑封膜上剪出扇叶，再将扇叶拧出角度，尝试制作了一体的风扇。幼儿把风扇放到电机上试验，风扇成功吹出了泡泡。

阶段小结与反思

（一）幼儿

首先，幼儿学会运用思维地图将自己选择材料制作泡泡机的过程记录下来，图像化的表现方式帮助幼儿明晰问题解决的方向和制作的步骤。

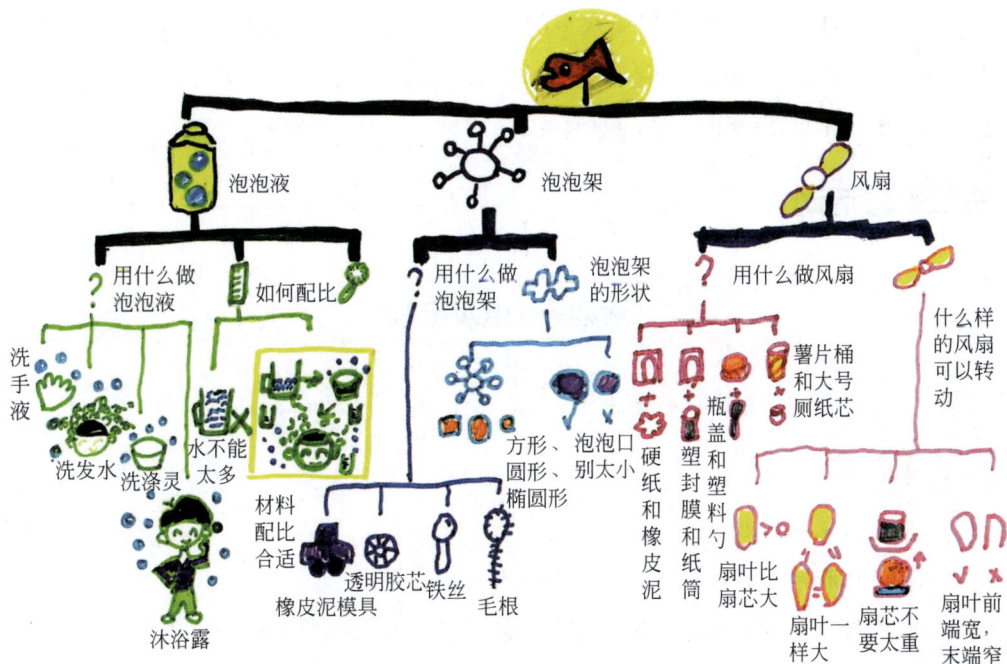

图 17-24　泡泡机制作经验汇总图

其次，在制作泡泡摩天轮的各个部件的过程中，幼儿遇到了"吹不出泡泡""风扇转不起来"等问题。他们不断思考，坚持探索和实践，通过经验迁移、同伴交流讨论、求助等多种方式解决了问题。

最后，幼儿在活动中灵活运用多种探究方式，如细致观察对比和大胆验证等，从而发现了最合适的溶液浓度配比、适宜的材料和组装方式，最终完成了泡泡摩天轮的制作。在此过程中幼儿不仅体会到成功的乐趣，探究能力也获得了发展。

（二）教师

本阶段是师幼共同认识发现、探索制作自动泡泡机所有部件的过程，主要由认识泡泡机、配制泡泡液、制作泡泡摩天轮、自制风扇等环节组成。

首先，教师与幼儿一起观察、讨论手动泡泡机与自动泡泡机的结构，对比探索"自动"的意义，加深幼儿对"自动"的认识和理解，进而引发幼儿对泡泡机各部件材料的选择与制作、泡泡机动力产生与传递等内容进行深入探究和思考。

其次，教师及时捕捉幼儿在活动过程中的疑点、难点，坚持"幼儿在前，教师在后"，用鼓励、反问、对比等方式启发幼儿深入思考，自主发现和感受科学原理，使幼儿获得积极的情感体验，幼儿的探究兴趣愈加浓厚。

最后，教师基于对幼儿经验水平的把握，结合活动过程中遇到的问题给予适时"支架"，以符合幼儿认知特点的方式帮助幼儿寻求解决问题的方法，如提供量杯，支持幼儿调制出配比合适的泡泡液。

第二阶段活动

活动一：组装串联

问题一：怎样让泡泡机自动吹出泡泡？

分析与讨论

骁骁：需要有电路和电池。

小左：可以用科学区的电路玩具，里面也有电机、电池。

浚铭：我们知道让灯泡亮的方法，肯定也能让风扇和泡泡摩天轮转起来。

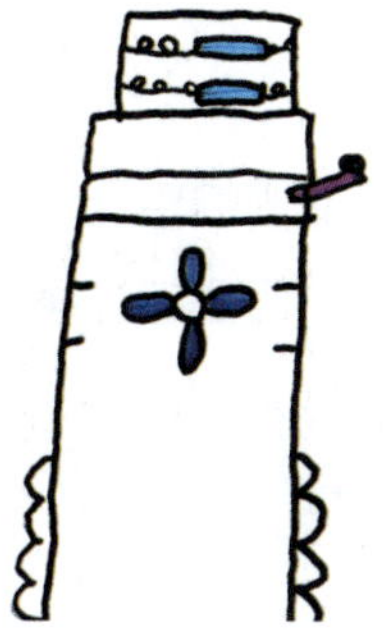

教师：你们有什么发现？

浚铭：把做好的风扇和泡泡摩天轮放到电路玩具上，
吹不出泡泡！

钊钊：风扇转动得没有那么快，风好像小了。

蜜果：泡泡架转得也慢了。

猜想与假设

教师：这是为什么呢？

小左：我也不知道，电路连接没有错。

叶子：是不是电池没电了？

钊钊：我觉得电不够多。

教师：有什么好办法吗？

叶子：换新电池试试。

钊钊：换个电池更多的电池盒，让电多一点儿。

桃桃：豌豆带的自动泡泡机是用电线连接的，咱们用的是电路玩具，不一样的。

实验与验证

    幼儿领取了新电池，又到其他班借了可以装三节电池的电池盒，但实验仍然不成功。

桃桃：咱们用电线吧！

昱涵：但是咱们是小朋友，不能用电啊。

教师：咱们去找电工周老师，请他来帮忙。

【教师支持：教师邀请园内后勤电工周老师加入幼儿的电路连接活动，为活动的顺利开展助力。**】**

教师：电路玩具上的每一个小纽扣，都是一个吃电的小嘴巴，每一次拼搭组合，都
会减少一些电量，导致风扇动力不足，不能吹出泡泡。而电机是用电线连接
的，直接输送电，没有吃电的嘴巴，动力很足。

小左：那我们应该怎样连接呢？

桃桃：请周老师帮助我们连接一下电线吧，这个肯定能成功。

浚铭：周老师，我们想要一个电机连风扇，一个电机连泡泡架，这样就不担心没电了。

小左：还要安上开关才行，不然怎么控制它啊。

图 17-25　电路连接示意图

活动二：设计图纸

教师： 咱们的电路也已经组装好了。这些东西要怎样摆放呢？

昱涵： 泡泡架在前面，风扇在后面，两个要一样高。

桃桃： 泡泡架下面放泡泡液，泡泡架要低一些，泡泡圈才能碰上泡泡液。

小左： 可以画一个组装图，照着组合。

图 17-26　泡泡机组装示意图

活动三：组装部件

问题一：怎样将各部件组合成自动泡泡机？

分析与讨论

教师： 怎样将各部件组合成自动泡泡机呢？

叶子： 放在一个箱子里。

曲奇： 需要一个大一点儿的装泡泡液的盒子，放在泡泡架下面。

教师： 应该要多大的呢？

猜想与假设

潼潼： 拿泡泡架比一比，泡泡架能在里面转就行。

昱涵： 可以把盒子上面剪开，把咱们做的风扇、泡泡架直接放进去。

豆豆： 把里面摆好，再盖上盖，看看泡泡架转起来会不会打到盖子。

问题二：部件怎么固定在箱子里？

分析与讨论

悦悦： 把装泡泡液的盒子粘在里面，这样泡泡液就不会洒。

叶子： 我觉得应该给风扇和泡泡架都搭一个椅子，让它们高一些。

悦悦： 然后把它们都粘在椅子上，椅子粘在盒子里。

问题三：开关放在哪里？

分析与讨论

点点：开关应该离开水，因为开关有电。

曲奇：对，还有电线呢，它们都不能碰到水。

叶子：把两个开关放在盒子边上，离水远。

实验与验证

　　幼儿按照自己的猜想将各部件进行组装。在组装完成后，他们满怀期待地打开开关进行验证。大家看到制作出的自动泡泡机吹出泡泡，都兴奋地鼓起掌来。

阶段小结与反思

（一）幼儿

　　首先，幼儿在制作过程中一直保持着浓厚的探索兴趣，在成功组装泡泡机各部件后获得极大的自我胜任感，自信心进一步增强。

　　其次，幼儿在原有经验的基础上大胆猜想与验证，在操作实践中感知与建构新经验。幼儿不仅对自动泡泡机中所蕴含的科学知识有了初步的了解，如电的传导等，对工具的使用也更为熟练与自主，能够根据需求寻找相应的工具解决问题。

　　最后，幼儿的探究意识、独立解决问题的意识逐步增强。在遇到困难时，幼儿考虑问题更为深入，解决思路更为宽阔。

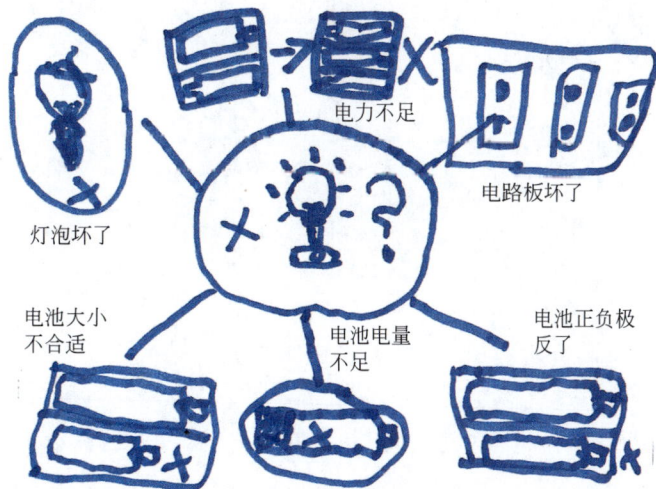

图 17-27　风扇没有力量原因猜想汇总图

（二）教师

首先，教师巧用园所资源，支持幼儿活动。如自动泡泡机的电力不充足时，教师邀请电工师傅和幼儿一同操作，帮助幼儿了解电路的奥秘。

其次，教师巧用同伴力量激发幼儿探索，利用合作化学习的方式，给予幼儿充分的讨论空间和机会，促使幼儿在碰撞中互通经验，彼此鼓励，共同进步。

最后，教师巧用专业智慧，成就幼儿发展。教师作为幼儿的引路人，敏锐地捕捉幼儿的问题，鼓励幼儿在真实的问题情境中主动探索解决问题的方法，从而获得进步与发展。

课题活动十八：大泡泡机

吉林省金太阳教育集团　大一班　刘阳阳　刘杰
（指导者：孙磊　吕生娜）

选题缘由

在玩吹泡泡游戏时，幼儿开始尝试多种创新玩法。七宝将呼啦圈放到装满泡泡水的盆里，尝试着用呼啦圈吹大泡泡，轻轻一提，一个神奇的泡泡柱出现了。小博有个新提议："我觉得这个泡泡可以把我装进去！"就这样，幼儿开始了呼啦圈泡泡套人游戏。反复尝试了几次，七宝问："有什么办法不用手就能把呼啦圈抬起来呢？"乔乔说："我在商场见过一种可以把人套进去的泡泡机，用绳子轻轻一拉就能把泡泡拉起来！"由此，幼儿产生了制作泡泡机的想法。在制作泡泡机的过程中，幼儿需要探索各种不同材料的使用技术，了解不同材料的功能及特性。在搭建过程中，幼儿会接触到平面几何图形、体积等知识，在具体操作过程中，幼儿会运用到测量、平衡、稳定性等科学方法与原理。与此同时，幼儿需要通过知识经验共享、同伴合作等方式完成搭建。制作泡泡机活动为幼儿提供了丰富的学习内容，让幼儿在不断发现问题、分析问题、解决问题的过程中锻炼其问题解决的能力。于是，教师引导幼儿开展了制作泡泡机的课题活动。

第一阶段活动

活动一：经验分享

制作泡泡机的想法让幼儿兴奋不已。

森森：泡泡机到底长什么样子？

乔乔：泡泡机有一个高高的、像门框一样的架子。

懂懂：对，我见过，泡泡机有一个像呼啦圈一样的圈。

小样：我知道，泡泡机上有绳子，玩的时候拉一下绳子，泡泡就出来了。

可心：因为有泡泡水才能吹出泡泡，所以还有一个放泡泡水的东西。

　　幼儿对泡泡机的设计有多种想法，教师请幼儿将自己所想用绘画的方式记录下来。于是，一张张巧妙的泡泡机设计图诞生了。

图 18-1　立架式泡泡机　　　　　　　图 18-2　悬挂式泡泡机

活动二：选择材料

　　幼儿的思路渐渐清晰起来。可是制作泡泡机到底需要什么呢？幼儿讨论了起来。

懂懂：制作泡泡机需要呼啦圈、泡泡水和装泡泡水的容器。

冰冰：还需要绳子，能把呼啦圈吊起来的绳子。

七宝：说的都对。我们必须先做一个架子，因为架子很重要，再用绳子拴上呼啦圈，最后才能放泡泡水玩游戏。

教师：泡泡机的详细制作材料和制作的顺序，你们都可以画下来。

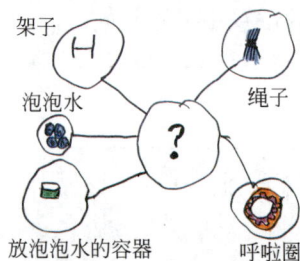

图 18-3　泡泡机构成图　　　　　图 18-4　制作泡泡机流程图

【教师支持：教师引导幼儿有意识地制订计划，包括对材料、制作过程等的详细计划。教师肯定计划中的细节，鼓励幼儿进一步完善计划的顺序，如提问"第一步做什么？""第二步做什么？"……教师支持幼儿制订计划，可以帮助幼儿预见和

把握可能的选择，有目的、有计划地开展活动。】

活动三：制作泡泡机架子

幼儿决定先制作泡泡机架子。对于要制作什么样的架子，幼儿各抒己见。

荣成：我家有放鞋的架子。

航航：我有画画的架子。

阳阳：我家还有书架。

淼淼：在外面玩时，我看见有用来攀爬的架子。

荣成：对，那是很多梯子搭建的架子，是小朋友用来练习攀爬的。

赫赫：瞧，那不是架子嘛！（细心的赫赫发现幼儿园有简易晾衣架。）

教师抓住教育契机，布置了"找一找生活中的架子"的亲子活动。

第二天，幼儿带着收集好的图片与同伴们一起分享。

问题一：选择什么样的材料搭建架子？

分析与讨论

冰冰：可以将纸杯叠得高高的来制作架子。

七宝：架子用什么连接呢？

冰冰：可以用雪糕棍啊！

懂懂：我认为书比纸杯大，用书搭建的泡泡机架子也一定更大。

乔乔：用玩具也可以制作架子。

荣成：我们用材料试一试，就知道答案了！

猜想与假设

这一次幼儿根据各自选择的材料分成了三组，在搭建前，各小组分别绘制了使用不同材料搭建架子的设计图。

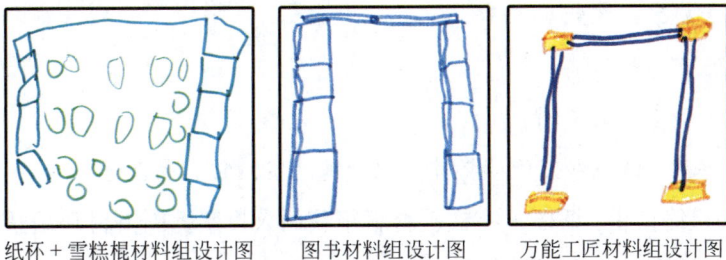

纸杯+雪糕棍材料组设计图　　图书材料组设计图　　万能工匠材料组设计图

图 18-5　各组设计图

实验与验证

第一组：纸杯 + 雪糕棍材料组

搭建底柱时，小样将手中的纸杯杯口对杯底垒叠，底柱的高度增加并不明显。冰冰改为将杯子口对口搭建，底柱的高度增加明显。搭建横梁时，几名幼儿调整了纸杯的间距，却发现雪糕棍不够长，二宝马上增加了立柱的数量。最后，第一组搭建出了有三个柱子和多个雪糕棍的像桥一样的架子。

第二组：图书材料组

懂懂将书打开一定的角度，又将书立起来，书的顶部形成了三角形面。可心在一本立起来的书上面放一本平躺的书，按这样的规律将书交叉垒叠，渐渐搭到一定高度。搭到第四层时，书倒了。七宝分享了第一组搭建的经验，即搭三个立柱后再搭平面。

第三组：万能工匠材料组

苹果和贝贝在搭建架子时，发现底面积太小，架子无法站立。苹果马上在底座上增加了一个万能点，用来保持平衡。乔乔对泡泡机的制作有一定经验，很快就明确了方向。他先做了两个正方形，然后把两个正方形连接，做出了一个正方体的架子。

【**教师支持：**在幼儿尝试操作时，教师提供开放性材料供幼儿自由选择，支持幼儿组合多种材料搭建架子。同时，教师还为幼儿提供自主识别材料的机会，支持幼儿运用材料验证自己的猜想。】

在展示作品时，教室里热闹了起来，幼儿分享着本组的想法。到底哪种材料更适合搭建架子呢？

这时，一名幼儿提议："我们可以投票决定。"

于是，幼儿对三种材料及方案进行投票。

七宝：纸杯太轻了，不结实。

航航：纸杯很容易被压扁。

懂懂：书不太稳当，老是倒。

乔乔：我觉得用万能点和万能棒搭建的架子很结实，它们最合适。

投票的最终结果：纸杯 + 雪糕棍材料组获两人投票，图书材料组获三人投票，万能工匠材料组获六人投票。

图 18-6　尝试用杯口对杯口的方式搭建

图 18-7　用交叉垒叠的方式保持平衡

图 18-8　尝试搭建正方形架子

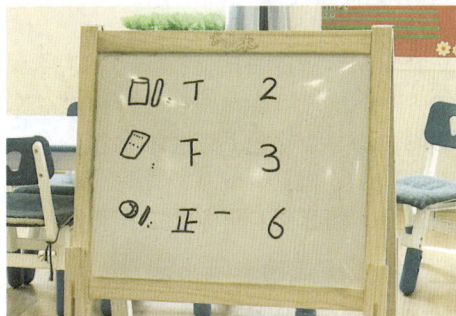

图 18-9　制作材料投票结果

问题二：架子要搭多高？

分析与讨论

这一天，教师带来了泡泡机的相关视频，请幼儿观看。

小样：快看！这个架子真高！我们也要做一个高高的架子。

教师：你们需要什么？

航航：需要更多的、更大的万能工匠材料。

乔乔：架子要搭多高呢？

七宝：一定得比小朋友高，这样小朋友站在里面不会碰到头。

猜想与假设

教师：怎么才能知道万能棒比小朋友高呢？

森森：可以比一比！

乔乔：还可以量一量。

教师：可以用什么量？

幼儿：绳子、尺子、笔、书、手……

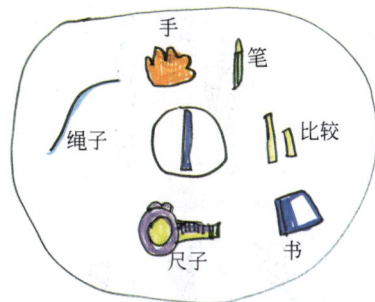

图 18-10　测量工具和方法预想图

【**教师支持：**当幼儿提出有难度的问题时，教师通过不断地追问，引发幼儿深度思考，让幼儿想出解决方案。】

实验与验证

第一组：比较测量

乔乔选出了最长的万能棒和七宝比较，很快发现万能棒不够高。二宝取来一根绿色万能棒，与红色万能棒接在一起，发现长度过长。乔乔又取来一根蓝色万能棒，和红色万能棒相接，刚好和七宝差不多高。

第二组、第三组：非标准工具测量

第二组选用彩笔来测量。可心请同伴躺下，幼儿将彩笔摆成和同伴身体一样的长度。

第三组选用图书来测量。淼淼拿来一本书，一边测量一边数数，做好标记，最后数出一共有几本书。

第四组：标准工具测量

懂懂很快就想到用尺子测量。当幼儿站着接受测量时，从事测量的幼儿发现很难控制尺子，于是他们决定让被测量者躺下来测量。他们将尺子和被测量者顶端对齐，拉直尺子，读取数字并记录。

图 18-11　第一组比较测量　　图 18-12　第四组标准工具测量

【**教师支持：**教师提供测量机会，支持幼儿运用多种工具和方法进行测量。幼儿通过尝试，学会了使用重复的单位和正确的测量方法，即从基准线开始测量，并且在测量的时候不留空隙。】

七宝＝红色万能棒＋蓝色万能棒

图 18-13　第一组的测量记录

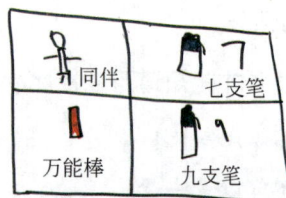

十一号小朋友

图 18-14　第二组的测量记录

小朋友有五本书长

万能棒有六本书长

图 18-15　第三组的测量记录

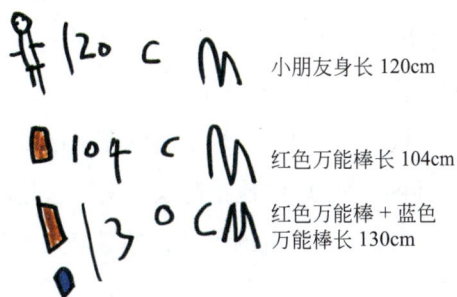

小朋友身长 120cm

红色万能棒长 104cm

红色万能棒 + 蓝色
万能棒长 130cm

图 18-16　第四组的测量记录

阶段小结与反思

（一）幼儿

幼儿利用思维地图对各种材料及搭建方法进行总结与反思，分析各类方案失败的原因，并归纳出最佳搭建材料及方案。

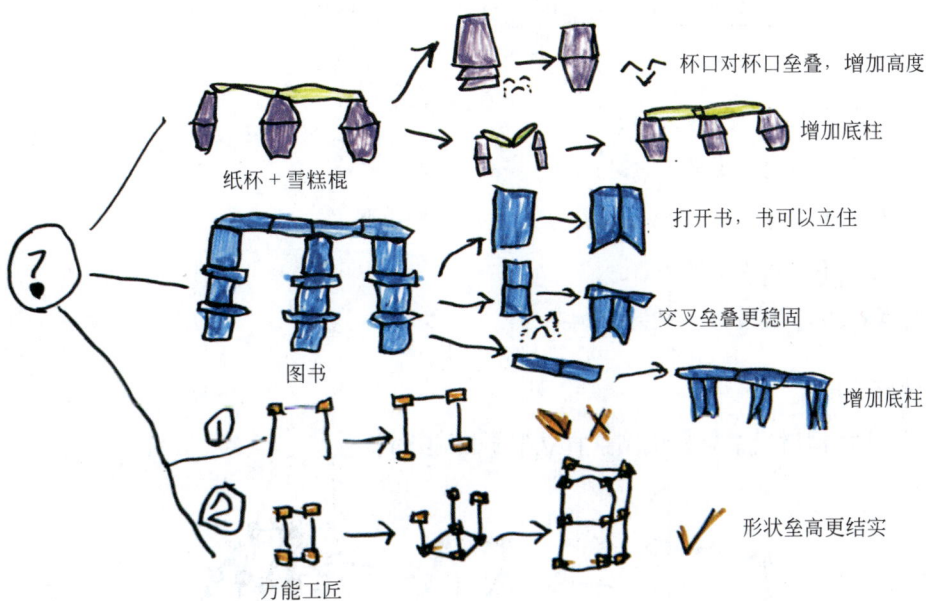

杯口对杯口垒叠，增加高度

增加底柱

打开书，书可以立住

交叉垒叠更稳固

增加底柱

形状垒高更结实

纸杯 + 雪糕棍

图书

万能工匠

图 18-17　泡泡机架子搭建方法总结图

（二）教师

首先，教师为幼儿提供充分的自由讨论与探索的机会。在幼儿提出制作泡泡机的想法时，教师没有直接向幼儿展示泡泡机真实的样子，而是鼓励幼儿讨论，并将思考进行记录。在寻找答案的过程中，幼儿不断进行猜想、假设与验证，最终将遇到的问题一一解决。

其次，教师引导幼儿使用思维地图推动对问题的探索。幼儿将脑海中的设想、活动目标等用思维地图记录下来，这是幼儿梳理思维的重要手段。幼儿做计划时，先确定制作泡泡机的目标，然后考虑达成目标的选项，包括将要使用的材料、制作的流程等。教师肯定幼儿计划中的细节，鼓励幼儿进一步完善计划的顺序。

第二阶段活动

活动一：搭建架子

幼儿根据万能工匠材料组的设计图，开始搭建泡泡机的架子。

问题一：架子如何立起来？

分析与讨论

幼儿选择用自己选的万能棒来搭建架子，可是架子一碰就倒了。

七宝：架子为什么会倒呢？

懂懂：它站不稳。

冰冰：它每面只有一条腿。

七宝：对，要想像人一样站起来，每面得再加一条腿。

冰冰：还是不够高怎么办？

懂懂：要在底下接着搭，就可以加高了。

猜想与假设

幼儿根据讨论结果，绘制了直立架子搭建设计图。

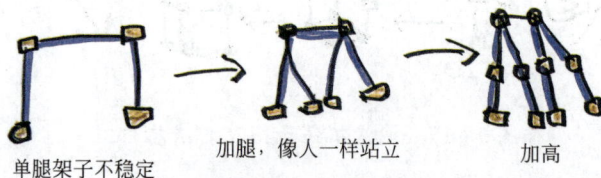

单腿架子不稳定　　加腿，像人一样站立　　加高

图 18-18　直立架子搭建设计图

实验与验证

两名幼儿抬着搭好的架子腿，一名幼儿接着加高，当一条架子腿加高后，架子开始摇摇晃晃不稳了。

图 18-19　平放搭建图

教师：给人接腿时，人是什么样子呢？

懂懂：我知道了，我们把架子放倒。

很快，幼儿的第一个作品制作完成了。但是由于经验技术欠缺、受力点不均等问题，这个架子仍不太稳。

问题二：底座为什么不稳？

分析与讨论

这一次幼儿改变了制作思路，决定先搭建一个正方形底座。底座很快搭建好了，但随之也产生了新问题——底座不稳。这到底是什么原因造成的呢？

森森：不对呀，底座为什么不稳呢？

苹果：我们好像搭的不对。

懂懂：这几个万能点不一样！

七宝：有一个是平躺着的，和其他的不一样。

苹果：四个脚要一样才行。

教师：有几种方式可以让底座更稳？

森森：我知道，万能点都平躺，或者都站立。

猜想和假设

幼儿根据讨论结果，绘制了两种底座搭建调整图。

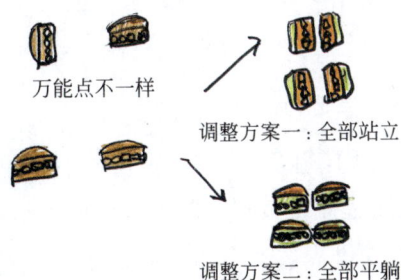

万能点不一样

调整方案一：全部站立

调整方案二：全部平躺

图 18-20　底座搭建调整图

图 18-21　万能点平躺式和站立式

实验与验证

教师：哪一种更平稳？

苹果：让我来看看。（他拿起两个万能点仔细观察，又站在上面试一试）平着放
　　　更稳。

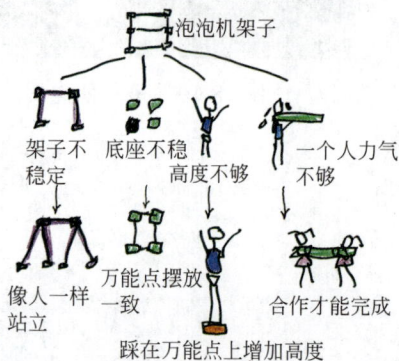

图 18-22　底座搭建总结图

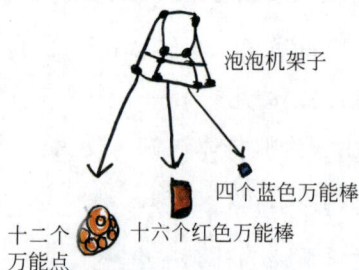

图 18-23　底座材料使用记录图

活动二：增加呼啦圈与绳子

　　泡泡机的架子搭建好了。呼啦圈、绳子和架子如何组合呢？这一知识点相对
复杂，对教师和幼儿都具有一定的挑战性。

问题一：选择哪一种材质的绳子？

分析与讨论

教师：你们都见过什么样的绳子？

苹果：这是缝衣服的线绳，我家里也有，是那种一卷一卷的，奶奶用它们来缝衣服。

可心：幼儿园有拔河绳。

小博：我见过我爸爸钓鱼用的绳子，是细细的、透明的。

冰冰：路边的大树，树干用绳子绑着。

淼淼：那是纸绳。

冰冰：不对，那是草绳，是北方的人们用来给树保暖的。

　　幼儿通过举手表决的方式选出两组组长，由组长负责选择组员和协调分工。
通过选举，小样和乔乔成为了新晋组长。怎么选择组员呢？两个人都认为自己应
该先选组员，最后乔乔提出以猜丁壳的方式决定谁先选，小样表示赞同。

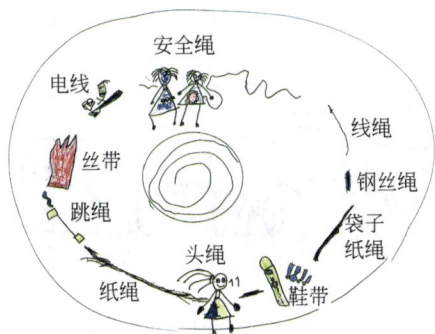

图 18-24　第一组泡泡机绳子设想图

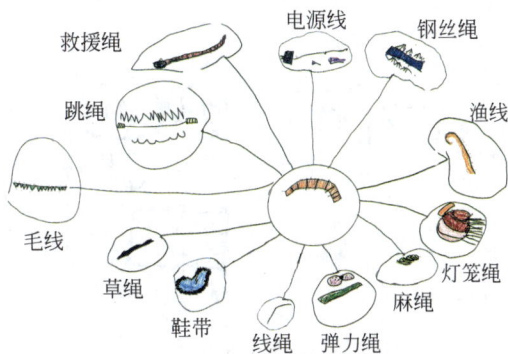

图 18-25　第二组泡泡机绳子设想图

打结一直是技术上的难点。为了增加幼儿的技能经验，教师鼓励幼儿相互分享技能，并总结了几种常见的打结方法。

教师：哪种绳子更适合做泡泡机的绳子呢？

七宝：鞋带很长很结实，系呼啦圈没问题。

阳阳：纸绳也可以。

懂懂：纸绳不能系呼啦圈，纸绳遇到水就会断，不结实。

乔乔：麻绳遇到水不会断。

淼淼：渔线很结实，又细又长。

懂懂：松紧绳不能系呼啦圈，它会把呼啦圈弹起来的。

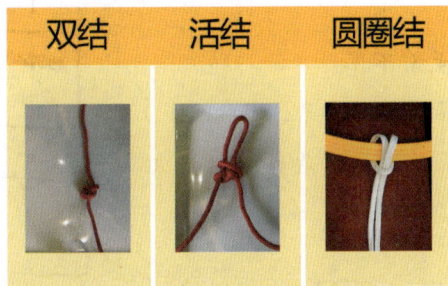

图 18-26　打结方法总结图

猜想与假设

经过讨论，幼儿选出可作为泡泡机绳子的三种备选材料。幼儿罗列了三种材料的优点，并绘制了每一种材料的使用流程图。

第一种材料：麻绳。选择理由：麻绳很结实。

第二种材料：渔线。选择理由：渔线可以钓鱼，也可以带起呼啦圈。

第三种材料：鞋带。选择理由：鞋带结实，不用剪。

麻绳 　用剪刀剪开 　系上麻绳 　粘起来

用胶棒、胶水不能粘

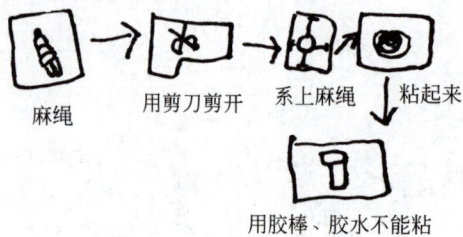

图 18-27　麻绳使用流程图

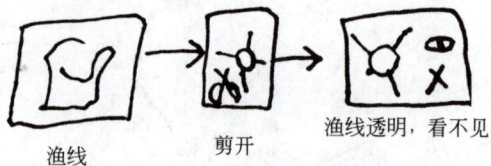

渔线 　剪开 　渔线透明，看不见

图 18-28　渔线使用流程图

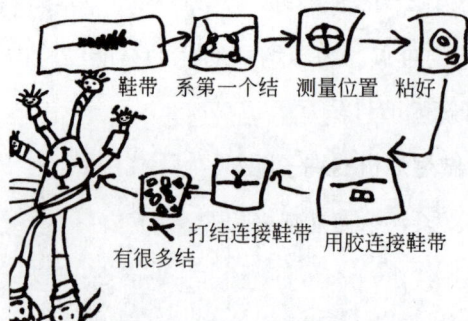

鞋带 　系第一个结 　测量位置 　粘好

有很多结 　打结连接鞋带 　用胶连接鞋带

图 18-29　鞋带使用流程图

实验与验证

　　幼儿对三种绳子的使用效果进行了验证，对比了三种绳子的优缺点。

乔乔：渔线很结实，但是看不见。

七宝：鞋带太短，要一根一根接起来，太麻烦了。

懂懂：麻绳很结实，可以用，但是我们剪得太短了。

教师：需要如何调整？

懂懂：可以先比一比用多长的麻绳，这样就可以了。

图 18-30　三种绳子的缺点

问题二：如何使呼啦圈平衡？

分析与讨论

荣成：怎么让呼啦圈升起来？

小样：用绳子拴起来挂上。

　　说着，大宝和二宝将绳子套在呼啦圈上，呼啦圈立了起来。

懂懂：这样不行。呼啦圈放在泡泡水里，平着升起来才会有泡泡。

冰冰：怎么让呼啦圈平衡呢？

猜想与假设

森森：用手扶一下就平衡了。

七宝：不行，我们要做不用手扶的泡泡机。

贝贝：我们用很多绳子，怎么样？

七宝：这个办法好。用多少根呢？

  教师决定带幼儿在生活中寻找真相。

1. 用手扶一下呼啦圈
2. 用绳子挂上
3. 多用几根绳子

图 18-31　呼啦圈平衡猜想图

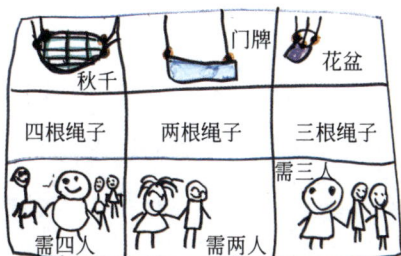

图 18-32　知识迁移记录图

【**教师支持：**当幼儿表现出经验匮乏时，教师鼓励幼儿从生活中寻找解决问题的答案。幼儿通过观察秋千、门牌、花盆等生活中的物品，实现了经验迁移。】

实验与验证

  幼儿第一次尝试拴两根绳子。

  七宝踮起脚尖，从泡泡机上面把呼啦圈扔进去，绳子自然挂在了架子上。可是，绳子系得太松，呼啦圈的连接点开始移动，呼啦圈还是不能保持平衡。很快，幼儿又发现一个重要的问题——怎么移动呼啦圈呢？

教师：你遇到了什么问题？

七宝：呼啦圈不平衡，有可能是因为我们只系了两根绳子。

懂懂：我们系在两边，可是绳子位置动了。

冰冰：因为没系住，或者绳子太少了。

阳阳：也许是因为没有用胶固定。

图 18-33　幼儿施工与验证

教师：有道理，绳子太少了，没系住，没有固定。要怎么解决？

七宝：秋千最像呼啦圈，系了四根绳子，我们也可以系四根。

冰冰：可以把绳子粘在呼啦圈上。

教师：你们的主意不错，我们可以试一试。

问题三：如何使呼啦圈升上去？

分析与讨论

　　这一次幼儿使用了四根绳子，再次将呼啦圈从顶部放进去，绳子一下子乱了。

淼淼：绳子都乱了，呼啦圈怎么上去？

　　教师见幼儿没了思路，开始提问引导。

教师：你们周一时见过升国旗吗？

苹果：见过，一直拉一根绳子，国旗就升上去了！

教师：如果呼啦圈就是旗子，我们怎么把它升上来？

七宝：拉绳子！（七宝在原地拉动绳子，很快就发现拉动外面的绳子可以使呼啦圈移动。）

教师：我们有几根绳子？需要几名小朋友？

乔乔：有四根绳子，需要四个小朋友。

荣成：站在泡泡机哪边拉绳子呢？

懂懂：（沿着泡泡机走了一圈，仔细想了想）我知道，每人站一面。

　　懂懂的重大发现解决了困扰大家的问题。幼儿讨论后认为，需要每面站一个人，来拉动外面的绳子。

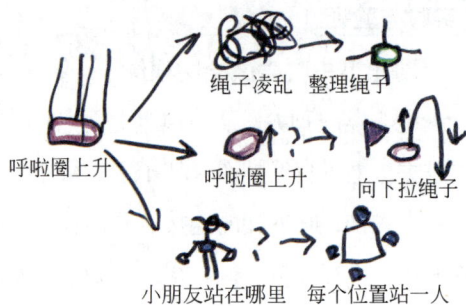

图 18-34　呼啦圈上升讨论分析图

实验与验证

　　经过几次调试，幼儿开始了实验。

七宝：我来喊一，二，三，大家一起向后跑。

乔乔：我们要一起跑，呼啦圈才能平。

苹果：跑得越快，泡泡越高！

活动三：秋千上的新发现

在拉泡泡活动中，幼儿仍然遇到呼啦圈不平衡的问题。针对如何解决呼啦圈平衡性的问题，幼儿再一次展开了探索。这天，七宝高兴地走进教室，迫不及待地分享他的发现。

七宝：秋千的四根绳子是一样长的。

淼淼：是吗？你是怎么知道是一样长的？

七宝：秋千的绳子是铁做的，一环一环的。每根绳子上有好多的环，我数了一下，每根上面有二十八个环。所以，秋千的四根绳子一样长。

教师：没错，你还发现了什么？

七宝：四根绳子之间的距离也是一样的。四个点，系了四根绳子，到上面两根绳子连在一起，变成了两个点。

教师：你观察得很仔细。怎么证明它们是一样长的？

懂懂：这很简单，量一量就知道了。

【科学原理：等长与等距。幼儿发现秋千上的四根绳子每根都有二十八个环，且每个环的大小相同，证明四根绳子长度相等。幼儿用测量的方式来验证秋千绳子之间的距离相等。】

教师引导幼儿回顾活动进展，讨论七宝提出的平衡因素，并带领幼儿验证。幼儿调整了绳子的长度，使其等长，解决了呼啦圈不平衡的问题。

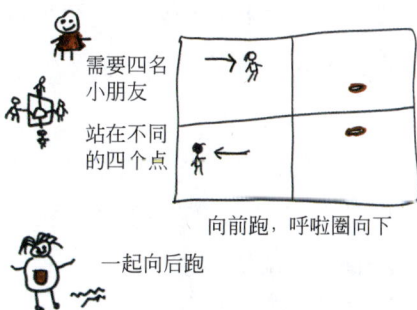

需要四名小朋友站在不同的四个点

向前跑，呼啦圈向下

一起向后跑

图 18-35　幼儿的游戏经验总结图

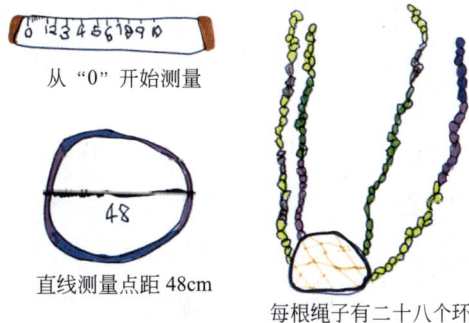

从"0"开始测量

直线测量点距 48cm

每根绳子有二十八个环

图 18-36　等距测量方法和等长测量方法总结图

阶段小结与反思

（一）幼儿

教师引导幼儿使用思维地图这一可视化工具总结在第一阶段出现的问题及解决方法，为下一阶段活动的顺利进行做好准备。

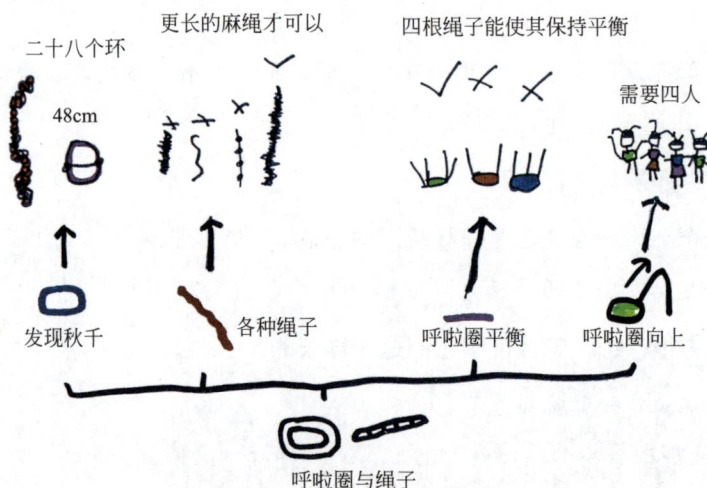

二十八个环　　更长的麻绳才可以　　四根绳子能使其保持平衡　　需要四人

48cm

发现秋千　　各种绳子　　呼啦圈平衡　　呼啦圈向上

呼啦圈与绳子

图 18-37　材料使用与设计图

（二）教师

首先，教师提供材料支持。在测量活动中，教师鼓励幼儿大胆想象测量的材料，并尽可能为幼儿提供材料支持，引导幼儿发散思考材料的多种使用方式。幼儿用自己的方式学习测量和记录，从"非标准工具测量""比较测量"逐渐过渡到"标准工具测量"。

其次，教师引导幼儿从生活中寻找灵感。幼儿在课题活动过程中经常会遇到各种难题。教师鼓励幼儿回归生活，在日常生活中悉心观察、思考与发现，从中受到启发，建立知识间的联系，通过经验迁移，找到解决问题的对策。

最后，教师通过有效提问促进幼儿深度思考。在整个课题活动中，当幼儿已有一定的经验时，教师就多追问开放性问题，如"怎么办？""为什么？""你是怎么想的？"。当幼儿经验匮乏时，教师就设定情境——"假如……会怎么样？"，或者结合生活引发思考——"生活中有哪些类似的情况？"。教师引领着幼儿积极动脑，学会思考，走出其固有的思维模式，将活动深入下去。

第三阶段活动

幼儿在玩泡泡套人游戏时发生了意外，小博在泡泡水里滑倒了。怎样防止小朋友滑倒呢？针对这一问题，幼儿展开了新的探索。

活动一：实地验证——参观泡泡机

因在泡泡套人游戏中出现过幼儿滑倒的情况，幼儿提出了质疑，开始了新的思考。

苹果：什么样的底座不滑？

懂懂：我们的泡泡机和商场的泡泡机哪里不一样？

可心：泡泡机底座是什么形状的？

小样：商场的泡泡机人站上去很稳。

赫赫：泡泡机的泡泡水放在了哪里？

妞妞：泡泡机的呼啦圈是平衡的吗？

幼儿带着质疑讨论泡泡机的细节。虽然幼儿都玩过泡泡机，但是仍然会忽略一些细节，所以教师决定组织幼儿参观泡泡机。在参观前，教师引导幼儿根据自己遇到的问题制订了各自的参观计划，为参观做好了准备。

在教师的带领下，幼儿参观了真实的泡泡机并兴奋地展开了探究。参观结束后，幼儿纷纷谈起了自己的发现。

发现一：底座不一样（结构不同）

赫赫：这个底座和我们的底座不一样。

荣成：这个底座是圆形的，我们的泡泡机站人的
地方更平。

贝贝：对，我们的底座是用水桶盖做的，这个底
座有一个槽，是放泡泡水的地方。

小样：这个底座还有垫子。

冰冰：那是防滑垫，我们幼儿园卫生间就有啊！

有了防滑垫，小朋友就不会滑倒了。

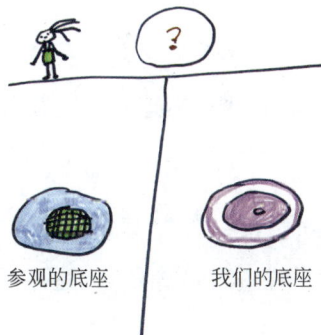

图 18-38　底座对比图

发现二：泡泡机底座有七只手长或五个半脚长（大小不同）

乔乔：这个底座比我们的底座更大。

阳阳：你是怎么知道的？

乔乔：我一看就知道了。

教师：这个泡泡机底座有多大？我们怎么才能知道？

冰冰：可以拿尺子量一量，或者拿绳子量一量。

懂懂：现在没带绳子怎么办呢？

乔乔：我们可以用手量一量。

七宝：也可以用脚。

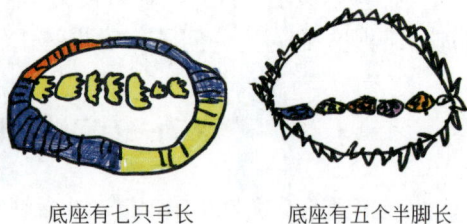

底座有七只手长　　　底座有五个半脚长

图 18-39　底座直径测量图

　　于是，乔乔从底座一端测量到另一端，一只手挨着一只手，一边量一边数："一只手，两只手，三只手……"七宝则选择用脚测量，脚跟挨着脚尖，一边走一边测量。

　　幼儿目测后，发现底座大小不同，并通过测量验证了这一猜想。

发现三：泡泡机最多可以套五名小朋友

可心：底座大，呼啦圈也大。

小样：这么大的呼啦圈一定能套很多小朋友！

　　幼儿相互抱住，以便缩小体积。泡泡机成功套了五人，幼儿欢呼雀跃。

最多能套五名小朋友

图 18-40　泡泡机容纳人数图

教师：通过实验，你发现了什么？

乔乔：泡泡机最多能套五个小朋友。

教师：你怎么知道最后是五个小朋友？

苹果：开始套了一个人，又加了两个人，后来又加两个人，1+2+2=5，一共是五个人。

【经验迁移：幼儿将学习数学时部分和整体关系中组合物体数量的经验迁移到了泡泡机套人的问题解决过程中。**】**

发现四：泡泡机只有一个把手

　　这时，七宝指着泡泡机上的把手，有了新的发现。

七宝：我们参观的泡泡机只有一个把手。

乔乔：可能它只有一根绳子，所以只有一个把手。

荣成：不对不对，你仔细看，呼啦圈两边都有绳子。

乔乔：奇怪，那它为什么只有一个把手？

贝贝：（一边用手比画着绳子的走向，一边嘀咕着）绳子合在了一起。

妞妞：真的，两根绳子最后合在一起，就像幼儿园的秋千一样，四根绳子变成了两根，两根变成一根。

发现五：泡泡机上有滑轮

可心：快来看！这个圆圆的东西是什么？它是干什么用的？（可心指向顶端的两个滑轮。）

七宝：这个叫滑轮，你看，绳子都在滑轮上面，绳子就不会乱跑了。

荣成：我发现了，向下拉绳子，呼啦圈就向上升。

阳阳：松开绳子，呼啦圈就回去了。

七宝：它们运动方向不一样，向下拉绳子时呼啦圈向上升，松开绳子时呼啦圈向下落。

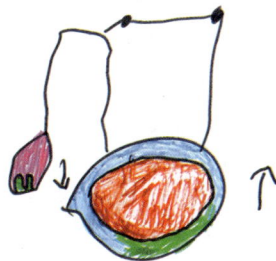

图 18-41 呼啦圈运动方向记录图

教师：你们说的都对，滑轮可以固定绳子和改变物体的受力方向。人们经常使用它上下运送货物。

　　幼儿不断尝试快速拉绳子和慢慢拉绳子，仔细地观察泡泡机的变化。

可心：快拉时呼啦圈升得就快，慢拉时呼啦圈升得就慢。

小样：拉泡泡不能太快，容易失败，也不能太慢，太慢的话泡泡很快就破了。

森森：我们应该用中速，节奏应该是 1-2-3-4。

【科学原理：匀速运动是速度大小不变的机械运动。幼儿在不断拉泡泡机的过程中发现，拉得太快容易失败，拉得太慢时间有限，只有保持中速的匀速运动才能成功拉出泡泡。】

【经验迁移：中速，音乐术语。幼儿在解释速度问题时，运用音乐术语解释具体速度，将音乐知识迁移到拉泡泡机的速度讨论中。】

活动二：调整方案

　　回到幼儿园，泡泡机的话题持续升温，幼儿将自己的发现纷纷记录下来，并在观察和描述的基础上提出了自己的观点及理论。幼儿再次提出问题——幼儿园的泡泡机和参观的泡泡机有什么不一样？

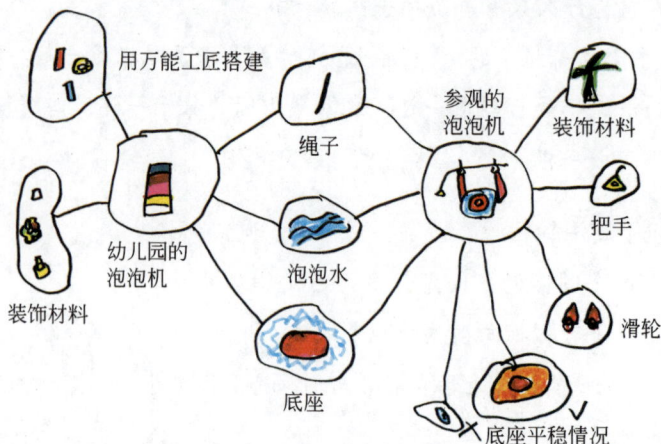

图 18-42　泡泡机对比图

冰冰：哇，我们的泡泡机和参观的泡泡机有这么多地方不一样！

教师：你们打算做什么改变？

懂懂：我觉得需要换一个更大的呼啦圈，这样就能套更多的小朋友。

可心：我们的泡泡机上没有滑轮，需要加上滑轮。

七宝：对对，说的有道理。

赫赫：最重要的就是底座，我们的泡泡机底座太滑，也得改。

教师：你们的想法很不错。你们想对泡泡机做出哪些调整？试着画一张计划图。

幼儿讨论后确定了调整方案。

第一，调整呼啦圈：将小呼啦圈换成大呼啦圈；

第二，安装滑轮：原先的泡泡机没有滑轮，需要安装滑轮；

第三，调整底座：原先的泡泡机底座很滑，需要制作不会让人摔倒的底座。

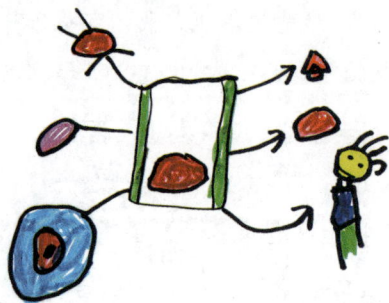

图 18-43　幼儿调整方案的计划图

活动三：调整材料——更换呼啦圈

通过这次参观，幼儿获得了相关经验，他们在进一步探讨中明确了要将小呼啦圈换成大呼啦圈。对于幼儿来说，更换呼啦圈非常容易。经过一番尝试，幼儿找到了一个更为简便的更换呼啦圈的方法。

小样在班里找到一个大号呼啦圈，他把呼啦圈套在底座外面。

小样：这个呼啦圈大，刚好能套住底座，这个一定很合适。

七宝：量一量，系上绳子。

乔乔：不用量，把呼啦圈比一下就知道绳子系在哪儿了。

幼儿讨论后，绘制了调整方案的计划图，准备对材料进行调整。

乔乔将小呼啦圈摆在大呼啦圈的中间，调整好位置，摆成两个同心圆，再把小呼啦圈上的绳子拉直，绳子刚好和大呼啦圈相交。

乔乔：小呼啦圈现在长大了，绳子够到的地方就是要系的地方。

教师：你们觉得这个办法怎么样？

七宝：把绳子拉直，可能更好。

小样：把绳子先用胶粘上，它们就不会乱动了。

七宝：还可以直接用这根绳子系，就不会浪费了。

乔乔听取了大家的建议，马上进行改进。在幼儿合作系好绳子后，七宝再次测量验证了位置的准确性。

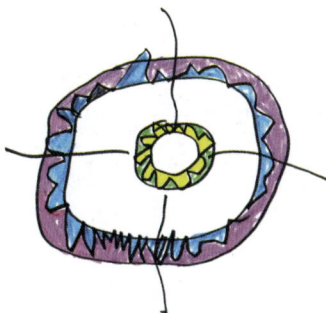

图 18-44 呼啦圈更换预设图

图 18-45 发现呼啦圈间的等比关系

活动四：增加机械装置——安装滑轮

滑轮本身是技术的运用，也是典型的机械技术。虽然这一技术手段在生活中应用广泛，但对于幼儿来说，这却是一次新的挑战。为了丰富幼儿的经验，教师与幼儿共同到阅读室收集资料，探索滑轮的奥秘。幼儿翻阅了有关工程建筑的绘本，分享了使用滑轮的案例。从用于盖房子、铺路的

图 18-46 查阅资料

机械到电梯滑轮，幼儿从多方面了解了滑轮的作用。

问题一：如何确定滑轮的安装数量和安装位置？

分析与讨论

滑轮是幼儿在参观中的重要发现。需要几个滑轮？滑轮安在哪里？幼儿就这些问题再次展开了讨论。

荣成：要安在最上面，我们有四根绳子，需要安四个滑轮。

淼淼：可是商场的泡泡机只有两个滑轮。

妞妞：我记得商场的泡泡机绳子合在一起了，就像我们的秋千。

图 18-47　尝试用毛根安滑轮

七宝：我们的泡泡机原来需要两个小朋友拉绳子，每个小朋友拉两根。滑轮也可以两根绳子用一个，用两个滑轮就可以了。

淼淼和乔乔将毛根小心地穿过滑轮的孔，然后把毛根的两端朝反方向缠绕在泡泡机顶层的水平架子上。

【学习品质：安装滑轮失败时，幼儿不气馁，不放弃，以饱满的热情努力探索，不断分析原因，积极寻找解决办法，最终将毛根穿过小孔，解决了问题。】

问题二：如何通过绳子控制滑轮？

分析与讨论

乔乔捡起呼啦圈上的两根绳子，递给七宝。

乔乔：把绳子穿过你的滑轮。

七宝将绳子通过滑轮从泡泡机里侧穿到外侧，与此同时，淼淼也把绳子通过滑轮从泡泡机里侧穿到外侧，两根绳子呈相反方向。

小博：要把绳子合在一起，才能拉起呼啦圈。

幼儿尝试了几次，将两根不同方向的绳子合在一起后，一根绳子缠住了滑轮，绳子拉不动。

七宝：不对啊！哪里出错了？

这时，教师播放了参观视频。

教师： 大家仔细看看视频里的泡泡机

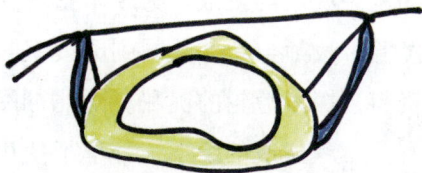

图 18-48　绳子的走向图

绳子是怎样穿的。

幼儿仔细观察视频中泡泡机绳子的走向，很快找到了答案。

苹果：快看，这根绳子是这样从外面穿过来的。

实验与验证

七宝将绳子从滑轮上拉出来，又将绳子通过滑轮从泡泡机外侧穿到里侧，两根绳子呈相同方向，再将绳子穿过森森的滑轮。幼儿尝试向下拉绳子，成功拉起呼啦圈。

活动五：改进结构——制作底座

妞妞：我们可以用纸折一个底座。

七宝：纸不行，纸遇到水就湿了，不结实。

可心：纸杯就是用纸做的，也不会湿呀！

懂懂：纸不行，我敢肯定，上次我的纸船让妈妈洗衣服时洗碎了。

冰冰：我们用泥捏过杯子、框，我们可以用泥捏一个底座呀！

这一次，幼儿自主分成两组，讨论做底座需要的材料。

第一组幼儿选择了锡纸和复印纸等材料来进行尝试。

幼儿决定做一个材料的防水性测试。测试结果如下：

卫生纸——立即吸水

报纸——吸水很快

复印纸——吸水较慢

硅油纸——防水，不易塑形

锡纸——防水，好塑形

教师：实验结果说明什么？

大宝：软的材料吸水性好，硬的材料、光滑的材料防水性好。

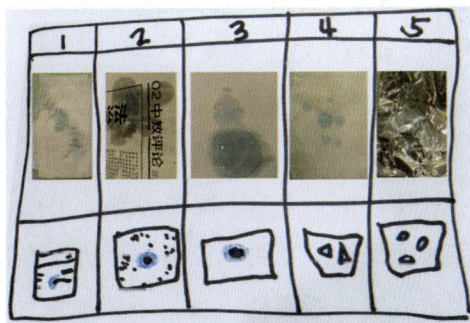

图 18-49　各类材料防水性测试结果

教师：哪种材料更适合做底座？

懂懂：当然是锡纸了，它既防水又硬，肯定结实。

第二组幼儿尝试制作泥塑底座。

教师：你们需要哪些材料？

冰冰：需要泥和水。

小博：还需要大大的木板，做完的东西放在木板上，让它吸水。

第一组：锡纸底座组

开始制作前，幼儿反复确定细节。

小样：底座比呼啦圈大才行，还要把呼
　　　啦圈和泡泡水装下。

七宝尝试折了折锡纸，把锡纸的
四边立起来，想把水挡住，不让水流
出去。

幼儿开始分工合作制作底座。他
们先将呼啦圈和锡纸进行比较测量并
标记出裁剪位置，再将锡纸裁剪出合适的大小，做出凹槽造型，但很快发现底座
不够长。于是，幼儿决定按照想法再做一个加长的底座，并把呼啦圈放进去做最
终调整。

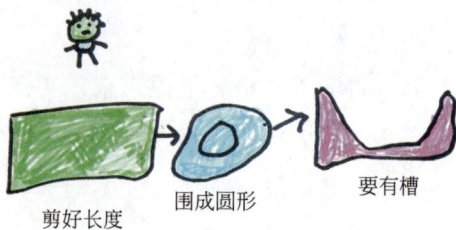

图 18-50　锡纸底座设计图

第二组：泥塑底座组

小博：我要把泥连在一起，做一个大大
　　　的底座，才能放进呼啦圈。

淼淼：我要把泥搓成条，做一个花篮形
　　　状的底座。

乔乔：花篮？花篮不能装泡泡水，花篮
　　　漏水。

幼儿相互借鉴，调整思路，采用
了小泥聚集的方式进行制作。幼儿将
泥放置在呼啦圈的下方，不断加宽加
长，再用万能棒擀压平整。

图 18-51　泥塑底座设计图

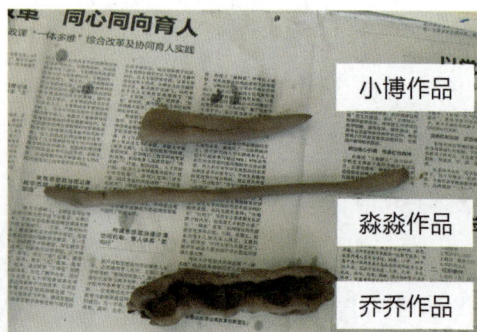

两组底座的第一轮调整都出现了不
同的问题：锡纸在试用过程中出现了漏
水现象，泥在几天后出现了干裂现象。
幼儿将两组材料进行对比，寻找失败的
原因并调整了方案。

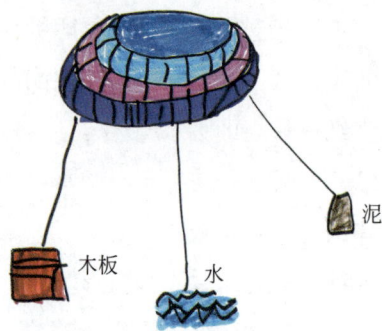

图 18-52　幼儿作品对比图

贝贝：锡纸底座一踩就变形了，还漏水。

苹果：泥裂了，水太少了。

二宝：泥塑底座可能是太大了，一摔就坏了，木板也不平。

懂懂：这个泥塑底座太薄，需要改进一下。

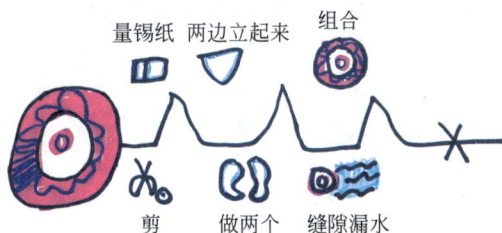

图 18-53　锡纸底座组反思图

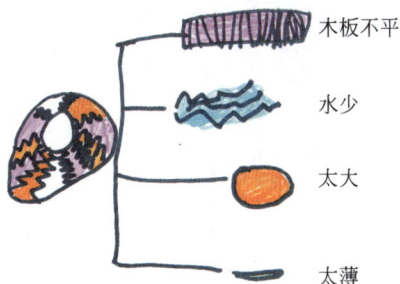

图 18-54　泥塑底座组反思图

教师：对于泥塑底座，你有什么改进的办法？可以说详细些。

懂懂：把泥塑底座做厚一点儿、高一点儿，泡泡水才有地方放。

七宝：可以像我们做锡纸底座一样，把泥立起来，把水围住。

荣成：我和妈妈在海边做过水渠，水渠两面像墙一样，那样能把水围住。

　　这一次，幼儿采用制作水渠的方法制作泥塑底座。教师提供了更平的木板，幼儿调整了制作细节。幼儿手上沾水，将更大的泥块像积木一样围合在一起，垒成更厚的墙状。在制作过程中幼儿发现泥墙的形状并不规整，泥块的连接处有大大小小的缺口。小博把一块泥放在缺口处，拿来两个平盘，用平盘两端的平面夹住泥，来修整泥墙。作品雏形完成，幼儿趴在地上，借助光线找到缝隙，修补细节。

风干前的底座

风干后的底座

图 18-55　底座风干前后对比图

活动六：制作综合型底座

问题一：如何修补底座？

分析与讨论

    几天后，底座风干后依旧发生了严重的干裂，可是用来做底座的泥已经没有了。一时间，幼儿没了头绪。

二宝：不好，这个底座又裂了！

小样：可以粘上。

姐姐：这个粘不上，上次我们家的杯子碎了就没粘上，让妈妈扔了。

赫赫：我们把它包起来。

冰冰：包起来，没有这么大的布啊！

七宝：（环顾四周发现没有处理的锡纸底座）可以用锡纸包。

实验与验证

    幼儿将锡纸底座拆下后包在泥塑底座外层，并将锡纸重叠连接，捏紧，固定牢固，利用锡纸的塑形性来固定泥块。

教师：你觉得这个底座怎么样？

苹果：这个底座造型很酷，像一个外星飞碟。

教师：你是怎么做出这个造型的？你觉得这个底座比之前的底座好在哪里？

苹果：用泥一点点儿围成两个圈，我们做的圈很厚很高。

乔乔：对，干了之后，底座裂了。这该怎么办呢？我们就想用锡纸把它包起来。

二宝：它包起来像一个银色的外星飞碟，特别结实，用脚踩不坏。

姐姐：因为这个底座是用锡纸和泥一起做的，用了两种材料，它就更结实也更漂亮了。

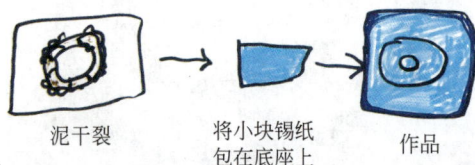

图 18-56　修补底座预想图

图 18-57　多材料重叠连接图

问题二：如何把水运上去？

实验与验证

在一次户外自由活动中，幼儿从滑梯下向滑梯上运水。在玩运水游戏时，七宝大胆提出一个新的想法：可不可以用滑轮运水？这一提法激发了幼儿的热情，大家纷纷响应。

幼儿已有了使用滑轮的前期经验，可以尝试探究这个问题。教师只需帮助幼儿将滑轮用铁丝固定在积木结构上，不需要提供过多帮助。幼儿找来了所需的主材和辅助材料，包括长度合适的绳子和带把手且能附着在滑轮上的篮子。

七宝：将绳子绕过滑轮上的凹槽，穿过滑轮。

妞妞：对，泡泡机上的绳子就是这样穿的。

乔乔：把绳子穿好后递给我，我来拴篮子。

阳阳：我来试试要拉哪根绳子。

图 18-58　运水准备

绳子
篮子
滑轮
水

【教师支持：教师创设知识迁移的问题与情境，鼓励幼儿运用滑轮的机械知识解决运水问题。】

问题三：如何使底座防水？

分析与讨论

教师：现在的泡泡机更结实、更漂亮，用的材料也更多了。你觉得底座哪里还不够好？准备怎么改进？

贝贝：我们的底座是用来装泡泡水的，它要防水，现在这个底座不防水。

小样：塑料布防水。我和爸爸去水上乐园，就把手机包在一块塑料布里。

七宝：那叫高分子材料。

赫赫：我们也在底座上铺一块大塑料布吧。

实验与验证

幼儿将塑料布铺在底座上，可心用手将塑料布沿着底座造型压出水槽，让塑料布贴合底座。

二宝：之前的底座也是塑料的，小朋友踩在上面滑倒了。

图 18-59　增加防水材料

苹果：我记得参观的泡泡机有一个防滑垫。

贝贝：对，我们可以在里面放一个防滑垫呀！

在这一阶段活动完成后，教师带领幼儿总结了底座制作的调整过程，具体如表18-1所示。

表18-1　底座制作的调整过程

组别	最初的想法	第一次调整	第二次调整	第三次调整	第四次调整
第一组	选择具有防水性的材料制作底座	调整原因：底座不够长 调整策略：加长材料 调整效果：底座长度增加，出现漏水情况	调整原因：单一材料无法解决制作中的问题 调整策略：材料累加使用，用锡纸包裹泥	调整原因：底座的防水性差 调整策略：增加高分子防水材料，铺一块塑料布 调整效果：解决了防水问题	调整原因：底座的防滑性差 调整策略：增加防滑材料，铺防滑垫 调整效果：解决了防滑问题
第二组	制作泥塑底座	调整原因：泥干裂了 调整策略： 1. 增加泥的厚度 2. 将泥垒成围合式的泥墙 调整效果：泥依然干裂	调整效果：解决了泥的干裂问题		

阶段小结与反思

（一）幼儿

幼儿在活动反思过程中发现，用来装泡泡水的底座并不防水，因此，需要对此加以改进与调整。幼儿选择各种材料并进行积极探索，寻找合适的改进材料，最终将泡泡机与防水底座组合在一起，完成了泡泡机的调整。

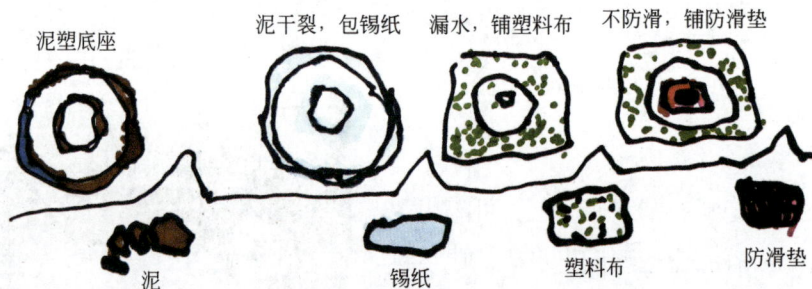

图18-60　综合底座制作材料图

（二）教师

首先，教师不断提出有效问题，让幼儿在活动过程中有所发现。幼儿关注并明白了滑轮、绳子、呼啦圈在速度、运动方向、平衡之间的关系。关系的发现和新知识的建构，是幼儿解决问题的关键。

其次，教师组织幼儿以多种合作形式展开活动。以小组形式探索，幼儿的操作实践机会最大化；以大组形式交流，幼儿的经验获得最大化。幼儿通过合作获得成功后，教师重视引导，强化合作的意义。此外，教师还经常引导幼儿梳理思维过程，提升反思能力。

课题活动十九：竹筏

云南省西双版纳州景洪市幼儿园　中一班　刘明珠　钱倩雯　丁梓涵
（指导者：张亚兰）

选题缘由

　　竹子在西双版纳是一种常见的植物。在公园里，小院中，山坡上，到处都有竹子的身影。在生活中，傣家人常用竹子来造纸、做篮子、做箩筐、做簸箕、做鱼篓、做竹筷。幼儿在生活中常见到竹制品，对它们都已有了初步的认知经验。一次，教师带幼儿到"曼迈桑康风景区"进行亲子活动。幼儿看到傣家姑娘们站在水中的竹筏上表演节目，发出阵阵惊叹声，都在议论竹子居然还可以用来造船。亲子活动结束后，幼儿仍然对神奇的竹筏念念不忘，由此产生了自己造竹筏的想法。造竹筏对幼儿来说是一个充满挑战的活动。造竹筏活动涉及不同粗细、长短的竹子以及不同材料的使用。在筏面固定及承重测试中，幼儿会接触到平面几何图形、物体体积等数学知识，也会接触到材料力学、结构力学、流体力学等力学知识。此外，与同伴协商分工合作，可以发展幼儿的合作意识，促进幼儿的社会性发展。造竹筏，既能满足幼儿的兴趣与探究欲望，丰富幼儿的科学知识，发展幼儿的社会性，又有助于提升幼儿的动手能力、高阶思维能力、问题解决能力等多方面的能力，是一个可持续性和探究性较强的课题活动。

第一阶段活动

活动一：经验分享

　　教师组织幼儿观看与竹筏相关的图片和视频，为幼儿动手造竹筏提供前期的经验准备。

【**教师支持：** 为加深幼儿对竹筏的了解，教师为幼儿提供了图片、视频等相应材料的鹰架支持。】

教师：竹筏是什么样子的？

改改：竹筏是宽宽的、平平的。

诺诺：竹筏是长方形的。

活动二：绘制设计图

教师：你们想做什么样的竹筏？

果果：我们要做一个长方形的竹筏。

媛媛：我们做一个双层的吧，下面坐人，上面睡觉。

幼儿分成四组，开始绘制各组的竹筏设计图。

图 19-1　第一组竹筏设计图

图 19-2　第二组竹筏设计图

图 19-3　第三组竹筏设计图

图 19-4　第四组竹筏设计图

教师：做竹筏要用到哪些工具？

果果：做竹筏不就是把几根竹子拴在一起吗？我觉得用绳子捆就行。

宸宸：用胶布也可以捆呀！

改改：用钉子钉，竹筏才更牢固。但是我们必须要戴上手套，不然会弄伤手。

　　四组幼儿将各自的讨论结果以思维地图的形式绘制下来，形成各组的工具构想图。

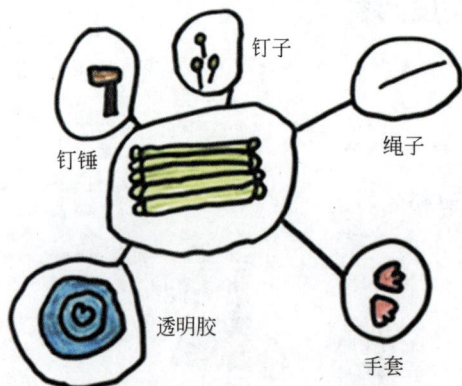

图 19-5　第一组工具构想图

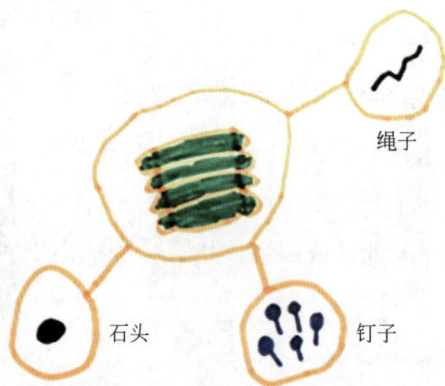

图 19-6　第二组工具构想图

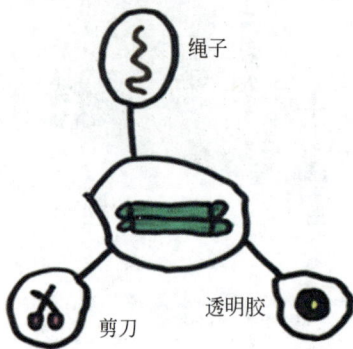

图 19-7　第三组工具构想图

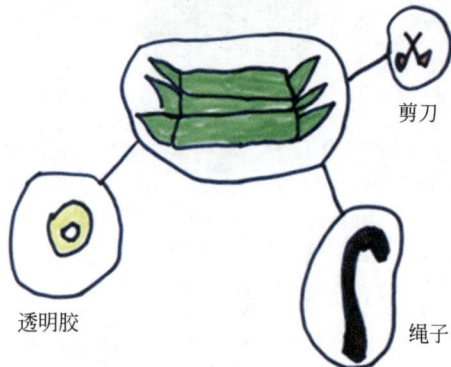

图 19-8　第四组工具构想图

活动三：绘制制作流程图

教师：那要怎么做竹筏呢？

若若：先在地上放绳子，再用绳子把竹子捆起来就行了。

宸宸：竹子滑滑的，要用胶布粘起来，它们才不会乱动。

改改：在竹子上钉上钉子，竹子才不会乱动。

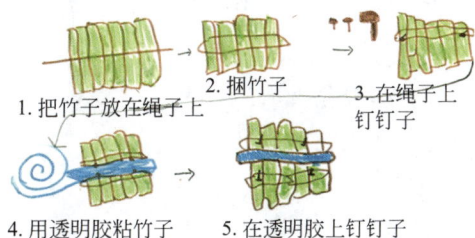

1. 把竹子放在绳子上　2. 捆竹子　3. 在绳子上钉钉子

4. 用透明胶粘竹子　5. 在透明胶上钉钉子

图 19-9　第一组制作竹筏流程图

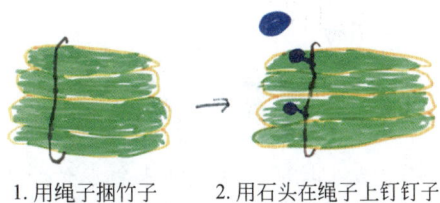

1. 用绳子捆竹子　2. 用石头在绳子上钉钉子

图 19-10　第二组制作竹筏流程图

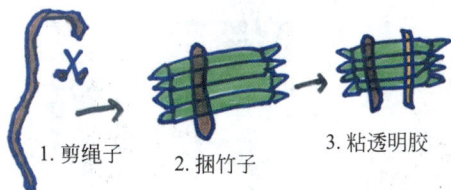

1. 剪绳子　2. 捆竹子　3. 粘透明胶

图 19-11　第三组制作竹筏流程图

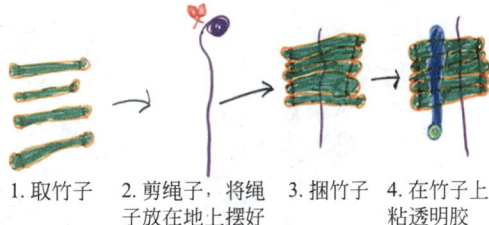

1. 取竹子　2. 剪绳子，将绳子放在地上摆好　3. 捆竹子　4. 在竹子上粘透明胶

图 19-12　第四组制作竹筏流程图

活动四：初步尝试制作

第一组的幼儿根据绘制的流程图开始操作了。幼儿之间没有任何的交流与协商，一看到竹子都兴奋地冲了上去，你拿一根，我拿一根，很快就取了一堆竹子，取来的竹子长长短短、粗细不一。

问题一：选择什么样的竹子？

> 分析与讨论

诺诺：这些竹子粗细不同，人站上去站不稳。

教师： 你们取的竹子合适吗？

改改：我们要一样粗、一样长的竹子。

宸宸：竹子两边还要对齐，不对齐的话，竹筏会有缝隙，会进水。

裕裕：我们赶快去换一样粗、一样长的竹子吧！

问题二：用什么材料固定竹子？

> 分析与讨论

宸宸：不行，这些竹子提起来都变成一捆了。

教师： 为什么竹子提起来会变成一捆了？

若若：只拴一根绳子不行，竹子提起来就聚在一起了。

裕裕：两边都用绳子捆起来，然后用钉子钉起来，竹子就不会变成一捆了。

果果：不行，钉子钉不进去。

宸宸：你们不先粘好胶布就捆绳子，竹子会动，钉上钉子也没用。

媛媛：绳子太软了，捆不住竹子，我们可以换更硬的东西钉在竹子上。

若若：我去找两根细竹子来钉在竹面上。

改改：钉子是钉进去了，但竹子都裂开了！

　　幼儿边讨论边制作，尝试用不同的材料来固定竹子。

图 19-13　对齐竹子　　图 19-14　用绳子捆住多根竹子　　图 19-15　提起竹子

图 19-16　在竹子上钉钉子　　图 19-17　把钉子穿过绳子　　图 19-18　在竹子上粘透明胶
　　　　　　　　　　　　　　　　　　　　　　钉到竹子上

图 19-19　捆竹子，钉钉子　　图 19-20　把两根竹子横放　　图 19-21　用钉子把细竹子
　　　　　　　　　　　　　　　　　　　在筏面上　　　　　　　　钉到筏面上

【**学习品质**：户外天气很热，幼儿满头大汗，却依然坚持不懈。有的幼儿在钉钉子的过程中手被砸到，依然没有放弃。从这些细小的环节可以看出，幼儿对课题活动抱有浓厚的兴趣，不怕困难，敢于探究和尝试。】

猜想与假设

教师：为什么用细竹子还是不能将竹面进行固定？

若若：竹子圆圆的，太滑了，不好钉。

宸宸：那我们用扁扁的竹子吧！

裕裕：可是竹子都是圆的，哪里有扁扁的竹子呢？

改改：我外公做扁担就用扁扁的竹子，只要把竹子用刀劈开就行了！

【**经验迁移**：幼儿联想到生活中的物品——扁担，将扁担的制作方法迁移到竹筏支架的制作中。】

教师及时介入，请园内工作人员帮助幼儿把圆竹子劈成两半。

宸宸：我们先把竹片凸面向上横放在筏面上，然后用钉子钉起来吧！

改改：我们还是没有办法将钉子从竹片凸面钉进去。怎么办呢？

图 19-22　把圆竹子劈成两半　　　　图 19-23　在竹片凸面钉钉子

实验与验证

若若：竹片还是太滑了，钉不起来。

改改：那把竹片翻过来就不滑了！

裕裕：那我们就把竹片凹面向上横放在筏面上，再用钉子钉起来。

改改：太棒了，我们终于将钉子钉进去了。

若若：但是竹子提起来还是散开了。

图 19-24　劈开的竹片凹面向上横放

图 19-25　在竹片凹面钉钉子

【学习品质：幼儿一再遇到无法固定筏面的难题，他们一直在积极寻找应对措施，尝试更换不同的材料，反复进行操作，表现出学习的主动性。】

【教师支持：一次次失败，幼儿不禁有些气馁。教师及时对他们的努力和坚持予以肯定，给予幼儿情感上的支持与鼓励。同时，教师引导幼儿用思维地图对操作活动进行反思，以推动下一阶段的探究活动顺利进行。】

阶段小结与反思

（一）幼儿

在幼儿绘制"筏面固定的多重流程图"时，教师通过回放幼儿在操作时的图片和视频，引导幼儿反思固定筏面遇到的各种问题与对策。

（二）教师

首先，在活动准备阶段，教师组织幼儿观看与竹筏相关的图片、视频等，使幼儿对竹筏有初步了解，为幼儿动手造竹筏提供前期的知识准备，以利于接下来的探究活动。

其次，根据幼儿预想的操作需要，教师采取了材料的鹰架支持，并通过家园合力，为幼儿提供多元的、开放的操作材料，满足幼儿的探索需求。

最后，在幼儿多次失败后想要放弃时，教师及时给予幼儿情感上的支持与鼓励，帮助幼儿树立信心，并引导他们进行反思，以便寻找解决问题的突破口。

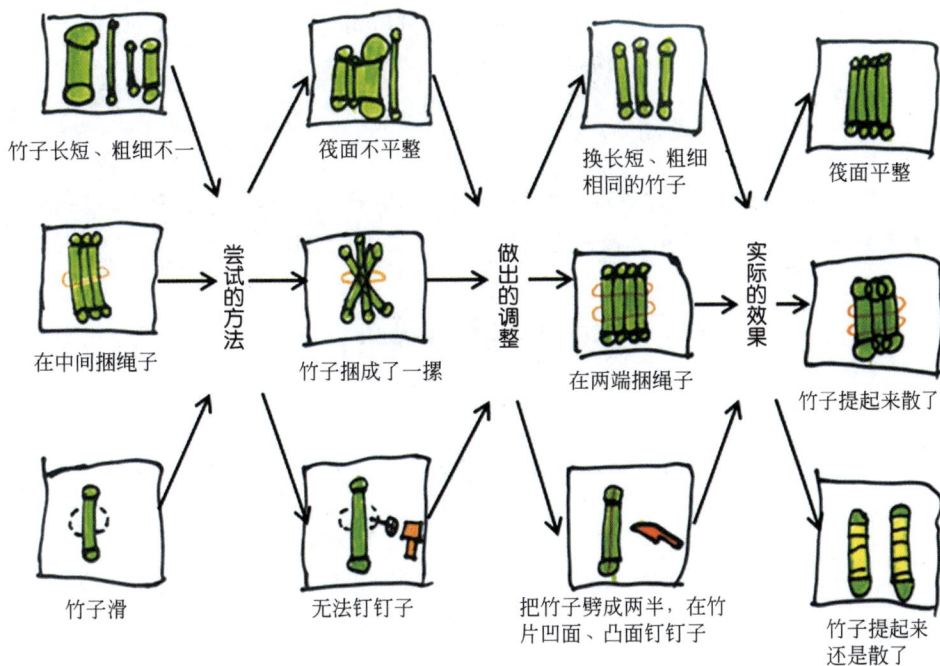

图 19-26　筏面固定的多重流程图

第二阶段活动

活动一：改进设计图

经历了第一轮尝试的失败后，幼儿对失败原因进行了分析与反思，并设计出了改进图纸。

图 19-27　第一组
竹筏设计图

图 19-28　第二组
竹筏设计图

图 19-29　第三组
竹筏设计图

图 19-30　第四组
竹筏设计图

四组幼儿根据各组的竹筏设计图，对制作所需的工具进行了构想，绘制了工具构想图。

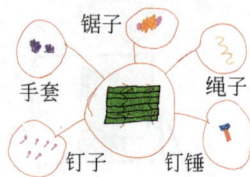

图 19-31　第一组
工具构想图

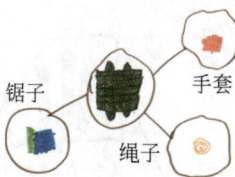

图 19-32　第二组
工具构想图

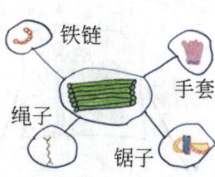

图 19-33　第三组
工具构想图

图 19-34　第四组
工具构想图

活动二：制作筏面

问题一：竹筏中间为什么塌下去了？

第一组的幼儿用两根绳子把竹筏两端绑起来，然后在绑了绳子的竹子上钉钉子，接着又找来两根竹子横放在筏面上，再用绳子将它们与筏面固定，但竹筏的中间塌下去了。

分析与讨论

裕裕：看，竹筏的中间塌下去了。

教师：竹筏中间的竹子为什么塌陷了呢？

宸宸：中间的竹子都没有拴，肯定会塌下去。

改改：那我们应该把中间的竹子拉上来，拴在支架上。

实验与验证

第一组的幼儿将中间的竹子用绳子捆绑在了支架上。

图 19-35　中间塌陷的竹筏

图 19-36　捆绑中间的竹子

问题二：竹子为什么从竹片中滑落了？

第二组的幼儿把竹子摆好，用竹片的凹面将竹子夹在中间，再用绳子捆绑固定，但竹子还是从竹片中滑了下去。

分析与讨论

教师：竹子怎么掉出来了？

宇宇：竹子和竹子之间的空隙太大了，应该拴紧一点儿。

晨晨：这根绳子太粗了，拴起来有大大的缝。

媛媛：那我们把绳子拆开，用细绳子重新拴一遍吧！

实验与验证

霈霈将麻绳拆成三根，用其中一根绳子把竹子重新拴了一遍。

图 19-37　拆麻绳

图 19-38　第二组竹筏初步制作完成

问题三：竹筏提起来没有散开，但为什么会卷起来？

　　第三组的幼儿把竹子摆成一排，用铁链缠绕起来，但竹筏卷在了一起。第四组也遇到了同样的问题。

分析与讨论

教师：竹筏为什么会卷起来呢？

佳佳：这个竹筏像寿司一样卷起来了。

然然：我们可以找个东西来把竹筏压平。对，用石头吧！

雯雯：石头那么重，竹筏会沉下去的。而且放了石头，我们还怎么坐竹筏？

佳佳：那只能用小的又可以压着竹筏的东西了。

莎莎：用竹子就行了。

佳佳：我们去找两根竹子，把它们分别放到竹筏两头，用绳子固定。

相相：用竹竿压着，竹筏就不会卷了。

诺诺：我们要在筏面两头横放上竹竿，再用绳子把每一根竹子都拴起来。

图 19-39　竹子聚拢在一起

图 19-40　用竹子撑起竹筏

图 19-41　竹子无法散开

图 19-42　用竹竿当支架固定筏面

【学习品质：在竹筏的制作过程中，幼儿遇到了竹筏从中间塌陷、竹子从竹片中间滑落等问题，他们各抒己见，认真分析问题出现的原因，积极寻找解决策略，表现出敢于探究与尝试的学习品质。】

活动三：试水测试

　　四组幼儿按照各组的设计图制作了竹筏，准备将竹筏放入水中进行测试。

问题一：竹筏放入水中会浮起来吗？

分析与讨论

教师： 你们猜竹筏会浮起来吗？

裕裕：我们的竹筏很重，应该会沉下去吧！

宇宇：我们的竹筏最小，它肯定会浮起来的。

佳佳：我们的竹筏虽然很大，但上面有重重的铁链，肯定会沉下去。

诺诺：我们组的竹子太多了，可能会沉下去吧！

实验与验证

幼儿将竹筏放入水中进行测试。

宇宇：哇，竹筏浮起来了！

【科学原理：浮力。当物体下沉时，浮力小于物体排开水的重力。当物体悬浮在水中时，浮力等于物体排开水的重力。竹筏在水中所受的浮力大于它的重力，所以竹筏能浮起来。】

问题二：竹筏能承受多大重量？

分析与讨论

教师：谁愿意上去试试？

果果：我不敢，我们第一组的竹筏太小啦。

改改：我也不敢。我觉得我们上去它会翻掉，我们就掉进水里了。

果果：有了！我们可以像曹冲称象一样，用石头代替我们，看它会不会翻掉。

若若：但是没有石头怎么办啊？

果果：旁边不是有积木吗？我们搬积木就行了。

【经验迁移：幼儿利用"曹冲称象"中等量替换的方法，用积木的重量来代替人的体重，从而完成竹筏的承重测试。】

【教师支持：教师为幼儿提供若干体积、重量相同的方形积木，采用了材料的鹰架支持。】

猜想与假设

幼儿准备将积木平放在筏面上进行测试。

莎莎：不能只在一边放积木，这边沉下去了，那边翘起来了。

裕然：竹筏中间也放一些积木吧！

【科学原理：受力平衡。物体受到几个力的作用，但合力为零，叫作物体的"受力平衡"。幼儿只在竹筏一端放积木，出现受力不平衡现象，导致竹筏倾斜。】

实验与验证

教师：你们的竹筏可以放几块积木？

诺诺：你看，我们组的竹筏平平的、宽宽的，可以放十三块积木。

宸宸：我们的竹筏太小了，只能放六块积木。

改改：我们组的放了十块才沉的。

各组将积木放在竹筏上检验其承重能力。之后，各组分析了本组竹筏的优势和劣势，并绘制了竹筏优劣对比图。

图 19-43　幼儿放积木测试
竹筏的承重能力

第一组竹筏（放九块积木）

优势：竹子粗而长，排水能力强。

劣势：钉子把竹子钉破了，水灌进竹子，增加了竹筏的平均密度和重力，从而减弱了竹筏的承重能力；绳子捆得松。

第二组竹筏（放六块积木）

优势：竹子粗，用竹片当支架，竹筏牢固。

劣势：竹子少而短，竹筏面积小，排水量小，承重能力差；绳子捆得松。

第三组竹筏（放十块积木）

优势：竹子长，竹筏表面积大。

劣势：竹子细，减弱了排水能力和承重能力；用铁链连接筏面，铁链重，密度大，增加了竹筏的平均密度和重力；绳子捆得松。

第四组竹筏（放十三块积木）

优势：竹子长，排列紧密且平整；竹子多，竹筏面积大；绳子捆得紧，用圆竹子当支架。

劣势：竹子太细，空心体积小，竹筏平均密度和自身重力大；竹子中间有裂缝。

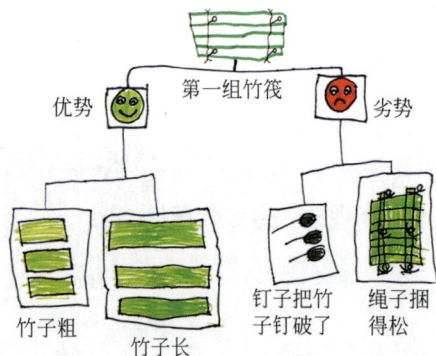

图 19-44　第一组竹筏优劣对比图

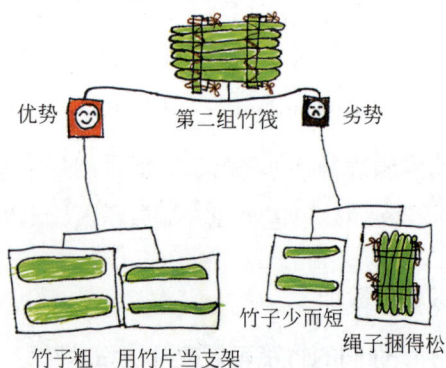

图 19-45　第二组竹筏优劣对比图

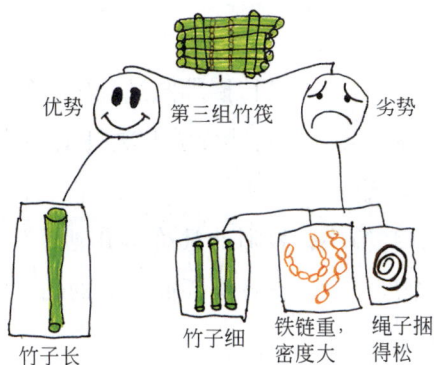

图 19-46　第三组竹筏优劣对比图

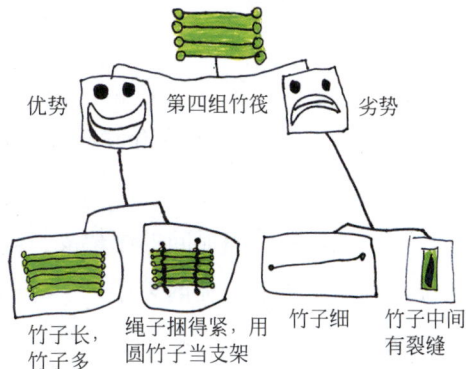

图 19-47　第四组竹筏优劣对比图

阶段小结与反思

（一）幼儿

竹筏成型了，但在试水测试中，幼儿发现竹筏的承重能力不足，无法载人。于是，教师组织幼儿用绘制思维地图的方式，对每组竹筏的优劣进行了对比。幼儿在对比了本组竹筏的优劣后，教师又引导幼儿对竹筏承重极端值进行了对比分析，以利于接下来的探究活动。

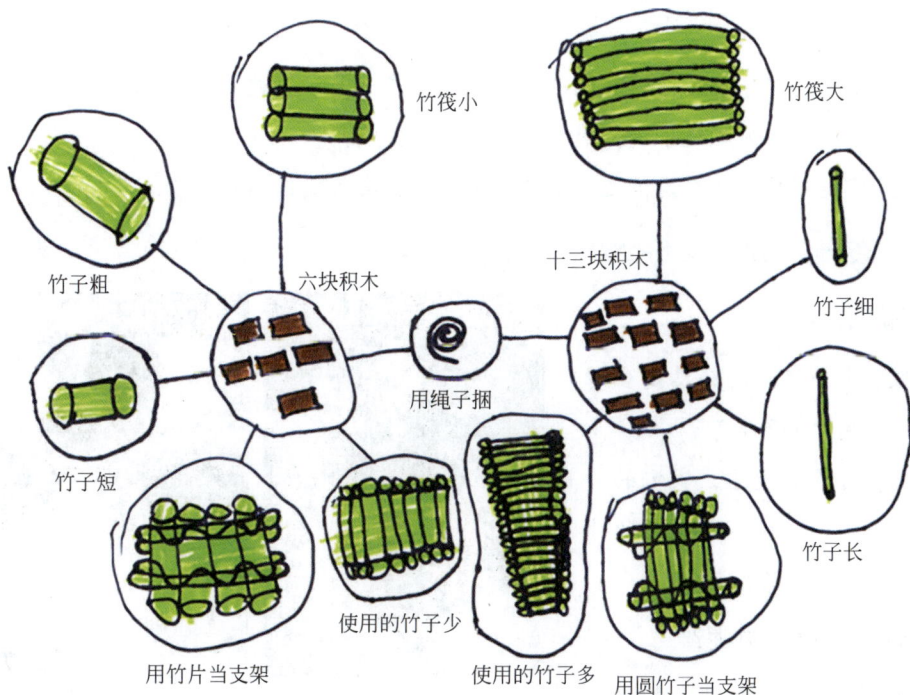

图 19-48　竹筏承重极端值对比图

（二）教师

首先，教师采用示范的鹰架支持。在用绳子对竹筏进行捆绑的过程中，幼儿欠缺打结的技巧，教师采用了示范的鹰架支持，组织幼儿进行了一次打结活动，引导他们学习打结方法。

其次，教师采用提问的鹰架支持。在操作环节中，教师针对幼儿出现的不同情况，采用了灵活的提问策略，引导幼儿多维度思考、推理与探究，帮助幼儿更好地发现问题，解决问题。

第三阶段活动

幼儿虽然经历了几次失败，但兴致仍然很高，纷纷表示要重新制作出自己心目中的竹筏。于是，第三轮尝试开始了。

活动一：制作筏面支架

第一组

问题一：选择什么样的竹子制作筏面支架？

分析与讨论

宸宸：你选的竹子为什么那么长、那么粗？竹子太大了我觉得不好捆绳子。

果果：小竹子就好捆绳子吗？小竹子压得住竹筏吗？

宸宸：那就用你选的这两根吧。但它们太长了，必须要锯掉一点儿。

问题二：为什么锯片总是卡在竹子里？

分析与讨论

改改：这个锯片怎么总是会卡在竹子里呀？

若若：竹子太硬了，我们的力气小，拉不动，锯片才会卡住的。

教师：那该怎么办呢？

改改：我们可以把锯片拧紧一点儿，锯片就不会卡了。

图 19-49　幼儿单人锯竹子

图 19-50　教师示范双人拉锯

若若：要有人帮忙紧紧按住竹子，竹子不会动才好锯。

果果：还是拉不动，怎么办呢？

教师：两个人一起拉锯行不行？我们来试一下。

教师示范双人拉锯，幼儿发现这次锯片没有再卡在竹子里了。

第二组

问题一：捆绑支架时绳子缠在一起了怎么办？

分析与讨论

霈霈：啊，绳子怎么缠在一起了？

宇宇：现在怎么办呀？绳子都变成大疙瘩了。

霈霈：那要解开了，这长绳子不行！我们可以一根竹子绑一根绳子，这样绳子就不会变成大疙瘩了。

第三组

问题一：怎样让捆绑支架的绳子变得更长？

分析与讨论

莎莎：绳子不够了，我没有办法打结了，得要解开重新拴吧！

裕然：那不全部作废了吗？

雯雯：我知道了，我们再去剪一根长的绳子系起来，这样绳子就变长了。

幼儿把两根绳子系在一起，使绳子变得更长。

图 19-51　绳子短，没法系上　　图 19-52　两根绳子系在一起

第四组

问题一：捆绑支架的绳子要多长才合适？

分析与讨论

诺诺：绳子要长长的，才能把全部的竹子绑起来。

星星：对，绳子要是不够长，就还得拆掉重新捆。

相相：又剪短了。

诺诺：那要剪多长才行？

相相：拿绳子比着剪，就知道要多长了。

图 19-53　用长绳子捆竹子

图 19-54　剪断长绳子

图 19-55　与筏面比对后剪绳子

图 19-56　把绳子绕竹筏一圈后剪断

【学习品质：在制作竹筏的过程中，教师观察到由于没有戴手套，幼儿手掌被绳子勒红了。在教师提醒后，为了将竹筏绑得更紧，幼儿仍然坚持不戴手套继续操作，表现出不怕困难的学习品质。】

活动二：竹筏入水测试

问题一：新的竹筏放进水里会浮起来吗？

猜想与假设

教师：这次做的竹筏能浮起来吗？

若若：水会淹到竹子的一半。

媛媛：水会淹到竹子的底部。

宸宸：这边会沉。这几根竹子的这边内部很空，会进水的！

改改：这根不会进水，因为这头是堵起来的。

实验与验证

幼儿把竹筏放入水中，竹筏浮起来了。

教师：这一次还要用"曹冲称象"的办法吗？

诺诺：这一次我们的竹筏很大很结实，我想上去试一试。

教师：你们不害怕吗？万一竹筏翻了怎么办？

宇宇：我们不害怕，我好想坐上自己做的竹筏。

问题二：为什么很难将竹筏踩下去？

幼儿迫不及待地脱鞋子进入水池中，兴奋地玩起了踩水游戏。

分析与讨论

晨晨：我感觉水里有吸力，我提脚的时候脚被吸住了，很难提上来。

佳佳：我们踩在竹筏上试试！

实验与验证

飞飞：使劲儿踩竹筏时，我感觉竹筏下面有东西顶着我的脚，不让我把竹筏踩下去。

裕裕：水的力气太大了，把竹筏都顶起来了，怎么压都压不下去。

图 19-57 幼儿踩水感知浮力

图 19-58 幼儿踩上竹筏感知浮力

活动三：竹筏承重量测试

教师：既然你们都敢踩上竹筏了，那我们来测试一下竹筏的承重量吧！

问题一：怎么比较每组竹筏具体的承重量？

分析与讨论

教师：每个小朋友的体重都不一样，每个竹筏的承重量也不一样，要怎么办呢？

莎莎：我们让同一个小朋友坐上去就知道啦！

雯雯：不行，那竹筏上的重量也是一样的，我们比较不出来。

果果：我们可以一个人先上，竹筏不沉的话再上一个人，这样就知道结果了！

改改：那我们可以用秤来称。

教师提供了秤，供幼儿称量竹筏所能承载的重量。

实验与验证

第一组的一名幼儿坐上竹筏，竹筏依然漂浮于水面。当再上一个人时，竹筏沉下水了。

问题二：怎么准确测出竹筏的承重量？

分析与讨论

改改：我们换一个比果冻胖一点儿的小朋友上去怎么样？

裕裕：万一重量不够怎么办？

程程：我想到了，一个小朋友上去，重量不够的话，再加积木就可以了！

实验与验证

四个制作小组均选出一名幼儿坐上竹筏，其余组员向竹筏上加积木，到筏面浸入水中时停止增加积木并记录下结果。

图 19-59　第一组竹筏承重量测试图　　图 19-60　第二组竹筏承重量测试图

图 19-61　第三组竹筏承重量测试图

图 19-62　第四组竹筏承重量测试图

【**科学原理：** 浮力与重力。竹筏浮于水面的条件：竹筏重力＋载重＝浮力。一名幼儿坐到竹筏上后，逐渐往竹筏上增加积木，直到筏面浸入水中，这时竹筏承受的重量就是它浮于水面的承重极限值。】

四个幼儿记录下了每组竹筏的承重量。

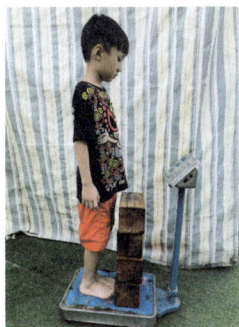

图 19-63　第一组
竹筏承重 23.95kg

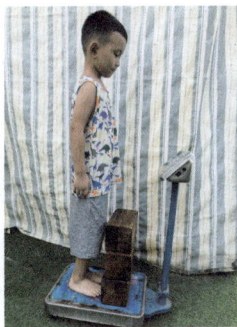

图 19-64　第二组
竹筏承重 24.65kg

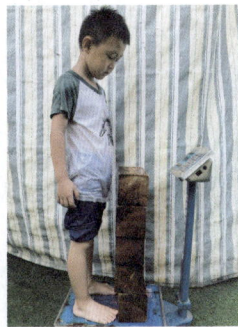

图 19-65　第三组
竹筏承重 26.05kg

图 19-66　第四组
竹筏承重 29.70kg

阶段小结与反思

（一）幼儿

为了弄清楚第二次测试的竹筏承载重量相比于第一次测试的有没有增加，教师引导幼儿用思维地图的方式对两次承重量测试进行了对比反思。

（二）教师

首先，教师为幼儿提供情感支持。教师作为观察者，关注到每一个幼儿的情绪，在幼儿遇到困难和获得成就时，及时给予幼儿语言上和情感上的鼓励和肯定，帮助幼儿树立信心，支持幼儿继续探索。

其次，教师给予幼儿自主探索的空间。教师充分尊重幼儿，支持他们的想法，给予他们自主探索的空间，鼓励幼儿不断发现问题、分析问题、解决问题。

最后，教师综合采用多种支持策略，促进幼儿的发展。教师通过采用材料鹰架、提问鹰架、示范鹰架、回溯鹰架等支持策略，为幼儿提供多元的、开放的操作环境，支持幼儿自主探索，激发幼儿的学习兴趣，帮助幼儿积累知识经验，提升幼儿的经验迁移能力，培养幼儿良好的学习品质。

这一阶段的活动结束了，教师对本阶段的活动进行了梳理。

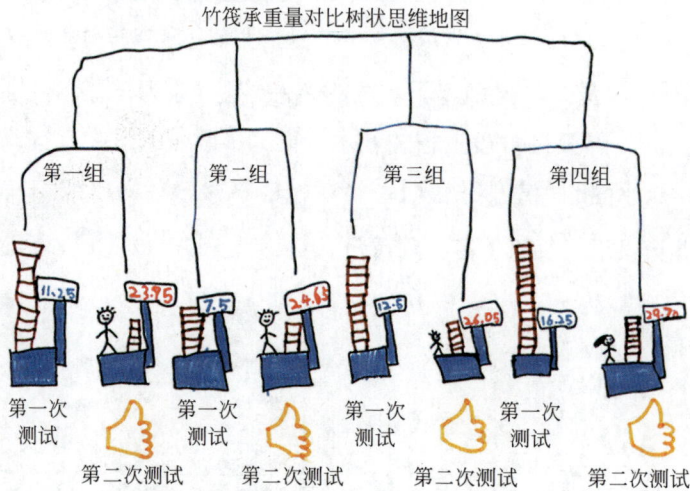

图 19-67　幼儿绘制的竹筏承重量对比图

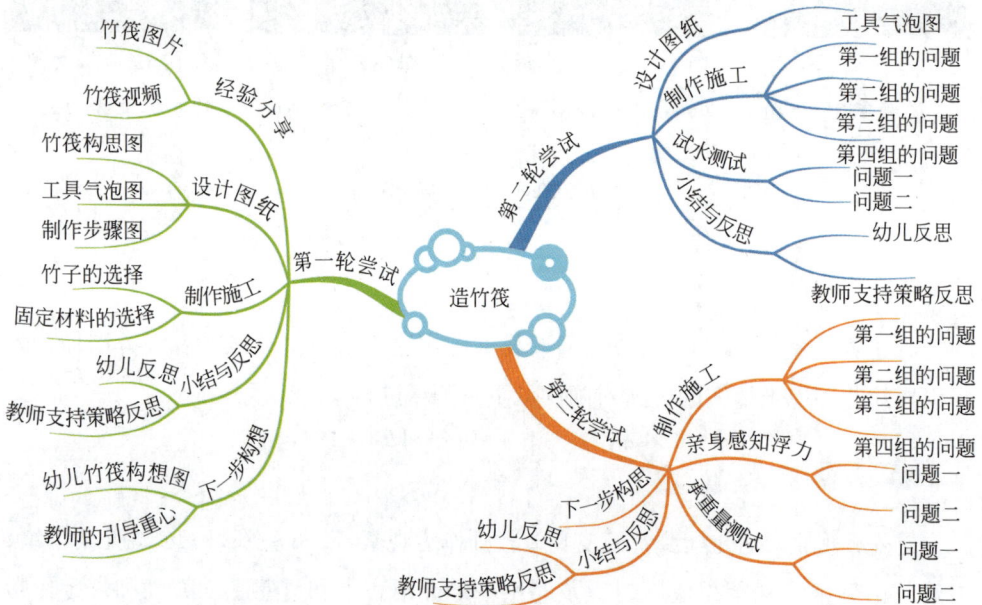

图 19-68　竹筏制作过程教师总结图

第四阶段活动

活动一：幼儿讨论并绘制增加浮力材料图

教师：用什么材料才能把竹筏托起来？

改改：用游泳圈吧！我学游泳的时候就是游泳圈把我托起来的。

莎莎：那臂圈也可以呀！还有游泳板！

媛媛：我知道泡沫板也可以。

若若：海洋球和不倒翁也可以呀，它们会浮在水面上。

需需：空瓶子也可以呀，还有饮水机上大大的矿泉水桶。

裕裕：我看到汽艇上有轮胎，我们也可以用轮胎试试。

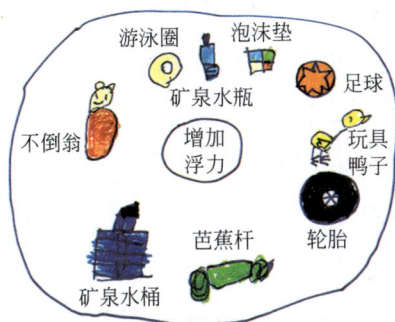

图 19-69　第一组增加浮力材料图

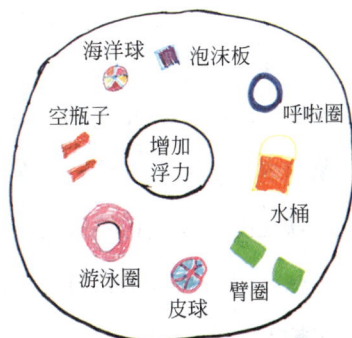

图 19-70　第二组增加浮力材料图

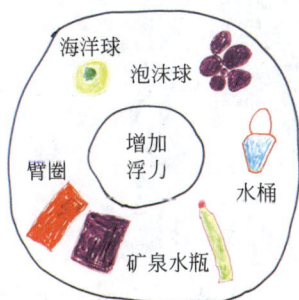

图 19-71　第三组增加浮力材料图

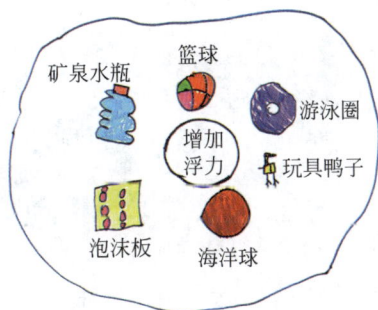

图 19-72　第四组增加浮力材料图

【教师支持：教师采取了材料鹰架的支持策略，为幼儿提供增加浮力的材料，以支持幼儿的猜想与操作。】

活动二：辅助材料浮力测试

教师：这么多的辅助材料，要怎样选择出浮力最大的绑在竹筏上呢？

果果：重的会沉下去，轻的会浮起来。

若若：那我们就不要选重的，我觉得重的会把竹筏拉下水。

幼儿将所选辅助材料放入水中，做按压测试。

第一组

问题一：为什么矿泉水桶的浮力大？

分析与讨论

改改：这个矿泉水桶没有盖子，装满水就会沉下去，就像我们前面用钉子把竹子钉裂了，水进到竹子里，竹筏就沉下去了，所以必须把水桶的口封起来才行。

媛媛：轮胎太重了，都沉下去了！

宸宸：不倒翁太小了，一压就沉下去了！

裕裕：水桶最大，它是空心的，里面装满了空气，所以它的浮力最大。

教师：你们决定要用什么材料来增加竹筏的浮力呢？

改改：我们组就用矿泉水桶，因为它的浮力最大。

图 19-73 按压辅助材料

图 19-74 感知水桶的浮力

【经验迁移：幼儿联想到前面制作竹筏失败的经历，知道物体一旦进水就会沉入水中，所以想办法把桶口封住，阻止水进入桶内。由此可以看出幼儿善于总结经验，并能够将经验运用到新问题的解决过程中。】

第二组

问题一：为什么只有游泳圈压不下去？

分析与讨论

若若：桶有那么大一个口，一放进水里桶就沉了。

宇宇：臂圈太小了，我一往下按它就沉下去了。

劲屹：这个球太滑了，一压就跑了，我们根本不可能把它绑在竹筏上。

霈霈：这个游泳圈太难压啦！

媛媛：当然啦！你游泳时就靠它把你托起来，要不然你就淹到水了。

教师：你们组决定用什么材料来增加竹筏的浮力了吗？

若若：游泳圈最难压下去，我们组就用游泳圈了。

图 19-75　按压辅助材料　　　　图 19-76　感知游泳圈的浮力

第三组

问题一：为什么泡沫板的浮力最大？

分析与讨论

萌萌：这个呼啦圈就是细细的一圈，一压就沉底了。

莎莎：这个海洋球太小了，我轻轻地一按，就把它按下去了。

裕然：矿泉水瓶只需要一点儿力气就能被按下去，我觉得把它绑在竹筏上不行。

佳佳：你们快来和我一起压，我这个泡沫板用超大的力气都压不下去。

教师：你们组想要用什么材料来增加竹筏的浮力呢？

莎莎：我们组要用泡沫板，因为它很大，而且很轻。

图 19-77　按压辅助材料

图 19-78　感知泡沫板的浮力

第四组

问题一：为什么内胎的浮力最大？

分析与讨论

星星：哎呀！我的篮球一用力压就跑掉了，我不好用力。

晨晨：这个小海洋球太小了，我都不用花什么力气，它就下去了。

相相：游泳板也能压下去。

星星：这个内胎和一组用的不一样，它很轻，里面有气，软软的很难压下去。

教师：你们组决定选用哪种材料来增加竹筏的浮力呢？

星星：我们组要用这个内胎，因为它很轻，里面有气，我们四个人都很难把它压进水里面。

图 19-79　篮球跑了

图 19-80　按压辅助材料

活动三：设计增加竹筏浮力的图纸

教师：现在每个组都已经选好了增加浮力的辅助材料。那你们要把辅助材料绑在竹筏的什么位置上？

宸宸：我觉得应该绑在竹筏的上面。

改改：不行，绑在竹筏上面会增加竹筏的重量，竹筏会沉下去的。

裕裕：那也可以绑在竹筏的侧面吧！

果果：不行，那样竹筏会往一边翻下去的。我觉得还是应该绑在竹筏的下面，这样才能把竹筏托起来。

教师：那你们要在竹筏下面绑几个辅助材料呢？

宸宸：我觉得一个就够了，矿泉水桶很大、很滑，肯定很难绑。

改改：不行，我们的竹筏太大了，一个矿泉水桶是托不起来的，应该要两个。

裕裕：不够呀，应该要三个，这头绑一个，那头绑一个，中间再绑一个。

宇宇：那我们组也要三个游泳圈！

霈霈：不行，游泳圈那么大，用三个就超出竹筏了，两个就行了。

星星：我们组的竹筏最大，我们就要三个内胎吧。

佳佳：我们要一块超大的泡沫板就行了。

幼儿商量出竹筏浮力材料需要的数量及捆绑的位置，并绘制出设计图。

图 19-81　第一组增加浮力设计图（矿泉水桶）　　图 19-82　第二组增加浮力设计图（游泳圈）　　图 19-83　第三组增加浮力设计图（泡沫板）　　图 19-84　第四组增加浮力设计图（内胎）

活动四：增加竹筏浮力

第一组

问题一：矿泉水桶又大又圆，要怎样固定在竹筏上？

分析与讨论

果果：我们先绑好水桶，再把竹筏翻过来，它就能把竹筏托起来了。

改改：这个桶太大了，一绑就跑掉了。

宸宸：我压着它，你来绑，这样就行了呀。

裕裕：绳子要穿过竹子才能绑得稳。

改改：那要有人把竹筏抬起来，我才能穿绳子。

教师：固定矿泉水桶的绳子不够长怎么办？

改改：绳子拉不过来了，没办法打结。

裕裕：因为这个桶太高了，绳子就不够长了。我们要去找长的来。

宸宸：我们好不容易才把绳子穿进竹筏中间的缝隙，现在拆掉就白做了。

果果：我们不用拆掉，只要再找一根绳子接起来，绳子就变长了。

| 图 19-85　绳子不够了 | 图 19-86　抬起竹筏穿绳子 |

第二组

问题一：如何将游泳圈固定在竹筏上？

分析与讨论

宇宇：我们先把两个游泳圈绑在一起，不要让它们分开，再绑到竹筏上去。

霏霏：我来帮你拉着，你来打结。

宇宇：怎么绳子打好结了，两个游泳圈中间还是有很大的空隙？

媛媛：游泳圈太轻了，绑松了就会滑动，要绑紧紧的才行。

劲屹：而且绳子要多绕几圈。我们重新绑吧！

问题二：两个游泳圈中间翘起来了怎么办？

分析与讨论

媛媛：我们把游泳圈的两头绑在竹筏的两头就好了。

宇宇：但是中间怎么翘起来了？

媛媛：要拆了重新绑吗？

霏霏：这个游泳圈就是容易滑动，重新绑也会翘起来。

劲屹：我想到了！我们用一根绳子把翘起来的地方压下去并绑在竹筏上，游泳圈就固定住了。

图 19-87　连接两个游泳圈

图 19-88　把中间压下去

第三组

问题一：泡沫板的形状和竹筏的形状不一样，要怎么把它们固定在一起？

（分析与讨论）

莎莎：用这块长长的泡沫板可以呀，它和竹筏一样宽。

佳佳：但是它不够长，绑在这头，那头就是空的，竹筏就会像跷跷板一样翘起来。

雯雯：那就绑在中间吧！

萌萌：绑在中间的话，两边都是空空的，就不能把竹筏托起来。

佳佳：那我们选两块吧！

莎莎：这一块大大的可以，但是它太宽太高了，绑上去会不平。

雯雯：我们可以把它切小！

莎莎：这么大要怎么切啊？

佳佳：我们可以去找保安叔叔帮我们切小、切平。

裕然：我们要量一下，不然切出来又不合适了。

佳佳：还要打一个洞，像长长的那块一样，才好穿绳子。

图 19-89　将泡沫板绑在竹筏上

图 19-90　测量第二块泡沫板的大小

第四组

问题一：内胎应该绑在什么位置？

分析与讨论

晨晨：我们有三个内胎，把它们摆成一排，绑在竹筏上就可以了。

星星：你们看，中间的这个内胎放上去很平，但是两边的内胎不平。

相相：因为下面的支架是凸起来的，它把内胎顶起来了。

嘉仁：我们应该把内胎绑在竹筏的另一面，那面是平的。

星星：那我们把竹筏翻过来试试吧。

晨晨：我们先绑中间这一个内胎，绑好了再去绑两边的内胎。

嘉仁：我们先来绑这边吧，把内胎绑在竹筏最外面的竹子上，再绑另一边。

图 19-91　支架把内胎顶起来了

图 19-92　合作绑内胎

活动五：竹筏承重量测试

问题一：如何比较竹筏的承重量？

分析与讨论

教师：每个组的竹筏上都捆绑了增加浮力的材料。那我们要怎么测试承重量呢？

裕裕：我们和以前一样在竹筏上放积木吧，然后称一下积木就知道重量了。

改改：我觉得我们组的竹筏太酷了，我好想坐到上面去！

若若：我有一个好办法，我们不要放积木了，我们来比一比哪一组的竹筏坐的人最多，最后再用秤称出我们的重量就可以了！

果果：我们不能所有人一下子都坐到竹筏上，要一个一个坐上去，等到竹筏往下沉的时候，就不可以再往上坐人了。

教师：这一次的竹筏能承载更大的重量吗？

猜想与假设

宸宸：我们组的竹筏下面绑了矿泉水桶，竹筏被托得高高的，不容易碰到水，承载的重量肯定比上次要大。

劲屹：我们组的竹筏绑了两个游泳圈后，竹筏也变高了，而且游泳圈里有很多空气，肯定能在竹筏上面放很多东西。

雯雯：我们组也是，泡沫板很轻，一定能让竹筏装上更多的东西。

相相：我们组在竹筏下面绑了三个内胎，竹筏一定能承载更大的重量。

实验与验证

每一组的幼儿都把自己的竹筏放入水中，然后一个接一个坐到竹筏上，直到竹筏开始往下沉为止。

图 19-93　第一组竹筏承重量测试图　　图 19-94　第二组竹筏承重量测试图

图 19-95　第三组竹筏承重量测试图

图 19-96　第四组竹筏承重量测试图

图 19-97　第一组竹筏承重 67.05kg

图 19-98　第二组竹筏承重 85.87kg

图 19-99　第三组竹筏承重 60.55kg

图 19-100　第四组竹筏承重 89.40kg

活动六：竹筏连成排

问题一：第四组的竹筏有什么优势？

分析与讨论

教师：我们每一组竹筏的承重量都增加了，但是每一次测试都是第四组的竹筏承重量最大。这是为什么呢？

霜霜：因为他们用了三个内胎。

若程：可是前面没有加内胎的时候，他们组的竹筏也是承重量最大的呀！

改改：我知道，这是因为他们的竹筏最宽，所以才能坐很多人。

佳佳：我好想要一个大竹筏，超过他们组的，让我们全部的人都坐上去玩！

猜想与假设

改改：我有一个办法。我爷爷给我讲过"火烧赤壁"的故事。曹操把他所有的船都连在一起，他的士兵就可以在甲板上操练。如果我们把四个竹筏都绑在一起，那我们全部的人都可以坐上去了。

裕裕：那样竹筏太重了，还绑上了这么多东西，竹筏会沉下去的。

果果：试一试就知道了呀，如果成功了，我们就有一个超大竹筏了。你们同意吗？

　　　　幼儿商量后同意试一试，并动手将四个组的竹筏连接。

问题二：竹筏怎么排序？

分析与讨论

果果：那我们先把竹筏抬过来，第一组在前面，第二组跟上，第三组和第四组在后面。

沙沙：哇！四个竹筏放在一起好大呀，一定可以让所有人都坐上去了。

星星：那我们快点儿开始绑吧，我都等不及了。

佳佳：还不能绑。第一组竹筏的矿泉水桶太高了，它排在第一的话，大竹筏会不平衡，放进水里会倾斜，我们会掉下去的。

霜霜：那应该怎么绑呢？它就是比其他组的高呀！

媛媛：我们可以把矿泉水桶和泡沫板放在中间，把游泳圈和内胎放在两边，它们都是充气的，浮力大，高度也差不多。

图 19-101　四个竹筏摆放在一起

图 19-102　幼儿调换竹筏顺序

问题三：怎么把四个竹筏同时连接起来？

【分析与讨论】

改改：四个竹筏一起绑会不好穿绳子，也不好打结，我们应该想个办法才行。

佳佳：对呀，刚才裕裕站在竹筏中间绑绳子时把竹筏压住了，我这里穿绳子时就抬不起竹筏了。

莎莎：我这边穿好绳子了，要把绳子系得紧紧的。然后你那边也打结，就把竹筏拉过去了，所以我这里根本系不紧绳子，绳子会松开，我就没办法把竹筏接在一起。

果果：我们还是分开绑吧，二组和三组的小朋友把你们的竹筏连在一起，我们和四组的小朋友把矿泉水桶和轮胎的竹筏连在一起，最后再把两个竹筏连接起来就可以了！

图 19-103　竹筏两两连接
（一组、四组）

图 19-104　竹筏两两连接
（二组、三组）

图 19-105　四个竹筏绑在一起

图 19-106　竹筏连成排

实验与验证

幼儿合力抬着竹筏来到水池边。当他们把竹筏放进水中，看到竹筏漂浮在水面时，都兴奋地拍手大叫起来："成功了，我们终于有超大竹筏啦！快上去试试吧！"幼儿纷纷爬上竹筏，一个，两个，三个……直到所有的幼儿都坐上了竹筏，竹筏依然漂浮在水面上。幼儿开心地在水池中玩耍起来，造竹筏的活动在幼儿欢乐的戏水声中结束了。

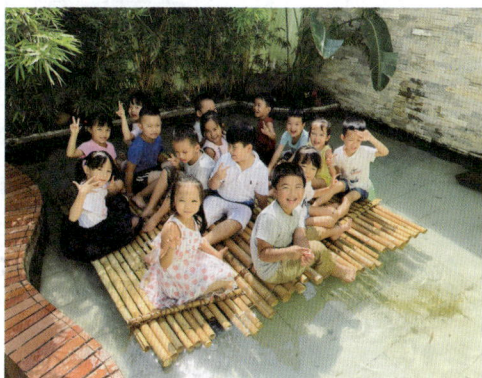

图 19-107　幼儿坐在竹筏上

阶段小结与反思

（一）幼儿

造竹筏活动结束了，教师带领幼儿回顾了造竹筏的整个过程，引导幼儿绘制了竹筏承重量对比思维地图。

（二）教师

首先，教师提供了丰富的活动材料。教师在充分发挥自己力量的同时，积极争取园内工作人员及家长们的参与，采取了材料鹰架的支持策略，为幼儿提供游泳圈、泡沫板、轮胎等材料，以满足幼儿对不同材料浓厚的探究兴趣，支持幼儿的探究活动。

其次，教师通过不断提问与追问，引发幼儿思考。在操作过程中，当幼儿面对问题时，教师采取语言鹰架的支持策略，鼓励幼儿用"提出想法—推理预想—实验验证—发现问题—再次提出新办法"的思维模式，不断提高分析问题、解决问题的能力。

最后，教师注重鼓励幼儿对活动进行反思。在活动中，教师重视引导幼儿分析自己的已有经验，思考做了什么、怎么做的以及存在的问题等，然后提出新的构想，进行新的探索活动。

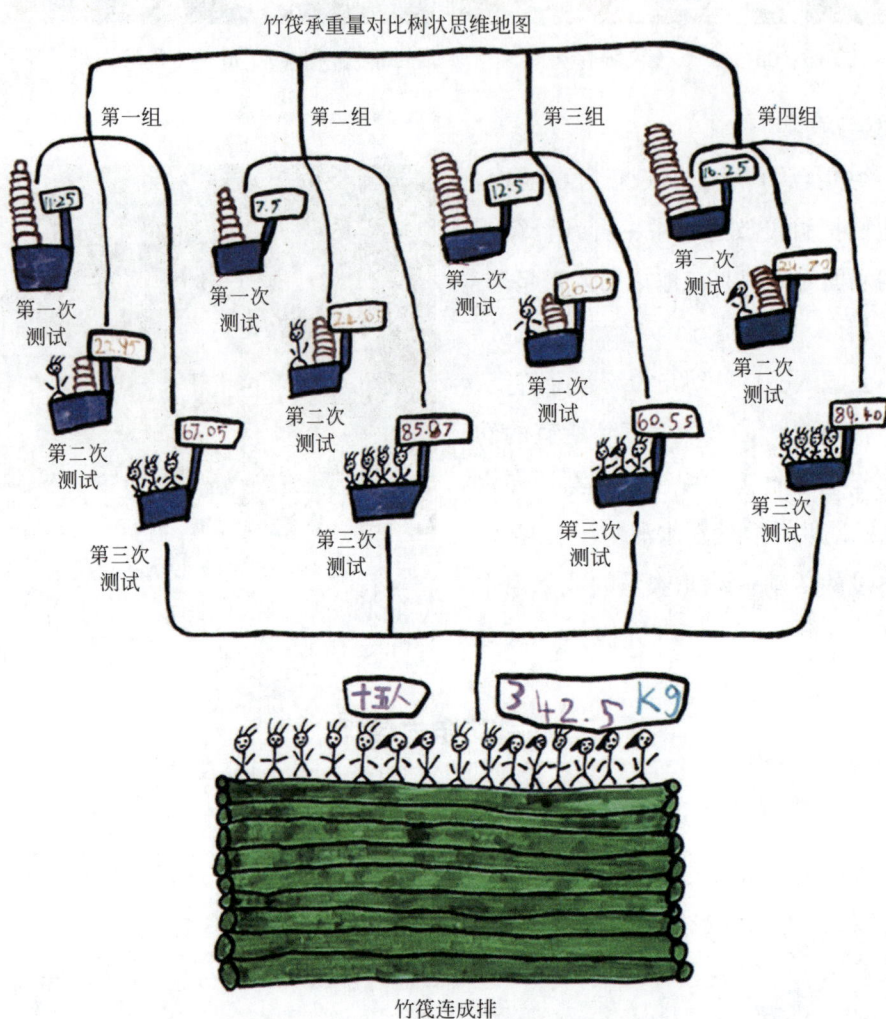

图 19-108　幼儿绘制的竹筏承重量对比图

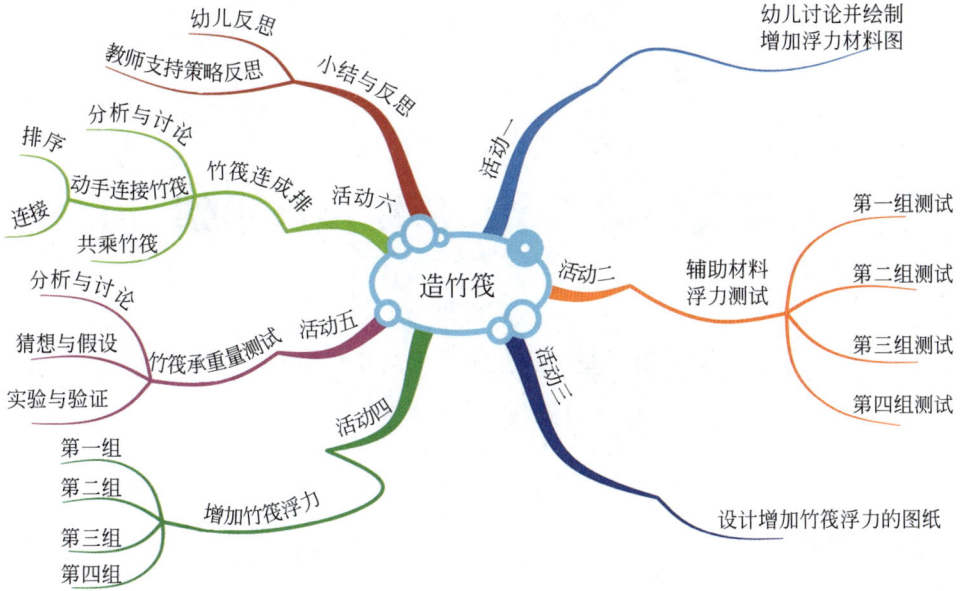

图 19-109　竹筏制作过程教师总结图

课题活动二十：彩绘蛋展示架

吉林大学附属第三幼儿园　大三班　陈杨　李敏
（指导者：于立秋）

选题缘由

　　美好的一天在幼儿兴高采烈的自主游戏中开始了。今天美工区非常热闹，走近一看，原来是肖潇画了一个漂亮的彩绘蛋，这激发了很多幼儿的兴趣，不一会儿，大家也画出了很多图案各异的彩绘蛋。但是，彩绘蛋在展示过程中出现了问题：彩绘蛋在柜子上总是滚动，没干透的颜料粘到柜子上，导致图案不见了，而且稍有不慎，彩绘蛋就会摔到地上。这可怎么办呢？淘淘提议要为彩绘蛋做个家，把它保护起来。但泽泽不同意，他觉得这样会把彩绘蛋上漂亮的图案挡住，应该把彩绘蛋上的图案露在外面，让大家都能看到。他们的对话引发了幼儿热烈的讨论，大家的想法天马行空。这时，小玉提议说："咱们做个彩绘蛋展示架吧！"这个想法得到了大家的支持。要怎样来制作呢？用什么材料制作呢？就这样，制作彩绘蛋展示架的课题活动开始了。本次课题活动由幼儿的兴趣引发，幼儿自发地想要尝试解决彩绘蛋如何展示这个真实性问题。制作彩绘蛋展示架的过程，会涉及对展示架结构与支撑结构的探索，也会涉及对不同材料特性的探究。在制作过程中，幼儿还需要发挥想象力与创造力，并迁移已有经验，才能解决问题。

第一阶段活动

活动一：经验分享

教师：你们见过什么样的鸡蛋支架？它们为什么能够架住鸡蛋呢？

苏苏：我见过螺旋形的鸡蛋支架，支架像楼梯一样。

淘淘：商场里有圆形支架，上面的圆圈里放着可以砸的金蛋。

小兰：我见过的支架上面有很多小圆洞，鸡蛋被固定住，不会滚到别的地方去。

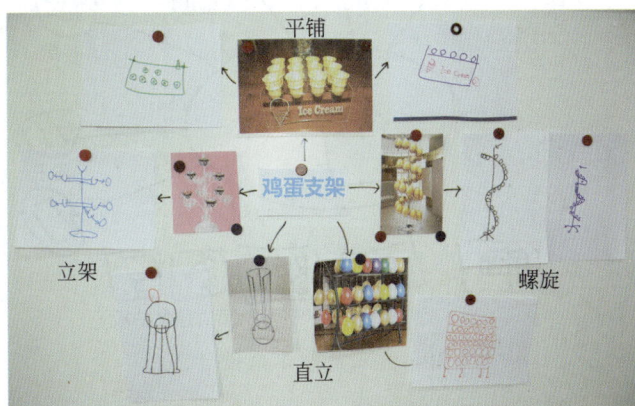

图 20-1　鸡蛋支架类型总结图

活动二：设计图纸

教师：你们想做一个什么样的展示架呢？

浩宇：我要用水管做一个展示架，把彩绘蛋放到管子里。

苏苏：我把筷子和彩泥组合在一起，做个展示架。

泽泽：我想做一个三角展示架，这样比较结实。

淘淘：我要为我的彩绘蛋设计橱窗，从外面就能看到彩绘蛋上面的图案。

【经验迁移：幼儿将生活中常见的蛋糕盒子的制作方法迁移到彩绘蛋展示架的设计中，并运用透明胶的特性制作可见橱窗，方便大家欣赏彩绘蛋，从而解决了彩绘蛋放入盒子会被遮挡的问题。】

教师：那你们就把想法画下来吧。

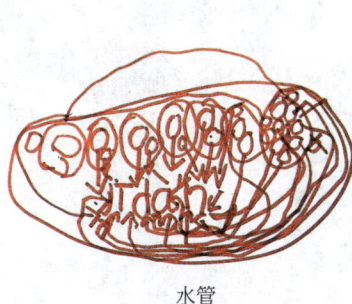

图 20-2　水管展示架设计图

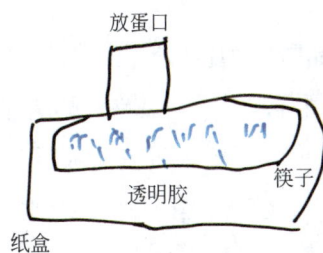

图 20-3　透明胶纸盒展示架设计图

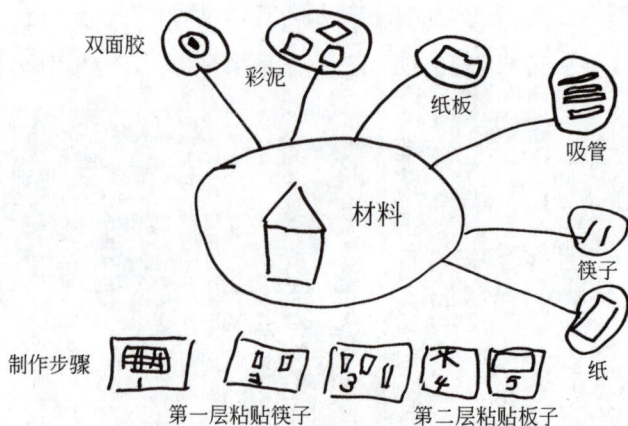

图 20-4 三角展示架设计图

幼儿通过投票，最终选择了泽泽的三角展示架设计图。

【科学原理：三角形的稳定性。三角形的稳定性是指三角形具有稳定性，有着稳固、坚定且耐压的特点。幼儿在设计彩绘蛋展示架时，选择了三角形的结构。】

活动三：制作底板

富有挑战性的制作活动开始了。幼儿根据设计图纸开始分工制作，但在制作底板的时候遇到了问题。

问题一：如何将筷子连在一起？

分析与讨论

泽泽：咱们的纸板太大了，筷子不够长可怎么办？

淘淘：用透明胶把筷子连起来粘上。

小兰：不行，用透明胶粘上之后连接处不能弯曲。我来想办法。

实验与验证

【学习品质：幼儿在遇到困难的时候没有放弃，而是坚持不懈地寻找解决的办法。幼儿发现吸管软连位置的吸管软软的，能将筷子连在一起，并且连接处还可以弯曲，便使用吸管解决了实际问题，表现出敢于探究与尝试的学习品质。】

图 20-5 在吸管软连处插入筷子

问题二：彩绘蛋为什么立不住？

分析与讨论

教师：彩绘蛋为什么立不住呢？

小兰：围挡太矮了。

小泽：彩绘蛋不能用双面胶粘。

正好：彩绘蛋是圆的，总滚动，没挡住。

高兴：围挡距离太远。

猜想与假设

教师：你们觉得可以怎样调整呢？

小兰：那就躺着放围挡呗。

苏苏：不行，躺着放就看不到彩绘蛋上的画了，而且太占地方。咱们要把全班小朋友的彩绘蛋都在上面展示。

高兴：把报纸卷成纸卷儿，像压缩饼干一样把彩绘蛋一个一个挤在上面，彩绘蛋就不倒了，就像立正一样。

活动四：制作围挡

问题一：如何制作围挡？

分析与讨论

教师：用什么方法制作围挡呢？

小新：把报纸折起来。

泽泽：可以把报纸卷成纸卷儿。

苏苏：我觉得折起来好。

高兴：那就都试试，看看谁的办法好。

猜想与假设

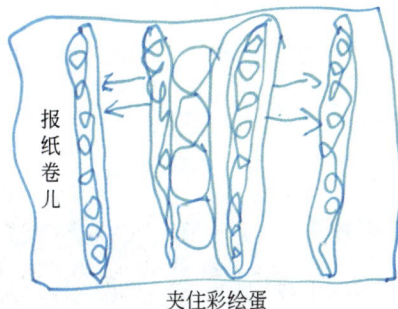

图 20-6　围挡调整设计图

幼儿按照自己的想法开始制作围挡。在制作过程中，通过实验对比，幼儿发现卷纸的方法要比折纸的方法好。

小兰：报纸卷儿做的围挡结实，不容易倒。

泽泽：这次我们要把围挡做得高一点儿。

苏苏：多把几个报纸卷儿粘在一起就可以啦。

教师：粘几个报纸卷儿适合呢？

小兰：我们得试一试才知道。

正好：围挡也不能太高，否则会挡住彩绘蛋上的图案。

实验与验证

　　通过尝试，幼儿发现三个报纸卷儿粘在一起高度正好。

小兰：三个就可以了，大家快卷吧。

淘淘：那要做几个围挡？

高兴：我算算。

　　高兴将做好的一个围挡摆在纸板上，观察后估测纸板上还可以放下三个围挡，所以还需要九个报纸卷儿。

图 20-7　计算围挡位置

【经验迁移：幼儿在制作围挡时运用到目测的方法和等分的数学知识，解决了彩绘蛋展示架测量及图纸绘制等问题。】

问题二：有围挡了，为什么彩绘蛋还是立不住？

分析与讨论

正好：我们又失败了。

教师：彩绘蛋是向哪个方向倒的呢？

高兴：左右倒。

教师：为什么是左右倒呢？

【教师支持：教师运用有效提问，激发幼儿对出现的问题进行深度思考，分析彩绘蛋左右倒的原因。】

小泽：噢，是因为前后有围挡，左右没有。

猜想与假设

教师：有什么办法让彩绘蛋不再左右倒呢？

高兴：彩绘蛋左右用双面胶粘上。

正好：摆的时候把两个彩绘蛋靠在一起。

小兰：我家的书架有左右的挡板，我们在彩绘蛋的左右两边也做一个围挡。

实验与验证

幼儿纷纷在桌上和地上找剩下的报纸卷儿，并将找到的报纸卷儿添加在彩绘蛋的左右两侧。

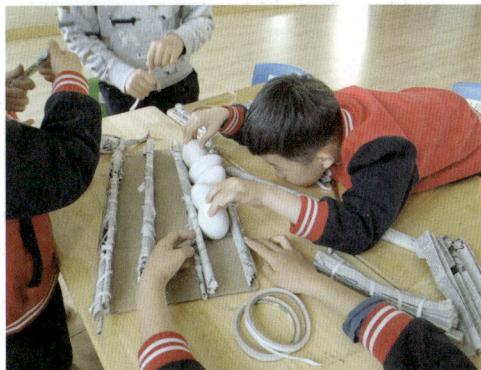

图 20-8　摆放彩绘蛋

图 20-9　添加左右围挡

阶段小结与反思

（一）幼儿

在第一阶段制作活动结束后，幼儿反思制作过程，总结与梳理出制作彩绘蛋展示架的经验与方法。

图 20-10　彩绘蛋展示架制作方法总结图

（二）教师

首先，教师通过有效提问，引导幼儿思考。在彩绘蛋一直无法顺利立住的情况下，教师通过提问的方式，引导幼儿观察分析彩绘蛋左右倒下的原因。教师的提问激发了幼儿继续探索的热情，也推动了活动的顺利进行。

其次，教师为幼儿探究提供充足的时间保障。在幼儿反复探索失败时，教师没有直接介入，而是给予幼儿充分的时间进行自主探索，让幼儿在自主学习和同伴合作中，寻找解决问题的最佳方案。

第二阶段活动

活动一：制作多层展示架

幼儿将彩泥盒混搭在一起，不断尝试，选择适宜的展示架高度。幼儿在操作过程中细心观察，发现了彩泥盒子的不同，并能归纳出具体特征。

泽泽：用一个彩绘蛋比一比高度。你们快看，彩绘蛋被夹住了，它立起来了。

高兴：太好了，那第二层和第三层就不用做围挡了。

幼儿在不断调整尝试中发现可以将彩绘蛋夹在两层中间，并利用这一发现制作出了多层展示架。

图 20-11　发现彩泥盒子不同

图 20-12　将彩绘蛋夹在两层中间

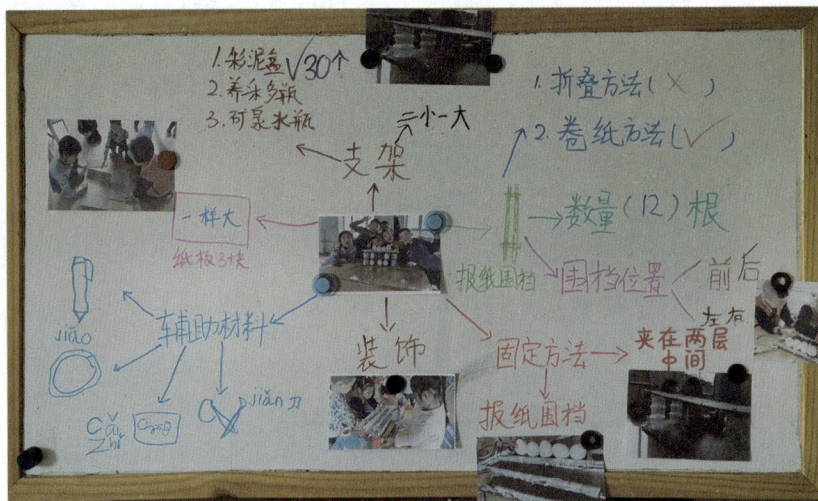

图 20-13　多层展示架制作总结图

活动二：制作活动展示架

漂亮的彩绘蛋展示架制作完成了，可是小小说："我的彩绘蛋被放在夹层里面了，看不到。"另外几个彩绘蛋被放在夹层里面的小朋友也纷纷表达了自己的不满。这时淘淘提议："我们再设计一个能看到所有小朋友作品的展示架吧！"

幼儿将自己的想法以图画的形式表现出来。他们结合自己的生活经验，将睡觉用的推拉床和超市里的大转盘的设计思路运用到彩绘蛋展示架的设计当中。

图 20-14　大转盘式展示架设计图

图 20-15　推拉床式展示架设计图

问题一：需要多大的纸板？

分析与讨论

小兰：超市里的大转盘都是圆形的，咱们做个正方形的吧！（小兰的提议得到大家的一致同意。）

泽泽：正方形的四条边是一样长的。

正好：我们就大概比一比。

淘淘：不行，四条边必须一样长，我们得找到一个测量工具。

实验与验证

几个小伙伴商量后，决定用水彩笔测量长度。他们发现，每条边摆五支笔，这样摆出的正方形大小最合适。

在测量过程中，水彩笔总是摆不成一条直线。轩轩想到了一个好办法，他从数学区取来了数棒。

轩轩：咱们用数棒吧，先比一比五支水彩笔和几根数棒一样长。

幼儿很快确定五支水彩笔和八根数棒一样长，解决了绘画标记中的实际问题。

图 20-16　用水彩笔测量纸板

图 20-17　用数棒替代笔测量纸板

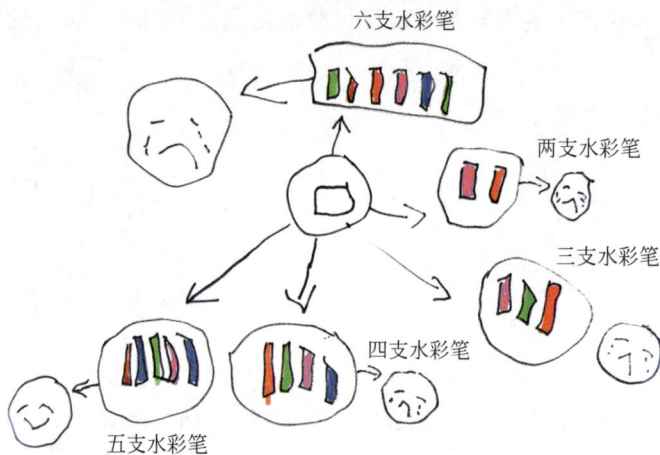

图 20-18　测量结果总结图

问题二：如何确定中心点？

分析与讨论

底板做好后如何固定呢？在什么位置固定呢？教师提出了这样的问题，引发了幼儿的讨论。幼儿一致同意固定的旋转点应该是底板最中心的点。但是怎样来确定中心点呢？幼儿有着自己的见解。

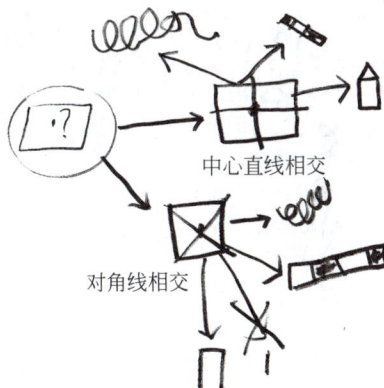

图 20-19　一组幼儿确定中心点猜想图　　　图 20-20　二组幼儿确定中心点猜想图

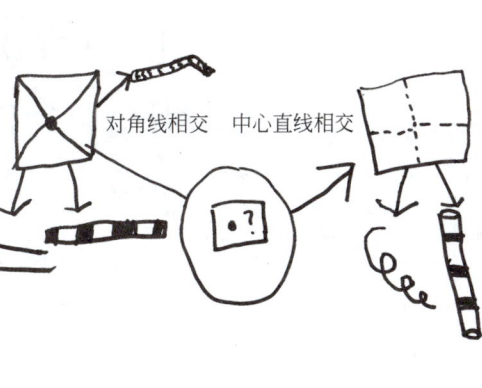

有的幼儿认为应该用对角线相交的方法确定中心点，有的幼儿认为应该用中心直线相交的方法确定中心点。大家通过动手验证，最后发现两种方法都可行。

图 20-21　用中心线确定中心点操作图　　　图 20-22　用对角线确定中心点操作图

问题三：如何让大转盘旋转起来？

分析与讨论

高兴：用胶不行，胶把筷子粘上了，转盘不能转。让老师帮咱们想办法吧。

正好：你是个男子汉，遇到问题自己不想办法还要找老师。

淘淘：咱们用锤子吧，我爸爸用它在墙上钉钉子，力气可大了。

第一次使用锤子，幼儿兴奋极了，纷纷表示想试一试。但筷子一锤就断，这和预想的不一样。

小兰：你看，还是不行，纸筒太硬。

淘淘：不能用筷子，我爸爸在家是用铁钉子钉。

讨论后，幼儿绘制了本阶段大转盘的制作材料和工具图。

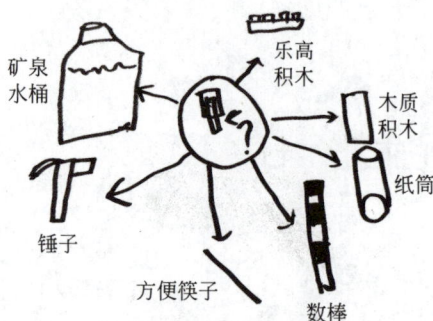

图 20-23　大转盘的制作材料和工具图

实验与验证

淘淘的一句话帮助幼儿重新建立起信心，他们很快从科学区里找来了筷子的替代品——铁钉。大家齐心合力，终于将大转盘立了起来。

【学习品质：幼儿在经历失败后仍然不断尝试验证多种方法，最后发现铁钉可以穿透纸筒，让转盘立起来。幼儿在遇到问题时表现出敢于探索与尝试的优秀品质。】

图 20-24　钉入铁钉

图 20-25　固定支架

如何选择底座，教师最初以为这会是活动中的难点，但是幼儿通过自己的观察寻找到了合适的材料，并且一次成功。当他们看到纸筒口与水桶口的大小完全匹配的时候，兴奋地欢呼起来，大声说："老师快看，转盘立起来了，我们找到的底座正好。"

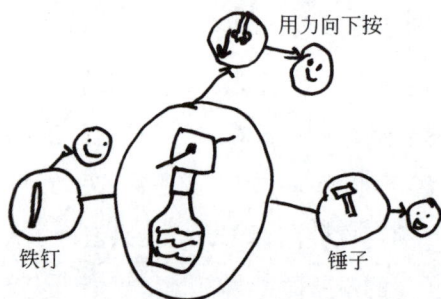

图 20-26　大转盘立起来的方法总结图

问题四：如何固定中心点？

让大转盘成功立起来的喜悦很快就被失望所替代，因为转盘一转就掉下来了。但幼儿并没有放弃，而是积极寻找转盘掉下来的原因和解决的办法。

猜想与假设

淘淘：老师，我在画画的时候用铅笔扎过橡皮。橡皮软软的，一定能固定住筷子。

教师：你可以把这个想法和大家说一说。

实验与验证

听到淘淘的想法后，有几个男孩马上表示自己也用铅笔扎过橡皮，而且不管怎样转，橡皮都不会掉下来。于是，幼儿将此想法付诸实践，顺利地解决了固定中心点的问题。

【教师支持：幼儿将自己在活动中的想法和创意告诉教师，教师鼓励幼儿将它运用到活动中来，并进行猜想与验证。教师给予了幼儿情感与行动上的支持。】

图 20-27　用橡皮固定

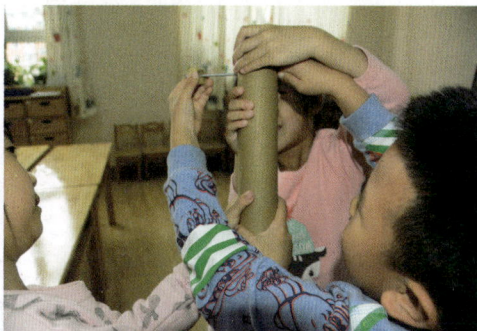

图 20-28　连接固定

问题五：如何均匀地摆放杯子？

转盘制作完成，彩绘蛋如何摆放呢？幼儿根据设计图纸取来纸杯，准备把纸杯放在转盘上。

分析与讨论

正好：我们班有三十五个小朋友，所以要准备三十五个杯子。

小兰：这次一定要把所有人的彩绘蛋都露出来，让大家都能看到。我们先算一算怎么摆。

猜想与假设

正好：上下两条边各放十个，还剩多少？35-20=15。

苏苏：十五个该怎么分？

淘淘：左边一个右边一个摆一摆。

【经验迁移：幼儿积极主动思考，将平均分配的数学经验运用到纸杯的摆放环节中，通过实物操作进行加减运算，使纸杯均匀地分布在转盘上，利用已有的数学知识解决制作中的实际问题。】

图 20-29　幼儿计算纸杯数量

阶段小结与反思

（一）幼儿

幼儿将整个制作过程以思维地图的形式展现出来，使幼儿的思考与制作过程可视化。通过绘制思维地图，幼儿可以回顾制作过程中遇到的问题和解决问题的方法，再次比对自己的预测与实际操作结果的异同之处。

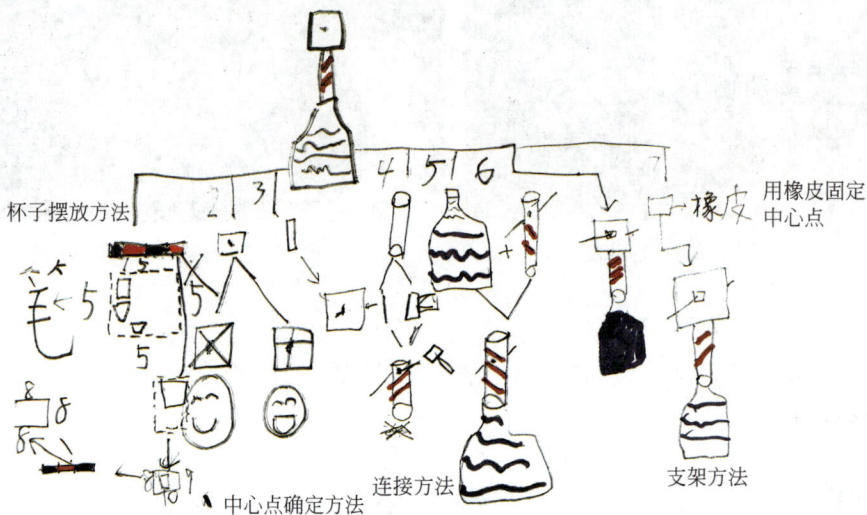

图 20-30　彩绘蛋展示架制作过程总结图

（二）教师

首先，教师通过提问引发幼儿思考。在幼儿只做出平面展示架的时候，教师提出"和图纸有什么不一样呢？""那还需要怎样改进你的展示架呢？"这样的问题。

教师通过层层递进的提问方式，促使幼儿对搭建展示架进行深度思考，最终做出可以充分展示全班幼儿的彩绘蛋的展示架。

其次，教师为幼儿活动提供了有价值的操作材料。以"一个活动只解决一个问题"的原则来确定游戏材料，更能让幼儿对某个问题做深层次的探究与思考。例如，在解决围挡问题时，幼儿提出使用报纸卷儿，于是大家就围绕报纸卷儿进行不断尝试，最终取得成功。另外，当幼儿的想法和操作停滞不前时，教师不断投放新的材料，激发了幼儿继续探究的兴趣。

课题活动二十一：大花轿

长春市人民政府机关第一幼儿园　中五班　吴丽　刘星

（指导者：郜永红）

选题缘由

在一次阅读活动中，幼儿对《老鼠嫁女》这本故事书产生了浓厚的兴趣。幼儿在小声地讨论着："老鼠新娘结婚为什么要坐花轿？怎么不坐汽车呢？坐花轿是什么感觉呢？我也想坐一次花轿！"书中的"花轿"成为了他们关注的焦点，幼儿开始讨论花轿的样子和种类，并表示想要亲手制作一个花轿，体验一下坐花轿的感觉。制作花轿是幼儿基于故事提出的问题，也是他们感兴趣的、共同想要完成的一个心愿。幼儿制作花轿，需要了解花轿的种类和不同类型花轿的结构。在制作过程中，幼儿会遇到材料选择、轿厢加固、操作顺序以及分工协作等各种各样的问题，这些问题蕴含着丰富的教育价值。这一课题活动，不仅能够丰富幼儿的相关知识经验，而且有助于幼儿提升动手操作能力、动脑思考能力、分析问题能力、解决问题能力、创造想象能力和批判性思维能力。基于以上分析，我们开展了此次制作花轿的课题活动。

第一阶段活动

活动一：经验分享

教师：你在哪里见过花轿？你见过的花轿是什么样子的？

欢欢：我在电视里见过轿子，是结婚抬新娘子用的，是红色的，上面还带一个喜字。

百作：我在饭店见过一个小轿子，它抬了一盘"叫花鸡和鱼"，旁边还有人敲锣打鼓呢！

小宇：我去巴蜀印巷坐轿子了！前面后面有人抬着我，他们是用四根棍子抬的。

　　幼儿对花轿有了初步的认识和了解，但是缺少制作的相关经验，教师决定引导幼儿探索制作花轿的具体过程。首先，教师调动家长资源，鼓励家长带领幼儿了解花轿的相关知识。一部分家长带幼儿去看真实的花轿，幼儿近距离观察花轿，坐一坐，摸一摸，看一看，观察花轿的外部构造。一部分家长则是上网查阅了相关的资料，幼儿知道了"花轿"也叫"喜轿"，是传统中式婚礼上使用的特殊轿子。其次，教师引导家长与幼儿共同动手制作了关于花轿的知识报。

活动二：设计图纸

　　教师引导幼儿设计自己心目中的花轿，并讲述花轿的设计思路。

百作：我设计的花轿是带轱辘的，这样不用抬。

七七：我设计的花轿上面带着灯笼，晚上也能用。

小白：我设计的花轿是红色的，上面还有结婚的喜字。

教师：我们一起制作哪个花轿呢？

雨泽：我选带笑脸的这个，多好看呀！

子艺：但那个是蓝颜色的，不像结婚用的。

佳彤：对！你那个花轿没一个地方像
　　　　是给新娘子用的。

欢欢：你们记得书里面的花轿是什么
　　　　样的吗？

依依：是红色的，还得有红喜字和红
　　　　灯笼。我要选这个。

　　最终幼儿达成一致，选择红色带
红喜字和红灯笼的设计图作为制作化
轿的图纸。

图 21-1　最佳设计图

活动三：为制作花轿做准备

　　确定花轿的设计图后，幼儿开始为制作花轿做准备。首先，幼儿收集了制作花轿所需的材料，如纸壳箱、红纸、地垫等；其次，幼儿合作制定了制作花轿的初步流程，为后续活动做准备。

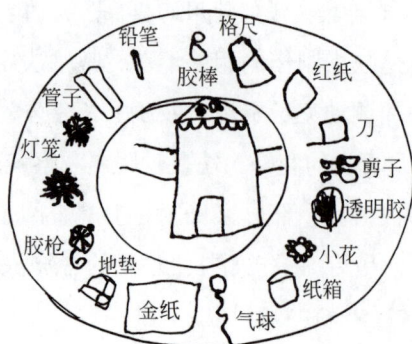

图 21-2 制作花轿所需材料和工具汇总图

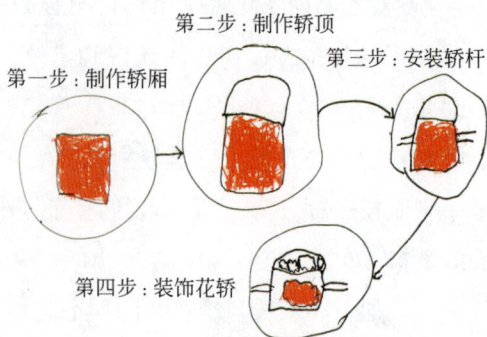

图 21-3 制作花轿流程图

第二阶段活动

活动一：选择轿厢的材料

幼儿收集到很多可以制作轿厢的材料，如不同形状和大小的纸箱和地垫。可是究竟哪一种材料最适合做轿厢呢？幼儿陷入沉思。

问题一：水果箱和地垫哪个做出来的轿厢更结实？

分析与讨论

教师：你们打算用什么做轿厢呢？

佳彤：用水果箱做吧！

子艺：花轿得能坐进去一个新娘，得做大一点儿，水果箱太小了，不行！

涵之：能行！把水果箱剪开，再拼起来粘上，不就大了吗？

欢欢：我们想用这个地垫做轿厢，这个能直接插起来，不用粘。

雨萱：对！老师用地垫拼过一个正方形的大骰子给我们玩儿，它能插起来。

猜想与假设

幼儿讨论后想出两种方法，一种是用水果箱拼，一种是用泡沫地垫拼。于是，幼儿按照自己的想法自动分为两组进行实验。

图 21-4 用水果箱拼轿厢设计图

图 21-5 用地垫拼轿厢设计图

实验与验证

在制作轿厢的过程中，水果箱组的幼儿用平铺的方法将切好的箱子粘成片，并将纸壳片立起来，用围合的方法将其粘好。地垫组的幼儿将地垫拼插后发现轿厢不稳固，便用透明胶将接缝处粘贴好。两组幼儿将轿厢分别做好后，兴高采烈地相互合作抬轿子，但是在抬的过程中，轿厢因为安装不结实而散架，两组最终都以失败而告终。

图 21-6　用水果箱拼轿厢

图 21-7　用地垫拼轿厢

活动二：第二次做轿厢

幼儿在吸取了第一次制作轿厢失败经验的基础上，在第二次制作时选择了一个无缝大纸箱作为制作材料，经过验证，无缝大纸箱可以拼接出一个完整的轿厢。制作完轿厢后，幼儿依照之前见过的轿子的样子，来设计轿子的门和窗子。由于纸箱太硬，幼儿在设计门和窗子的时候又遇到了难题，导致活动无法继续开展。

问题一：纸箱太硬，用什么工具才能剪出门窗？

分析与讨论

七七：我觉得可以用剪子剪。

小宇：还是用带齿的剪子剪吧，那样的剪子更锋利。

百作：那剪出来就是带齿印的，不就不平了吗？

子艺：我们也可以用刀试试啊！

涵之：那得先画出来再抠，否则可能抠坏整个轿厢，我看老师之前剪东西时都是先画再剪的。

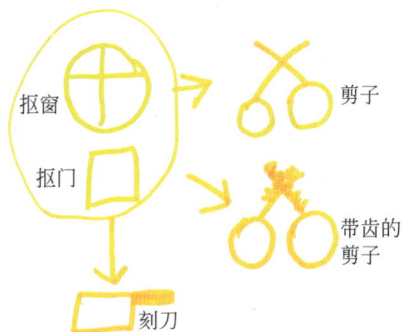

图 21-8　抠门窗工具猜想图

猜想与假设

由于箱体太硬，幼儿认为必须用锋利的工具才能抠出门窗。他们决定使用剪子、带齿的剪子和刻刀来试一试。

实验与验证

幼儿在抠门窗的过程中，先是用笔在轿厢两侧将门窗的轮廓画好，再用剪刀剪纸壳。在操作过程中幼儿发现纸壳较厚，剪起来比较困难，便更换工具，尝试用带齿的剪刀剪门窗，但是门窗轮廓剪得依然不齐整。最后幼儿尝试用刻刀刻门窗，终于成功了。这时，一名幼儿说道："窗子都是有框框的呀，我们轿子的窗子也得有啊！"幼儿商讨后决定给刻出的窗子安装窗框，并且继续选用纸壳当材料。幼儿从纸壳上剪下两个长条，准备粘贴在轿厢上。怎么才能将窗框粘贴得更牢固呢？幼儿针对这个问题进行了讨论。

问题二：用什么方法能将窗框牢固地粘贴到窗户上？

分析与讨论

子艺：用胶棒粘，胶棒粘纸都结实，纸箱也是纸做的，应该能粘上。

百作：用双面胶粘更方便，没有痕迹。

涵之：用透明胶粘呗，也结实。

子艺：用透明胶粘，胶都露在外面，也不好看啊！

七七：我看老师经常用热熔胶粘东西。热熔胶什么都能粘，粘得可结实了！

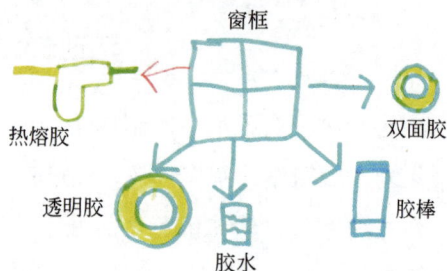

图 21-9　粘贴窗框材料猜想图

猜想与假设

幼儿讨论后，决定分别用双面胶、胶水、胶棒、透明胶和热熔胶试一试。

实验与验证

幼儿运用以上方法分别尝试后，发现只有透明胶和热熔胶能粘住并固定好窗框，便使用两种胶分别粘窗框。在制作完成后的第二天，幼儿观看花轿时发现用透明胶粘的窗框掉下来了，用热熔胶粘的窗框仍然粘贴在轿厢上。

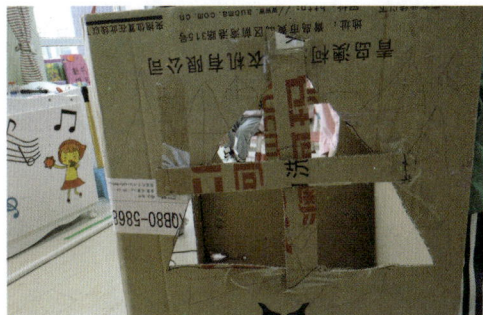

图 21-10　用透明胶粘贴窗框

图 21-11　用热熔胶粘贴窗框

活动三：安装轿杆

完整的轿厢终于要做好了，接下来幼儿准备安装轿杆。可是幼儿刚拿起轿杆，就提出了问题。

问题一：轿杆这么沉，怎样才能安装到花轿上？

分析与讨论

欢欢：这轿杆太沉了，根本粘不住，一松手就掉了。

雨泽：用热熔胶也粘不住。

佳彤：轿厢是平的，没东西托住它。

教师：那怎么办呢？你们还有什么好办法吗？

七七：我妈妈带我看过轿子，轿杆不是粘
　　　在轿厢上的，而是从里面穿过去的。

禹承：怎么才能穿过去呢？

七七：前面挖个洞，后面挖个洞，一穿不
　　　就行了嘛！

图 21-12　穿轿杆设计图

猜想与假设

经过讨论，幼儿想在轿厢两侧分别抠
两个洞，再将轿杆从洞里穿过去，这样不
用胶粘，轿厢就可以托住轿杆了。

实验与验证

幼儿决定将轿杆从轿厢里侧穿过去，
雨泽提议还是要像做门窗那样，先把轿杆

图 21-13　穿轿杆

一端靠在轿厢上，把洞洞的轮廓画出来，然后按轮廓把洞抠出来。讨论后，幼儿把轿杆举起来，将一端按在轿厢上，描画出轮廓。幼儿共同努力，成功地将轿杆安在轿厢上。这时，幼儿观察轿厢后发现两根轿杆长度不一致，接下来应该把轿杆切割成相同的长度，才符合轿杆的标准。

问题二：用什么工具切割做轿杆的管子？怎样切最安全快速？

分析与讨论

七七：两根管子不一样长，得将长的管子切去一段，和短的一样长才行！

佳彤：怎么切才能一样长呢？

欢欢：要把两根管子比一比，看看长多少，再画个线，按线把多余的切下去。

涵之：老师说过比长短时还得将一端对齐，上次比玩具火车的长短时就是这么比的。

【经验迁移：水平迁移是指在内容和程度上相似的两种学习之间的迁移。幼儿将数学情境中比较火车长短的经验灵活运用到比较管子长短的活动中，并且借鉴之前的相关经验，知道比较长短时要将两个物体放置在同一水平面上，并且要将一端对齐。】

猜想与假设

幼儿讨论后决定先将两根管子比出长短，再尝试用刀将多出的部分切下去。

图 21-14　切割多余管子设计图

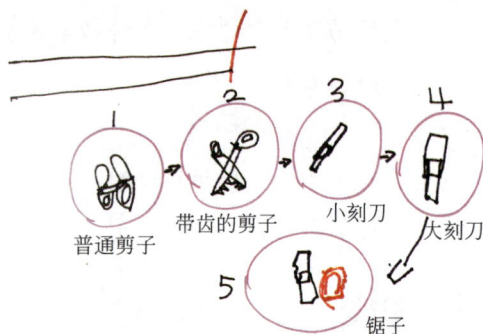

图 21-15　切割管子工具猜想图

实验与验证

幼儿第一次尝试用刀切管子，可是发现管子太硬切不动。于是幼儿想请班级里力气最大的幼儿来试一试，大家一致推选了牛牛。牛牛用剪刀剪，用刀切，却怎么也剪不动、切不动。他又换了带齿的剪子来剪，结果还是失败了。最后在教

师的示范与帮助下，力气最大的牛牛拿
锯锯管子，其他幼儿一起按着管子，大
家坚持不懈，最终成功地将管子锯断了。

【学习品质：幼儿为了达到将多余的管
子切掉的目的，反复思考与尝试多种切
割方法，最终用锯成功地将多余的管子
锯掉，表现出坚持与专注的良好学习
品质。】

图 21-16　用锯锯管子

活动四：安装轿顶

幼儿齐心协力制作好轿厢和轿杆，现在准备安装轿顶。正在幼儿将板子搬到
轿顶的位置时，七七动作稍慢了些，不小心将板子折坏了一点儿。这可怎么办呢？

问题一：如何加固板子？

分析与讨论

佳彤：用纸把它整体包起来吧。

百作：纸也不结实，一撕就坏了。

禹承：那用胶粘呗。

小白：用什么胶？双面胶？

七七：双面胶太窄了，用大透明胶粘。

欢欢：对！我看我妈妈有一次拿回来的快递箱就是用透明胶一圈儿一圈儿粘的，可
以用剪刀剪开。

猜想与假设

通过讨论，幼儿想出两种方法加固
板子——用红纸包或者是用透明胶粘。
七七和欢欢用自己的经验说服了其他幼
儿，最后大家决定用透明胶粘板子。

实验与验证

幼儿开始分工粘透明胶。佳彤和小
白分别站在板子的两端，一人撕胶带，

图 21-17　用透明胶粘轿顶

一人粘贴。禹承负责用剪子剪断透明胶。其他幼儿站在板子的周围负责固定。大约半小时后，幼儿成功地将轿顶粘好。

【**学习品质：**在活动中，幼儿表现出浓厚的兴趣、强烈的探究欲望以及合作精神，他们积极与同伴讨论问题，大胆质疑，努力寻求解决问题的办法。】

活动五：装饰花轿

轿厢、轿顶都做好了，可是花轿还没有漂亮的"外衣"呢。幼儿突发奇想，决定用蜡笔给轿厢涂色。大约涂了半个小时，幼儿发现用蜡笔涂色速度太慢，而且涂完表面凹凸不平。

问题一：用红颜色涂轿厢，怎么才能涂得又快又平？

分析与讨论

欢欢：轿厢那么大，蜡笔涂得太慢了，
　　　表面还一道一道的，不平整。

小白：用粗头的水彩笔涂。

涵之：那得费多少彩笔水啊！

百作：用红纸包。

佳彤：纸不结实，总碰容易坏。

子艺：用大刷子刷。我爸爸用大刷子蘸
　　　涂料刷墙，刷得可快了，刷好的
　　　墙面可平了！

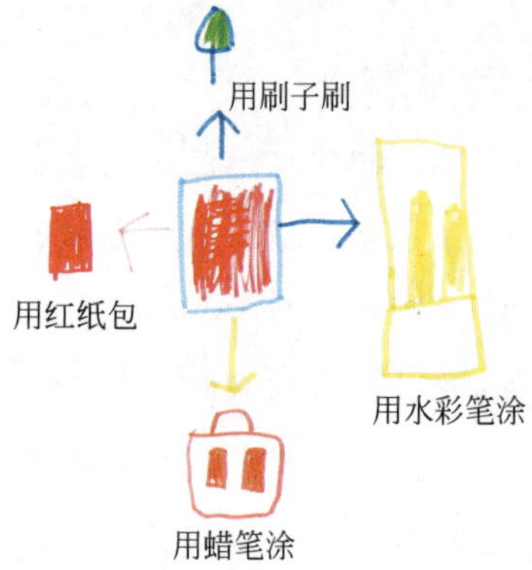

图 21-18　制作红色轿厢方法猜想图

猜想与假设

　　幼儿讨论出许多使轿厢变成红色的方法，如用蜡笔涂、用红纸包、用水彩笔涂、用刷子刷，最后大家一致认为用刷子刷的方法最合理。

实验与验证

　　幼儿到美术教室找来小刷子和红色的颜料，学着子艺爸爸粉刷墙壁的样子给轿厢涂色。实验证明，用刷子

图 21-19　用刷子刷轿厢

涂色最快最好。幼儿齐心协力刷了一会儿，把轿厢全部刷成了红色。幼儿兴高采烈，以为大功告成，这时洋洋看到轿顶还没有涂上颜色，便告诉了其他幼儿。幼儿用刷子给轿顶涂色，可是在涂色的过程中发现轿顶上粘贴的透明胶太滑了，涂不上颜色。

【**经验迁移：**特殊性迁移是指某种学习的内容只向特定的内容发生迁移，即内容相关的两种知识、技能学习之间的迁移，主要发生在相同或相关的知识领域。例如，在粉刷轿厢环节，幼儿将爸爸用刷子刷涂料的做法迁移到了刷轿厢上，灵活运用已有知识解决问题。】

问题二：轿顶上粘的透明胶太滑，刷不上红色怎么办？

分析与讨论

欢欢：咱们还是用刷子刷吧。

百作：可是有透明胶的地方太滑，刷不上颜料。

教师：那怎么办呢？你们还有什么好办法吗？

小白：咱们还是用红纸吧，就像缠透明胶一样把板子包起来，这样一定行！

欢欢：可是刚刚涂轿厢的时候不是说红纸不结实吗？

小白：可是轿顶我们也碰不到啊，不经常碰是不会坏的！

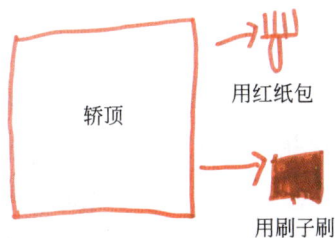

图21-20　制作红色轿顶方法猜想图

猜想与假设

　　由于轿顶用透明胶粘贴，表面较滑，所以幼儿决定用红纸包轿顶。选用红纸包的原因是轿顶较高，不容易碰坏。

实验与验证

　　幼儿首先在地上用红纸包好轿顶，然后一起将轿顶安装在轿厢上。

　　花轿的外身变成了喜庆的红色。幼儿回想起自己见过的花轿，发现那些花轿外身上还画有漂亮的图案。幼儿也想在自己制作的花轿上画上各种独特的图案。可是什么样的图案最适合他们制作的花轿呢？

问题三：中国传统的花轿上应该画什么图案？

分析与讨论

禹城：画各种各样的小动物。

小白：还是画条纹吧。

欢欢：我觉得还是画云朵好看！

七七：妈妈前两天带我看的花轿上画的是一只鸟，妈妈说传统的花轿上都要画那样的鸟，那只鸟的名字我忘记了。

猜想与假设

百作：那是什么样的鸟呢？

禹城：是老鹰吗？

小白：我觉得应该是白鸽！

教师： 七七妈妈说的那只鸟名字叫凤凰。可是传统的花轿上为什么要画凤凰呢？

欢欢：我们去网上查一查资料吧！

实验与验证

　　教师带领幼儿再一次观察花轿的图片并上网搜索了相关资料。幼儿看完图片后发现新娘坐的花轿上大多画着凤凰的图案，网上查找的资料显示凤凰在古代是一种瑞鸟，代表吉祥如意和太平盛世。幼儿在了解了凤凰的吉祥寓意后，一致同意在花轿上画一只吉祥的凤凰。

图 21-21　幼儿观察花轿

【教师支持： 当幼儿在讨论过程中遇到问题，导致活动无法继续进展时，教师及时引导幼儿再次观察花轿图片并查找凤凰图案的相关资料。**】**

阶段小结与反思

（一）幼儿

　　两次制作轿厢的活动后，教师引导幼儿运用思维地图总结反思这一阶段存在的问题与成功经验。幼儿在第一次的尝试中发现，拼接起来的纸箱子和比较软的泡沫地垫承重性较差，不适合作为制作轿厢的材料。商讨后幼儿发现，只有完整的、没有接缝的纸箱才符合标准，幼儿最终选择了装家用电器的大纸箱作为制作轿厢的材料。与此同时，幼儿也总结出第二次制作成功的原因在于使用了没有缝的、材质厚的大纸箱。这种纸箱承重性强，又不需要用透明胶固定，制作花轿过程中既节约了时间，也提高了效率。

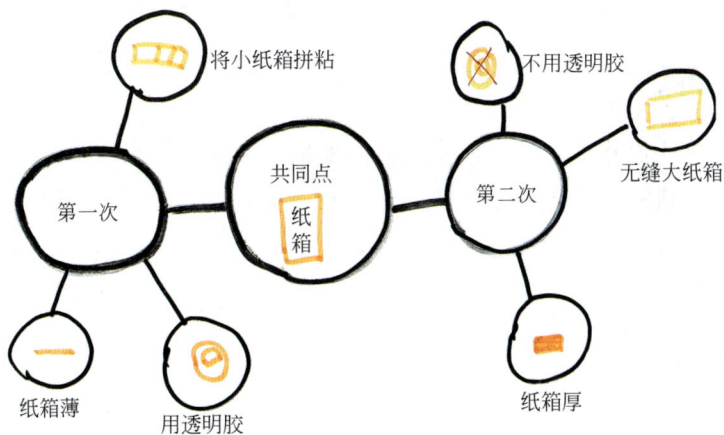

图 21-22　对比梳理成败原因的双气泡图

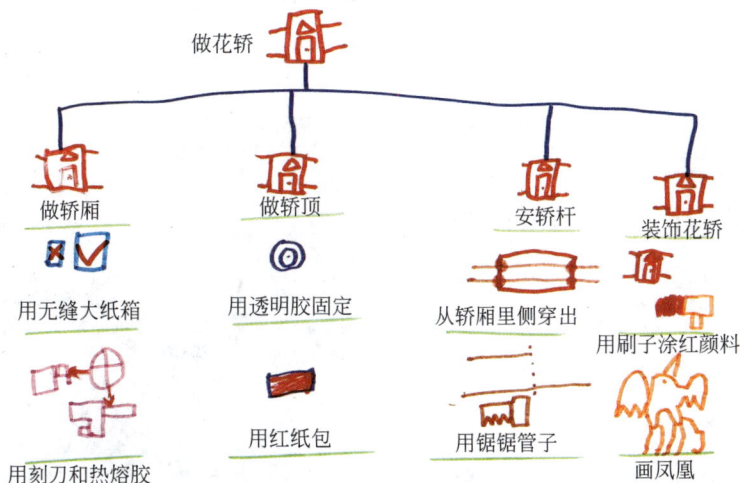

图 21-23　制作花轿流程图

（二）教师

首先，教师为幼儿营造了一个民主、自由的学习氛围。教师坚信幼儿是有能力的人，鼓励他们自主思考，大胆尝试，不断地挑战自我，超越自我。例如，在幼儿尝试了多种方法却仍然无法切断管子时，教师一开始预想的是直接请幼儿园后勤人员帮助完成，但是在观察幼儿的表现后，教师决定慢慢地引导他们学会自己解决问题。在教师的激励下，幼儿与同伴合作用锯切断了长管，解决了问题。

其次，当幼儿在认知方面遇到困惑时，教师为幼儿提供知识上的支持。例如，在活动前期，由于花轿在日常生活中比较少见，幼儿缺少相关的知识经验，教师便带领幼儿在网上查阅关于花轿的资料，与幼儿一起观察花轿的外形，还调动家长资源，家园合作，共同绘制了花轿知识报。教师这一系列在知识方面的支持策略，既帮助幼儿拓展了花轿的知识，也使幼儿掌握了查阅资料的方法与途径。

第三阶段活动

小花轿终于制作成功了。谁来坐？谁来抬？又如何抬呢？幼儿都急切地想尝试一下，互不谦让。七七看到大家争论不休，便说道："你们没看到《老鼠嫁女》这本书里是新娘坐轿，前后两个轿夫抬吗？"教师问道："那请谁来坐轿，谁来抬轿呢？"小白说："让子艺坐吧，她比较轻，能抬起来！"涵之说："再找两个力气最大的小朋友来抬花轿！"禹城问："那万一还抬不动怎么办呢？""那就几个人一起抬呗！老师说过人多力量大！"于是幼儿按照大家的想法逐步尝试。

活动一：两人抬花轿

幼儿第一次尝试两人抬轿子。幼儿经过协商，决定让子艺坐在轿子里，让小白、禹承抬轿子。两人一起使劲儿抬，却发现花轿一动不动。

幼儿又换了班里体重最轻的幼儿坐花轿，也抬不动，再请班里力气最大的两个幼儿抬，还是没有抬起来。幼儿商量用肩膀扛，可是由于两根轿杆之间的距离太宽，幼儿使不上力气，依然抬不起来。于是，七七提议再加两个人抬花轿。

图 21-24　两人抬不动花轿

活动二：四人抬花轿

小白：我俩根本抬不动啊，太沉了！

禹承：用肩膀扛也使不上劲儿。

小白：再加两个人，看看能不能抬动。

幼儿第二次尝试四人抬花轿，每人抬一杆。一开始，由于前后抬轿子的幼儿互相看不到，大家步调不一致，没有抬起来，后来禹承提议数一，二，三，大家一起使劲儿，终于抬起了花轿。在抬轿过程中，幼儿的肩膀被轿杆压得有些发红，抬起轿来特别困难，但大家依旧都抢着抬花轿，想自己试一试。

【学习品质：在抬花轿的过程中，虽然幼儿的肩膀被压得红肿疼痛，但是没有一名幼儿要求停止活动，他们都坚持到了最后，表现出不怕困难、坚持不懈的良好品质。】

幼儿轮流尝试坐轿子和抬轿子。坐在轿子里的欢欢正觉得开心的时候，突然发现轿底坏了，自己马上要掉下去了，于是号召大家开始加固轿底。幼儿借鉴上一次活动中加固轿顶的经验，在轿底外面粘上了多层透明胶以加固。一名幼儿回想起家里新买的冰箱下面有一大块泡沫板帮助承重，便提议在轿子里面放一块泡沫板，来强化轿子的承重能力。

图 21-25　四人抬轿较困难

【科学原理：压强。物理学中把物体所受压力的大小与受力面积之比叫作压强。在受到的压力大小不变时，增大受力面积，可减小压强。活动中，幼儿在花轿底座放上一块泡沫板，可以增大受力面积，减小压强，坐在上面的幼儿便不会掉下去了。】

活动三：八人抬花轿

禹承：这也太沉了，我肩膀都压红了，咱们一定得把花轿抬起来！

小白：咱们得前后一起使劲儿抬，否则花轿歪着，根本抬不起来。

禹承：咱们喊口号，一，二，三，一起抬。

百作：再加四个人吧，八个人抬，那力量不就更大了嘛！

幼儿第三次尝试八人抬花轿。八名幼儿喊着口号将花轿抬了起来，幼儿兴高采烈地向老师汇报他们的成果。

图 21-26　八人成功抬花轿

阶段小结与反思

（一）幼儿

教师首先引导幼儿绘制树状图，来对比三次抬花轿的结果，其次又引导幼儿运用流程图回顾与梳理了制作花轿的全部步骤。绘制后，幼儿发现实际操作的步骤与活动前规划的步骤有不同之处，如增加了安轿顶与涂轿身两个活动环节。

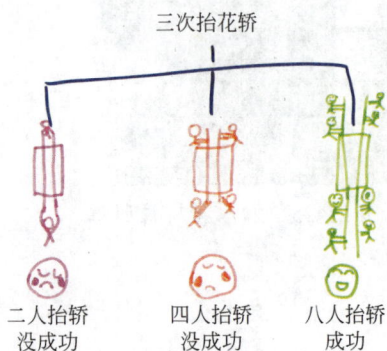

图 21-27　三次抬花轿的结果对比图　　　　图 21-28　制作花轿流程图

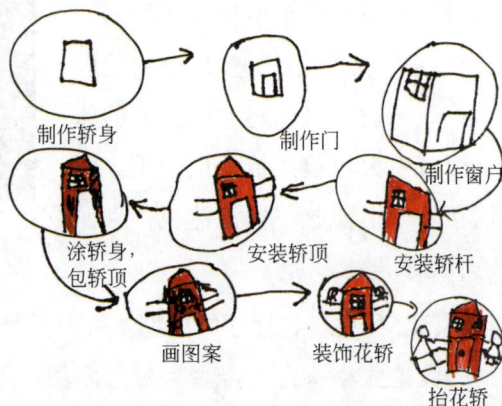

（二）教师

首先，教师是幼儿活动的支持者与引导者。教师的有效支持策略能够促进幼儿自信、自主地参与活动。例如，在抬花轿的活动中，幼儿一次次尝试，一次次失败。教师及时鼓励与支持幼儿，使他们能够面对困难不气馁，坚持不懈，动脑思考，分析出现问题的原因，找到有效的解决策略。

其次，教师通过组织讨论，引发幼儿的认知冲突。在深度学习活动过程中，讨论非常重要。幼儿与同伴之间产生争议与矛盾，实质是不同的观点与思维在相互碰撞，这种碰撞能够激发出新的思维，进而推动问题的解决。

再次，教师采取有效支持，促进幼儿迁移能力的发展。在制作花轿的整个过程中，教师注重引导幼儿将新旧知识建立联系，通过同化与顺应，重组知识和经验，做到举一反三，灵活地运用所学的知识与习得的经验解决问题，这极大地促进了幼儿迁移能力的提升。

课题活动二十二：风筝

长春市人民政府机关第一幼儿园　大一班　刘琦　樊俊杰

（指导者：马宇光）

选题缘由

　　童扯手中线，趁风飞纸鸢。在清明节前夕，幼儿园开展了风筝系列主题活动，目的是让幼儿感受传统文化和传统民间游戏的魅力。活动结束后，幼儿们意犹未尽。宇航说："樊樊老师，我还想再放一会儿风筝。"大麟说："我也没玩儿够，两个风筝我们只能轮流玩儿。"兜兜说："风筝是老师借的，还得还回去呢！"佳玉说："要是咱们有自己的风筝就好了！这样我们就可以随时玩儿了！"美琪说："对呀，我们可以自己做一个风筝！"美琪的想法得到了其他幼儿的一致认可，他们纷纷表示想亲手做一个自己的风筝。自制风筝是幼儿的真实需求，也是一个很好的教育契机。教师认为，要制作风筝，幼儿需要先了解风筝的类型、结构和起飞原理等。在制作过程中，幼儿还需要解决裁剪、拼接、粘贴、组合等一系列问题。此外，幼儿还要尝试使用不同的工具。基于此，教师决定支持幼儿开展制作风筝的课题活动。

第一阶段活动

活动一：经验分享

教师：你们见过什么样的风筝？

宏宇：我见过鱼形的风筝。

宇航：咱们刚放过三角形的风筝。

大麟：我在文化广场见过蜈蚣风筝。

教师：风筝都有什么呀？

美琪：有线。

教师：对，有风筝线。

兜兜：还有布。

美琪：两侧有翅膀。

大麟：后面还有长长的尾巴。

宏宇：还有架子。

【教师支持：为让幼儿准确把握风筝的结构，教师提供了真风筝，并引导幼儿观察。】

教师：风筝怎么才能飞起来呀？

齐记：要有风。

兜兜：风小了风筝飞不起来，风太大也不行。

佳玉：我们可以在手机上看天气预报。

大麟：放风筝需要逆风放。

美琪：对，不能拉着风筝乱跑。

教师：还有其他要求吗？

禹婷：地方要大，人多的地方不行。

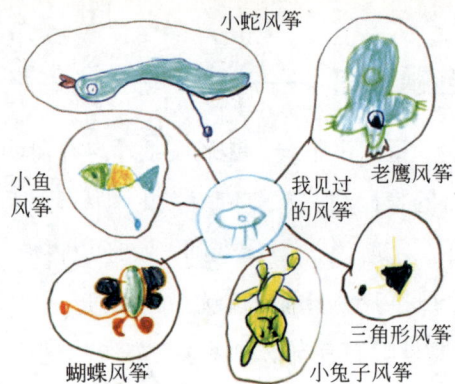

图 22-1　宏宇见过的风筝

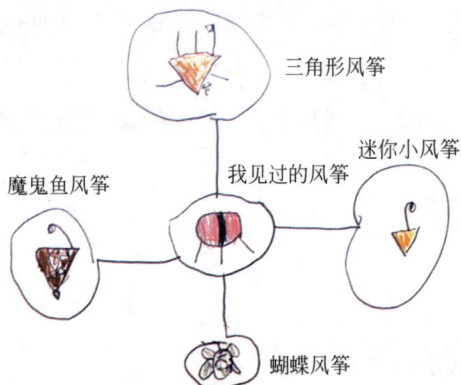

图 22-2　宇航见过的风筝

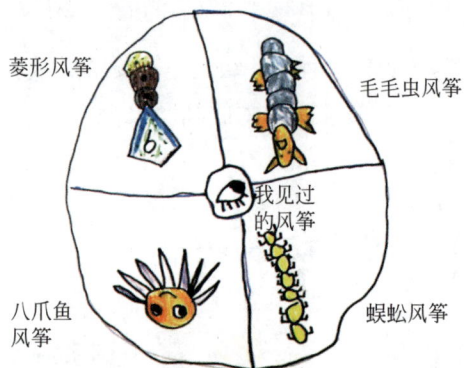

图 22-3　大麟见过的风筝

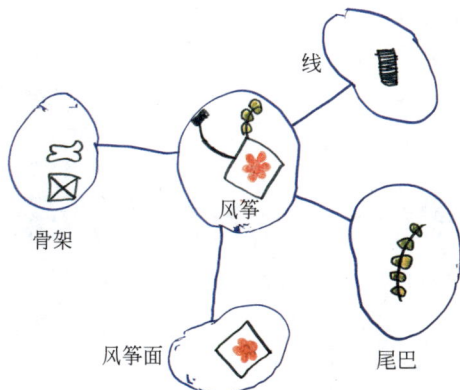

图 22-4　风筝的构造图

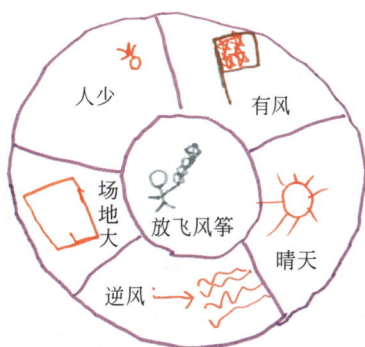

图 22-5　放风筝需要的条件总结图

活动二：设计风筝

了解风筝的外形和构造后，幼儿开始设计风筝。

教师： 你们想设计一个什么样的风筝呀？

大麟：我想做一个长长的蜈蚣风筝。

佳玉：我要设计像蝴蝶一样的风筝，特别漂亮。

诗茹：我喜欢八爪鱼，我要设计一个八爪鱼风筝。

兜兜：我设计一个像小鱼一样的风筝，不要太大，不然飞不高。

设计好风筝后，幼儿通过投票的方式评选"福"字风筝为最佳设计图，并准备按此来制作风筝。

图 22-6　禹婷设计的"福"字风筝

【学习品质： 在设计风筝的过程中，幼儿充分发挥了想象力和创造力，设计出了各式各样的风筝，表现出了乐于想象和创造的良好学习品质。】

活动三：设计制作流程

确定好风筝设计图后，幼儿开始对风筝的制作流程进行讨论。

教师： 你们准备怎么制作风筝呢？

宏宇：先剪风筝面。

兜兜：那你知道剪多大吗？我觉得应该先做骨架。

佳玉：做完骨架之后，比着骨架再做

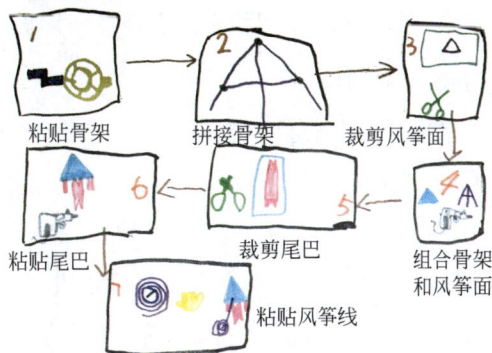

图 22-7　制作风筝的流程图

风筝面。

雨婷：然后把它们粘起来。

美琪：还得做尾巴和风筝线。

活动四：收集材料

确定了制作流程后，幼儿开始讨论制作材料的问题。

教师：哪些材料可以用来做风筝呢？

宏宇：可以用木头做骨架。

教师：什么样的木头？

大麟：木头太粗了，要细细的。

兜兜：吃饭用的筷子也可以。

禹婷：还可以用铁丝。

诗茹：塑料管也行。

教师：风筝的其他部分怎么办？

兜兜：可以用布做风筝面。

教师：什么样的布？

兜兜：又软又滑的布。

大麟：我们可以试试防雨绸布。

美琪：可以用塑料布，还能在上面用彩笔画上好看的画。

宏宇：用纸也行，像纸飞机一样飞起来。

大麟：不行，纸容易破。

宏宇：那我用厚的纸。

教师：那怎么把骨架和风筝面连在一起呢？

雨婷：可以用胶粘。

宏宇：美工区有透明胶。

美琪：胶棒也行。

兜兜：还有老师经常用的胶枪。

由于幼儿园材料有限，教师借助了家长的力量。最终，在骨架方面，幼儿收集到了竹签、铁签、一次性筷子和吸管；在风筝面方面，幼儿收集到了塑料膜、防雨绸布和报纸；在风筝线方面，幼儿选择了美工区的材料。

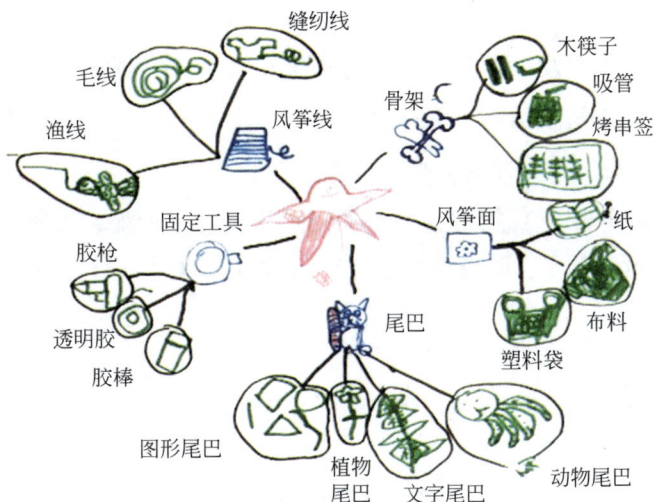

图 22-8　风筝制作材料总结图

阶段小结与反思

（一）幼儿

该阶段活动结束后，教师引导幼儿使用思维地图对这一阶段的活动进行了回顾与梳理。

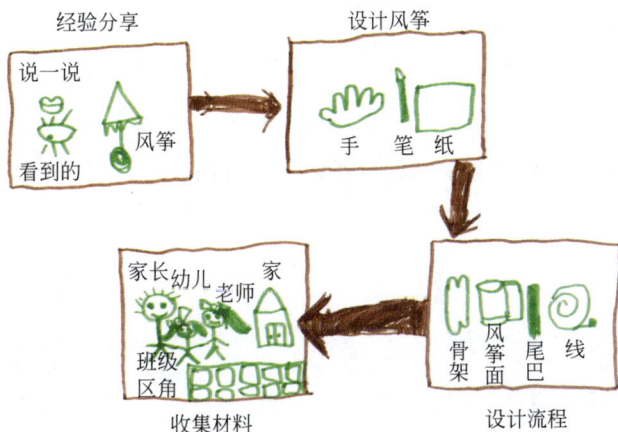

图 22-9　制作风筝准备阶段总结图

（二）教师

首先，教师通过提供实物，丰富幼儿已有经验。在经验分享阶段，教师引导幼儿回忆见过的风筝，并提供真实风筝供幼儿观察，以加深幼儿对于风筝及其构造的了解。

其次，教师能够及时追问，引发幼儿深入思考。在收集材料阶段，幼儿对于具体材料的表述不是很清晰，教师通过提出"什么样的木头？""什么样的布？"等问题，使幼儿更加明确需要寻找的材料。

最后，教师利用家长资源为制作活动提供支持。例如，当制作材料不够时，教师请家长提供了帮助，最终收集到了足够多且多样的材料，为下一步制作奠定了坚实的基础。

第二阶段活动

活动一：制作骨架

问题一：哪种材料适合做骨架？

分析与讨论

宏宇：咱们得选出一种材料做骨架。

美琪：骨架得结实，不容易折。

大麟：骨架不能太沉，不然风筝飞不起来。

猜想与假设

禹婷：可以用铁签，挺硬。

大麟：咱们在小广场放飞的风筝，它的骨架就是用铁丝做的。

兜兜：我觉得应该用吸管，骨架轻，风筝才能飞得高。

实验与验证

佳玉：烧烤用的铁签太沉了。

美琪：吸管太软了，容易变形。

宏宇：一次性筷子太粗了。

大麟：咱们还是用竹签吧，竹签不沉也不容易弯。

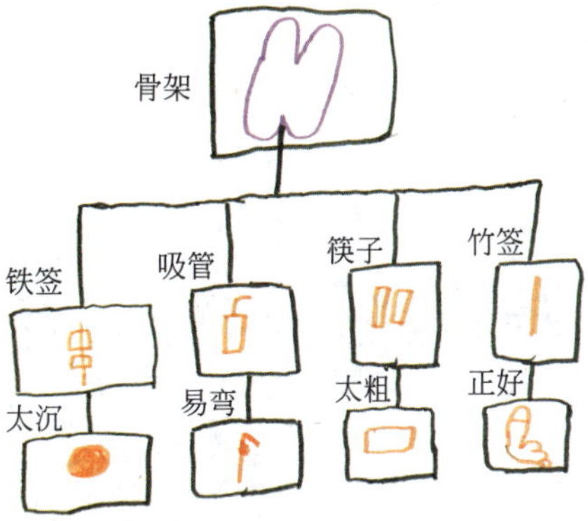

图 22-10　骨架材料总结图

图 22-11　拼接骨架

问题二：如何将骨架固定得更牢固？

在固定骨架时，幼儿发现用双面胶和透明胶固定，竹签很容易变形，而用胶枪固定，竹签又很容易断开。针对固定失败的原因，幼儿进行了讨论。

分析与讨论

教师：为什么没固定住呢？

禹婷：因为双面胶太少了。

兜兜：我们粘得不够紧。

美琪：两根竹签中间的地方太小了，只能点那么点儿胶。

宏宇：胶太少了，一会儿就断开了。

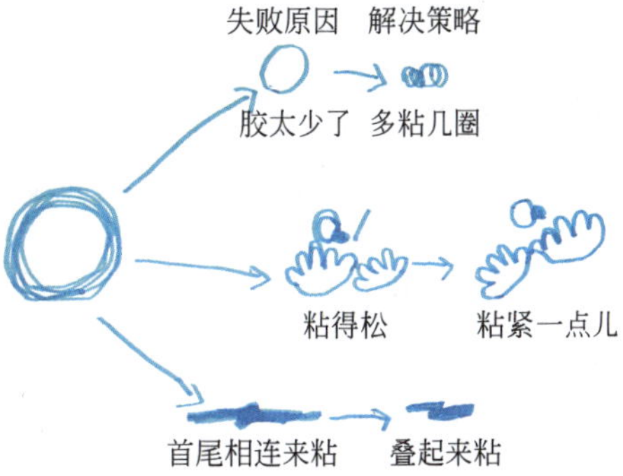

图 22-12　骨架固定总结图

猜想与假设

教师：那怎样粘才能更加牢固呢？

诗茹：可以叠起来粘。

雨婷：对，像叠罗汉那样。

兜兜：叠起来之后多粘点儿胶，然后用透明胶包起来。

【经验迁移：幼儿将玩"叠罗汉"游戏的经验迁移到了骨架固定当中。】

实验与验证

幼儿运用叠罗汉的方式将两根竹签重叠一部分，先用胶枪进行第一次固定，再用透明胶进行二次固定。最终，幼儿成功地固定了骨架。

活动二：制作风筝面

问题一：哪种材料适合做风筝面？

分析与讨论

大麟：咱们得选材料做风筝面。

美琪：风筝面得结实。

佳玉：还得能在上面画好看的图案。

猜想与假设

通过讨论，幼儿决定分别尝试报纸、塑料袋、防雨绸布这三种收集到的材料，并验证哪种更适合做风筝面。

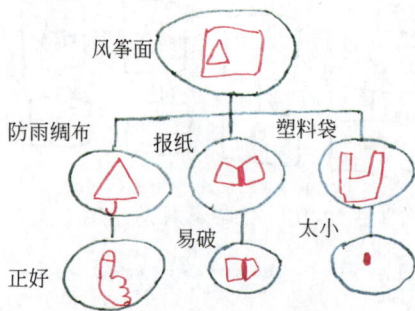

图 22-13　不同风筝面材料的特点总结图

实验与验证

大麟：报纸容易破，风大时会被吹坏。

宏宇：塑料袋太小了，拼起来再剪就不结实了。

兜兜：用防雨绸布可以，不会被风吹破，咱们教室里有很多防雨绸布可以用。

问题二：如何把布剪齐整？

幼儿将骨架放在防雨绸布上，然后开始裁剪。幼儿多次尝试，可剪出的布依然是歪歪扭扭的。

分析与讨论

教师：为什么布剪得不齐整呢？

大麟：布太软了，拉平才能剪好。

兜兜：布太大了，容易剪歪。

禹婷：布上没有线，沿着线才能剪直。

猜想与假设

兜兜：得沿着线剪。

美琪：布上没有线怎么办？

雨婷：把布对折。

美琪：用布把骨架包起来折。

兜兜：可以用笔画，沿着画的线剪。

佳玉：还得有人负责把布拉平。

实验与验证

雨婷：布对折，没法确定风筝面大小。

美琪：骨架在里面，折的印不明显。

兜兜：我用笔画吧，你们帮我按着骨架。

图 22-14　把布剪齐整的方法图

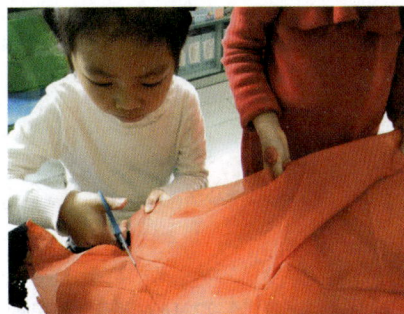

图 22-15　幼儿配合剪风筝面

　　在大家的相互配合下，幼儿先用笔沿着骨架画出了风筝面的形状，然后沿着线进行裁剪，最终剪出了较齐整的风筝面。

问题三：如何剪出大小正好的风筝面？

　　裁剪完成后，幼儿发现剪出的风筝面太小，只能盖住上半部分的骨架。

分析与讨论

教师：为什么剪出的风筝面小呢？

兜兜：沿着画的线剪，把下面多出来的布条剪掉之后，就剩下一个三角形了。

宏宇：下面的骨架都没有风筝面。

佳玉：是我们画的线不对。

猜想与假设

教师：怎样使风筝面大小正好呢？

大麟：不用画中间那根骨架。

兜兜：下面需要画两条线。

禹婷：可以用尺子比着画。

实验与验证

大麟：风筝面的形状和骨架形状不是一样的。

佳玉：不能沿着每一根骨架画。

宏宇：得沿着外面的骨架画。

　　幼儿沿着骨架的外围轮廓画，而不是沿着每根骨架画，终于能够使风筝面与骨架相匹配。

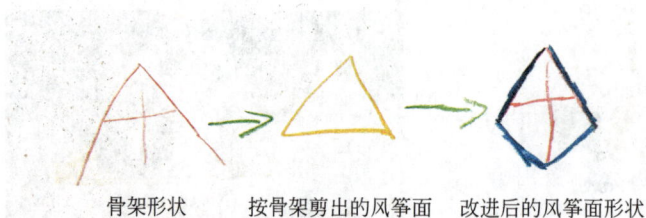

骨架形状　　按骨架剪出的风筝面　　改进后的风筝面形状

图 22-16　剪风筝面的方法图　　　　图 22-17　画风筝面

活动三：组合骨架与风筝面

大麟：把骨架和风筝面粘到一起，我们用什么工具呢？

兜兜：一定得粘结实，不然风大容易吹开。

佳玉：先用双面胶粘，再用透明胶固定，这样就结实了。

宏宇：我觉得要用胶枪，做骨架的时候咱们就用的胶枪。

组合骨架与风筝面的工具

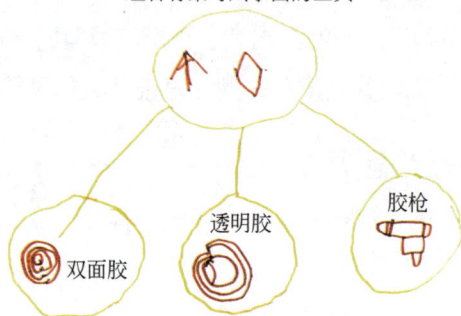

图 22-18　组合骨架与风筝面的工具图

　　最终，幼儿使用胶枪对骨架和风筝面进行了粘合。为了不让风筝线缠在一起，幼儿把多余的报纸卷成手柄，把线缠在了手柄上。至此，简易的风筝雏形制作完成。

活动四：放风筝

　　风筝制作完成后，教师邀请家长和幼儿一起试放风筝，但风筝怎么都飞不起来。

问题一：如何改进风筝？

　　风筝放飞失败。针对如何改进风筝这个问题，幼儿进行了讨论。

分析与讨论

教师： 风筝为什么飞不起来呀？

宏宇：应该是因为骨架太重了。

兜兜：也可能是因为风太小了。我们做的
　　　风筝沉，需要更大的风。

佳玉：风筝线太短了，风筝飞不高。

雨婷：我放的线长，风筝都掉地上了啊。

诗茹：我爸爸说风筝尾巴太短了，他捡了
　　　个塑料袋绑在尾巴上，还是不行。

禹婷：我姥爷说一根线不行，得多绑几根。

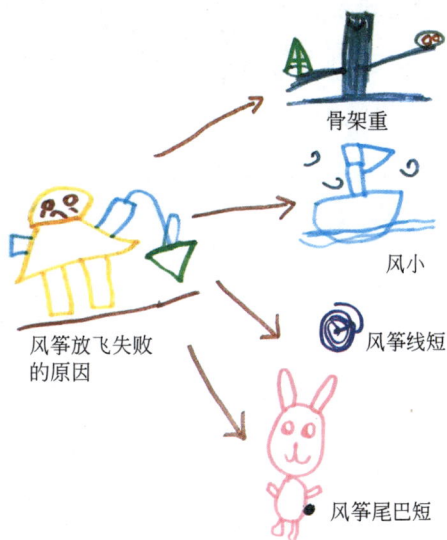

猜想与假设

教师： 我们怎么改进呢？

雨婷：我们需要换骨架的材料。

齐记：骨架用细长的竹签，两边的骨架就不会拼接得不一样了。

【科学原理：平衡。风筝两边重量相同是风筝平衡的重要因素。】

宏宇：尾巴也得加长。

大麟：风筝线不能系在骨架上了。

禹婷：对，我姥爷说了，还需要再加一个三角形稳定器，风筝才能保持平衡。

实验与验证

在改进风筝的过程中，幼儿更换了骨架材料，加长了尾巴和风筝线，同时用拓印的方式制作了三角形稳定器。

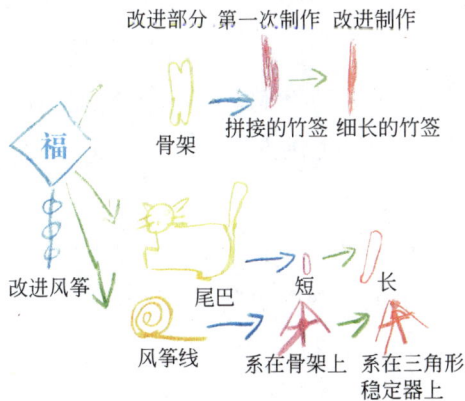

图 22-19　风筝放飞失败的原因分析图

图 22-20　风筝改进方法总结图

图 22-21　拓印三角形稳定器

【经验迁移：幼儿将美术活动中拓印画的经验进行迁移，先将三角形稳定器拓印到纸上，再剪出小样，最后按小样进行裁剪，选出剪得最好的进行安装。】

风筝制作完成后，幼儿对风筝进行了装饰。最后，幼儿制作的风筝终于能飞起来了。幼儿兴奋地跳起来欢呼，跑过来抱住教师，大喊道："我们的努力总算没有白费！"

阶段小结与反思

（一）幼儿

在这一阶段，幼儿运用括号图分析了骨架固定失败的原因以及风筝试飞失败的原因。此外，幼儿还运用树状图对风筝制作的过程进行了回顾与总结。

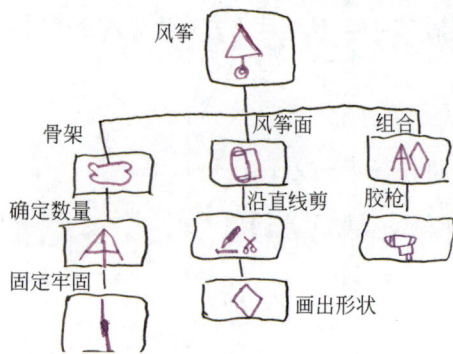

图 22-22　风筝制作过程总结图

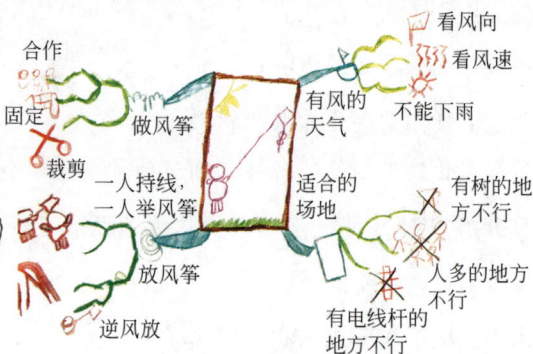

图 22-23　放飞自制风筝总结图

（二）教师

首先，教师支持幼儿自主尝试。对于许多问题，比如哪种工具固定得更牢固，怎样裁剪布才能更齐整，怎样比着骨架才能剪出大小合适的风筝面，教师允许幼儿充分试误，自主解决问题。

其次，教师提供实物，支持幼儿深入探究。在分析风筝放飞失败的原因时，教师没有直接告诉幼儿平衡、对称等原理，而是提供真实的风筝，以此来引导幼儿观察，从而发现原因。

最后，教师引导幼儿使用思维地图提升经验。在这一阶段中，教师多次引导幼儿使用思维地图对活动进行归纳总结，如总结风筝制作过程和风筝改进方法，以帮助幼儿形成系统的经验和认知。

课题活动二十三：交通红绿灯

西安交通大学幼儿园　大八班　仇新莉　吕曦子

（指导者：姜恕）

选题缘由

　　在每次的户外骑行活动中，担任指挥交通的小交警都是幼儿最期待的事情。幼儿会手持自制的红绿灯小旗，根据路况出示相应颜色的红绿灯。在一次骑行活动结束后，宇宇突然说："老师，我用手举着红绿灯小旗好累啊，咱们能不能想个解决办法啊？"泽泽说："我有办法啦，我们一起做一个能立住的红绿灯吧，这样我们就不会觉得手累啦！"泽泽的这一想法得到了其他幼儿的积极响应，大家纷纷加入到讨论的队伍中。想要制作一个能立住的红绿灯，这是幼儿在生活中所遇到的真实问题。而要制作一个红绿灯，幼儿需要选择出适合做红绿灯的材料，了解灯泡的结构和亮灯的原理，还要考虑到红绿灯的美观性和实用性等。制作红绿灯的整个过程，蕴含着非常丰富的教育价值，需要幼儿不断地思考和动手尝试，幼儿的想象力和创造力都会得到发展。基于此，"交通红绿灯"的课题活动开始了。

第一阶段活动

活动一：经验分享

　　在活动的最初，教师带领幼儿开展经验分享活动，让幼儿回忆生活中所见到的红绿灯，幼儿都积极地参与到讨论中来。

教师： 大家都见过什么样子的红绿灯呀？快来给我们分享一下吧！

力力： 我见过有数字的红绿灯，上面的数字会变得越来越小。

卡卡： 我见到过在路中间的红绿灯，上面只有一个灯，但过一会儿也会变颜色。

溪溪：你们说的我都见过，我还见过人
　　　行横道边上行人自己按按钮的红
　　　绿灯呢。

思思：我见过的红绿灯是用人表示的，
　　　绿色的小人会走路。

宇宇：我在网上见过表情红绿灯，红灯
　　　代表不开心，绿灯代表开心。

凡凡：我见过十字路口的红绿灯，它有
　　　四个面，能掌控四条路的交通。

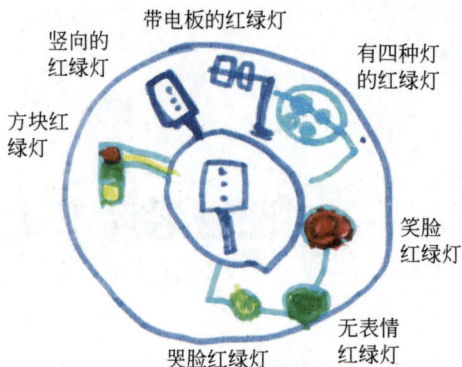

图 23-1　生活中的红绿灯汇总图

　　幼儿见过各种各样的红绿灯。讨论结束后，教师引导幼儿将所见到的红绿灯
用思维地图的形式进行汇总。

活动二：设计红绿灯

　　分享完经验后，幼儿开始尝试绘制红绿灯设计图。幼儿分为四组，各自分工
合作，绘制出四款设计图。

图 23-2　一组设计图　图 23-3　二组设计图　图 23-4　三组设计图　图 23-5　四组设计图

　　绘制结束后，教师发起了投票活动，请幼儿投票选出最佳设计图。大家一致
同意将第二组设计的交通红绿灯作为此次制作活动的图纸样本。

思思：我们的红绿灯是在陆地上指挥交通的，我觉得我们可以做一个交通红绿灯。

卡卡：我同意。汽车就是在陆地上行驶的。你们的飞机红绿灯适合在天上用，轮船
　　　红绿灯适合在海里用。

　　幼儿在确定完所要制作的交通红绿灯后，开始对制作交通红绿灯的大致流程
进行讨论，并绘制出制作交通红绿灯的流程图。

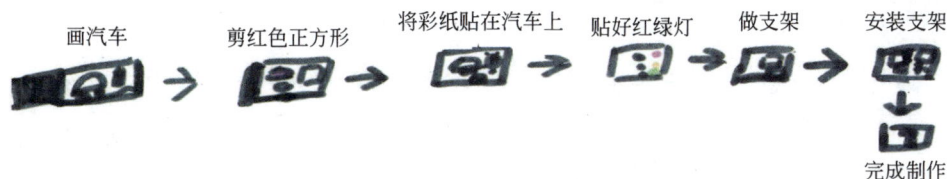

图 23-6　交通红绿灯制作流程图

活动三：收集材料

幼儿在绘制出制作材料和工具汇总图后，开始了材料的收集工作。教师带领幼儿到幼儿园材料库中收集到了丰富的材料，同时也开展了家园合作活动，积极发动家长参与到收集材料的过程中来。

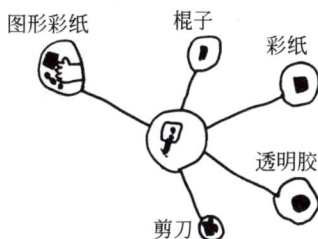

图 23-7　制作材料和工具汇总图

【**教师支持**：在整个收集材料的过程中，教师适时提供了支持。首先，教师与幼儿共同参与到材料的收集活动中，在整个幼儿园内寻找丰富的适宜的材料。在发现材料数量有限时，教师及时发起家园合作活动，借助家长的力量，帮助幼儿完成了材料的收集工作，解决了材料上的难题。】

活动四：在汽车模型上安装支柱

在收集到丰富的材料后，幼儿按照先前设计的流程图，开始了交通红绿灯的制作活动。大家决定先做小汽车模型，他们把收集到的奶箱盒当车身，有的幼儿画车头，有的幼儿做车轮。经过大家的分工合作，

图 23-8　小汽车模型图

小汽车模型很快就完成了。接下来，幼儿进入到了安装支柱的环节。

问题一：支柱安装在哪个位置？

幼儿制作完小汽车的模型之后，开始尝试将支柱和小汽车模型连接起来，却发现支柱不能稳稳地和小汽车模型连接起来。针对这个问题，大家开始了讨论。

分析与讨论

泽泽：你们快来看，为什么这个柱子安上去之后，我们的小汽车会歪呢？

品品：这个柱子太靠后了，所以车头才会沉下去。

溪溪：那要怎么办呢？不然我们把它放在中间再试一试？

猜想与假设

教师：你们认为应该将柱子安装在小汽车的哪个位置比较好呢？

卡卡：我觉得应该安在正中间。

力力：不对不对，我觉得应该靠前一点儿，因为车头要重一些。

浩浩：不是的，就是应该在中间，我们玩儿的天平的连接点就是在中间啊。

思思：我有办法啦！你们有没有玩儿过跷跷板呀？我在我们家小区里玩儿过跷跷板，我和体重相同的好朋友坐在两头，中间有个柱子撑着，这样跷跷板就能保持平衡啦。

【经验迁移：幼儿将在跷跷板游戏中所观察到的支撑点的经验迁移到此次汽车模型和支柱的连接问题上。当跷跷板两端重量一样时，跷跷板会处于平衡状态。幼儿借助这一经验，成功解决了汽车模型和支柱的连接问题。】

实验与验证

　　在激烈讨论后，幼儿决定重新将支柱和小汽车模型连接。在反复尝试后，幼儿终于找到了让小汽车模型在支柱上保持平衡的支点。

【科学原理：杠杆平衡原理。支点的位置在杠杆重心处，可以有效消除杠杆自重对杠杆平衡的影响。此时，支点与杠杆重心重合或与杠杆重心竖直在一条直线上，杠杆可以有效地保持平衡。教师及时向幼儿普及这一原理，幼儿在反复尝试后成功确定了支点，使得汽车模型能够有效地保持平衡。】

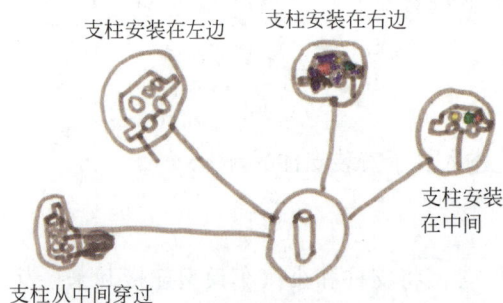

图 23-9　支柱安装位置猜想图　　　图 23-10　汽车模型与支柱连接图

问题二：支柱不稳固，怎么办？

在将小汽车模型与支柱进行连接后，幼儿发现虽然已经制作出了红绿灯的支柱，但是支柱非常不稳固，还是需要有人扶着。针对这一问题，幼儿展开了讨论，试图找到解决问题的方法。

分析与讨论

思思：我们的红绿灯根本立不住，还是得小交警扶着才行。

溪溪：是呀，我们的红绿灯风一吹就倒了，这样可不行。

浩浩：而且我发现它特别容易左右晃，这样太不稳了。

思思：为什么会这样呢？我们不是已经做柱子了吗？

猜想与假设

力力：我觉得有可能是因为上面的汽车太重了，我们的柱子禁不住小汽车模型的重量。

思思：我有办法啦，我们给柱子加个底座不就好了嘛。

力力：好主意，我们可以用矿泉水瓶做底座，把两个瓶子固定在柱子两边就可以啦。

溪溪：用两个矿泉水瓶当底座太少了，我们要不再多加几瓶吧，让底座变大一些。

思思：对呀，那我们一起来试试吧。

【学习品质：幼儿在实际操作后发现支柱不够稳固，于是就反复讨论和尝试，寻找问题出现的原因。在整个过程中，幼儿没有气馁和灰心，表现出了不怕困难的良好品质，最终成功地找到了问题的原因所在。】

实验与验证

幼儿按照猜想来安装底座，在支柱的两边分别固定两个矿泉水瓶，然后用透明胶一层又一层地将支柱和矿泉水瓶缠紧，最后将红绿灯与底座进行连接。在连接后，幼儿发现这次红绿灯可以稳稳立在地面上，不会一直晃来晃去的。

图 23-11　幼儿加固底座

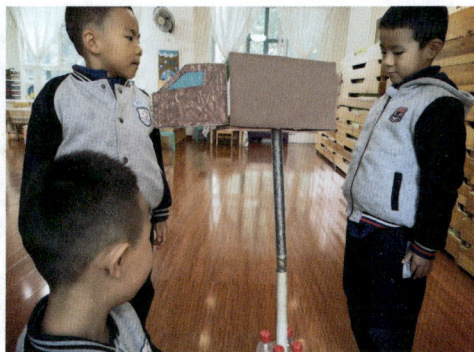

图 23-12　底座加固后的效果图

活动五：制作红绿灯灯面

在成功将底座加固后，幼儿开始考虑制作红绿灯的灯面。

问题一：用哪种材料制作灯面？

在红绿灯能稳稳立住后，幼儿开始商量制作灯面。在商量的过程中，对于用哪种材料制作灯面，大家产生了不同意见。

分析与讨论

溪溪：马路上红绿灯的灯面是塑料的，我们应该用塑料壳当灯面。

卡卡：可是塑料壳会不会很硬啊？我们可以用彩纸来做灯面。

力力：我们还收集到了卡纸和瓦楞纸呢，这两种材料也可以试一试。

猜想与假设

泽泽：我觉得彩纸太软了，我们的红绿灯需要做得结实一些。

思思：那我们还是用卡纸试一试吧。

品品：要不我们把彩纸、卡纸和瓦楞纸都剪成圆形试一试，看看哪一种效果更好。

实验与验证

幼儿分成不同的小组，分别把彩纸、瓦楞纸和卡纸这三种材料剪成圆形。幼儿剪完之后，一致认为彩纸太软了，剪的时候不好控制，瓦楞纸因为有太多楞，也很难剪成圆形。所以幼儿最后选择卡纸作为制作灯面的材料。

问题二：灯面大小不一致，怎么办？

在选择好制作灯面的材料之后，幼儿又发现了新问题——大家剪的灯面的大小不一样，十分影响美观。

分析与讨论

思思：我们每个人剪出来的红绿灯大小都不一样，这样看起来不好看呀。

卡卡：对呀，它们有的大一点儿，有的小一点儿。

品品：那我们把它们都剪成大小一样的吧，这样就可以啦。

猜想与假设

品品：我有办法了，让我再试试看，我能把它们剪得差不多大。

泽泽：我们需要先画上三个大小一样的圆。

教师：那咱们怎么画出三个大小一样的圆呢？

宇宇：老师，我们有圆规吗？我妈妈是数学老师，我看她用圆规画过圆。

思思：老师，我有办法啦。我们找一个瓶盖，然后沿着它的边画出圆来，这样画三个就可以啦，这三个圆肯定是一样大的。

力力：好主意呀，正好我们班有这些材料。不过瓶盖会不会太小了呀？我们可以用纸杯和透明胶试一试。

【经验迁移：幼儿在生活中见过借助圆规和圆形的物品来画圆，便将生活中的经验迁移到制作大小一致的灯面的问题情境之中，成功解决了灯面大小不一致的问题。】

实验与验证

幼儿开始寻找圆形的物品，尝试画出三个大小一样的圆。他们有的拿着双面胶圈，有的找出了纸杯，有的找出了乐器铃鼓，把它们放到纸上用彩笔沿着边画。

幼儿发现：纸杯比较软，幼儿在画的时候不易控制，画出来的圆不规则；沿铃鼓画出的圆比较大，安装在幼儿制作好的车身上不合适；沿双面胶圈画出的圆放在小汽车模型上刚刚好。最终大家一致选择用双面胶圈作为画灯面的工具。

图 23-13　灯面成品图

阶段小结与反思

（一）幼儿

在第一阶段的活动结束后，教师引导幼儿对整个活动的过程进行讨论和回顾。在充分讨论后，教师引导幼儿运用思维地图对活动中的问题以及解决方法进行回顾，幼儿的反思能力得到了很好的发展。

（二）教师

首先，教师在适当的时机给幼儿提供相关知识经验上的支持，拓展幼儿的相关知识经验。由于年龄和认知经验的有限性，幼儿对于一些相关科学原

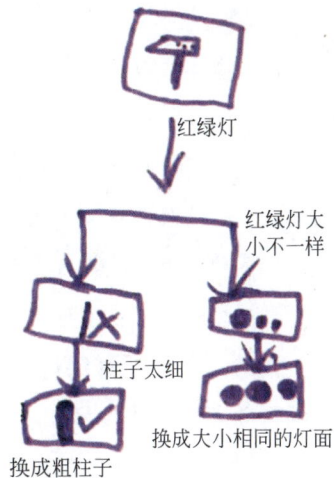

图 23-14　第一阶段问题及解决方法总结图

理了解较少，而有的时候这些科学原理又是问题解决的关键所在。基于此，教师可以及时对幼儿进行知识经验上的相关支持，如教师给幼儿普及"杠杆平衡"原理，与幼儿共同探究汽车模型平衡的方法，丰富幼儿的知识经验。

其次，教师适时地发起家园合作，积极发动家长参与到幼儿深度学习的活动中来。首先，在这一阶段的材料收集活动中，教师与家长共同为幼儿提供材料，丰富材料的种类。其次，在教师发现幼儿对电灯和电路的相关原理不够了解时，教师发起家园合作，让家长与幼儿共同查阅相关资料。家长的参与能够调动幼儿参加活动的积极性，推动整个深度学习活动的进行。因此，教师合理利用家长资源是非常必要的。

第二阶段活动

在第一阶段的活动中，幼儿虽然共同制作了一个红绿灯，但是却发现一个问题——红绿灯根本就亮不起来。于是，在第二阶段的活动中，教师带领幼儿继续进行深入探究，想要制作出"能亮起来的红绿灯"，增强红绿灯的实用性。在探究的过程中，一些新的问题出现了。

活动一：让红绿灯亮起来

针对"让红绿灯亮起来"这一问题，教师与幼儿共同开展了讨论。

思思：我们的红绿灯根本不能自己亮，马路上的红绿灯就可以。

溪溪：我们幼儿园的路口太多了，我们可以再多做几个红绿灯。

卡卡：我们可不可以做一个通电的红绿灯呀？灯亮起来才好看。

力力：做亮起来的，就和马路上的红绿灯一样了。

品品：可是怎么让我们的红绿灯亮起来呢？

泽泽：我们需要电线，得给红绿灯通电呀！

溪溪：可是我们根本就不懂怎么安装电线呀。咱们能做成功吗？

泽泽：没问题的，我爸可是这方面的专家呢，等我回去问问他。

力力：好呀好呀，我们也可以一起去查查资料呀，相信我们一定能让灯亮起来。

带着"如何让红绿灯亮起来"这个问题，幼儿回家和父母进行了探讨，在家长的帮助下，幼儿收集了灯泡、电线、开关和电池等材料。

图 23-15　幼儿实地观察红绿灯

图 23-16　幼儿了解电路知识

【教师支持：幼儿在制作红绿灯方面的知识经验较为欠缺，需要成人帮助幼儿丰富相关经验。因此，教师采用家园共育的形式，请家长带领幼儿了解生活中的红绿灯和相关的电路知识。在与同伴的分享交流中，幼儿制作红绿灯的相关知识经验也得到了丰富。】

【学习品质：在整个收集资料的活动过程中，幼儿非常积极地参与，与同伴和家长踊跃讨论。幼儿在整个过程中不断发现新的问题，对于电线和电路的相关知识和原理表现出浓厚的兴趣，反复进行探索和尝试，表现出了努力探究、不怕困难的优秀品质。】

问题一：需要哪些新材料？

　　在家长的帮助下，幼儿已经了解了红绿灯亮灯的相关原理，大家开始了材料的收集活动。

分析与讨论

卡卡：我觉得我们需要锡箔纸，这样可以让红绿灯更亮一些。

品品：要有灯泡、电线和电池呀，不然红绿灯肯定亮不起来的。

溪溪：对呀，而且还需要控制红绿灯的开关，这样我们才能随时打开红绿灯。

思思：我们还需要不同颜色的塑料壳，就跟马路上我们看到的红绿灯一样。

丁丁：我们再试试太阳能板吧。当电池没电的时候，太阳能板就能发电

图 23-17　幼儿收集材料

了。我们家的太阳能热水器就是这样的。

品品：那我们去哪里找这些材料呢？

卡卡：我们去找李老师，他可是我们幼儿园最厉害的修理工，他那里肯定有。

　　根据幼儿的提议，教师带领幼儿到幼儿园后勤处找李老师。幼儿主动向李老师表达了自己的诉求，李老师为幼儿提供了制作红绿灯需要的材料，幼儿十分高兴。

问题二：新材料如何连接？

　　幼儿收集到很多制作红绿灯的新材料，非常兴奋，他们迫不及待地想要动手制作会发亮的交通红绿灯。但是面对多种新材料，幼儿一时间手足无措，对于材料的连接问题产生了困惑。

分析与讨论

教师：让红绿灯亮起来的材料我们已经收集到了。但是我们怎么让灯泡亮起来呢？

溪溪：我们得把电池放进电池盒里。

泽泽：你们看，灯泡也有正负极呢，我们需要把线和灯泡连接起来。

图 23-18　带有正负极的灯泡

图 23-19　带有正负极的电池、电池盒

【经验迁移：科学区里有"小风扇""迷你吸尘器"等装置，这些装置的共同点是在制作时都需要用到电池盒、电池以及电线这三种材料，所以幼儿对于接通线路有一定的前期经验，已经知道电池的正极和负极。幼儿将这一经验迁移到此次亮灯材料的连接活动中。】

猜想与假设

宇宇：这里还有开关。我们把开关连到哪儿？

品品：我们把它们都连到一起试一试。

溪溪：我觉得有加号的地方要连接在一起。你们觉得呢？

卡卡：我也觉得要符号相同的连接在一起才行。咱们都试试吧。

实验与验证

在让交通红绿灯通电之前，教师先带领幼儿观察灯泡和电池的正负极，随后幼儿用电线将灯泡、电池和开关进行连接，尝试让灯泡亮起来。

图 23-20　幼儿观察电池正负极　图 23-21　幼儿尝试点亮灯泡　图 23-22　幼儿连接开关

幼儿将灯泡点亮后，表现得特别激动。他们又开始尝试，想将整个电路安装到小汽车模型上。

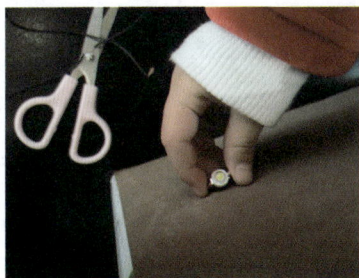

图 23-23　幼儿反复比对正负极　图 23-24　灯泡与汽车模型的连接图

问题三：为什么在实验时有的灯泡没亮起来？

分析与讨论

溪溪：咱们的灯怎么有的亮不起来呀？不是三个灯都是亮着的。

思思：是不是我们的电池没装对啊？这样灯是亮不起来的，就像我们家的遥控器一样。

卡卡：电线没连接好的话，灯也不亮。我的灯一开始没亮，就是因为电线没连接好。

猜想与假设

溪溪：电线的接口可能没连接好，电线断了的话，灯泡也不亮。

品品：我觉得是我们的线没有连接对，这样灯肯定不会亮的。

教师：哪个小朋友能给我们讲讲，到底怎么样连接才是对的呀？

品品：老师，我知道的。灯泡、
　　　电池上都有代表正负极的
　　　加号和减号，加号代表正
　　　极，减号代表负极。

溪溪：那我们重新连接一下吧，
　　　看看灯泡这次能不能都亮
　　　起来。

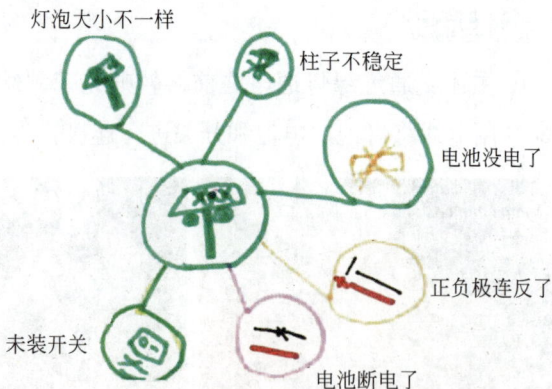

图 23-25　灯泡不亮原因汇总图

实验与验证

　　经过讨论与反思，幼儿对电池、灯泡以及电池盒电线的正负极有了更多了解，并能够将三者正确地连接，成功地让灯泡亮了起来。幼儿在连接之后，对这一环节的连接活动进行总结，运用思维地图总结出灯泡不亮的原因。

活动二：让灯泡发出红、黄、绿三种颜色的光

　　经过教师的引导和幼儿的探索，幼儿已经能让灯泡亮起来了。但大家收集到的灯泡只能发出一种颜色的光，而非红、黄、绿三种颜色的光。这也成为了幼儿下一个活动中主要想解决的问题。

问题一：如何让灯泡发出红、黄、绿三种颜色的光？

分析与讨论

教师：咱们怎么样才能让灯泡发出红、黄、绿三种颜色的光呢？老师看马路上的红绿灯都可以发出三种颜色的光呢。

品品：这个简单呀，我们用不同颜色的灯泡不就可以了嘛。

溪溪：好主意，我们就用水彩笔或者颜料给灯泡涂上颜色吧！

卡卡：那我们用彩色卡纸把灯泡包住可以吗？

宇宇：我家里有透明的彩纸，我可以带来试试。

猜想与假设

品品：我觉得我们的灯泡太小了，涂颜色应该不明显。

卡卡：那我们用彩纸把灯泡包上，这样再试试看吧。

宇宇：我们也可以用卡纸来试试呀，卡纸颜色更好看，而且卡纸更不容易坏。

卡卡：那我们都试试吧，看看用哪种材料包灯泡发出来的光更好看。

实验与验证

  幼儿尝试将卡纸、彩纸、彩色透明塑料片等材料放置在灯泡前，探索材料的透光效果。

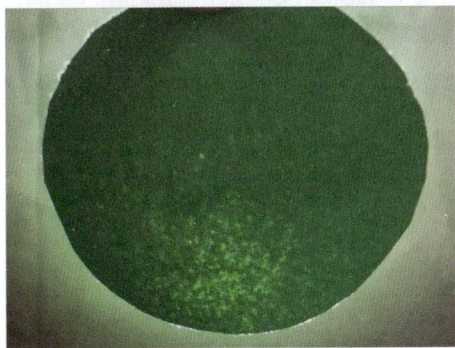

  图 23-26 卡纸的透光效果图   图 23-27 彩色透明塑料片的透光效果图

问题二：哪种材料的透光性更强？

分析与讨论

教师：你们觉得哪种材料在灯光照射下透光效果更好呢？

思思：我们觉得薄的彩纸可以，卡纸有些厚，光很难透过来。

品品：我们用的透明塑料片，它在灯光照射下显得最亮。

卡卡：我们都找一找吧，感觉这些都能透出光来呢。

猜想与假设

品品：我认为是玻璃，太阳光透过教室里和家里的玻璃照进来，晒得我们身上很暖和。

力力：我觉得塑料布透光效果好，我们的菜园子不都是搭的塑料布大棚嘛。

凡凡：我同意用塑料布，因为玻璃太容易碎了。

泽泽：那我们能不能把彩纸和塑料布放在一起试试？

实验与验证

  经过探索，幼儿发现彩色透明塑料片比卡纸、彩纸透光性更强。因此，幼儿一致赞同用红、黄、绿三种颜色的透明塑料片包住红绿灯的三个灯面。在包好灯面后，幼儿发现交通红绿灯可以发出红、黄、绿三种不同颜色的光了。幼儿成功制作出了交通红绿灯，并将其用于之后的骑行活动中。

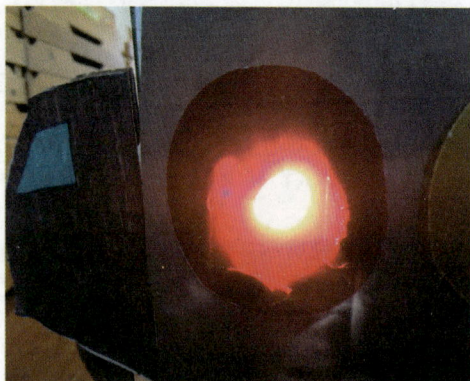

图 23-28　红灯实验效果图

图 23-29　交通红绿灯成品图

阶段小结与反思

（一）幼儿

在这一阶段的活动中，幼儿灵活地解决了红绿灯的灯光问题，使汽车红绿灯变得更加美观和实用。教师在活动结束后引导幼儿运用思维地图对整个活动的关键之处进行回顾，帮助幼儿梳理和总结相关经验，对遇到的问题进行深入分析。在整个过程中，幼儿的批判性思维、创造性思维、反思能力都得到了发展。

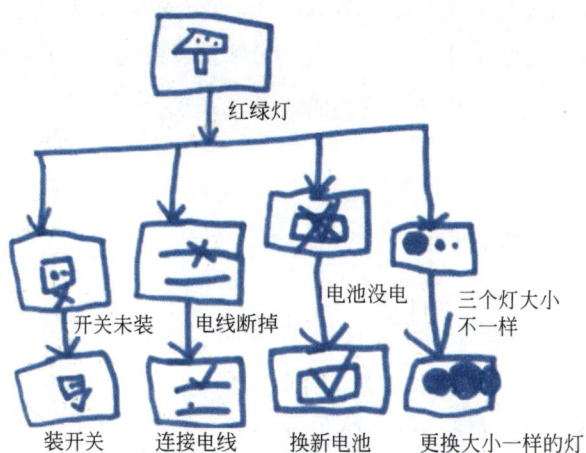

图 23-30　第二阶段问题及解决方法总结图

（二）教师

首先，教师在整个活动的过程中都保持着对幼儿的关注，在适当的时候给幼儿提供情感上的支持。在第二阶段的改进活动中，幼儿主要想对在上一阶段制作出的红绿灯进行改进，制作出更加实用的红绿灯。但是在尝试使灯泡发出三种颜色的光时，幼儿反复讨论尝试却没能成功，变得非常沮丧。在这个时候，教师及时关注并鼓励幼儿，肯定幼儿的进步，帮助幼儿重新树立起自信心，让幼儿重新投入到探索活动之中。因此，教师的赞扬、鼓励和肯定，会让幼儿感受到被尊重、被理解和被接纳，产生被重视感和安全感，有利于幼儿深度学习的发生。

其次，教师通过提问引发幼儿的思考，促进幼儿的思维发展。在整个活动中，教师积极地参与幼儿的讨论，通过及时的提问和有效的反馈推进了活动进程。教师通过适当的提问，引导幼儿思考灯泡亮起来背后所蕴含的科学原理，促进幼儿的批判性思维和经验迁移能力的发展。因此，在幼儿深度学习的活动中，教师要灵活运用多种提问方式，在适当的时机提出问题。

课题活动二十四：晾画架

中共长春市委机关幼儿园　大三班　连卉婷　柴文明
（指导者：胡英娜）

选题缘由

　　幼儿新创作了水粉画，可是班里却没有晾画的地方，这一问题引起了幼儿的强烈关注。乐乐说："这么多画都没有地方晾了！我的画和别人的画都粘在一起了。"豆豆也说："是呀！我的画也和别人的粘在一起了，而且有的都粘坏了。"针对这一问题，幼儿展开了热烈的讨论。柔柔建议道："咱们把画放到走廊吧。"成成反驳道："走廊哪儿能放下这么多的画啊。"成成说："要不咱们做一个晾画的东西吧。"想要为班级制作一个晾画架，这是幼儿在生活中遇到的真实问题，幼儿对此充满了兴趣。制作一个晾画架，就必须了解不同类型的画架，了解晾画架的构造，掌握晾画架的工作原理。在制作的过程中，幼儿也会遇到诸如材料选择、合作分工等问题。这些问题蕴含着丰富的探究价值，不仅有利于幼儿思维发展，也有利于幼儿社会性的发展。于是，在教师的引导下，制作晾画架的课题活动开始了。

第一阶段活动

活动一：经验分享

教师： 你见过哪些架子？

柔柔：我见过可以升降的衣服架，衣挂挂在架子上。我们也可以做这样的架子，安装两个小夹子，夹住画就行了。这种衣服架是铁做的，需要皮筋和滑轮。

乐乐：我见过多层的画架，画能平放在上面。它也是用铁做的，需要四个轮子，还需要螺丝，可以把架子固定住。

沙沙：我见过晾衣架，可以挂衣服，也可以挂画，下面还可以放画笔。

成成：我也见过晾衣架，架子是交叉的，这样放更稳固。

昂昂：我见过挂衣架，能放很多东西，上面还可以夹画。

活动二：设计晾画架

教师：你们想做什么样的晾画架？

一组：我们的架子两侧是板子，中间有许多层，上面挂着许多衣挂，画可以挂在衣挂上。

二组：我们的架子是多功能的，下面可以放画，上面还可以挂衣服。我们就用四根棍子、两个轮子，还有许多衣挂。

三组：我们的架子是上下两层的，有轮子，下面还能放东西。我们需要六根铁棍、四个轮子，还有一个网格板。

四组：我们设计的是可以升降的架子，也有很多层。如果够不到高处的画，我们可以摇动把手，把画降下来。我们需要四根长长的棍子、一个齿轮、一个摇把，还有一些线。

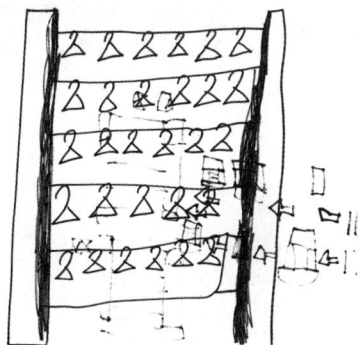

图 24-1　一组晾画架设计图

图 24-2　二组晾画架设计图

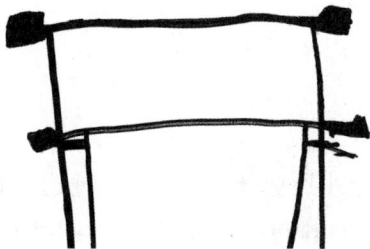

图 24-3　三组晾画架设计图

图 24-4　四组晾画架设计图

幼儿用投票的方式从四组中选出最佳的晾画架设计图。投票前，教师再次强调设计的可操作性与实用性，最终第四组设计的手摇式晾画架被选中。幼儿在生活中收集了各种各样的材料和可能用到的工具，如PVC管、废纸筒、塑料瓶和纸箱等。

活动三：制作架子

问题一：底座太小怎么办？

分析与讨论

教师：四个小瓶做的底座太小了，怎么办？

乐乐：我们应该先做下面，再做上面。

沙沙：底座太小了，杆子会倒，得换一个大点儿的底座。

猜想与假设

成成：在桶下面安一块板就行了。

柔柔：这里有个大桶，再试试这个。

实验与验证

图 24-5　换底座

幼儿将杆子插进大桶，杆子终于立住了。

问题二：横纵杆如何连接？

分析与讨论

教师：没有连接器怎么办？

柔柔：这两个杆怎么连？

沙沙：咱们用透明胶缠上。

猜想与假设

乐乐：我有办法。我用一个矿泉水瓶就能解决。

实验与验证

乐乐用剪刀用力地扎矿泉水瓶，然后将矿泉水瓶剪开一个小口。他边比画边说："看，就这样插进去。"他用矿泉水瓶制作出了一个可以代替直角弯头的连接头，很快就把立杆和横杆连接好了。其他幼儿马上也模仿着做出了另一个连接头，把另一侧也进行了连接。

图 24-6 制作连接器

图 24-7 安装连接器

问题三：底座两侧长杆高度不同怎么办？

分析与讨论

教师：两边不一样高怎么办？

乐乐：所以我们应该把杆子比一比，让它们一样高了再安。

猜想与假设

成成：我有办法了，咱们把那个短的接一段就行了。

实验与验证

　　幼儿将一个短棍接在低的一侧杆上，接完之后发现它又比另一侧的高了。

乐乐：不行！这两个都不行，咱们得选两个一样高的。

沙沙：没有一样高的杆子了。

乐乐：咱们得比一比。看！这两个一模一样。（他们把两个长度一样、粗细一样、
　　　颜色一样的长杆重新和底座进行连接。）

成成：哎呀！这也插不进去呀！

昂昂：没事儿！这个孔太小，剪大一点儿就好了。我怎么这么笨，放倒了剪多好啊。
　　　（昂昂把孔剪大了一点儿，把横杆连接好，但一松手杆马上就倒了。）

问题四：连接横杆后架子倒了怎么办？

分析与讨论

教师：横纵杆连接好后，架子为什么倒了？

天天：它不稳固啊！

昂昂：下面的底座总晃，上面的还总掉。先别管上面的，先把下面的底座弄好。

【科学原理：重心与平衡。质量分布不均匀的物体，其重心的位置与物体的形状有关，也与物体内部的质量分布有关。幼儿通过反复验证，发现架子的稳定特点在于上小下大，上轻下重。因此，幼儿对架子进行了进一步调整与加固。】

猜想与假设

昂昂：先别管上面的，先把下面的底座弄好。

乐乐：底座大一点儿就好了，三角形最稳固。

实验与验证

　　乐乐拿来了三个一样的瓶子，用透明胶将它们粘在了大桶外侧的三个点上，形成了一个三角形。他们尝试松手，结果架子确实不倒了，但是架子的一侧还是不太稳固。

问题五：底座加固后还不稳怎么办？

分析与讨论

教师：底座怎么才能更稳？

成成：得把杆子放到瓶的中心点上。

天天：咱们用黏土把它粘上。

乐乐：用 205 胶吧。

教师：你说的是 502 胶吧。

沙沙：用火把胶烧一下，它就化了，就能粘上了。我妈妈就是这么做的。

柔柔：咱们不能用火，太危险了。

猜想与假设

成成：我知道了，用透明胶把瓶口粘紧就行。

实验与验证

　　幼儿用透明胶绕着瓶口上上下下缠了很多圈，这次长杆在中心点上不晃了，但是缠紧瓶口后架子还不稳。

教师：你们为什么要加瓶子？

乐乐：想让底座大一点儿。

成成：瓶子加多了底座就重了。

教师：瓶子也加了，怎样能让底座更重些呢？

乐乐：给这三个小瓶灌上水，不就重了吗？

幼儿马上就去灌水，把灌满水的小瓶粘在了大桶周围，底座终于稳当了。

问题六：两侧立杆倾斜怎么办？

分析与讨论

教师：小瓶灌满水后立杆倾斜怎么办？

成成：这杆子应该立在中心点上，这是杆歪的问题，咱们之前就拼错了。

柔柔：小瓶里都有水了，大瓶里也灌满水吧。

乐乐：不行，那是液体，会流动，得放固体。

猜想与假设

沙沙：我知道了，放石头！

成成：不行，石头太大，瓶口太小了。

几个小朋友：放沙子！

沙沙：放土也行。

实验与验证

幼儿拿着工具和大桶下楼，他们惊喜地发现，门口真的有一个沙子堆。幼儿用沙子灌满大桶，又上楼把长杆插在沙子里，结果长杆还是晃动。

沙沙：加了这么多沙子怎么还不行？

乐乐：沙子是流动的。

教师：你有什么办法能让长杆在沙子里不晃动呢？

沙沙：我们加水试试。

教师：为什么加水后长杆就能更加稳固呢？

成成：因为加水之后，沙子里面就变紧了，就把长杆紧紧地裹住了。（昂昂用剪刀把瓶子剪成一个漏斗。）

乐乐：这个办法可真好！

沙沙：快看！沙子里冒泡了，证明里面有气。

乐乐：下面的沙子是干的，再加点儿水。现在不冒泡了，说明最下面的沙子湿了。还有好多水在上面，完了，水加多了。

昂昂和沙沙分别将两根长杆插在两个大瓶里。昂昂把长杆对准中心点插上，又扶着长杆沿一个方向绕着大瓶转圈走。接着，他们开始连接横杆，又用透明胶来来回回缠绕连接口。这次，架子终于不倾斜了，支架终于做好了。

图 24-8　制作沙水混合物

图 24-9　嵌入长杆

【学习品质：幼儿在活动中表现出积极的态度。午睡过后昂昂找到老师，提出了自己的看法。他认为三个小瓶子只是辅助，大桶加完沙子，小瓶子就可以不用了，如果不稳当，可以再将小瓶子拼成三角形试试，再不行就加沙子和水。昂昂时时刻刻都在想解决的办法，表现出积极主动的学习态度。】

阶段小结与反思

（一）幼儿

在计划实施每一个小活动时，幼儿都会遇到各种各样的问题。教师带领幼儿利用思维地图进行反思，利用图画表现问题产生的原因。

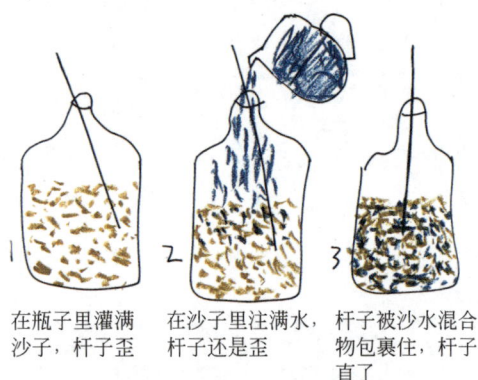
在瓶子里灌满沙子，杆子歪

在沙子里注满水，杆子还是歪

杆子被沙水混合物包裹住，杆子直了

图 24-10　沙水混合物对立杆的影响

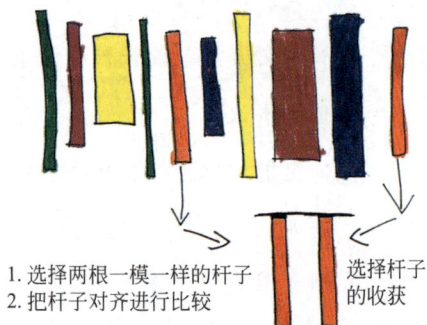
1. 选择两根一模一样的杆子
2. 把杆子对齐进行比较

选择杆子的收获

图 24-11　杆子选择的收获

（二）教师

在整个活动过程中，教师给予幼儿最大的支持。首先，教师提供充足的时间和空间，使幼儿将已有经验迁移到学习活动中，给活动带来了无数的可能性。其次，在教师的支持下，幼儿通过反复尝试和验证，最终建构了沙水混合物能固定杆子的新经验。最后，教师作为引导者，耐心地等待与观察，引导幼儿组织自己的想法。正如幼儿沙沙所说："我们遇到困难时最先想到的不是找老师，而是要自己开动脑筋。"教师的支持使幼儿在活动中有诸多精彩的表现，集中体现在幼儿认知能力的发展和幼儿对困难的不断克服，以及幼儿学习的坚持不懈。

第二阶段活动

活动一：讨论下一步计划

教师：接下来我们要解决什么问题呢？

乐乐：架子底座受到的摩擦力太大。

教师：你怎么发现的？

乐乐：因为它挪起来特别费力，好的架子一挪滑溜溜的。

沙沙：我发现画离得太近了。

浩浩：夹子太小。

成成：如果特别使劲儿拽的话，架子底座那里就容易出火星儿。

教师：这样就能出火星儿吗？

乐乐：摩擦生热嘛。

教师：为什么摩擦会生热呢？

乐乐：如果摩擦的速度特别快，就会冒一点儿小烟，就会出一点儿火星儿。火星儿崩到旁边，如果碰到纸屑，就会引发火灾。

浩浩：出现了这么多的问题，咱们也不可能一下子都解决，得先解决一个问题。

乐乐：先解决底部摩擦力的问题。（大家马上同意。）

浩浩：只有下面稳当，上面才不会倒，下大上小，安上轮子就可以了。

活动二：选轮子

幼儿决定做带轮子的移动底座，就轮子的选择问题进行了讨论。

教师：咱们用什么样的轮子呢？

成成：黑板的轮子就行。

昂昂：这个黑板上的轮子不行，它总转来转去。

浩浩：我看这个玩具的轮子就行。

浩浩：不行，不行。桶压住轮子，轮子没法转了。

教师：咱们在电脑上找找，看看哪种轮子合适。

昂昂：这个垃圾桶的轮子不行，它们是接在一起的，两个轮子一起转。轮子有大的，有小的，有宽的，有窄的。火车轮子不行，飞机轮子也不行。你看这个轮子是安钉子的，用它的话，我们的桶会漏。

教师：你怎么看出来它是安钉子的呢？

昂昂：你看，它有小口口。轮子要是有钉子，就会破坏我们的桶。

昂昂：先买吧，先买到再说。

乐乐：我们先选选。哪个好，我们先投票。

教师：好在哪里，要说出你的理由。

昂昂：我选这个，因为这个坚固。这个是实心的，那个是空心的。这个是直着走的，那个是弯着走的。直着走的我们能追上，弯着走的一不小心容易撞在什么上。

乐乐：那个轮子就是能拐弯的。

昂昂：对，就像超市推车的轮子一样。我们应该选直着走的，这个科学。弯着走的不科学。你们看看，直着走的就可以顺利地走，弯着走的就很容易碰到别的东西，那个轮子一走就容易撞到床上。

【经验迁移：在挑选轮子的过程中，幼儿将生活中的经验迁移到学习活动中，提出晾画架的轮子可以使用超市推车的轮子或活动黑板上的轮子。**】**

乐乐：你那是幻想。你扶着这个晾画架，它怎么能走歪呢？

教师：我们到底选哪种轮子合适呢？

昂昂：老师，咱们不能用那个扭来扭去的万向轮。你知道我多担心那个架子啊，要是它撞坏了怎么办？我还得修。（昂昂边说边用手比画着架子扭来扭去的样子。）

乐乐：万向轮的优点是它能灵活地动，但是它上面有尖儿，这点不好。

昂昂：我想了一个办法。万向轮需要左右放石头才能停下来，可是直着走的话，前后放石头就行。

教师：你的意思是想控制它，让它停下来，对吗？

昂昂：对呀。万一架子撞坏了怎么办呢？我们还得重新做。

乐乐：我们不能选安钉子的，安钉子的虽然能转，但是钉子容易把底盘扎漏。

成成：要是能把它们的优点都组合起来就好了。

活动三：安轮子

问题一：用什么托起晾画架？

分析与讨论

教师：用什么托起晾画架？

昂昂：得选一个比大桶大一点儿的盘子。

柔柔：美术区里有做手工用的盘子，得先看看大小合不合适，放在大桶下面试试不就行了嘛。（柔柔拿来纸盘，把大桶放在上面）正好，只比桶大一点儿。

成成：我来安轮子。（成成用剪刀在盘子中间扎了一个孔。）

乐乐：孔有点儿小，得扩大一些才行。（乐乐又用剪刀扩大了这个孔，他把轮子插进去后，轮子马上就掉下来了。）

乐乐：不行，得把那个尖儿粘住才行。（乐乐用透明胶把尖儿和盘子粘好。乐乐把盘子放在桌子上，尝试松手。）

乐乐：根本也立不住啊。要安四个轮子，得对称才行。就安在这四个点就行。（乐乐拿笔把四个点画了出来。）

柔柔：那把这个轮子拆下来吧。（柔柔边说边撕透明胶，结果把盘子撕坏了。）

柔柔：这个纸盘子根本不行，太软了。

猜想与假设

乐乐：你看这个垫子就行，正好有两块，把垫子裁成合适的大小，安两个轮子就可以。

实验与验证

幼儿将垫子安上轮子，可是垫子还是塌了。通过分析与讨论，幼儿一致认为失败的原因是垫子太软。

柔柔：我知道了，中间加一个轮子就行了。（柔柔用手把着中间的轮子又试了试，垫子还是塌了。）

沙沙：再有一个垫子就好了，再加上一层肯定就行了。

乐乐：对，那样就不软了。

柔柔：还能把上面的尖儿盖住。

教师：那咱们去找找还有没有这种厚垫子。（幼儿纷纷同意，找到了一张同样厚的大垫子。）

沙沙：我来剪。太厚了，剪不动啊。

成成：我有办法。我们必须得用一个尖头螺丝。

　　成成拿来一个尖头螺丝，沿着线一道道划。柔柔和可心也跟着他学。成成又用剪刀继续往深里划。最后柔柔用剪刀把垫子剪开。他们把新垫子扣在老垫子上面，观察着几个钉子的位置并做好记号。他们用尖头螺丝在垫子上面扎孔，试了几次才扎好。乐乐和柔柔把着垫子，沙沙用透明胶把垫子粘好，把大桶抬起来放到垫子上。

图 24-12　加固泡沫地垫　图 24-13　描绘轮廓　图 24-14　安螺丝

问题二：用哪种轮子？

分析与讨论

成成：这个带螺丝的轮子不行，不好安。

乐乐：对，这个平面的轮子好，它有四个安装点。

昂昂：咱们还是用这个平面的轮子试试吧。

成成：这样安，用两点固定法。

乐乐：你看，用这个垫子就行，正好有两块。

昂昂：把垫子裁成合适的大小，安两个轮子就可以。

成成：不行，那样不固定，两个轮子立不住。

乐乐：那用四个轮子吧，一个角一个。

柔柔：得对称。

猜想与假设

教师：把两种轮子比较一下，看看哪个好。

沙沙：平面的轮子好，更稳固。

乐乐：对，平面的轮子上面有四个螺丝呢，更结实。

乐乐：先换平面的轮子试试，不行再找板子。

[实验与验证]

昂昂：把轮子放在四个角上就行。再往里一点儿，别再钉到外面去了。（幼儿把四个轮子按照昂昂说的位置摆好。）

昂昂：那我可开始安了。

昂昂：这可太费劲儿了。老师，你能帮我找一个锤子吗？（老师把锤子递给昂昂。昂昂左手扶着钉子，右手拿着锤子，一下下地用力向下锤。等钉子下去一部分，他又把左手拿开，右手握着锤子，用力地钉钉子。）

乐乐：昂昂，我也想钉。

昂昂：你不行，还是我来吧。

乐乐：一直都是你在钉，我能钉好，让我也钉一钉吧。

沙沙：我也想钉，我也能钉好。

昂昂：那我钉两个，乐乐钉两个。

沙沙：那总是你俩钉，我还一个都没钉呢。

乐乐：那好吧，我钉一个，你钉一个。

乐乐：给我一个尖钉子，扎一下再钉就好钉了。（乐乐安了一个轮子，沙沙安了一个轮子。四个轮子终于安好了。他们把垫子放在大桶下试了试，又晃了晃。）

柔柔：这回行了。可真结实。太好了。（幼儿高兴极了，把垫子拿下来，乐乐和可心还坐在垫子上玩了几下。）

图 24-15　使用剪刀　　　　　　图 24-16　使用螺丝刀

图 24-17　使用锤子

图 24-18　轮流使用工具

阶段小结与反思

（一）幼儿

在这一阶段的活动中，教师引导幼儿利用思维地图对使用的工具、轮子的安装和幼儿的收获进行反思，并绘制了底座制作流程图与轮子安装对比图等。

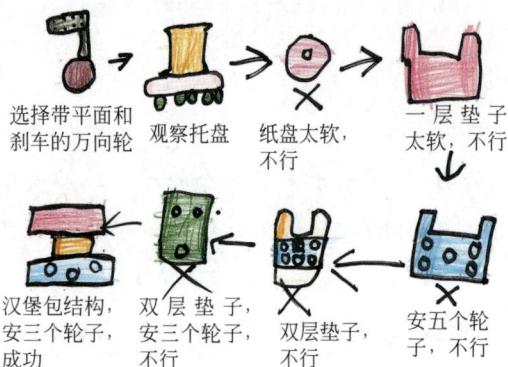

选择带平面和刹车的万向轮　观察托盘　纸盘太软，不行　一层垫子太软，不行

汉堡包结构，安三个轮子，成功　双层垫子，安三个轮子，不行　双层垫子，不行　安五个轮子，不行

图 24-19　轮子安装对比图

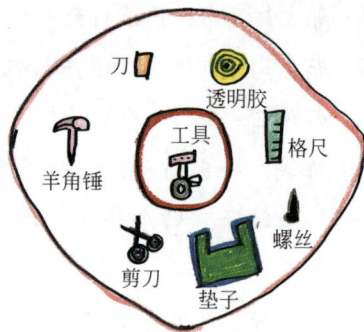

刀　透明胶　羊角锤　工具　格尺　剪刀　垫子　螺丝

图 24-20　使用工具汇总图

屋顶　起重机　三角塔　相框架　衣服架　自行车框架　相机架

图 24-21　生活中稳固的三角形

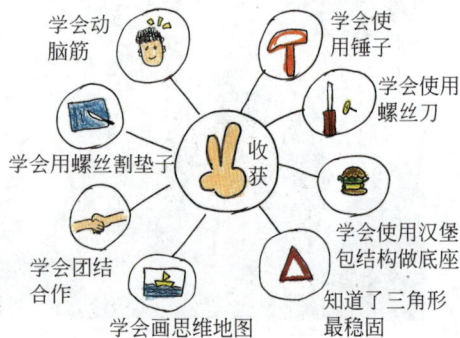

学会动脑筋　学会使用锤子　学会使用螺丝刀　学会用螺丝割垫子　收获　学会团结合作　学会画思维地图　学会使用汉堡包结构做底座　知道了三角形最稳固

图 24-22　幼儿收获图

（二）教师

教师在活动过程中提出更多开放式问题，鼓励幼儿思考他们遇到的问题，比如螺丝为什么会掉下来，螺丝为什么难拆和三角形为什么最稳固等。

教师的有效提问不在于传授大量的科学知识，而在于培养幼儿的探究精神。在教师的支持下，幼儿进行积极思考。幼儿将塑料遇火会熔化、汉堡包结构等生活中的经验迁移到了活动中，提高了解决问题的能力。

在教师的支持下，幼儿的学习品质逐步发展。尽管在平时的集体活动中，有些幼儿并没有表现出太明显的积极学习的品质，但在课题活动中，教师提供了充足的时间和心理空间让幼儿进行尝试，耐心地让幼儿以自己的方式学习，使幼儿在一轮又一轮的探索活动当中变得更加主动、专注和坚持，发展了良好的学习品质。

第三阶段活动

活动一：设计滑轮架子

教师：接下来我们应该做什么呢？

成成：该做滑轮架子了呀。那就必须得用到齿轮、电池盒、小马达，还有绳子和把手。

【**经验迁移**：在制作升降杆的过程中，幼儿将在机器人课程中学习的知识迁移到活动中，提出升降杆的制作需要电池盒、马达等工具。】

昂昂：对，就像这个窗帘似的，一拽就上去了。

教师：窗帘用的是齿轮吗？请你回家查一查。（回家后，幼儿与家长共同查找资料，知道了什么是齿轮，什么是滑轮。）

昂昂：老师我看了，我们需要的不是齿轮，而是滑轮。

成成：对，滑轮和齿轮不一样。

乐乐：齿轮能像牙齿一样咬合在一起，一个动就都动。窗帘用的是滑轮。

成成：滑轮中间有一个槽，把线固定在里面。

教师：请你们查一查生活中哪些东西用的是齿轮，哪些用的是滑轮。（回家后，幼儿得到父母的支持，查到很多资料，不仅知道了齿轮和滑轮的区别，还知道了滑轮分定滑轮和动滑轮。幼儿将查到的图片带到了幼儿园。）

乐乐：手表用的是齿轮，起重机用的是定滑轮。

皓皓：升国旗用的是定滑轮。但是它并不省力。

柔柔：扶梯用的是齿轮，电梯用的是滑轮。

皓皓：滑轮有两种，一种是定滑轮，一种是动滑轮。动滑轮比较省力气。

【教师支持：在幼儿热烈讨论后，教师向幼儿较为详细地介绍了定滑轮与动滑轮的区别。】

教师：定滑轮的轴是固定不动的，不省力。动滑轮的轴能转动，省一半力。咱们是用齿轮还是滑轮呢？

昂昂：咱们应该模仿窗帘，用定滑轮，一拽就行了。

教师请幼儿设计带定滑轮的架子，幼儿分为四组，每组提交一幅设计图。

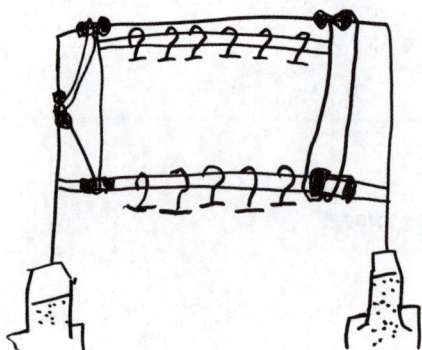

图 24-23　第一组定滑轮设计图

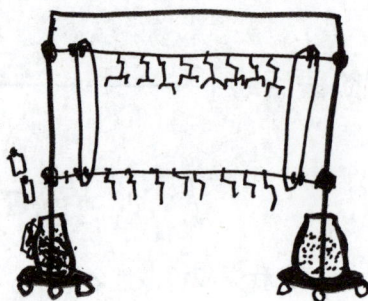

图 24-24　第二组定滑轮设计图

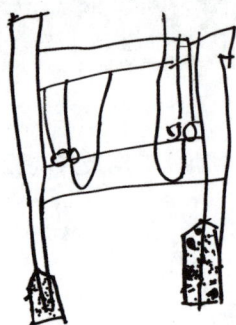

图 24-25　第三组定滑轮设计图

图 24-26　第四组定滑轮设计图

活动二：制作升降杆

问题一：没有合适的滑轮怎么办？

分析与讨论

成成：咱们得买滑轮。

乐乐：没有那么多时间了，我们快毕业了，快点儿把架子做完吧。

猜想与假设

教师：能不能找一样东西代替滑轮？或者制作一个滑轮呢？

成成：我知道了，用这个玩具就行，两边给它粘上。

乐乐：我觉得那个不行，太长了。

乐乐：我们得把架子拆下来，把滑轮套在架子上。

沙沙：那我们不白做了？

昂昂：没关系，我都能给它安上。

实验与验证

　　幼儿齐心协力将架子拆了下来。

成成：得选一个比这个杆子粗一点儿的东西安在杆子上。（幼儿找了很多东西进行
　　　尝试，都不合适。皓皓拿来一个小的透明胶圈，用力地将它安在杆子上。）

柔柔：皓皓你别套了，那个太细了，套不上的。

皓皓：你看，套上了吧。在它两边粘两个大圆圈不就是滑轮了嘛。

柔柔：你可真厉害。不过你看，它虽然套上了，可是太紧了，根本也转不了啊。

乐乐：那要是不能转，套进去也没用。

皓皓：我再套一个试试，看这个紧不紧。（皓皓又用力地套上了第二个透明胶圈，
　　　发现还是很紧。）

沙沙：这几个透明胶圈大小都是一样的，肯定都是紧的呀。

昂昂：那就把绳子套在两个圈里，不就行了嘛。

乐乐：对呀，这就可以成为一个定滑轮了。

柔柔：下面的杆子也要套两个透明胶圈。

皓皓：透明胶圈的距离得和杆子一样长。（幼儿把套好透明胶圈的长杆和移动杆进
　　　行比较，把透明胶圈间的距离调整到和杆子一样长。）

问题二：绳子无法上下滑动怎么办？

分析与讨论

昂昂：接下来咱们得选绳子了。（幼儿来到美术区，看到了各种各样的绳子。）

柔柔：这个行不行？

乐乐：这个太细了。

沙沙：我看这个行。

昂昂：不行，这个太粗了。我们不用这么粗的绳子。

猜想与假设

　　乐乐选中了宽的礼品包装带。

乐乐：我觉得这个行。

实验与验证

　　昂昂站在椅子上，把绳子放在两个圈中间，柔柔把绳子系紧。

昂昂：柔柔，你第一个系得太松了，这样不行。第二个你系紧一点儿，我给你把着。

　　（两侧的绳子都系好了，幼儿都急着拽绳子，两侧的绳子都转动起来。）

乐乐：我知道了，把杆子粘在绳子上就行了。（幼儿用透明胶把杆子粘在绳子上。）

昂昂：交叉着缠，这样缠得结实。（杆子粘好后，他们拽动绳子，一侧绳子的连接处被拽开了。）

昂昂：这个绳子不行，不结实，你看它都开了。

沙沙：那个绳子呢？那个一定能行。

昂昂：那就试试吧。

乐乐：那个绳子比较滑溜，我看根本系不上，得想别的办法才行。

柔柔：我看柴老师有一次拿了一个像枪一样的胶棒，粘东西可结实了。我们问问柴老师吧。

教师：你们说的工具叫作胶枪，确实，这个办法很好。（教师拿来胶枪和胶棒，给幼儿讲解胶枪的结构和使用方法。）

【教师支持：教师向幼儿提供他们需要的胶枪与胶棒，并向幼儿示范胶枪的正确使用方法，介绍使用胶枪的注意事项。】

教师：用胶枪有一定的危险性，胶会很热，要在老师的指导下才能使用。

昂昂：那个胶那么热，用什么垫一下，别烫到手。

沙沙：用这个瓶盖吧。(乐乐拿着胶枪，对准绳子两头用力挤。柔柔拿来两个瓶盖，
　　　把绳子两头挤在一起。)

乐乐：这个瓶盖选得挺好，胶不仅不烫手了，还让绳子粘得更结实了。(幼儿把杆
　　　子搭在瓶盖上，再用胶枪一粘，绳子终于可以上下滑动了。)

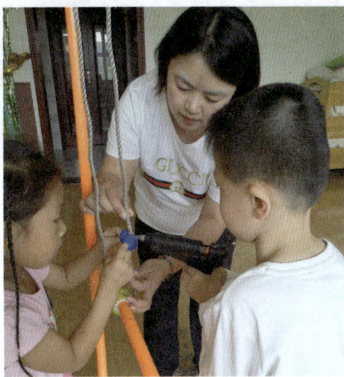

图 24-27　使用胶枪

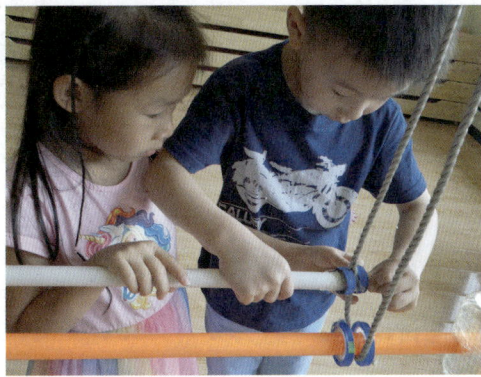

图 24-28　粘贴移动杆

活动三：尝试挂画

问题一：升降杆升降不平稳怎么办？

分析与讨论

教师：升降杆一高一低怎么办？

柔柔：两边不一样高啊。

猜想与假设

柔柔：慢点儿拽。

乐乐：柔柔，咱们得配合着一起拽，让杆子保持平衡。

昂昂：对，要不画就都歪了。

实验与验证

　　柔柔和乐乐互相配合，使杆子平衡地升降。

乐乐：这回行了。但是得需要两个人。我试试一个人行不行。(乐乐用双手托住杆
　　　子中间的位置，试着上下升降杆子。)

柔柔：这样一个人也行，用两只手把住就可以了。

图 24-29　双人升降杆子　　　　　图 24-30　单人升降杆子

问题二：如何固定升降杆？

分析与讨论

教师： 把升降杆升到顶部，一撒手，杆子马上就落下来了。怎么办？

乐乐： 放完衣挂就太沉了，一撒手，杆子和衣挂就都掉下来了。

猜想与假设

昂昂： 得用一个东西把绳子固定一下。

柔柔： 用这个夹画的夹子试试。

实验与验证

乐乐用木夹夹住绳子，一松手，一根绳子就从夹子里掉了出来。

昂昂： 一个夹子夹不住，用两个夹子。（昂昂用两个夹子成功固定住了升降杆。）

问题三：衣挂位置不固定怎么办？

分析与讨论

乐乐： 这个衣挂不行啊，太滑了。

教师： 衣挂总是来回动怎么办？

柔柔： 得想个办法不让它动。

猜想与假设

沙沙： 用透明胶圈把它们隔开。

乐乐： 哪儿有那么多透明胶啊！

柔柔： 用皮筋试试。

实验与验证

幼儿把毛根缠在杆子上面进行尝试，衣挂在升降中还是有掉下来的。幼儿又将很多皮筋套在杆子上，把衣挂挂在皮筋上，然后在每个衣挂上夹上两个小夹子，用小夹子夹住画，最后把底座放在下面。幼儿经过反复尝试，终于成功了。

图 24-31　固定衣挂

图 24-32　试挂成功

阶段小结与反思

（一）幼儿

在这一阶段的活动中，幼儿对制作底座的收获进行了反思，如学会使用螺丝刀与剪刀，认识了定向轮与万向轮，知道了三角形稳定的特性等，并绘制了晾画架的结构与完成图。

图 24-33　晾画架完成图

（二）教师

首先，教师利用家长资源，鼓励幼儿和父母共同讨论并解决问题。例如，幼儿和父母讨论了齿轮和滑轮的特点是什么，它们的区别又是什么。教师鼓励幼儿收集相关资料，并为幼儿详细地介绍齿轮和滑轮的区别。

其次，教师通过提问的方式，引导幼儿进行讨论并不断猜想。在教师的引领下，幼儿用以物代物的方法制作滑轮，攻克制作升降杆的难题。幼儿的科学素养也随着教师的支持逐步得到提高，幼儿加深了对滑轮的了解，提高了对滑轮的应用能力。

最后，在教师的支持下，幼儿的毅力得到锻炼，反思能力逐步提升。尽管升降杆的制作困难重重，但在教师的鼓励下，幼儿没有放弃，而是积极思考解决办法。在缺少定滑轮的情况下，幼儿创造性地提出用透明胶圈套住升降杆的方法。幼儿在不断讨论和思考中碰撞出一个又一个思想的火花，不断地反思制作与改进的方法，学习能力逐步提高。

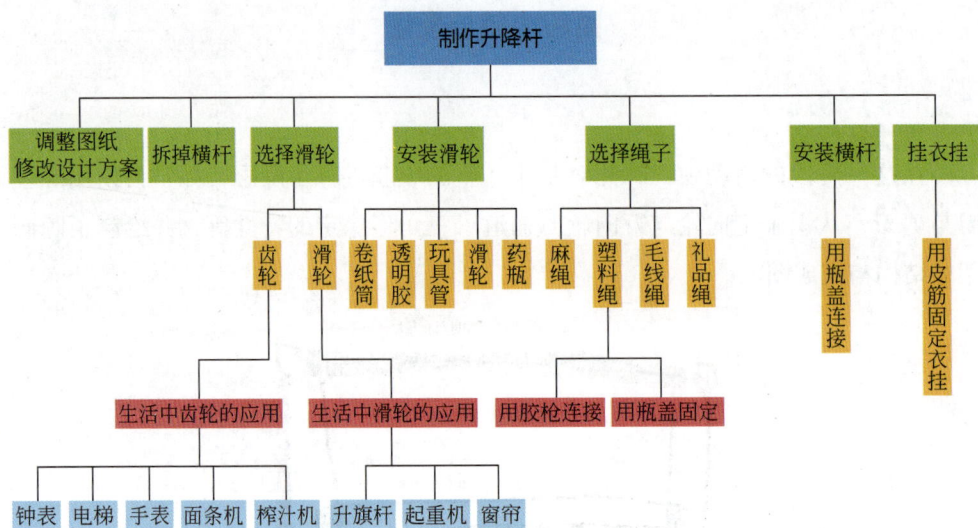

图 24-34　升降杆制作反思图

课题活动二十五：扎赉特旗的星星塔

内蒙古兴安盟扎赉特旗幼儿园　中三班　刘莉　于美

（指导者：赵玉红）

选题缘由

　　"家乡的建筑物"一直是幼儿喜爱的活动主题，每当幼儿和同伴分享见过的建筑物时，他们都表现出极大的兴趣。在相约一起去参观扎赉特旗的铁塔后，他们更是对铁塔念念不忘。菜菜说："咱们的幼儿园怎么没有这样的塔呢？"依依说："是啊！塔多好看啊！"然然突然说："那我们也建一个怎么样呀？把塔放在我们的幼儿园里多好呀。"然然的这一想法得到了小伙伴们的热烈回应，大家纷纷加入到了讨论的行列中。幼儿想要制作一个他们喜欢的铁塔，这是他们在生活中遇到的真实问题，他们对此很感兴趣，并表现出浓厚的探究欲望。幼儿想要搭建铁塔，就必须要了解铁塔

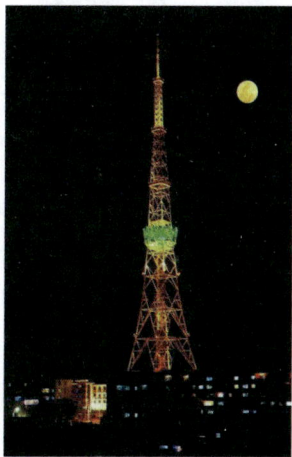

图 25-1　扎赉特旗铁塔

的结构，选择合适的搭建材料，探究铁塔的搭建原理，在设计图纸的过程中还要考虑到美观性和实用性等问题。这一系列活动蕴含着非常丰富的教育价值，幼儿在活动中会不断提高解决问题的能力。基于此，"扎赉特旗的星星塔"这一课题活动正式启动了。

第一阶段活动

活动一：经验分享

　　教师与幼儿一起进行讨论，回顾他们所见过的铁塔的样子。在讨论的过程中，

幼儿积极地表达了自己的想法。

教师：哪个小朋友能给老师说说铁塔是什么样子的？

菜菜：铁塔是很高很高的，最下面是粗的，越到上面越细。

依依：铁塔到了晚上还很亮，很漂亮，因为上面有好多灯。

雅雅：铁塔是铁做的，最下面还有四块石头，我知道那叫地基，是我爸爸告诉我的。

　　幼儿通过讨论总结出了铁塔的特点：铁塔很高；铁塔下面粗，越到高处越细；铁塔晚上会亮很多的灯；铁塔下面有地基。

活动二：观察铁塔

　　在幼儿的强烈要求下，教师开展了家园活动，邀请父母带领幼儿实地去观察铁塔。

图 25-2　幼儿观察铁塔

【教师支持：当教师发现幼儿对于扎赉特旗的铁塔还不是十分了解，尤其是对于铁塔的材料和结构等核心部分还不是十分了解的时候，教师及时地发起了家园合作活动，请幼儿与家长一同实地观察铁塔，丰富幼儿关于铁塔的相关经验。**】**

活动三：设计图纸

　　在实地观察和收集资料后，幼儿按照自己的想法开始设计铁塔并绘制设计图。

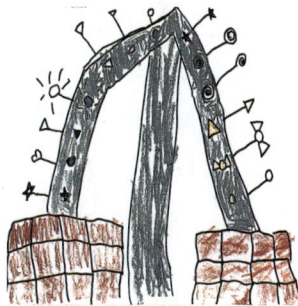

图 25-3 萱萱的　　　图 25-4 然然的　　　图 25-5 依依的　　　图 25-6 菜菜的
　　铁塔设计图　　　　　铁塔设计图　　　　　铁塔设计图　　　　　铁塔设计图

萱萱：我设计的塔叫方格塔。

然然：我设计的塔是最高的广州塔。

依依：我设计的塔是蒙古族的赛马塔。

菜菜：我设计的塔是最亮的星星塔。

活动四：投票选择图纸

　　幼儿根据自己的经验设计出许多不同样式的铁塔。幼儿经过讨论和投票，最终选择了菜菜设计的星星塔设计稿。

　　接下来，幼儿合作绘制了星星塔搭建过程的思维地图，他们清晰地将星星塔的搭建流程绘制出来。

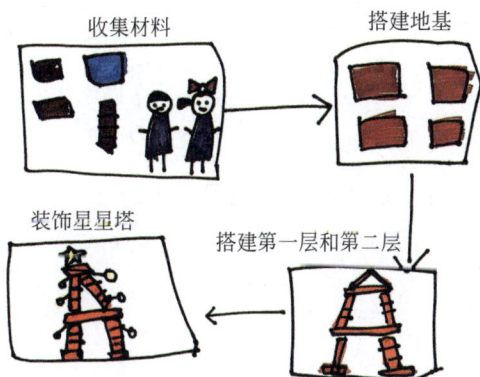

图 25-7 星星塔搭建流程图

活动五：收集材料

　　在绘制出搭建星星塔的流程图后，幼儿开始了材料的收集工作。

依依：我们就用万能工匠里的红色杆就行，黄色的就拿来当底座。

菜菜：不行，万能工匠都是一样粗的，我们的塔越
　　　到上面越细呀。

雅雅：我们可以用树枝啊！树枝有粗有细，有长
　　　有短。

　　　大家都觉得树枝是一个不错的选择。

熙熙：我看铁塔底下都是方形的水泥地基。

君卓：我们可以用三楼搭建区的砖块来搭地基。

依依：那个砖块是纸的，一踩就扁了。我们用外面
　　　的炭烧积木块吧，以前我们在户外游戏盖房
　　　子的时候，都是用它搭地基，而且那个还有
　　　很多呢。

图 25-8　搭建星星塔所需材料
　　　　　和工具图

菜菜：炭烧积木不行，用方方正正的纸箱好，直接就用四个一模一样的纸箱，一个
　　　柱子底下一个。

教师：大家都试一试，看看哪一种材料更适合。

【教师支持：当教师发现幼儿在材料收集方面出现困惑时，教师主动带领幼儿在园
内寻找丰富的材料，与幼儿一起做收集材料的工作。】

活动六：第一次搭建星星塔

　　在准备工作完成后，幼儿分成了炭烧积木组和纸箱组，两组同时开始了地基
部分的搭建。

问题一：如何固定树枝？

　　在开始搭建星星塔后，幼儿发现树枝很难固定在地基上，于是针对这个问题
展开了讨论。

【分析与讨论】

然然：树枝得固定在地基上，我们才能继续搭星星塔呀。

卓卓：我们用固体胶粘吧，平时咱们不都是用固体胶粘的嘛。

依依：对对对，用透明胶和双面胶也都可以呀。

熙熙：我们是纸箱子地基，纸箱是纸的，我们可以钻洞试试看。

菜菜：好主意，一个箱子中间钻一个洞，然后直接把树枝插进去就行。

经过讨论，不同的幼儿提出了不同的猜想。

依依：我们用透明胶吧，我觉得用这个粘最快了。

君桌：如果透明胶不够黏的话，我们先用固体胶粘一下。

菜菜：那我直接在纸箱子上钻洞吧，这个才是最方便的。

炭烧积木组的幼儿决定用胶粘。纸箱组的幼儿决定直接在箱子上钻洞，将树枝插进去。

实验与验证

炭烧积木组的幼儿选用固体胶和透明胶将树枝固定在炭烧积木所搭建的地基上。但是在尝试多次后，他们都没能将树枝成功固定在地基上。

纸箱组的幼儿将纸箱钻了一个洞，将树枝插入箱子内，树枝能够立起来，但是却并不稳固。树枝摇摇晃晃，地基也总是翻倒，幼儿不能进行接下来的搭建。

图 25-9　炭烧积木组实验图

图 25-10　纸箱组实验图

问题二：树枝固定不稳固怎么办？

第一次的搭建尝试虽然没能成功，但是这并没有影响幼儿，他们并没有放弃，而是一起开始了对于问题原因的讨论。

分析与讨论

教师： 你们知道树枝为什么立不住吗？

依依：我们用的炭烧积木块太滑了，也太硬了，树枝没有办法插进去，固体胶也不能将它们连接。

然然：菜菜的箱子能够固定树枝，但是树枝又摇摇晃晃的，箱子还总是倒来倒去。

雅雅：那怎么办呀？炭烧积木块虽然不摇晃，但是没法把树枝固定在它们上面啊！

教师：没关系，你们已经很厉害了，遇到这样的难题都没有放弃呢。现在大家一起来想想办法，好不好呀？

菜菜：要不我们把砖块装到箱子里吧，箱子沉一些就不会倒了。之前有一次我的小桶快被风刮飞了，老师就把我的水壶放到桶里，然后我的小桶就不怕大风吹啦。

依依：那我们试试吧，搬些砖块放到箱子里。

然然：或者我们装一些其他的东西也行呀，不一定非是砖块，砖块那么硬。

【**经验迁移**：幼儿将生活中的经验迁移到活动中，将增加小桶重量能使小桶更加稳当的经验迁移到新的问题情境中，来解决地基不稳固的问题。】

猜想与假设

讨论到最后，大家都觉得可以采取菜菜的建议，增加地基重量后再进行尝试。

梓熙：咱们在纸箱里面装一些废纸吧，你们觉得怎么样？

然然：不行啊，纸那么轻，我们去沙池装一些沙子吧。

依依：我觉得沙子好一些，这样树枝更容易插。

然然：我们用纸箱做地基的话，遇上下雨该怎么办呢？

依依：我们把箱子用塑料袋包一下吧，塑料袋不怕水呀。

梓熙：塑料袋那么小，要怎么把箱子包起来呢？

然然：那我们跟老师要即时贴吧，我看老师经常用它来包东西呢。图书区的小凳子就是用它包的，即时贴不爱坏也不怕水。

【**学习品质**：幼儿在进行反复尝试却都没有办法把树枝成功固定在地基上时，不仅没有因失败而气馁，反而越挫越勇，通过小组合作讨论来分析问题出现的原因，寻找解决问题的方法，表现出了不怕困难的品质。】

【**经验迁移**：幼儿将日常生活中所观察到的教师用即时贴制作图书区防水小凳子的经验，迁移到制作防水地基的工作中，成功解决了地基的防水问题。】

实验与验证

在猜想与假设环节之后，幼儿尝试在箱子内装满沙子。他们发现沙子非常适合装在纸箱子里面，树枝可以插入箱子内部，并且很稳当，不会再出现摇摇晃晃的情况。同时，这样的地基踩上去也很结实。对于这样的效果，他们很满意。

阶段小结与反思

（一）幼儿

教师引导幼儿运用思维地图对这一阶段的搭建活动进行有效回顾，并且对出现的问题进行汇总和有效分析。

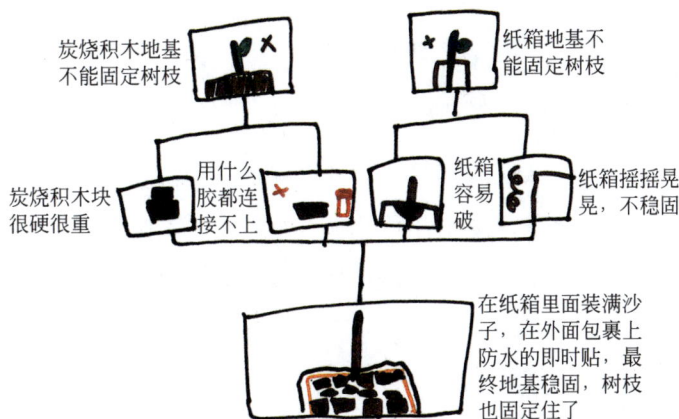

图 25-11　树枝固定方法梳理图

（二）教师

首先，教师给幼儿提供丰富的材料，让幼儿进行探索和尝试。在幼儿设计完图纸后，教师带领幼儿一起收集材料，给幼儿提供物质上的支持。在仔细对比相关材料后，幼儿分析出了各种材料的特性，选择出了最适合的搭建材料，推动了整个活动的进程。

其次，教师适时地发起了家园合作活动，发动家长参与到幼儿深度学习的课题活动中。在收集制作星星塔所需要的材料时，家长同教师一起来帮助幼儿收集材料，丰富了材料的种类。在亲子实地观察铁塔的活动中，家长的参与不仅帮助幼儿拓展了关于铁塔的知识，还极大地调动了幼儿的积极性，使他们更加主动地投入到接下来的探索活动中。

再次，教师在关键环节提出问题，利用灵活的提问给幼儿一定的提示。在出现"树枝无法固定在地基上"这个问题时，教师提出"你们知道树枝为什么立不住吗？"这个开放式问题，引导幼儿对出现问题的原因进行深入分析，促进幼儿思维的深层次发展。

第二阶段活动

活动一：搭建第一层星星塔

在有了第一次尝试的经验后，幼儿很快就将树枝固定在了纸箱地基上，但是他们也发现了新的问题。

问题一：第二层树枝无法连接怎么办？

分析与讨论

菜菜：我们尝试用胶粘，但是胶根本连接不上树枝。

熙熙：那我们要怎么办呢？我们总不能就搭一层吧，铁塔可是很高很高的。

然然：我们在上面放一个板子吧，可以在板子上面继续搭第二层呀。

猜想与假设

菜菜：要什么样的板子才可以呀？木板吗？

然然：木板会不会太沉了呀？我觉得不太合适。

菜菜：用安全爬行垫呢？我觉得这个不会那么重。

依依：好呀，那我们试试吧。

实验与验证

在这一环节，幼儿尝试利用安全爬行垫来完成第二层的搭建，却发现树枝很快就断掉了，这让幼儿非常沮丧。

教师： 哪个小朋友能和老师说说树枝为什么会断呢？

然然：因为这个爬行垫实在是太沉了，树枝太细了，实在是托不住它。

卓卓：树枝弯弯曲曲的，本来就容易断。

教师： 那我们再一起去找找其他的材料，好不好呀？

幼儿在美工室发现了泡沫板。他们认为泡沫板是方形的，而且很轻，不会压断树枝。

菜菜：这个一定可以的，我用一只手就能把它举起来。

在寻找泡沫板的过程中，教师和幼儿路过了种植园。

熙熙：大家快看地里的那个竹竿，它比树枝要粗一些，会不会更结实呀？

菜菜：我觉得竹竿比树枝好呀，会更结实的。

于是，在经过实验与验证后，幼儿决定将制作第二层星星塔的材料更换为泡沫板和竹竿。

图 25-12　连接第二层树枝

图 25-13　寻找泡沫板

【学习品质：当幼儿在反复尝试后仍无法成功连接树枝时，他们并没有轻易放弃，而是反复比对其他材料，最终找到了更为结实的竹竿。在这个过程中，幼儿表现出了不怕困难、坚持不懈的品质。】

问题二：竹竿长短不一怎么办？

在上面的环节中，幼儿决定用更为结实的竹竿来代替树枝，但是在接下来的制作中，幼儿又遇到了新的问题。

分析与讨论

依依：这些竹竿都不一样长呀，我们需要一样长的竹竿。

熙熙：对，我们需要四根一样长的竹竿。

卓卓：那多长才合适呀？

馨雅：我们一起量量吧。但是我们不会用尺子，怎么量呢？

猜想与假设

菜菜：我们把竹竿放在地基上，看看需要多长，画一道线，再把多余的竹竿沿线切掉。

然然：我力气很大，能把竹竿用手掰断。

熙熙：那不行，我爸爸都折不断竹竿。

菜菜：我们找后勤叔叔吧！他有锯，可以把竹竿锯断。

实验与验证

依依：把四根竹竿放到一起比比，看看长多少，画一道线，沿着线把多余的竹竿切掉。

于是，幼儿将四根竹竿放到一起比较，但却发现竹竿总是对不齐。

卓卓：老师说比长短的话，其中一端必须是对齐的，不然比不出来的。

【经验迁移：幼儿将数学活动中比较长短的经验灵活迁移到"比较竹竿长短"的活动中，将竹子的一端对齐后再进行比较，准确迅速地解决了"比较竹竿长短"的问题。】

幼儿将锯好的竹竿固定在地基上，将泡沫板固定在四根竹竿的顶端，完成了第一层的搭建。

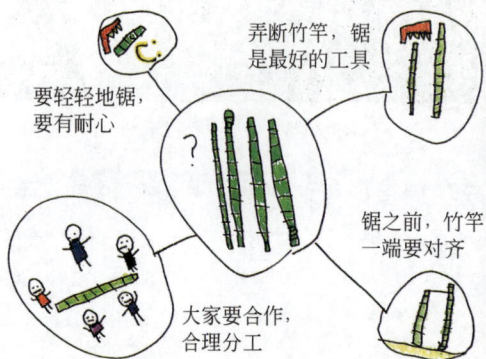

图 25-14　处理竹竿问题的方法图

图 25-15　第一层星星塔实物图

活动二：搭建第二层星星塔

在搭建完第一层星星塔以后，幼儿在第一层的基础上开始了第二层的搭建。幼儿尝试将竹竿插入泡沫板，但发现竹竿插入后，竹竿不但没有稳固，泡沫板还碎掉了。

问题一：泡沫板易碎怎么办？

分析与讨论

君卓：泡沫板碎了，它太容易碎了，这样可不行。

依依：我们插竹竿时太用力了，咱们再轻轻地试一下看看。

梓熙：轻轻地插也不行的，泡沫板就是很容易碎的。

教师： 那谁能和老师说说，泡沫板到底有哪些特点呢？

雅雅：泡沫板是白色的，还很容易碎。

熙熙：泡沫板碎了的话，就会变成一个小块儿一个小块儿的。

教师：那我们来总结一下，看看泡沫板到底有哪些特点，看看我们能不能想出其他办法。

通过分析，幼儿发现泡沫板有易碎、重量轻、容易上色等一系列特点。

依依：泡沫板太容易碎了，不能直接把竹竿插进去。

卓卓：要不我们换一种不那么容易碎的材料吧。

熙熙：行，那我们再去找找看。

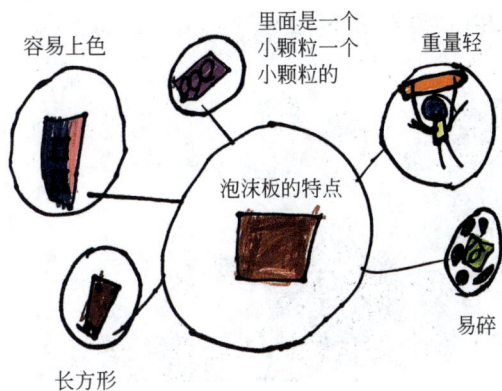

图 25-16　泡沫板特点总结图

猜想与假设

在寻找材料的过程中，幼儿在三楼发现了一种类似管道的拼插积木。

熙熙：你们快看这个圆筒，我们可以用它来连接竹竿呀。

萱萱：对！我们可以把它粘在泡沫板上，然后再把竹竿插进去。

雅雅：就和我们平时用这个搭建城堡一样，直接把竹竿插进去就能连接上啦。

大家都觉得这是一个好办法，他们一起收集了很多圆筒拼插积木，准备试试它们连接树枝的效果。

【经验迁移：幼儿将生活中玩拼插积木的经验迁移到竹竿的连接工作中，将圆筒拼插积木作为连接竹竿和泡沫板的有效装置，成功将竹竿与泡沫板连接。】

实验与验证

有了新的材料后，大家开始讨论如何将圆筒拼插积木固定在泡沫板上。

依依：我们用胶粘吧，把它粘在泡沫板上。

卓卓：用什么胶呢？

熙熙：双面胶和透明胶都不行，我们就用老师经常用的那个热熔胶吧。

在教师的协助下，幼儿将圆筒拼插积木粘在泡沫板上，并且发现用热熔胶粘得更加牢固。

【学习品质：在遇到问题后，幼儿积极寻找解决问题的办法，经过不断尝试，寻找到了更加合适的材料，并成功将泡沫板与竹竿进行连接。在整个过程中，幼儿表现出不怕困难的意志品质。】

图 25-17　固定圆筒拼插积木

图 25-18　第二层星星塔实物图

活动三：加固星星塔

在前面的活动中，幼儿已经将第二层塔身与泡沫板相连接了，但是他们发现星星塔变得摇摇晃晃的，根本立不住。

问题一：星星塔不稳固怎么办？

分析与讨论

君卓：我们的塔一直在晃，这样可不行。

熙熙：我看风一吹，我们的塔就会倒下去了。

然然：这样多危险呀，我们得想想办法。

猜想与假设

图 25-19　寻找加固点

熙熙：我们用东西支撑一下呢？就像蜘蛛网一样。

雅雅：对啊，我看其他塔也是有很多连接的地方的。

梓熙：那我们还用之前的拼插积木连接那些竹竿吧。

教师：那你们都想在哪些地方用这些拼插积木呢？

幼儿在讨论后，绘制了相关图纸。

实验与验证

幼儿依照图纸，对每一层星星塔进行了加固。他们发现增加了竹竿后的星星塔稳固了许多。

图 25-20　加固位置设计图

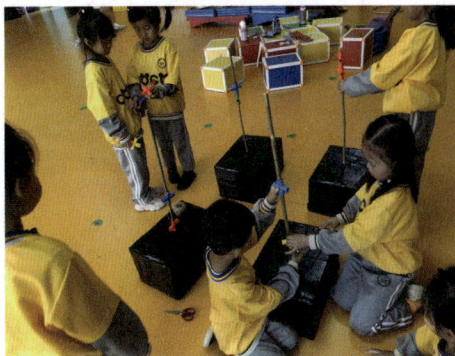

图 25-21　加固星星塔

【科学原理： 三角形稳定性原理。三角形稳定性是指三角形具有稳定性，有着稳固、坚定、耐压的特点。当在四根竹竿上加入连接点时，幼儿发现竹竿在倾斜连接时会更稳固，否则很容易发生变形。因此，幼儿利用了三角形的稳定性特点，成功完成了竹竿的加固工作。】

问题二：用来固定的竹竿上下滑动怎么办？

虽然星星塔变得稳固了，但是幼儿却发现，用来固定的竹竿轻轻一碰就会上下滑动，不能始终固定在一个位置上。

分析与讨论

然然：这个竹竿总是在动，我想让它一直在上面。

萱萱：那个拼插玩具的洞太大了，要是小点儿就好了。

然然：洞真的太大了，竹竿总是滑下来，这样可不行。

卓卓：我们得想个办法把竹竿固定住，不然咱们的星星塔会倒的。

猜想与假设

卓卓：我们就用透明胶把竹竿粘在洞里吧，这样它就不会动啦。

熙熙：这个洞这么大，胶能粘住吗？

然然：这个洞太大了，而且是在里面，用胶粘不住的。

依依：我想到办法啦。我们用绳子把竹竿缠住，这样竹竿不就变粗了嘛，就可以卡在洞里面了。

513

实验与验证

经过讨论，幼儿决定用麻绳来缠绕竹竿，并亲自进行验证，检验其固定效果。幼儿发现竹竿在缠完绳子之后，能够固定住，不会来回滑动。

图 25-22　加粗竹竿

【教师支持：在固定竹竿的环节中，幼儿因为反复尝试却始终无法解决问题而产生了沮丧的情绪，这时教师及时鼓励幼儿，给予他们情感上的支持。教师鼓励幼儿不放弃自己的想法，建议幼儿分组进行搭建尝试，帮助幼儿重新树立自信心。】

阶段小结和反思

（一）幼儿

在幼儿将第一层和第二层的星星塔搭建完成后，教师开始引导幼儿对整个搭建过程的关键环节进行回顾。幼儿利用思维地图的形式将第二层搭建过程中的问题进行了汇总，并将解决问题的方法进行了梳理，反思能力得到了发展。

（二）教师

首先，教师给幼儿充足的时间来进行思考和探索。当幼儿在活动中发现诸如"竹竿与泡沫板的连接""如何保持竹竿的稳固"等新的问题时，教师鼓励幼儿自主思考，不轻易打断幼儿，给幼儿不断尝试的机会。充足的时间给幼儿的思考与探索提供了保障，让幼儿成功解决了问题。

其次，教师在适当的时候给予幼儿情感上的支持。在不断尝试却无法解决竹竿加固问题时，幼儿产生了沮丧的心理。这时，教师鼓励幼儿继续尝试，肯定了幼儿的进步之处，及时与幼儿沟通，进而了解他们的困难。这一系列情感上的支持，帮助幼儿重新树立起自信心，让幼儿重新投入到探索活动中。

在地基里面装炭烧积木块来稳固地基

选择泡沫板作为第二层的连接面

将圆筒拼插积木
固定在泡沫板上，
连接第二层竹竿

每一层增加一些横向的
竹竿，用来稳固塔身

用麻绳缠绕
竹竿，竹竿
被固定住

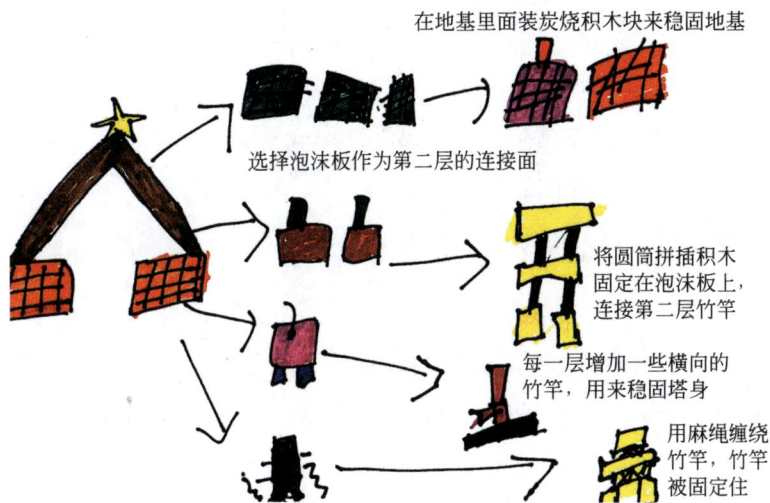

图 25-23　星星塔搭建梳理图

第三阶段活动

活动一：搭建星星塔塔尖

　　幼儿在完成第一层和第二层铁塔的搭建后，对比铁塔的设计图纸，发现铁塔缺少塔尖部分。于是，幼儿决定开始搭建塔尖，并针对这一问题展开了讨论。

问题一：如何搭建塔尖？

分析与讨论

萱萱：塔尖都是尖尖的，我们得做出尖尖的形状才行。

然然：对呀，而且我们还得把塔尖固定在泡沫板上，这要怎么做呢？

萱萱：我们还用竹竿呗，和搭之前的铁塔一样。

依依：那样不行的，竹竿太硬了，我们都弯不动呀。

熙熙：我们需要一根有弹力的棍子，就像我爸爸的钓鱼竿那样，能弯成好多种形状。

教师：谁能和老师说说，为什么一定要用有弹力的棍子？

熙熙：这样它才能固定住呀，上面弯过去才能成为塔尖。

雅雅：我有办法了，我们用拼插积木中的那个塑料棒吧。那个棒子长长的，而且还可以打弯。

猜想与假设

熙熙：那我们用几根塑料棒比较好呢？

依依：我觉得我们可以用三根呀，这样就能拼成三角形的形状了。

君卓：我们一种颜色拼一根吧，这样好看！

梓熙：你们看这个有弹力，应该能行，我们一起试试看吧。

实验与验证

幼儿将拼插积木接成长杆，尝试将其固定在泡沫板上。虽然拼接成的长杆有一定的弹性，但是幼儿很难将几根长杆的顶端聚在一起，因为这需要有很大的力气才行。

图 25-24　幼儿讨论塔尖搭建

图 25-25　初次搭建塔尖

问题二：用什么材料搭建塔尖？

分析与讨论

在用拼插积木尝试搭建塔尖失败后，幼儿并没有气馁，而是继续一起讨论，来寻找适合搭建塔尖的材料。

熙熙：我得用很大很大的力气才能让拼插积木变弯，我觉得这样不行。

萱萱：对呀，我们还是换一种材料吧。

卓卓：是呀，这次我们换弹力大一点儿的材料来试试。

教师：大家觉得什么样的材料合适呢？

熙熙：我觉得材料不能太硬，软一点儿才容易弯呀。

萱萱：还得长一点儿，太短了也是不行的。

依依：我有办法了。我们用报纸来试试吧。之前上美术课的时候，老师就是把报纸卷成纸筒的形状，然后用纸筒来制作手工的。

雅雅：我也见过呢，纸筒可以的。

猜想与假设

依依：那我们用几张报纸来卷纸筒比较好呢？一张还是两张呀？

萱萱：我们先卷一下试试粗细吧，我觉得也不能太粗了。纸筒要是太粗了会重的，那就把我们的塔压塌了。

实验与验证

在决定用报纸来制作纸筒后，幼儿开始进行尝试。

依依：我在家卷过，我们应该卷得紧一些，这样纸筒会更结实的。

君卓：我同意，而且卷完之后用透明胶粘一下，这样纸筒才不会散，不然我们就白卷了。

幼儿卷完纸筒后，将纸筒的底端折一下，将折的部分粘在泡沫板上，再将纸筒的顶端聚在一起，最终完成了塔尖的搭建。

图 25-26　幼儿卷纸筒　　　　图 25-27　塔尖最终完成图

活动二：装饰星星塔

问题一：如何装饰星星塔？

分析与讨论

星星塔终于搭建完成了，但是幼儿觉得星星塔不够漂亮，需要进行装饰。针对这个问题，幼儿进行了讨论和分析。

依依：我们的星星塔也没有星星啊，这样不能叫星星塔的，我们得想想办法。

雅雅：我们需要画一个星星贴上去。

依依：那柱子呢？我觉得柱子的颜色也不是很好看。

熙熙：柱子刷颜色就行。现在的问题是铁塔可是能亮的，咱们这个也不亮呀。

教师：你们说得都对。我们的星星塔如果有了小星星，还能亮起来的话，那一定会很漂亮的。

猜想与假设

经过讨论，幼儿觉得需要接电线和灯，这样才可能会让星星塔亮起来。

然然：我们在塔上挂很多小灯泡，接上电就能亮了。

卓卓：过年的时候，我们屋里都挂彩色的灯，那灯一串一串的，我们把灯挂在柱子上。

然然：对啊！那种灯我家商店有，挂在玻璃上，五颜六色的可好看了！

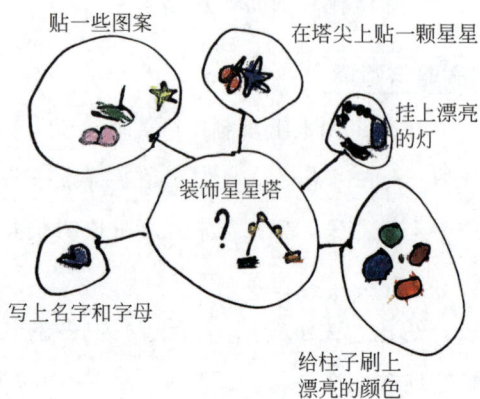

图 25-28　装饰星星塔方法图

实验与验证

幼儿绘制了装饰星星塔的思维地图，依据思维地图收集需要的材料，对星星塔进行了装饰。他们成功地让星星塔亮了起来。

图 25-29　装饰星星塔

图 25-30　星星塔最终实物图

阶段小结和反思

（一）幼儿

在第三阶段的塔尖搭建和装饰星星塔活动完成后，教师引导幼儿运用思维地图对星星塔搭建的全过程进行回顾，并带领幼儿一起梳理出现的问题以及解决问题的方案。幼儿从实际问题出发，将自己的想法绘制成思维地图，有计划、有目的地进行活动，并通过反思总结相关经验。

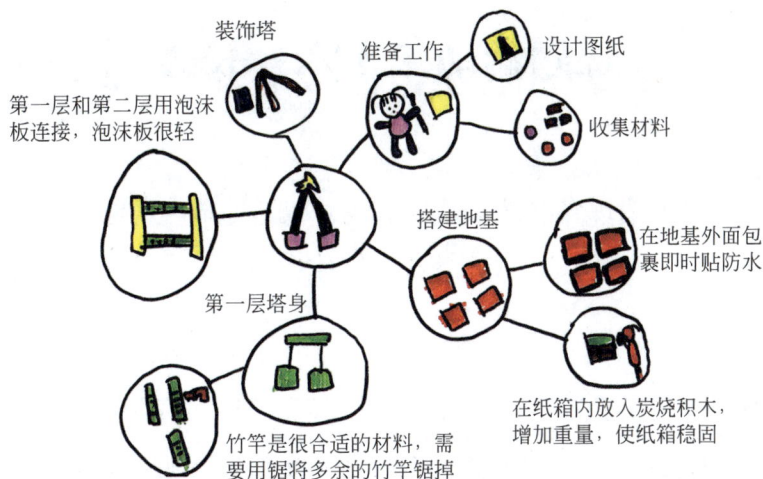

图 25-31　制作星星塔全过程梳理图

（二）教师

首先，教师给幼儿提供及时反馈。在幼儿共同讨论如何搭建塔尖时，教师在适当的时候给幼儿提供一定的反馈。教师通过连续不断地提出问题，比如"为什么一定要用有弹力的棍子？""大家觉得什么样的材料合适呢？"，来引发幼儿思考。教师再通过言语上的鼓励给幼儿以正向反馈，鼓励幼儿探索尝试，激发幼儿的研究兴趣。

其次，教师给幼儿提供技能经验上的支持。在这一阶段的活动中，幼儿先后用塑料棒、报纸等尝试搭建塔尖，在先后遇到问题后，幼儿最终决定用纸筒完成塔尖的搭建工作。但是由于幼儿生活经验的有限性，幼儿在卷纸筒的时候经常遇到纸筒松散的情况，教师便引导幼儿合作完成卷纸筒和固定纸筒的工作，并且协助幼儿完成这项工作，保证探索活动的顺利进行。

课题活动二十六：长鼓

吉林省珲春市第二幼儿园太阳一班　金鹰　严美玲

（指导者：金国华）

选题缘由

　　长鼓，又称杖鼓，主要用于舞蹈伴奏，是朝鲜族聚居地较为流行的打击乐器。幼儿对制作精美的长鼓充满了好奇。在一次幼儿园亲子活动中，灿美和妈妈利用废旧的纸杯制作了一个简易的长鼓，其他幼儿见状，很快就围上来想一探究竟。很快，幼儿在敲击鼓时产生了疑惑。恩瑞说："这个鼓太小了，声音也特别低。"世雅也说道："你看鼓身都被压扁了，鼓面也坏了。"世恩马上建议道："那我们就自己做一个真正能使用并且结实的长鼓吧！"幼儿纷纷表示赞同。制作长鼓对幼儿来说是一个充满挑战的活动，在制作过程中，幼儿能够了解长鼓的结构与特点，同时会遇到诸多难题。幼儿通过同伴协商、同伴合作等方式来解决问题，这促进了幼儿社会性的发展和高阶思维的提升，亦有助于幼儿解决问题能力的提升。基于此，"长鼓"这一深度学习课题活动开始了。

第一阶段活动

活动一：经验分享

教师： 小朋友们都见过长鼓吗？

恩瑞：我在爸爸的单位里看见过。

世雅：我在电视上见过长鼓。

世恩：我在舞蹈班跳过长鼓舞。

惠靖：我在幼儿园练过打击乐器。

【**教师支持**：教师通过举办"长鼓展览会"，引导幼儿运用多种感官认识长鼓的构造。】

教师：你们认为用长鼓能干什么？

灿美：我们可以敲着它跳长鼓舞。

旻佑：我们还可以打节奏。

智萱：我们学习打击乐的时候用过长鼓。

教师：长鼓像什么？

庆珉：长鼓像垃圾桶。

峻熙：我觉得长鼓像沙漏。

舒鸣：长鼓的中间圆圆的，像炸爆米花机。

图 26-1　经验分享图

教师：你们知道鼓都有哪些种类吗？

　　教师请幼儿和家长共同收集关于各种鼓的资料，一些幼儿从家里带来手工制作长鼓的图片，一些幼儿把关于长鼓的分解图带到幼儿园进行分享。

教师：认识了各种鼓后，你发现了什么？

宥亿：我发现用鼓棒和手都能将鼓打出声音。

宗博：我发现每种鼓的声音都不一样。

灿美：我发现不同的鼓面连接的螺丝钉不一样。

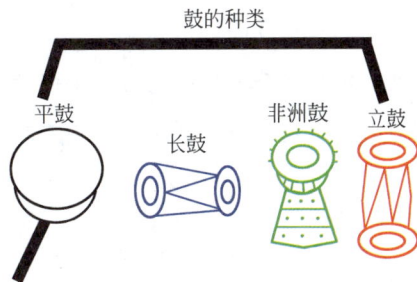

图 26-2　鼓的类型图

教师：鼓由哪些部分组成呢？

　　为了让幼儿对鼓有更深一层的理解并且回答这个问题，教师借助家长资源，为幼儿详细讲解了鼓的结构与各部位的名称。接着，教师布置了家园共育的调查任务，幼儿和家长一起查找关于鼓的各部位作用的资料，然后教师与幼儿共同进行总结。

活动二：绘制设计图

教师：你们想做什么样的长鼓？

阆颖：我们做三角形的长鼓吧。

峻熙：我们还是做方形的吧。

舒鸣：三角形和方形都有角，容易扎到人。

智萱：我们还是做圆柱形的长鼓吧。

【**教师支持**：教师认真听取幼儿意见并支持幼儿大胆猜想。】

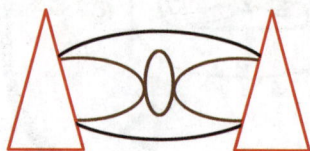

图 26-3　三角形长鼓　　　　　图 26-4　方形长鼓　　　　　图 26-5　圆柱形长鼓

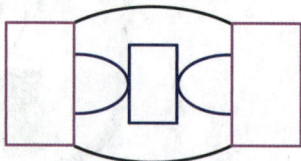

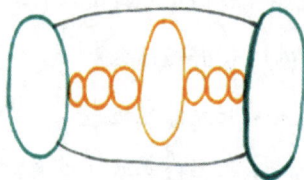

教师：我们用什么材料把所有部件连接起来？

惠靖：把两个鼓面绑起来就行。

舒鸣：光用绳子绑鼓面的话，中间的鼓身会动的。我们先用透明胶粘鼓身吧。

庆珉：透明胶会影响美观，我们用胶棒粘吧。

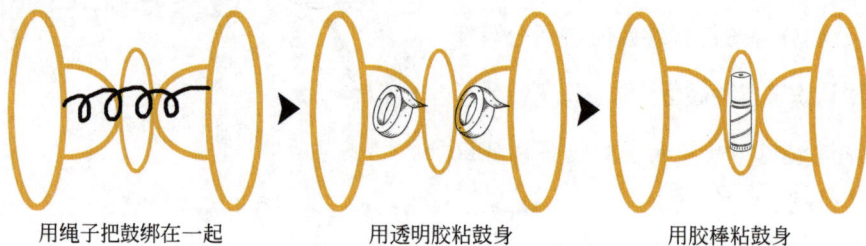

用绳子把鼓绑在一起　　　　　用透明胶粘鼓身　　　　　用胶棒粘鼓身

图 26-6　连接鼓的方法图

教师：你们想用什么材料制作长鼓呢？

宥亿：长鼓的鼓身像方便面桶，我们用方便面桶做鼓身。

世雅：我想用纸杯做鼓身。

智萱：鼓面长得像盘子。

旻佑：但盘子容易摔碎。对了！我们可以用一次性纸盘做长鼓的鼓面。

伟赫：还可以用蛋糕碟做鼓面。

活动三：选择制作材料

幼儿根据自己的想法自行分成两组，各组选出一名组长，带领组员进行讨论，最后绘制思维地图。

第一组：纸杯长鼓组

世恩：我们用纸壳圈做响声筒，再把两个纸杯贴在两侧。

恩瑞：纸壳圈比纸杯大。我们把妈妈洗碗时候用的海绵擦剪成圆形，做为响声筒。

禹诚：我们用布料做鼓面吧。

河妍：布料太软了，撑不起来。我们用蛋糕盘做鼓面吧。

第二组：方便面桶长鼓组

惠靖：我们用纸盘做鼓面吧。

旻佑：响声筒圆圆的，我们用玩具球做吧。

舒鸣：不，球两面不同，作为响声筒不合适。

庆珉：对了，把薯片桶剪一半做响声筒，它的里面是空的，发出来的声音会很好听。

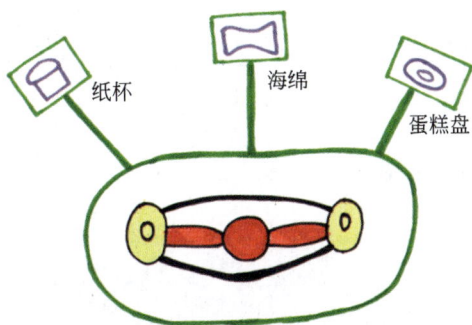

图 26-7　第一组材料选择图

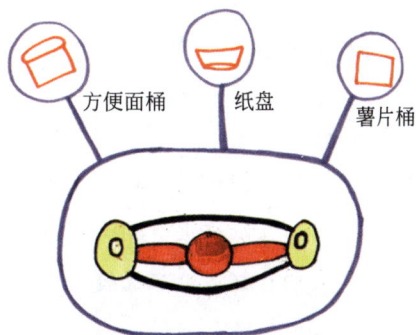

图 26-8　第二组材料选择图

活动四：绘制制作流程图

教师：要从鼓的哪个部分开始制作？

润荷：我们先贴鼓面。

禹诚：不，我们得按从里到外的顺序粘。

讨论后，两组幼儿各自设计了制作长鼓的流程并绘制了流程图。

1. 把海绵和纸杯粘到一起　　2. 粘另一面

3. 将两个蛋糕盘粘到两侧

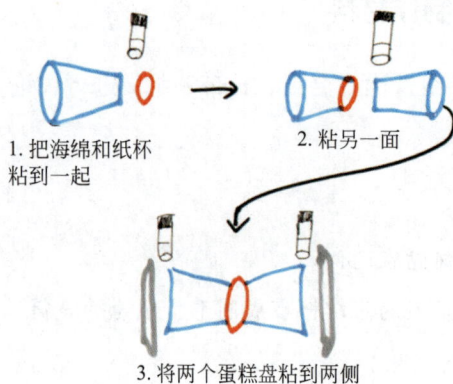

图 26-9　第一组制作流程图

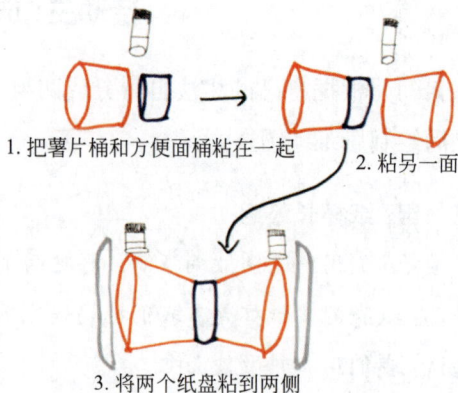

1. 把薯片桶和方便面桶粘在一起　　2. 粘另一面

3. 将两个纸盘粘到两侧

图 26-10　第二组制作流程图

【学习品质：幼儿在设计长鼓的过程中大胆想象与创造，设计出了不同种类的长鼓，表现出乐于想象和创造的学习品质。】

活动五：初步尝试制作

问题一：如何把响声筒和鼓身粘在一起？

第一组：纸杯长鼓组

分析与讨论

帝言：我们可以把杯底剪掉，把海绵块塞到纸杯里。

闾颢：不行，在纸杯上打洞会影响声音的。

峻熙：那我们在杯底贴双面胶吧。

猜想与假设

闾颢：只要在杯底贴上双面胶，就可以把鼓身和响声筒粘在一起了。

实验与验证

　　幼儿用双面胶把鼓身和响声筒粘在一起，但发现粘得不牢固且鼓声很小。

第二组：方便面桶长鼓组

分析与讨论

润荷：我们可以多抹点儿胶。

禹诚：不，这样会浪费胶棒，并且粘得也不牢固。

河妍：我们试一试白胶吧。

猜想与假设

河妍：只要在薯片桶两侧抹上白胶，就能把方便面桶和薯片桶牢固地粘到一起。

实验与验证

幼儿使用白胶，但未能将响声筒和鼓身牢固地粘在一起。

教师：你们选择的白胶，为什么没有把响声筒和鼓身牢固地粘到一起呢?

宥亿：涂抹白胶后滑滑的。

庆珉：老师，能不能帮我们想一想好的办法？

幼儿经过实验发现，白胶未能把响声筒和鼓身粘在一起。最终，在教师的建议下，幼儿选择了强力胶。

图 26-11　用白胶粘贴鼓面

【**教师支持：**当幼儿在第一次尝试遇到困难时，教师及时给予幼儿支持与肯定，为幼儿提供各式材料并协助幼儿一同解决问题。】

问题二：为什么鼓的声音不响？

分析与讨论

伟赫：为什么鼓的声音不响？

闾颖：用其他材料做响声筒吧。

炫宇：我觉得用塑料桶做也不错。

宥亿：我觉得用木质笔筒做会更好。

猜想与假设

峻熙：我们只要选择既大又重的材料来做响声筒，鼓的声音就会很响。

灿美：我们用卷纸芯吧。

世恩：我觉得木质笔筒更好。

教师：你们可以用不同材料分别尝试。

实验与验证

幼儿分别对卷纸芯和木质笔筒的大小、重量进行了比较，经过验证发现，卷纸芯和木质笔筒大小相似，但木质笔筒更重，用它当响声筒，发出的声音最类似于鼓声。

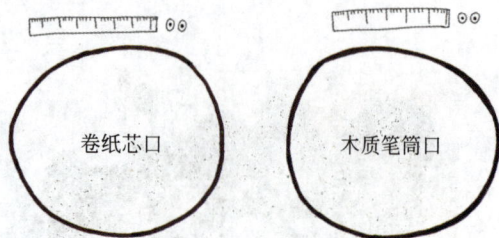

图 26-12　口径测量图

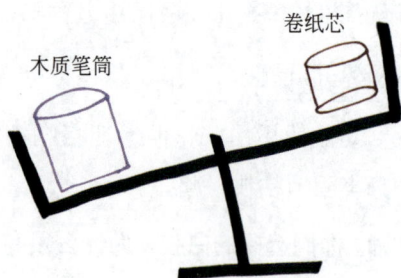

图 26-13　重量测量图

问题三：用什么材料制作鼓面？

分析与讨论

世恩：我们用饭碗做鼓面怎么样？

伟赫：我觉得用纸盘更安全。

帝言：我们可以用塑料盘试一试。

教师：到底哪种材料最适合做鼓面？我们试一试。

实验与验证

　　幼儿分别用饭碗、纸盘、塑料盘进行效果对比，经过验证发现，塑料盘更适合做鼓面。

问题四：怎样把两侧连接钩相互连起来？

分析与讨论

世雅：我找到了螺丝钉，用螺丝钉可以打孔。

智萱：可是我们的力气太小了，打不了孔。

惠靖：我们可以请爸爸帮忙。

实验与验证

　　幼儿请爸爸在鼓面上打孔后，把连接钩一一钩在鼓面上。

图 26-14　鼓面连接工具图

问题五：什么材料适合做鼓绳？

分析与讨论

峻熙：渔线太细了，不牢固。

舒鸣：我们用彩带试一试吧。

庆珉：不，我觉得用麻绳最牢固。

实验与验证

幼儿分别尝试了渔线、彩带和麻绳，最终选定了麻绳。

阶段小结与反思

（一）幼儿

在第一次尝试制作长鼓的过程中，幼儿发现了"鼓声不够响亮"的问题，但是他们并没有气馁，而是进行了大胆的探索，尝试更换材料，以达到解决问题的目的。

（二）教师

首先，在活动的准备阶段，教师通过展示长鼓的图片及长鼓的表演视频引发幼儿对长鼓的好奇心，为幼儿制作长鼓的探究活动提供前期的知识准备。

其次，在制作长鼓的过程中，教师给予幼儿情感上的支持。教师通过家园合作的方式，为幼儿提供丰富的操作材料，满足幼儿探索与求知的欲望；当幼儿遇到困难时，教师及时给予幼儿鼓励与帮助，使幼儿建立解决问题的信心。

第二阶段活动

活动一：试试鼓声

幼儿拿着自己制作的鼓，与老师一起练习打节奏。

宗博：为什么鼓的声音不脆呢？

阎颖：对，声音也不够柔和。

世雅：木质笔筒太重，无法完全固定。

问题一：用什么材料做响声筒？

分析与讨论

润荷：我们应该换响声筒的材料。

伟赫：那我们选用塑料材质的东西来做响声筒吧。

帝言：那就用塑料笔筒吧。

宗博：不行，塑料笔筒太薄了，会影响
声音。

灿美：对了，我们用下水管做响声筒吧。

实验与验证

　　幼儿与教师一起练习打节奏时，发
现鼓声不脆、不柔和。幼儿通过积极讨论，最终选择用下水管做响声筒。

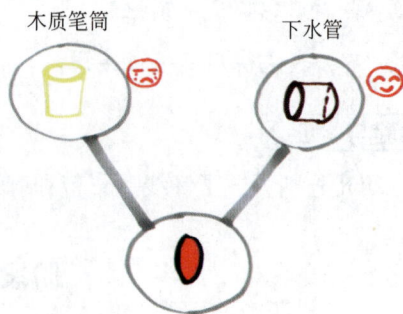

木质笔筒　　下水管

图 26-15　响声筒材料图

问题二：用什么材料做鼓身？

分析与讨论

庆珉：鼓身还是用方便面桶做吧。

世雅：方便面桶不硬实，容易坏。

承起：我们可以试一试塑料桶，它会比较
结实。

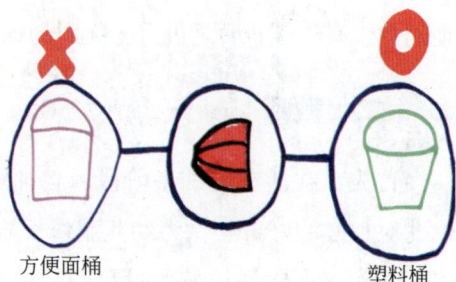

方便面桶　　　　　塑料桶

图 26-16　鼓身材料图

问题三：如何选择鼓面的材料？

分析与讨论

伟赫：有没有比纸盘更结实的材料呢？

炫宇：我觉得铁盘最好，怎么敲打也不会坏。

宥亿：但是铁盘声音刺耳。有没有更好的办法？

教师： 小朋友们，鼓面内侧与鼓面外侧有什么不同？

禹诚：长鼓的鼓面外侧和内侧不一样。

惠靖：外侧好像包了一层光滑的膜。

润荷：那我们在铁盘上贴一层膜。

猜想与假设

教师： 我们都可以选择什么材质的膜？

峻熙：用颜色好看的彩纸、包装纸，还可
以用布料。

承起：我们可以用和幼儿园长鼓鼓面一样

彩纸　　　包装纸　　　布料

图 26-17　鼓面贴膜材料选择图

的材质。

实验与验证

幼儿根据讨论出的方法去选择材料，在选择的过程当中，发现了外侧鼓面和内侧鼓面材质不同的问题。幼儿针对这个问题进行了探讨。

宗博：彩纸和包装纸太薄，布料太滑。

智萱：我们用皮料和铁盘做鼓面。

庆珉：左低音皮用两张皮料，右高音皮用一张皮料。

【教师支持：在幼儿裁剪皮料的过程中，教师提供了帮助，引导幼儿发现和思考问题，并用积极的态度去解决问题。】

活动二：连接鼓面

帝言：我们用彩带把两边的鼓面连起来。

舒鸣：不，用渔线连会更结实。

世恩：我们可以用绳子。

润荷：我们用较粗的麻绳吧。

问题一：怎样用麻绳正确地穿连两个鼓面？

分析与讨论

峻熙：我们从上面开始穿，还是从下面开始穿？

禹诚：我们用从上到下的方法一直穿。

教师：那我们都可以用哪些方法来把两边的鼓面连起来，并且连得更加牢固？

猜想与假设

世雅：我看到的鼓都不是直着穿绳的。

智萱：对，是交叉着穿绳的。

实验与验证

幼儿经过讨论，最后发现麻绳是最结实的。他们在教师的帮助下反复将麻绳交叉穿连，终于把两边的鼓面牢固地连起来了。

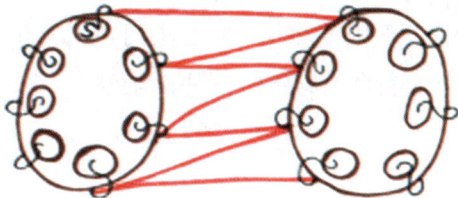

图 26-18　鼓面连接图

问题二：如何制作松紧带？

分析与讨论

承起：我们的鼓还缺点儿什么……

宥亿：我发现了！我们的鼓缺松紧带。

猜想与假设

帝言：我们用布料制作松紧带吧。

炫宇：可以用橡皮筋试一试。

河妍：我们用做完鼓面剩下的皮料做松紧带吧。

实验与验证

幼儿经过反复推测判断，最终用皮料顺利地制作出长鼓的松紧带。

【学习品质：幼儿在探索和制作的过程中，通过对不同材料的反复尝试，最终解决了难题，表现出敢于探究与尝试的学习品质。】

阶段小结与反思

（一）幼儿

在该阶段的活动中，幼儿对遇到的问题进行了反复分析与思考，在兴趣的驱动下积极地对生活经验进行了迁移，最终选择了恰当的材料，成功制作出长鼓。

（二）教师

首先，教师利用回顾反思的方法，印证预期与实际的异同，使幼儿的思考与制作过程可视化，鼓励幼儿不断发现问题、分析问题与解决问题。

其次，教师观察幼儿行为，并依此来制订并实施计划。通过与幼儿进行交流协商，教师和幼儿共同解决问题。在深度学习课题活动的推进中，教师引导幼儿不断进行联系与建构、理解与反思，提升幼儿思维层次，促进幼儿深度学习。

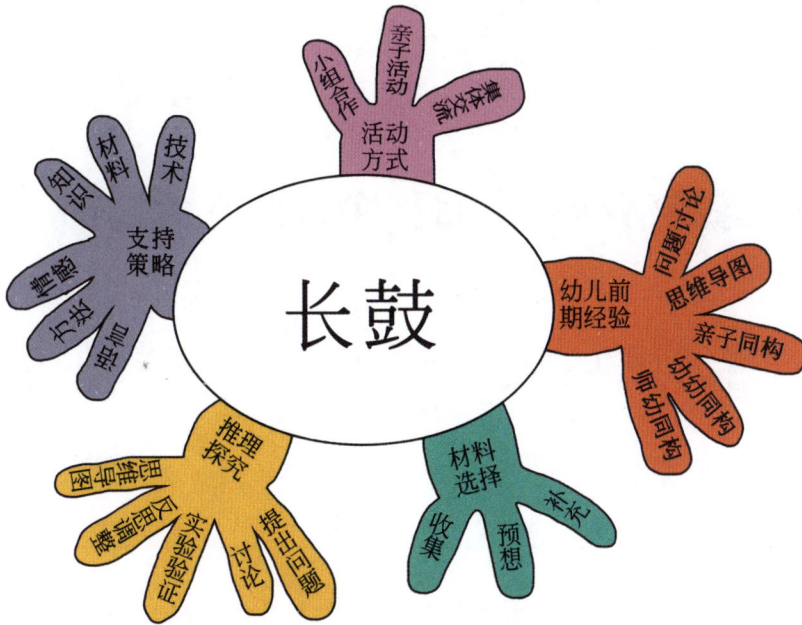

图 26-19　制作长鼓活动过程总结图

课题活动二十七：中九网红大滑梯

东北师范大学附小中信幼儿园　中九班　辛雯雯
（指导者：王姗姗）

选题缘由

　　滑梯是幼儿园里最受欢迎的游戏设施之一，但北方的冬天有时并不适宜玩滑梯。在入冬后的一次户外活动中，幼儿正准备玩滑梯时，发现滑梯被一层厚厚的霜雪覆盖着，而且非常凉，他们知道滑梯已经不能玩了。这时有幼儿提出："咱们班里要是有一个滑梯就好了，这样不管是下雪还是下雨，我们都可以随时玩滑梯了。"该幼儿的提议得到了大家的一致赞同。回到班级后，幼儿开始商讨怎样制作一个室内滑梯。要制作滑梯，幼儿需要了解滑梯的类型、构造和设计要求。制作过程中，幼儿还需要解决滑梯的选材、结构、连接等问题。因此，教师认为开展制作滑梯这一课题活动不仅能满足幼儿的好奇心和兴趣，活动本身就蕴含着丰富的教育价值。基于此，教师决定追随幼儿，支持幼儿开展制作滑梯的课题活动。

第一阶段活动

活动一：经验分享

教师： 你们在哪里见过滑梯？

辰辰：在幼儿园里。

安安：公园里也有滑梯。

乐乐：我家楼下就有滑梯。

教师： 滑梯是什么样子的？

安安：有直板的滑梯和旋转的滑梯。

辰辰：滑梯坡面很光滑，还很硬。

笑笑：滑梯下面的柱子是不会动的，固定在地上。

乐乐：滑梯还有台阶，没有台阶我们上不去。

【**教师支持：**为丰富幼儿的经验，教师带领幼儿仔细观察了幼儿园里的滑梯。】

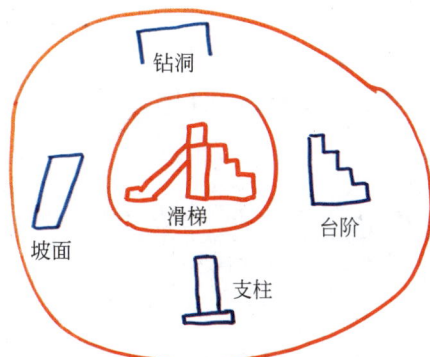

图 27-1　滑梯的构成图

活动二：设计图纸

教师：你们想设计什么样的滑梯？

辰辰：我想设计有两个滑道的滑梯。滑梯有一个台阶和一个梯子，小朋友们可以从台阶上来，也可以从梯子上来。

昊昊：我要制作旋转的滑梯。滑梯有三个滑道，小朋友们从梯子爬上来，然后钻过一个洞，就可以滑下来了。

朱朱：我就设计一个滑坡，小朋友们从台阶上来，然后钻过这个洞，再滑下来。

乐乐：我设计的是旋转滑梯，小朋友们从攀岩处爬上去，然后可以滑下来，也可以爬下来。

　　讨论结束后，幼儿把自己的设计想法画了出来。

【**学习品质：**在设计滑梯的过程中，幼儿充分发挥了自己的想象力和创造力，设计出了许多结构新颖的滑梯，表现出乐于想象和创造的良好学习品质。】

　　设计图画好后，幼儿开始介绍自己的设计图。最后，他们通过投票，选出了一个既实用又容易操作的设计，即朱朱的设计。

图 27-2　辰辰的设计图　　　图 27-3　昊昊的设计图　　　图 27-4　朱朱的设计图

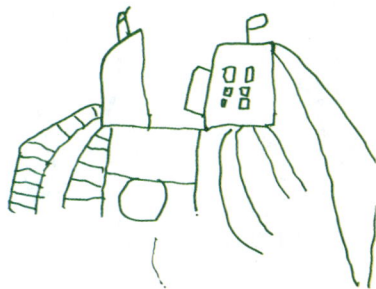

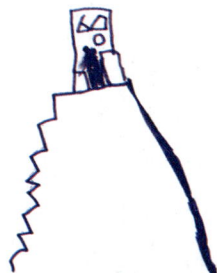

活动三：设计制作流程

教师：你们准备先制作什么呢？

安安：我们先制作坡面吧！

辰辰：我认为应该先制作支柱，不然坡面没办法固定。

乐乐：然后再制作钻洞和坡面。

昊昊：最后制作台阶，并把它们组合在一起。

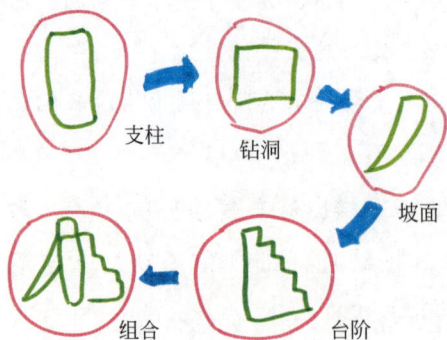

图 27-5　制作滑梯的流程图

活动四：收集材料和工具

教师：大家已经知道制作滑梯的流程了，接下来就要找材料了。要用什么材料做滑梯呢？

格格：我们可以先找来一些材料，看看哪些材料可以用。

昊昊：可以找一些木板。

格格：纸箱也可以。

乐乐：我们还需要剪刀和透明胶。

辰辰：纸壳和报纸也可以。

蓉蓉：报纸应该不行，太软了。

硕硕：那这也不够呀！

教师：滑梯的各个部分都可能用到哪些材料？

硕硕：奶粉罐可以做支柱。

格格：积木也可以。

辰辰：坡面得用纸板做。

乐乐：台阶可以用牛奶的箱子做。

　　最后，幼儿找来了纸箱、奶粉罐、积木、剪刀、水瓶、纸筒、透明胶、双面胶、木板片和报纸等材料和工具，并绘制了圆圈图。

图 27-6　收集到的材料和工具

阶段小结与反思

（一）幼儿

教师引导幼儿使用思维地图梳理了课题活动的过程。教师引导幼儿使用流程图绘制了制作滑梯的步骤，使用气泡图总结了收集的材料和工具。最后，教师引导幼儿使用流程图对这一阶段的活动进行了回顾和总结。

（二）教师

首先，教师丰富幼儿的知识和经验。在设计滑梯前，教师没有直接向幼儿讲解滑梯的构造，而是引导幼儿回顾已有经验，并通过实地观察让幼儿对滑梯的组成部分有一个清晰的了解和认识。通过观察，幼儿知道了滑梯的基本结构和特征，如滑梯由支柱、钻洞、台阶和坡面组成。这为幼儿设计和制作滑梯奠定了坚实的基础。

其次，教师通过提问引发幼儿思考。例如，在进行收集材料的活动时，教师首先引导幼儿讨论制作滑梯需要什么材料，从而让幼儿有目的地收集。但教师的问题似乎没有完全打开幼儿的思维，于是教师又问："滑梯的各个部分都可能用到哪些材料？"在教师的追问下，幼儿想到了许多适合建造滑梯的材料。

再次，教师为幼儿提供一个能使他们感到温暖、平等和自由的支持性环境。例如，在设计滑梯时，教师给幼儿营造了一个宽松、自由的讨论环境，鼓励他们大胆表达自己的想法。在教师的支持下，幼儿设计出了许多新颖、富有想象力的滑梯。

第二阶段活动

活动一：制作滑梯支柱

问题一：哪种材料适合做支柱？

分析与讨论

辰辰：做支柱需要高一点儿和结实一点儿的东西。

硕硕：木头很结实，很硬。

安安：我们可以用铁柱，铁柱又重又高，操场上的滑梯用的就是铁柱。

乐乐：我们拿不动铁柱，我们也没有铁柱。用大纸箱呢？

欢欢：轮胎也很重，很结实。

猜想与假设

通过讨论，幼儿决定用纸箱、铁柱、木头、轮胎这四种材料来尝试制作滑梯的支柱。

实验与验证

安安：咱们没有找到铁柱，那就用木头吧！

乐乐：这些木头块太小了，也不是很重。

辰辰：轮胎太重了，我用了好大的力气才把轮胎滚过来。轮胎也太矮了。

辰辰：咱们用纸箱试试吧。班里有很多纸箱，而且纸箱也很轻，我们拿得动。

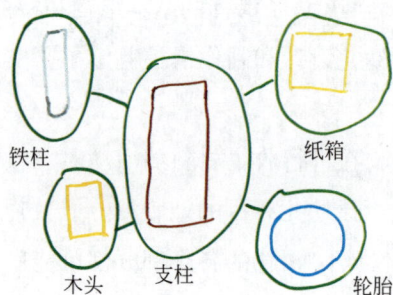

图 27-7　支柱的选材图

图 27-8　验证后确定材料为纸箱

问题二：纸箱易破怎么办？

当幼儿用手压着纸箱，准备测试支柱的坚固度时，发现纸箱用手一压就破了。于是幼儿开始讨论怎样才能让纸箱变得更结实。

分析与讨论

教师：为什么纸箱这么容易就破了？

安安：纸箱太软了，一踩就坏了。

昊昊：因为纸箱里面是空的，所以纸箱就很软。

辰辰：我们可以在纸箱里装满东西，这样纸箱就结实了。

硕硕：然后我们再把纸箱粘到一起，就更结实了。

猜想与假设

乐乐：我们用水瓶、奶粉罐和积木试试吧！

硕硕：再找一些硬纸壳和积木，把这些装到纸箱里，纸箱就结实了。

辰辰：纸箱填满后，我们再将它们用透明胶粘到一起。

实验与验证

昊昊：纸团和水瓶太软了，放进去没有用。

硕硕：积木太小了也不行，积木都放进去，我们以后就没积木玩了。

辰辰：奶粉罐倒着放进去，高度和纸箱一样，很结实。

硕硕：可是奶粉罐不够啊！

教师：这边还有哪些材料可以用？

【**教师支持**：看到幼儿陷入困境，教师及时提出问题，帮助幼儿找到合适的材料。】

安安：还有纸壳，把纸壳卷成卷放进去，应该也可以。

辰辰：对，我们做过一个纸桥的科学实验，白纸卷起来后很结实。

【**经验迁移**：幼儿把过去制作纸桥的经验迁移到填充纸箱的活动中，认为纸壳卷起来也会很结实。】

【**学习品质**：在填充纸箱的过程中，尽管幼儿遇到了困难，但他们并未放弃，而是进行了多次尝试，表现出不怕困难、敢于探究和尝试的良好学习品质。】

图 27-9　纸箱被踩坏

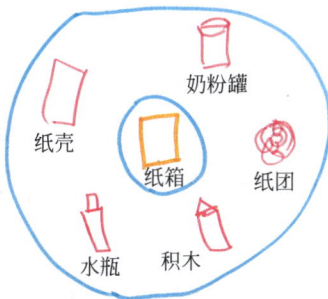

图 27-10　预想的填充纸箱的材料

图 27-11　用纸壳卷填充纸箱

活动二：制作滑梯钻洞

幼儿填充好纸箱并用透明胶粘好后，开始制作支柱上面的钻洞。

问题一：制作哪种形状的钻洞？

分析与讨论

蓉蓉：我们也可以用纸箱制作钻洞。

贝贝：做什么形状的呢？

猜想与假设

蓉蓉：我们可以做一个圆形的，就像钻圈一样。

乐乐：我觉得方形的容易做一些。

欢欢：我认为三角形的像小房子一样。

硕硕：我认为半圆形的好看。

实验与验证

贝贝：三角形的支撑不住，两边总是往下倒。

西西：圆形和半圆形的上面是弯的，可纸箱是方形的，上面用什么材料呢？

格格：我们直接用纸箱搭建一个方形的钻洞吧，既结实又容易搭。

问题二：制作多大的钻洞？

分析与讨论

蓉蓉：制作大一点儿的钻洞吧，这样小朋友很容易钻过去。

贝贝：钻洞太大的话，放在支柱最上面的纸箱就没办法搭了，纸箱不够长。

昊昊：钻洞不能比支柱大，不然没有地方放钻洞。

实验与验证

　　幼儿将钻洞搭成和支柱一样的宽度后便开始试验，以验证钻洞的大小是否足够小朋友通过。幼儿试验后发现钻洞需要两个纸箱的高度，钻洞太矮的话不容易通过。

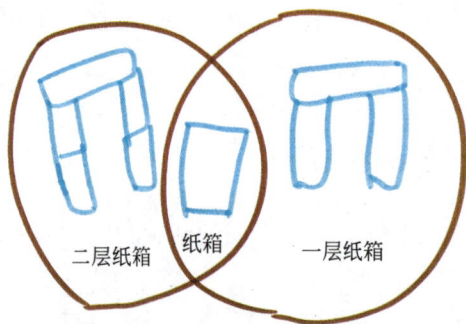

图 27-12　钻洞的设计图

图 27-13　验证能否通过钻洞

活动三：制作滑梯坡面

问题一：哪种材料适合做坡面？

分析与讨论

可可：现在该做坡面了。

辰辰：对，没有坡面滑梯就不能滑。

硕硕：那用什么材料做坡面才好呢？

猜想与假设

可可：木板很平，我们可以把木板拼到一起当作坡面。

辰辰：塑料也很滑，我认为用塑料片制作坡面更合适。

安安：我见过铁滑梯，我们用铁板制作
滑梯坡面吧！

硕硕：用纸箱应该也可以！

实验与验证

辰辰：铁板很重，我们拿不动。

安安：塑料片太脆了，容易坏掉。

乐乐：把小木板拼成一个大木板，大木
板容易断。

辰辰：我们有好多纸箱，还是用纸箱吧。

昊昊：大纸箱压扁之后正好做坡面。

图 27-14　用拆开的纸箱做坡面

问题二：坡面和支柱之间有大空隙怎么办？

幼儿发现坡面和作为支柱的纸箱中间有很大的空隙，有空隙的地方坡面有些软，容易坏。

分析与讨论

安安：这个坡面太软了，一坐上去肯定就塌了。

辰辰：坡面和支柱没有挨在一起，中间有好大的空隙。

昊昊：我们把东西塞到空隙里。

猜想与假设

辰辰：我们把小一点儿的纸箱放到这个空隙里。

昊昊：纸箱不行，纸箱放不进去。这个空隙是三角形的，纸箱是方形的，它们不是一个形状。纸箱比空隙大，放不进去。

【经验迁移：幼儿根据以往的图形配对经验，知道方形的纸箱不能放入三角形的空隙中。】

硕硕：用水瓶和玻璃瓶也行。

辰辰：水瓶不行，太软，我们把石头放到空隙里。

月月：用纸筒和报纸，报纸可以根据空隙大小变大变小。

教师： 你们可以将这些材料都拿来试一试，然后看看哪个合适。

实验与验证

硕硕：这个报纸团太软了，塞到空隙里没有作用。

安安：小纸箱放不进去。

辰辰：因为纸箱是方形的，这个空隙是三角形的。

昊昊：玻璃瓶和奶粉罐可以放进去，还很结实。

辰辰：我们把瓶子用透明胶固定一下，粘到支柱上，这样就能把坡面支撑起来了。

图 27-15　使用瓶子填空隙

　　两名幼儿用手固定住瓶子，另一名幼儿用透明胶将这些瓶子粘到支柱上，再用剪刀将透明胶剪断。他们为了把瓶子粘得更结实，用透明胶粘了好多遍。

问题三：坡面和支柱之间有小空隙怎么办？

分析与讨论

乐乐：瓶子放进去后，坡面和支柱之间还有小的空隙。

辰辰：有小空隙的地方，坡面还是有些软。

乐乐：我们需要把小空隙也填满。

欢欢：用什么东西才能将小空隙填满呢？

猜想与假设

昊昊：我们把小一点儿的瓶子放到里面就行了。

安安：我们把积木放到这个空隙里吧！

辰辰：不行不行，积木不是圆形的。

硕硕：咱们还是用纸壳吧！

辰辰：我们可以像填充纸箱一样，再把纸壳卷起来试一试。

实验与验证

昊昊：积木的形状不合适，放不进去，我们还是用瓶子吧！

安安：可是瓶子太大，空隙太小，也放不进去。

辰辰：我们把纸箱拆开，然后卷成卷放到里面。

硕硕：纸箱太硬了。我们用脚把纸箱踩扁，再把它们折叠成和空隙一样大小的纸卷吧！

蓉蓉：我们两个人一组，一人卷纸卷，一人用透明胶固定纸卷。

辰辰：我负责填空隙，硕硕你找空隙。

　　通过幼儿的分工和合作，空隙很快就被填满了。填好后，幼儿用手压着坡面，测试了坡面是否坚固，结果表明坡面非常坚固。

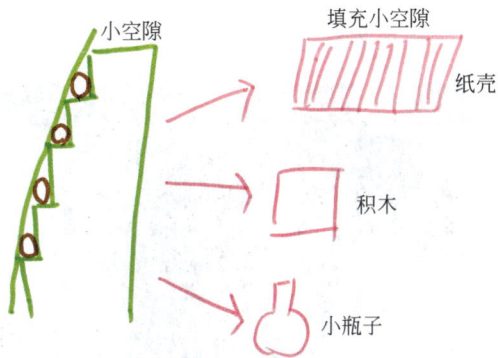

图 27-16　预想的填充小空隙的材料

图 27-17　将纸卷塞入小空隙

问题四：为什么坡面不够滑？

　　制作好坡面后，幼儿进行了试滑，但下滑的时候并不顺畅，人滑到一半的时候停在了滑梯中间，需要用手辅助才能滑下来。

分析与讨论

教师：为什么你们滑到一半就滑不动了？

硕硕：可能是因为滑梯坡面倾斜度不够。

昊昊：我认为是因为滑梯表面不光滑。

朱朱：我知道这可能是摩擦力导致的，纸壳的摩擦力大。

【科学原理：摩擦力。接触面粗糙程度不同，摩擦力大小也不同。幼儿认为纸壳板做的滑梯坡面较为粗糙，导致摩擦力较大，下滑时不够顺滑。】

图 27-18　滑梯不滑

猜想与假设

教师：那怎样才能让坡面变得更光滑呢？

月月：我们能不能在这上面铺点儿什么呢？

安安：我们找一块滑溜的布放到坡面上。

辰辰：也可以找一张光滑的纸铺到上面。

实验与验证

教师带领幼儿收集了材料。

美美：我试了，布不行，一点儿都不滑。

辰辰：这个纸摸上去很光滑，我们贴上试一试。

月月：我们一起把它贴上去。

贴上光滑的纸后，幼儿进行了试滑，他们都很顺利地滑了下来。

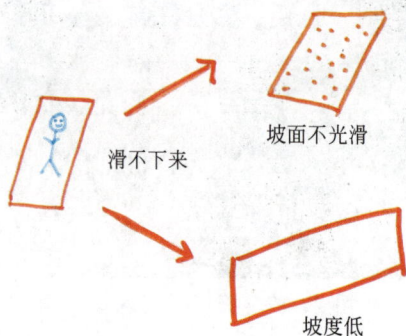

图 27-19　滑不下来的原因分析图　　　图 27-20　给坡面贴上光滑的纸

活动四：制作滑梯台阶

问题一：什么材料适合制作台阶？

分析与讨论

教师：我们可以用什么材料制作台阶呢？

辰辰：可以用塑料箱当台阶。

硕硕：把酸奶盒叠到一起，变高就是台阶了。

朱朱：像搭积木一样，把积木堆到一起当台阶。

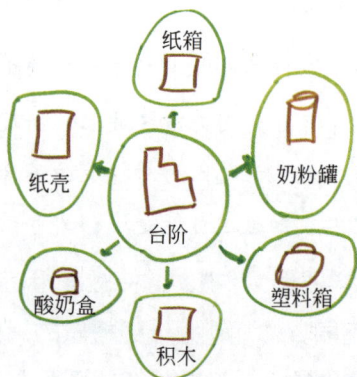

图 27-21　制作和填充台阶的材料

朱朱：塑料箱和酸奶盒一踩就坏了，不结实。

安安：我们应该还用纸箱，就像之前制作支柱一样。

辰辰：把纸箱也进行填充，纸箱就结实了。

昊昊：和填充支柱一个方法，用奶粉罐和纸壳当填充材料。

实验与验证

　　幼儿将纸箱用奶粉罐和纸壳卷成的硬纸卷进行填充，并用透明胶固定住，使得纸箱结实了很多。

问题二：台阶表面为什么不平稳？

　　将纸箱填充完毕并粘贴固定好后，幼儿慢慢地走了上去，发现纸箱虽然已经很结实了，但是台阶的表面却不是很平稳。

分析与讨论

硕硕：这个台阶踩上去，人就像要摔倒似的，一点儿都不稳。

辰辰：纸箱的面都是平的，怎么会不稳呢？

月月：是不是有的纸箱里面填充的东西太多了？

安安：有这个可能，所以纸箱可能有高有低。

图 27-22　检验台阶的平稳性

猜想与假设

辰辰：我们在上面铺点儿什么吧！

安安：用水泥，工人叔叔就是用水泥盖房子的，房子盖得稳稳当当。

月月：老师那里有厚厚的板子，可以铺在上面。

实验与验证

　　幼儿并未在幼儿园里找到水泥，只找到了厚板子。把厚板子拿来后，他们开始试验是否可以使用。

乐乐：这块厚板子铺上去，台阶平稳多了。

辰辰：可是用透明胶根本没法把厚板子和台阶粘到一起，该怎么办？

月月：老师用热熔胶给我粘过发夹，粘得特别结实，我们可以找老师用热熔胶帮忙粘。

　　得知幼儿需要帮助后，教师使用热熔胶帮幼儿把厚板子固定到了台阶上。

【**教师支持：**由于幼儿多次使用透明胶都无法粘住厚板子和台阶，且使用热熔胶对于幼儿来说较为危险，教师便使用热熔胶帮助幼儿将厚板子和台阶进行了固定。】

阶段小结与反思

（一）幼儿

在这一阶段，教师引导幼儿使用思维地图对活动进行了反思。例如，幼儿绘制了思维地图，总结滑梯滑不下来的原因。此外，教师还引导幼儿使用思维地图对思维过程进行了展现，如使用括号图总结了预想的填充小空隙的材料，用气泡图绘制了预想的支柱选材以及填充纸箱的材料等。最后，幼儿还使用树状图对第二阶段活动进行了回顾。

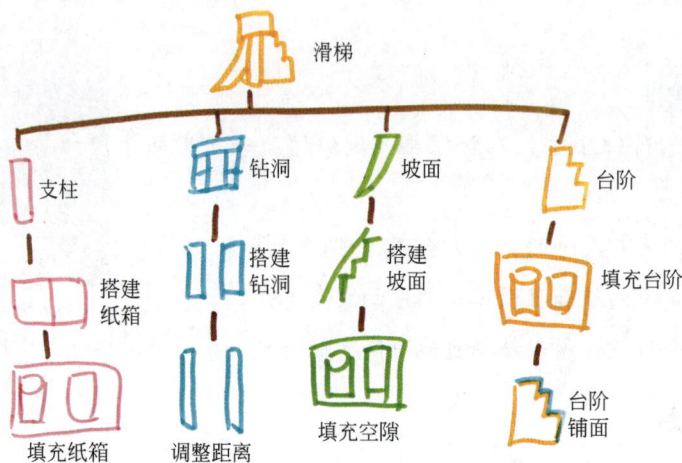

图 27-23　滑梯各组成部分的制作过程图

（二）教师

首先，教师通过在适当的时候提出问题，引发幼儿思考，推动问题的解决。例如，幼儿在填充纸箱时发现奶粉罐不够，不知道还能使用什么材料填充，教师进行了介入，但教师并没有告诉幼儿使用何种材料填充，而是让幼儿再看看周围的材料。果然，幼儿在看到纸壳后，立即想到纸壳卷起来后可以作为填充材料。

其次，教师给予幼儿充足的探索时间。幼儿在制作滑梯时多次遇到难题，如纸箱易破，以及坡面和支柱之间有大空隙和小空隙。但无论哪一次，教师都未直接告诉幼儿解决问题的办法，而是给予幼儿足够的时间，让他们自由探索，自主寻找解决问题的措施。

再次，教师提供材料方面的支持。当幼儿确定所用材料后，教师每次都会和幼儿一起寻找材料，在材料方面为幼儿提供支持。

最后，教师提供技术方面的支持。在粘贴台阶平面时，幼儿遇到了较大的困难，而且使用热熔胶对幼儿来说较为危险。教师及时提供了技术上的帮助，使幼儿顺利地解决了问题。

第三阶段活动

活动一：组装滑梯

问题一：如何组装滑梯？

分析与讨论

乐乐：滑梯的各部分制作好了，我们怎样连接呢？

辰辰：一定要连接结实，要不容易坏掉。

猜想与假设

欢欢：用钉子把它们钉到一起。

硕硕：可以用透明胶把它们粘到一起。

安安：可以请老师帮忙用热熔胶连接。

实验与验证

美美：钉子不行，会把纸箱弄坏的。

笑笑：用透明胶粘得不结实，滑梯有一些晃动。

月月：透明胶和热熔胶咱们都用上，一定粘得结实。老师之前帮咱们粘台阶就用的是热熔胶。

乐乐：我们用透明胶再缠一圈，这样粘得会更结实。

图 27-24　用透明胶粘滑梯各部分

图 27-25　幼儿玩滑梯

滑梯组合好后，幼儿又对滑梯进行了装饰。装饰好后，他们便开始玩滑梯。现在，滑梯不仅牢固，幼儿也能顺利地滑下来。

活动二：起名和制定规则

问题一：滑梯叫什么名字？

分析与讨论

昊昊：我们的滑梯这么好看，叫彩虹滑梯吧！

辰辰：叫网红大滑梯吧！"网红"这个词现在可流行了。

安安：我们是中九班，加上我们班的名字。

经过讨论，幼儿最终为滑梯起了一个时尚的名字——中九网红大滑梯。

问题二：玩滑梯要有什么样的规则？

幼儿特别爱护自己建造的滑梯，于是他们开始讨论玩滑梯的规则。

分析与讨论

安安：这个滑梯不知道可以承受多大的重量，万一小朋友太重了，就会压坏滑梯的。

美美：我们可以让硕硕先来试试，他是咱们班最高最重的。

硕硕：我60斤。

辰辰：你们看，滑梯可以承受住硕硕的重量，玩滑梯的人不能超过硕硕的体重。

图 27-26　游戏规则　　　图 27-27　游戏

教师：只有重量要求吗？

硕硕：对，我们还得制定其他规则，让大家按照游戏规则来滑滑梯。

辰辰：不能用力踩滑梯，这样滑梯会坏的。咱们要排队，一个一个玩。

乐乐：去游乐场需要买票，玩我们的滑梯也需要买票。我们可以制作滑梯游戏卡，出示游戏卡后才能滑。

讨论后，幼儿设计了游戏卡，并把写有游戏规则的规则卡贴在了滑梯上。

阶段小结与反思

（一）幼儿

在这一阶段，教师引导幼儿使用思维地图绘制了组合滑梯需要使用的工具。在活动结束后，教师引导幼儿回顾了整个制作过程，并让幼儿诉说自己在制作过程中遇到了哪些困难，又是如何解决困难的，同时使用流程图对整个制作过程进行了回顾和梳理。

（二）教师

组装好滑梯后，幼儿开始给滑梯命名，并能够积极主动地制定玩滑梯的规则。在整个过程中，教师没有直接干预，而是让幼儿自主讨论和协商，允许他们按照自己的意愿制定游戏规则。规则确定后，教师和幼儿一起制作了规则卡和游戏卡。整个过程完全由幼儿自发组织，幼儿在活动中体现了较强的责任意识和合作意识。

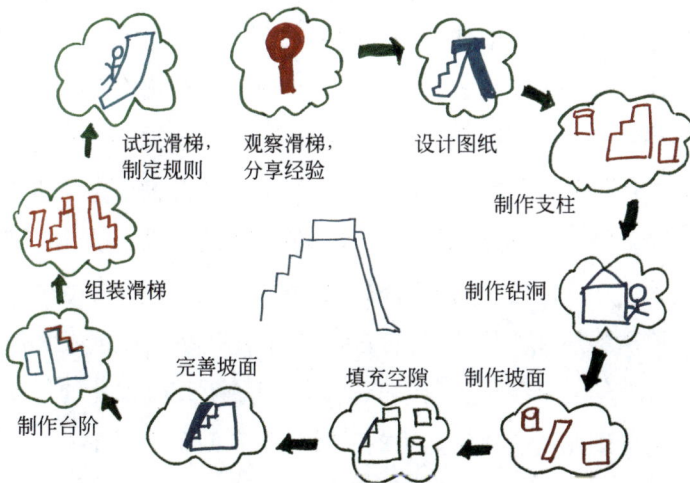

图 27-28　滑梯制作流程图

课题活动二十八：移动的城堡——蒙古包

内蒙古兴安盟乌兰浩特市第一幼儿园　大二班　赵贺佳　马慧敏　张晶

张欢　许珍

（指导者：温颖　高慧艳）

选题缘由

　　春日踏青主题活动后，幼儿纷纷拿着和父母一起郊游的照片与大家分享。腾腾照片中的蒙古包引起了其他幼儿的兴趣和关注。大家开始讨论起了哪里有蒙古包和蒙古包是什么样子的等问题，热烈的讨论引发了幼儿想要自己建造蒙古包的想法。蒙古包是内蒙古最有特色、最具代表性的民居建筑，然而幼儿只是见到过蒙古包，在蒙古包里吃过饭，却没有深入地了解过蒙古包。这次幼儿主动提出要建造一个蒙古包，是一个很好的教育契机，教师以此契机为基础，带领幼儿开展了深度学习活动。在活动中，幼儿将深入了解蒙古包的特点及构造，了解蒙古包的建筑元素和原材料的性质等知识，在搭建过程中不断发现问题和解决问题。这个活动不仅可以使幼儿掌握许多科学原理，而且能够促进幼儿的搭建能力与探究能力的提高，促进幼儿高阶思维能力的发展，也有助于幼儿在探究过程中形成优秀的学习品质。由此，我们开启了一场蒙古包的探究之旅。

第一阶段活动

活动一：经验分享

教师：你们都在哪里见过蒙古包？

淼淼：我在大草原上见过蒙古包。

贝贝：我在妈妈工作的学校里见过蒙古包。

腾腾：我周末和爸爸妈妈去花香小镇时看见了蒙古包。

教师：你们见过的蒙古包都有哪些组成部分呢？请大家合作，把它们画下来吧。

图 28-1　第一组蒙古包的
构造　　　图 28-2　第二组蒙古包的
构造　　　图 28-3　第三组蒙古包的
构造

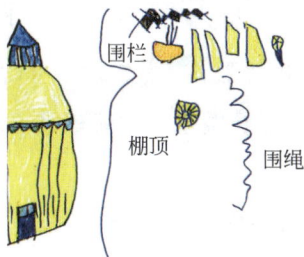

活动二：经验分享

教师：请说一说你了解的关于蒙古包的知识。

晨晨：听爷爷说，蒙古包是牧民的房子，它还能搬来搬去呢。

豪豪：那是因为羊把周围草吃光了，羊要换地方吃草，所以人也要把蒙古包搬走。

溪溪：蒙古包也有门，但是我见过的蒙古包，外面还要用绳子缠起来，不知道是什么原因。

翰翰：蒙古包不是用土和砖建的。我也不知道用的是什么材料。

图 28-4　家长讲解蒙古包的知识

航航：应该是布吧，而且是很结实、不怕风吹日晒和雨淋的那一种布，真是很神奇。我回去要好好问问爸爸，看看那是什么布。

腾腾：蒙古包的形状比我们的房子好看，它是圆圆的，还有个尖尖的顶。

　　从这次讨论中可以看出，幼儿对蒙古包的知识了解得不多且不够准确。贝贝的妈妈是一位教蒙古语的教师，对蒙古族文化有更深入的了解。教师充分利用家长资源，邀请她到幼儿园为大家讲解了相关知识。

活动三：经验分享

教师：你们知道该如何搭建蒙古包吗？

森森：蒙古包应该建成圆形的。

晨晨：我觉得应该先建个底座。

教师：老师查了一些关于如何搭建蒙古包的资料，我们一起来看一下吧。

【教师支持：教师收集了关于如何搭建蒙古包的文字、图片及视频资料，并将相关资料分享给幼儿，丰富了幼儿对于搭建蒙古包的认知。**】**

阶段小结与反思

（一）幼儿

幼儿在分享经验的过程中，对蒙古包有了初步的了解，知道了蒙古包的外形特征、蒙古包的用途及蒙古包的建造地点。通过教师和家长的讲解，孩子们进一步了解了蒙古包的结构和搭建蒙古包的材料。为了方便后续的搭建，幼儿用思维地图将蒙古包的结构进行了总结。

图 28-5　蒙古包结构总结图

（二）教师

首先，教师引导幼儿绘制了相关的思维地图，帮助幼儿梳理了关于蒙古包结构的知识。在活动最开始，教师先引导幼儿使用思维地图将他们所了解的蒙古包的结构进行了总结，经过讨论和讲解后，教师再次引导幼儿使用思维地图将了解到的蒙古包的结构知识进行了梳理，这有助于幼儿理解蒙古包的整体构造，为幼儿后续的搭建活动打下了良好的基础。

其次，教师营造了一个轻松愉快的讨论氛围，为幼儿提供了情感支持。教师在幼儿讨论过程中不断鼓励幼儿大胆发言，并在适当时机告诉幼儿相关知识，提醒幼儿不要偏离主题，帮助幼儿顺利地开展关于蒙古包的讨论活动。

最后，教师为幼儿提供了相关的知识支持，丰富了幼儿的认知。例如，教师邀请家长来幼儿园为幼儿讲解蒙古包的相关知识，查阅有关蒙古包的资料并分享给幼儿，这让幼儿知道了蒙古包的结构和建造等知识，丰富了幼儿的认知结构。

第二阶段活动

经过第一阶段的讨论和分享，幼儿对搭建蒙古包产生了浓厚的兴趣，迫不及待想要建造一个自己心中的蒙古包。

活动一：设计蒙古包

贝贝：我设计的蒙古包有一双手，用来拥抱大自然。

腾腾：我还要在蒙古包上面画上花纹。

淼淼：我要用木棍搭建一个蒙古包。

豪豪：我设计的蒙古包上面还有一个叉子。

图 28-6 幼儿设计的蒙古包（1）

图 28-7 幼儿设计的蒙古包（2）

图 28-8 幼儿设计的蒙古包（3）

图 28-9 幼儿设计的蒙古包（4）

图 28-10 幼儿设计的蒙古包（5）

图 28-11 幼儿设计的蒙古包（6）

活动二：设计蒙古包的搭建流程

腾腾：我们先把哈那（围栏）连起来吧！

贝贝：对，哈那（围栏）连接好之后，再把蒙古包顶上的乌尼（棚顶框架）和哈那（围栏）连接起来。

豪豪：那要先做个乌得（门），和哈那（围栏）连在一起。

腾腾：我觉得豪豪说得对，必须先做哈那（围栏）和乌得（门），然后才能做乌尼（棚顶框架）。

豪豪：乌尼（棚顶框架）做好后，我们就可以给蒙古包穿衣服啦。

萱萱：我来把搭建过程画下来，这样我们就可以根据设计的步骤开始施工啦！

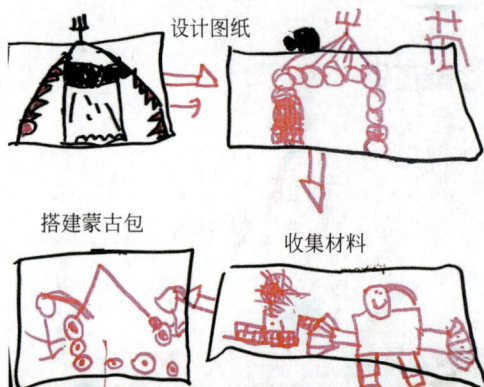

图 28-12　活动总体流程图

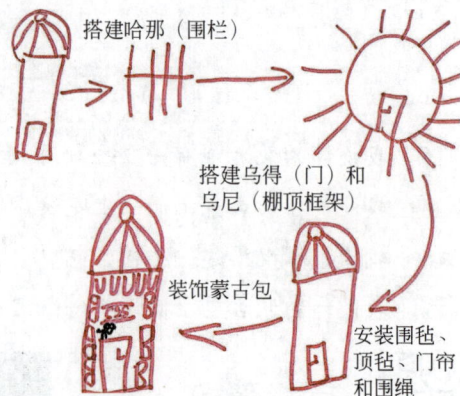

图 28-13　蒙古包的搭建流程图

【学习品质：幼儿热烈地讨论了蒙古包的搭建流程，并主动绘制了活动的总体流程图和蒙古包的搭建流程图，表现出积极主动的学习品质。】

活动三：搭建哈那（围栏）

问题一：什么材料适合搭建哈那（围栏）？

第一次尝试

分析与讨论

腾腾：我们先来看看用什么材料搭建哈那（围栏）吧。

豪豪：咱们得用结实的材料，这样搭建出来的蒙古包才坚固。

猜想与假设

贝贝：我们用地垫围一个哈那（围栏）吧。

晨晨：不行，地垫之间连接不好，蒙古包会倒的。我们要选择结实一点儿的材料。

豪豪：我觉得可以用积木块、轮胎或油桶来搭。

贝贝：用我们户外玩的 PVC 管行不行呢？

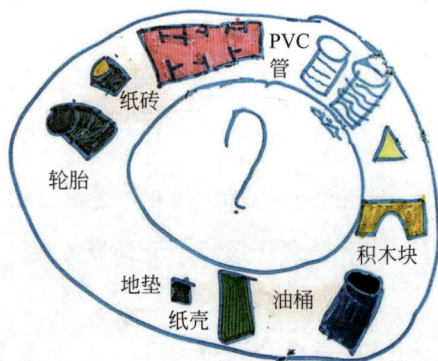

图 28-14　搭建蒙古包所需材料汇总图

腾腾：要不我们用纸壳来搭？

豪豪：纸壳太软了吧，大风一刮就倒了，而且还怕雨淋。

睿睿：要不我们用真正的砖来建一个吧！

贝贝：不行！砖太重了，容易砸到我们，而且建成的蒙古包也不方便移动。

腾腾：那我们可以用纸砖，纸砖轻，既不会砸到我们，建成的蒙古包又方便移动。

教师： 你们可以把这些材料都试一试，看看能不能搭成圆形的哈那（围栏）。

【教师支持：教师帮助幼儿收集所需材料，并鼓励幼儿大胆尝试搭建哈那（围栏）。】

实验与验证

　　幼儿分别尝试使用纸砖、PVC 管、轮胎等材料搭建哈那（围栏），结果发现这些材料本身及搭建出的哈那（围栏）都存在着不同程度上的问题，比如材料大小不统一，哈那（围栏）空间小且不牢固等。教师带领幼儿用表格对问题进行了总结，具体如表 28-1 所示，幼儿也绘制了相关思维地图。

图 28-15　纸砖搭建图　　图 28-16　PVC 管　　图 28-17　轮胎搭建图
搭建图

表 28-1　蒙古包搭建材料存在的问题及搭建效果

材料	存在的问题	搭建效果
纸砖	用纸砖搭建的蒙古包不牢固，一碰就倒	☹
PVC 管	PVC 管难以连接	☹
轮胎	用轮胎搭建的蒙古包占地面积太大，中间可利用的空间小	☹

第二次尝试

分析与讨论

贝贝：刚才那些材料都不行呀，咱们得用别的材料试试。

教师：有没有哪种材料比咱们用的这些更牢固，更容易固定，而且占地面积更小呢？

森森：我在大草原上见过的蒙古包是用木头建的，要不我们就用木头试一试吧。

贝贝：森森说的很好，我们就选择木头这种材料吧。

猜想与假设

豪豪：我们要用哪种木棍呢？木棍有的粗，有的细，有的长，有的短。

腾腾：我们要用长木棍，而且要粗细一样的。用短木棍搭建的蒙古包太矮了，粗细不一样的木棍看着不美观，也不好连接和固定。

图 28-18　观察木棍

　　森森比对了一下幼儿的身高和木棍的长度，选定了其中的一根木棍。

森森：我看这根长的木棍高度就差不多，这样我们进去玩游戏也不会撞头。

教师：搭建的时候要用一样长的木棍。你们可以测量出所需木棍的长度，然后根据这个长度去收集合适的木棍。

实验与验证

贝贝：我们把找到的木棍量一下，看看有多长。

豪豪：你来量，我负责记录。

　　幼儿将长度不一的木棍进行比对和测量，并记录测量结果，最后将长度定为1.6 米。

【教师支持：教师为幼儿提供测量工具——卷尺，并教会幼儿卷尺正确的使用方法。】

图 28-19　比对木棍　　　　图 28-20　测量木棍　　　　图 28-21　记录测量结果

问题二：如何将木棍拼搭成哈那（围栏）？

分析与讨论

睿睿：木棍的长度确定了，我们怎样
　　　将木棍围成哈那（围栏）呢？

猜想与假设

贝贝：可以一根挨着一根绑在一起，
　　　最后在中间横着放一根。

腾腾：两根交叉，再把四周围起来，
　　　这样更能固定住吧。

豪豪：可是，那样就变成正方形了，
　　　还能围成圆形吗？

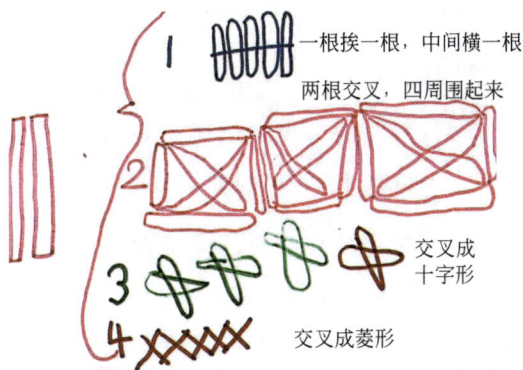

图 28-22　木棍拼搭方法汇总图

睿睿：我看视频中搭建蒙古包的木棍好像都是打叉形状的呢，这样是不是能更结
　　　实呢？

教师：我们可以来试一试，看看哪种方法更合适。

实验与验证

　　　幼儿通过动手实践，分别验证了所提出的四种拼搭方法的效果。他们发现用第一种方法不能将木棍围成圆形；用第二种方法拼搭太复杂，需要材料过多；用第三种方法拼搭出的哈那（围栏）不稳固；用第四种方法拼搭既简单，搭出的哈那（围栏）又很稳固。

【科学原理：菱形结构的特点。菱形可以伸缩，这种发现使建筑的动态性，即房屋的结构需要满足可移动、轻便和便于拆卸的要求有了实现的可能。把木棍交叉成菱形，可以使搭建出的哈那（围栏）既稳固又能伸缩，是最适合建造蒙古包哈那（围栏）的方法。】

　　　在尝试不同拼搭方法的过程中，幼儿使用绳子连接木棍，但是发现绳子容易崩开。所以在选出合适的木棍拼搭方法后，幼儿还要解决"选取合适的材料连接木棍"这一问题。

问题三：用什么材料连接木棍？

分析与讨论

教师：刚才大家发现用绳子连接木棍，绳子容易崩开。那我们还可以用什么东西连接木棍呢？

豪豪：用铁丝应该很牢固。

贝贝：我见过爸爸在家里用扎带把东西扎得特别紧。

猜想与假设

教师：你们觉得用哪种材料连接木
　　　棍效果会更好些呢？

森森：我觉得贝贝说的扎带应该比
　　　绳子和铁丝都好些。

豪豪：用铁丝的话，稳固是很稳固，
　　　可是我们也拧不紧啊！

贝贝：要不我带一些扎带过来，咱
　　　们试一下！

腾腾：我还见过用螺丝钉和钉子固
　　　定的蒙古包。

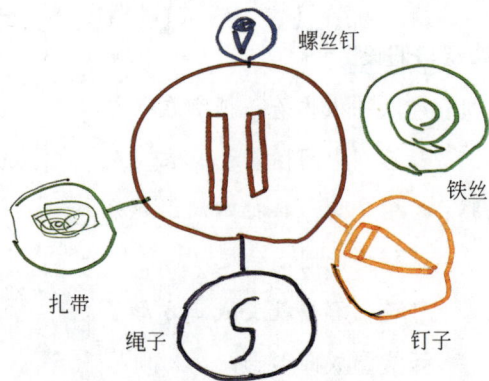

图 28-23　木棍连接材料汇总图

实验与验证

　　幼儿在幼儿园里寻找到了绳子、铁丝，贝贝带来了扎带，收集到材料之后，幼儿开始验证。首先，幼儿尝试用绳子绑木棍，发现棍子绑不住。然后，幼儿尝试用铁丝固定木棍，但是发现他们力气不够，无法拧紧铁丝，而且铁丝很扎手。幼儿又用扎带进行尝试，发现如果扎带系得松，棍子会晃动，扎带系得太紧，扎带又会出现断裂的现象。

贝贝：我还画了螺丝钉和钉子呢，可是需要用电钻打孔才能安上螺丝钉。

豪豪：我们可以请老师帮我们打孔。

　　幼儿测量并标记出需要打孔的地方，教师协助他们在木棍上打孔，幼儿成功地用螺丝钉和钉子连接好了木棍，做成了哈那（围栏）。

【**教师支持：**教师为幼儿提供了连接木棍所需的各种材料，并帮助幼儿用电钻在木棍上打孔。】

【**学习品质：**幼儿尝试使用多种材料连接木棍，通过积极动手操作与探索选出了最合适的材料，表现出敢于探究和尝试的学习品质。】

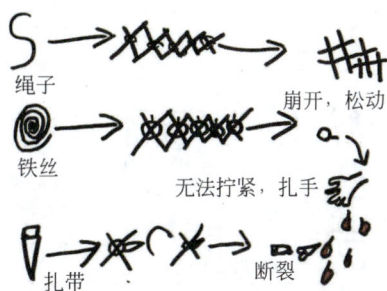

图 28-24　不同材料问题汇总图

图 28-25　标记钻孔位置

图 28-26　教师帮助幼儿打孔　图 28-27　安螺丝钉　图 28-28　哈那（围栏）成品图

活动四：搭建乌得（门）

问题一：用什么搭建蒙古包的乌得（门）？

分析与讨论

腾腾：哈那（围栏）建好了，蒙古包的乌得（门）怎么办呢？

淼淼：把乌得（门）安装好，蒙古包才能更稳固。

老师：那么我们去找一下，看看什么东西可以当我们蒙古包的乌得（门）。

猜想与假设

豪豪：这里有个现成的大铁门，应该可以用！

睿睿：大铁门太沉了，我们可搬不动，搭成的蒙古包也不方便移动。

淼淼：这个小木框很像乌得（门）的样子。

贝贝：可是它一个太矮了，两个放在一起又太高了。

腾腾：要不用纸壳做个大小合适的乌得（门）吧！

贝贝：不行！纸壳不防水，雨水会把纸壳浇坏的。

淼淼：要不我们先用木棍做一个门框吧，最后用防水的那种帆布来当乌得（门），还能在上面画画呢！

豪豪：这个主意好啊！

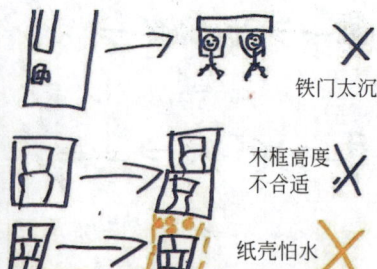

图 28-29　收集制作材料　　图 28-30　对比不同　图 28-31　不同材料问题总结图
　　　　　　　　　　　　　　　　　　材料

实验与验证

腾腾：我们应该先放两个立柱，上面再放一个横柱，我家里的门框就是这样的。

贝贝：我们可以用扎带把门框固定住。

睿睿：门框建好了，我们在给蒙古包穿外衣的时候可以再做一个门帘。

图 28-32　设计乌得　图 28-33　安装乌得
　　　　　　（门）　　　　　　　（门）

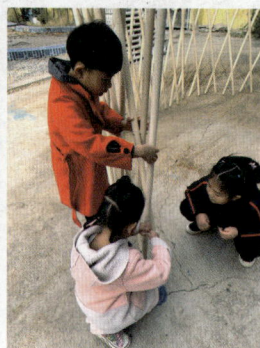

【**经验迁移**：幼儿将生活中见过的门框形状运用到制作乌得（门）的过程中，制作出了形状合适的乌得（门）。】

活动三：搭建乌尼（棚顶框架）

问题一：如何连接乌尼（棚顶框架）的杆和哈那（围栏）的杆？

分析与讨论

腾腾：接下来，我们就要搭建乌尼（棚顶框架）了。

豪豪：怎么把乌尼（棚顶框架）的杆和哈那（围栏）的杆连接在一起呢？

森森：这个问题可是有点儿难了。

教师：乌尼（棚顶框架）的杆和哈那（围栏）的杆必须连接得牢固，还要有倾斜度。难度增大了，你们要加油啦！老师相信你们一定能想到很多好办法的。

【**教师支持：**教师提示幼儿，乌尼（棚顶框架）的杆和哈那（围栏）的杆不仅要连接牢固，还要考虑倾斜度。同时，教师鼓励幼儿继续探索，增加幼儿建造乌尼（棚顶框架）的信心。】

猜想与假设

贝贝：我们如果要用扎带的话，只能让杆往下斜，可是这样方向不对。

睿睿：用铁丝也是不行的。刚才我看到器材架上有拼插管子用的弯头，它们两面都有孔，不知道能不能把哈那（围栏）的杆和乌尼（棚顶框架）的杆连在一起。

贝贝：我看这个行，我们试一试吧！

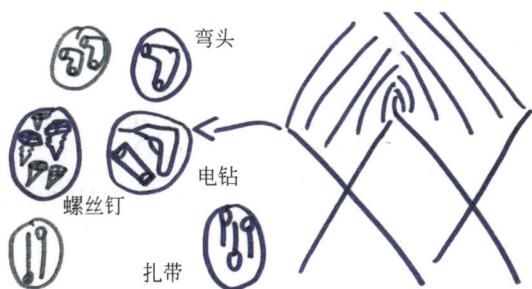

图 28-34　连接材料和工具汇总图

图 28-35　对比连接材料

实验与验证

　　幼儿收集了拼插管子用的弯头，尝试用它们来作为连接材料。

腾腾：森森拿的弯头安不上，小了点儿。贝贝这个大小正好，但是安装上以后杆的方向不太对。

豪豪：换这个弯度的试试。

睿睿：对，这个弯度的弯头正好！

教师：贝贝拿的弯头是 90 度直角的，而豪豪拿的弯头是 45 度角的，我们的乌尼（棚顶框架）倾斜度正好是 45 度角，所以你们选择豪豪拿的弯头非常正确！

　　在选出合适的弯头之后，幼儿把哈那（围栏）的杆和乌尼（棚顶框架）的杆连接了起来。

【**教师支持：**教师为幼儿讲解了角度的概念，帮助幼儿理解选取合适弯头的原因。】

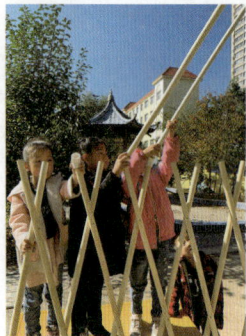

图 28-36　对比不同　　图 28-37　哈那（围栏）与乌尼　　图 28-38　蒙古包框架
　　　　　角度接头　　　　　　　　（棚顶框架）连接图　　　　　　　　完成图

阶段小结与反思

（一）幼儿

蒙古包框架制作完成后，幼儿将蒙古包框架的制作过程用思维地图的形式进行了反思与总结。

（二）教师

首先，教师为幼儿提供了有力的知识支持。例如，教师在幼儿固定木棍的过程中，为幼儿讲解绳子、铁丝、扎带三种不同材料的特点，在幼儿连接哈那（围栏）与乌尼（棚顶框架）时，为幼儿讲解角度的相关知识，帮助幼儿掌握更多的科学知识，促进了幼儿认知水平的发展。

其次，教师为幼儿提供了丰富的材料和工具支持。教师在活动过程中为幼儿提供了制作蒙古包所需的各种材料和工具，如铁丝、卷尺、木棍等，帮助幼儿实施解决问题的计划，解决搭建蒙古包时遇到的困难，幼儿的动手能力得到提升。

再次，教师在幼儿沮丧时提供了及时的情感支持。由于在搭建过程中遇到了很多问题，幼儿的积极性下降。教师及时鼓励幼儿大胆尝试，通过实验操作，验证自己的想法，并不断对幼儿的努力提出表扬，调节和活跃了活动氛围，促进了活动的顺利开展。

最后，在教师的支持下，幼儿的各方面能力得到提高。例如，幼儿把已有经验应用到搭建蒙古包中，解决实际问题，迁移能力得到提高；在搭建过程中，幼儿的动手操作能力得到提高；在思考和讨论解决问题的方法时，幼儿的高阶思维能力得到提高；与此同时，幼儿发展了积极主动与敢于探究和尝试等良好的学习品质。

第三阶段活动

框架搭建好之后，幼儿要把蒙古包的表面覆盖住，才能搭建出完整的蒙古包。

活动一：制作围毡和顶毡

问题一：用什么材料制作围毡和顶毡？

分析与讨论

腾腾：蒙古包建好了，是不是应该给它穿件外衣？

贝贝：对啊，可是应该穿什么样的衣服呢？

淼淼：我觉得应该穿又漂亮又保暖的衣服。

猜想与假设

瑞瑞：用花布做衣服怎么样？

腾腾：花布不行，雨水会把花布浇湿的。

淼淼：我觉得塑料布可以，它可以防水。

贝贝：可是塑料布很轻，还容易坏。我觉得幼儿园器材架上面的那个布就防雨，还
很结实，它都挂了很久了，也没有坏掉。

豪豪：对啊！我们快去问问老师那是什么材料。

图 28-39　制作围毡和顶毡所需
材料和工具汇总图

【**教师支持**：教师告诉幼儿那种材料叫防水帆布，并告诉幼儿防水帆布具有防水、
防霉、防寒、耐老化等特点，非常适合制作围毡和顶毡。】

实验与验证

幼儿根据哈那（围栏）的大小测量、剪裁防水帆布，制作出尺寸合适的围毡
和顶毡。最后，幼儿对围毡和顶毡进行了装饰。

图 28-40　裁剪防水帆布　　　图 28-41　铺设围毡和顶毡　　　图 28-42　装饰围毡

活动二：安装门帘和围绳

幼儿一开始用防水帆布做了门帘，但是发现门帘太轻了，容易被风刮起来，于是他们想办法改进。

问题一：如何做出不易被风刮起来的门帘？

分析与讨论

森森：防水帆布做的门帘太轻了，一刮风总是飞起来，该怎么办呢？

贝贝：在门帘下面绑上两块石头或者积木块。

豪豪：那样不行吧，我们进去的时候，石头或积木块会打到我们。

腾腾：把门帘做得厚一点儿不就沉了吗？

猜想与假设

贝贝：可以用一个厚一点儿的小被子当门帘啊，那样门帘就不会被风吹起来了。

瑞瑞：可是雨水会把被子浇湿的。要是把被子装在门帘里，应该会更好。

实验与验证

在家长的支持下，幼儿根据门帘的尺寸，从家里找到了一个大小合适的旧被子。在教师的帮助下，幼儿做了一个带夹层的门帘，然后把被子固定在门帘的夹层里，做好了蒙古包的门帘。教师带领幼儿对门帘的制作过程进行了反思并绘制了思维地图。

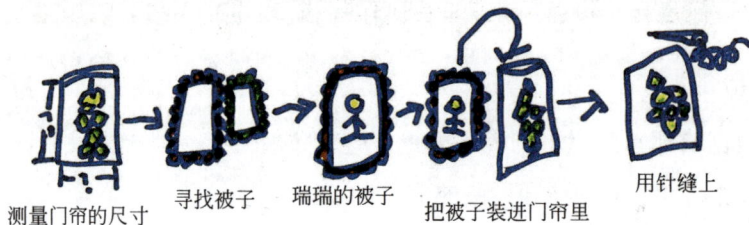

测量门帘的尺寸　　寻找被子　　瑞瑞的被子　　把被子装进门帘里　　用针缝上

图 28-43　门帘改进流程图

问题二：如何给围绳打结？

分析与讨论

贝贝：我只会系蝴蝶结，可是那个围绳太长了，没有办法系。

腾腾：蝴蝶结也不能把围毡包住啊。还有没有别的打结方法呢？

瑞瑞：系鞋带的方法应该可以。

贝贝：不行，系鞋带的方法和系蝴蝶结的方法不是一样吗？

猜想与假设

教师：你们在生活中有没有见过别的打结
方法呢？

腾腾：我知道了。妈妈以前给我包扎过手
上的伤口，她把纱布的一端放在我
手上，用纱布把伤口一圈一圈绕起
来，最后把多余的部分剪掉，把纱
布的另一端塞到缠好的纱布里。

贝贝：你妈妈真聪明，我觉得这个方法肯定可以。

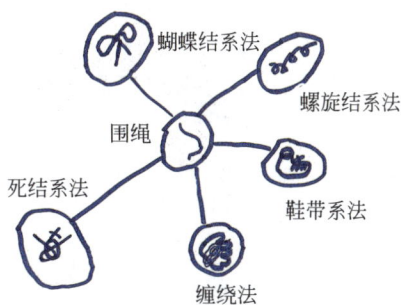

图 28-44　围绳打结方法汇总图

【**经验迁移**：幼儿将生活中见过的包扎伤口的经验，迁移到解决围绳打结的问题中。】

【**学习品质**：幼儿主动讨论关于如何给围绳打结的问题，并提出了多种关于打结方式的猜想，表现出积极主动的学习品质。】

实验与验证

　　幼儿按照腾腾说的方法成功地安装好了围绳，蒙古包制作完成了。

图 28-45　安装围绳

图 28-46　蒙古包成品图

阶段小结与反思

（一）幼儿

　　教师引导幼儿对制作安装围毡、顶毡、门帘和围绳的过程进行了反思，幼儿
经过讨论后共同绘制了阶段小结思维地图。

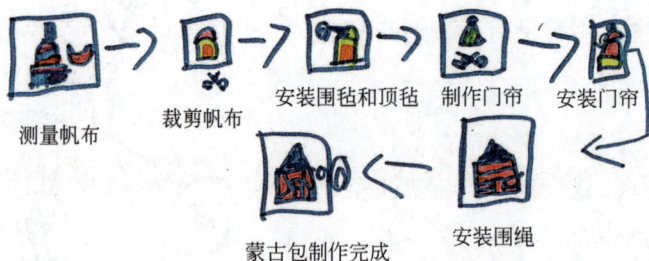

图 28-47　第三阶段活动过程总结图

（二）教师

首先，教师引导幼儿运用思维地图梳理自己的搭建思路，帮助幼儿更好地理解活动过程。例如，教师引导幼儿运用双圈图概括所需的搭建材料，用流程图总结围毡、顶毡、门帘和围绳的搭建过程。思维地图的大量运用，促进了幼儿对活动中问题的深度剖析。

其次，教师引导幼儿将生活中的经验迁移到问题解决的过程中，帮助幼儿顺利地解决了问题。例如，在讨论围绳打结方法时，教师提示幼儿将生活中见过的打结方法迁移到活动中，在教师的引导下，幼儿将生活中见过的妈妈包扎伤口的经验迁移到围绳打结的过程中，顺利地解决了问题。

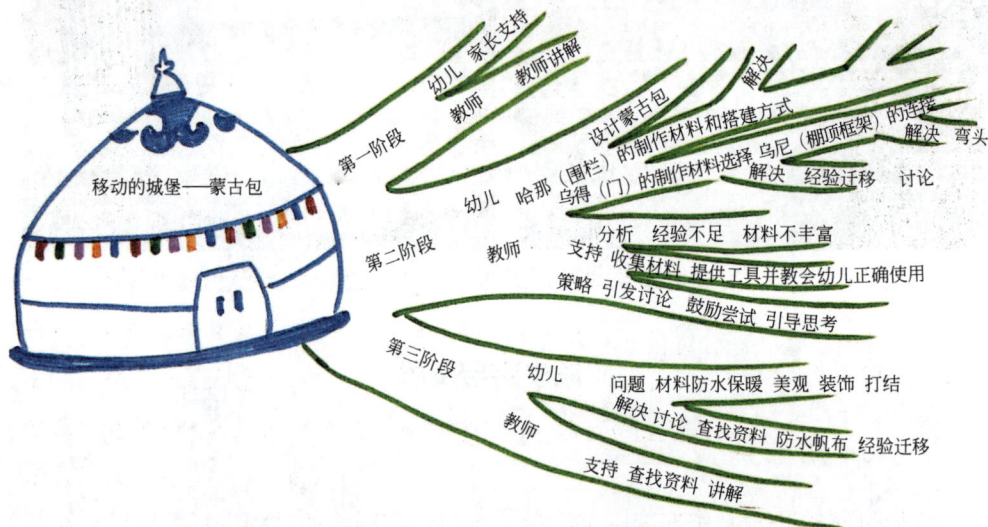

图 28-48　教师活动过程总结图

再次，教师在必要时为幼儿提供帮助，使幼儿顺利制作出了蒙古包。例如，在活动中，由于蒙古包的高度问题，幼儿在安装顶毡时够不到，教师为幼儿提供了及时的帮助，把幼儿装饰好的顶毡安装到蒙古包顶上，使幼儿最终顺利地搭建出了蒙古包。

最后，在教师的支持下，幼儿成功解决了活动中的问题，各方面能力得到了提高。在发现问题、分析问题和解决问题的过程中，幼儿的认知水平得到提高，动手操作能力得到增强，同时，幼儿还发展了积极主动和不怕困难等良好的学习品质。

课题活动二十九：热气球

吉林省珲春市第二幼儿园　大三班　翟丽忱　刘鑫

（指导者：金国华）

选题缘由

　　2019 东北亚（中国·延边）文化旅游美食周在珲春市体育场盛大开幕，珲春人民都热情地参与其中。体育场门前几个漂亮又巨大的热气球吸引着成人的目光，同样也引起了活泼可爱的幼儿的兴趣。很多家长带着幼儿乘坐了热气球，幼儿欢呼雀跃。第二天，幼儿来到幼儿园，与老师和同伴兴奋地分享了自己乘坐热气球的经历。在与幼儿愉快的交流过程中，教师发掘出制作热气球活动的潜在教育价值。在制作热气球的活动中，幼儿可能会遇到热气球的结构组成、动力来源和飞行原理等一系列挑战性难题。尽管这些挑战具有一定的难度和危险性，但是这些探究性活动会促使幼儿学会主动探索、协商合作，幼儿解决问题的能力也会得到进一步提高。因此，基于幼儿的兴趣和活动的教育价值，教师与幼儿共同开展了"热气球"这一深度学习课题活动。

第一阶段活动

活动一：经验分享

教师：大家见过的热气球是什么样子的？

瑞雪：我见过一个很大的小丑图案的热气球。

隽隽：我在电视上见过五颜六色的热气球。

浩辰：我在体育场门前见过一个特别大的章鱼热气球！

畅畅：还有一个大熊猫热气球！

教师：热气球为什么能飞起来？

睿睿：因为有火。

冠竹：火可以让空气变热，热气球就被热气顶起来了。

果果：火一燃烧，热空气就会让热气球升起来！

教师：热气球是通过加热气球内的空气，使气球内空气密度低于气球外的空气密度来进行浮力飞行的。

【科学原理：浮力。球囊内空气加热后密度变小，质量轻于球囊外相同体积的冷空气，于是球囊因浮力作用而升空。】

图 29-1　幼儿经验分享图

浩辰：老师，我们也想做一个热气球！

菲菲：对！我想做一个心形的！

隽隽：我想做一个上面有小汽车的。

畅畅：我想做一个带花朵的热气球。

瑞雪：我们也可以做一个体育场门前的小黄人热气球。

教师：那大家怎么制作热气球呢？大家知道热气球有哪几个组成部分吗？

冠竹：有上面的球。

浩辰：还有下面的篮子。

睿睿：还有火。

隽隽：那个火是喷射的。

元宝：那是燃烧器。

教师：那个其实是密封热气球，由球囊、吊篮和加热装置三部分构成。

【教师支持：教师为幼儿提供知识支持，向幼儿讲解热气球的主要组成部分，以帮助幼儿了解热气球的构造，为下一步制作热气球奠定知识基础。】

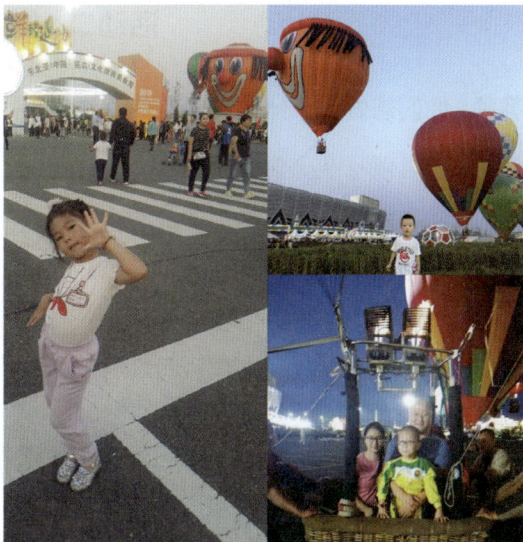

活动二：制订计划

教师：你们想做一个什么样子的热气球？

浩辰：我想做一个小黄人热气球。

隽隽：我要做小车热气球，我最喜欢车啦！

菲菲：我喜欢漂亮的花，我要做小花热气球。

畅畅：还是做个爱心热气球吧。

隽隽：那我们快点儿一起找热气球材料吧。

图 29-2　热气球设计图

活动三：选择材料

睿睿：可以用塑料袋做上面的球囊。

隽隽：我想用气球来做。

果果：气球不行，气球根本做不成热气球。

隽隽：一定可以的，我要试一试。

畅畅：我们用上次剩下的线和白胶糊成的灯来做热气球吧，然后再包上纸，就像这个球囊一样。

【经验迁移：幼儿将以前制作线球灯的经验迁移到了制作球囊的活动中，将制作好的线球框包上纸，做成简易球囊。**】**

冠竹：我们可以用老师给我们折的纸盒做吊篮。

菲菲：下面的吊篮可以用纸杯来做。

浩辰：那纸盘也可以用来做吊篮。

元宝：可以用我爸爸的打火机做加热装置。

浩辰：还可以用蜡烛来做加热装置。

隽隽：去饭店吃饭的时候，盘子下面有一个燃烧的酒精块，也可以拿来用。

教师：那我们用什么来连接球囊和吊篮呢？

冠竹：可以用手工区里的小棍儿！

畅畅：还可以用吸管。

浩辰：用铁丝更牢固。

隽隽：我们用线也能绑住吊篮。

睿睿：我们还可以用小毛条来连接它们。

活动四：收集材料

在家长的帮助下，幼儿收集到以下可能适合做热气球的材料：制作球囊的材料主要有塑料袋、线球灯、纸、布和气球；制作吊篮的材料主要有贝壳、瓶盖、积木、纸杯、易拉罐和纸盘；制作连接装置的材料主要有铁丝、毛线、雪糕棒、毛条和吸管；制作加热装置的材料主要有香烟、蜡烛、火柴和固体酒精块。

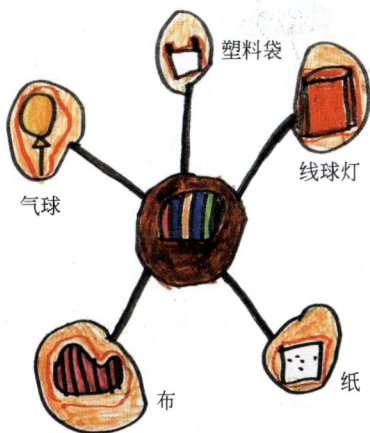

图 29-3　球囊制作材料气泡图

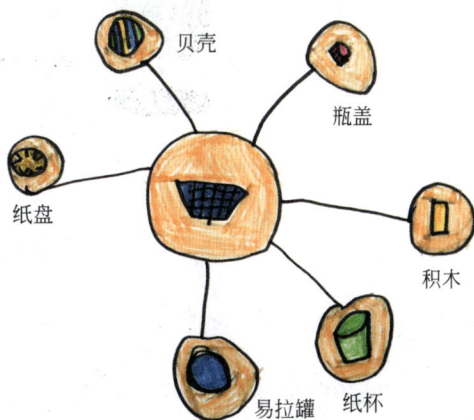

图 29-4　吊篮制作材料气泡图

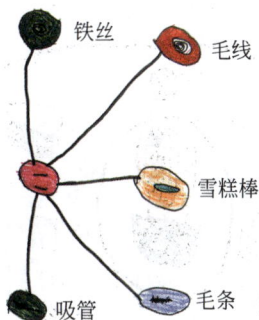

图 29-5　连接装置制作材料气泡图

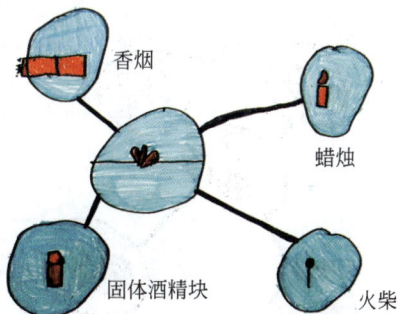

图 29-6　加热装置制作材料气泡图

活动五：设计制作流程图

教师： 材料已经准备好了，咱们可以开始制作热气球了。我们要从热气球的哪个部分开始制作呢？

元宝： 我们先做上面的球囊。

畅畅： 然后做个吊篮。

隽隽： 不，做完球囊，我们得先做连接装置，把球囊和吊篮连起来。

冠竹：最后我们把加热装置的火点起来，热气球就制作成功啦！

讨论之后，幼儿绘制出热气球的制作流程图。

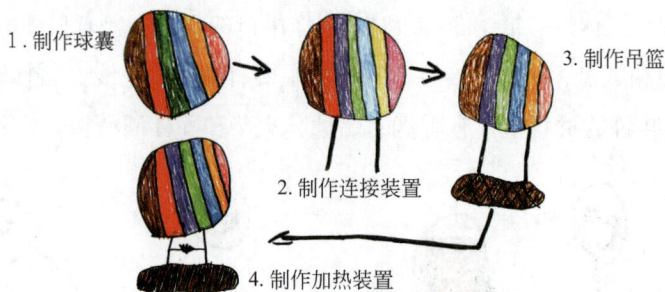

图 29-7　热气球制作流程图

阶段小结与反思

（一）幼儿

在教师的引导下，幼儿了解了热气球的基本构造和热气球上升的科学原理，并学会运用圆圈图、气泡图和流程图梳理出制作热气球活动过程中需要的材料和制作步骤。

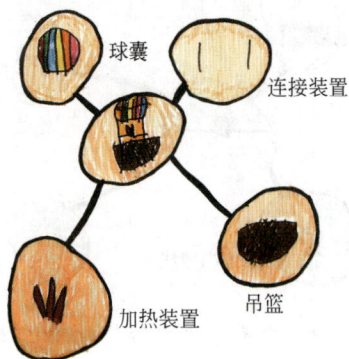

图 29-8　热气球组成部分气泡图

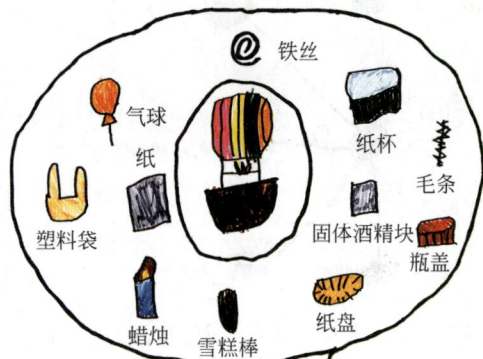

图 29-9　热气球部分制作材料圆圈图

（二）教师

首先，教师在活动实施过程中反复提示幼儿学会保护自己，以保证幼儿在安全的前提下完成活动。

其次，教师为幼儿提供知识支持。例如，在活动中，教师通过提出"热气球为什么能飞起来？"这一问题，引导幼儿思考热气球上升的原因，激发幼儿的好奇心和求知欲。

最后，教师通过家园共育的方式扩充幼儿对热气球的认知，为后续制作热气球活动奠定了知识基础。

第二阶段活动

幼儿根据设计图，开始动手制作球囊。

活动一：制作球囊

睿睿：我们用塑料袋做球囊。

畅畅：我要用咱们做的线球灯做球囊。

隽隽：可是我想用气球，气球很轻，可以飞起来。

浩辰：我也想用塑料袋做球囊。

问题一：哪种材料更适合做球囊？

分析与讨论

菲菲：那我们分开做吧，我想和畅畅一起用线球灯来做球囊。

冠竹：我和浩辰一起做塑料袋球囊，我准备了很多塑料袋。

猜想与假设

果果：那我们都点火来试一试，看看它们能不能飞起来。

隽隽：气球那么轻，一定能飞起来的。

冠竹：塑料袋也很轻，我们之前用废旧塑料袋做的风筝都飞起来了！

【经验迁移：幼儿将之前做塑料袋风筝的相关经验迁移到制作球囊的活动中，他们认为质量较轻的塑料袋可作为制作球囊的材料。】

实验与验证

幼儿利用酒精灯进行了初步实验，发现了问题。

睿睿：塑料袋和火靠近后就变形了，而且着火了。

隽隽：我们的气球不能挨近火！

冠竹：那我们做热气球的时候把连接装置拉长，不让火点着塑料袋。

畅畅：咱们班的线球灯太沉了，火根本没有力气让它升起来。

菲菲：我们重新做一个线球灯吧，用一点儿线，这样它就不沉了。

瑞雪：我们把绳子少绕几圈，绳子少了，它就会变轻。

元宝：白胶也要少用点儿，那瓶胶也很沉的。

经过反复实验，用线球灯作为球囊制作材料的实验还是失败了。幼儿最终选用质量最轻的塑料袋作为制作球囊的材料。用不同材料制作球囊的实验效果如表29-1所示。

表 29-1　用不同材料制作球囊的实验效果

制作球囊的预想材料	实验效果	最终选定材料
纸	不能成形	
布	太沉，加热后不能上升	
线球灯	太沉，加热后不能上升	
气球	加热后不能上升	
塑料袋	质量轻，加热后可以上升	√

【学习品质：在选择球囊的材料遇到问题时，幼儿没有放弃，而是积极讨论，找出问题出现的原因，最终选用塑料袋作为球囊材料，表现出不怕困难的优秀学习品质。】

活动二：制作吊篮

球囊做好之后，幼儿开始分组制作吊篮。

元宝：我们用班里的纸盒做吊篮怎么样？

浩辰：不行！如果不小心火把纸盒点着，我们的热气球就不能飞了。

问题一：纸盒、纸盘和纸杯容易被点着。哪种材料更适合做吊篮？

分析与讨论

睿睿：那我们用不会着火的材料吧。

冠竹：用易拉罐吧，易拉罐不会着火的。

菲菲：玻璃罐也可以做吊篮！

猜想与假设

教师：大家觉得用什么材料做吊篮，更容易让热气球上升呢？

元宝：当然是易拉罐，易拉罐更轻，玻璃罐太重了。

隽隽：对，用易拉罐做吊篮，热气球更容易飞起来。

畅畅：我们一起用易拉罐吧。

实验与验证

经过多次实验，幼儿发现易拉罐非常适合做吊篮，它质量轻且不易燃，非常安全。用不同材料制作吊篮的实验效果如表 29-2 所示。

表 29-2　用不同材料制作吊篮的实验效果

制作吊篮的预想材料	实验效果	最终选定材料
瓶盖	太小	
易拉罐	不易燃，安全	√
积木	太沉	
纸杯	易燃，不安全	
纸盘	不平稳	
贝壳	太小	

问题二：选用什么材料固定并连接吊篮与球囊？

分析与讨论

菲菲：用毛线来做连接装置。

畅畅：毛线软软的，不小心烧到了怎么办？

浩辰：铁丝也可以，铁丝很牢固，不会倒，也不会着火。

隽隽：毛条更软，还可以固定住，很结实。

睿睿：对，毛条还很好看。

猜想与假设

元宝：那要是毛条上的毛着火了呢？

畅畅：那我们只能用铁丝了。

实验与验证

幼儿根据猜想，成功地将铁丝和毛条连接在球囊和吊篮上，并发现铁丝和毛条最容易固定。用不同材料制作连接装置的实验效果如表 29-3 所示。

表 29-3　用不同材料制作连接装置的实验效果

制作连接装置的预想材料	实验效果	最终选定材料
毛线	太软	
雪糕棒	不易连接	
毛条	易固定	√
铁丝	易固定	√
吸管	不易连接	

活动三：制作加热装置

连接好球囊和吊篮后，各个小组分别开始制作加热装置。

浩辰：我带来了爸爸的打火机。

畅畅：打火机放在上面，我们没人摁它，它就没有火呀。

菲菲：还是用蜡烛吧！

元宝：蜡烛也会倒呀！

隽隽：我们用胶棒把蜡烛粘上。

瑞雪：我知道！我们可以把蜡烛熔化，把蜡液滴在吊篮里，再把蜡烛放在熔化的蜡上，蜡烛就粘住了。

隽隽：那我们快点儿把蜡烛粘住，把热气球放飞吧！

第一次尝试

问题一：热气球为什么没有上升？

分析与讨论

畅畅：火太小了，没有力量让塑料袋飞起来。

冠竹：那我们用固体酒精块试试呢？

猜想与假设

浩辰：固体酒精块的火焰要比蜡烛的大。

实验与验证

幼儿经过实验发现，固体酒精块比蜡烛燃烧火力更强，燃烧时间更持久。用不同材料制作加热装置的实验效果如表 29-4 所示。

表 29-4　用不同材料制作加热装置的实验效果

制作加热装置的预想材料	实验效果	最终选定材料
火柴	燃烧时间太短	
固体酒精块	能持续燃烧	√
蜡烛	火力太小	
香烟	没有明火	

第二次尝试

　　幼儿通过实验，验证了固体酒精块是制作加热装置最适宜的材料。然而，在第二次尝试时，实验却失败了。幼儿一起讨论失败的原因。

问题一：塑料袋不易支撑和塑形怎么办？

（分析与讨论）

瑞雪：那个塑料袋倒到火上就烧着了，热气球飞不起来。

浩辰：我们需要用防火的材料来做球囊。

（猜想与假设）

畅畅：那我们用什么材料呢？

教师：可以用防火纸，防火纸具有阻燃性能，遇火炭化，但不燃烧。

【**教师支持**：教师为幼儿提供知识支持，让幼儿了解防火纸的性能，知道防火纸可以作为制作球囊的材料，以利于后续活动的开展。】

（实验与验证）

隽隽：防火纸遇到火没有燃烧！

元宝：这种纸可真神奇，它里面一定有什么不会被烧着的东西。

菲菲：球囊还是用防火纸做最好了。

　　幼儿在操作实验后，最终确定防火纸为球囊材料。

问题二：怎样将防火纸固定成球囊形状？

（分析与讨论）

元宝：咱们的防火纸不是球形的，怎么办呢？

浩辰：我们可以把防火纸粘成一个塑料袋形状的。

畅畅：再在防火纸球囊开口处绑上毛条，它就和我们看到的热气球一样啦！

睿睿：对，在防火纸球囊口固定圆形毛条，它就和我们看到的热气球一样啦！

图 29-10　制作球囊

实验与验证

　　经过多次操作与实验，幼儿最终制作出了塑料袋式的防火纸球囊。

活动四：制作固定器

问题一：如何固定加热装置？

分析与讨论

冠竹：我们的固体酒精块用什么来固定呢？

元宝：要不然把它也放在易拉罐上吧。

菲菲：不行不行，那样就更沉了，热气球就没办法飞了。

猜想与假设

隽隽：用铁丝把固体酒精块绑上，绑在球囊口那里。

畅畅：对，用铁丝把固体酒精块缠在球囊口的毛条上就可以了。

实验与验证

　　经过几次尝试，幼儿最终用铁丝成功固定固体酒精块，成功制作出加热装置。

活动五：放飞热气球

教师：热气球如果着火怎么办？

菲菲：我们准备好水，要是它着火了，我们就用水扑灭火。

睿睿：对，我们的安全自救毛巾也可以灭火。

元宝：我们有安保老师保护我们呢，一定会没事的。

冠竹：那我们也要小心，火着起来是很危险的。

图 29-11　安保老师辅助放飞热气球

图 29-12　热气球成功放飞

在幼儿小心翼翼点燃加热装置后，热气球起初并没有上升。幼儿看到这一现象后心情非常沮丧，连连说道："又失败了！"然而，过了一会儿，球囊左右摇晃，热气球缓缓升离地面，逐渐升到半空中。看到这个情景，幼儿欢呼起来，大声喊道："热气球飞起来啦！我们成功啦！"

阶段小结与反思

（一）幼儿

通过绘制反思树状图，幼儿深入回顾了制作热气球活动的整个流程、遇到的问题以及解决办法。在教师的引导下，幼儿的总结与反思能力逐渐得到提升。

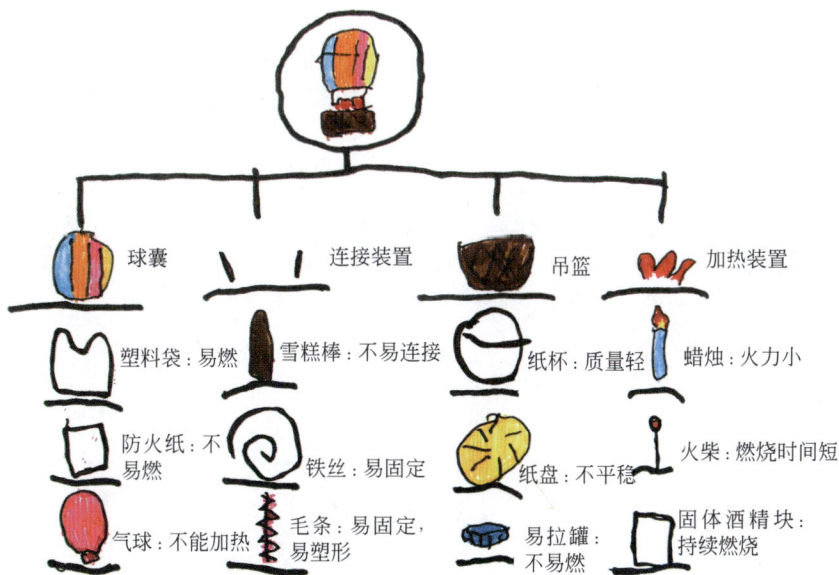

图 29-13　制作热气球活动反思树状图

（二）教师

首先，教师为幼儿提供材料支持。教师为幼儿提供防火纸、铁丝、易拉罐、固体酒精块和安全自救毛巾等材料和物品，以帮助幼儿顺利开展制作活动。

其次，教师为幼儿提供空间支持和时间支持。在整个活动过程中，当幼儿遇到暂时不能解决的问题时，教师以激发幼儿主动思考和寻求解决策略为主要引导方式，从而帮助幼儿学会自己寻找解决问题的办法，并最终实施验证。

课题活动三十：小球发射器

长春市人民政府机关第二幼儿园　中三班　高崇　陈子俊　王逸微

（指导者：刘兵）

选题缘由

　　一天清晨，妞妞带来了一个名叫"小球向前冲"的玩具。其他幼儿与妞妞协商后，每人试玩了一次，并且表示自己也想拥有一个这样的玩具。达达说："要是我们自己能做一个这样的玩具，就可以每天在幼儿园一起玩了！"教师说："那我们就一起想想办法，看看怎么样能做出'小球向前冲'吧！""小球向前冲"玩具引发了幼儿的好奇心，激发了幼儿想要亲自制作它的强烈愿望。教师基于幼儿的已有经验和兴趣，考虑到制作过程中会遇到如何选择材料、如何利用杠杆原理制作玩具和有效弹射等各种问题。幼儿在解决一系列问题的过程中，会不断提高动手能力、探究能力、解决问题能力、社会性交往与合作能力。综合考虑活动中所蕴含的教育价值，教师与幼儿共同开展了"小球发射器"这一深度学习课题活动。

第一阶段活动

活动一：经验分享

教师：你们在哪里见过可以让小球飞出去的发射器？

达达：在动画片里。

咪咪：在欢乐城里见过。

教师：发射器包括哪些组成部分呢？

丫丫：发射器。

达达：还有小球。

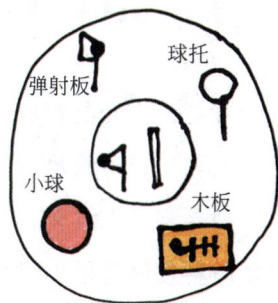

图 30-1　小球发射器构造图

妞妞：还有猪怪。

咪咪：我见到的有城墙。

活动二：设计图纸

教师：你们想设计什么样的小球发射器？

丫丫：可以用树杈和皮筋做个发射器。

达达：可以用木板做个跷跷板发射器。

妞妞：也可以用弹簧做个发射器。

鹏鹏：弹簧上的小球是弹动着的，无法
　　　飞向远方。

咪咪：用机器手抓球，就像抓娃娃一样。

达达：不行，小球是要飞出去的。

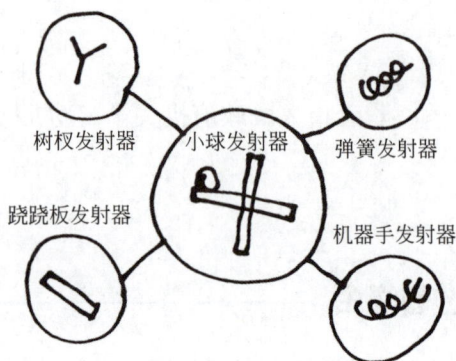

图 30-2　小球发射器类型图

　　讨论结束后，幼儿自行分组，分别
画出了自己的想法。经过讨论，幼儿认
为机器手发射器与弹簧发射器不能使小球向前弹出，这两种方案被排除。

【学习品质：在设计小球发射器的过程中，幼儿基于已有的生活经验，设计出结构
新颖的小球发射器，表现出敢于探究与尝试的学习品质。】

活动三：选择材料

　　在制作树杈发射器还是跷跷板发射器之间，幼儿一直犹豫不决。针对这个问题，
幼儿进行了讨论。

教师：你们准备制作哪种发射器呢？

丫丫：老师，我看到爸爸在游乐场用弹
　　　弓将小球弹出，弹弓看起来非常
　　　好用。

达达：可是弹弓发射器不能弹出大一点
　　　儿的球，不好用啊！我认为跷跷
　　　板发射器更好些。

教师：哪种发射器是小朋友们最想制作
　　　的呢？请小朋友们投票来决定。

图 30-3　制作材料投票图

经过投票表决，幼儿一致同意制作树杈发射器，理由主要有两点：一是树杈发射器在生活中比较常见；二是幼儿园中有许多树杈，取材比较便捷。

活动四：制作树杈发射器

幼儿在幼儿园里收集了他们认为适合制作发射器的各种小树杈。回到班级后，幼儿分工合作制作发射器，但是在实施过程中遇到了很多问题。

鹏鹏：把皮筋套在树杈上一拉，树杈就断了。

咪咪：松树杈又小又细，一拉就断，根本不行。

妞妞：我们抬不动大树杈，也没有那么大的皮筋。

乐乐：应该有那种既结实又能抬动的树杈，可是我们没有找到呀！要不我们请老师来帮忙吧。

图 30-4　制作树杈发射器

问题一：怎样能使树杈变结实？

> **分析与讨论**

丫丫：去哪里能找到结实的树杈呢？

乐乐：我们去外面找找？

教师：大家可以去问一问维修工叔叔，看看他有没有结实的树杈。

> **猜想与假设**

鹏鹏：对，也许维修工叔叔那儿会有结实的树杈。

幼儿和维修工叔叔一同在幼儿园附近广泛收集，最终找到了许多看起来可以做发射器的结实树杈，不过维修工叔叔说，树杈要经过一段时间的晾晒才结实耐用。

> **实验与验证**

丫丫：套上皮筋，拉了几下，树杈又断掉了。

达达：既然不能在短期内使用上结实的树杈，我建议改变计划，选择制作跷跷板发射器。

组内幼儿都同意了达达的建议，决定改变制作树杈发射器的计划，转而制作跷跷板发射器。

阶段小结与反思

（一）幼儿

幼儿利用流程图整理出制作树杈发射器的活动过程，认识到树杈不够结实导致制作活动失败。随后，幼儿及时调整活动策略，共同决定制作跷跷板发射器。

（二）教师

活动中，教师为幼儿提供了时间支持。例如，在设计小球发射器前，教师没有直接向幼儿讲解小球发射器的构造，而是引导幼儿回顾已有知识经验，并通过同伴之间的交流与互动共同总结小球发射器的结构，为幼儿提供充分的探究时间，激发幼儿的求知欲和创造力。

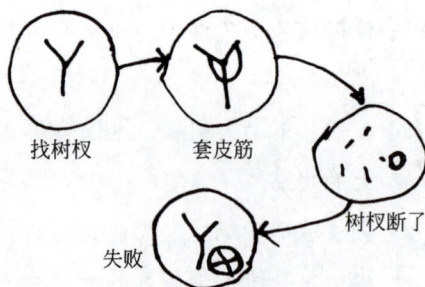

图 30-5　树杈发射器制作过程反思图

另外，教师还为幼儿提供了知识支持和经验支持。在选择制作哪种发射器的过程中，教师及时提示幼儿考虑实际操作性与应用性的问题，以利于后续活动的有效开展。

第二阶段活动

活动一：设计图纸

树杈发射器制作失败了，活动进入到了第二阶段。

教师： 树杈发射器看来效果不是很理想。那接下来，我们是否可以转换一下思路呢？

达达： 树杈不行，那我们就试试跷跷板吧。如果跷跷板还不行的话，我们再一起想办法。

讨论结束后，幼儿画出设计图和制作流程图。

图 30-6　跷跷板发射器设计图

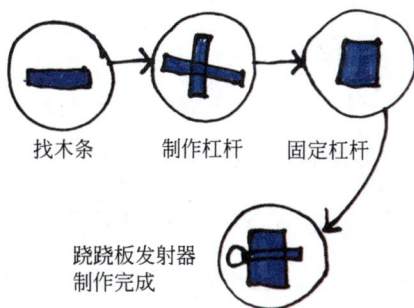

图 30-7　跷跷板发射器制作流程图

活动二：实施制作

为了保证活动顺利开展，教师为幼儿提供了若干根安全环保的木条。幼儿拿着木条尝试多种摆放方式，最终发现纵横交错摆放时，木条的中心更容易保持平衡。然而在实验过程中，幼儿又遇到了新的问题。

问题一：怎样使跷跷板跷起来？

分析与讨论

丫丫：我们把两根木条像跷跷板一样搭起来怎么样？

乐乐：我们可以一起试一试。

实验与验证

丫丫：一根木条垫在下面，跷跷板好像跷不起来呀！

乐乐：我想应该是木条的高度不够，加高试试。

咪咪：把你们几个的木条都给我，试一试叠着放。

达达：对，都给她，试试看。

咪咪：太好了。

经过尝试，幼儿终于成功利用杠杆原理制作出了跷跷板，可是他们很快又发现了新问题。他们发现用手指按压上面的木条时，木条总会掉下来。

【科学原理：杠杆原理。要使杠杆平衡，作用在杠杆上的两个力矩（力与力臂的乘积）大小必须相等，即动力 × 动力臂 = 阻力 × 阻力臂。活动中，幼儿根据杠杆原理，制作出跷跷板发射器。】

问题二：什么方法能使跷跷板上面的木条更稳固？

分析与讨论

妞妞：什么方法能使跷跷板上面的木条更稳固呢？

达达：用胶水和皮筋固定木条吧！

实验与验证

达达：用胶水粘上木条，木条就按不动了呀！

妞妞：用皮筋固定木条，这个办法我试了，也按不动木条了呀！

　　幼儿又想出了多种固定木条的办法，但最后都以失败告终。

教师：小朋友们，你们可以回家后和爸爸妈妈一起想一想固定木条的好办法。

【学习品质：在解决如何使跷跷板上面的木条更稳固的问题时，幼儿尽管遇到了困难，但他们没有放弃，而是多次尝试寻找解决办法，表现出不怕困难的学习品质。】

　　第二天，幼儿来到班级里，分享自己找到的解决方法。

咪咪：昨晚爸爸和我一起收集资料。资料中说，长木条下面应该放一个三角形的木块，这样它就能翘起来了。

达达：爷爷说上下木条之间应该用螺丝钉连接。

妞妞：我和妈妈找了个图纸。图纸上写着，在下面的木条上做个凹槽，然后将上面的木条嵌进去，就可以了。

　　经过协商，幼儿决定一起尝试在下方的木条上制作一个凹槽。

【教师支持：当幼儿无法使跷跷板上面的木条更稳固时，教师及时提示幼儿回家请求父母的帮助。最终通过家园互助，幼儿找到了解决问题的三种办法，即使用三角形木块做支撑架、用螺丝钉连接木条和制作凹槽。】

达达：咪咪，我们要做多宽的凹槽？

妞妞：用我的手指量一量。

达达：对的，凹槽不能太宽，如果太宽，上面的小木条就会掉下来的。

【经验迁移：幼儿将用手指测量的方法运用到此次活动中，即使用手指测量出凹槽的宽度。】

图 30-8　制作凹槽

图 30-9　测量凹槽宽度

经过反复尝试，幼儿终于制作出了适宜的跷跷板。可是新的问题又产生了。在咪咪按动发射器时，需要另外两名幼儿一直按住下方木条的两端，才能保证木条不晃动。

问题三：怎样使跷跷板下方的木条不晃动？

分析与讨论

鹏鹏：这样一直按着也不行啊！

咪咪：让我爸爸想个办法？

达达：对，让你爸爸给想个办法吧！

教师：遇到问题，我们是不是应该学会自己想办法呢？

猜想与假设

妞妞：我们画个固定木条的设计图，发到爸爸妈妈的群里，看看他们有没有好办法。

达达：对呀，我们请老师将我们的设计图发到家长群中，请家长和我们一起想想办法。

实验与验证

家长助教达达爸爸来到班里，协助幼儿使用大号电锤将木条钉在木板上，最终跷跷板发射器制作完成。

问题四：怎样能使小球固定在发射器上？

分析与讨论

咪咪：木条太窄，小球总是在滚动。

达达：小球怎样才能稳稳地固定在发射器上呢？

妞妞：找一个宽点儿的东西，把小球放上去就可以了！老师之前把球放在球筐里，球就不乱滚了。

猜想与假设

鹏鹏：我们找一个纸盘做球托。

咪咪：找一个大瓶盖做球托。

妞妞：找一个橡皮泥盒做球托。

教师：大家可以用海洋球试一试球托的大小。

【**教师支持**：教师提示幼儿用海洋球来比对，以帮助幼儿选择大小合适的球托。】

实验与验证

鹏鹏：纸盘做球托，有些大球总是在纸盘中滚来滚去，不可以。

咪咪：大瓶盖做球托，有些太重，淘汰。

妞妞：找一个橡皮泥盒做球托，正好。

图 30-10　用橡皮泥盒做球托

【**经验迁移**：幼儿结合球在球筐中不会乱滚的已有经验，通过反复比对球与球托的大小，最终为小球找到了合适的球托。】

活动三：发射实验

小球发射器终于做好了。可是幼儿除了尝试发射小球，还想尝试发射其他不同的东西。

问题一：哪些东西适合作为发射物？

分析与讨论

咪咪：什么东西最适合用这个发射器发射呢？

达达：它的大小要和咱们研发的发射器大小匹配！

幼儿相互协商后，决定从大球、海洋球、小石头、口袋、瓶盖、玻璃球中选择发射物，并绘制了猜想图。

猜想与假设

乐乐：发射小石头不行，会打到人。

达达：我觉得口袋可以，不会打到人。

实验与验证

达达：小石头打到玻璃，玻璃一定会碎。

丫丫：口袋弹得不远。

妞妞：瓶盖不会按照规定的弹射方向飞。

乐乐：还是海洋球飞得好。

【学习品质：在选择合适的发射物的活动中，幼儿积极动脑，反复操作，表现出敢于探究和尝试的学习品质。】

　　经过尝试，幼儿觉得海洋球最适合充当发射物，他们乐此不疲地尝试按动木条，把海洋球弹出去。可是在比较海洋球弹出距离远近时，幼儿发现海洋球落地时会在地面上乱滚，这让他们没法进行比较。

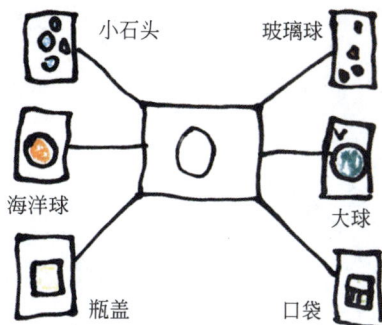

图 30-11　发射物猜想图

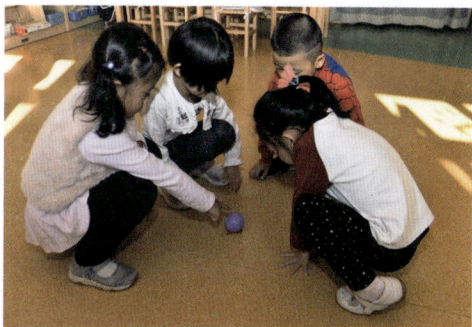

图 30-12　验证发射物可行性

问题二：怎样能使海洋球发射得更远并且不乱跳？

分析与讨论

达达：这样比海洋球飞得远近不公平。本来我的海洋球飞得远，可是鹏鹏的海洋球
　　　落地后就滚到了更远的地方。

鹏鹏：要不换成吸盘球吧。

妞妞：有什么办法能让海洋球不乱滚呢？

猜想与假设

咪咪：在球上贴双面胶。

教师：双面胶是否会影响海洋球的发射呢？

【教师支持：教师及时提示幼儿关注双面胶的特性，以引导幼儿思考使用双面胶是

否具有可操作性。】

鹏鹏：我以前不小心将双面胶落在球筐里，小球竟然粘到筐里了，我花了好大力气

才把球拿出来，所以粘双面胶一定会影响海洋球的发射的。

丫丫：我家有小胶手，把它扔到地上，一会儿就可以拿下来。

于是，幼儿为海洋球加上小胶手，验证后发现海洋球果真没有四处滚动。制作活动结束后，幼儿乐此不疲地按动木条，玩起了"比比谁的海洋球发射得更远"的游戏。

阶段小结与反思

（一）幼儿

在这一阶段，教师引导幼儿使用思维地图对制作跷跷板发射器的步骤和遇到的问题进行反思。例如，幼儿使用思维地图分析发射物的可行性，使用树状图对阶段性活动进行总结与回顾。

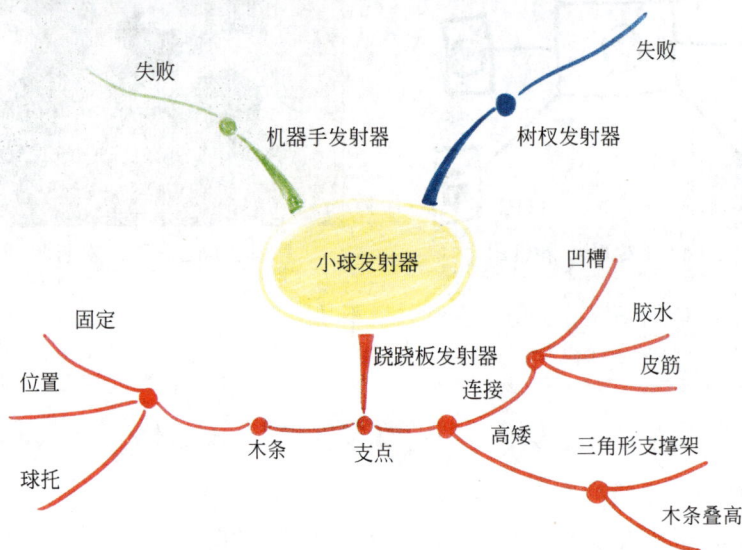

图 30-13　小球发射器制作过程图

（二）教师

首先，教师给予幼儿充足的探索时间。幼儿在选择发射器材质、制作小球固定器等环节中遇到了各种问题，但教师一直没有告诉幼儿解决问题的办法，而是给予幼儿足够的时间，让他们自由探索，自主寻找解决问题的方法。

其次，教师为幼儿提供情感支持。在解决跷跷板发射器如何能既稳固又能自由翘动的问题时，教师给予幼儿充分的鼓励和信任，一直鼓励幼儿不要放弃，直到最终找到解决问题的办法。

最后，教师提供了家园共建的支持。教师支持家长介入幼儿的学习活动中，为幼儿提供实验材料、解决办法以及精神支持，进一步增强了幼儿参与活动的信心。